U0664587

來新夏文集

来新夏 著

来新夏 著

第七册

序跋书评卷

自序（跋）

他序（跋） 书评

南方传媒
广东人民出版社
·广州·

序跋书评卷

目录

自序（跋）

他序（跋）

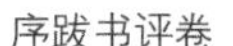

书评

自序（跋）

谈谈有关编写《火烧望海楼》一剧的几个问题

——《火烧望海楼（京剧）》代序

在伟大的祖国十周年国庆日的前夕，领导上决定出版我们编写的《火烧望海楼》剧本，对我们来说，无疑是一种最高的奖赏和最大的鼓励。这个剧本是通过演出，经过剧团、导演、演员和观众各方面的帮助指正，逐步修改而成。

我们为了在剧本出版后，能得到更多的帮助和批评，因此想借此把我们在进行编写工作中所考虑过的几个问题提出来说一说。

一、为什么要写《火烧望海楼》

《火烧望海楼》是以天津近代革命史事为基本题材的一出历史剧，我们在写它时，不是灵机一动，而是过去都曾被这一历史事件激动过，而考虑以一种艺术形式来表现它。去年省市委召开文艺创作会议后，戏曲界提出了创作新戏曲迎接国庆十周年的要求。于是，我们在这个要求的鼓舞下，在党的支持下，在中国剧协天津分会的帮助下，采取了专业与业余相结合的办法，决定选取这个题材开始编写。

在着手研究全剧结构前，我们先考虑如何确定全剧的主题，也即这个剧主要是要表现什么。最初，曾经单纯从表演上做过一些试探性的规划，准备以英法联军的暴行作序曲，以范永一家的悲惨遭遇作中心，以烈士殉难作终结。但是这样表现，会形成只是中国人民遭凌辱、受欺压的低沉基调，在反映历史真实和时代气息方面有一定缺陷。因此，把它否定掉，又从当时的历史条件重新考虑。

作为《火烧望海楼》历史依据的“天津教案”，发生在十九世纪七十年代，正是全国普遍展开反洋教斗争的年代，这是一次很有典型意义的斗争。因此，它除了本身的特性外，还在很大程度上具有当时历史条件的共性，所以我们认为这个剧必须不脱离中国近代历史的基本线索。为此，我们进一步学习了毛主席的有关指示。毛主席在《中国革命和中国共产党》一书中曾指出：“帝国主义和中华民族的矛盾，封建主义和人民大众的矛盾，这些就是近代中国社会的主要的矛盾。……而帝国主义和中华民族的矛盾，乃是各种矛盾中的最主要的矛盾。”又说：“帝国主义和中国封建主义相结合，把中国变为半殖民地和殖民地的过程，也就是中国人民反抗帝国主义及其走狗的过程。从鸦片战争……直至现在的抗日战争，都表现了中国人民不甘屈服于帝国主义及其走狗的顽强的反抗精神。”根据这个指示，我们确定，这个戏主要是展示帝国主义和人民大众的矛盾，着重宣扬中国人民的反抗精神，而把“官、民、夷”的关系处理为连锁的三环关系。

我们也曾想通过表现这个主题，达到下面两个主要目的：

第一个目的是揭露外国侵略者的侵略罪恶。利用宗教进行侵略是外国侵略者的一种侵略方式，它与军事、政治、经济的侵略是有着密切联系的。因此，我们把《火烧望海楼》的本事与英法联军攻占天津联系起来。揭露出在第二次鸦片战争以后，那些披着宗教外衣的侵略者，以条约为护符，以炮舰为后盾，以宣扬“忍耐、保守和受苦受难的基督精神”为手段，深入中国各个角落，攘夺利权、搜集情报、飞扬跋扈、穷凶极恶、唆使奸民作恶和麻醉中国人民的精神，干出了罄竹难书、擢发难数的罪恶勾当。把这些罪恶通过舞台表现在观众面前，使观众从具体事例中能对外国侵略者的侵略罪行有极大的痛恨。与此同时，我们也注意到，不管侵略者好像多蛮横凶恶，事实上，它也逃不出一切反动派都是貌似强大而实际虚弱的这条真理，尽管它们多么耀武扬威，但是在中国人民的愤怒浪潮和有力反抗的冲击下，它们那种惊惶失措和纸老虎的丑态就暴露出来，“显形”和“壮举”二折就想表现这一点，使观众在剧终以后，从整体上完全有理由藐视敌人。

第二个目的是歌颂中国人民的反抗精神。自从外国侵略者侵入以后，清政府是奴颜婢膝地屈服，但是中国人民却从一开始即坚持走不甘屈服和英勇反抗的道路。这个光荣的传统精神一直鼓舞着中国人民的斗志。毛主席曾说过：“中华民族的各族人民都反对外来民族的压迫，都要用反抗的手段解除这种压迫。”因此，全剧采取了肯定地、毫无保留地、尽力恰当地表扬和刻画那些体现反抗精神的人物和事实。即使像范永那样遭受压迫的人，在最后也必定归入反抗的行列之中。我们想通过剧中的这些描述，来发扬我国人民反侵略斗争的革命传统，激励和鼓舞群众的爱国热情，使人们以有一个光荣的革命传统的历史而感到自豪和骄傲。也只有这种气宇轩昂、意气风发的格调，才适合我们在伟大的祖国十周年建国纪念时作为献礼。当然，这是我们最初所想的努力方向，现在所做的还差得很远。

除了上述两个主要目的外，还想借此刻画一下清政府洋务派和守旧派的冲突，以及扩大京剧的题材范围等。不过，这些在最初的考虑中是占次要地位的。

二、关于剧情的根据与材料

《火烧望海楼》是一出近代历史剧，基本上是以1870年的“天津教案”为依据，加以丰富发展而编写成的。我们对这个问题曾经有过这样的想法：历史剧既不是把历史在舞台上作罗列的叙述，必须有故事、有具体人物、有生动的情节；但又不能完全脱离历史实际和历史的可能事件。因此剧中所表露的几个主要问题，我们都以一定的历史资料为根据。下面举几个例子来说明：

（1）关于传教士和坏教民勾结作恶，激起教案的事实，在当时是全国普遍存在的事实。清政府在议结“天津教案”后，曾有致各国议办传教节略和章程，其中对这个问题作过一些不够深刻的概括分析说：

> 换约以来，入教之人，率非善类，致将劝人为善之教，为人轻视，民心已属不服；而入教之人，又复倚仗教士之势，欺压平民，民心愈觉不服；及至民教互争，滋事成案，一经地方官查办，教士又从而袒护教民以抗官，民心更觉不服；甚至中国叛乱有罪之人及一切讼棍等众，逃入教中，借势生乱，百姓蓄怨已深，积怨成恨，积恨成仇。（同治朝《筹办夷务始末》，卷八二，页十四至十五）
>
> 现在教中所为各事，已多与中国民心不洽。……各种举动，百姓均怒目相视，俨若仇敌。（同上，页二四）

剧中揭露的教士和坏教民的种种恶迹，其中心内容就是要表现这一历史情况。

（2）关于中国人民的反抗斗争是当时各地反洋教斗争中的主力，斗争情绪也非常高昂，如太常寺少卿王家璧的奏折中曾称：

百姓愤怒，如墙而起。（同治朝《筹办夷务始末》，卷七八，页十六至十七）

至于具体的英雄人物的事迹，在统治阶级的历史记载中，除了屠杀外，不会有其他正面的记载。我们认为一般歌谣和传说是从一定的事实发展衍变来的。因此，在刻画马宏亮这个剧中的英雄人物时，就根据天津流传甚久的快板书的部分内容。快板书中曾有这样一段唱词说：

这才惊动马宏亮站起身来细说根苗：
我们一不是响马，
二不是贼寇，
三不是图财害命明火路劫才把命丢。
我们是替那屈死的小孩来报仇；
给天津卫除大害，打死丰大业，烧了鬼子楼，
活劈了大姑二姑，举着她们的脚腿把街游。
不怕死来拼命雪冤仇。
好汉作事好汉当，
一命抵一命死也甘休！（《近代史资料》一九五六年第四期，页二三至二四）

这段唱词给了我们塑造这个人物以很大的帮助。在这个基础上又丰富了一些故事，把马宏亮塑造为剧中的主人翁。

（3）关于清政府中守旧派和洋务派在这次事件中的矛盾是比较明显的。当时守旧派的态度是：

津民宜加拊循，勿加诛戮，以鼓其奋发之志也。（醇郡王奏，同治朝始末，卷七二，页三五）

纵不能乘此（天津教案）机会，尽毁在京夷馆，尽戮在京夷酋，亦必将激变之法国，先与绝和，略示薄惩。（李如松奏，同上，卷七三，页十七）

法国有传教之说，阳为劝善，包藏祸心……今津郡之变，实乃天夺其魄，神降之灾，正可假民之愤，议撤传教之条，以固天下人民之心。（长润奏，同上，卷七三，页二一）

当时洋务派的态度是：

> 查津郡百姓，与天主教起衅之由，实因愚民无知，莠民趁势为乱。……当责成天津府县剀切晓谕众民，不准民间擅自拿人，并派队分投弹压查拿，严行惩办。（崇厚奏，同上，卷七二，页二七）
>
> 津郡此案，因愚民一旦愤激，致成大变，初非臣僚有意挑衅，傥即从此动兵，则今年即能幸胜，明年彼必复来，天津即可支持，沿海势难尽备。（曾国藩奏，同上，卷七三，页四九）
>
> 庚申避狄之役（英法联军），岂可再见。（曾国藩书札，卷三三，页四八）

剧中把守旧派的态度大体上集中在刘杰身上，而洋务派的态度则通过崇厚来表现。

除上述三例外，如对坏教民的选材上，对崔大脚的刻画上，以及其他剧中的一些具体情节，基本上都可以找到历史根据。这种既不是照搬历史，又不完全脱离历史的处理方法，我们还是初次试探，是否恰当，希望能得到批评。

三、关于剧中的几个主要人物

马宏亮是剧中的主人翁，也是“天津教案”中就义者之一。他的生平还未发现文字记载。我们目前只以流传的快板书中的描写作为塑造这个为群众景仰的英雄人物的基本依据。我们把他写成为一个自发的反抗压迫的英雄，选择他作为显示当时中国人民群众反抗精神的剧中人物。他在剧中的身份是三岔河码头上的搬运工人。为了符合当时的历史条件，我们把他的反抗精神融解在他的见义勇为的行动中；同时为了避免把他错觉为游侠，所以又有意识地把他的身世和法国侵略者的罪行联系起来。不过由于缺乏更细致的塑造，我们感到这个人物还不够完整和有力。

刘杰是清政府的天津县知县，我们一方面写出他从守旧观点出发反对洋教，和对中国人“一入教民之列，有司即不能过问，甚至朝对簿以陈词，暮分庭而抗礼”的事实感到极大的不满。因而他能同情百姓受教民欺凌的遭遇，刻画他这个人多少有点民族自尊感和爱国心，仍不失为好官。另一方面又不能忘记他终究是统治阶级中的人物，对自己的前程得失有一定的考虑，因而他对老百姓还要打官腔和斥责等，对于一些事态有点无可奈何和畏缩不前，我们通过群众在公堂上的质问来批判他这一面。最后，刘杰在群众的自由行动中，被迫跟去，他在现场，一面拦住群众，维持秩序；一面在蛮横的法人面前也还不卑躬屈膝。这个人物在全剧中的思想变化是比较多的，但他一直处在自我矛盾之中，他的结局是因此丢了官，并被贬谪到黑龙江去。

范永在剧中的身份是穷塾师，也是就义者之一。我们把他作为一个性格软弱怕事，遭到家破人亡不幸的人物来处理。想从他一家的遭遇来具体反映教士和教民的勾结作恶。我们尽量削减范永在剧中的分量，以避免落入描写一家一户遭遇的旧套。范永是被人们同情的，但他只代表当时的次要方面，况且范永在最后仍是站在反抗行列之中的。

崔大脚是就义者之一崔秃子的妻子，有些记载和传说中叙述和赞扬了她在丈夫被难后的一些活动，我们把它移前一些，这一点为戏剧安排情节想是能被容许的。我们想通过她来反映这次斗争的一个群众面。崔大脚的性格应该是相当泼辣、爽朗和具有正义感的人物。她在天津故老中是有一定影响的。但是，我们在剧中所塑造的形象还不是十分理想的，只能看成是一个初稿。

王三是一个恃教作恶的坏教民。从阶级上看，应该是封建恶霸一类人物，传教士以之为左右手，利用他交结官府，勾通书吏，而他自己也成为一个“一入教中，即成化外。官且无可奈何，乡党亲戚更无忌惮”的特殊人物。在他手下还豢养一批如安三、武二那样的地痞、二流子。当然像王三这种做传教士鹰犬的人，无疑地是教民中的坏分子。为了划分界限，在剧中还有一个忠厚的被骗入教的教民李六，他在最后揭穿教堂罪恶时，表示了愧悔的态度，目的是显示中国人民在斗争中的分寸。

总之，我们选择这样一个题材，不仅是表演历史事迹，更重要的是要通过戏剧形式来表明我们的爱憎，宣扬中国近代史上人民群众对外国侵略者不屈不挠的斗争精神，鄙视、仇视侵略者，增强人们的民族自豪感。但是，由于我们水平限制和编写时间匆促，还不能如理想那样表达。不过，我们想通过演员的表演和观众的鉴定，把这个毛坯加以琢磨，经过群众的锤炼，而逐步使它完善起来。

剧本承佟振江同志根据天津市京剧团演出时的唱腔编制曲谱，特在此表示我们的谢意。

来新夏　张文轩

原载于《火烧望海楼（京剧）》（河北戏曲丛书）　来新夏、张文轩编剧　百花文艺出版社1960年版

《林则徐年谱》前言

林则徐是中国近代进步思想家和伟大的爱国主义者。他主张改革，坚持严禁鸦片。他反抗外国侵略的言论和实践，具有为同时代历史人物少有或没有的特点，对近代中国有深远的影响。

林则徐于十八世纪八十年代出生在福建侯官一个中落的封建知识分子家庭里。他一生在宦海中浮沉了近四十年。从京官的编修、御史到外官的监司、督抚以至钦差大臣。宦迹所至，从东南沿海到西北边疆，从中原腹地到西南边陲。他经历了不少政治风浪，作出了无愧于时代的历史贡献。他一生中的大量言行说明他是封建社会里的一名有作为的官员，也是中国近代史上具有远见卓识的爱国者。

他作为地主阶级中的一名较好的官员，主要表现在努力发展生产和关心民生上。他无论在整顿河工、兴修水利、创制农具、救灾放赈，还是在查禁烟害、改革财政、开发资源等方面都表现了施政才干，都使当地的经济生活得到一定程度的恢复和发展，都使当地的人民在痛苦呻吟之中得到一定的喘息和安定。即使他在远戍新疆的时候也仍然倡导垦荒开井、传播先进生产技术，切望他经营的“大漠广野，悉成沃衍”。这在封建官僚中确是屈指可数的。

他作为一个有远见卓识的爱国者，主要表现在抗英防俄问题上。他在领导轰轰烈烈的禁烟运动和反侵略战争中所建树的光辉业绩几乎已是尽人皆知。他在抗英斗争中能够不囿于成见，放眼于世界，通过各种途径探求新知，并在一定程度上依靠民力，制定相应策略，抓住战机，从而获得了伟大的胜利。但更值得注意而却被人忽视的是他能在举世尚未察觉到沙俄窥伺危机的时候，提出了注意防俄的战略性意见。早在从事抗英斗争时，他就从所搜集到的译报资料中细心地发现沙俄可能侵入我国西藏边陲的进军路线。后来，他在赴戍途经镇江时，曾和魏源作过长夜促膝之谈。两个忧时之士都为东南与西北的边防而忧心忡忡。他经过在新疆的实地考察，更加强了对西北边防重要性的认识。他大声疾呼地警告边疆的大员们不要为表面上的暂时平静而麻痹大意，要增修战备以应付突然变故。他认为只有加强边防、同心协力才能使敌人慑服，不敢轻举妄动。他在被召入关时曾在答复别人的提问中，分析了当时的局势，认为“英夷不足深虑”，而沙俄则“防不胜防，将来必为大患”。他在晚年卸职回里以后，仍然一面以在野之身，组织地方力量驱英，一面更独抒己见，发出“终为中国患者，其俄罗斯乎”的警告。正由于他坚持反对侵略，终于在去广西途中遭到内外敌人的暗害。林则徐不愧是一位坚决维护民族利益的爱国者和有卓识远见的政治家。

当然，他作为一个地主阶级成员，在维护封建统治、镇压人民反抗等方面的活动仍表现出极大的历史局限性。不过，林则徐一生的主要方面还应该从上述两点特色来考察。这部年谱也主要是以此为中心线索来贯串全书的。

这部年谱在史料的处理上，为了便利读者查阅，在纪事之后多引录一些资料，但对解放后刊行的如《林则徐集》等著作中的有关资料则大多是摘要，有些则只在纪事后注明资料出处，以备检索；至于未见刊行或刊本流传较少的资料则作了较多的引录，以便利得书不易的读者。有些地方还对引录的史料加了一点考证和按语。当然，林则徐的手迹佚稿和与他有关的资料记载可能还有一些散处各地，为公私藏者所掌握，限于主客观的种种条件，一时未能广采博收，只能待之异日再事增补了。

林则徐是清代影响较大的历史人物，清人笔记杂著中记其遗闻琐事者甚多，有些已采入谱中，有些没有收录，但又感到或可供参考和以资谈助的，弃置未免可惜，就编为《谱余》作为本书的附录。

这部年谱在编写过程中，曾先后得到杨国桢、刘桂五、史树青、齐钟久、刘泽华、汤纲和殷礼训等同志的关怀、支持和帮助，在此谨向这些同志致谢。我的业师、书法家启功教授以年近古稀的高龄，在病中为我题写了近十个横竖不同形式的书签以备选用。这种情谊更是对我的鼓励和督促。

这部年谱由于时写时辍和自己的水平所限，一定存在着不少错误和不足之处，诚恳希望得到读者的批评和指正。

一九八〇年六月于南开大学东村寄庐

原载于《林则徐年谱》　来新夏编著　上海人民出版社1981年版

《林则徐年谱（增订本）》后记

《林则徐年谱》问世后，不断得到学术界和社会上的友好们给予鼓励和指正。特别是1982年冬在福州召开的“鸦片战争与林则徐学术讨论会”更使我获得了教益与启示。我看到了旧作不仅有新内容需要增补，也还有失误处需要订正；而这次会议又决定把拙作列入将于1985年召开的“林则徐诞辰二百年纪念学术讨论会”的出版规划中，益加坚定了我的增订信念。但仅仅有主观意愿和行动，往往不易很快成为现实。因此，这必须感谢上海人民出版社编辑的识见。他们对我这本出版方几年、仅印过一次七千余册的著作，便毅然决定作为一部新著接受重排付印，这对我确是一种推动。它使我决心排除公私事务的烦扰，冒着溽暑去搜检资料，并不揣冒昧地向新旧朋友去求援，终于完成了旧作的增订。

这次增订主要在这些方面：

其一，增补了新资料：旧作虽已采录了部分手札资料，但近年来又看到一些过去未搜检到和新发现的手札及文物。如山东图书馆的海源阁藏札、故宫博物院的藏札和华东师大图书馆的藏札等。其中有些已散见于报刊，有些则尚未发表。这次均将其有关内容摘要录入以供参考。他如福州发现的刘家镇墓志铭、甘肃兰州发现的唁函石刻等，虽其内容对林则徐事迹关系不大，但也可丰富林则徐生平的活动内容。

其二，扩大了征引范围：旧作征引参考的文献资料近一百七十种，增订本在原有基础上，又较广泛地扩大了检读范围——不仅有旧籍，也有新著，不仅有国内，也有国外学者的研究成果，总计已达二百二十余种，比旧作的参证范围增多了六十种。这或能有助于开拓读者的研究视野。

其三，订正了失误：旧作由于疏漏，存在一些失误。增订本根据新获得的资料重加订正改写。如王鼎的卒年，相沿作道光二十二年四月底，旧作根据钞漏一字的资料遽改卒年为道光二十四年四月十二日；增订本则据新见到的王鼎祠堂墓志石刻文，订正前之失考，仍采旧说。又如林妻郑氏之卒年，旧作沿用魏应麒谱订为道光二十八年十月十九日；增订本据海源阁藏林则徐致杨以增手札，改订为道光二十七年十月十五日。

其四，增写了检读查索材料，如在书尾增写了大事年表索引，按年择系大事，注明书页，使读者一索可得。

其他还作了些文字、论述的修订。私衷愿有较显著的改进，但终因搜求资料多有窒碍，个人学识尚待提高，致使增订本还未能尽如人意，希望借出版之机能再得到更多同志的批评与帮助。

在增订过程中，承各公私藏家惠然协助，提供资料。有些素昧平生、未谋一面的朋友仅凭一函相通，就抄寄资料，提示线索，尤为可感。还有许多同志为本书的增订与出版给予各种鼓励与支持，统借此敬致真挚的谢意。

一九八三年十月于南开大学北村

原载于《林则徐年谱（增订本）》 来新夏编著 上海人民出版社1985年版

《林则徐年谱新编》序言

半个世纪以前，我还在读中学的时候，每逢“六三”禁烟纪念日，总会谈到这样一位重要历史人物，他就是以清除鸦片毒害而震惊世界的林则徐。他的伟大业绩不能不引起我想更多地了解他。这一愿望直到四十年代读大学时才得到实现。那时，我读到一本由魏应麒氏编写的《林文忠公年谱》，可惜这本书内容不够充实，让人感到如此重要人物，却只有这么薄薄一本谱传，似难相称。

五十年代之初，我从事中国近代史的教学与研究工作，重检魏编，益感有拾遗补缺及订讹纠谬的必要，遂采取书页签条办法，读书偶有所遇，就在魏著有关书页上标注粘列，积之日久，一书已满，无从着笔，乃另求一本，如法炮制，一书又满，遂决心重编林谱。适当其时，中华书局将《林则徐集》清样送我审读，其内容繁富，可供采择者俯拾皆是。此不啻助我信风，于是《林则徐年谱》的编纂乃得扬帆启碇。

六十年代，我被投闲置散，终日皇皇，忧思愁虑，束书不读，沉湎烟酒，行之经年，意兴萧索。自忖若就这样混过余生，实有未甘，审视案头林谱残稿，亦难以割弃。一日，忽仰屋而思，林公伟业被冤，万里赴戍，犹遍历荒漠，为民造福，寄情诗文，怡然自得，我何得自废如此？于是涣汗精神，重理旧业，蛰居斗室，伏首书案，历时年余，终成《林则徐年谱》初稿三十余万字，复检校群籍，细加订正，清为二稿。当时因难付枣梨，只得贮之敝箧，不意在“文革”之初，清稿竟遭丙丁之厄。不久，我被遣放津郊学农，家具衣物多以低价处理，而残篇断章皆捆载偕行。《林则徐年谱》幸存草稿，虽纸断笺裂，点划斑驳，字句犹能辨识，于是在耕余灯下再加清正，遂成三稿。居乡弹指四年，蒙恩召还故园，身处逍遥，《林则徐年谱》又得参校订正，是为第四稿。计检校图籍凡一百六十八种，成文三十四万余言。时事纷扰，何敢言出版，惟效鞶史公，作名山之藏而已！

八十年代，百废俱兴，《林则徐年谱》终于在上海问世，新知旧雨，频加音问，慰我辛劳。我也如释重负，似乎觉得已无愧于先贤的伟绩，也无负于当年的私愿。尤感忻喜者，厦门大学杨国桢先生所撰《林则徐传》也同时在首都出版。我居北而谱印于南，杨居南而传梓于北，一时有“南传北谱”之说；又有以出版者地属南北而有“南谱北传”之说。说法虽异，而一谱一传，将使林公之行事益彰。

拙编虽自以为广加采录，而陆续出现新资料仍时有闻见，除随时自加采登订正外，友朋补缺正误之件复纷至沓来，如谱载林妻郑氏卒年据魏编订为道光二十八年十月十九日，山东图书馆骆伟先生将馆藏海源阁藏札中林则徐致杨以增函一件见告，其中明确记载郑氏卒于道光二十七年十月十五日，订正了传统臆说。又如林则徐谢世月日，史传均作十一月，拙编据悼恤谕、遗折等定为十月十九日。后据林氏后裔福州林纪焘教授函告：林则徐文藻山旧家木主牌内载林公生卒年为“生于乾隆乙巳年七月二十六日子时，卒于道光庚戌年十月十九日辰时”，所说乃得确证。故宫藏有林公手札七十余件，幸得刘北汜、刘九庵诸专家多方关说，俾我通读。后复俯采愚见，将全部手札影印成册，倩我弁言，使林公手迹流传海内。陕西蒲城中学刘仲兴老师素昧生平，远道抄寄王鼎墓志石刻原文，借以订正王鼎卒年。林公后裔子东女士及福州市文管会杨秉纶先生均告以世传《文忠公年谱草稿》疑非真品。华东师范大学吴格、蒋世第二先生，兰州师范大学朱太岩先生及福州文管会官桂铨先生等均见赠书札、诗文钞件及拓片等；域外友人日本爱知大学图书馆馆长石井吉也惠寄林公手书楹联复制件。其他或商榷是非，或提供线索，或假以图籍，或出示家藏，诸友盛情，实难尽述。于是增订意趣，油然而兴。遂屏绝俗务，一意增订，众擎易举，时仅经年而全书告竣，计参阅书刊达二百二十九种，较原编增益六十种；成文四十五万字，较原编增近十万字。书成之日，反复摩挲，情难自已，遂快饮佳醪一盅。迨头脑清醒，细读全书，犹有未尽如人意者多处，是学之无止境而我心则尚存更新之远图也。

十年一瞬，有关资料频有闻见，方家研究成果亦复迭出。我则壮心未已，每有所见，辄采登于册，不意竟有数万字之积累，私心窃喜，遂有新编《林则徐年谱》之动念。去秋应邀参加福州召开之林公诞辰二百一十年纪念会，以文会友，颇多收益，新编之念，粗具轮廓，而林公贤裔凌青先生与子东女士，更频加关注，林则徐基金会复慨赠出版资助，于是新编之志益坚。北归之后，不间朝夕，广事搜求，博采众言，精雕细刻，约以期年，六十万余言之《林则徐年谱新编》当可告成于1997年香港回归祖国之日。林公鸦战遗恨，从此湔雪；我则摩挲《新编》以祭林公。林公有知，歆其来格！

一九九六年三月写于南开大学

原载于《林则徐年谱新编》　来新夏编著　南开大学出版社1997年版

《林则徐年谱新编》后记

《林则徐年谱新编》经过半年多的修订，终于完成了。这次修订工作固然缘起于为庆祝1997年香港回归祖国这一具有重大历史意义的历史转折而作；但从增订本出版以来的十多年里，新史料的发掘和对事件人物需要再认识的要求，也督促我尽快尽完善地投入修订工作。在整个修订过程中，我竭尽所能地使资料更丰富些，认识更清楚些，错谬更减少些。我主观上希望，至少在一二十年内，《林则徐年谱新编》能保持为研究这一领域的学者们提供主要参考书的领先地位。

年谱无疑是一种以丰富准确资料为基础，以供人参考与使用为职能的著述体裁，因此务求其详备与可靠。增订本虽然曾得到过资料丰富的奖饰；但这十几年里，有关谱主的奏牍、日记、信札、诗文、题字仍不时有所发现。其他诗文集、笔记、方志及民间收藏的有关资料也时有所见，尤其是有些学者还对这些史料做了认真的研究，提出了个人的解释与见解，可备使用资料的参考。有些熟悉的学者还见告所见所闻，使我在史料补正上有明显的增益。如林则徐晚年手书《观操守》一文，是“田家英收藏展”的展品之一，它是林则徐晚年经过一番人生阅历后所制定的座右铭，也可视作林则徐的佚文。一些新发现的奏牍可以补充若干史事，订正某些错误，日记、笔记则丰富谱主的日常生活动态。但是年谱又并非只是史料的缀辑，而是在丰厚的基础上，有所取舍按断，以见青史是非的一种著述。因此这次修订对若干史事及人物评说又有“出新”的企求，特别是对谱主的言行更有再认识的必要。近年以来，对林则徐的历史功过虽颇有异说，但我仍初衷未变，坚持原说，论定“他是封建社会的一名有作为的官员，也是中国近代史上具有远见卓识的爱国者”。对具体史事则有所订正，如他在云南迫迁回民于官乃山一事，过去只看到为加强对回民控制、防守和监管作用的一面，似失于偏颇；实则在当时历史条件下，这是为避免汉回之间寻仇不已，使已失家园的回民得到居所，并允许自由选择的一种权宜之计。又如过去对林则徐的禁烟功绩论述较多，而对其劝民戒烟的功德未施重墨。近年目击当今毒品泛滥，难以根绝之危害，益感禁戒并重之必要：禁在杜绝，戒在挽救。至于林则徐之死，一直谜团难释。我前此蔽于崇敬之情，深信内外敌人暗害之说。后来有多篇论文详加论说，多持不同意暗害之说，而我亦尚难提出被暗害之铁证，遂广列众说而存疑，以免有鲁莽失实之虞。

这次修订工作得到许多同道友好的关心与帮助。他们是凌青、林子东、林桢墉、陈胜粦、刘炳元、费黑、周轩和张一鸣等氏以及一些收藏单位，特别是年逾古稀的子东女士仍然一如既往，不辞辛劳，给予我更多的关注。她不仅提供文字和图片资料，还不时以函电相互商榷讨论，更协助奔走争取出版资助。这些友好的情谊督促着我尽力做好修订工作，至于实际效果如何，尚待广大读者的评定。

我的老师启功教授是我五十年前的业师。半个多世纪的岁月推移，日益增厚着师生间的情谊。在我坎坷困顿的时候，他虽然遭受过不公正的待遇，但仍然了无顾忌地安慰我，给我讲否极泰来的道理；当我落实政策后，他第一位写信来，并以其一贯的幽默，调侃我十八年寒窑盼来了薛平贵。以后我有很多部著作都是请元白老师题写书名的。他有求必应，往往横的竖的写好多个，并表示不满意可以再写，真令人感动不已。《新编》修订工作开始不久，我决定仍要惊动年过米寿的元白老师，不意那时老师因病住院。六月间，我应邀访日，为便于乘坐早班飞机，特地先期住到北京师大新松公寓，晚间便专诚去看望老师。真幸运！元白老师中午刚从医院回家。他说看到我的信，因病耽搁，并说在我访日回来前，一定完成。我感谢这种盛情。等我很快访日归来时，不意在我书桌上赫然陈放着一件特快专递，原来是元白老师为《林则徐年谱新编》所写的横竖标签数则。元白老师以高龄病躯为我题写书名，对老学生用情之深，于此可见。我怀着崇敬之心，表示真诚的感谢。

著名书法家王梦赓先生应请为我书写林则徐登程示家人诗之一首，作为封皮题词，以提示林则徐“苟利国家生死以，岂因祸福避趋之”的主导思想。梦赓先生惜墨如金，但为让我有选择余地，特为书写两份，名家墨宝，实属难得，其情尤足铭感。工艺美术家陈侃先生为《新编》设计封面，反复多次，不厌其烦。我借此对他们表示深切的谢意。

林则徐基金会热情关注《新编》出版，给以资助，为本书能如期交付出版，尽了最大的努力。我深知此举之艰难，于此重申对林则徐基金会及其秘书长王浩先生的感谢。

《新编》的修订由于时间匆促，内容繁多，所以初稿未能达到应有的要求，给责任编辑焦静宜副编审增加了前此未曾有过的麻烦。我赶在访日前夕，把稿子送给她。她为了能及时发稿，不误明年的需要，立即夜以继日、不避溽暑地投入工作，从内容、出处以及标点、版式都细心地加以审定，致成目疾，使我深感愧疚。我对她所付出的心血表示衷心的感谢！

我真诚地奉告读者：这本书只能说尽了我应尽的努力，而未达到尽美尽善的境界：只能说对纪念一代伟人林则徐和庆祝香港回归祖国尽一份中国人的心意而已。如果这本书能使人们了解一百五十多年前香港被强占的史事和对研究这一领域的学者有参考价值的话，那将对我是一种最高的奖赏。如果这本书能得到读者和同道的匡正纠谬，那我会发自内心地感谢这种爱护的。

一九九六年八月写于南开大学邃谷

原载于《林则徐年谱新编》　来新夏编著　南开大学出版社1997年版

《林则徐年谱长编》序

1934年，我十二岁，就读于南京新菜市小学。校方决定在6月3日举办“林则徐与禁烟运动”演讲比赛，我被班级推举为代表。级任老师张引才先生不仅为我提供普及性的参考读物，还指导我准备讲稿，结果获得全校第二名。这是我与林则徐禁烟问题的最早接触，当时虽所知甚少，但我非常仰慕林则徐的果敢行动，使我的长期屈辱心灵得到冲刷。

1951年，我任职南开大学历史系，授“中国近代史”课，开宗明义即为“林则徐与禁烟运动”。乃出箧中所藏魏应麒著《林文忠公年谱》，置于案头，以便参考，并随时将所遇有关林则徐行事之文献先后札写于魏著《年谱》书之天地头者，积有二册。第二册于“文革”抄家时被焚毁，第一册幸贮之藤箧，为后来编谱提供第一块础石。

1960年前后，社会推崇林公丰功日盛，中华书局乃取广东中山大学及明清档案馆存稿，编《林则徐集》（包括奏稿、公牍、日记）。我应邀审读全稿，如入宝山，目不暇给。其时我方接受审查，厄于“内控”幽居苦读，心性忧郁，时读时写时辍。惟读林公诸文，知其以建伟业，无辜放诸四裔，犹能不甘蜷伏，修水利，清荒地，遣闷舒愤。自我解脱，更显贤者大度。林公如此，小子不敏，何得终日戚戚？于是奋力潜研，于1965年成《林则徐年谱》定稿，藏之名山，以待时机。“文革”时，此定稿痛毁于火，幸草稿被埋于抄家后室中之杂物堆中，为后来再次成书留一基础，呜呼！此上天之佑我也。

二十世纪七十年代，我由牛棚下放津郊翟庄子，插队落户，从事农业劳动。耕余重整旧业。每晚在暗淡灯光下，取出所藏《林则徐年谱》草稿，逐字逐事，订正增补。历时两年，内容大致完成，犹待核正。1974年，奉命召回。幸有机遇得在有关藏书处所查阅资料，全书又得校核一遍，拾遗补阙，所获良多。1980年

6月，终成定稿，经挚友汤纲教授多方奔走，排除干扰，历经坎坷的《林则徐年谱》终于在1981年10月由上海人民出版社出版问世。使中国近代史上这一重要历史人物的丰功伟绩彰显于世。回忆成书之不易，得不涕泗从之！

《林则徐年谱》问世后，不断得到学术界和社会上友好的鼓励和教正，特别是作为1982年冬在福州召开的“鸦片战争与林则徐学术讨论会”上的赠书，使我得到激励和更多的教益与启示。我清醒地认识到，这部书不仅有新内容尚待增补，也还有若干失误处需要订正纠谬。特别是会议又决定将这部书列入将在1985年召开的“林则徐诞辰二百年学术讨论会”的出版规划，实非我意料之中。上海人民出版社的领导和编辑具有的卓识促成该书的增订。他们对这本出版方经年仅印过一次7000册的著作，毅然决定作为一部新作接受，重新按新作排印。这对我确是一种极大的推动。我受命之后，夜以继日，各方搜求资料，历时年余，终于在1983年冬完成增订本的写作并付印，成为1985年会议的赠书。这次增订主要是增补新资料、扩大征引范围、纠正失误和增写检读查索内容的《大事索引年表》。此增订本计参阅书刊达229种，较原谱增益60种，成文45万余字，较原谱增加近10万字。书成之日，自觉有所进益。迨头脑清醒，细读全书，仍觉有不尽如人意处，是学之无止境，而我心则尚存更新之远图也。

十年一瞬，有关资料频有闻见，方家研究成果亦复迭出。我则壮心未已，每有所见，辄采登于册。不意数年之间，竟有数万字之积累，私心窃喜。时值香港回归前夕，群谋出版海内外均能服膺之历史人物传记，有以林公应者，我亦为之心动。1995年秋，在福州参加“林则徐诞辰210年纪念会”。以文会友，于《新编》亦多有交流商榷，使我对改编《林则徐年谱新编》一事渐具轮廓。林公贤裔凌青大使、子东女士，多方支持。“林则徐基金会”复慨赠出版资助。《林则徐年谱新编》于1996年成书，拾遗补阙，对前此二谱纠谬正误，得近70万字，于1997年6月香港回归祖国之日正式出版。林公鸦战遗恨，从此湔雪，我则摩挲《新编》以祭林公。林公地下有知，当掀髯而笑。

2008年春，上海交通大学出版社冯勤先生来函邀稿。该社所编“晚清人物年谱长编”正在进行，已出版者有盛宣怀、张之洞、郑观应等人长编，拟邀我承担《林则徐年谱长编》之任，建议以《新编》为底本，充实史料，以史料为主，按年编次而较少长篇大论。应邀后，即着手搜集信息，核对资料，统一出处，增补不足，按年审定内容。历经两年，至2010年春大致编成一草稿，又经复核校订，成第一清样。复详加校订，正误增补若干处，经妻子焦静宜编审又为逐字逐句通校一遍，最后由我通读全稿后交稿。时为2011年春。

其修订增补者，约为三点：

（一）《新编》编写时，《林则徐全集》尚未出版问世，故征引资料出处来自多种有关书籍。现《全集》已问世多年，而《新编》又易为《长编》，读者将时加使用，故将资料来源统一为《林则徐全集》的册、卷、页，以便查核。

（二）《新编》为应香港回归所需，成书较急，容有引证不当、编次颠倒、资料重复、叙事欠当或论断不恰之失，今次改写《长编》力求纠谬订补。

（三）《新编》征引原始资料，特别是文告、章程，多以文长不录，仅概述其事而已，与《长编》体例不合。现增补原件若干。

虽然尽力运作，但年近望九，老病侵寻，独力进行，未能尽善，苟有疏漏不当，尚请读者鉴谅。

书名原为启功老师于二十世纪九十年代初为《新编》亲笔题署，是他用毛笔题写书名最后几个中的一个，以后多用硬笔题写。为纪念启功师的恩情，仍用原题签，其中“长”字由启功师其他书件中换补，谨此说明。

《长编》之作，耗时三年。公私冗沓，事非得已。除自著辛劳外，颇得周轩、茅林立诸友倾力协助——提供资料，正误补缺，获益匪浅。林公贤裔林子东、凌青姐弟，频加关注，于此并致谢意。其间，凌青大使复于2010年9月去世。深以未能早日成书，俾凌青同志一览为憾。老年成书，精力容有不及，疏漏讹误，当仍存在，尚望林学研究者与广大读者有以教正为幸！

是为之序。

二〇一一年夏写于南开大学邃谷

原载于《林则徐年谱长编》（上下卷）　来新夏编著　上海交通大学出版社2011年版

《近三百年人物年谱知见录》后记

在《近三百年人物年谱知见录》即将问世的时候，我怀着诚挚的敬意，忆念这部书的创议者、我的学术前辈——南开大学图书馆故馆长冯文潜（柳漪）教授。早在二十五年前，我正担负着中国近代史的教学工作，不时到校图书馆去翻读一些清人年谱。当时，冯老建议我：这类书看的人不多，也无需人人都去看，你既然在看，何不把清人年谱清个底数，顺手写点提要，积少成多，将来也能为人节省翻检之劳（大意）。冯老还表示可为搜求与转借图书提供方便。我原有这方面的朦胧想法，便接受了这一建议，经过了五六个寒暑，终于写了八百多篇书录，近五十万字。那时，冯老的健康状况已不甚好，但仍然兴致勃勃地翻看了初稿，嘱咐我修订和争取为人所用。不久，冯老就在1963年因病谢世。现在，我谨以此书纪念冯老。

《近三百年人物年谱知见录》经过增订，写成了定稿后，很快就遭到散失的厄运。十多本手稿仅剩了二册，另外还有一些杂乱的卡片和原始记录，已经不易复原而不得不弃置一旁。1970年，我到津郊学农。临行，亡友巩绍英同志义重情长地来送行，并谆嘱重新编纂《知见录》。几年的耕读生活和回校后等候分配具体工作的时间为我整理残篇断简、重新查书提供了方便。1975年，我终于又一次完成了定稿。可惜绍英同志已在1973年过早地离开了他所喜爱的学术事业。我在完稿的喜悦中也交织着对故友的不胜怀念之情。

《近三百年人物年谱知见录》虽已再一次完稿，但是否完善，还不敢说。我很想请人看看，可是一则由于内容枯燥，二则由于朋友们繁忙，一直不能实现这一愿望。1976年初，刘泽华同志竟在主持《中国古代史》编写工作的繁忙情况下，欣然应邀通读了全稿，提出了很好的建议，鼓励我坚持增订完善。他是通读全稿的第一人。

冯老是我的前辈，绍英同志是同辈人，而我又比泽华同志痴长了几岁。也许这是一种巧合，《知见录》正是在这三位老、中、青学者的不断关心、支持和帮助下完成的。

《近三百年人物年谱知见录》虽已著录八百余种，但还很不完备，不仅有知而未见者，尚有未知者。一些稿本、抄本和或附于集首卷尾、或刊于报章杂志者，则搜求不易而缺漏尤多。但为了能为他人稍节翻检之劳，先将已有部分汇为初编；俟续有所得，再成续编。我殷切期望初编问世后，能有更多同志补正，惠告线索，俾获增补完善。至于编写体例、书录内容以及其他等等，亦不免有不足和错误，甚望读者批评指正。

南开大学的殷礼训、汤纲和焦静宜同志，北京师大的张守常同志，山西图书馆的赵东升同志，清华大学的吴琼同志，上海人民出版社的刘伯涵和顾孟武同志等都从各方面给予支持和帮助，上海图书馆馆长顾老惠题书签，均借此致谢。

一九八二年六月于南开大学北村

原载于《近三百年人物年谱知见录》 来新夏著 上海人民出版社1983年版

《近三百年人物年谱知见录（增订本）》序言

一

我在上世纪五六十年代，曾以“为人之学”为宗旨，历时十年，亲自检读清人年谱七百余种，一千余卷。每读一谱，辄加叙录，终于在1964年撰成《近三百年人物年谱知见录》六卷，共五十余万字。清稿誊正，谋付剞劂，艰难困惑，形诸梦寐。不久，“文革”祸起，图书存稿，或被一炬，或遭抄没，斋中所剩，不过零简断笺。《近三百年人物年谱知见录》自在劫中。忆往日焚膏继晷之辛劳，痛遭丙丁之厄，不禁唏嘘随之。

1970年初夏，我以待罪之身，放之远郊穷乡，一心务农，“躬耕”郊野，束书不读，意兴阑珊，毫无著述兴趣。时隔半年，饬令认领查抄物资，珍物尽失，惟领回缺帙残卷及普通衣物。不意从中发现《知见录》及《林则徐年谱》等书稿之零篇残页。乍见故物，悲从中来，顿生重作冯妇之想。于是发箧中藏卡，假农耕之余，土炕孤灯，重理笔墨，每至中夜，不以为苦。年余，《近三百年人物年谱知见录》再成一稿，不禁拊掌自喜，颇有谈孺木重纂《国榷》之得意。1974年秋，由远郊赐还放归，“革命勇士”仍在与人斗其乐无穷，而我则逍遥闲适，无所事事，于是对《近三百年人物年谱知见录》再次整理补订。又经年余，终成定稿，而出版问世，尚属渺茫。八十年代初，各项事业渐入正轨，挚友汤纲多方奔走，承上海人民出版社慨然接受，刘伯涵、顾孟武二先生分任责编，终于在1983年出版问世。历尽二十余年沧桑劫难，一旦绝处逢生，得不雀跃！

二

《近三百年人物年谱知见录》出版问世，海内外多有庋藏。学友亦时予佳评，窃喜数十年辛勤，得遂初衷，时生飘然之感。兴奋之余，避居寒斋，平心静气，循读再三，多有伤病，深悔未遵亭林先生不急于付梓之遗训，匆匆问世，而各方读者、知者，无论识与不识，间致简札，或纠谬正误，或拾遗补阙，其真情挚意，充盈字里行间。而我于读书之际，亦时有新谱之知见，乃随手札录，贮之囊箧。日积月累，积稿寸余，于是定意增订。惟以事务纷扰，公私猬集，岁月迁延，迄未着手。直至世纪之末，离休归隐，方期董理旧稿，不意天不佑我，老妻病瘫七年，更无暇顾及。乃多方物色能承续其事者，而实有才难之憾。洎年逾八秩，精力日衰，深惧所存书目及资料线索等散失。2003年春经多方比量，拟将增订诸事交付江晓敏女士承担。晓敏为我早期学生，任南开大学图书馆古籍部主任有年，深谙旧籍，笔墨亦勤，或能顾念师生旧谊，接受嘱托。孰知晓敏久缠二竖，身体虚弱，勉力完成本职，已属支撑，曷忍再以业余工作相责，自当另作图谋。

值一时尚难得适当人选之际，我自恃尚有微力，乃将积存的各方意见及历年所写多篇叙录整理删定，成《〈近三百年人物年谱知见录〉补正》一文，于2004年6月《中华文化论丛》第76期先行刊发，向读者补过。《补正》一文分两部分，一为《增补》，记原《知见录》未收而今得见之谱，写成叙录，为原录增补。其中凡友人写寄者，于文末注明。如复旦大学图书馆沈达伟女士为补《淄川蒲明经年徵》、《齐巨山先生年谱》、《谨庭老人自定年谱》、《养福斋自撰年谱稿》、《马锦门龙标年谱》。……二为《订正》，记各方对已刊《近三百年人物年谱知见录》叙录内容有所正误与补充，均记其资料来源，以明他山之助。如山西省图书馆赵冬生先生见告：《（先大父）泗州府君事辑》“谱主姓名应为张佩芳，误为张佩芬”，《先文靖公年谱》“编者应为孙慧惇，误为孙慧恺”。……《补正》一文各条，现均已入增订本。惟助编人才一时难得其选。

早在2000年夏，山东夏津县方志办主任潘君友林函请为其历经十年完成的《夏津旧县志校注》一书作序。未几，潘君携稿来舍。我与潘君素昧平生，接谈之下，固谦谦好学之士，修志多年，旧学颇具根底。读其《校注》，益见其深谙古籍整理之道。其默默耕耘，不计功利之精神，令人感动，乃循读其书而为之写序。10月间，潘君来舍取序，得进一步接触。其后，潘君又以整理德州旧志九种及《聊城旧志点注》，时来商榷。数年交往，相知益深，我曾于言谈间略述增订《知见录》之意，潘君自陈愿鼎力相助。于是我即着手准备，整理书源，拟定编纂体例及撰写要求，规划进度，拟以三年之期，增订内容一倍，以便学人参检。遂于2005年11月定议。自是以后，每数月，潘君不避寒暑，必来舍商谈进程及有关问题，坦诚研究，切磋共识。潘君年近花甲，犹负书携稿，往返津鲁，备著辛劳，不以为苦。历时近三年，增订大体完成，经我统阅删定，又加修改，于2008年6月下旬，潘君以整理稿送津，编序一以原书为依归，内容充实，稿面整洁，文字通顺，基本符合原定体例与规划。我摒除诸务，细加审读，整齐体例，统一文字，完善附件，于2008年秋终成定稿。嘻！数十年愿望，一旦实现，得不欢欣愉悦？

三

增订《近三百年人物年谱知见录》，颇得众多友好相助，参与撰写者有十余人（名单另见卷首）。三易寒暑，备经辛劳，粗成定稿。详读全稿，两相比照，设言所得，约为五端：

其一，扩展内容。增订本在字数及收录内容上都较原书大有扩展，原书共收叙录778篇，新增803篇，现全书共有叙录1581篇。原书收谱主680人，新增572人，现全书收谱主1252人。原书56万字，新增50余万字，现共110余万字。原书本附有谱主、谱名、编者及谱主别名字号索引共四种，后二种在出版时为出版社所删略，今除全面增补外，又恢复后二种旧观，共设索引四种。另增设卷首卷尾。卷首收增订本序言、撰写人名单和“凡例”。卷尾收原印本“代序”与“后记”。

其二，增录版本。在版本著录上，新增版本著录多家，如谢巍：《中国历代人物年谱考录》、黄秀文：《中国年谱词典》、王德毅：《中国历代名人年谱总目》（增订版）、洪焕椿：《浙江历代名贤年谱综录》及孙殿起：《贩书偶记》等多种。遇有小误，辄加订正。于各家目录著录外，设目见其他版本，亦即补入，如《杨园张先生年谱》（张履祥）在上海图书馆藏有清道光十四年崔德华手抄本二册，即加补录。类此稿本、抄本，多注其藏者，以便用者求书。

其三，重分卷次。在编纂体例上，原书分六卷，按顺治至宣统各朝顺序分卷，增订本除增设卷首与卷尾收录与本书有关文献外，将原六卷分为十卷。前三卷依旧。第四卷、第五卷以原分量过多，增补亦多为此时期人物，与各卷分量显不平衡，现分为四卷，均以谱主生年分属各朝为序，即卷四为生于嘉庆时期人物，卷五为生于道光时期人物，卷六为生于咸丰、同治时期人物，卷七为生于光绪元年至十九年前人物，卷八为生于光绪二十年后人物，卷九为知而未见录，卷十为四种索引。

其四，增补订正。此次增订，几近一倍。其主要书源有四：一是新编新出清人年谱；二是北京图书馆出版社的《年谱丛刊》；三是上海图书馆秦翰才等人的稿抄本；四是散在某些高校和公共图书馆所庋藏的稿抄本与油印本。至于订正内容，有一般名字籍贯，如《慎独斋七十年谱》误谱主字家瑞为家端；又如《潜庵先生年谱》据年谱著录汤斌为安徽来安人，但漏著汤先世由来安迁河南睢州而滋误会。有些则为较重要订正。如某谱主自撰记其与清室及伪满关系亲近，并任伪职、得伪谥等情事，其亲属多次要求改订。增订时再详核其自谱，只能以遗老立场定论，增入其自谱原文，史笔固不能曲。

其五，指引史料。《近三百年人物年谱知见录》的一大功能为节他人之劳。于叙录中往往著明史料价值，甚有引录全文入录以备参考者。如宋之绳自记《紫雪年谱》记明末饥荒灾难，农民军攻陷京师，皇宫惊慌失措，王公大臣之遭遇等甚详。叶士倬的《健庵自订年谱》所记乾隆五十五岁寿辰的铺张情状是：由西华门至宫门“夹道陈设西湖各景并牌坊戏台，缀以绻彩，杂剧歌舞，竞为奇巧，用银以百万”，从颐和园入城，“一路楼台歌舞，四十里中，目不暇给，极视听之娱，天上人间，真不可复辨矣！”晚清王锡彤的《抑斋自述》七种，多记清末时事，习俗世风，山川风光，逸闻掌故，无不详述，不啻为晚清社会之小写照，其中记“州县衙门之门丁，为有清二百余年不可解之大秕政。其名目之为人称道者：曰稿案、曰稿签、曰钱粮、曰车马、曰杂物、曰执帖。州县官之由贫士起家者，到省后辄由此辈来为奔走，礼节如何，夤缘如何，皆熟径也。”具体生动的记述为他书所少见。类此指引，具载录中，或可备用者参考。

据此五点，读者可得增订本之大要。

四

《近三百年人物年谱知见录》的增订工作，数易寒暑，终于告一段落。当增订之始，我即因书海无涯，又屡见新著，加以年事日高，已近望九之年，若不立一标尺，则无成稿之日。乃定位一旦增补成倍时，即作一阶段，先行问世，以便读者早日使用。而今预定目标虽已完成，但未能竭泽而渔，仍然感到遗憾。其遗留未收部分，有待后来学人。

在增订过程中，曾得到各方友好的关注，如天津图书馆李国庆先生为我多年旧友，长期的学术搭档。他无私地向我提供主要书源，有时甚而亲自送书来舍，又毫无条件地提供珍善本书影，为本书增色。上海图书馆的王世伟教授为我邀请馆内人员，助我编写叙录，并为到馆查阅有关图书提供方便。当今用书难、借书难已呈时风之际，我非常感谢他们的慷慨好义。其他尚有高校与公共图书馆的一些朋友，为免我跋涉奔波之苦，为我编写叙录初稿。不计篇数多寡而友情可贵，我已在扉页一一列名，以致谢意。

《近三百年人物年谱知见录》初成时，中华书局总编赵守俨师弟即相邀约，后以时机相错，由上海人民出版社出版，守俨为此一直引以为憾，并不止一次相告，如日后增订，还是交由中华来出。故友已逝，言犹在耳。在增订本即将定稿时，山西古籍出版社的张继红先生和岳麓书社的曾主陶先生都先后过问此书稿，而继红持之尤力。中华书局李岩先生亲与继红沟通，并电告我由中华以较优厚的条件承接此稿，责成汉学编辑室负责落实，室主任李晨光先生任责编。这些情意，令我感动。我也深感增订本所托有人，可告慰于守俨师弟。我庆幸在有生之年，完成宿愿！

我两次通读过增订本全稿，统一体例和文字，订正讹误，补充不足。如果这本书能给读者以某些用途，那是我和朋友们共同努力的结果。如果尚存在错谬和欠缺，我应独任其咎！

我真诚地感谢所有关心和帮助过我的朋友们！我也期待读者们的教正！

二〇〇八年初秋来新夏写于南开大学邃谷

原载于《近三百年人物年谱知见录（增订本）》　来新夏著　中华书局2010年版

《中国近代史述丛》序

感谢齐鲁书社为我出版《中国近代史述丛》这本书，使我能借此回顾一下三十年来走过的学术道路，并保留下深浅不一的屐痕萍踪。

我虽然是历史专业出身，但真正接触近代史则是1949年在华北大学历史研究室范文澜同志指导下才开始的。《太平天国底商业政策》正是我在近代史方面学步的一篇处女作。后来，我就逐步地进入了近代史的教学与研究领域，陆续写了包括现在收入《述丛》中的数十篇习作。

《中国近代史述丛》共收录了我从五十年代以来在近代史方面的习作二十三篇和一组读书笔记。这些习作正如书名所表示那样，它们并不是什么有创见的论文，而只是努力按照范文澜同志“板凳宁坐十年冷，文章不写半句空”的教诲，为了锻炼自己的研究能力和适应教学要求，力求把若干史事叙述清楚，为他人作一点铺路石子的工作。因此当我把这些习作汇为一集时，经过反复审读，最后还是认为题名《述丛》比其他题名能更确切地反映我近三十年来在中国近代史方面所做的工作。

《中国近代史述丛》所收的习作大致包括以下五个方面：

（一）为参加当时学术讨论而写的习作。从五十年代以来，中国近代史划阶段问题经胡绳同志提出后，立即在史学界得到应有的反响，许多学者各抒己见，展开讨论。我在学习这些论文的基础上，先后写了两篇短文（集中总题为《关于中国近代史的划阶段问题》），参加了讨论。太平天国革命性质问题也是五十年代比较为人注目的讨论课题，当时报刊上陆续发表了不少有关论文，其中有一部分文章着重探讨了太平天国的基本纲领——《天朝田亩制度》的性质。我也从中得到某些启发而写了《〈天朝田亩制度〉是农民革命的纲领》一文，主要希望借此获得一些教益。

（二）为纪念重大历史事件而写的习作。1949年，为了纪念1950年太平天国起义百周年，华北大学历史研究室（不久即改制为中国科学院历史研究所第三所）的同志们在范老亲自主持与指导下写了一组文章，编印为《太平天国革命运动论文集》（三联书店1950年出版）。我在近代史方面的第一篇习作《太平天国底商业政策》也被收录。1956年，为了纪念孙中山先生诞生九十周年而写了《略述孙中山“以俄为师”的政治主张》一文。1961年，为了纪念辛亥革命五十周年，由我执笔写了《辛亥革命时期有关天津的革命活动》一文。1970年，为了纪念天津人民反洋教斗争的百周年，我曾满怀激情地写了《论天津教案》一文，但直到1980年始获发表。

（三）为撰写专著做准备而写的习作。我在撰写专著前，往往喜欢在资料搜集大体齐备的基础上先写一篇纲要式的文章作为提示，或者先写片段以试笔。如为写《林则徐年谱》一书而写《林则徐传论》，为写《古典目录学浅说》而写《清代目录学成就浅述》，为写《近三百年人物年谱知见录》而写《清人年谱的初步研究》，为写《北洋军阀史稿》而写《略论北洋军阀史研究中的几个问题》和《谈民国初年白朗领导的农民起义》，为写《方志学概论》而写《略论地方志的研究状况与趋势》等等。这些习作，有的被专著部分地采用，有的就作为专著的代序。

（四）为了丰富教学内容和试探性地填补个别空白点而写的习作。如有关鸦片战争的多篇习作、有关甲午战争的两篇习作以及《同盟会及其政纲》和《反清的秘密结社》等篇都是在这一动机之下动笔的。其中如《试论清光绪末年的广西人民大起义》一文则是感于近代史教学中，在教学大纲上都标举了1903至1905年的广西起义，但一些著述中又大多语焉不详，所以我就搜集了有关资料，排比撰次而成此篇。

（五）一组读书笔记。长期的读书生活养成了一种“书山有路勤为径”的习惯，总感到记忆的不足恃，而喜欢写点札记，积久成册，题为《结网录》，但后来三册札记在动乱年间散失殆尽，仅剩已成篇发表的几则和少量残稿，现选录数则，改题《结网小录》，以志采铜之劳。

《中国近代史述丛》所收各篇是在不同时期完成的，为了保存原来的基本面貌，除了《鸦片战争前清政府的“禁烟问题”》一篇系发表后不久就作了较大的修改，仍能反映当时水平而收录改写稿外，其他各篇都只作了少量的增订或不加改动。各篇大略以内容所及史事时间先后为序，但篇末都记录了发表时间，以示进德修业的轨迹。从这次回顾检阅中也使我深感愧怍。三十年的漫长岁月，自己在学术研究上，即就数量而言已是微不足道，遑论质量是否符合起码水平。尤其是，比量各篇，几乎仍在原地踏步，没有什么显著的进展。这一点是深负师友们的殷切期望的。

《中国近代史述丛》编成之时，适值我六十初度之际。按照传统习惯，这应是一个新周期的开始。为了补偿过去三十年的荒弛，深愿在新周期开始时，从零起步，踔厉风发地加速前进。为此，我特请老友金石家傅耕野兄为我镌刻一方“花甲少年”的用章作为鞭策。我必须在今后十年中贾其余勇，努力拼搏，至少做出与前此三十年等量的工作，庶在古稀之年能有《中国近代史述丛》续集呈现在广大读者面前求教。

《中国近代史述丛》在整理出版过程中承卞孝萱、焦静宜等同志的支持和协助，书法家王颂余教授的惠题书名，都在此表示深切的谢意。

我真挚地期待着新知旧雨和广大读者给予批评指正。

一九八二年秋夜写于南开大学北村邃谷

原载于《中国近代史述丛》　来新夏著　齐鲁书社1983年版

《结网录》前言

《结网录》是我1980年至1983年间所写文章和札记的选录。它主要反映我近年来学习清代历史并作些研讨工作的情况。我从八十年代始就立志想在学术工作中有点成绩；但事与愿违，四年一瞬而过，我并未达到预想的目标。如果恰如其分地自我评论一下，充其量只不过读了点杂书，写了点札记；或者为了加深认识，作了点缀辑资料、归纳问题的工作而已！按时髦术语说：只是进行了一点二次文献工作。惟一可以自我安慰的是做了点开拓笔记杂著这一史源的尝试，对有些问题作了些描述性说明。因此，这本集子只能名之曰《结网录》。

“结网”的出处见于《汉书·董仲舒传》所引古人的格言：“临渊羡鱼，不如退而结网。”这句格言包含着一种教人循序渐进，网成自能得鱼的寓意。正因为这句格言很合乎我这个才拙学疏者的口味，所以早在中年时期就曾以“结网”的态度沉浸于典籍杂著，随手札录，乃成四册，自题为《结网录》。不意后竟被毁于丙丁，所余戋戋，多涉及近代史事，遂甄选十一则入于拙著《中国近代史述丛》（齐鲁书社1983年出版），别署《结网小录》，借识依恋之情。现又裒集八十年代以来所撰诸文，仍题《结网录》，其意在说明诸文不过如网之成目。至于网之良窳与否，有待质之高明。自己能用网得鱼固佳，设他人能借此网得鱼尤感跃然而心喜。但从这些拙文看来，我这四年的结网工作并未织成一幅好网，甚或容有失扣的地方，出现了“漏网”；也许我所织的仅是一面小网，尚未足洒向江海。但我将一如既往，不计其功地结网、结网……以弥补前此的不足并纠正错结。至若师友教正，实企翘之！

一九八四年三月于南开大学北村邃谷

原载于《结网录》 来新夏著 南开大学出版社1984年版

《天津近代史》前言

天津是我国北方的重镇，首都的门户。如果仅从一个城市的形成和发展来看，它还不足以称为历史悠久；但从它进入近代社会后的急速变化来考察，近代天津无疑是近代中国的缩影。因为中国近代史中的重大历史事件、社会经济的各种变化以及重要历史人物的活动都在天津近代史中有所反映，留下了历史的痕迹。所以研究和编写天津近代史不仅有益于理解中国近代史，而且还将提供一部信而可征的乡土教材。这正是我们愿意在过去许多同志所进行的资料纂集和专题研究的基础上，通力合作，编写这部《天津近代史》的出发点。

一

凡是编写一部史书，首先遇到的问题是如何断限和划分阶段。这是史学界饶有兴味地进行争论的问题之一。中国近代史的断限和划分阶段问题也有过几次争论，但迄今未能完全定论。具体到地方史，更具有某些特殊性。它既要考虑全国，又要结合地方，因而也出现过一些不同的意见。这部书的开端采取了1840年的传统说法；有的意见认为1860年的被迫开埠，才使天津开始沦为半封建半殖民地城市，其意当以此为开端，这就忽视了第一次鸦片战争英军入侵大沽口的重要史实。至于下限断于1919年或1949年都有一定的理由。本书只是为了编写便利和照顾较多同志的分段习惯而以1919年为下限。

天津近代史的划分阶段问题，过去有些同志以“两个过程”为基本线索提出过见解。“两个过程”的论点是可以被接受的，不过在具体划分时还有某些出入，如有的同志将天津近代史划分为1840—1860年、1861—1894年、1895—1901

年、1902—1919年等四段。我们同意四分法，但对第三、四段却略有异议。我们划分为以下四段：

（一）1840—1860年：在此期间，天津屡遭英法等侵略军的进犯；太平军的兵锋直指畿辅、逼临天津；天津原来沉静而凝固的封建统治秩序受到冲击。处于封建末期的清王朝遇到了内外压力而开始发生变化。天津和全国形势一样同步进入了近代。

（二）1861—1894年：这是天津各方面发生激烈变化的时期，一些主要的资本主义国家的侵略势力相继侵入——划分租界，设立洋行、银行，商品输入和资源外流等等，天津开始沦为半封建半殖民地城市。人民不甘忍受欺凌，奋起反抗，出现了十九世纪七十年代天津近代史上最早一次大规模的反抗斗争——“天津教案”。与此同时，天津还成为北方的“洋务”中心，举办了多种军事和民用工业，使天津的城市获得发展，民族经济开始起步，民族资产阶级和无产阶级出现在历史舞台。

（三）1895—1911年：甲午战争中国的失败，使我国更沉重地遭受各帝国主义的欺凌，但是戊戌变法和义和团运动表达了民族资产阶级和农民不甘屈辱、力求富强的意愿。尽管帝国主义侵略不断强化，仍无法阻止民族经济的振兴和人民大众的奋进，终而引发了结束两千年封建专制统治的辛亥革命。1911年的辛亥革命是极关重要的历史标志，天津同全国一样应当在此划一阶段。

（四）1912—1919年：北洋军阀篡夺辛亥革命成果所建立的北洋政府的种种倒行逆施给天津带来了灾难，特别是以天津为巢穴策划复辟活动的翻云覆雨，遭到了天津人民针锋相对的抵制。“老西开事件”的反法帝国主义斗争，使民族资产阶级在历史舞台上兴作了一次重要的表演；但更重要的是随着民族工业的发展而起的早期新文化运动，把天津近代历史推向另一个新的阶段。

这样的四段分法既突出地反映了天津近代史的历史真貌，也大体上沿着中国近代史发展轨道进行。本书编写时虽然没有按段明确标出篇章，但基本上是依照这四个阶段的层次来描述天津近代这一历史时期的。

二

本书的编写者力图在马克思主义指导下，把天津近代史作为中国近代史的一个缩影来写的。但是，这个“缩影”不是中国近代史的摘编或缩写，而是实事求是地反映了近代天津的历史真实。我们从研究天津近代史实入手，它所展现的历史图卷对中国近代史的若干重大事件几乎都有所反映，只不过层次有高低、时间有先后、规模有大小而已。所以天津近代史是中国近代史缩影的说法是对天津近代历史实际的真实概括。

在编写这段历史过程中，我们在掌握较丰富的资料和继承前人成果的基础上，不仅只是一种再编纂，而是进行了历史的反思。我们认为历史的反思是要重新认识历史，并尽最大努力体现历史的真貌。本书采取了不少已为史学界较多人所同意的观点。有些则由于我们根据发掘和掌握了信而可征的资料，经过考辨、分析与研究提出了某些见解和看法，这里只举例说明，如：

（一）关于天津近代史上反侵略反帝斗争问题：过去往往不论时代背景，仅作共性认识而忽视特性分析，以致不易看到斗争的发展。天津近代史上有过三次大规模的反侵略反帝斗争，即“天津教案”、义和团运动和“老西开事件”。它们的斗争性质基本一样，但其斗争规模、斗争艺术和本身的弱点又各有不同。“天津教案”是近代早期的反侵略斗争。它以城市居民为主力，地主阶级知识分子则支持和推动了斗争。这次斗争由于时代局限带来了因东西方观念冲突而产生的若干反教排外行动；但它沉重地打击了侵略者的气焰，揭露了清政府的媚外，显示了人民的英勇斗争精神都是值得肯定的。我们不同意把这次斗争认作是城市游民一哄而起的盲动行为的说法。义和团运动比“天津教案”的纯自发性斗争有所发展。它是粗具组织，抱有共同信念的一次反抗斗争。它虽在策略上有些不明智，采取了盲目仇教排外，甚至一概排斥西方物质文明的行动，使斗争蒙上了某些愚昧色彩，但它确是一次重大的反帝运动，制止了帝国主义企图瓜分中国的狂潮。我们不赞成片面强调义和团愚昧、落后的说法。“老西开事件”则大异于前，因为从二十世纪初年以来，天津的民族资产阶级随着天津民族资本主义的发展而壮大。它充当了反对法帝国主义侵占老西开的领导者，在政治舞台上作了重要的表演。它远远超出“天津教案”和义和团反帝运动的斗争水平。它广泛地团结各阶层群众，恰当地运用斗争策略，终于取得了胜利，为天津近代的反帝斗争作出了贡献。我们改变了未能充分估价天津民族资产阶级历史作用的论述。

由于对同一性质事物进行不同时期的纵向比较，不仅加深了对事物本身的理解，同时也从发展趋势中给人们以鼓舞，激励人们的前进斗志。

（二）“洋务”事业的评价问题：洋务运动时期，天津是北方的“洋务”中心，举办了为数不少的军事和民用企事业。举办这些企事业的目的，当然主要是清王朝为加强镇压人民的力量以维护其封建统治；那些办“洋务”的人还夹杂着和顽固守旧势力争权夺势的动机，这是无需置论的一个方面。但又不能不同时看到，他们在“富国强兵”的愿望方面也具有希图与外国侵略者争衡的因素，因而这又是一场封建政权“自强”、“求富”的自救运动，而举办“洋务”所建立的若干工矿企业在客观上对推动中国近代工业的发展有着重要影响。它不仅产生了工人阶级和民族资产阶级，改变了近代社会的阶级结构，而且还为近代工业培植了技术骨干力量。

（三）关于资本帝国主义侵入的问题：它们的侵入给天津近代历史带来了灾难。它们的侵略罪行应引起我们的痛恨而予以揭露和指斥；但是随之而来的经济、文化诸方面所造成的客观影响究应如何估计？却又是值得进一步研究和探讨的。例如设立学校、医院和办报等，它们主观上是含有侵略目的；但在传播西方文明和先进技术方面，对我国封建传统观念所起的某些冲击作用，并曾对近代一些资产阶级知识分子有过的思想影响等客观效果都应加以分析。不过，对这些客观效果不能作过高的估计，因为这些是我们“挨打”的副产品，不足为训。

（四）关于历史人物的评价问题：天津近代史上有不少见于中国近代史的重要人物。他们有些已有所谓定评，但若从他们在天津的具体活动来观察，其评价却又有歧异之处。如袁世凯是历来被贬责的人物，但他于二十世纪初在天津推行的“新政”是有一定成效的。袁世凯的“新政”主要包括变革军制、兴办巡警、考核吏治和创建实业等等。它们都对天津近代社会发展有利而难以一概抹煞的。即以在天津练新军而言，这是我国近代化军事制度的开端，在当时全国编练的新军中，它以装备精良、训练严格和饷械充裕而首屈一指。它不仅使封建统治者耳目一新，还引起帝国主义的注视。“北洋实业”在倡兴工艺、发展经济和扶助国货等方面也都有积极成效。虽然，这些“新政”还包含着不利于人民的另一面；但总的看来，它在客观上对稳定社会秩序、改革旧制、发展社会经济诸方面都产生过一定的积极作用而应给袁世凯以恰当的论定。但也不因此掩盖他的秕政。他如李鸿章、聂士成、范旭东等人物，本书在有关章节中，都作了实事求是的评论。

本书中还有其他一些见解和看法，不一定成熟，只是我们一得之愚，希望借此与读者共同商榷和研讨。

三

详细占有资料是本书编写过程中的一项重要要求。我们主观上想尽力接触已刊未刊的资料，但间或由于见闻所囿，涉猎不广及某些具体窒碍，必然会有不少缺漏。综括全书引用的图书资料近二百种，其中以文献为主。文献大体上有三类：第一类是专著，包括天津地方志书、前人诗文专集和政书，近人专著以及外国人著作译本等；第二类是论文，除了解放前一些零篇短章外，近年来许多天津史专业研究人员的调查报告和研究成果，包括已刊未刊者，也有一定数量；第三类是资料汇编和丛刊，它以原始文字或加工后的表式提供采用。所有这些图书资料都是编写本书的坚实础石。我们对于征引的资料尽量注明出处，并于书后附一《参考书要目》，以供读者和研究者参考。

我们使用文献资料时尽量寻求原始记载，有些则通过第二手资料去追根溯源，如果不得已而使用第二手资料也大都注明转见以便读者翻检核查。我们更注意发掘新资料以订补史实，如采用定州知府金永墓志铭以补义和团领袖曹福田最后死难于定州的重要史实。对于一件史实、一个问题在不同文献中有异说或一事多说时，在没有确证前，不鲁莽地定是非而采取附注异说、多说以存疑的态度，如天津租界被侵占地亩数即是一例。对于外人著述也不偏信其所谓“目击”和“亲历”而慎重考辨，如英人雷穆森所著《天津——插图本史纲》一书是天津史中的有名著作。他曾引述马哥孛罗的话，说天津在元朝已被誉为“天城”，这是一种误解，马哥孛罗所说“天城”实指“上有天堂，下有苏杭”的杭州而言。我们对外国人著述中的这类不确切史料就摒而不采。

我们还在资料处理上体现观点，如对历史人物除了以史笔加以褒贬外，更多的是以资料安排的史体来显示这个人物的资料多寡和历史地位。有些重要人物或有功绩贡献，或有较多资料者便在正文中根据资料写入小传，如李鸿章、袁世凯、聂士成、严复、周学熙、孙洪伊、白雅雨、严修、侯德榜等人均在正文列专传。有些人物因资料不足难以立传，则用附注尽量保留已搜求到的资料，如太平军的开山王、王小勇和义和团的刘十九、韩以礼等。有的则以附注来表示贬义，如张锦文、孟振生等。

除了图书文献外，为了更好地发挥乡土教材的作用，我们还考求遗址作为今地的注释，如原三岔河口黑炮台是当时内河御敌的重要炮台，经考求后说明今为河北区人民政府旧址。他如机器局东局、西局的旧址今释均能有助于读者按图索骥。

为了灵活并尽量完备地使用资料，本书分别采用记、表、图、传等不同体例。如书后附一《大事记》，既可贯串全书内容、又能补充书内难以涉及者。附表横行斜上，既便检阅，又可综括多种资料。图则左图右史，由来已久，所选诸帧可备形象观览，至于传例则已如上述。总之，诸体并用，不论对编者或读者，都是一种较好的史书编纂方法。

《天津近代史》在篇目设计上，以编年为经，以纪事为纬，政治、经济融为一体，而立文化为专章，使一书在手，可得天津近代的概貌。它是一部比较全面介绍天津近代历史的乡土教材。上述对天津近代史的划分阶段、对若干史实和人物的看法以及如何采集与运用资料等问题，只是我们一些远不够深入的探索性意见，希望勾画一个轮廓，供读者阅读全书时参考。这些探索究竟是否正确，则尚待读者的批评与指正。

原载于《天津近代史》　来新夏主编　南开大学出版社1987年版

附　编写《天津近代史》的前前后后

1985年冬的某一天，校办用电话通知我，下午有市委办公厅负责同志来谈，请在家等候。八十年代初，人们，特别是像我这样在惊涛骇浪中滚过来的人，惊魂甫定，怕和“官面上”人多接触。根据二三十年的风雨经历，组织上找谈话，一定是有了什么问题，而这次来的又是负责同志，更增加我的惴惴不安，心情正如当时一句流行话所说：心有余悸。问校办是什么事，又推说“不知道，到时你就明白了”。这句话分量很重，祸福难卜！

下午，客人如约而至，略事寒暄，得知来客是办公厅主任（现任陕西省人大主任）李建国同志。他带着一位处长，温和地述说了来意。他说，受瑞环市长的委托，特意来请我主持《天津近代史》的编写工作。天啊！三十多年的组织谈话，主要是交代问题，质询问题，说清楚问题……何曾有过这种礼遇的内容。我受宠若惊，几乎难以相信，后来也非常惭愧以小人之腹度君子之德。我的心境渐渐平静下来，提出了为什么要编天津近代史和为什么选我任主编等疑问。李建国同志较详细地向我叙述了事情的原委，他说这是万里同志视察天津时，向瑞环市长建议：天津近代史是中国近代史的一个缩影，为什么不组织人编纂一部天津近代史呢？瑞环市长便把任务交给办公厅落实，各方面又推荐了一些主编候选人。最后选定由我主编。但他并没有说明如何选定我的。出于礼貌我不好再追问下去。

这一决定让我甚感困惑，因为当时最有优势的是两家：一是天津社科院历史研究所，他们是职责所在，而且编纂天津史的工作已进行多年，驾轻就熟，理所应当；二是南开大学历史系，他们拥有几位近代史方面的专家，完全有能力承担此任务；而我早已离开历史系，到学校去担任图书馆馆长和出版社社长兼总编辑，任务很重，手头又没有现成的写作队伍，所以很犹豫，生怕完不成任务；又担心因此得罪有关各方，所以力加推辞。而建国同志则很坚决地说，这已是定下来的事了。又半开玩笑地说，你在天津住了几十年，还不该为天津做点事。那时我刚入党不久，应当无条件服从市委决定；而我确实在天津已住了半个多世纪，我是在天津长大，读了小学读中学，然后在读完大学后，又在天津讨生活，这应是一生中最大的缘分。而现在又能有机会承担这一前所未有的大事。岂非大缘分所在？再说，“文革”刚过，很想多做些事，又和那两家也未有过正面争夺，似乎不必多虑。所以我就爽快地答应下来，并表示尽早完成。

事情定局以后，我即着手组织编写人员，除了我的几位研究生外，我还延揽了党史办、博物馆等单位的朋友参加，一共有八人。当然，按照我们的国情，也必然有些各种不同声音的议论和坐观成败的冷眼。但箭在弦上，只得硬撑着干下去。而周围那种阴冷氛围倒成了一种动力。经过半年多的苦战，初稿完成。因为书成众手，难免有重叠歧出，水平不齐，文字不一的若干不足，有待整齐划一。我既身为主编，义不容辞，于是不分日夜地通稿审读，穷二月之功，终于定稿。全书近三十万字，即交由南开大学出版社筹划出版。原来那些啧啧喳喳的声音似乎也渐渐低沉下来，而我却因过度劳累病倒，检查结果，发现心脏受到损伤，得上了房颤，住院治疗了一个多月，才算基本恢复，但是房颤的帽子，却摘不下来了。

在编印过程中，出现了书名题签的问题，有人主张请领导题签，有人则以为学术著作还是请学者题签为好，我倾向于后者，并决定请书法家启功教授题签。

启先生非常认真，题写了好几个横竖不同的书名备选，我从中选用了一条，而把其他几条和另一些短笺合裱成一立轴。这一决定曾引起一些人的不满，以致遗留下日后发行时未能得到有力支持的后果。但是我毫无怨悔，因为每看到启先生为《天津近代史》的这一题签时，一直感到这不仅为本书增色不少，也似乎在不断激励我奋进。

1987年3月，《天津近代史》正式出版问世，共印行了5万册，市里下发了一份通知，宣传了一下。虽然因为缺乏具体销行措施，所以还剩下几千册，但这种销路，在当时应该说是相当不错的。我喜欢这本书，不是因为在自己的著作表上多一书目，而是我怎么这么与天津有缘，一住就是半个多世纪，现在又为这第二故乡竭尽心力作了点前人没有做过的事，虽然落下房颤的病根，但这份情缘是多么难得而可贵啊！

原载于《天津记忆》第53期（来新夏教授米寿庆祝专号之四）　天津建筑遗产保护志愿者团队编　2010年8月

《北洋军阀史稿》后记

北洋军阀是中国近现代史上的一个反动的政治军事集团。它从袁世凯的“小站练兵”起到张作霖的“皇姑屯被炸”止，前后长达三十二年之久。在这一历程中，它纷争混战，卖国残民，制造了极大的灾祸。它的产生、发展、形成、掌权的全过程也反映了中国近代社会半殖民地半封建性质的若干特点。因此，它无疑地应该是中国近现代史研究中的重要课题之一。

解放前曾有过一些关于北洋军阀史的著述。但在解放后，这些著述在质和量上都不能完全适应当时的社会需求。为此，在五十年代初期，我便以一个初学者的身份不揣谫陋，在《历史教学》上连载了自己的一份讲课记录——《北洋军阀统治时期》（《历史教学》1952年第八至十期），作为求教和商榷的一点依据。发表后得到师友们的鼓励和策勉，他们要求我再作进一步探求，扩大篇幅，写成专著，以应社会之所需。在我改写过程中，湖北人民出版社的邀约对改写工作起了重要的催化作用，使我较快地写成了一部有关北洋军阀史的书稿。这就是1957年由湖北人民出版社出版的《北洋军阀史略》。

不久，我由于教学任务由近代转向了古代，北洋军阀史的研究也就随之而暂时地搁置了。直到七十年代后期，在党的关怀下，我的几部未刊稿相继被出版社所接受和出版。于是，周围的新知旧友更关心我的处女作——《北洋军阀史略》。他们以《史略》以后，除陶著《北洋军阀统治时期史话》外，尚无同一内容的中型读物为理由，敦促我增订《史略》应世。我也深深地感到这是我应尽的社会职责；但又想到“落花流水春去也”，二十多年毫无寸进，学术上依然是二十多年前的故我状态。一片空白何能有所建树！当时，一方面由于有郭剑林和焦静宜二同志不仅对北洋军阀史有浓厚兴趣，而且还甘愿充当配角，给我帮助；另方面湖北人民出版社同志又给我以支持和鼓励，终于坚定了我重理旧业的信念。经过一年半的岁月，我们终于重新改写完成了这部将要呈献给读者，聆取教益的新作——《北洋军阀史稿》。

《史稿》既是《史略》的发展，又是一次重新改写。在篇幅和内容上作了某些充实和改动。参加本书编写工作的郭剑林和焦静宜二同志在搜集资料、分章编写初稿、编制附录等方面都发挥了重要作用。同时更应当说明的是，《史稿》又是在许多同志热情帮助与关心下完成的。

我们在编写《史稿》的过程中曾得到各方面的热情援助。天津市民盟文史资料委员会的杨思慎、徐景星同志在《史稿》初稿油印本出来后，花费了大量的人力、物力为我们组织了一次长达十小时的讨论会，邀集了近二十位故老、学者，提供了宝贵的意见，消除了初稿中近百处差错。特别是徐景星同志，出于我们之间数十年老友的情谊，慨然允诺把他和梁叔达、冯广忱二同志合编的《北洋军阀人物索引》（内部铅印本），提供给我们改编为附录，既为《史稿》增色，又便于读者翻检。任恒俊同志还主动表示把他《论北洋军阀的起源和形成》的硕士论文油印稿供我们采录。南开大学的俞辛焞副教授还提供了外文资料的译文。其他近年来出版的专著、论文中的若干资料和论点，我们在编写过程中也多所参考和采录。这些都是完成《史稿》的很重要的一种力量源泉。我们对以上的同志们都在此表示真挚的谢意。

中国社会科学院近代史研究所原民国史研究室主任孙思白教授和我虽然结识不久，但他仍然在工作烦忙丛杂的情况下，满怀热情地通读了全稿，诚恳地提出了修改意见，并惠撰序文。中国第二历史档案馆、南京大学历史系和图书馆、天津历史博物馆，以及南开大学图书馆等单位都热心地为我们提供了阅读资料的便利。这些友情也都借《史稿》的出版来表述我们的感激之情。

《史稿》在无数同志的帮助下终于得以较快地完稿。但由于我个人原有的水平不高，再加上较长一段时间的荒疏，虽然作了一些努力，完稿以后，仍然感到不能尽如人意。因此只有求助于更多的读者，我深切地期待着敬爱的读者给予严正的批评，使我和我的合作者能在今后更上一层楼，为社会主义的学术领域略尽绵薄之力。

一九八二年四月一日于南开大学东村一楼

原载于《北洋军阀史稿》 来新夏主编 湖北人民出版社1983年版

《中国近代史资料丛刊·北洋军阀》前言

北洋军阀是中国近代史上的一个政治军事集团。它以辛亥革命为界，大体上是前后各十六年。这三十多年的历史进程既反映了北洋军阀集团的兴亡，也构成了一幅错综复杂、五光十色的历史画面。过去对这一段有丰富内容的历史所进行的研究，如以其成果与其他历史领域相较，无论深度和广度都显得不足。特别是对资料的甄选与整理，由于时代距离过近以及其他某些众所周知的原因而长期处于被漠视的地位。

解放初，为了更好地推动中国近现代史的研究，在范文澜、翦伯赞等史学界前辈的倡导和主持下，由中国史学会主编《中国近代史资料丛刊》，包括从鸦片战争到北洋军阀等十一种专题，分别组织专人编选资料。虽然成书有先后，但截至辛亥革命前的各种资料均已陆续问世，为近代史的研究和教学提供了有益条件，对海内外学术界作出了应有的贡献，而唯独"北洋军阀"这一专题却迟迟不获问世，引起了学术界的普遍关注。

其实，北洋军阀这一专题的纂集也和其他专题一样，早于解放初期就已有成议，并组织过一个包括京津史学工作者在内的编委会，已故的荣孟源和谢国桢二先生都是成员。我当时虽然尚不及而立之年，也承荣、谢二先生厚爱，忝居其列，并接受委托，在津收集资料。不久，人事变幻，编辑工作陷于停顿，在津刚开始的资料搜集工作也告中断，所搜集的图书资料全部缴归南开大学图书馆入藏。我虽对此事的中辍抱有微憾，但却意外地接触了一些资料而完成了我在中国近代史研究工作中的处女作——《北洋军阀史略》，确定了我对北洋军阀史研究的专题方向。可惜北洋军阀资料的成书却仍迟迟未见。

1985年秋，上海人民出版社为补足这套丛书，特派该社编审叶亚廉同志躬临天津，面商北洋军阀资料的编辑问题，并又多次信件往还。1986年初，该社又借我去沪出席中国文化史国际学术讨论会之便，作了进一步的具体磋商，并订立编辑出版协议。

北洋军阀专题是中国近代史资料丛刊的最后一种。由于这一专题的长期阙如，使丛刊未能及时配套，因而亟谋完成补缺工作；但因资料零散，人力单薄，而有些资料近年又多有出版，不宜过多重复，有些资料搜求尚多窒碍，以致进展时有困难，即使如此，我们也竭尽绵薄，希望能较好地完成补缺填空的任务。

北洋军阀的资料包括范围较广，有许多资料尚未经时间筛选和学术考辨；有的又往往由于当时不同派系的政治需要而真伪参半；有些不仅有较多的印本，还有近期的重印本。这些都给搜求整理工作带来一定的困难。可是见于教学和研究的需要，我们不能不力求在较短时间内完成这一资料的选录、整理工作。

本书的选录范围涉及档案、传记、专集、杂著、报刊和汇编等方面。凡现已流行的重印或发表过的资料尽量少选或不选。如确有一定史料价值非此不足以说明问题的，也就难以避免重复。资料门类的选用按照各阶段史事与资料情况而各有侧重。

本书尽可能选录一部分具有史料价值的原始资料和流行较稀的成书。如从中国第一历史档案馆藏档中选录清末北洋新军活动的资料；从中国第二历史档案馆选录的第一次直奉战争资料，比较完备地反映了战前的舆论准备、战事中直系的财政支出状况等；从天津历史博物馆收藏的黎元洪藏函电稿中抄选了新旧约法之争、中德断交和军阀虐政等内容。有些官书中虽有有关资料，但因篇幅过巨，内容繁杂，那就从中钩稽选编，如从《德宗实录》和《宣统政纪》中辑录的北洋新军资料。外人著作侧重于亲历目击、具有相当史料价值的，如埃·劳伦斯所著《中国的军事力量——军阀》一书系作者亲历第二次直奉战争之作，记战争的前后比较真实详尽。有些著作确有较高史料价值，如袁世凯的政治顾问、《泰晤士报》驻北京记者乔·厄·莫理循的书信集是一部百万余字、涉及1895年至1920年间中国政情的重要资料，但就在我们选译过程中，知识出版社以《清末民初政情内幕》为书名，将其全译出版，那只好舍弃不取了。总之，从浩瀚的资料里选录若干，纳入有限的篇幅之中，确有疏漏之虞。因而，我们又编制了书目提要和论文索引等参考检索工具以满足读者进一步求索的需要。

全套资料共五部分，前四部分按北洋军阀的兴亡历程分四段，并围绕各阶段中的几个重要问题分别选编六十万字左右，各成一册；第五部分则包括军阀人物传志、大事记、书目提要、论文摘要与附表等。

参加本书编辑工作的有张树勇、焦静宜、娄向哲和我。全书的编辑体例、选材取舍和审定全稿统由我负责。我们编辑这样一套篇帙较大的资料书，由于知识和能力水平所限，虽尽了自己的力量，但难免会有缺点和不足之处，尤其是这部资料书是以北洋军阀的兴亡为线索，所以其统治时期的其他资料便涉及较少，至祈读者亮察，并给予批评与指正。

一九八七年十月

原载于《中国近代史资料丛刊·北洋军阀》（全五册） 来新夏主编 上海人民出版社1988—1993年版

我和北洋军阀史研究

——《北洋军阀史》代序

我虽是历史专业出身，但在读大学时对北洋军阀史却了解很少，仅在课余读过一本丁文江所写的《民国军事近纪》，约略知道一点袁世凯北洋军和直皖奉三系军阀的情况而已。1949年9月，我结束了在华北大学的政治学习后，被分配到由该校副校长范文澜教授主持的历史研究室，当一名研究生。研究室分通史和近代史两个方向，我被指定到近代史方向。我除了在范老直接指导和荣孟源老师具体组织和主持下，写过一篇为纪念太平天国起义一百周年的文章外，主要工作是对入城后从一些北洋军阀人物家中和某些单位收缴移送来的藏档进行清理和分类。这批档案有百余麻袋，杂乱无章，几乎无从下手。整理的场所先是在东厂胡同旧黎元洪府第花园的八角亭，一间面积很大的房间里，有七个人参加整理工作，整理组组长是后来任中国第二历史档案馆副馆长的唐彪。每次从库房运来就往地上一倒，尘土飞扬，呛人几近窒息。当时条件很差，只能穿一身旧紫花布制服，戴着口罩，蹲在地上按档案形式如私人信札、公文批件、电报电稿、密报、图片和杂类等分别检放到书架上。因为每件档案都有脏污之物，要抖干净就扬起尘土，整天都在暴土扬尘中过日子。直到下班，不仅外衣一层土，连眼镜片都被灰尘蒙得模糊不清，鼻孔下面一条黑杠杠，往往彼此相视而笑，但从没有什么抱怨。在整理过程中，因为急于闯过这个尘土飞扬的环境，进行速度较快，所以除了知道不同形式的档案和记住一些军阀的名字外，几乎很难停下来看看内容，只能说这是接触北洋军阀档案的开始而已，谈不上什么研究。

大约经过两个多月的整理，袋装档案全部清理上架，分别成捆。为了进入正规的整理工作，集中十来天进行有关这段历史资料的学习，读了若干种有关北洋

军阀的旧著，如丁文江、文公直、陶菊隐等人的著作。我们也从东厂胡同搬到有四五间宽敞工作间的干面胡同，开始整档工作。我们将档案分成政治、经济、军事、文化四大类，每个人把一捆捆档案放在面前，认真阅读后，分类上架，所以看得比较仔细，并在特制的卡片上写上文件名、成件时间、编号及内容摘要，最后签上整理者的名字。这次因为已经经过第一轮清理，不再有什么尘土，环境又比较宽敞幽静，所以大家心情舒畅，休息时和在宿舍里常常交谈阅档所了解到的珍贵或有趣的材料。这些都能引起大家的很大兴趣，有时我还在第二天去追踪查档，了解具体内容。我曾利用空闲的时间，把自认为有用的材料抄录下来。积少成多，慢慢地我已经积累有两册黄草纸本。同时为了查对档案中的事实和加深拓宽这一领域的知识，我又读了大量有关北洋军阀的著作，眼界逐渐开阔，钻研这方面问题的信心也增强了不少。我也了解到这方面的研究还没有很好地展开，以往的一些著作过于陈旧，而且数量也不大，而新著几乎没有，有关论文也只有零星短篇，确是一块颇有价值的用武之地。

随着历经半年多整档工作的接近完成，我对北洋军阀这一近代的政治军事集团，从兴起到覆灭已有了一个大致轮廓，对错综复杂的派系关系也掌握了基本脉络，奠定了我将以一生绝大部分精力致力于北洋军阀史研究的基础。半年多的整档工作，虽然比较辛劳，但收获是很大的。一是我通过整档阅档活动，不知不觉地把我带进了一个从未完全涉足过的学术领域——它影响我一生的学术道路；二是我毫无愧色地以自己是新中国最早的一批档案工作者而自豪。不久，这批整理过的北洋军阀档案，奉命移送到南京，和原国史馆合并，成立史料整理处，就是现在中国第二历史档案馆的前身，有几位同事随从南下，我则应聘到天津南开大学工作。

我到南开大学任教后，仍然坚持北洋军阀史的研究，搜集整理有关资料，并开始写点文章。到津的第二年，我便在《历史教学》杂志上连续发表题为《北洋军阀统治时期》的讲课记录，虽然还不很成熟，但却是我第一篇北洋军阀史方面的专文，从此正式进入北洋军阀史研究的程序。与此同时，我又得到一次深入这一领域的机遇。原来在五十年代初，为了更好地推动中国近代史的研究，在范文澜、翦伯赞等史学界前辈的倡导和主持下，由中国史学会主编一套《中国近代史资料丛刊》，包括从鸦片战争到北洋军阀共十一套，分别组织专人编选。当时，北洋军阀这一专题也组织过一个包括京津史学工作者在内的编委会。已故的荣孟源和谢国桢二先生都是成员。我当时虽尚不及而立之年，也承荣、谢二先生的厚爰，忝居其列，并接受委托在津搜集资料。不久，人事变幻，编辑工作陷于停顿，在津刚开始的资料搜集工作也告中断，所搜集的图书资料全部缴归南开大学图书馆入藏。我虽对此事的中辍抱有微憾，但却意外地接触了不少有关资料，为我日后撰写《北洋军阀史略》作了必需的准备。

1956年正值关于知识分子问题提出的大好时机，学术有欣欣向荣之势，湖北人民出版社邀请我撰写有关北洋军阀方面的书稿。我既有一定的资料积累，又有一股写作激情的冲动，于是摆脱掉不敢接触历史“阴暗面”的心态，不自量力地接受了这一约稿。我在《北洋军阀统治时期》一文的基础上加以扩大、改订和充实，经过一年多夜以继日地努力撰写，终于在1957年完成和出版了新中国第一部系统论述北洋军阀史的专著——《北洋军阀史略》。我在撰写过程中力图以历史唯物主义的观点和方法，将北洋军阀集团的兴衰变化作为一个历史整体进行考察，探求其成败兴亡的内在联系。这部著作虽然篇幅不大，但它是我的第一部专著。我很自信，它为北洋军阀史的研究开拓了新领域，也为后来学术界研究这段历史奠定了良好的基础。这部书曾引起了国内外学者的注意，日本明治大学岩崎富久男教授翻译了此书，增加了随文插图，易名为《中國軍閥の興亡》，先后由两个出版社出版，成为日本有关学者案头的参考用书。

《北洋军阀史略》出版后不久，我的教学任务突然被迫由近代转向古代，而且一直处于一种近乎闲置的境地。北洋军阀史的研究也就随之而暂时搁置了。直到七十年代末，随着政治气氛的宽松，民国史研究的兴起，有关北洋军阀史的历史资料也日见丰富，新知旧雨很关心我的那部处女作，敦促我增订《北洋军阀史略》以应社会需要。我也深深地感到这是我应尽的社会职责；但又想到“落花流水春去也”，二十多年来，我在北洋军阀史的研究方面却少有建树，但是，时代的支持和鼓动，坚定了我重理旧业的信念，于是，我翻阅了大量的文献著述、历史档案、报纸杂志、方志笔记和文集传记等资料，对北洋军阀的研究对象、范围、分期问题、特点、地位、影响及其阶级基础等重大问题进行了再研究，并拟定了编写方案，终于在焦静宜女士等的参加下，于1983年完成了《北洋军阀史稿》的编写工作，仍由湖北人民出版社出版。这部三十六万余言的新著，比之《北洋军阀史略》，不仅篇幅增大，条理较前清晰，论证较前缜密，而且论述范围也有所扩展。在中国各派反军阀统治力量的斗争史和有关历史人物的活动方面，在军阀混战的具体战役、战斗方面，在北洋军阀集团与帝国主义侵略势力的关系方面，都有较多的增加和拓展。毫无疑问，这在当时确是这方面唯一的一部专著，对军阀史和民国史研究的深入开展起到了推动和促进作用。

《北洋军阀史稿》完成后，很自然地引起我二十年前参与编纂《北洋军阀》资料的情思，希望《中国近代史资料丛刊》终成完璧。也许是我和北洋军阀史研究的特殊缘分，1985年秋，上海人民出版社为补足这套丛书，特派该社编审叶亚廉先生躬临天津，面商北洋军阀资料的编辑问题，并有多次信件往还。1986年初，该社又借我去沪出席中国文化史国际学术讨论会之便，作了进一步的具体磋商，并订立了编辑出版协议。

北洋军阀专题是《中国近代史资料丛刊》的最后一种。由于这一专题的长期阙如，致使丛刊未能及时配套，因而出版者亟谋完成补缺工作；但因资料零散，人力单薄，而有些资料近年又多分别出版，不宜过多重复，有些资料搜求尚多窒碍，以致进展时有困难。即使如此，我们为完成前辈遗业，也竭尽绵薄，希望能较好地完成补缺填空的任务。北洋军阀的资料包括范围较广，有许多资料尚未经时间筛选和学术考辨；有的又往往由于当时不同派系的政治需要而真伪参半；有些不仅已有较多的印本，还有近期的重印本。这些都给搜求整理工作带来了一定的困难。可是鉴于教学与研究的迫切需要，我们不能不力求在较短时间内完成这一资料的选编工作。

这套书的选录范围涉及档案、传记、专集、专著、报刊和汇编等方面。凡现已流行的重印本或公开发表过的资料尽量少选或不选。如确有一定史料价值非此不足以说明问题的，也就难以避免重复。资料门类的选用按照各阶段史实与资料多寡而各有侧重，尽可能选录一部分具有史料价值的原始资料和流行较稀的成书。如从中国第一历史档案馆藏档中选录清末北洋新军活动的资料；从中国第二历史档案馆选录的第一次直奉战争资料，比较完备地反映了战前的舆论准备、战争中直系的财政支出等；从天津历史博物馆收藏的黎元洪函电稿中选抄了新旧约法之争、中德断交和军阀虐政等内容。有些官书中虽有有关资料，但因篇幅过巨，内容繁杂，那就从中钩稽选编，如从《德宗实录》和《宣统政纪》中辑录的北洋新军资料。外人著作则侧重于亲历目击、具有相当史料价值的，如埃·劳伦斯所著《中国的军事力量——军阀》一书系作者亲历第二次直奉战争之作，记战争的前后比较真实详尽。有些著作确有较高史料价值，如袁世凯的政治顾问、《泰晤士报》驻北京记者乔·厄·莫理循的书信集是一部百余万字、涉及1895至1920年间中国政情的重要资料，但就在我们选译过程中，知识出版社即以《清末民初政情内幕》为书名，将其全译出版，那就只好舍弃不取了。总之，从浩瀚的资料里选录若干，纳入有限的篇幅之中，确有疏漏之虞。因之，我们又编制了书目提要和论文索引等参考检索工具，以满足读者进一步求索的需要。这套资料共五册，第一至四册系按北洋军阀的兴亡历程分四个阶段，并围绕各阶段中的几个重要问题分别选编六七十万字不等，各成一册；第五册则包括军阀人物传志、大事记、书目提要、论文摘要与附表等，总字数达三百余万字。

这套资料于1993年春全部面世后，与《北洋军阀史稿》相配，既有专著，又有资料，应该说这一领域的研究已基本完备结题。但是，我总以为应该再努力以赴，把《北洋军阀史稿》撰写为真正意义上的通史性著述——《北洋军阀史》。于是重读《北洋军阀史稿》，发现确有增订余地，反复思考，重新草拟写作提要，邀约分撰者，除了我的学生焦静宜、莫建来、张树勇和刘本军外，日本学者水野明和贵志俊彦等也应邀参与了一些章节的研讨。同时，我编写了各篇章的要点，供分撰者参考。从1994年开始搜集资料，分头撰写专稿。1996年，个别章节完稿，而大部分章节尚待订正，难以总纂成书。1997年，我尽量协调参与者的撰稿时间，又历时一年，终成初稿百余万字，遂由我通读全稿，审定内容，划一体例，润色文字，于2000年夏交付出版社。新撰《北洋军阀史》较之《北洋军阀史稿》，显有改观，篇幅约增近三倍，内容颇多增删补订，虽尚难称尽善，然已各尽心力。设新著《北洋军阀史》能为北洋通史补空而在一定时期内可备研究与教学参考之选，则数年辛劳亦足以自慰。至于有不当或错谬之处，则司主编者不得辞其咎，愿恭聆各方之指正！

我对北洋军阀史的研究，经历了半个世纪的漫长路途，别人看我似乎有点痴迷，而我则非常自慰地感到此生没有虚耗，因为我终于做了一件有益于他人的事。我的这一历程充满着坎坷艰难，《北洋军阀史》的告成，既为学术书林增植一株树木，也体现出一种人间的冲刷。我感谢奖掖和支持过我的前辈和同道们！

一九九九年四月初稿

二○○○年二月修订稿

原载于《北洋军阀史》（上下册） 来新夏等著 南开大学出版社2000年版

《北洋军阀史》后记

《北洋军阀史》终于完稿付印，令人十分欣悦！

我从参加革命起，第一次分配的工作就是整理档案，第一次整理的档案就是有关北洋军阀的档案，而第一本可以称得上是我学术著作的是《北洋军阀史略》。如今经过半个世纪的磨砺而终能亲手摘取成果，难道不足以自豪而感到欣悦吗？

历史的前进犹如大浪淘沙，学术的进程亦然。经过撞击、选择、磨合、互补，志同道合者终能风雨同舟，共历艰难，完成了这部百余万字的巨帙，这难道不令人感到人间自有真情在的欣悦吗？

《北洋军阀史》是以北洋军阀的兴起、发展、纷争、衰落和覆灭为主要线索而撰写的一部通史性专著。这部专著以实事求是的精神为指导，以翔实史料为依据，努力寻求历史的真貌。议论力求平实，不媚世迎俗，哗众取宠。能为从事这方面教学与科研的同道提供一种可资信赖的学术著述，这难道不令人为之激动而感到非常欣悦吗？

我和我的合作者尽十年之功，搜集资料，考辨论证，撰写片段试稿，讨论研究，特别是近三年来在繁忙公务之余，分章合成初稿，相互传阅，增补改写，四易其稿，终成一书。虽然备尝甘苦辛劳，但能为广大读者奉献一种可以让他们耐心读下去的历史书籍，这难道不令人振奋而感到欣悦吗？

我非常感谢我的学生焦静宜、莫建来、张树勇、刘本军诸位，他们承担了反反复复编写修订的种种辛劳，是我始终不渝的真诚合作者，给了我晚年学术生活中以极大的友情安慰。

我非常感谢日本友人水野明和贵志俊彦两位先生，他们对本书的撰写曾给以无私的帮助。

我也非常感谢南开大学出版社社长肖占鹏、总编辑张格和担任本书责任编辑的薄国起等几位先生，他们为本书的出版给予了大力支持。

我热诚地向所有鼓励支持帮助过我们的朋友们表示真挚的谢意！

二〇〇〇年岁暮写于南开大学邃谷

原载于《北洋军阀史》(上下册)　来新夏等著　南开大学出版社2000年版

附　《北洋军阀史》作者的独白

我和我的学生们历经十个寒暑，终于完成了通史性的《北洋军阀史》，有百余万字，由南开大学出版社于2000年12月出版。出版后，受到多方面的关爱，有公开在报刊上发表的，有私下里信函来往的，不外是鼓励和评论两大类。我曾亲自写过一篇成书缘由放在书前作为代序，并在有关刊物上发表，以求得读者对我和《北洋军阀史》能多一点了解。最近，《光明日报》的记者危兆盖先生采访我以后，写了一篇题为《从东厂胡同开始的故事》的特别报道，刊发在该报的2001年11月1日C3版上。我认为这已经没有更多的话需要讲了。可是仍有读者希望我作一番亲口招供的简要独白。面对读者的要求，情意难却，只能照办。

我以北洋军阀史为研究定位，不是有意种花，而是无心插柳。五十多年前，面临全国即将全面解放的前夕，自己又刚刚接受完半年多的革命教育，真是有这么一股激情，指哪打哪。组织上没有分配我南下去轰轰烈烈，而是让我留在华北大学的历史研究室去整理污秽的北洋军阀档案，我也不以此为冷漠劳苦；但对北洋军阀这方面的知识，知之很少。于是边干边学，尽可能找许多有关书来读：不论野史、正史、杂史、史话、官书和私著。日复一日，基础渐渐广阔，常常把书本中的记述与档案中的一些内容结合研究，越来越感到这里确大有用武之地。由于知识根基日博而定位于北洋军阀史研究的信心也日足。这是否就是治学的初步——“植根于博”。

从开始入门到完成《北洋军阀史》的五十多年道路上，并不是一帆风顺，而是拖着沉重的脚步，坎坎坷坷地走过来的。研究方向的定位只是一个短暂的开始，也许当时还有某些成分的冲动，无法预知接下去的行程会遇到些什么挫折和烦恼；但是历经风雨的中国知识分子有一种自在的韧性，我就是用这种“持之以韧”的精神，在不断地走，行行停停地走过这五十多年的学术历程的。

1952年，我在一份刊物上连续刊发了《北洋军阀统治时期》的讲课记录，这是我在北洋军阀史研究方面极不成熟的一篇习作。不久我就听到有人在说，“这是舍正道而不由，走偏锋而猎奇”，意思是说北洋军阀不值得研究，我的学术路子走歪了。经过反复思考，尽力自求答案，终于悟出了我对北洋军阀史的研究主旨，那就是：北洋军阀集团在一定历史时期里曾经拨弄历史，叱咤风云，最终又被历史所嘲弄和唾弃。它们制造的政争、混战种种历史的客观现象，给后人留下了无数有待分析和论定的课题。对此现实如果置而不论，那就会看不到历史进程中滔滔洪波里的漩涡，也难以洞察各种泛滥横流的病源所在。如果认为北洋军阀史只是历史发展的反面而不屑一顾或不值多顾的话，那就会失去对历史辩证统一发展的认识，形成知其一面而不知其另一面的片面现象。就在这样的一种根本性认识的指导下，我才一直坚持不懈地推进自己的研究工作；但是那种异说直至《北洋军阀史》出版后仍然存在。不久以前，《中国图书商报》在该报8月30日的文史版上有一篇署化名为北京大学钟一兵所写的文章，题作《关于“恶”的历史学》，似乎认为研究北洋军阀史几乎就是研究“恶”的历史，我已经写了一篇题为《疑义相与析》的文章，作为奉答，寄给商报。

1955年6月经荣孟源先生推荐，湖北人民出版社邀约我写一本有关北洋军阀的书。当时我已有相当的资料积累，颇想一展身手，便接下了任务。一年后交稿，颇为踌躇满志。1957年5月，《北洋军阀史略》出版，我很高兴，因为这是新中国成立后第一本比较系统而且试图用新观点写的北洋军阀史，显然在这方面拔了头筹；但另一方面又满脑子疑虑，思想负担沉重，因为当时已是山雨欲来风满楼的政治形势，不久，“57”狂飙，拔地而起。《北洋军阀史略》为革命对象“树碑立传”，会不会卷入政治风暴的漩涡中？尤其是听到孟源先生因倡导研究民国史成为他被划右的主要根据，而我写这本书又是他向出版社推荐的，很容易让人把我们连成一根毒藤。所以后来还有人误以为我也曾入列右派，孰知我确实是狂潮中的漏网之鱼，侥幸逃脱厄运。但是我终究没有逃脱六十至七十年代“文化大革命”的噩梦，从此，与北洋军阀史研究绝缘几近二十年，对北洋军阀史的研究可谓不读一书，不著一字。

上一世纪的八十年代，社会安定，学术丕兴，政策落实及身，颇有崛起而重理旧业之思，顾念荒疏多年，难作冯妇，又兴落花流水春去也之慨。但新史料、新观点之频见，新知旧雨之鼓励，尤其是《史略》原出版者湖北人民出版社的屡加敦促，情难却，义难辞，遂奋起而有增订改写之举，于是组织人力，广搜资料，昕夕从事。不二年成《北洋军阀史稿》，较《北洋军阀史略》原有篇幅约增三倍。继而又编纂《中国近代史资料丛刊·北洋军阀》五巨册，共350余万字。在此过程中，发现《史稿》之极大不足，学术界对这一领域已有所瞩目，史料论述层见迭出。而多年共事者之真诚怂恿，尤为可感。于是有改写大型北洋通史之议，自九十年代初着手，十易寒暑，时兴时辍，终于纂成通史性的《北洋军阀史》，共百余万字，又较《史稿》的篇幅约增三倍。

《北洋军阀史》问世，人多谓我由《北洋军阀史略》经《北洋军阀史稿》，再经资料丛刊之纂辑，而至于今日《北洋军阀史》之问世，似可画一句号矣，我则谓不可……不可。古人曰学无止境，今人言人无止步。近读《北洋军阀史》，仍有前此忽略和未察觉的错漏不足者，而新史料、新观点、新成果必然会不断出现。设天假我年，我和我的共事者义不容辞地将上个世纪末出版的《北洋军阀史》，作进一步消除差错，增补充实的补过工作。待我望九之年，或许能对此一生事业画一圆圆的句号。

最后我真挚地向关爱《北洋军阀史》的广大读者，深深地鞠躬，谢谢你们的好心！

二〇〇一年十二月写于南开大学邃谷

原载于《出枥集》（名家心语丛书） 来新夏著 新世界出版社2002年版

《来新夏说北洋》序*

《大家说历史》是一套通贯古今的通俗历史读物。我们不是什么“大家”，但愿意为“大家”说说历史上的事，也很想把自己的知识反哺给民众。所以就接受丛书组织者的邀请，承担这套丛书最后的一种——《说北洋》的编写任务，说些清末民初北洋军阀三十二年间的历史故事。

我和我的妻子焦静宜从事北洋军阀史的研究多年，并写有专著《北洋军阀史》和一些有关北洋军阀的论文。我们就根据这些著述和论文，选择若干与北洋有关的重大事件和为民众感兴趣的片段，通过聊天录音，然后由我整理查证，简编成书。前有总说，概述一下北洋军阀的总貌；继有分说，选择九个专题，每题一篇，大体按时间顺序编次，连读亦可得一较完整的认识。各篇文字虽未注资料出处，但我们努力做到事事有来源，字字有出处；最后为附录，一是我与北洋军阀史的研究，说说我的治学历程；二是参考书目，提供一定数量的书目供读者进一步研究的需要。

《说北洋》主要是说清末民初一个军事政治集团的兴衰和它掌握政权的历史。这个军事政治集团在政治舞台上的全部活动年代是辛亥革命前十六年，辛亥革命后十六年，一共三十二年，即自1895——1927年。这是一段比较混乱，难以理清的历史；是一段社会动荡，民生困苦的历史。而民众却又都知道些零零散散，不够准确的故事，所以很有必要普及这一段历史的真实内容，做一正说。于是我们循着历史车轮的转动，从这三十二年中选择小站练兵、二十世纪前后的政治风云、袁世凯正位北京、民初社会习俗的变化、“洪宪帝制”、张勋复辟、三次军阀混战、溥仪出宫和北洋军阀的覆灭等五光十色，乱人耳目的专题并穿插若

* 原为《来新夏说北洋》一书所撰序，因丛书体例之故于付梓前撤回。

干重要人物的踪迹，把这三十二年的历史大致勾串起来。在内容的表述上，力求以翔实可靠的史料来接近历史的真实，屏绝一切“戏说”的成分，即使写进某些耳熟能详的传闻，也都在行文中加以标明。希望把这段历史的基本情况说清楚，做到学术性与可读性结合得较好的一本读物。

我们还随文插入三十余幅历史图片，一是继承我国左图右史的文化传统，二是让读者得到图文并茂的感性效果。让读者从看图读文中来熟悉这段史事。我们是在初次探索如何写好普及历史知识读物的途径，无论是取材和文字上，都存在不足，真诚地希望读者给以批评指正。

二〇〇八年岁暮写于南开大学邃谷，时年八十六岁

《来新夏说北洋》（大家说历史丛书）　来新夏、焦静宜著　上海科学技术出版社2009年版

《古典目录学》前言

《古典目录学》是国家教委“七五”教材规划中的项目之一，可供高等院校图书馆学、文献学、汉语言文学、历史学等专业使用和参考。

这部教材的初稿曾经在南开大学、天津师范大学的历史学和图书馆学等专业讲授使用，后经多次修订，于一九八一年以《古典目录学浅说》为书名出版应世。一九八六年，我依据国家教委“七五”教材规划的要求，重新撰写，于一九八七年写定，并油印成册，广泛征求意见。

这部教材共有八章，除第一章绪论、第七章结束语外，中间的五章系按历史发展顺序、有重点地论述了历代著名的古典目录和有成就的古典目录学家，使读者能对古典目录学获得比较完整而系统的认识。全书引用原始资料较多，以求论必有据。对时贤论著中的不同论点除撷取附入外，并多断以己见，以开启读者思路。书前以《我与〈书目答问〉》一文代序，向读者自陈致力于古典目录学的途径，或可备读者参酌。书后附参考书目提要，收录近、当代学者的主要论著，特别介绍了台湾学者的专著多种。另附《汉志》、《七录》及《隋志》代表性的三序作为阅读文献，以节省读者搜求之劳。

这部教材于一九八八年九月由国家教委高教一司委托南开大学图书馆学情报学系在天津南开大学召开审稿会，进行讨论审定。参加审稿会的人员有：朱天俊（北京大学教授）、谢灼华（武汉大学教授）、倪波（南京大学教授）、罗友松（华东师范大学副教授）、崔文印（中华书局副编审）、端木留（南开大学副研究馆员）、徐建华（南开大学讲师）。

与会人员对本书进行了比较深入全面的审读和讨论，对本书的学术价值和写作水平作了肯定，一致认为该教材在理论研究、博采众说、史料搜求和考订评论诸方面都作了应有的努力，同意它作为高等学校文科教材出版；与会人员对全书的结构与章节安排提出了调整的建议，要求作者对某些部分作必要的增删，提法上要谋求全书的统一，还对一些有争议的问题进行了讨论并取得了比较一致的看法。会后，作者根据这些意见，认真思考，斟酌损益，进行了全面修订。定稿后题名为《古典目录学》。

这部教材在撰写、修订和定稿过程中，承端木留和徐建华二同志给以帮助；徐建华同志更为佛典目录部分搜求资料和拟定初稿付出了艰辛的劳动。

顾廷龙教授高龄硕德，特为作叙，策励后学；业师启功教授年逾古稀也欣然命笔，为题《古典目录学》书名，我都在此致以深切的谢意。我真诚地期待着本书问世后能有更多的读者批评指正。

一九八八年国庆写于南开大学北村邃谷

原载于《古典目录学》　来新夏著　中华书局1991年版

韩译《古典目录学浅说》序

古典目录学，肇端于汉代刘向父子，下垂明清，历千数百年而相沿不衰。名著纷呈，名家辈出，遂成中华传统学术之一大支脉。其学术内涵极富：以广搜异本，校雠异同，来确立定本；以勘定篇次，分类立目，来分析和辨明学术流派，评论图籍；以撰写书录，来表达学术观点，指导后学门径。是以治文史学者多攻习此学科，俾得事半功倍之效。

我正式攻读目录学，始于上世纪四十年代初，时负笈北平辅仁大学，从师于陈垣（援庵）、余嘉锡（季豫）二先生之门。陈、余二师目录学功底深厚，又善于启迪后学。援庵师倾心于目录学甚早，在少年时代，就开始涉猎《书目答问》，作为读书选书依据。后又进而研究《四库全书总目》，奠定其"即类求书，因书究学"之治学潜力。他曾亲手编制《文津阁书册页数表》、《四库书名录》、《明末清初教士译著现存目录》及《敦煌劫余录》等目录学专著，尤其是讲授和撰述《中国佛教史籍概论》，更为蜚声学坛。修学这一目录学课程，不仅为"史学研究之助"，也使"初学者于此略得读佛书之门径"。援庵师还以此书为例，规定撰写目录之模式是"每书条举其名目、略名、异名、卷数异同、版本源流、撰人略历及本书内容体制，并与史学有关诸点"，贻人以目录学基本知识。他很推重季豫师之目录学造诣，他为《余嘉锡论学杂著》所写序中云："他（余师）学术的渊源，实得力于目录学，而他终身所从事的学问，也是以目录学为主。"

余嘉锡先生的目录学造诣，确乎很深，足称近代目录学大师。我初进大学，既受高年级同舍生的指点，又读季豫师所著《目录学发微》，遂决意选修季豫师在中文系开设之"目录学"课程。季豫师指定《书目答问补正》为读本。当时，我幼稚地以为由此即可进窥目录学堂奥，孰知展卷一读，只是一连串鳞比栉次之书名，彼此毫无关联，读之又枯燥乏味，昏昏欲睡。旋经柴青峰老师指点，以贵阳本校读《补正》本，比勘异同，终于将全书通读一遍，自以为略有心得，想进一步钻研，遂于某日冒昧登季豫师之门问业。季豫师听取我所陈学习情况后，严肃地教诲做三件事：一是讲述三国董遇“书读百遍，其义自见”故事，要求继续读《书目答问补正》，并特别注意字里行间；二是要求多读些与《书目答问》有关之目录书，我遵师命曾先后阅读《书目答问笺补》、《增订四库简明目录标注》、《读书敏求记》和《郑堂读书记》等书。三是要求利用暑假为《书目答问》编三套索引，即：人名索引、书名索引及姓名略人物著作索引。季豫师还说：“做好这三件事，《书目答问》就算初步读通了。”

大约经过一年多光景，我认真做好此三事，似乎感到已奠定古典目录学之入门基础，读一些目录书也不感到十分枯燥，而能从中捕捉到自己所需之知识，钻研学术也很少有无所措手足之苦恼，自信能在学术迷宫中得到曲径通幽的乐趣，更愿就此深入下去；但在五十年代以后，古典目录学这类课程被视为“封资修”的“封”类学问，被打入学术冷宫，几乎渐渐被人遗忘。我则利用微不足道之古典目录学知识，就所读有清以来人物年谱，每读一谱，辄写一提要，日积月累，渐成一数十万字初稿，乃以毛笔誊正于小学生作文本上，不意在“文革”中被抄没，直到七十年代后期，我被谪放在农村时，在一次所谓清退查抄物资时，竟捡回两册已残破的手稿，我欣喜若狂，连忙找出一些草稿和札记，在农耕之余，盘坐土炕，在暗淡灯光下，经一二年始大致补齐。迨召还后，又加补充订正，终成《近三百年人物年谱知见录》一书，共五十余万字，1983年由上海人民出版社正式出版，备受读者关注。近二十余年，又不断增补，几近一倍，成百余万字增订本，即将由中华书局正式出版。这是我对古典目录学的一次学术实践。上世纪六十年代初，我因接受政治审查，教学工作被剥夺，处于一种闲散境地，难以排遣空余生活，于是想到重理旧业，以《增订四库简明目录标注》作模式，将各图书馆的名家批注及有关论述，汇补在我手边时加翻阅之《书目答问补正》本上，经过几年过录，所藏这部《书目答问补正》已是满目疮痍，天头地脚，字里行间，无不充盈墨笔小字。“文革”期间，这部《汇补》也在劫难逃，所幸在清退时，居然完璧归赵，时念整理补充成一《书目答问汇补》，作为攻读古典目录学之入门读物，但终因资料散在各处，一时难以搜求，岁月蹉跎，延至耄耋之年。近年幸得各方书友协助，于2008年春，完成《书目答问汇补》一书，得百余万字，亦将由中华书局正式出版。有此二书，我始可稍报陈、余二师教诲之恩。

上世纪八十年代，中国走上改革开放之途，举国上下，百废俱兴，学术亦日趋平实。各类基础课程，纷纷恢复与增设，“目录学”一课，亦在其列，而我则荣膺教席之任，衷心窃喜，跃跃欲试。于是翻箱倒箧，得乡居时所撰《目录学纲要》八万余字，时值酷暑，增补资料，条理文字，仅浃月而成《目录学讲义》十余万字，为新学年开设课程做好准备。窃以此目录学不同于图书馆分类编目之书目学，而系“辨章学术，考镜源流”之专学，深思熟虑，以其有悠久的学术源流，又具丰富充实之内涵，为此而定名为“古典目录学”，并为讲义命名为《古典目录学浅说》。

《古典目录学浅说》全书共分四章，第一章为目录学概说，对目录学的界定、类别、体制和作用等，进行较全面的阐述；第二章为古典目录学著作和目录学家，对自两汉至明清的重要目录学著作和著名目录学家，进行平实而公允的评述，便于掌握古典目录学的基本内容；第三章为古典目录学的相关学科如分类学、版本校勘学等专门学科，作了较详尽而具体的论述，以加深读者对古典目录学的了解；第四章为古典目录学的研究趋势，提示对古典目录学领域的前瞻设想，可供研习者思考和进一步探求。意料之外，“古典目录学”这一定名竟为学界所接受和使用，而此课程也为青年朋友与学生所欢迎。《古典目录学浅说》经过几次修订，于1981年10月由中华书局正式出版，得到学术界的关注，有的学者还写了评论，给予鼓励和帮助。2003年曾重印北京新一版，2005年8月，中华书局又将其收入《国学入门丛书》中，印行第三版，为研习目录学之必备读物。

2008年7月，南京大学中文系韩籍博士生朴贞淑女士来函，要求韩译拙著《古典目录学浅说》。8月4日，其导师张伯伟教授发来推荐书云：

> 韩国留学生朴贞淑同学，毕业于韩国启明大学校中国文学系，并获得文学硕士学位。2005年负笈来宁，就读于南京大学中文系中国古代文学专业，苦读三年，以《〈文选〉东传韩国之研究》为题，撰写博士学位论文，已顺利通过论文答辩。该生对文献学有浓厚的兴趣，也有较好的基础，她针对韩国学术界对文献学不够重视的现状，拟翻译中国学者的相关著述以药之，其意可嘉，用敢推荐，盼能遂其美意，以光大吾华学术。

中韩文化交流，历有年所，载籍多有记述，李白晁衡之唱和友谊，长安争购张鷟、白居易诗文，中华学人，久称盛事。今世学术交流，学者访学，尤呈频繁。朴贞淑女士不远千里，求学金陵，从师张门，学有所成。又焚膏继晷，移译拙著《古典目录学浅说》一书，为中韩文献学领域之沟通交流，有所贡献，其志可钦。朴贞淑女士方当盛年，前程远大。望九一叟，企翘其开通交流渠道，日益广阔，互译互补，沾溉中韩文化。余于此当拭目以待，是为之序！

二〇〇九年二月十日，写于中国天津南开大学邃谷，行年八十七岁

原载于《중국의고전목록학》　来新夏著　朴贞淑译　한국학술정보(주) 2009年版

《中国古代图书事业史概要》后记

前几年我在讲授古典目录学和研究书史过程中，曾有过一种想法——中国的图书事业源远流长，内容丰富，可惜散见于书史、目录学史和图书馆史诸学科领域，虽时见迭出而难得一完整概貌，为什么不能撰写一部融通古往今来以图书为中心而涉及有关诸种事业的通史呢？积思既久，遂谋邀集同道共事，乃先穷数月之力，独成概要六章，俾供讨论着笔。旋以《津图学刊》索稿，即以付刊，以求集思广益，连载多期于1986年5月毕事。天津古籍出版社吴恩扬、孙致中二同志又力主问世，并嘱增入图片以收左图右史之效。于是订正文字，选录图片，定名为《中国古代图书事业史概要》。其能备浏览、资谈助，当符初衷；但以我国图书事业涉及方面既广，遗产资料更丰，《概要》既限于篇幅，而我则读书未遍，尤虞疏陋。所望读者能惠教指正。版本目录学专家顾廷龙教授赐题书名，无疑是前辈对后学的一种鞭策与鼓励，自当奋勉精进。

《概要》编写与图片选录多与端木留学长时加商榷；孔德利同志摄制图片，颇著辛劳，而天津古籍出版社孙致中同志力促其成，尤所难能，统于此敬致谢意。

一九八六年九月于南开大学北村

原载于《中国古代图书事业史概要》　来新夏著　天津古籍出版社1987年版

《中国古代图书事业史》叙言

《中国古代图书事业史》的构思始于七八十年代之交。那时，我开始由研究古典目录学而逐渐延伸到图书馆学领域，并由于我受命组建图书馆学专业和承担教学行政管理工作而需要对某些学科作具体的剖析与探讨，我朦胧地感到在图书馆学的教学领域中某些课程有重见迭出的弊病，如中国书史，中国目录学史和中国图书馆史的分设就出现无可避免的重复，使人有数见向、歆父子之烦。我想为什么不能将书史、目录学史和图书馆史等合一而写成《中国图书事业史》呢？于是准备先从鸦片战争前的古代部分着手，并在1980年写成《试论〈中国古代图书事业史〉的研究对象与划阶段问题》一文（《学术月刊》1980年8月号）。这是《中国古代图书事业史》的最原始提纲。此文发表后得到一些同行的支持与鼓励，希望我能作较为系统的撰述，我也不揣固陋，开始作组织力量和进行撰述的准备。

1981年，我对此书的规模进行了构思和设计，并邀约合作者。我以那篇论文为基础，撰写了近四万字的提纲（油印本），作为共同写作的基本依据。这份提纲先付油印，后以讲话形式在《津图学刊》连载；1986年又承天津古籍出版社敦促删订增补，并配印图片，以《中国古代图书事业史概要》为书名，于1987年公开出版问世，成为《中国古代图书事业史》的简本。但物色合作人手洵非易事，几经反复，始克着手；中间又因认识一时难趋一致，往返商榷，成稿速度延缓，蹉跎岁月，历时五年，1986年春始成初稿（油印本）70万字。略加翻读，即感亟需删订，遂将管见所及提请原撰人修订，并再次订正提纲以求划一，规定进度以谋克期竣工。不意又多经周折，始陆续集中我手，乃由我全面删订，成为五十万字的二稿，油印后曾分寄有关同志求教。当时《中国文化史丛书》有几位编委力邀将此书列入，而主其事的朱维铮兄又多次提示，既入丛书宜与它书形式大体

一律，于是先请端木留先生再删其繁芜，整其文字，然后由我通读全稿，统一体例，查核史料，修饰文字，于1987年冬完成此30万字定稿。此书虽三易其稿，四经修订，但书成众手的痕迹仍依稀可见。现循读定稿，实感忐忑，只是由于艰难孕程中新生物的躁动在催促我不能再迁延时日，有负属望，才决心将书稿送交丛书编委会审定。

本书是《中国图书事业史》的古代部分。它的编纂目的是力求自成体系而减去繁复。撰者尽可能搜集有关史料，并在此基础上考辨研究，论述成文，不作蹈空之论。它的基本内容是以图书为中心而涉及与图书有关的各种事业，包括搜求、典藏、管理、整理和编纂等。它既非学术发展史，也非历代著述史。各篇章节大体求其一致，但因时代情况各殊，所以章节安排和论述方式也间有出入。至于鸦片战争后的近代部分尚待假以时日，撰著成书。

本书初稿的编写系按时代由撰者分担，参加编写的人员有：

绪论、各章目录部分——来新夏；

周、秦——端木留；

两汉——陈德弟、陈作仪；

魏晋南北朝——孙立群；

隋唐五代——郑伟章、赵永东；

宋辽夏金元——萧鲁阳；

明——南炳文；

清——白新良。

在编写过程中，江晓敏和李玉进等同志都参加过部分工作。端木留先生在全过程中出力尤多，他除分担专章撰稿外，还协助我删订文字、整理书稿，工作繁重而朝夕从事，对本书的底成作出了应有的贡献。孔德利同志在拍摄图片工作中也颇著辛劳。我对这些同志的支持并使我的设想付诸实现都表示深切的感谢。由于我承担了提纲拟制、通稿审定、统一文字等工作，因此我应对全书负责。书中存在的体例、史料、论述和文字诸方面的缺点，则是我限于学识的不足和试探工作的生疏所造成，我衷心希望通过本书的问世能获得知者和读者的指正。

一九八七年十二月于南开大学邃谷

原载于《中国古代图书事业史》　来新夏等著　上海人民出版社1990年版

《中国近代图书事业史》前言

我自转攻“中国图书事业”方向以后，鉴于过去书史、目录学史和图书馆史三分天下，各成系统，以致难免有重叠歧出之处，深感有改革的必要，所以就有一种“三史合一”的设想，准备写一部《中国图书事业史》，合三史为一书，以便利教学与学习。但颇感兹事体大，甚难一蹴而就，于是决定先编写古代部分，由我根据八十年代前后自己对这方面问题的研究成果，撰写了一份四万余字的提纲，并以讲话形式先在《津图学刊》连载，征求意见。同时邀约一些朋友和学生参与合作，依据提纲，分头撰稿。经过三易其稿，四度修订，终于在1987年完成了一部30余万字的初稿，经我统一增删修订，勒成定稿，并承复旦大学朱维铮教授列入“中国文化史丛书”，由上海人民出版社于1990年出版。

在《中国古代图书事业史》编写过程中，我就考虑着手进行近代部分的编写。当时曾按照中国近代史发展的线索，提出一个初步提纲，邀请几位朋友讨论；但因为这种写法很难着笔，而有关资料的搜集亦非一朝一夕之功，所以大家主张先从专题研究做起。我也想这样急就章，恐难保证质量，于是便暂时搁置起来。1985年后，我开始招收中国图书事业史方向的硕士生，在考虑如何安排他们的学习和研究时，产生了一个构想：我把中国近代图书事业分成若干专题，在近十年过程中，由各个研究生认选专题，作为学位论文题目，按专题写成材料较充实、论述较完整的论文。1995年随着这一方向最后一个研究生的毕业，这项工作圆满结束，取得比较理想的效果。先后参加撰写专题和书稿的研究生有（按姓氏笔画为序）：王立清、刘小军、余文波、陈红艳、徐健、秦迎华、常军、黄颖等。

专著虽然已有了坚实的基础，并且就各专题而论，都保证了一定的质量，但如何把独立各篇合成浑然一体的专著则尚待进一步研究。于是，我在通阅了各篇

专题论文之后，又结合自己这方面已有的知识，反复思考，拟定了一份比较详尽的写作提纲。在1997年秋冬之际，我的早期研究生徐建华副教授和他的妻子唐承秀女士，毅然请缨，并以半年为期，完成初稿。建华复邀其弟子柳家英女士相助。在整编各稿过程中又情邀历史系正在研究这段历史的研究生李庆刚执笔补撰了“解放战争时期图书事业”这一章。1998年春，在徐建华副教授的参加和组织下，《中国近代图书事业史》的初稿终于如期完成，并送我统稿。

我为让这部由三代师弟苦心经营十多年的书稿早日摆脱待字闺中的命运，毅然搁置手边的一切工作，专心致志地审读、增补、删订，并在审读的基础上写出概括全书主旨的“绪论”，作为全书的第一章。然后，又将全稿退交家英，请其再增补部分内容，核对资料出处，删略重复歧出。并由建华再通读一遍，作为完整的初稿。我对这部完整的初稿再一次做了通读终审的工作，并写了前言、后记，选用了图片。至此，《中国近代图书事业史》的定稿始告完成。

编写《中国近代图书事业史》的目的，是为了对中国近代图书事业作一次总括性论述的试探。中国近代是一个曾发生过古今未有之奇变的重要历史时期，它的图书事业也同样发生了前所未有的变化，有许多问题有待深入研究，有许多前所未有的特色需加以表述，尽管我们主观上比较详尽地作好逐年进行的规划，动用和投入了较多的人力，历时十年，数易其稿，但仍感到尚有若干不尽如原来设想那样完美。这只有期待本书问世后，能获得学者和读者的更多关注，纠谬指正，给我们以帮助。我们差堪自慰的，是再一次实现了“三史合一”的宿愿，并与《中国古代图书事业史》相衔接，形成一部比较连贯的中国图书事业通史。

原载于《中国近代图书事业史》　来新夏等著　上海人民出版社2000年版

《中国近代图书事业史》后记

经过十年的辛劳，《中国近代图书事业史》终于成书，我感到十分喜悦。感谢我的研究生们的专题研究，为专著奠定了坚实的基础；我也感谢徐建华、唐承秀、柳家英和李庆刚在合成专著过程中所耗费的精力。因为是他们帮助我实现了“三史合一”的设想，补足了中国图书事业通史的缺项。我更感到快慰的是，“三代成书”也许会传为书林佳话。

《中国近代图书事业史》成书后面临着很大的难题，那就是寻求出版的机会。因为学术性较强的著作出版较难；贴钱出书，又力所难及。就在困扰之际，想到《中国古代图书事业史》的责编虞信棠先生，一则他为人热诚，乐于助人，再则当《中国古代图书事业史》出版时，他曾希望有近代部分，以成完璧。所以便怀着忐忑的心情和他联系。一个天朗气清的晚间，收到虞信棠先生告知的喜讯：上海人民出版社领导十分支持专题史著作的出版，决定接受书稿。我非常感谢出版社领导和虞信棠先生的帮助，使这部经营十年的书稿获得问世的机会。

在书稿编写过程中，刘忠祥先生夫妇也有很重要的贡献。这部书的草稿出于众手，比较凌乱，虽经整理编次，仍有一定的打印难度。忠祥夫妇不辞辛苦，先后打印、改正多次，扫除了编写工作中的许多障碍。在此，我和我的合作者们对他们夫妇表示感谢。尤其应该提到的是皮介郑先生，在书稿经虞信棠先生审订退修时，我正因病住院，难以着手之际，介郑毅然承担查阅资料、正误纠谬的重任。当我通阅定稿时，发现介郑确是做了许多艰苦认真的核订工作，柳家英女士冒溽暑又为校核文字、搜集插图付出了劳动，统借此表达我的诚挚谢意。

本书行将问世，我们热诚地期待着广大读者给予批评！

二〇〇〇年夏写于南开大学

原载于《中国近代图书事业史》　来新夏等著　上海人民出版社2000年版

《中国图书事业史》后记

《中国图书事业史》是在《中国古代图书事业史》（上海人民出版社1990年4月版）和《中国近代图书事业史》（上海人民出版社2000年12月版）的基础上，经过删订整合，用以反映自古代至中华人民共和国建国以前中国图书事业悠久历史进程的一部通史。

上世纪七八十年代之交，我开始由研究古典目录学而逐渐延伸到图书馆学领域；并由于我受命在南开大学组建图书馆学系和承担教学行政管理工作而需要对有关学科作具体剖析与探讨。在教学实践中，我朦胧地感觉到在图书馆学教学领域中某些课程存在着重见叠出的弊病。如《中国书史》、《中国图书馆史》、《中国目录学史》和《中国藏书史》的分设，就出现无可避免的重复，使人有数见向歆父子之烦。我想为什么不能将这些课程合而为一，写成一部《中国图书事业史》呢？于是准备先从鸦片战争前的古代部分入手，并在1980年写成《试论〈中国古代图书事业史〉的研究对象与划阶段问题》一文（《学术月刊》1980年8月号）。这是《中国古代图书事业史》的最原始提纲，得到一些同行们的支持与赞同，于是开始作组织力量和进行编写的准备。

1981年，我对此书的规模进行构思和设计，并邀约我的几位不同时代的学生参与合作。我以那篇论文为基础，撰写了四万字的提纲，作为共同写作的基本依据。这份提纲先付油印，后在天津《津图学刊》以讲话形式连载。1986年，《中国古代图书事业史》70万字的初稿完成，并据此简编成《中国古代图书事业史概要》，由天津古籍出版社先行出版。同时将初稿审阅后提出意见，交由原撰稿人分头修订增补，最后由我全面删定为50万字的二稿，油印后曾分寄有关人士求教。当时上海人民出版社正筹划编组《中国文化史丛书》，常务编委朱维铮、刘泽华等好友，力邀我将此书列入丛书。维铮兄又多次提示，既入丛书，宜与其他书大体划一。于是又经一次删定，于1987年冬终于完成一30余万字的定稿，于1990年由上海人民出版社正式出版。

在《中国古代图书事业史》编写过程中，我就考虑着手进行近代部分的编写，曾邀请几位朋友讨论，比较一致的意见认为：近代部分少所依傍，资料散在报刊，搜集难度较大，不要匆匆启动，应先从专题研究做起。我也想这样急就成章，恐难保证质量，于是暂时搁置。

1985年后，我开始招收中国图书事业史方向的硕士研究生，在考虑如何安排他们的学习和研究时，产生了一个构想：我把中国近代图书事业，按历史时期分成若干专题，作为他们学位论文的题目，要求按专题写成材料较充实、论述较完整的论文。经过十年的积累，取得了比较理想的效果，于1995年完成了《中国近代图书事业史》的初步架构。为了书稿的早日问世，我从1996年至1998年，用了足足两年时间，毅然搁置手边的其他工作，全力进行修订、增补、删略、通读，终于在1999年将书稿完成，交付上海人民出版社。2000年12月，《中国近代图书事业史》正式出版，完成了我二十多年的夙愿。

2006年秋，上海人民出版社原二书责任编辑、老友虞信棠编审专门以电话向我建议，该社拟将原二书合一为《中国图书事业史》，列入该社的《专题史系列丛书》中，征求我的意见，并称考虑我年事已高，不宜过度耗费精力，主动表示愿承担合一工作。盛情厚意，令我深感欣慰，当即表示同意，并致谢意。于是就由信棠约请另一编辑毛志辉先生，共同进行重组合一。

将原二书合一，不是机械式地拼接，而是重加全面审视，统一体例，删繁就简而不失原意地再创新整合。经过虞、毛二先生一年多不懈地艰辛劳作，终于成为一部以自成体系，通贯古今面貌出现的《中国图书事业史》。这不仅给读者一部完整的专史，为图书馆学领域填补空白，也为我实现了多年来的一种期待。2008年秋，这部经过对原二书瘦身三分之一强的新版《中国图书事业史》的三校清样呈现在我的书案上。我以一个多月的时间，夜以继日地通阅了全稿，除了个别的手民之误和引文校核等有所订正外，应该说已经臻于完善。

二书合一的成就，明显地表现在两点上：

一是体例的统一。原《中国古代图书事业史》虽以中国古代历史时期分章，但每章标题均以图书事业发展的阶段为名。而《中国近代图书事业史》则均以近代历史时期分章，二者体例显然不同。因此对原前书各章以图书发展阶段所作的标题进行适当处理。因此，使全书均以历史时期为标题，以求体例统一，加强

“史”的概念。

二是内容的简练。原二书存在内容叙事过多和琐细的不足，但因原分为二书，问题不显突出。但在合成一书时，全书令人有臃肿之感，于是根据“以图书事业为核心内容”和“要言不烦”的原则，将某些与图书事业外延过远和叙事过于琐碎的部分，精心删节而不失原意。特别是在古今二书衔接部分，尽力删其重复，略其承接，以求古今通贯。

至此，新编《中国图书事业史》的大局底定。又经复决审诸先生详加审定，精雕细刻，再予订正，终使一部新创著作，得以问世。为图书馆学领域增一新著，为对图书馆事业关注的人们得借此了解中国图书事业源远流长的历史进程，为文化事业的积累增一品种。

这部新创著述，是在《中国古代图书事业史》和《中国近代图书事业史》的基础上编写而成。过去曾参与过前二书的朋友，在前二书中曾有所致意。在此我仍忆念当年的友情。而这次的改编，则端赖虞信棠和毛志辉二先生。虞信棠先生是前二书的责任编辑，又是我多年的老友，而毛志辉先生则尚未谋面。他们不论旧识，还是新知，都给予我和我的著作极大的关注。他们从若干成书中选择二书，历尽辛劳，重加整合，编成新著，不能不令我感动，在此再致谢意。我以望九之年，得睹旧著新颜，又何得不至感欣悦。我默祷这部新著当为社会所接受，有更多的读者喜欢它。

二〇〇八年十月下旬写于南开大学邃谷，行年八十六岁

原载于《中国图书事业史》 来新夏等著 上海人民出版社2009年版

《中国图书文献选读》前言

上世纪八十年代初，我应时势需要，为南开大学创办了图书馆学系。并于1983年得教育部批准，招收第一届学生。我自任《中国图书事业史》课程。为使学生能接触原著，我与古汉语老师张文桂先生共同商榷，编选一本《中国图书文献选读》，作为古汉语教材和图书事业史的参考文献，酌加简要注解和练习题。当时因条件所限，每选注一篇，即刻印一篇，发给学生阅读和参考。积久成册，就是最初形成的油印本。

《中国图书文献选读》从文史典籍中选出了四十余篇与中国图书事业有关的旧籍文献，对某些词语进行简注，帮助学生阅读，从而提高学生阅读文献的能力，充实有关图书事业的知识。行之二年，颇见成效。嗣我与张君先后退离，此课不复继续，致诸生无缘接触原始文献，而印发之油印本讲义，亦多散失无存，思之不胜怆然！

本世纪之初，绍兴一农友孙伟良君搜集我的编著几备。邀我临其舍，得见此油印本，如见故人，几乎泪下，携归天津，赏玩多日而归之，并为之题跋云：

> 上世纪八十年代初，我创办南开大学图书馆学系，规划设此课程以补诸生图书文献之缺。并请张文桂先生授此课，由我选目，张先生编辑，久已无存。今见伟良得此本，犹忆当年创业之维艰。二〇〇七年四月

2010年初，我应交通大学出版社之约，编写《目录学读本》一书，遂邀集数友，共商其事。佥以此《选读》中较多篇什可备参考，要求重印。乃即就孙藏

本，倩戴丽琴女士、王振良君略加校订，即付剞劂。三十年旧物，复传于世，得不慨然？爰记始末，并向相助诸友致谢。

二〇一〇年岁末记于南开大学邃谷

原载于《中国图书文献选读》 来新夏等选注 2010年自印本

《社会科学文献检索与利用》前言

当前，随着时代的前进、科学的急速发展和四化建设的需要，加强高等院校学生的基本技能训练已日感迫切。原教育部有鉴于此，于1984年2月发出《关于在高等学校开设〈文献检索与利用〉课的意见》这一通知，要求“凡有条件的学校可作为必修课，不具备条件的学校可作为选修课或先开设专题讲座，然后逐步发展、完善”。

《意见》引起了我莫大的兴趣，遂邀约惠世荣、王荣授等同志研究了《意见》的具体要求。我们深感开设此课程是极为必要的，并认为在开课前很有必要先编写出一本教材。于是决定由我们三人组成编写组，着手准备这一教材的编写工作。

《意见》中对课程内容作了四项规定，即：

1. 文献与文献检索的基本知识；

2. 主要检索工具书的内容、结构及查找方法；

3. 主要参考工具书的内容、作用及使用方法；

4. 在上述内容的基础上，根据实际需要和可能的条件适当增加阅读方法与技巧、文献整理与综述、情报分析研究以及论文写作方法等内容。

这四项内容大体概括了这门课程的基本要求。我们即据此拟定编写大纲，由惠世荣、王荣授二同志分章撰写初稿，我逐章审读。经过半年的努力，终于完成全稿并油印成册。油印稿曾分送有关专家、学者征求意见，并在由南开大学图书馆和图书馆学系合办的社科文献检索师资培训班上试用，听取了来自全国52所高校的学员们的意见。这些意见对于初稿的进一步完善起到了重要的作用。此后又经过近一年的时间，我们从内容到体例上曾反复进行修订增补，终于完成了现在这本正式出版的教材。

这本教材的编写，惠世荣和王荣授二同志担负了初稿编写和定稿修订增补的主要工作。天津科技情报所的李岩同志和南开大学分校的孔红云同志曾对本书提供了有益的帮助。南开大学图书馆的殷子纯、林惠华和王宗志等同志也对修订稿作了认真的审读，提出了若干修改意见。这些同志对这本教材的问世都作出了一定的贡献。我仅在拟定大纲、商榷体例和审读全稿诸工作中做了一点我应做的工作。

这本教材的编写既无前人成作依傍，又缺乏足够的教学实践，所以一定存在着不少的缺点和错误。如果这本教材在开设这门课程时为教学工作提供了某些方便，有一定的参考价值，那将是我们所希望的。

借这本教材问世的机会，我们谨向所有给予我们鼓励与帮助的同志们表示由衷的感谢。我们更热切地期待着读者给予批评和指正，以使这本教材能在切磋琢磨的过程中日益完善。

一九八六年元旦于南开大学

原载于《社会科学文献检索与利用》 来新夏、惠世荣、王荣授编著 南开大学出版社1986年版

《古籍整理散论》序言

中国拥有大量的古籍，它们负载着清代以前几千年历史和文化的积累，保存着无数可供征考的文献资料，是中国历史和文化的重要信息源。但是，由于它们距现在已有长短不等的时间距离，因此往往需要进行一些加工整理来沟通。某些有经验、有造诣的学者可能已在长期实践中摸索出自己的一套整理古籍的基本技能；但对初学者则往往会有一段茫然无所措手足的摸索过程。了解一些前人曾使用过的基本技能知识对缩短摸索过程是有利的。前人整理古籍的基本技能是多方面的，这里只择要论其数端。

古籍浩如烟海，设无类属，则需用时面对丘山之积而难以细读。分类思想早在战国时荀子即已提出“以类行杂，以一行万”和“同则同之，异则异之”等分类原则，对后世影响颇大。宋郑樵在其名著《校雠略》中更强调说：“类例既分，学术自明”，益可见了解分类知识实为学术研究的阶梯。它使人能“即类求书，因书究学”。乃作论分类第一。

要想即类求书就需要借助各种目录的指引。通过目录书来开拓知识，提供文献线索，久已是历代学者所公认的途径。汉王充提出，如要做“通书千篇以上，万卷以下”的“通人”，那就要掌握目录学这一基本技能来博览古今，畅通大义。清代学者王鸣盛更强调：“凡读书最切要者，目录之学。目录明，方可读书，不明终是乱读。”语虽偏激，却道出目录技能的重要。乃作论目录第二。

使用目录书可以做到即类求书，但一书有多写众刻，何者为善，那就需要加以选择。只有掌握识别版本的技能，才能区别善本与劣刻，以避免谬误。清代版本学家顾千里认为不讲刻本是自欺欺人，另一学者段玉裁还把寻求好版本作底本视为治学的第一步。只有具备选择善本佳刻的版本学技能，才可明辨哪一种版本的内容比较完整，文字比较准确，而选择好的底本作为整理的依据。乃作论版本第三。

流传至今的古籍大多因无句读而难以卒读，于是句读问题也被视为整理和研读古籍的一种基本技能。宋代史学家欧阳修在《读书》诗中说："篇章异句读，解诂及笺传，是非自相攻，去取在勇断。"即以句读作为自己读书的基本技术训练。另一位学者何基有"凡所读无不加标点"的长处，《宋史》特把此事写入本传。如果对句读忽视，即使积学如胡三省，也会在《通鉴》卷一七三将郑译复周主的对语作了误断误释，致贻后人以口实，备受指摘。陈垣师在《通鉴胡注表微》中特引此例以戒后学。乃作论句读第四。

工欲善其事，必先利其器。古籍中无论字词，还是典制，均非人人皆能忆记或尽晓，势不得不借助于工具书以求解。整理古籍更不能不将工具书置诸案头，以备随时翻检。中国工具书的肇源甚早，历史悠长，而品类又较多，如不知其性质与使用方法，则一遇窒碍，往往难以得心应手。乃作论工具第五。

能够循读文献，尚须广搜异本，比勘异同。孔子整理诗书就做过"去其重"的校勘工作；郑玄对诸经的"刊改漏失"；唐宋以来学者多"亲自校定铅椠"；清人则更"博征善本以校勘之"，使校勘成为专学。因为通过校勘，可以正事实，通文字，去谬误，所以陈垣师曾说过："校勘为读史要务，日读误书而不知，未为善学也。"他并概括了对校、本校、他校和理校的校法四例。此四例便是校勘工作的基本技能。乃作论校勘第六。

校勘而有异同，就需要以考证来定底本与立说的是非。考证也有一套基本技能，那就是本证、旁证与理证。古籍中的文献资料经过考证就置研究工作于坚实可靠的基础之上，为学术研究工作的抽象概括和具体分析提供了便利。乃作论考证第七。

传注是有悠久历史的整理古籍的方法，它对古籍中的文献起到训释音义，掇拾遗阙，辨正异同和核查文字的作用，使了解古籍更为完整准确而便于理解。历来有传、注、笺、释、集解、汇注等不同体裁。在整理古籍过程中可借助它们来解疑祛难。乃作论传注第八。

分类、目录、版本、句读、工具书、校勘、考证、传注等都是整理古籍的基本技能。它们虽不能放到学术极致的地位上，但应熟练掌握，善于应用。要允许一些人专门从事这类基本技能的研讨，使之逐步完善和规范化，以便于青年和初学者的掌握使用。作为青年和初学者来说，也不要以为这些都是陈旧的方法，雕虫小技，不屑一顾，或者一笔抹煞，而应该以批判继承的态度，更好地提高它、完善它、掌握它和运用它。

我所写的这八篇文字是历年来与一些青年朋友谈论时的发言稿，并未能包括整理古籍的全部技能，而只是择要散论而已，或可备初学者的参稽。所论容有不当，至祈识者教我！

来新夏

一九九二年秋于南开大学

原载于《古籍整理散论》 来新夏著 书目文献出版社1994年版

《古籍整理讲义》序言

中国拥有大量的古籍，它们负载着清代以前几千年历史和文化的积累，保存着无数可供征考的文献资料，是中国历史和文化的重要信息源。但是，由于它们距现在已有长短不等的时间距离，因此往往需要进行一些加工整理来沟通。某些有经验、有造诣的学者可能已在长期实践中摸索出自己的一套整理古籍的基本技能，但对初学者则往往会有一段茫然无所措手足的摸索过程。了解一些前人曾使用过的基本技能知识对缩短摸索过程是有利的。前人整理古籍的基本技能是多方面的，这里只择要论其数端。

古籍浩如烟海，设无类属，则需用时面对丘山之积而难以细读。分类思想早在战国时的荀子即已提出“以类行杂，以一行万”和“同则同之，异则异之”等分类原则，对后世影响颇大。宋郑樵在其名著《校雠略》中更强调说：“类例既分，学术自明。”乃作论分类第一。

要想即类求书就需要借助各种目录的指引。通过目录书来开拓知识，提供文献线索，久已是历代学者所公认的途径。汉王充提出，如要做“通书千篇以上，万卷以下”的“通人”，那就要掌握目录学这一基本技能来博览古今，畅通大义。清代学者王鸣盛更强调：“凡读书最切要者，目录之学，目录明，方可读书，不明终是乱读。”语虽偏激，却道出目录技能的重要。乃作论目录第二。

使用目录书可以做到即类求书，但一书有多写众刻，何者为善，那就需要加以选择。只有掌握识别版本的技能，才能区别善本与劣刻，以避免谬误。清代版本学家顾千里认为，不讲版本是自欺欺人。另一学者段玉裁还把寻求好版本作底本视为治学的第一步。只有具备选择善本佳刻的版本学技能，才可明辨哪一种版本的内容比较完整，文字比较准确，方能选择好的底本作为整理的依据。乃作论版本第三。

流传至今的古籍大多因无句读而难以卒读，于是句读问题也被视为整理和研读古籍的一种基本技能。宋代史学家欧阳修在《读书》诗中说："篇章异句读，解诂及笺传，是非自相攻，去取在勇断。"即以句读作为自己读书的基本技术训练。另一位学者何基有"凡所读无不加标点"的长处，《宋史》特把此事写入本传。如果对句读忽视，即使积学如胡三省，也会在《通鉴》卷一七三将郑译复周主的对语作了误断误释，致贻后人以口实，备受指摘。陈垣师在《通鉴胡注表微》中特以此诫后学。乃作论句读第四。

工欲善其事，必先利其器。古籍中无论字词，还是典制，均非人人皆能记忆或尽晓，势不得不借助于工具书以求解。整理古籍更不能不将工具书置诸案头，以备随时翻检。中国工具书的肇源甚早，历史悠长，而品类又较多，如不知其性质与使用方法，则一遇窒碍，往往难以得心应手。乃作论工具第五。

能够循读文献，尚需广搜异本，比勘异同。孔子整理诗书就做过"去其重"的校勘工作，郑玄对诸经的"刊改漏失"；唐、宋以来学者多"亲自校定铅椠"；清人则更"博征善本以校勘之"，使校勘成为专学。因为通过校勘，可以正事实，通文字，去谬误，所以陈垣师曾说过："校勘为读史要务，日读误书而不知，未为善学也。"他并概括了对校、本校、他校和理校的校法四例。此四例便是校勘工作的基本技能。乃作论校勘第六。

校勘而有异同，就需要以考证来定底本与立说的是非。考证也有一套基本技能，那就是本证、旁证与理证。古籍中的文献资料经过考证就置研究工作于坚实可靠的基础之上，为学术研究工作的抽象概括和具体分析提供了便利。乃作论考证第七。

传注是有悠久历史的整理古籍的方法，它对古籍中的文献起到训释音义，掇拾遗阙，辨正异同和核查文字的作用，使了解古籍更为完整准确而便于理解。历来有传、注、笺、释、集解、汇注等不同体裁，在整理古籍过程中可借助它们来解疑祛难。乃作论传注第八。

分类、目录、版本、句读、工具书、校勘、考证、传注等都是整理古籍的基本技能。它们虽不能置于学术极致的地位上，但应熟练掌握，善于应用。要允许一些人专门从事这类基本技能的研讨，使之逐步完善和规范化，以便于青年和初学者的掌握使用。作为青年和初学者来说，绝不要以为这些都是陈旧的方法，雕虫小技，不屑一顾，或者一笔抹煞，而应该以批判继承的态度，更好地提高它、完善它、掌握它和运用它。

为了让初学者对古籍能有所涉猎，我在八论之外尚举出几类古籍为例，如经史子集、类书丛书、地方志和佛藏道藏等七类，各立一章，使读者对主要古籍的总貌有所了解。二者相合共得十五章。

这十五篇文字是前世纪六十至八十年代在课堂上授课时的讲义，也在与一些青年朋友谈论时作过发言稿。它未能包括整理古籍的全部技能，而只是择要论说，用备初学者的参稽，曾选印过十篇，油印发给学生，题名曰《文献整理十讲》。十几年前，我将前八论合为一书，名曰《古籍整理散论》，由书目文献出版社出版，但印数很少。2001年前，我在编自选集《邃谷文录》时，又恢复十论原貌，并对各篇进行了修改，有的篇还做了较多的增订，命名曰《古籍整理讲义》。2002年春，鹭江出版社拟将《古籍整理讲义》收入其“名师讲义”丛书中，我又收录了五篇有关文字，共为十五章，仍以《古籍整理讲义》为书名，并附录了我在日本独协大学开设《中华传统文化的传递》讲座时的讲义。虽然它的内容有与《讲义》重复处，但为了保存这份讲座稿的完整，而未加删节，祈读者见谅。

一九九二年秋成稿于南开大学
二〇〇一年春改定稿
二〇〇二年冬再定稿

原载于《古籍整理讲义》（“名师讲义”丛书）　来新夏著　鹭江出版社2003年版

《三学集》自序

1923年的夏天，我出生在江南名城杭州的一个读书人的大家庭里，父叔常年谋食四方，家中事无巨细都由祖父主持。祖父来裕恂先生是清末秀才，曾从师于俞樾；又是日本弘文书院的留学生。在日本曾任同盟会主办的横滨中华学校的教务。回国后经蔡元培介绍加盟光复会，在家乡从事新式教育的劝学工作。辛亥以后，他敝屣荣华，依然在教育部门和各类学校任职。他一生潜研学术，寄情诗词，笔耕不辍。所著有《汉文典》、《匏园诗集》、《萧山县志稿》和《易经通论》等多种。我七岁以前，一直随侍于祖父左右，生活上备受宠爱。但祖父对我的教育却很认真，非常严格地对我进行传统文化的蒙学教育，以三、百、千、千的顺序去读，去背诵，还为我讲解《幼学琼林》和《龙文鞭影》等蒙学书，为我一生从事学术活动奠定了入门基础。祖父就是我的第一位启蒙老师。七岁那年，我因父亲供职天津即随母北上。我依依不舍地离开了祖父，以后虽然再未和祖父生活在一起，但是他仍然不时写信来，指导我读书和修改我的习作，直到他高年辞世时为止。

我从小学到大学遇到过不少良师，他们都从各个方面给我日后的学术道路以重要的影响。前一世纪的三四十年代之交，我在天津一所中学读书，有一位年轻的国文教师谢国捷，专攻哲学，是史学家谢国桢的六弟。安阳谢氏，家富藏书。谢老师又很慷慨倜傥，师生间十分契洽，因此我得以借读谢氏藏书。谢老师还常和我谈些治学方法和经验，鼓励我写文章。我的第一篇史学论文《汉唐改元释例》初稿就完成于此时。此文后来在陈垣老师的直接指导下，经过多次修改，终于成为我的大学毕业论文。

四十年代初，我就读于北平辅仁大学，有幸亲受业于陈垣、余嘉锡、张星烺、朱师辙、柴德赓和启功、赵光贤诸先生之门，他们都为我日后走上学术道路耗费心血，特别是他们谨严缜密、求实求真的学风，成为我一生努力追求的方向。可惜我资质驽钝，虽全力以赴，至今未能达到师辈的标准，而深感有负师教。当时正处于日寇侵华的沦陷区，老师们坚贞自守的爱国情操，更是一种无言的身教。

我大学毕业时，正是抗战胜利的第二年——1946年，人们的心情都很兴奋，以为可以报效国家，有所作为。孰知事与愿违，政府的腐败令人大失所望，我无可逃避地像许多人一样走上一条毕业即失业的道路。虽然经过亲友的帮助，曾在一家公司谋得一个小职员的工作，但为时不久，公司倒闭。又赋闲了一段时间，才经读中学时一位老师的介绍，到一所教会中学去教书；当时，解放战争已临近全面胜利的边缘，天津的解放也指日可待，我也直接或间接地接受了一些革命理论和思想的灌输，热切地期望着新生活的来临。

1949年1月，天津解放给我带来了从未有过的欣悦。在革命洪流的冲击下，我积极投身于新的革命工作。不久，经民青驻校领导人的动员，我和另一位同事张公骕兄被保送到华北大学去接受南下工作的政治培训。于是，脱去长袍，穿上用紫花（据说是一种植物）煮染过的粗布所缝制的灰制服；抛去优厚的工薪制，去吃小米，享受大灶供给制。一股堂·吉诃德式的革命热情带来革命的冲动。为了和旧思想、旧习俗等等旧的一切割断，作个新人，我们又学习那些先行者改名换姓的革命行动，偷偷地商量改名问题。张兄利用名字中骕字的马旁，又想在革命大道上奔腾，所以改名马奔。我则用名字的最后一字“夏”与“禹”相连而改姓禹，又大胆地以列宁自期，取名一宁，暗含着彼一宁也，我一宁也，将相宁有种乎的傲气。张兄一直沿用马奔这个革命名字，我则幸亏以后又恢复了原姓名，否则“文化大革命”中这将是一条大罪状——居然敢以列宁自期。政治培训期满后，张兄南下到河南，我则被留在华北大学的历史研究室，师从范文澜教授，做中国近代史研究生。从此我就从古代史方向转到近代史方向，并在范老和荣孟源先生指导下写出第一篇学习新观点的文章——《太平天国底商业政策》，作为太平军起义百年的纪念。

当时历史研究室的主要研究工作就是从整理北洋军阀档案入手。这批档案是入城后从一些北洋军阀人物家中和某些单位移送过来的藏档，没有做过任何清理和分类。这批档案有百余麻袋，杂乱无章，几乎无从下手，每次从库房运来几袋就往地下一倒，尘土飞扬，呛人几近窒息。当时条件很差，每人只发一身旧紫花布制服，戴着口罩，蹲在地上，按档案形式如私人信札、公文批件、电报电稿、

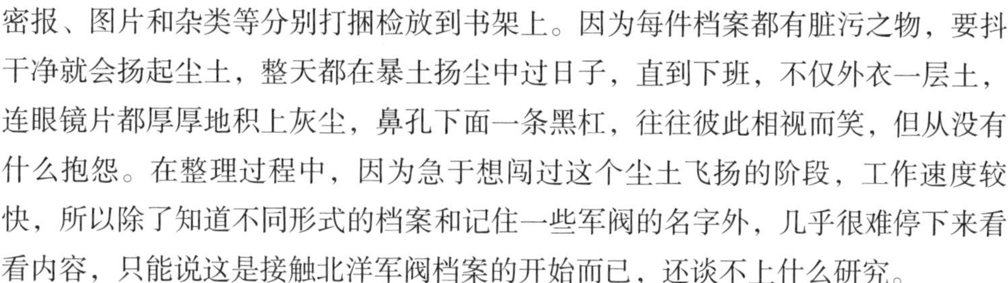

密报、图片和杂类等分别打捆检放到书架上。因为每件档案都有脏污之物，要抖干净就会扬起尘土，整天都在暴土扬尘中过日子，直到下班，不仅外衣一层土，连眼镜片都厚厚地积上灰尘，鼻孔下面一条黑杠，往往彼此相视而笑，但从没有什么抱怨。在整理过程中，因为急于想闯过这个尘土飞扬的阶段，工作速度较快，所以除了知道不同形式的档案和记住一些军阀的名字外，几乎很难停下来看看内容，只能说这是接触北洋军阀档案的开始而已，还谈不上什么研究。

大约经过两个多月的时间，清理麻袋中档案的工作告一段落，为了进入正规的整理工作，研究室集中十来天让我们读一些有关北洋军阀的著作。我虽是历史专业出身，但在大学时除了读过一本丁文江的《民国军事近纪》外，所知甚少，就趁此阅读了一部分有关著述。下一阶段的整理工作主要是将初步整理成捆的档案，按政治、经济、文化、军事四大类分开。每个人把一捆捆档案放在面前，认真阅读后，在特制卡片上写上文件名、成件时间、编号及内容摘要，最末签上整理者的名字，然后分类归架。因为看得仔细，常常会发现一些珍贵或有趣的材料，我便随手札录下来。大家在休息时和在宿舍里彼此都能毫无保留地交流心得，既增长学识，也引起追索的兴趣，有时便在第二天去追踪原档，了解具体内容。前后历经半年多的整档工作，虽然比较艰苦，但却不知不觉地把我带进了一个从未完全涉足过的学科领域，它成为我一生在历史学领域里的中心研究课题。

1951年春，范文澜老师应南开大学历史系主任吴廷璆教授之请，同意我到南开大学任教。从那时至今已整整越过半个世纪。我可以毫无愧色地说，我把一生的主要精力都奉献给了南开大学。我在南开大学从助教做起，历阶晋升至教授。在新的岗位上，我除了坚持科研工作外，又开始新的教学生活。我到校不久，由于吴先生奉命赴朝慰问，他承担的中国近代史教学任务便落在我的肩上，我夜以继日地突击备课，居然在吴先生离校时披挂上阵。未曾想到竟然一举成功，受到学生的欢迎。吴先生凯旋后，看我已能胜任，也就让我教下去。从此，中国近代史就是我教学工作中的主要项目。此外我还教过中国历史文选、中国通史、古典目录学、历史档案学、鸦片战争史专题和北洋军阀史专题等，同时我仍然坚持北洋军阀史方面的研究，继续搜集整理有关资料。到南开大学的第二年——1952年，我在《历史教学》杂志上连续发表了题为《北洋军阀统治时期》的讲课记录，虽然还不太成熟，但从此正式进入了北洋军阀史研究的程序。不久，我在荣孟源和谢国桢二先生的指派下，受命筹划《中国近代史资料丛刊·北洋军阀》的编撰工作，搜集了较多的资料，可惜由于人事变迁而中断，虽有微憾，但却意外地接触不少有关北洋军阀的资料，为日后撰写《北洋军阀史略》作了必需的准备。1957年，我在荣孟源先生的推荐下，应湖北人民出版社之邀，撰写了新中国第一部力图用新的观点和方法系统论述北洋军阀史的专著——《北洋军阀史略》，引起了海内外学者的注意。日本学者岩崎富久男曾译此书，并增加随文插图，易名为《中國軍閥の興亡》，先后由两个出版社出版，成为日本学者案头用书。六七十年代因接受政治审查，研究工作中辍，但我仍然暗暗地搜集资料，阅读有关书籍。直至七十年代末，我的问题才解决。1983年，由于社会稳定，文化需求与日俱增，湖北人民出版社又邀约增订《北洋军阀史略》，我也以能重理旧业，兴奋不已。于是，出其积累，补充史料，增订内容，撰成《北洋军阀史稿》。九十年代前后，有关资料较多出现，于是在上海人民出版社的邀请下，与我的学生们共同编纂了有三百五十余万字的《中国近代史资料丛刊·北洋军阀》。从而接触了大量资料，开拓了视野，丰富了知识，终于和几位多年合作的学生，在世纪末完成了百余万字的《北洋军阀史》。我自认为在这一领域中已完成自己应尽的职责。我也乐观地认为在这一领域，至少一段时间内不会重出同一题材的著述。此外，我还在中国近代史领域中的其他方面进行学术研究工作，撰写了一定数量的论文，后来大部分编入《中国近代史述丛》和《结网录》两本书中。

六十年代前后，编修新方志的创议者梁寒冰先生，多次动员我参与其事，我一则被寒冰先生的盛情所感，再则我的祖父曾在极困难的条件下独力修成一部七十余万字的《萧山县志稿》，我理应克承祖业，为新编地方志尽一份力。于是在寒冰先生领导下，开始全国修志的筹备工作，并以河北省丰润、霸县等地为试点。正在顺利推进之际，“文化大革命”的风暴陡起，我和寒冰先生在不同单位都因发起修志而被扣上“举逸民”的罪状，并从我家中抄走有关修志的文件和资料，作为罪证。但我们的修志志向并未因此而稍减，我还在被批斗之余和被监管的日子里，读了一些方志学的著作。七十年代末，迎来了改革开放的新时期。拨乱反正，百业俱兴。我和寒冰先生亦以极大的热情重新发动全国性的修志工作，我承担了初期培训和组织修志队伍的工作。1983年春，在华北、西北、中南、东南四个大区同时举办了四个培训班，讲授修志基本知识，并在讲课的基础上，由我主持编写了第一本修志教材——《方志学概论》。与此同时，我也对方志学进行较深入的研究，写出了一些论文，并应邀到一些地方去演讲。1993年夏，我承曾供职过的南开大学出版社的盛情，出版了《志域探步》，作为我七十岁的纪念。不久，我又应台湾商务印书馆之约，对《志域探步》作了全面增补和修订，撰成《中国地方志》一书，成为我在方志学领域中一部有代表性的著作。

命运往往拨弄人，十年动乱终于走到了尽头，一切又归于平静、正常。我也从六十年代以来那种百无是处的境地中解脱出来，问题结论了，政策落实了，我的聪明才智似乎又被重新发现，有了新的价值。八十年代前后，当我临近花甲之年，一般人已在准备退休，而我却方被起用，迎来了一生中惟一的“辉煌”瞬间。我在一两年内荣获了校务委员、校图书馆馆长、校出版社社长兼总编辑、图书馆学系系主任、地方文献研究室主任等诸多头衔，校墙外面的虚衔也如落英缤纷般地洒落到头上来。但历尽坎坷的我始终保持清醒，视这些“荣华”如过眼烟云。一方面兢兢业业做好各项本职工作，以无负委托；另一方面，坚持不懈地立足于学术研究工作的基本点上。于是，我结合新的事业，又转向于图书文献学领域。在这公务繁忙的十多年中，我主持编写了《中国古代图书事业史》、《中国近代图书事业史》、《图书馆学情报学档案学简明辞典》和若干专门性论文，开辟了我学术研究工作的第三个领域。

综观自己的大半生，都是在笔耕舌耘的生活中度过。我从二十世纪四十年代开始撰写文章，并在报刊上发表。最近从旧报上发现好几篇中学时代写的文章，如《诗经的删诗问题》、《桐城派的义法》、《清末的谴责小说》和《邃谷楼读书笔记》等，还写过一些随笔散文。这种笔墨生涯一直延续六十年而不辍，撰写了多种学术著作，代表了我致力学术研究的三个方向。历史学方面主要有《林则徐年谱新编》、《北洋军阀史》、《中国近代史述丛》和《结网录》等；方志学方面有《志域探步》、《中国地方志》和《中国地方志综览》等；图书文献学方面有《中国古代图书事业史》、《中国近代图书事业史》、《古典目录学》、《近三百年人物年谱知见录》和《古籍整理散论》等。这些著述中有些曾遭遇过不幸的厄运。如我想把中国近代史教得有点新意就努力开发新史源，曾集中精力，历时十年，本着专攻一经的精神，读了八百多种近三百年的人物年谱，每读一书，辄写一提要，积稿达五十余万字，又经修改成定稿十册，不幸于“文革”时被抄走，发还时仅余二册，幸初稿尚在，乃于七十年代下放务农之暇，重加整理，再一次写成定稿，题名为《近三百年人物年谱知见录》，约五十六万余字，于1983年由上海人民出版社出版。我以十年时间通读一种史料后，终于对近三百年的人物、史事轮廓获得了大体了解，这或许也是一种不幸中的大幸，因为在颇为恶劣的氛围中，只有专攻一经才能修复不平的心境，并完整地掌握某一学术领域的基本内容。也许这是我在无奈中摸索到的一条治学门径。

随着时间的推移，在前一世纪的最后十几年里，我渐渐感到我自己的社会职责尚有所亏欠。我虽然在教学与科研工作上尽了一份力，但那个圈子很狭窄，忽略了更广大的民众对文化的需求。我没有尽到把知识回归民众的责任，于心有愧，于是不顾圈子里朋友们的“不要不务正业”的劝告，毅然走出象牙塔，用随笔形式把知识化艰深为平易，还给民众，向民众谈论与民众所共有的人生体验来融入民众，同时我也想用另一种文字风貌随手写点遣兴抒情之作，给新知旧雨一种求新的感觉。写来写去，积稿日多，在九十年代竟然连续出版了《冷眼热心》、《一苇争流》和《来新夏书话》等七种小集。我的一位早期学生戏称我是“衰年变法”，我亦甘愿受之而不辞。

我依然在笔耕舌耘的漫长道路上走着，我将以余年完成尚在进行的《清人笔记随录》一书。这是对经眼的清人所撰三百余种笔记所写的书录，体例一依《近三百年人物年谱知见录》，现已完成草稿，准备再以三五年时间完成定稿，使之与《近三百年人物年谱知见录》并成为我致力“为人”之学的证明，也为清史研究工作做出应有的贡献。如果还有余力，我将在无怨无悔的恬静心态下，回顾自己的一生，实话实说，写一部自述，以明本志。

这是我简编的自选集，包括我一生致力于学术的三个方面，即：历史学、方志学与图书文献学，有友人曾括称为“三学”。我一生治学则持“学习、学习、再学习”的态度，至老不辍，也可概括为“三学”，所以我将这个自选集命名为《三学集》，祈识者鉴督！

二〇〇二年二月中浣写于南开大学邃谷

原载于《三学集》(南开史学家论丛)　来新夏著　中华书局2002年版

《邃谷文录：来新夏自选文集》总说明

《邃谷文录》是我从事历史学、方志学、图书文献学诸方面研究的成果和另一些杂著的自选集。时间跨度是从1941至2000年的六十年间（其中六十至八十年代由于众所周知的原因，学术研究工作几近停顿，形成二十年空白，应说是四十年间）。全书分四卷，即：历史学卷、方志学卷、图书文献学卷和杂著卷。《邃谷文录》所收论文和专著是从我全部700余万字著述中由自己亲加选辑的。自选文集既可以对已往学术工作做一总检阅，又能在一定程度上体现个人思想与观点，或胜于无所不收的“全集”和由他人代选的文集。

《邃谷文录》所收内容只是我学术道路上的足迹，不足以言高深。文字有所正讹，内容仍存原貌。如果有一些可供他人参考利用，节省他人的翻检之劳，或者作为“铺路石子”，备他人比较平坦地走向学术殿堂，那对我无疑是一种没有虚度年华的慰藉。如果有人指出我的瑕疵，那是让我在垂暮之年获得改正错误的机会，我将非常感谢。

原载于《邃谷文录：来新夏自选文集》(上下册)　来新夏著　南开大学出版社2002年版

《邃谷文录：来新夏自选文集》后记

刚刚进入二十一世纪，我也日益靠近八十岁了。我的早期学生焦静宜和莫建来等人建议我应该把自己的论著汇编在一起，作为八十岁的纪念。我很感谢他们的念旧与关注，欣然接受他们的建议。经过认真深入的考虑，我决定由自己从全部著述中选录部分有代表性且能对人有用者，将其编为选集，以求无负于我生。

我之所以由自己选编，主要是因为陈援庵老师曾经说过，要出个人集子，最好自选。一是自己对自己的文字最有数；二是自己对自己的学术思路和脉络最清楚；三是可以减少各篇间的重复处，易于去取。于是我就在2001年初开始搜集选编，并自定了几条选编原则，即：（1）所选必须自己认为“尚可”者；（2）所选必须是亲手写作者，主编著述不收，合作著作选入自己撰写的章节；（3）尽量避免重复内容；（4）尽量保持原发表时的文章原貌，仅改正语词错讹和表达不清之处。

我搜集了自1940年至2000年的六十年间，我所写的近700万字的文字，包括论文和专著，并根据自定的编选原则，从中选出了160余万字，分编为四卷：前三卷是我所致力的学术方向，卷一是历史学，卷二是方志学，卷三是图书文献学；后一卷则是我晚年所写的随笔和书话。各卷的分量只能求大致平衡。书前以《烟雨平生》为题，重点写了我八十岁以前的人生历程。书后编制了一份《自定学术年谱》，供读者了解我的学术经历。

选编的命名是工作过程中一直思考的问题。我自认为我的论述著作并没有达到学问的极致，它只是我一生坚韧不懈地进行学术工作的真诚痕迹，也是一个普通知识分子从事钞纂爬梳之学的治学记录，所以只能以“文录”定位，而这些著述都是完成于我那狭窄的“邃谷”书斋中，于是又加上“邃谷”二字，成《邃谷文录》这一正式书名。我也曾在两年前以此书名请教过启功老师，得到首肯。

我非常感谢启功老师在高龄和目疾严重的情况下，当场命笔为我题写了《邃谷文录》的书名。

我深深地感谢在《邃谷文录》从选编到出版的全过程中，给我以支持和帮助的所有朋友们！

二〇〇二年春，八十初度，写于南开大学邃谷

原载于《邃谷文录：来新夏自选文集》（上下册）　来新夏著　南开大学出版社2002年版

《书目答问汇补》叙

一、我与《书目答问》

上世纪四十年代初，我考入北平辅仁大学史学系。那时，允许跨系选课，所以我除选历史系课程外，还选读了中文系的“目录学”。我之所以选“目录学”，一则初入大学殿堂，感到这是一门既生疏而又新鲜的课程，是前所未闻的学问，一定有许多值得探寻的知识奥妙；再则，住入宿舍后，有几位中文系高年级的同舍生告诉我，这门课的主讲者余嘉锡（季豫）先生的目录学造诣极深，足称近代目录学大师，使我为这种盛名所震。我又从同舍生借给我读的余师所撰《目录学发微》一书中读到如下一段话：“目录之学，为读书引导之资。凡承学之士，皆不可不涉其藩篱。”我既想走学术之路，无疑应涉目录学的藩篱。于是选修了“目录学”。从此，古典目录学便成为我学术历程中的重要组成部分，并与我同时专攻的历史学、文献学和方志学等其他学术领域起着相辅相成的作用。

我第一次在课堂上目睹到季豫师的风采时，他虽已年逾花甲，但仍然精神矍铄，了无老态。他讲课操湖南乡音，手不持片纸，侃侃而谈，如数家珍，使人若饮醇醪，陶醉于这形似枯燥而内涵丰富的学术领域之中。这门课规定以《书目答问》为基本教材，季豫师要求我们准备《书目答问补正》作读物，分两年按四部次序讲授。这是我第一次接触到《书目答问补正》这个书名。当时，我幼稚地以为由此就可以进窥古典目录学的堂奥。孰知展卷一读，只是一连串鳞次栉比的书名，彼此毫无关联，读之又枯燥乏味，昏昏欲睡，但还是硬着头皮通读一遍。一九四三年三月间的一个风沙天，我到柴德赓先生家去请益，谈到读《书目答问》的困难时，柴先生把所藏贵阳本《书目答问》借我，并告我比读二书当能得益。回舍后，我先校读《著述姓名略》，纠谬补正，果有所得，兴奋之余，即于我那套《书目答问补正》书后写一小跋云：

> 癸未三月二十七日，京师尚有风沙，走访柴青峰先生寓，借其贵阳雕版之《书目答问》，返舍手校《著述姓名略》，正其纰缪，补其不足。校竣，识于后。

这是我第一次比勘异同的校勘实习。隔了一段时间，全书比读完毕，自以为略有心得，想进一步深求，便冒昧地登季豫师之门问业。季豫师听了我的读书情况后，很严肃地指导我做三件事：

一是讲了三国时董遇"书读百遍，其义自见"的故事，要我继续读《书目答问补正》，并特别注意字里行间。

二是要我再读一些与《书目答问》有关的著作。

三是要我利用假期为《书目答问》编三套索引，即人名索引、书名索引和姓名略人物著作索引。

季豫师还说，这三点做到，《书目答问》就算初步读懂了。这一点一拨，似已为我祛除迷雾而看到了入门之阶。我也是逐项按着老师指点去做的。

首先，我曾反复读《书目答问补正》，注意字里行间的只言片语，果有所得。如在史部正史类注补表谱考证之属后就读到小字附注说："此类各书为读正史之资粮。"这不仅了解了这类书的性质，也掌握了读正史时主要参考书的书单。从而领会了目录学对治学的作用。

其次，我借到了《书目答问》的第一个笺补本，即江人度的《书目答问笺补》（光绪三十年江氏刻本）来读。《笺补》在各书下有笺，各类后有补。所笺涉及版本、分类、辨证、计数及评论诸方面；补则增补所不足之书目。此书有益于开启思路，拓展眼界，但书很难得，遂录其笺补部分，装订一册，可惜在"文革"初起时，这本小册子就被我曾经教过并知道"目录学"一词的"勇士"们非常潇洒地扔进了家门前正在熊熊燃烧的那堆"封资修"的"黑货"中，我只有目送片片纸灰随风飘去。所幸在二十世纪八十年代，我又重得一复印本小册子，差堪自慰。此外，我还读了《四库全书简明目录》和《标注》、《读书敏求记》和《郑堂读书记》等目录学名著，依稀地窥知治学的门径。

第三，我利用一九四三年入大学后的第一个暑假为《书目答问》编了三套索引，并用墨笔写成一册。一本书经过三次反复编排搜检，两千多部书名和撰者都能基本记住，输存到我的大脑资讯库中。我想对任何一部书或任何一种学问，如果都能做一次反三复四的工作，都会收到应有的效果。只是这种方法太笨，肯做的人不多而已。我掌握了这套基本书目后，明显地感到对于读书治学、开辟领域、转换方向都颇有左右逢源的美感。并且由于有了基本书目，便能很快地扩大书目储存量，而书目恰恰又是研究学问的起跑线。这正是我后来能多涉及几个学术领域的原因之一。这本索引在十年浩劫中也与其他一些书籍衣物一起被席卷而去，可能因为这是我亲笔墨写的“秘本”，也许能从中搜寻点我见不得人的“罪行”证据，最后他们大概因无所收获而颇感失望，便将其随手扔到无人收拾的废纸堆中，幸而我的一位老学生孙香兰在被派清理查抄物资时，从废纸堆中看到此索引而善加捡存，直到七十年代后期落实政策后即送还给我。我很感谢这位有心人。为了纪念这一难得的离合，我把这三种索引表，又经订正，收入《汇补》的附录中，作为第七种附录。

经过上述三方面的努力，我似乎感到已奠定了古典目录学的入门基础，再读其他目录书也不感到十分枯燥而能从中捕捉到自己需要的信息，钻研学术也没有无所措手足的苦恼，自信能在学术迷宫中得到曲径通幽的乐趣。可是从五十年代以来，一方面我工作繁忙，要从事新的教学与研究工作；另一方面，“目录学”这类课程很难排入课表而渐渐被人遗忘。我对目录学虽然旧情难忘，也只能原地踏步而无所进展。

二、我为《书目答问》作汇补

上世纪六十年代初，我处在一种无事可做的闲散境地，长日无聊，难以排遣。我没有什么爱好，只能寄情于读书。于是，重理旧业，又对目录学温故而知新。一九六二年春，我偶然想到，何不仿《四库简明目录标注》之例，搜求各家批注，为《书目答问》做汇补工作，于是先后在我那部《书目答问补正》上过录有关资料，如将叶德辉、邵瑞彭、刘明阳、高熙曾诸家所标注内容一字不遗地过录于我那部书的天头地脚和行间，甚至夹纸黏条。每毕一家，都在抑郁的心头绽开一丝欢乐。乃振笔疾书，题跋于书尾，录之以见“学海无涯乐作舟”之“乐”。我曾写过如下的工作记录：

一九六二年八月二日至九日，温度在三十度以上。自晨至夜，过录江苏省立苏州图书馆馆刊（1932年4月）第三期所载叶德辉著《书目答问斠补》全文。虽肘黏背湿而颇有所得，亦云快哉！过录既竣，心胸为之豁然者久之。翌日即归还该刊于藏者北京图书馆。俟暇当再过录邵次公及刘明阳诸氏校本。

一九六二年八月中旬录邵次公批语。

九月上旬补吕思勉经子解题。

九月下旬过录刘明阳批语。

一九七八年元旦又假得高熙曾补正本，除邵、刘已有补，又录高氏及李笠批语，历时二日。

我所过录的各家标注以版本居多。叶德辉为版本名家，所补以版本、刊行年代为主。刘明阳为天津名藏书家，经眼甚富，所见明版尤多。他所注版本颇精当，如在《册府元龟》条注称：

余藏有明嘉靖时人白纸蓝格精抄本，原书为宋监本，如以校刻本，当有许多胜处。

刘明阳对有些书还有所补入，如张澍撰《诸葛忠武侯故事》条即补称：

明万历杨士伟《诸葛忠武书》、清张鹏翮《忠武志》均佳作也。一则万历刻，一则康熙刻。

刘氏所藏明本书极为可贵。可惜人亡书佚，徒留雪泥鸿爪于所批《书目答问补正》，后来此批注本又不知流落何方，幸我早自书肆借来过录。邵、高二氏均为学者，各有所知所见，而高则尚间有考证。

经过这一段过录工作，不仅进一步熟悉《书目答问》，而且也比较牢固地掌握了版本学方面的知识和著录版本的方法。但是，对《书目答问》所收书的评说尚少涉及，对《书目答问》以外的目录学著作还研究不够。于是，我又重新精读若干种目录学名著，如史志目录中的汉、隋二志序，私家目录中的《郡斋读书志》和《直斋书录解题》，专著中姚振宗的《快阁师石山房丛书》以及汪辟疆的《目录学研究》和季豫师的《目录学发微》等书，并检读这些著作所连及的一些著述。经过这阶段的研读，加深了我对目录学的认识和扩大了我进一步研究这门学问的基础。

与此同时，我正在读清代的各种杂书，时见有评论典籍的条目，其中也有评骘《书目答问》所收各书的。每有所遇，辄录入我的《书目答问补正》中，如读清人韩泰华的《无事为福斋随笔》卷上云：

《金石录》明以来多传钞，唯雅雨堂刻之。阮文达有宋椠十卷。

此即可入《书目答问》卷二《金石录》条。又如读清吴骞《桃溪客语》卷三记《南唐书》撰述缘起及流传情况云：

宋马令辑《南唐书》三十卷，其祖元康，世居金陵，多习南唐旧事，未及撰次而卒，令纂承之，实崇宁时也。书中多言徐铉、汤悦被诏作《江南录》之疏略。元戚光撰《金陵志》，求得其书，并为之音释，书始显于世。令，阳美人，志乘多阙载。

此又可补《书目答问》卷二马令《南唐书》条。类此者所在多有。

做了这番功夫后，我的这部《书目答问补正》已是满目疮痍，天头地脚，字里行间，无不充盈墨笔小字，更有夹纸黏条，几难使外人卒读，而我则视其为私藏中之瑰宝。我对藏书外借素不吝惜，唯此二册绝不外借。我曾想集中一段时间，进行整理增补，成《书目答问汇补》一书以利己利人，并且不自量力地在撰者、补正者后面用毛笔添写上“来新夏汇补”字样，作为对自己的鞭策。不意在动乱年代，我的藏书不是籍没归公，便是在门前付之丙丁。我十分关心这两册书是否也未逃此厄运！真是皇天不负苦心人，几年后认领抄家物资时，可能这两本涂写得乱七八糟的破书未能引起好货者的兴趣，所以才能物归故主。全书未太损坏，只是也用毛笔把那行“来新夏汇补”的字样涂抹掉。看来这是一位有点知识的“勇士”所为，也许还是曾受业于我的人，否则哪能鉴定我不够作《汇补》的资格而予以涂抹呢？此后我对这部书仍在不时添注。如果有人问我，你的藏书中，你最珍惜哪部书？我会毫不思索地回答说：我最珍惜的是那两册与我相伴半个世纪，并曾同遭劫难的《书目答问补正》。

三、《书目答问汇补》的成书

上世纪八十年代初，历史进入一个新时代，政通人和，目录学之类的“三基”学问，已经不再归于禁区。宽松的社会氛围不能不引发我要重整《书目答问》的奢念，期望在有生之年完成二十多年前的宿愿。可是我却已步入人生的晚年——年逾花甲，身体精力已不如昔。甚至当年自己在书上批注的那些墨笔小字也因目力不逮而模糊看不清。因此，一方面珍藏我的批注本，不使再受损伤；另一方面随时物色可信托的中年学者共同合作，编纂成书，贡献社会，但一直没有遇到这样的人选。何时实现自己的愿望？仍然在期待中。

随着新世纪的到来，我已近八十高龄，虽然一切都尚在等待，但我一直充满着必能成书的信念。德不孤，必有邻。我终于在耄耋之年，幸运地获得上天助我。二〇〇三年，我应天津图书馆历史文献部之邀，为该部馆员硕士班讲授“古籍整理”课程。该部主任李国庆君是多年的旧识，是一位好学勤奋而乐于助人的中年学者，是具有相当深厚旧学根底的历史文献学家。著有《明代刊工姓名索引》和《弢翁藏书年谱》等专著。因为授课为一学期，往往在课后有些交谈机会。一次我谈及当年过录《书目答问》各家批注之艰辛，引起李国庆君对我过录本的兴趣。当他看到我的过录本，了解到我整理的困难，当即提出帮我整理补充。这是这次兼课得到的最大幸运！我当时极度兴奋，喜得李国庆君之毅然承诺，不啻予我过录本以生机。随即商订编纂体例，进入整理补订工作。决定在我原有过录本为底本的基础上，更就所知，向有关藏者，广予搜求。历时三年，先后经眼《书目答问》不同刊印本达五十余种（见《汇补》附录一《版刻纪略》）。其间发觉原过录本为国学图书馆印行之《书目答问补正》本，多有缺漏，于是改用光绪五年王秉恩贵阳校刻本为底本。经过搜求采录，先后共得江人度、叶德辉、邵次公、刘明阳、伦明、孙人和、高熙曾等十数家（见《汇补》编纂说明及附录二《校补纪略》）的笺补批注，乃仿《四库全书简明目录标注》例，由李国庆君将各家批注分条系入各书之下，并邀天津图书馆常虹女士在李国庆君指导下，以业余时间，几经寒暑，独力承担编排工作。数易其稿而常虹了无异言，《汇补》之成书，其功不可没。

二〇〇五年，在初稿将成形之际，某夕，忽忆及忘年至好韦力君。早在二〇〇三年秋，我自某媒体记者处获知京津有新起藏书家韦力，收藏宋元以来善本佳刻，颇具声誉。我心存同好，遂多方探询，终与韦力君以电话通联，得知其庋藏甚富，衷心艳羡而谋增益见闻，旋以事赴京，亲至韦府，承示多种珍藏，广我眼界。数年以来，时有交往，渐悉其方逾不惑而藏书之富已为当代新兴藏书大家，且为人诚朴谦抑，虽家道殷实，而具儒生气象，抢救古本旧籍不遗余力，而潜心著述孜孜不辍，所著有《鲁迅古籍藏书漫谈》、《古书收藏》、《批校本》及《书楼寻踪》等多种，皆蒙惠赠。读其书益知其腹笥之厚，当代言古籍版本，韦力君当首屈一指。若能请韦力君审正并补其所经眼者，当为《汇补》增色。于是冒昧通话，望获将助。不意于电话中我方婉转陈言，而韦力君即表示以其所写存私藏古籍著录成稿，入我《汇补》。兴奋之余，不禁念及昔萧梁时有阮孝绪者，一介寒士，凭诸家目录纂成《七录》，所历艰辛可知。时有刘杳者，生平入《梁书·文学传》，当称名人，撰有《古今四部书目》五卷，是一部传钞行世的稿本。当他获知前辈阮孝绪在编撰《七录》时，就毫不犹豫地将其所钞集的资料草稿全部赠与孝绪，以助成《七录》。孝绪非常感动，在《七录》序中言其所感云：

> 通人平原刘杳从余游，因说其事。杳有志积久，未获操笔，闻余已先着鞭，欣然会意。凡所钞集，尽以相与，广其闻见，实有力焉。斯亦康成之于传释，尽归子慎之书也。

这段故事与韦力君出其积“尽以相与”的情状极其相似，所以使我即当产生联想。我孤陋寡学，《汇补》亦不过为爬梳钩纂之学。固难与阮孝绪《七录》比论，而察韦力君行事，不禁喟然而叹曰：“韦力君，固今之刘杳也！”

二〇〇六年初春，《书目答问》之经史子集丛各部已基本完稿。其卷尾所附《国朝著述诸家姓名略总目》，虽个别印本有屏而不取者，但深究其义，恐非原撰者随意之作，乃按清学门类分述学人，足可作清代学术脉络之导引；但又嫌其附注过简，不便读者，乃由李国庆君亲加整理，于三百余名学人名下，增补其生平，并注明传略之出处，读之可当清代学术小史。《书目答问》正文部分于此全部汇补完成。细加翻检，念《汇补》既竣，而读者了解《书目答问》尚缺参考资料，未免遗憾，于是再编《附录》四种，前三种为版体图释、刊印序跋、手书题识，均出李国庆君之手。其第四种为《书目答问》索引表三种，系我从师余门之课业，曾蒙季豫师定为读《书目答问》之一法，为“文革”后失而复得之一种，收之以念师恩，兼志劫难，或可备有志于目录学者之参考。

《汇补》所辑各家为我等力所能及所得之资料。其未能见收者，尚所在多有，如闻人相告，季豫师有批校本、王伯祥先生有批校本，但经向家属探询，均未获结果。又如贵州吕幼樵先生所著《书目答问校补》已于二〇〇四年六月由贵州人民出版社出版问世，篇幅亦较大，难以收入。读者可自求其书。《汇补》仅在张新民先生同意下，将其尊翁张振珮先生批校、张新民先生辑补之《书目答问斠记》（见吕著《附录》）收入《汇补》，专列一家。又在《图书馆》杂志二〇〇四年第一期读到刘采隼先生撰《古籍目录史上的丰碑》一文中，言及其尊人刘德刚先生曾有《书目答问订补》之手稿，憾未获读，亦以有五十万字之巨不易融入《汇补》。其他散见各处之片言只语批注，力所不及，无法求全。祈读者鉴谅！二〇〇八年十月获见王伯祥先生《书目答问补正》（批注本）之影印本（国家图书馆出版社出版）。批注本以范补为底本，拾遗补缺，出之以眉批、校注、题记、跋语文字，利便学人。惜拙编已成校样，而王补又内容丰富，篇帙较大，难以汇入，为此深感遗憾。

全书涉及书名、人名、版刻等较多。为读者翻检方便，由常虹女士于全书之末，编制一综合索引，则按图索骥，可坐收利便于几席之间。

《汇补》自上世纪四十年代创意，六十年代着手，至本世纪初成书，时兴时辍，先后历六十余年而成书，固我与韦力、李国庆二君契洽合作之产物，而究其能顺利成书者，端赖有关单位及各方友好之支持、关注与协助。我们应向这些对《汇补》给予帮助的单位与友好，致以最诚挚的谢意。

首先应该感谢的是中华书局的学者编辑崔文印先生，文印先生是富有文史学识根底的文献学家，与我有近三十年的交往，他在上世纪八十年代初，在与我谈及我的《书目答问》过录本时，就鼓励我一定要完成一部《书目答问》有关批校与资料的《汇补》本，坚定了我默默地进行这项工作的信心。文印先生不仅推荐和玉成《汇补》的出版，而且在成书后又以古稀之年承担《汇补》的责编重任。由于文印先生重听，因此有许多有关编务的斡旋周章，多承我的启（功）门师弟柴剑虹先生自愿代办。我在此也表示我的谢意。

其次，我感谢全国高等院校古籍整理研究工作委员会安平秋、杨忠和曹亦冰等领导和评审委员会的朋友们所给予的支持与资助，他们批准了我的项目申请。拨付一定的项目资助，解决了各处调查和借阅批注本的费用，为《汇补》的最后完成注入了活力。

再次，我应当感谢在《汇补》成书过程中曾经多次打扰过的有关图书馆。为了观看《书目答问》的各种版本和搜集批注资料，我们走访过国家图书馆、上海图书馆、天津图书馆、南京图书馆、北京大学图书馆、清华大学图书馆、南开大学图书馆、复旦大学图书馆、南京大学图书馆等。同时也烦劳了各馆的有关人士，如国家馆的苏品红、董馥荣，北京大学图书馆的沈乃文和丁士良、吴晓云，清华大学的刘蔷，上海图书馆的王世伟和陈先行、郭立暄，复旦大学图书馆的吴格和杨光辉，天津图书馆的常虹和白莉蓉，天津师大图书馆的王建华及王和英，南京图书馆的徐忆农，南京大学图书馆的史梅和南开大学图书馆的江晓敏等诸位先生和女士，也在此统致谢意。

《书目答问汇补》这部近百万字的书，虽然，我和韦力、李国庆二君都尽心竭力做好，以裨各方学人使用：但终以成书历程断续，篇幅较大，难免有不尽如人意之处，尤其是未能“竭泽而渔”，留下了一些遗憾。韦力与李国庆二君，正当盛年有为，为《汇补》贡献了多年的精力，消耗了他们的可贵年华，而值得庆幸的是在成书全过程中，我们一直坦诚相见，和谐共处，成就了“正其谊不谋其利”的共识。至于书中的疏漏不当之处，当由承担统稿责任的我负责，至祈各方学人有以教我，不胜忻悦之至。

二〇〇七年初夏写于南开大学邃谷，时八十五岁生辰

原载于《书目答问汇补》（全二册）　来新夏、韦力、李国庆汇补　中华书局2011年版

《书文化的传承》序言

中华传统文化源远流长，其遗留与积存，为数极夥，但是，这样丰厚的历史遗产，究竟是怎样传递下来的？

中华文化的传递，在正式图书出现以前，除最初的口耳相传外，就靠物件来帮助记事。记事的方式可分两个阶段：一是文字产生前所采用的结绳、契刻和图画，以实物和形象来记录，可是这类物件传递起来有一定的困难，也有一定的误差；二是自文字产生后，便以甲骨、钟鼎和石鼓为载体，用文字记事来保存和传递文化，给传递文化带来很大的方便，但这些物件仍然缺乏广泛流通的重要功能，而只有简书的出现，才最后满足传统文化的流通与传递的需要。

简书是中国的正式图书的开端，虽然有商已有简册的文献记载，但尚未发现实物。迄今所知，最早的竹木简书出现于周秦时期。其后历经帛书和纸书等载体的相承和交错阶段。它们承担了两千多年来中华文化薪火相传的主要职责，也显示了在这漫长行程中传统文化传递的发展轨迹。中国图书的最早载体是竹木，从出土文物中可以看到周秦简书的实物。这些竹木载体，需要经过成套的去湿防蠹的炮制程序，然后方能成为记录知识和书写事务的专用载体。我们的先人就用这些专用载体记录和书写着政府法令、学者论述、大事记要和医方书牍等等，直到晋时才明令停止竹木简牍的使用而改用纸。

比竹木晚一些使用的专用载体是缣帛这类丝织品。缣帛书是中国图书发展的中间阶段。它与简书、纸书上下交错。纸的发明、改良和纸书的流通，使中国传统文化的传递，得到廉价而可靠的依托。这对世界文化的发展也提供了重要的物质前提，而在世界文化史和发明史上占有一定的地位。

唐以前的中国图书主要是手写纸本，唐以后由于新的印刷工艺出现，加速了传统文化的传递和传播。唐的雕版、宋的活字和明的套印，是中国文化传递中印刷工艺发展的三个重要里程碑。纸书和印刷术的发明和发展，使中国文化的保存和传递获得了便利和推动。

图书的装帧也随着保护和求美的要求而日益完善和方便。简书开始使用卷轴，帛书在卷轴外有折叠式的方册，纸书除继续部分地使用卷轴外，大部分都采用册页，从而先后出现了经折、龙鳞、蝴蝶、包背和线装等不同型式。这些不同型式，不仅有保护图书的作用，还有极高的工艺价值，为后世所珍藏。

中国文化遗产丰富，在手写简书时代，已有“学富五车”、“积如丘山”的称誉。保护这些财富主要靠官藏，历代官府都有藏书处所和相应的管理机构。如汉朝“外则有太常、太史、博士之藏；内则有延阁、广内、秘室之府”。清朝的南北七阁至今犹可考见规模。私家藏书唐宋以来日盛，唐代李泌已是“插架三万轴”的私人藏书家。藏书事业的发展，使纸张、印章、款式、装帧、版本各方面，都相应有所改进，从而开拓了文化传递更为完善的途径。距今四百多年的明代范氏天一阁是世界上现存最早的私人藏书楼，它的规制和管理办法至今啧啧人口。其他藩府、地方衙署、书院和寺庙，也都有专藏。所有这些，自然地形成一整套藏书体系，它保证了中国传统文化的传递功能，使之处于一种相对稳定的局面。

大量传承积累的传统文化遗产依托于图书，如果图书不加部分类次，则既不便保存、流传和传递，也不利于继承和使用。所以历代王朝都对图书实施一套收集、整理、编目、典藏等措施。其中整理编目是很重要的环节，而分类又是整理编目的基础。中国的图书分类建基于学术分类，在《左传》中曾记有楚灵王称赞他的大臣有“三坟、五典、八索、九丘”的学识，而孟子所说的“儒分为八，墨离为三”则表示大类下的分目。秦朝的图书，据知至少有国史、诗、书、百家语、医药、卜筮、种树、法令等八类。汉朝由于积极求书，所以国家藏书量激增，汉武帝时已有“积如丘山”的感慨。汉成帝更于河平三年（公元前26年）进行一次大规模的全面整理图书的工作，派著名学者刘向主持。刘向第一次提出图书分类的六分法，即按六艺、诸子、诗赋、兵书、数术、方技，分为六大类。在整理过程中，刘向与其子刘歆共同先后完成的《别录》和《七略》是中国最早的提要目录和分类目录，比西方的图书分类法早千余年。后来又出现过四分、五分和七分等分类法。唐初修《隋书·经籍志》始正式确定了经、史、子、集四部分类，一直为后世所沿用。

传递传统文化的主要目的，在于流通与传播。中国图书在国内的流通开始很

早。官藏从秦、汉以来，一直进行有限制的开放，在特定范围内流通；私藏则往往通过赠与、借阅和传抄等形式流通；至于作为商品上市，则从东汉已开始有书肆的记载。历代亦都有书坊、书铺和书贩，承担着国内的流通任务，而更值得重视的是域外流通。域外流通使中华传统文化得以流布四方。周边的地区和国家来求书购书的已多见记载。日本在八世纪所编的《日本国现在书目录》就记载唐时日本已收有汉文图书近二千种，其中包括医学、诗歌、礼仪、历书、科技等方面的图书。朝鲜亦曾派人来中国搜购白居易和张鷟的诗文。明永乐时，郑和多次奉命出使东南亚和东非，赠送图书、器物，宣扬中华文化，更是震铄古今的盛举。这对友邦国家和友邻地区的社会生活和科学文化的发展都有重要的影响。

为了使国人能通过阅读图书，世代相传地继承和吸取丰富的传统文化遗产，首先要识字和掌握最基本的文化知识。于是从秦、汉以来，逐渐形成一套较完整的启蒙读物，承担传递和灌输传统文化知识的任务，在幼童中进行文化奠基工作，称为幼学。这些启蒙读物最普遍流行的就是人们通常所说的“三百千”和杂字等等。这些启蒙读物，在过去的时代，几乎有百分之八九十的人，从中接受识字教育和文化基础知识教育。在完成蒙学教育之后，有些人便开始接触以儒学思想为主的各种学识，进而浏览涉猎于传统文化主要交汇点的经史子集之类的图书，以吸取和传递传统文化。

作为传统文化主要依托的图书，其数量随着社会、经济、文化的不断发展，而日益增加。这对弘扬和传递传统文化，固然起到重要作用，但给收藏、省览和翻检却带来不可避免的困难。于是从魏晋以来，就出现了类书、丛书等图书再编纂活动。首先出现的是编纂资料汇编式的类书，最早的类书是魏文帝曹丕组织编写的《皇览》。这部八百余万字的大书，虽全书已佚，但却开启后世官修大书之端。这一编纂方法，对收藏、利用、保存和传递传统文化有重要作用，并在某些方面具有百科全书的性质。以后，梁有《寿光书苑》；北齐有《修文殿御览》；唐有《艺文类聚》、《群书治要》；而宋的《太平御览》、《册府元龟》，则是千卷大书；明有《永乐大典》；清有《古今图书集成》，篇帙更多达一二万卷。丛书为群书之府，南北朝时的汇集地记和宋初的编纂佛藏等属于专科性丛书，而宋代的《儒学警悟》和《百川学海》则属于综合性丛书。明、清两代丛书的编纂，无论数量还是质量，都超越前代。尤其是清乾隆时所编纂的《四库全书》更为突出。它不仅丰富了国家藏书的复本量，并对中国两千多年封建时期的文化遗产进行了一次系统的整理与总括。虽然为了维护和加强其统治的政治目的而对中国传统文化遗产有所损伤，但它对中国传统文化的保存和传递，仍具有重要的历史价值。

当然，作为传递中华传统文化主要依托的图书，它的流传行程并非一帆风顺而毫无艰险的。秦始皇焚书就是统治者摧残传统文化的恶例，历代的兵火战乱和改朝换代，也都给图书带来了厄运，因而前代学者有五厄、十厄的概括，以至清代在编纂《四库全书》之际，对有损其统治的图书制造较多的损毁。近代以来，外而强敌入侵，内而战乱频仍，使大量图书遭到灾难，造成无可估量的损失，对中华传统文化的传递，产生了极大的消极作用。

中华传统文化依托图书而得以世代传递，在推动中华文化的发展、启迪人民的智慧和开展各国间的文化交流诸方面，都发挥着极为重要的作用，具有不容忽视的重大历史价值，可以毫无愧色地屹立于世界文化之林。可惜的是，人们对这方面的知识知之较少或知之不深，以致引起我对这方面的有关问题多所关注。从上世纪八九十年代以来，我在和自己的学生及一些青年小友谈及学问时，常常围绕这方面的问题，发表片段的看法和想法。他们都希望我能有条理地讲讲。1991年，我就把历年谈话记录分篇整理成名为《薪传篇》的小册子，来揭示中华传统文化薪火相传的途径。同年到日本讲学，又改题作《中华传统文化的传递》，向日本几所大学的大学院生作连续性的讲座，并写成讲义。2003年，我将这份讲义经略作修改后，作为我所著《古籍整理讲义》的附录。2004年春，我向天津图书馆古籍研究生班再一次讲授这一专题。2005年春，我应天津电视台之邀，在该台的科学教育栏目，用这份讲义作了连续性的要点播讲，并插入一些图片，以帮助对文字的内容有更真切的了解，得到观众的良好反映。不久，山西古籍出版社总编张继红先生来津寓见访，他很欣赏这个讲义内容，希望我重加编订，增加插图，写成《书文化的传递》（插图本）一书。我与继红有多年交往，过去又有爽约的文稿欠账，所以答应下来，便重加增删订补，插入百余幅随文图片，编订为如下各篇：

第一篇：口传与记事

第二篇：简牍与帛书

第三篇：纸和纸书

第四篇：雕板·活字·套印

第五篇：典藏与整理

第六篇：流通与传播

第七篇：幼学教育

第八篇：经、史、子、集

第九篇：图书的再编纂

第十篇：结语

各篇内容，皆有所据，而语言则出之以浅近，以便初学入门者阅读。所述虽未能概括完整，但对一般读者，大致可以满足需要了。全书插图多采自《中国版刻图录》、《中华古文明大图集》及有关专著，均未一一注明，一并在此致谢。至于全书的设想和论述是否恰当，则有待于读者的评判。

二〇〇五年八月，暑热近40摄氏度，挥汗写于南开大学邃谷

二〇〇六年一月，再次修改定稿

原载于《书文化的传承》(插图本)　来新夏著　山西古籍出版社2006年版

《薪传篇》序说

中国文化的传递，在正式图书出现以前，除口传外，记事传递的方式可分两个阶段：一是文字产生前所采用的结绳、契刻和图画，以实物和形象来记录，可是传递起来比较困难；二是文字产生后以甲骨、钟鼎和石鼓为载体，以文字记事来保存和传递文化，但它们仍然缺乏广泛流通这一图书的重要功能，所以还不能称为正式图书。

中国的正式图书应该说创始于周秦时期的竹木简策，其后历经帛书和纸书等相承和交错阶段。它们承担了二千多年中国文化薪火相传的主要职责。为了明了在这漫长行程中文化传递的痕迹，就需要比较全面地了解中国的图书文化。中国的图书文化包含着图书的制作、典藏、整理、编纂和流通诸方面。剖析和阐述这些方面的成就将会自然地显示出中国图书文化的历史价值。

中国图书的最早载体是竹木，从出土文物中可以看到周秦简书的实物。这些竹木载体需要经过成套的去湿防蠹以便于书写的炮制程序，然后方能成为记录知识的专用载体。我们的先人就用这些专用载体记录着政府法令、学者论述、大事纪要和医方等等。比竹木简牍略晚一些使用的专用载体是缣帛这类丝织物。缣帛书是中国图书形态的中间阶段。它与简书、纸书上下参错。纸的发明、改良和纸书的流通使中国文化的传递得到廉价而可靠的依托。这对推进世界文化的发展提供了重要的物质前提，并在世界文化史上占有一定的地位。

唐以前的中国图书，主要是手写本；唐以后由于新的印刷工艺出现，加速了文化的传递和传播。唐的雕版、宋的活字和明的套印是中国图书文化中印刷工艺发展的三个里程碑。

纸和活字印刷的发明和发展，使中国文化的保存和传递获得了便利和推动；也使中国图书文化在中国的四大发明中享有两大发明的荣誉。

图书的装帧随着保护和求美的要求而日益发展。简书开始使用卷轴，帛书在卷轴外有折叠式的方册，纸书除继续部分地使用卷轴外，大部分都采用册叶，从而先后出现了经折、龙鳞、蝴蝶、包背和线装等等不同型式。这些不同型式，不仅有保护图书的作用，还有极高的工艺价值，其中包背装更为当今世界上图书装帧形式所取法。

中国文化遗产丰富，在手写简书阶段已有“学富五车”、“积如丘山”的称誉。保存这些财富主要靠官藏。历代都有藏书处所和相应的管理机构，如汉朝“外则有太常、太史、博士之藏；内则有延阁、广内、秘室之府”。清朝的“南北七阁”，至今犹可考见规模。私家藏书，唐宋以来日盛，唐代李泌已是“插架三万轴”的私人藏书家。藏书事业的发展，使纸张、印章、款式、装帧、版本各方面，都相应而有所改进，使图书文化内容益增灿烂。距今四百余年的明范氏天一阁是世界上现存最早的私人藏书楼，它的规制和管理办法至今啧啧人口。其他藩府、地方衙署、书院和寺庙也都有专藏。所有这些编织成一整套典藏图书的体系，使中国图书发挥保存文化的功能基本上处于一种相对稳定的局面。

大量的藏书如不加部分类次则不便使用，历代王朝都有求书、校书活动，并实施一套收集、整理、典藏等措施。图书整理工作的首要问题是分类。中国图书分类的最大特色是建基于学术分类。把图书按学术性质进行分类最早见于《左传》昭公十二年楚灵王所说的“三坟、五典、八索、九丘”。孟子所说“儒分为八，墨离为三”，对图书分类的类下分目有启示作用。秦朝的图书据知至少有国史、诗、书、百家语、医药、卜筮、种树、法令等八类。汉朝由于积极求书，藏书数量激增，汉武帝时便有“积如丘山”的感慨。汉成帝便于河平三年（前26）派著名学者刘向主持整理国家藏书工作。刘向第一次提出图书分类的六分法，即按六艺、诸子、诗赋、兵书、数术、方技六大类来区分图书。刘向与子刘歆共同撰写的《别录》和《七略》是中国最早的提要目录和分类目录。它比西方的图书分类早达千余年之多。后来，中国又出现过四分、五分和七分等分类法。公元七世纪时，中国图书分类正式确定为经史子集四部分类，以后虽然有些目录书没有完全按照这一分类，但大多数古典目录书都采用这一分类。

为了使人们能通过图书世代相传地继承和吸取中国丰富的传统文化遗产，首先要识字和掌握最基本的常识。于是就有一套比较完整而系统的启蒙读物普遍流传，承担灌输知识的任务。这些启蒙读物就是人们通常所说的三百千之类图书。三百千之类的图书，在过去的时代几乎有百分之八九十的人从中接受这种识字教育。在完成蒙学教育以后，有些人便开始接触以儒学思想为主的各种学识，于是有儒家经典结集的十三经，有自古至明的史事总汇二十四史，有涉及各流派的诸子百家和包含诗文词曲的别集、总集之类。经史子集是传统文化的主要汇聚点。

图书的数量随着社会经济文化的发展而日益增多，对弘扬中华文化起到重要作用，但给收藏、省览和翻检却带来了某些困难，于是从魏晋以来就出现了类书、丛书等图书的再编纂活动。首先出现的是编纂资料汇编式的类书。最早的类书是魏文帝曹丕敕撰的《皇览》。这部八百余万字的大书，虽全书已佚，但却开后世官修大书之端，对收藏、利用与保存文献有重要作用，并在某些方面具有百科全书的性质。以后梁有《寿光书苑》、《华林遍略》；北齐有《修文殿御览》；唐有《艺文类聚》、《群书治要》；宋有《太平御览》、《册府元龟》都是千卷大书。明有《永乐大典》，清有《古今图书集成》，篇帙更多达一二万卷。丛书为群书之府，南北朝时的汇集地记，宋初的编纂佛藏以及宋朝的综合性丛书《儒学警悟》和《百川学海》都是丛书。明清两代，丛书的编纂，无论数量还是质量都超越前代，尤其是清乾隆时所编《四库全书》更为突出。它不仅丰富了国家藏书的复本量，并对中国二千多年封建时期的文化遗产进行了一次系统的整理，虽然为了维护和加强其统治的政治目的而对中国传统文化有所损伤，但它对中国传统文化所起的流传和保存作用，仍具有重要的历史价值。

中华民族是善于继承、选择和融合不同文化的，她不仅包含了汉文化以外的各民族文化，而且吸取了佛家等宗教文化。这样，中华文化就在不断吮吸新鲜乳汁，注入新的活力，推陈出新，使其在几千年的历史长河中永葆青春，成为民族的主要精神支柱。

当然，以图书为主要传递途径的中华文化并非一帆风顺而毫无艰险的。秦始皇焚书就是统治者摧残文化的恶例，历代的兵火变乱和改朝换代也都给图书造成了厄运，因而有五厄以至十厄的概括，以至清朝对图书的禁毁，都对中华文化的传递产生了消极的作用。

中国图书在国内的流通开始很早，官藏从周秦以来，一直进行有限制的开放，在特定范围内流通；私藏则往往通过赠与、借阅和传抄等形式流通。至于作为商品上市则从东汉已有书肆的记载开始，历代都有书坊、书铺和书贩承担着国内的流传任务。而更值得重视的是域外流通，它使中华文化得以普及四方。日本在公元八世纪所编的《日本国现在书目录》就记载唐时日本已收存汉文图书近二千部，其中包括医学、诗歌、礼仪、历书等内容。明代在派使出访时往往带图

书作礼物，外使来访也往往得到赐书。这些交流对友邦国家的社会生活和科学文化的发展都有所影响。它加深了彼此的了解，增进了与友好国家的友谊。

中国的图书文化在进行中华文化的传递、推动中华文化的发展、启迪人民的智慧和开展各国间的文化交流诸方面无疑都发挥着极为重要的作用，具有不容忽视的重大历史价值，可以毫无愧色地屹立于世界文化之林。可惜的是，人们对中国图书文化知之较少或知之不深，所以感到有必要加以介绍。为了使读者阅读时脉络清晰，上篇主要以图书为主体，讲述图书的出现、发展和历史经历，使人们了解文化传递主渠道的概况；下篇主要讲中国传统文化的几种汇聚点，虽然知道并没有讲完整，但了解这些集结点，对于一般读者来说，似乎也大致可以满足需要了。至于这种设想是否恰当则有待于读者的评判。

原载于《薪传篇》（中华文化集粹丛书）　来新夏著　中国青年出版社1991年版

《薪传篇》后记

为了说明中国传统文化的保存、流传，在《中华文化集粹》这套丛书中专立了《薪传篇》，意在从图书发展角度说明传统文化的薪火传递。《薪传篇》分上下两篇：上篇，从图书产生前的口传纪事和图书产生后的简帛纸书说到图书的收藏、分类与流通等环节，以使人们了解中国传统文化传递的一条主渠道；下篇，从启蒙读物和经史子集说到类书、丛书、方志、佛藏、道藏以及兄弟民族文献，以使人们了解中国传统文化的几个主要汇聚点。

这套丛书是为普及知识而作，所以我想尽量写得通俗些，但由于《薪传篇》的内容人们比较生疏，加以我又缺乏这方面的写作经验，虽经努力，仍不免有生涩之处；而且由于篇幅限制，只能凭自己的主观设想，有选择地写这些内容，希望能给人一个轮廓性的了解，但是否能达到或接近这一要求，则有待于广大读者的评论。

这本小书的完稿要求比较匆迫，所以上篇只能以拙作《中国古代图书事业史》为主要依据，下篇除有几篇旧稿外，又增写了几篇。我衷心希望这本小书对青年朋友填补这方面的知识有所呈献。

这本书在写作过程中，曾得到马光琅、张格、陈德弟、徐建华四位同志的帮助，他们参与了研讨、提供资料和拟写某些篇的初稿等工作，在此感谢他们的辛劳。

一九九〇年十二月于南开大学邃谷

原载于《薪传篇》（中华文化集粹丛书）　来新夏著　中国青年出版社1991年版

《明耻篇》序说

中华民族历史悠久，先民们曾为我们创造了在世界上有其重要地位的历史遗产，使中国成为一个有丰富传统文化的国家。传统文化从某种意义上说，既是包袱，又是财富。甩掉包袱，开发财富，无疑是海内外炎黄子孙的共识。我曾在一篇题为《论本土传统文化的选择》（《人民日报》1989年6月26日）的文章中标举出几条对传统文化的认识观念，即：

（1）不能把传统文化视作圣人贤哲的遗留，只能保存、维护而不容去取选择。更不要以逝去的枷锁来束缚后来的发展，成为现代民族文化建设的包袱。

（2）传统文化是历史的累积。历史悠久的民族在文化积累过程中自然会有沉渣，因此传统文化势必会泥沙俱下，良莠并存，即使其精华部分也不能说毫无瑕疵，只是随时代和社会的需求不断发生变化和发展。

（3）传统文化不是凝固的死亡遗体，它既有过去源头，又有现实特色，更是未来起点，所以必有可备选择的，不可轻率地把孩子和洗澡水一齐泼掉。

（4）传统文化是多层次全方位的，有物质的、制度的、风习的、思想的、上层的、民间的等等。即使儒家思想也非单一而是杂陈的，儒学大师荀况在其《法行》篇中就曾记述过一位学者的质询说："夫子之门，何其杂也？"

（5）传统文化中有不少与现代社会间有矛盾冲突，如平等与等级、开放与封闭、改革与保守、横向吸收与垂直承受等。要明辨矛盾，择善而从，并且善于认识和反思传统。

基于这些认识，我们在选择本土传统文化时才不致困惑而拘牵手足。也正由于有这些认识，我才敢于去触动传统文化中作为行为准则的“耻”这个观念。

“耻”一直是传统文化中传之久远、受人重视，并以之作为行为准则之一的。早在春秋时，齐国大政治家管仲就提出“礼义廉耻，国之四维”的治国要领。他把“耻”作为治国的四大精神支柱之一。如果“四维不张，国乃灭亡”。这又是何等警策的危言！孔子曾标举“行己有耻”、“有耻且格”等等作为教导学生修身的标准。《中庸》中的“知耻近乎勇”则把“耻”提到一个较难达到的境界。因为必须有勇气才能知耻。孟子说：“人不可以无耻”、“耻之于人大矣”。并且把它作为一切悖礼犯法行为的根源。在一些古籍中常见到一些文句，以“耻”来反思自己言行的不足与相悖。如《左传》中说“耻不能据郑也”，《礼记》中说“耻名之浮于行也”、“耻有其容而无其辞”、“耻有其德而无其辞”和“耻有其辞而无其德”等等都在检讨立身行事的缺憾。历代都继承着重耻的传统，把明耻视作知人论世的准则，而无耻则是使人无地自容的唾骂之辞。大之于治国平天下，小之于修身齐家，“耻”几乎已是衡量是非、忠奸、曲直的一个标尺，也是鼓舞人们挺身而立的力量。明清之际的著名学者顾炎武一生就以“博学以文”与“行己有耻”作为自己学与行的两大主旨。他在与友人书中反复详尽地阐述了知耻与明耻的道理。

在传统文化中“耻”的包容甚广。清俭、正直、死难、谦退、忠节、强谏、义烈、悔过、让功、拒贿……都属于明耻；奢侈、邪佞、专恣、妒贤、徇私、贪污、耽溺、残酷、狎昵、辱命……都斥为无耻。这些概念的内涵至今尚有其足资借鉴之处。当然，古人对“耻”的标准还有值得商榷的地方，如涉及封建伦常以“失节事大”作为千百年桎梏妇女的刑具，则是不足取的内涵。伯夷、叔齐的言行虽有维护君臣礼制的不足，但他们舍利取义，抨击以暴易暴，并能以身殉自己的理想这一点却对贪图富贵、趋炎附势有矫正世情之效，这也正是他们兄弟采薇首阳的故事能长期流传并获得后人赞颂的原因所在。

从二千多年的传统文化中，选择有关“耻”的人物典型纳于十余万文字之中，确实颇费周章：既要照顾到各个不同朝代，又要考虑到选择明耻、无耻人物的平衡；既要注意所选人物在人们心目中略有印象，也要发掘若干新人新事。归根结蒂还要检阅一下是否有可征信、可依据的资料。经过研究筛选，终于确定了45人。明耻者23人，立为正篇，既有传诵人口的坚贞不屈的汉苏武、昏夜拒金的汉杨震、知耻自新的晋周处、闻鸡起舞的晋祖逖以及明代的少年英雄夏完淳等；

也有鲜为人知的忠义智勇的唐段秀实、碧海丹心的宋郑思肖、大义斥奸的明杨继盛和清的烧车御史谢邦定与抗日英雄柯铁等。无耻者22人，贬入附篇，既有遗臭万年的指鹿为马的秦赵高、残暴肆虐的隋炀帝、残害忠良的宋秦桧和清的卖国太后慈禧等，也有吮痈无耻的汉邓通、奢靡挥霍的晋石崇、口蜜腹剑的唐李林甫和权诈作伪的清是镜等。

当然，这戋戋之数远远不能概括完备，只是努力撷取，用可读的文字，提供给人们一面可资借鉴的“人镜”，以证明传统文化中确有不少可备选择的东西，而不要把传统文化一概视如敝屣！

原载于《明耻篇》（中华文化集粹丛书）　来新夏著　中国青年出版社1991年版

《明耻篇》后记

书终于脱稿了。其间包含着若干辛劳；但是，这一奉献如果使海内外的中华青少年通过阅读能从一个侧面比较深切地了解中华文化的壮美、博大和渊深，那将使我得到莫大的欣慰。

由于写作时间紧迫，题材确定反复，而我的公私事务又较繁忙，所以不得不约一些青年朋友来给我帮助。他们在搜集资料、编写草稿等等方面都尽了自己的努力，大大地减少了我的写作琐务，加速了成书进程。他们不计较我的刀伐斧砍，也不挑剔我的疾言厉色。这是一次非常和谐与愉快的协作。我应当感谢他们在弘扬传统文化优良内容方面所尽的职责。

图文并茂是中国图书的优良传统，尤其是通俗读物更有其必要。天津新蕾出版社的郭占魁同志承担了本书的插图任务，他在病愈不久的春节前后为本书绘制插图，使这本小书增辉匪浅。

我感谢参加编写的青年朋友陈德弟、莫建来、徐健、刘小军等四同志和画家郭占魁同志。

这本书各篇题目的选定、体例的规划和文字的删定统由我负责。有不当和失误处请读者对我提出批评。

一九九一年三月

原载于《明耻篇》（中华文化集粹丛书）　来新夏著　中国青年出版社1991年版

藏书·读书·治学

——《来新夏谈书》代序

一

藏书是关乎一个人文化素养的问题，也是一个人读书、治学的发轫点。宋朝藏书家晁公武曾论及汉王粲、宋宋绶之能称一代博学者，就因为他们“自少时已得先达所藏故也”。此可见藏书之能涵育人才。当然藏书之功尚不仅于此，其更重要之作用乃在于保存、传递一国、一民族之文化，使之世代相传弗替，为立国之基。“藏书”一词可能最早见于《韩非子·喻老》，文中说有一名徐冯者，曾告人说：“智者不藏书。”这当然是指私藏而言。“藏书”既已成为专用名词，则藏书的事实当已较为普遍了。

中国最早的正式藏书是官藏，始于周秦。它与公藏、私藏，并成中国藏书事业的三大系统，而私藏则历来备受学者注意。私藏与私学兴起有关，私学的兴盛使图书开始由官藏传入民间，一些“士”为了谋求利禄，到处发表政见以取悦国君，因而需用大量图书来丰富和充实自己的论点。如苏秦在各国游说失败后回家，受到冷遇，于是“陈箧数十”，发奋读书，说明苏秦有几十箱私藏；名学家惠施有简书五车，成为“学富五车”成语的原始。自此以后，历朝学者几乎都有相当数量的藏书，也流传着许多有关藏书的动人故事。

中国的私藏事业一直贯穿着“仁人爱物”的精神，虽然以藏为主，但不少藏家都愿意藏书为人所用。如东汉的蔡邕因爱王粲之才而举私藏相赠。南齐崔慰祖聚书万卷，邻里少年来家借书，他都“亲自取与，未尝为辞”。晋范蔚藏书七千余卷，远近来读者常有百余人，他不仅允许借阅，还为读者“置办衣食”。这种慷慨借阅的观念一直存在于不少藏书家头脑中。明末有一位藏书家李如一就持一种“天下好书当与天下读书人共之”的态度，所以他“每得一秘书遗册，必遗书相闻；有所求借，则朝发而夕至”。当然在当代，我们的仁人精神已不是局限于“当与天下读书人共之”，而是有“当与天下人共之”的气概。清末绍兴人徐树兰父子建古越藏书楼，出家藏向社会公开借阅，开藏书楼走向现代图书馆的先声。至于对书的“爱物”，从汉以来就有文献可稽。汉代已开始用竹制小箱子（簏）分类置放图书，以免图书受损。东汉有一个名曹曾的人修了一个石窟藏书，命名为“曹氏书仓”。隋炀帝是为后世所非议的皇帝，但他对图书的爱物之心，却极为后世所称道。如《旧唐志》即盛称“炀帝好学，喜聚异书”，并创制了多种图书储存设备。明代范钦建天一阁藏书楼，对防火、防蠹、防潮和防散失都有相应的措施。有的学者为了访求有价值的书，不惜纡尊降贵，亲到书市去搜寻图书。如清初的王士祯就按期在书市出没，把许多有价值的图书收藏、保护起来。正由于我国对图书有这样一种“仁人爱物”的人文精神，才使中国成为世界上善于保护图书文献的一个国家。

清朝学者多好藏书，但在认识上却有藏书家藏书与读书家藏书之分。如钱曾、黄丕烈以佞宋即专一注重宋版书为藏书的宗旨，视书如古董。孙从添则以藏书为个人癖好，用做鉴赏。这些似非藏书正道。更有以藏书做市易以谋生者，则更无足与论了。我认为只有读书家才是真正有意义的藏书家。清代中叶江阴有一位藏书家名承应韶者，藏书极丰，“广求佳本，必依次读终卷”，这是为读书而藏书的藏书家。另一位著名的藏书家张金吾对藏书与读书有着很精辟的论述。他说：“欲致力于学者，必先读书；欲读书者，必先藏书。藏书者，诵读之资而学问之本也。”又说“藏书而不知读书，犹弗藏也”；“读书必藏书，藏书为读书，乃历代藏书家之宗旨”。这些论述把藏书与读书的关系说得很透彻。所以说，藏书的主要目的是为读书。

二

读书是藏书的主要目的，而读书是为了做学问，也就是为了治学。但并不是所有读书的人都做学问。有人读书只为消遣和享受，一目十行，匆匆而过，凭自

己的兴趣，愿看就看，甚至废寝忘食地看；不爱看则或加浏览，或翻不数页就掩卷而眠。这些人即使读书破万卷，也如烟云过目，一纵即逝，最多留下点儿模糊“书影”而已。另一种人很明白怎样读书，也知道如何读书才能有得；但只进不出，吞噬着别人的成果，以填塞自己的知识空白。这类人既不像牛那样，吃草出奶，也不像春蚕那样，啮食桑叶而吐丝不止，直到献出自己的生命。这类人可能博览群书，满腹经纶，却不使旁人受益，还自鸣为“述而不作”。这类人不是怕别人看透自己腹笥深浅的懦夫，便是自私者、守财奴，明明是掠取前人的精神财富，偏偏要深藏不露，自以为独得之秘，不愿有益社会，宁肯烂在肚里，最终与自己共化灰烬。我鄙视这两种人，却敬重另一类读书人：他们不放弃吮吸一切可取的知识，不吝惜自己的精力，焚膏继晷地反复咀嚼，像蜜蜂酿蜜一样，创造出有用的知识，贡献自己的成果，济世利人；其中更有一些人，甚至把读书方法和窍要都毫无保留地对后学倾囊相授，他们是值得尊敬的真正读书人。

谈到读书，必须先知道读什么书。当然要读好书，但也不能采取封闭性的态度，而应比较广泛地读书。不要视离经叛道之作如洪水猛兽，避之惟恐不及，成为新道学先生；而应在博览群书的基础上，吮吸精华，排除糟粕。这样的长期积累，读书必能有得。对于反面的图书，只要能善于分辨，又何所畏惧？如果这部书持之有故，言之成理，也可能得到某些启示。至于对那些低级、鄙俗甚至淫秽下流的书，还是节约点生命为好，不做无谓的牺牲。读书要由浅及深，循序渐进，不要贪多务得，而要不断回味咀嚼，创造新知识。

凡读书要先读序或前言，这一点常被人忽略，但它却是非常重要而必须养成的一种习惯。因为书的序或前言是严肃的作者对全书写作缘起、目的和主要内容的概述，是为让读者对自己的著作有一种轮廓性了解。当你读完作者的序或前言后，你就会抓住全书的纲。至于他人所写的序，有的人严肃认真地写序，对全书进行评论，则应一读以帮助对本书的阅读与理解。而某些捧场敷衍的序则大可弃置若粪土，无须为之消耗精力。其次是从头到尾地读一下目录，就可以知道这本书的主要内容与篇章结构。一位负责任的作者所写的目录，往往是各篇章的提要。读了这些再去读全书，就比较容易通贯了。

在通读全书时，不要羡慕古人所说的“一目十行”，那是“英雄欺人”的骗人鬼话。读书不要一掠而过，而应该“十目一行”地去读，即全神贯注地认真阅读，养成一种“好学”的学习态度。这是读书的基本出发点。努力多读些书叫“博观”。“博观”是为扩大知识面的基础。但是，仅仅“好学”与“博观”是不够的，而是要再经过“深思”来“约取”才行。如果不把“博观约取”与“好学深思”紧密结合好，即使读书破万卷，也如入宝山空手而归。如果把二者结合得好，那就为做学问提供了广袤的用武之地了。

三

读书不是为读书而读书，而是为了能掌握更多的知识和资料，做有益于社会的学问，也就是人们所说的“治学”。“治学”不是读几天书就能一蹴而就的，它需要有一个艰苦的积累过程。在积累过程中，既会有“目轮火爆，肩山石压”的苦状，也会有“时或得之，瞿然则喜”的乐趣。但在走了一段路后，回头检阅所得，往往感到所积累的资料有许多是无用而嗒然若失，甚至认为自己干了蠢事。实际不然，因为当初在读书中所积累的资料绝对认为是有用的，只是由于现在眼光水平有所提高，所以才有“觉今是而昨非”的感觉。因为有了这些“无用”的基础，才能锻炼出抉取“有用”的能力。而且这些“无用”是否真的“无用”？也许是水平所限，未能看出其有用的内涵，也许虽不能当正面材料用，还可用做旁证或背景材料。所以在“治学”的起始，应审慎地对待“无用”。

在“治学”上，务必要尽量求读原著。清初的大学者顾炎武曾说过这样一段话：“尝谓今人纂辑之书，正如今人之铸钱。古人采铜于山，今人则买旧钱，名之曰废铜，以充铸而已。”有位学术前辈曾告诫我说：“‘采铜于山’与‘废铜铸钱’确是亭林不磨之论。但难被放言空论者所接受，甚或被嗤为舍近求远。”他还说：“挑水者，用桶从源源不断的河里挑水，用完再挑，水无穷尽；倒水者，则由别人从河里挑来的水桶中倒水，虽云轻而易举，但倒水时洒一些，势所难免，一如资料一转再转而走样。一旦别人之桶空，则不知别人桶中之水从何而来，只能‘望桶兴叹’，继而环顾四周，是否有挑好水之水桶等人来倒。如一生中只知倒别人桶内的现成水喝，而不论清水浑水，只要是水就行，其后果实不忍设想。”我静聆教诲，不禁叹服前辈功底之厚、见解之深，能以浅近语言阐明深刻至理。

治学的基本点是勤奋与坚韧。勤的要求是四勤：勤听、勤读、勤思和勤写，而其根本在勤读。勤读方能博涉，博涉方能使知识源源输入，方能逐渐走向专精。在读的过程中要善于发现问题，即所谓“致疑”。有疑就要不断寻根究底，即所谓“勤思”。疑而后思，思而后得。思而不得，就一面再去涉猎，一面就要

勤问勤听，不仅要听前辈、同辈的高见，更要听后辈的新说。只要有一得之见，就要吸取，一字可以为师。四勤的最后是落实到“勤写”。“勤写”说起来容易，做起来则比较难。特别在青年时期，常因贪多求快，自恃记忆力强而忽略记写资料与思想，但岁月推移，读者所得的痕迹日见淡薄，似是而非，终而等于白读。如果随读随写，日积月累，自然成一文章仓库，随时取用，得心应手，由片段成整篇，由多篇成专著。这不仅仅是积累，而且还是一种磨砺，一般情况下，勤是治学的不二法门；但人的一生不可能永远一帆风顺，遇到点挫折与逆境，往往消沉、颓废、懒散、嗟叹，以致把一二十年的岁月都在无形中蹉跎和荒废掉而追悔莫及。越是挫折，越应该以韧相待而勤读多读，一以解挫折的抑郁，一以充实腹笥，等待“用世”的机遇。

治学要冷而不能躁，冷能冷静地搜集资料，构思撰写，不是闹哄哄地赶时髦，发高论，迎世媚俗，写空洞无物的文章。这正是历史学家范文澜师所说“板凳宁坐十年冷，文章不写半句空”的真谛所在。成文之后，也不要急于发表，因为这时最容易昏头昏脑地自我陶醉，而应先冷处理。请水平比自己高的、与自己水平不相上下的以及稍逊于自己的三类人看，集思广益，然后冷静下来，反三复四地思考、修改，直至定稿。待文章或著作问世后，更不能热气腾腾，不可一世，而要冷静地听取意见，增订纠谬。如此，才有可能慢慢地走近大学问家的座位。

四

最近几年，我对藏书、读书与治学诸问题曾写过一些片段小文，也常和一些年轻朋友谈过这些方面的内容。为了把我的看法和想法连贯成一体，遂从一些小文和谈话记录中摘引部分资料，草成本文，以表述个人的见解，那就是：藏书是中国有悠久历史的传统文化现象，不是单纯为收藏和鉴赏而藏，而主要的是为读书人读书创造条件。读书不是为读书而读书，而是要从读书中撷取精华，形成思想观点，为治学奠定基础。至于治学，必须要恪守“立足于勤，持之以韧，植根于博，专务乎精”的规则。这些见解，纯为愚者一得，仅供参考，是否有当，至祈指正。

原载于《来新夏谈书》（“大家谈”丛书）　来新夏著　南开大学出版社2010年版

《来新夏谈书》后记

我多次说过，我活了八十多岁，从束发受书到归隐林下，唯一正经八百做的一件事，就是读书。读书使我一生愉悦，汲引知识，增长智慧，帮助我跌跌撞撞地走过坎坎坷坷的人生路。培根讲过许多关于读书的话，他说“读书的目的，是为了认识事物原理”，“求知的目的不是为了吹嘘炫耀，而应该是为了寻找真理，启迪智慧”。“书籍好比食品，有些只须浅尝；有些可以吞咽；只有少数需要仔细咀嚼，慢慢品味。所以有的书只要读其中一部分；有的书只需知其梗概；而对于少数好书，则要通读、细读、反复读。”我国清代有位大学问家张金吾曾说过：“欲致力于学者，必先读书；欲读书者，必先藏书；藏书者，诵读之资而学问之本也。”张金吾制定了“藏书—读书—治学”这条学术链。藏书、读书是手段，是途径，而治学则是学人的必然归结。这条学术链是铸造学者的全过程。这些都是先贤经过思辨后留下来的珍贵遗教，后人应该恪遵和实施。

我既想谈书，又没有成本大套的经验和体会，只是平日与不同层次人交谈和经过自己反思所写下的寸笺短什。为了向公众表达我对书的一些思考和实践，就从所写几百篇有关藏书、读书的散文随笔中，选出几十篇，编为《来新夏谈书》一册。这本选编，按照张金吾的学术链，分为上下两卷。上卷论藏书，主要记述对藏书文化的认识和对藏书楼、藏书家的评论，为了使读者对藏书这一生疏词语易于熟悉，在各有关篇什中列举故事和例证或有重复，祈读者谅詧。下卷论读书，主要是侈谈读书的理念和方法，以及对一些读过的书所写的序评。所收各文都本“以史为干，以文为体”的主旨，是文史交融的写法。这样的写法，是否合乎随笔的要求，甚愿得到识者的评论。

这本书在整个编选出版过程中，多承各方关注与帮助，特别是对策划编辑任增霞女士和责任编辑刘晓女士对本书所付出的辛劳，表示深切的谢意。

原载于《来新夏谈书》（“大家谈”丛书） 来新夏著 南开大学出版社2010年版

关于“书话”的话

——《来新夏书话》代序

近代以来，书话的写作日盛一日，许多名家多有书话之作，报章杂志也时见书话的发表，其单独成书者也为数不少。前两年，写书话的名家姜德明先生更搜罗了名家书话十六种，成《现代书话丛书》两辑，对爱读书话的我来说确是带来了一种极大的喜悦。这不能不感谢老友倪墨炎兄的惠赠《倪墨炎书话》而引发我即目求书，使前辈时贤的文字风范可因书而究学。

我在读诸种书话时，狃于旧习，总想探求书话的渊源流变。姜先生在其《现代书话丛书》总序中曾明确地把书话界定为：

> 源于古代的藏书题跋和读书笔记，并由此生发、衍变而成。书话不宜长篇大论，宜以短札、小品出之。书话以谈版本知识为主，可作必要的考证和校勘，亦可涉及书内书外的掌故，或抒发作者一时的感情。书话不是书评，即不是对一本书作理论性的全面介绍、分析和批评，书话不能代替书评。

姜先生把书话推源于题跋与读书记，我很赞同。的确如此，在古人的许多札记、随笔中都有谈成书缘由、书林掌故的条目，有的散见，有的也集成一书，如清代黄丕烈的《百宋一廛书录》和周中孚的《郑堂读书记》、李慈铭的《越缦堂读书记》等都类似书话；叶德辉的《书林清话》是以讲书林掌故为主，兼及版本、目录。它们多未用“书话”之名。所以姜先生认为“中国有诗话、词话、曲话，惟有书话，似乎是近六十年始为人所用，并为公众所认可。”这恐怕也是指没有书话之名而言。若从诗话、词话、曲话的载体来说，仍然应算是书话的一种，只是没有书话之名而已。书话之名据说是三十年代初，老作家、老学者曹聚仁在报刊上发表以书话为题的读书小品时开始的，因此对书话的缘起可以这样认为：书话自古即有，而其名则始于本世纪的三十年代之初。

我也读过善写书话的唐弢先生的《晦庵书话》，这是一部对读者颇有吸引力的书话。唐先生根据多年写书话的体会，对书话别有一番见地，他提出了四个“一点”说：

> 书话的散文因素需要包括一点事实，一点掌故，一点观点，一点抒情的气息；它给人以知识，也给人以艺术的享受。

还有一位写书话的大家黄裳先生，他在《黄裳书话》编后记中曾表示他写的书话近乎传统的书跋，并且粗略地分为两类：

> 其一是讲究书的内容、版本、校勘这方面的事的，科学性强，缺点是不免枯燥，可做资料用，但不能是通常读物。……此外就还有另一类，在上面所说的种种内容之外，又添上了书林掌故、得书过程、读书所感……不只有科学性，还增加了文艺性，是散文的一部类了。

我基本同意后一种写法，因为它把书话的内容作了比较全面的概括；不过，不一定每一篇都要面面俱到。我认为，写书话不要自我限制得过窄，而应兼具科学性与文艺性，最好能以随笔的形式来写，使其更有可读性。所以我更赞成冯亦代先生的意见，他说：

> 私意以为书话的内容，可以不必予以界定，写书话的作者要写什么就写什么，只要引领读者去读好书，增加国内外的新旧知识，便是达到了目的。（钟敬文主编：《书话文丛·竹窗记趣》序）

这是一种通达之见。我亦觉得，凡是与书有关联，不论是述说书的本身，还是写由书引发出去的论辩，都可以属于“书话”圈圈之内。至于笔墨不妨随便些，篇幅不妨短些，内容不妨有趣些，不需正襟危坐去读，而能轻松自如地随读随辍，偶有所得，可资谈助，正如墨炎所言，“书话随笔是零食”。他还说过，能写书话的书有两种，一是比较鲜为人知，二是要有点意思。如果按这一界定来看，写书话的书应该范围较宽；那么，我近几年所写有关书的小文，都可以从容缓步地迈进“书话”之列，而无非议之虞。于是把散刊各处的“书话”搜集在一起，经过筛选，得八十六篇，约分为六卷，曰藏书、曰读书、曰论书、曰书序、曰书评、曰书与人，而总题曰《来新夏书话》。我把书序、书评列入书话似乎不太符合书话的规则。因为姜德明先生曾说过：“书话不是书评”，如果倒过来理解，是不是书评也不能算书话。连带想到书序是否也不允许列入书话一类。如果把书的序评都排斥在书话之外，那么，书话的范围似乎又显得太窄了。书序和书评的主要对象是书，好的书序应该是对一本书钩玄纂要的精心之作，古人很重视写序，古代的《书序》、《诗序》和《禹贡序》等等都有点书话的味道。后来的许多学者都对序有所论述，汉孔安国说“序者，所以叙作者之意也”，宋王应麟说“序者，序典籍之所以作”。可见序是记写作缘由与体例以及对书或文的解评等，很类似书话。清初顾炎武在《日知录》的《书不当两序》一文中还对“序”作过专论，严格地规定：“凡书有所发明，序可也；无所发明，但记成书之岁月可也。”这样的序应该是可作书话来读的。今人之序，除庸俗捧场之作外，大都是能“引领读者去读好书”，起到导读作用的，所以说读书不读序是不会读书的人。在《现代书话丛书》中所收的许多种书话里都有很值得一看的书序，具有书话引导人去读书的作用。至于书评则是一本书问世后社会价值的反馈，是公众对作者的期望与呵护。书评不一定都是对书作“理论性的全面介绍和批评”，只要是善意的真话，三言两语，点评一二，也是有益读者和作者的。再说，有不少书话本身就是一篇好书评。所以我认为书序和书评也应包括在书话的范围之中，也许我会遭到把书话范围放得过宽的讥评，但这也算我对书话的一点看法！

我的书话编好后，即蒙台湾目录学研究者、友人陈仕华先生为介于台湾学生书局。学生书局经过讨论审定，很快接受出版，并由游均晶女士为责任编辑。行见我这本雕虫之作，将灾枣梨，特陈有关书话的拙见，并志陈先生与游女士援手之情云尔。

一九九九年初夏写于南开大学邃谷

原载于《来新夏书话》（文献学丛刊）　来新夏著　台湾学生书局2000年版

《谈史说戏》序言

历史是一个国家的灵魂，亡人之国必先亡人之史。中国之所以历经多难而仍能巍然屹立者，有一条长流不息的历史长河是很重要的原因之一。这条历史长河是怎样流淌下来的呢？一是中国有一套自黄帝延续至清末，只有重复而无中断的二十六史，但是这样一套通贯古今的大书，难以要求国人都去阅读。所以有些积学之士，以其熟读史书的底蕴，把许多史事和人物咀嚼消化，加以故事化、情节化、通俗化，改写成演义。如《三国演义》是写汉、晋之间魏、蜀、吴三国九十六年的人与事，是一部演义。通常论说《三国演义》是“七实三虚”，那就是说有七成历史真实。又如蔡东藩先生以毕生精力所写的巨作《历朝通俗演义》，近百年来普及于万民之中，成为一般民众的良好历史读物。另一条渠道就是通过戏剧和影视传播历史知识。因为读史书和演义，终究要有一定文化基础和有较充裕时间，因此这一渠道对传播历史知识将更为重要。当前影视虽有号称历史剧者，但往往先打埋伏，自称为“戏说”，甚至公然打上“不是历史”的大印，荒唐滑稽，姑置不论。即以戏剧而言，如京剧中的三国戏是历史剧的大宗。它大多据史书和《三国演义》而来，有相当多历史内容的含量。如《长坂坡》就本于《三国演义》的四十一回后半和四十二回前半；《群英会》就本于《三国演义》第四十五回至四十八回。三国剧中有很多以历史事实作根据的，但很少区分虚与实的问题。所以二十多年前，我曾和几位年轻的同学，共同合写过一本题名为《谈史说戏》的书，其中写了不少三国戏与三国史事区分的小文，将史事的记载和戏中的情节，条分缕析，把几实几虚拆兑清楚。如《群英会》中的《祭风》是虚构的情节，而“草船借箭”则是由裴注《三国志・孙权传》所引《魏略》所记“木船借箭”故事演化而来。

近年，《三国演义》电视剧上映后，也引起一些人对历史真实的探问，有些人想了解事情的来龙去脉，有些人对电视剧中的历史内容，似懂非懂或知其然而不知其所以然，想要寻根问底。其中也确实有些值得阐释的地方。所以我和铁汉曾有过一种增订修补《谈史说戏》的想法。因为我们除了习史以外，对京剧也情有独钟。我在1959年为国庆十周年，曾写过一出反映中国人民反洋教斗争的《火烧望海楼》京剧剧本，由厉慧良主演，在津上演月余，上座一直不衰，后入京参演，获文化部优秀作品二等奖。而铁汉不仅写过《三探圆明园》等剧，上演后受到观众的欢迎与喜爱，而且在读大学时期即能粉墨登场，并以一生献身于戏剧事业。当年参与写书的人，如今大多数都在七十岁左右，其中姜纬堂已在几年前逝世，我则已年逾八秩。由于各自忙各自的事，此事一直延误放置下来。今年春天，山东画报出版社的责编吴金彪主动来电话，与我商量《谈史说戏》增订本的问题。我和铁汉一合计，认为此举很有意义。即由铁汉知会其他几人，大家均无异议。于是，我和铁汉开始增删修订，仅将剧目作了适当调整，增补了一些内容，未作大幅度的改动。又敦请美术家邓元昌先生手绘插图，以为本书增色。本书历时数月完稿，即交出版社付梓，以满足广大读者的期望。我们诚挚地期待，有后来者能继续进行这项有意义的工作，让读者更多地接受历史知识而尽量避免被误导。是为之序！

二〇〇六年六月写于南开大学

原载于《谈史说戏》　来新夏、马铁汉主编　山东画报出版社2007年版

《史记选》说明

《史记》原名《太史公书》。它是我国伟大的史学家司马迁以毕生精力所撰成的第一部纪传体通史，上起黄帝，下迄汉武帝时期，记述了共约三千年的历史。

司马迁字子长，西汉左冯翊夏阳（今陕西韩城）人。汉景帝中元五年（公元前145年），或者更晚一些时候，司马迁出生在一个掌管国家典籍、档册的史官家庭里。他的父亲司马谈是一位学识渊博，对各种学派均有湛深研究的学者；也是一位通贯古今，从事通史撰写工作的史学家。可惜，司马谈在生前没有完成撰写通史的宏愿。汉武帝元封元年（公元前110年），司马谈在临终的时候，把自己撰写通史的愿望和准备的一些资料遗留给了儿子。司马迁接受了这份宝贵遗产，并表示了"请悉论先人所次旧闻，弗敢阙"的决心。

三年以后——汉武帝元封三年（公元前108年），司马迁任太史令。他得到检读国家所藏图书、档册和文件的便利，于是"紬史记、石室金匮之书"，广泛地搜集了文献资料；并结合过去到各地游历访问所采集的口碑资料进行研究。他又参加了汉朝政府的一些兴革事宜，丰富了政治实践的知识。经过这样多方的努力，司马迁为撰写一部两世倾注精力的通史作好了准备。大约在武帝太初年间，司马迁开始了撰史工作。天汉三年（公元前98年），汉武帝借司马迁为李陵辩护而加以罪名，处以"腐刑"。太始元年（公元前96年），武帝又任司马迁为中书令，"尊宠任职"。这是当时由宦者担任的职务，致使司马迁自认为已处于一种"无益于俗"的屈辱生活中；可是他为了实现父亲的遗愿，也为了把自己一生所见所闻的历史面貌以及自己的观点和理想留传给后世，不顾屈辱，毅然继续进行撰史工作。大约在征和二年（公元前91年），司马迁基本上完成了自己多年辛勤劳作的这部史学名著。不久，司马迁就离开了人世，其具体卒年已无从查考了。

《史记》是我国纪传体史书的开创性著作，也是汉武帝大一统政权的产物，在我国文化史上产生了巨大影响。司马迁把本纪、世家、表、书（志）、列传五种不同形式统一在一部书内，创立了一种便于反映时代特点的崭新史体。《史记》的内容不仅有政治、军事，也有社会经济、学术文化和宗教活动。不仅有帝王将相的事迹，也有社会上各种类型人物的成就与建树。不仅有汉族的纪事，也有汉族以外少数民族的专传。司马迁企图把各方面情况统一包容在这一部巨著之内，使之成为统一帝国的一座文化宝库。正因为这样，所以这个选本所选的篇章既要考虑到史事内容，也要照顾到各种体裁。同时，还希望能反映司马迁这一伟大史学家的生平、思想和学术成就。不过，选本终因篇幅所限，又囿于编选者的水平，所选各篇未必都很恰当。

《史记》一百三十篇包括本纪十二篇、表十篇、书八篇、世家三十篇、列传七十篇，但在《汉书》的《司马迁传》和《艺文志》的著录中，已说十篇有录无书。所缺各篇乃是褚少孙等人所补。这些补篇，选本中都未加选录。

《史记》的旧注，据说以东汉延笃的《音义》为最古，但久佚不存。今存旧注以南朝宋裴骃的《集解》为最早，继起者是唐张守节的《正义》和司马贞的《索隐》。一般惯称为三家注，原来都单刻单行，北宋时始散注于正文之下。这个选本没有全录三家注，而只是参酌和吸取了它的某些注解。

《史记》古本仅有断简残卷。三家注本全者当以南宋绍熙间黄善夫本为第一。涵芬楼百衲本廿四史的《史记》即据此本影印。明代廖铠、柯维熊、王延喆、朱维焯四本，都从黄善夫本出，而不如原本之善。明代尚有嘉靖、万历年间南北监刻的二十一史本和毛晋汲古阁刻的十七史本等多种。清代通行的是乾隆四年武英殿刻的二十四史本，通称殿本。还有各种据殿本覆刻、翻刻和影印的本子。同治五年至九年间，金陵书局印行了由清代校勘学家张文虎等人校勘的《史记集解索隐正义合刻本》一百三十卷。这个校本是清代后期校勘精审的善本，后来简称为金陵局本。解放后，中华书局的标点本《史记》就是以金陵局本为底本，又进行合理编排，分段标点，成为目前较完善的本子。这个选本就是以中华书局标点本为底本的。

这个选本是为高等院校历史专业“史学名著选读”课程编选的，也希望能作为有同等学力的青年的读本，因而我们对所选各篇作了注释，重点放在对人名、地名和典章制度等的注释上。注解多据旧注和前人成果，力求简而不繁；间存异说，但不广征博引。一般不作语句通释，留待教师在课堂上讲解。

这个选本是我和南开大学历史系孙香兰、王连升、孙立群、刘敏等五人集体编选的。参加审稿工作的有赵光贤（北京师范大学）、阙勋吾（武汉大学）、崔曙亭（华中师范学院）、涂宗涛（天津社会科学院）、施丁（中国社会科学院）、仓修良（杭州大学）、朱维铮（复旦大学）和端木留（南开大学）等八位同志；中华书局的责任编辑陈抗同志也参加了审稿会；东北师范大学的高振铎同志寄交了书面审订意见；南开大学的白新良同志在定稿工作中承担了查核资料、订正注文等繁重事务；在此统致深切的谢意。孙香兰、王连升二同志和我都审读了全稿，并由我作了最后的定稿工作；中华书局陈抗同志又对全稿进行了校订。但是凡选篇不当、注释有误和其他欠缺不足之处，都应由我负责，我真诚地期待着各方专家和读者的批评与指正。

一九八三年九月

原载于《史记选》（中国史学名著选） 来新夏主编 中华书局1990年版

附 《史记选》重版琐议

上世纪的六十至九十年代，中华书局出版了一套《中国史学名著选》。其中包括《左传》、《史记》、《汉书》、《后汉书》、《三国志》和《资治通鉴》等六种，为学史者所共识和必读的经典作品，各书编选时间先后长达三十余年。这套丛书的主编，是当时著名的清史专家郑天挺教授。他除了规划全局并制定体例外，还约请了徐中舒、冉昭德、陈直、束世徵、缪钺、王仲荦等数位知名教授分别承担选注工作。各书相继完成，而独《史记》一种至八十年代，尚未确定选注者。原定承担人是山东大学某教授，因久病未能着手。某教授辞世后，山大无人接手。郑先生急于成书，多方物色，难于落实，只能就地取材，拔我于众人。某日，我应命往谒郑先生于客舍，郑先生即以选注《史记》一事相商。我时在中年，经多年折腾，学业荒废，恐无力承担，反致偾事。又以政审多年，今幸落实政策，一切还我正常，急谋有所作为，展示业绩，不甘默默于注释工作，乃婉言谢却。郑先生再三劝说：整套选注，旷日持久，未能完成，难以面对其他作者、中华书局和读者。《前言》规定已较明确，可遵照行事。郑先生并愿随时指点支持。言辞恳切，我不禁为之情动。长者命，不敢辞，乃承诺，并即邀约本系同仁数位，共同选注。辗转反复，历有年所，直至九十年代初，始成书问世。此《史记》名虽前列，而问世在后，以致使全书出版期长达三十年之原委。

郑先生于1962年8月拟定的前言六则，寥寥数百字，几已概括各书选材范围、选文标准、注释方法、旧注取舍以及撰写各书编选说明等诸多内容，不能不令后学敬佩其言简意赅。因此我在编选《史记》全过程中，与其他各册编选者同样奉《前言》为准绳，以力求划一。

这套丛书之所以选这六种书，因为它既可见中国史籍主要体裁——传记和编年二体，还可见断代与通史二种类型，使读者读此六书，即可知中国史籍体要之大概。

郑先生以不足百字揭示膺选作品之标准为：一、特定时期的主要典章制度，二、重大历史事件，三、杰出人物活动，四、科技发明与发现，五、文化思想流派，六、民族关系，七、著者历史观点。方方面面，殆无遗珠。

注释为选本最着力处，尤其对旧注研究、运用更费斟酌。郑先生以四十余字明确制定规程，令各书编选者易于遵守。首先，注释必须以“必要”和“简单”为基本要求，因其对象为具中等文化以上的一般读者，并非学术研究著作。其次对旧注既可尽量采用，复以“可用”与“尽量”制约之。“可用”是选取一切注本的前提，而“尽量”则便编选者舒展自如。再次，郑先生以如此少量文字特意标出《三国志》裴松之注全录，《通鉴》胡三省注除反切外全录，斩钉截铁，毫不含糊。将裴、胡二注全录，确为前辈学者卓识。裴注为世所艳称“四大注”之一，其注晚出陈寿，史料多有增益，论断亦少顾虑，所注数量又丰，借读《三国志》注本，引导读者读裴注，无疑令读者又读一史学名著，进而理解注补表谱之为正史资粮之必要。至于胡注，久负盛名而为学者所属目。援庵师历时多年，精研胡注，阐幽探赜，成《通鉴胡注表微》一书，著称学林，垂范后学，为援庵师重要学术著作之一，理当全录。至反切已不为当世所用，应加摒除。

底本选择为一切注本之根本，而最新标点本往往能减少前此各本之错讹，故《前言》规定，尽可能采用最新整理出版的标点本，否则亦应选用较好版本，或附必要的校勘记，将各种可能作出完备预案，俾各编选者有所遵循。

编选说明为读全书之锁钥，现行若干选本之说明，多失于繁杂，使读者开卷索然，故应以简单为首要，而介绍其书内容、体例、写作经过、通行版本、著者生平、重要著述、学术影响以及本书之编选原则等多项要素，均为必备要求。

《前言》体现前辈学者惜墨如金，简练文字之功力。援庵师尝言，能写短文方能写大文章，方见学术功底。我反复研读《前言》，始知其深切著明也。郑先生所撰文不足千字，绰然号令六书。虽书成多手，犹能保持大体一致，端赖《前言》之指导。

我既得《前言》之指导，心有底数，即遵循进行。历时一年，选文大体确定，乃分头注释，间有其他事务干扰，时写时辍，直至八十年代后期，始成初稿，呈郑先生审定，亦蒙首肯。中华书局亦于是时正式邀稿，始与赵君陶女士接触，未几，赵女士离去，改由陈抗先生为责编。陈抗先生学术造诣与敬事精神均令人钦佩，并能坦诚交换意见，指明讹误，对本书之完善，出力较多。《史记选》终于九十年代问世。至此，《中国史学名著选》六册齐全，郑先生之宿愿得偿。惟先生早归道山，未能亲见其竣事，至感遗憾。

《中国史学名著选》出版后，颇受读者欢迎，曾多次再版重印，但因先后相隔长达三十年，又经“文革”浩劫，阅读古典文献之兴趣，在青年中显见减少，以致该书影响颇见削弱，几等掩没，坊间亦久绝迹。数年前中华书局曾有编辑以电话相商，拟重印出版，征询意见，我曾允诺并有意修订，嗣后了无音讯。直至今年初夏，中华书局李晨光先生寄来整套《中国史学名著选》及《史记选》多册，始知该书已重印出版。旧书新颜，恍若旧友重逢，益见妩媚，不胜惊喜，兴奋之余，翻读该书，此并非单纯旧版重印，而是重加编辑之新排印本。

此重印本不能简单称为重印，而是一种新编印本，其最大特点是全套丛书由直排繁体改为横排简体。这一改动虽仅有“横排简体”四字，但曾身经此类事者，多能识其苦况。由直改横虽可借助计算机，但版面设计，较原始设计，费力多多。为适应当世读者惯于读横排书，有此改动，亦十分必要。至于繁简改动之错乱，可能人所共知。机械操作，时有误差，如“后、後”，“云、雲”之误，已属常见，转换者必须详加校订，方可不出差错。

新编印本保留《前言》，尊重原主编之创意，保留典型之用意可佩。而于新增《出版说明》之行文中，则以《汉书选》、《三国志选》、《左传选》、《资治通鉴选》、《后汉书选》及《史记选》为排序，显与时代顺序有悖。实则此排序寓责编示是书成书次序之微言，不可忽略。

《左传选》为丛书第一册，原编选者徐中舒先生于出版后曾加修订。此次重印得徐氏后人提供修订本，书局据以订正原印本。这对广大读者，确为善举。可惜因大部分原编选者均已过世，难以修订，而我亦未获事先通知，未遑订正。故其他五册均为原样未动，似略感遗憾。

全套丛书装帧版面，一改原本旧貌。封面简洁明快，下附各书简要介绍作背景，俾读者未待开卷，即已得各书概要。而要言不烦，更见“引而不发”之旨。版面较前本疏朗开阔，页下注与本文对应，均极便阅读。足见责编张荣国先生“以人为本”之理念，我将与读者共感盛情。

一种选本能连续使用半个世纪，无论对选本，还是编选者，都是一种极大的安慰。原主编和选编者当时已是知名前辈学者，多已过世。即如我当时是忝附骥尾的晚辈，而今亦已风前草上，近望九之年。中华书局李晨光先生于全书出版后，谆嘱为此书留存痕迹。环顾左右，已感义不容辞，虽细节多已遗忘，但略忆片段，妄加议论，存以文字，或可留鸿爪于什一。

二〇〇九年盛暑，挥汗写于南开大学邃谷，行年八十七岁

原载于《书品》2009年第5期

《史记选注》说明

数年前，我们曾编选注释过《史记选》一书，那是为高等学校历史专业课程“史学名著选读”而编选的，是《中国史学名著选》之一种，由中华书局出版。现齐鲁书社为使世人更多地关注中国传统文化，熟悉中国文化典籍，编选一套国学丛书，其中包括《史记选注》，我们愉快地接受了这一任务。因为国学丛书是面向社会各层次的带有普及性质的读物，所以《史记》的这个选注本与《史记选》，无论在选篇方面，抑或注释方面，都有较大区别。

《史记》原名《太史公书》，它是伟大的史学家司马迁以毕生精力所撰成的我国第一部纪传体通史，上起黄帝，下迄汉武帝时期，记述了共约三千年的历史。

司马迁字子长，西汉左冯翊夏阳（今陕西韩城）人。汉景帝中元五年（公元前145年），或者稍晚一些时候，司马迁出生在一个掌管国家典籍、档案文册的史官家庭里。他的父亲司马谈是一位学识渊博，对各种学派均有深湛研究的学者；也是一位通贯古今，从事通史撰写工作的史学家。可惜，司马谈在生前没有完成撰写通史的宏愿。汉武帝元封元年（公元前110年），司马谈在临终之时，把自己撰写通史的愿望和积累的一些资料留给了司马迁。司马迁郑重地接受了这份宝贵遗产，并表示了“请悉论先人所次旧闻，弗敢阙”的决心。

三年以后，即汉武帝元封三年（公元前108年），司马迁继任为太史令。他得到检读国家所藏图书、档册和文件的便利，于是“紬史记石室金匮之书”，广泛地搜集了文献资料，并结合自己到各地游历访问所采集的口碑资料进行研究。他又参加了汉朝廷的一些兴革事宜，丰富了政治实践的知识。经过这样多方面的努力，司马迁为撰写一部两世倾注精力的通史著作作好了准备。大约在武帝太初年间，司马迁开始了撰史工作。天汉三年（公元前98年），汉武帝借司马迁为李陵辩护而加以罪名，处以“腐刑”。太始元年（公元前96年），汉武帝又任命司马迁为中书令，这在当时是由宦者担任的职务，虽则“尊宠任职”，然而司马迁自认为已处于一种“无益于俗”的屈辱生活之中。可是他为了实现父亲的遗愿，也为了把自己一生所见所闻的历史面貌以及自己的观点和理想留传给后世，他又受到古人发愤著述的鼓舞，不顾屈辱，毅然将撰史工作继续下去。大约在征和二年（公元前91年），司马迁基本上完成了自己多年辛勤劳作的这部史学名著。不久，司马迁就离开了人世，其具体卒年已无从查考了。司马迁死后，这部著作稍有传布。到汉宣帝时，司马迁的外孙平通侯杨恽“祖述其书，遂宣布焉”。《史记》共一百三十篇，包括本纪十二篇，表十篇，书八篇，世家三十篇，列传七十篇。后其书有缺，即《汉书》的《司马迁传》和《艺文志》中所说十篇有录无书，到汉元帝和成帝时由褚少孙补撰，并附缀以汉武帝天汉以后史事。

《史记》是我国纪传体史书的开创性著作，也是汉武帝大一统政权的产物，在我国文化史上产生了巨大影响。司马迁把本纪、世家、表、书（志）、列传五种不同的体裁统一在一部书内，创立了一种便于反映时代特点的崭新史体。《史记》的内容不仅有政治、军事，也有社会经济、学术文化和宗教活动。不仅有帝王将相的事迹，也有社会上各种类型人物的成就与建树。不仅有汉族的纪事，也有汉族以外少数民族的专传。司马迁把各方面的情况统一包容在这一部巨著之内，使之成为统一帝国的一座文化宝库。正因为如此，我们这个选本是从下面三个方面考虑编选的：一是所选篇章既要考虑到史事内容，也要照顾到各种体裁。二是希望能反映司马迁这一伟大史学家的生平、思想和学术成就。三是特别突出了那些在波澜壮阔的历史运动中的典型人物及重要典章制度的篇章。不过，选本终因篇幅所限，又囿于编选者的水平，所选各篇未必都很恰当。

《史记》的旧注，据说以东汉延笃的《音义》为最古，但久佚不存。今存旧注以南朝宋裴骃的《集解》为最早，继起者是唐张守节的《正义》和司马贞的《索隐》。一般惯称三家注，原来都单刻印行，北宋时始散注于正文之下。这个选本没有全录三家注，而只是参酌和吸取了它的某些注解，我们另外增加了三家注未有的若干注释。注释重点放在人名、地名、典章制度等方面，也注意了对一些疑难语句的注解和通释，以便使读者更容易阅读。注解注意吸收前人的成果，力求简而不繁；间存异说，但不广征博引。

《史记》古本仅有断简残卷。三家注本全者当以南宋绍熙年间黄善夫本为第一。涵芬楼百衲本二十四史的《史记》即据此本影印。明代廖铠、柯维熊、王延喆、朱维焯四本，都从黄善夫本出，而不如原本之善。明代尚有嘉靖、万历年间南北监刻的二十一史本和毛晋汲古阁刻的十七史本等多种。清代通行的是乾隆四年武英殿刻的二十四史本，通称殿本。还有各种据殿本覆刻、翻印和影印的本子。同治五年至九年间，金陵书局印行了由清代校勘学家张文虎等人校勘的《史记集解索隐正义合刻本》一百三十卷。这个校本是清代后期校勘精审的善本，后来简称为金陵局本。解放后，中华书局的标点本就是以金陵局本为底本，又进行合理编排，分段标点，成为目前较完善的本子，这个选注本就是以中华书局标点本为底本的。

这个选注本是我们和南开大学的孙香兰、孙立群、刘敏及天津师范大学应用文科学院的安砚方等先生集体编选的，齐鲁书社的孙言诚总编辑及侯仰军编辑也提了宝贵意见，并由我们做了最后的定稿工作。注释有误和其他欠缺不足之处，都应由我们负责，我们真诚地期待着各方面专家和广大读者的批评指正。

来新夏　王连升

一九九五年十二月

原载于《史记选注》（中国古典名著普及丛书）　来新夏、王连升主编　齐鲁书社1998年版

《清代目录提要》序

中国古典目录学，作为记录、了解、整理古代文献，指导时人读书治学的一门专学，至清可称鼎盛。清人对于目录与目录学之认识与理解，亦臻中国封建时代前所未有之水平。清代著名学者章学诚所云“辨章学术，考镜源流”一语，高度概括古典目录学之所有特点与功用。他如王鸣盛、金榜等学者亦于目录之作用与意义，作最充分表述，如称“目录明，方可读书，不明，终是乱读”，“不通汉《艺文志》，不可以读天下书，《艺文志》者，学问之眉目，著述之门户也”等等。以此认识与理解作指导，清代学者遂编制大量各种类型目录。

中国古代目录总数，迄今尚未有人进行彻底清理，目录类型所涉及若干方面，也未见较详统计。惟仅知清人所编目录之数量约占古代目录之一半有余，而具体数字，则又语焉未详。我少而负笈京华，师从陈援庵、余季豫诸先生时，即曾倾心于古典目录学之丰富内容，并粗有所知。五十年来，潜研有关古典目录专著而初窥门径，颇有意于摸清底数之业。近十余年，我多次向有关方面倡议：汇编出版中国古代目录及编写历代目录提要等等，顾限于条件，未能进行。直至八十年代之末，始获国家教委古籍整理研究工作委员会立项，并予以支持和赞助，而使编纂历代目录提要之举，得付诸实践。为此，我约请京、沪、宁等地专家、学者数十人，共襄此举。本拟通录古今目录，汇编一册，而实际运作中，复为经费、图书、人力、时间及出版等因素所制约，难以一步到位，经再三磋商，乃将此事分步运行，首先编成清代部分，以京、津、沪、宁等地各大图书馆收藏为主，日后再补清前、清后及补遗部分，故定名为《中国历代目录提要——清代部分》。现清代部分业已成稿，收录范围为卒于清者所编撰与辑录之各类目录，对于生于清而卒于民国以后者，如能确认其目录为清代所编，亦予以收录。对于系列性重要目录，如《丛书举要》之类，亦酌情收录。所收目录尚有若干今人辑录整理之作，如今人王大隆氏辑录、整理顾广圻、黄丕烈及其他人之校勘记等等。为力求保证本书学术价值，对一些价值不高，篇幅较小以及尚未成形之目录，则删而不录。因此，本书仅收录各种目录三百八十余部。此非清代目录之全部，而系清代目录中较完整、较优秀者。资料所据亦仅系京、津、沪、宁、苏等地主要图书馆之所藏。至清代目录确切底数之综计犹待来日；但本书收录确已超越已往目录学家和目录学著作所估计者。

在所收录中，有刻本、影印本、古印本、排印本、丛刻本、稿本、钞本等数种。以经费与地域所限，所收目录之版本遽难称为现存之最佳者，但却系较常见和通用者。所收诸目录，其来源主要是：北京图书馆、北京大学图书馆、中国科学院图书馆、南开大学图书馆、天津图书馆、上海图书馆、复旦大学图书馆、华东师范大学图书馆、苏州市图书馆、南京图书馆、南京大学图书馆等。每部目录提要之下，均注明藏者，因此，本书或可收联合目录之效，读者当可循此而追踪原目，庶免四处奔波查询之苦。书后附有著者、书名两种字顺索引，扩大检索途径，以便读者使用，提高目录本身之检索价值。

本书所录类型多样，有国家目录、史志目录、补志目录、佚书目录、私人藏书目录、地方目录、地方存书目、方志目录、书局售书目、注书引书目录、初学目录、读书记、善本目录、佛典目录、道藏目录、题跋记、钞本目录、馆藏目录、经学目录、小学目录、金石目录、访书目录、历算目录、乐学目录、丛书目录、考辨目录、违碍目录、抽毁目录、史籍目录、上缴目录、进呈目录、著述目录、译书目录、文集目录、诗词曲目录、经眼目录、诏书目录、刻书目录、序跋目录、捐书目录、法帖字画目录、未刊目录、姓氏书目录、自著目录、科学书目录、琴书目录等等。其中颇有不经见者如琴书目录、捐书目录、书局售书目录、乐学目录、姓氏书目录、著述目录等等。著述目录又分为两种，一种是自著目录，尚可得见；另一种为收录众人著述，除于方志、艺文志与经籍志中可见外，尚有如黄彭年所编《江苏学政黄彭年呈报名儒著述书录》为其他文献所未介绍。至若有关书价，仅可自时人笔记中获得，而见于目录记载者则惟于黄丕烈之题跋中可得其一二。占清末官书局目录相当比例之售书目录，则大多标有书价。此于了解、研究当时历史、物价及知识分子待遇等，实属不可多得之材料。清人爱书、读书，所写题跋记，除为时人熟知之顾、黄题跋专集外，陆心源、瞿中溶、谭玉莹、傅以礼、管廷芬、吴寿旸、李希圣、胡玉缙等也多有成书存世，为古典目录更增新姿。本书于撰著过程中发现一批不甚为人所知之目录编撰者，而于

若干久为人知之目录学者，亦有新识，诸如今人王大隆氏，以往仅约略知其编辑顾、黄二氏题跋记，今所得见者，王氏所辑清代目录、题跋约近十种。

本书所收目录，均以作者生平为序排列，每一作者均有三百字左右小传。小传内容涉及生卒年、字号、籍贯、功名、仕历、主要学术成就以及主要著作；目录提要则详于篇卷、版本、流传、编辑缘起、编撰经过、收录特点、类目沿革、后世影响以及后人续补等。撰述内容务求翔实、可靠。凡有两说或不清者，均粗加考证，力求无误。

先师援庵先生论及工具书编制时曾说："兹事甚细，智者不为，然不为终不能得其用。"我服膺师训，四十余年，未敢稍懈。于读书、教学、科研生涯之中，时有编纂不同类型工具书之举，以作"为人"之学，颇获成效。其间尤感目录之于读书、治学之重要，惜时人于此未能给予应有之重视，颇以为憾。我今垂垂老矣，而壮心未已，甚愿以夕阳余晖为后学"铺路"。今《清代目录提要》幸告完成，欢忻之余，复感事犹未竟，仔肩难卸，苟条件允许，我当再邀同道，共成清前、清后及缺漏部分之提要，为学术界提供一较完整之历代目录提要，庶无负于师教。

本书承朱天俊、罗友松二先生真诚合作，风雨同舟，五历寒暑，甘苦共尝；周茹燕女士共创此议，始终其事，得助孔多；马先阵、端木留二先生参与擘画，惜天夺其寿，相继谢世，未获亲见是书问世，不禁泫然；徐君建华，及门十载，青年俊彦，用力特勤，自创意至底成，内外联系，集稿编目，通盘整理，查重订讹，备尽辛劳，我于此而喜得桃李之乐。惟书成众手，集稿匆匆，体例当有不谨，收录更多缺漏，甚望贤者见告，无任企伫！

一九九四年元旦写于南开大学

原载于《清代目录提要》　来新夏主编　齐鲁书社1997年版

《清代经世文全编》前言

一、经世文编纂的缘起

经世之文，肇端甚古，《尚书》之典、诰、谟、誓，皆具经世内容。经世语词，始见于《庄子》。《庄子·齐物论》云："春秋经世，圣人议而不辨。"历代名臣奏议、政书、类书，类皆经世之作。汉贾谊之《治安策》、晁错之《论贵粟疏》等，皆为经世名篇。唐太宗命魏征等编《群书治要》，辑五帝至晋有关治理国家大要之完篇整段文献，已有经世文编之端倪。南宋孝宗淳熙五年，吕祖谦曾奉诏编修《圣宋文编》，择辑有关治道之作。书成，孝宗赐名为《皇朝文鉴》，当为最早之经世文编。明清以来，经世之作繁兴。明自永乐始，先后有《历代名臣奏议》、《名臣经济录》、《明经济文辑》、《明经济文录》及《经世八编类纂》等书，注重社会现状，选辑明初以来有关经世论述，志在救弊，难于实践。惟明季学风日趋空疏，士大夫袖手空谈，政权腐朽，海内阢陧不安，危机四起。有志之士陈子龙、徐孚远、宋征璧直面现实，针砭时弊，力求借鉴历史，矫正世风，乃于前人成著基础之上，于崇祯十一年共同选辑经世之作，历时十月，匆匆成书五百零四卷，径以《经世文编》命名。

《明经世文编》之编纂主旨，乃在关心世事，讲求实学。编者陈子龙于其序中已明言之云："俗儒是古而非今，撷华而舍实。夫抱残守缺，则训诂之文充栋不厌；寻声设色，则雕绘之作永日以思。至于时王所尚，世务所急，是非得失之际，未之用心。苟能访求其书者盖寡，宜天下才智日益绌，故曰士无实学。"另一编者徐孚远在序中亦云："今天下士大夫无不搜讨缃素，琢磨文笔。而于本朝故实，罕所措心，以故掞藻则有余，而应务则不足。语云：'高论百王，不如

宪章当代’。”其他各序，亦多抨击空疏，故所选多祛华就实。《明经世文编》所选多应世务之急，近人吴晗氏论其选文原则为明治乱、存异同和详军事，颇得其要。

《明经世文编》采录甚广，约在文集千种以上，多为当朝人议论当朝政事得失之作，颇多名家名篇，堪为当政者提供历史经验教训。其间有采其文而后世不传其集者，故《明经世文编》又有保存文献之功。所收范围几尽政治、经济、军事、文化、社会各方面，而军事尤见突出，有兵饷、马政、边防、边情、边墙、军务、海防、火器等事，他如灾荒、农事、治河、水利、海运、漕运、财政、盐法、刑法、钱法、钞法、税课、役法等事无不于国计民生相关联。惜明末政权犹如鱼游釜底，面临危亡，有识之士纵有善言谠论，已难挽既倒之狂澜。《明经世文编》成书仓促，间有疏漏，不免为后人议论；但其思想、文字对后来之影响颇大，清初经世实学之兴，即其一端。

二、清代经世文编的编纂

《明经世文编》是一部选辑有明一代经世致用文的总集，但因其中有涉及清入关前与明政权关系之作，对清朝先世多有不堪之词，是以于清乾隆四十三年将其列为禁书。尽管如此，因其可供实用施政之参考，以致查而难禁，一直流通于世，成为清初顾炎武、黄宗羲、王夫之等经世学家之先驱。顾炎武之《天下郡国利病书》、黄宗羲之《明夷待访录》及王夫之之《读通鉴论》诸作，为清初实学之首倡。诸多名臣贤士，亦多有经世名篇，呈清代经世思潮的第一次兴起。其后，大批学人论者怵于康雍乾连续不断之文字狱，为避祸而转入考证、训诂等汉学学术，经世思潮一时低落。惟乾隆时人陆燿异军突起，辑《切问斋文钞》三十卷，收录清初以来有裨经世之文而未以经世文名书。《切问斋文钞》虽无经世文之名，实为清代经世文编之首作，上承《明经世文编》之余绪，惟一改以人物排顺序为以类分卷；下启清代诸经世文编之纂集，皆依其编例，为清代第一次经世思潮的总括。其书刊行于乾隆四十年春，时人颇多赞誉，冯浩为其书作序有云：“（其书）或长篇连卷，博大雄深；或言简意赅，肃括精当；或援据明辨，智者读之而心醉；或浅易真挚，俗众听之而点头。举凡天时、地理、征行、政治之务，无不探颐剔微。”其后文网渐疏，论者间出，嘉道之际，社会败象日显，龚自珍、魏源等有识之士，已有感觉，敢于立言。贺长龄应时而兴，辑《皇朝经世文编》百二十卷，于道光六年成书，七年梓行于上海。全书分八类六十目，内容总汇学术、治体、吏、户、礼、兵、刑、工各政之经世文。当时风行，后来亦颇多赞誉，同治十二年辜堂撰序称："是编也，取材近，选言富，利病若白黑分，调剂各有法，古方今病之诮，庶乎免矣。良工从长施治，审经络之端委，识藏府之苦欲，而关灸之，而镵石之。案而调之，药而起之，毋实实，毋虚虚，寿世仁民之道，不可胜用矣。"数十年后之《皇朝经世文续编》序中又赞称："耦耕先生具经世才，思以良法贻天下。于当代名人论议，广搜博览。凡有裨世用者，无论长篇短幅，褒而录之，不泥古而切于时务，分门别类，都为一编。体例仿《切问斋文钞》而详备过之。"继其后以经世文编为名而称续编、三编、四编、五编、统编、新编者近二十种，另有不以经世文为名，而实为经世文编者，尚有多种，如《切问斋文钞》、《皇朝蓄艾文编》和《皇朝道咸同光奏议》等，综其所选达数千篇。经世文编之体一时称盛，而鸿篇巨制难以翻读。二十世纪六十年代，曾谋自现存经世文编各书十中选一，成一选篇，已搜求多种，方将启动，而"文革"祸起，遂包扎庋藏于研究室，幸获保存，而整理选编之志，时在念中。

三、《清代经世文全编》的编纂

2005年4月，我受清史编纂委员会委托，编次《清代经世文选编》。受命之初，首先着手者即为搜求清代各种经世文编，历时半年，得二十种。分由学者从中选取二百万字之选篇，精选严筛，得篇什一，若干名篇，难以入选。编选者眷眷难舍。其后整理点校选编时，深感所选，尚多阙如，而有遗珠之憾，同人等叠相议论，咸以各种经世文编，散藏各处，聚各书于一室，难度甚大。今既已集清代各经世文编于一手，何不就便将二十余种经世文编合编为一，而凡参用与研究之学者均可读白文，更无需点读，原书合编影印，可免次生谬误。于是动议，汇编合集，由我与李国庆君司其事。自2007年启动至2010年，历时三载。今将告成，乃就《选编》前言，略加订补，叙《全编》缘由。

清自入关建政以来，用兵四方，海内粗定，康熙以还，颇能咨谋治国安邦之策，科举又有策问世事之题，大多关心恢复经济，注重社会民生，而学者名流若顾炎武、黄宗羲等，更力倡经世之学，于是朝野上下，无论名公巨卿，抑或吏员文士，时发经世之论。六部诸曹事务多有涉及，但所论多在个人文集，或散佚民间。于是陆氏开其端，贺氏承其绪，后来诸君相沿其事，遂成清代经世文编一脉，嘉惠后人，受益滋多。其书既可作研究有清一代经世思想之衍化过程，又可供当政者与当前施政措施相比照，择善参用，虚实双效，两得其美。此编纂《全编》之宗旨也。

《全编》所收，上起陆燿《切问斋文钞》，下迄晚清于宝轩《皇朝蓄艾文编》，计清代二十一种。《切问斋文钞》、《皇朝道咸同光奏议》及《皇朝蓄艾文编》名虽有异而内容则一，三种外，均以经世文编为主名，或曰补编，或曰续编，或曰二三四编，或曰新编，或曰统编。一望可知，《全编》乃有清一代经世宏篇之荟萃。为了保存文献，将《民国经世文编》一种殿于书后。各书既备，乃检核底本，整理书页，编其次序，集成一书，交付影印，装订咸一百七十册，题作《清代经世文全编》。《全编》之成，既蒙各藏者惠借底本，又承学苑出版社不惜斥资付印，终为学林增一参考用书。欣观厥成，不胜欢悦，稍叙其事，并向有关方面致谢。

二〇一〇年六月上旬写于南开大学邃谷

原载于《清代经世文全编》　来新夏主编　学苑出版社2010年版

《清代经世文选编》前言

一、经世文编纂的缘起

经世之文，肇端甚古。《尚书》之典、诰、谟、誓，皆具经世内容。经世语词，始见于《庄子》。《庄子·齐物论》云：“春秋经世，圣人议而不辨。”历代名臣奏议、政书、类书，类皆经世之作。汉贾谊之《治安策》，晁错之《论贵粟疏》等，皆为经世名篇。唐太宗命魏征等编《群书治要》，辑五帝至晋有关治理国家大要之完篇整段文献，已见经世文编之端倪。南宋孝宗淳熙五年，吕祖谦曾奉诏编修《圣宋文编》，择辑有关治道之作。书成，孝宗赐名为《皇朝文鉴》，当为最早之经世文编。明清以来，经世之作繁兴。明自永乐始，先后有《历代名臣奏议》、《名臣经济录》、《明经济文辑》、《明经济文录》及《经世八编类纂》等书，注重社会现状，选辑明初以来有关经世论述，志在救弊，难于实践。惟明季学风日趋空疏，士大夫袖手空谈，政权腐朽，海内阢陧不安，危机四起。有志之士陈子龙、徐孚远、宋征璧直面现实，针砭时弊，力求借鉴历史，矫正世风，乃于前人成著基础之上，于崇祯十一年共同选辑经世之作，历时十月，匆匆成书五百零四卷，径以“经世文编”命名。

《明经世文编》之编纂主旨，乃在关心世事，讲求实学。编者陈子龙于其序中已明言之云：“俗儒是古而非今，撷华而舍实。夫抱残守缺，则训诂之文充栋不厌；寻声设色，则雕绘之作永日以思。至于时王所尚，世务所急，是非得失之际，未之用心。苟能访求其书者盖寡，宜天下才智日益绌，故曰士无实学。”另一编者徐孚远在序中亦云：“今天下士大夫无不搜讨缃素，琢磨文笔。而于本朝故实，罕所措心，以故掞藻则有余，而应务则不足。语云：‘高论百王，不如宪章当代’。”其他各序，亦多抨击空疏，故所选多祛华就实。《明经世文编》所选多应世务之急，近人吴晗氏论其选文原则为明治乱、存异同和详军事，颇得其要。《明经世文编》采录甚广，约收文集千种以上，多为当朝人议论当朝政事得失之作，颇多名家名篇，堪为当政者提供历史经验教训。其间有采其文而后世不传其集者，故《明经世文编》又有保存文献之功。所收范围几尽政治、经济、军事、文化、社会各方面，而军事尤见突出，有兵饷、马政、边防、边情、边墙、军务、海防、火器等事，他如灾荒、农事、治河、水利、海运、漕运、财政、盐法、刑法、钱法、钞法、税课、役法等事无不于国计民生相关联。惜明末政权犹如鱼游釜底，面临危亡，有识之士纵有善言谠论，已难挽既倒之狂澜。《明经世文编》成书仓促，间有疏漏，不免为后人议论；但其思想、文字对后来之影响颇大，清初经世实学之兴，即其一端。

二、清代经世文的编纂

《明经世文编》是一部选辑有明一代经世致用文的总集，但因其中有涉及清入关前与明政权关系之作，对清朝先世多有不堪之词，是以于清乾隆四十三年将其列为禁书。尽管如此，因其可供实用施政之参考，以致查而难禁，一直流通于世，成为清初顾炎武、黄宗羲、王夫之等经世学家之先驱。顾炎武之《天下郡国利病书》、黄宗羲之《明夷待访录》及王夫之之《读通鉴论》诸作，为清初实学之首倡。诸多名臣贤士，亦多有经世名篇，为清代经世思潮的第一次兴起。

其后，大批学人论者怵于康雍乾连续不断之文字狱，为避祸而转入考证、训诂等汉学学术，经世思潮一时低落。惟乾隆时人陆燿异军突起，辑《切问斋文钞》三十卷，收录清初以来有裨经世之文而未以经世文名书。《切问斋文钞》虽无经世文之名，实为清代经世文编之首作，上承《明经世文编》之余绪，惟一改以人物排顺序为以类分卷；下启清代诸经世文编之纂集，皆依其编例，为清代第一次经世思潮的总括。其书刊行于乾隆四十年春，时人颇多赞誉，冯浩为其书作序有云：“（其书）或长篇连卷，博大雄深；或言简意赅，肃括精当；或援据明辨，智者读之而心醉；或浅易真挚，俗众听之而点头。举凡天时、地理、征行、政治之务，无不探颐剔微。”其后文网渐疏，论者间出，嘉道之际，社会败象日显，龚自珍、魏源等有识之士，已有感觉，敢于立言。贺长龄应时而兴，辑

《皇朝经世文编》百二十卷，于道光六年成书，七年梓行于上海。全书分八类六十目，内容总汇学术、治体、吏、户、礼、兵、刑、工各政之经世文。当时风行，后来亦颇多赞誉，同治十二年莘堂撰序称："是编也，取材近，选言富，利病若白黑分，调剂各有法，古方今病之诮，庶乎免矣。良工从长施治，审经络之端委，识藏府之苦欲，而关灸之，而镵石之。案而调之，药而起之，毋实实，毋虚虚，寿世仁民之道，不可胜用矣。"数十年后之《皇朝经世文续编》序中又赞称："耦耕先生具经世才，思以良法贻天下。于当代名人论议，广搜博览。凡有裨世用者，无论长篇短幅，褒而录之，不泥古而切于时务，分门别类，都为一编。体例仿《切问斋文钞》而详备过之。"继其后以经世文编为名而称续编、三编、四编、五编、统编、新编者几二十种。另有不以经世文为名，而实为经世文编者，尚有多种，如《切问斋文钞》、《皇朝蓄艾文编》和《皇朝道咸同光奏议》等。综各书所选达数千篇。经世文编之体一时称盛。而鸿篇巨制既难以翻检，而有心用世者又烦于稽考。二十世纪六十年代初，曾谋自现存经世文编各书十中选一，成一选篇，已搜求多种，方将启动，而"文革"祸起，遂包扎庋藏于研究室，幸获保存，而整理选编之志，时在念中。

三、《清代经世文选编》编纂进程

新世纪之初，数十年重修清史之多方呼吁，终于2003年由政府决定，建立国家清史编修机构，并拨付巨资，开展编纂工作。各方为此颇受激励，我亦为酬数十年宿愿，动念为《清代经世文选编》申请立项，遂于2004年申报待批。迨2005年4月正式立项后，当即邀集人员，制订工作计划，在南开大学图书馆设立项目工作室。全部进程分如下四个阶段：

第一阶段，从2005年7月正式立项起至同年12月止，邀请南开大学、天津师范大学、天津图书馆、天津古籍出版社等单位副高以上人员，根据台湾出版之《清代经世文篇目》复印件，以不同色笔分一二三级，圈选进入选编之篇目。之后，又经项目组人员增补该目所未收各书之篇目。经整理后，成《清代经世文选编待选总篇目》稿。

第二阶段，自2006年1月4日始至3月底，由项目组人员根据《清代经世文选编待选总篇目》，从各底本中，分别抽出各篇，复印成工作底本。从4月起至

2006年5月止，由天津图书馆工作人员将所有选篇打字排版初步校对，形成点校工作纸本一稿。5月22日至24日，项目组邀请点校人员十余人讨论清史编委会文献组下发之《文献整理工作通则》，相互沟通交流，取得共识，即将工作底本发给点校人员分头进行。

第三阶段，自2006年6月1日至2007年2月，由点校人员进行第一次点校。

自2007年3月至9月，点校人员交换点校稿，进行复审，即第二次点校，纠正错误，补充遗漏，形成纸本二稿。点校人员在点校过程中对选文取舍可在另纸提出建议。项目组对二稿进行整理，装订成八册，送呈清史编委会文献组，经文献组邀请专家评审，于2007年12月26日批复称："总体质量合格，可以进入下一阶段工作。"并附来专家匿名书面意见，对选文、分类、标点等提出中肯意见。项目组根据这些意见，反复讨论、研究，确定了下一步工作程序为：1. 将原按类编次改为以年编次，以体现历史发展、社会发展和不同的经世对策。2. 调整筛选更换选文，以名人名篇为主。3. 聘请专人对二校纸本通读全稿，进行三校复审。4. 对被选文作者生平进行订补。

第四阶段，自2008年1月至6月，聘请专业点校人员将二稿进行三校审定，通读全稿，统一体例，纠谬补正。后经项目组人员理清全稿，形成纸本三稿，并做成样稿，送请清史编委会文献组代为征求专家意见。6月14日，清史编委会项目中心及文献组在南开大学召开专家座谈会，与会者有清史编委会副主任马大任和陈桦、徐兆仁、王江、王汝丰、李岚等领导，专家王思治、刘桂生、刘志琴、史革新、张昭军、童本道、陈铮、孙燕京以及项目组人员共二十余人。会议就《清代经世文选编》的编纂方式、选文标准及作者小传的写法等方面进行热烈讨论。未到会专家杨天石和王晓秋也寄来建议。会议要求项目组做好定稿工作，如期结项，对项目组人员给以极大的鼓励。会后项目组人员认真研究讨论，接受建议，斟酌修订，增补缺漏，进行如下工作：1. 根据会议决定采用以作者年次为顺序的编纂方式。2. 重新审定选文，先编制篇名目录送请专家增删订正。3. 项目负责人分头通阅全稿，作必要的调整、订正。4. 撰写前言阐述全书有关问题。5. 改写被选文作者生平，仍以各经世文编简要小传为据，正其谬误补其缺漏。全稿经重加编排，于12月间完成纸本定稿即第四稿，按原报计划如期完成全稿。共收文2000余篇、附录数件，约200万字，成《清代经世文选编》一书。

《清代经世文选编》是从目前传世的二十余种经世文中遴选名人名篇，编次、点校而成的简编。这笔文化遗产，为清史界的学术研究提供了简要的文献依据，具有一定的史料价值，同时也为当今社会发展提供历史借鉴，施政实用，起到参考作用。更对后世有志经世人士与勇于承担关注社会、关注民生职责者，有所启迪，推动经世思潮的新发展。

四、关于《清代经世文选编》编纂工作中若干问题的说明

在《清代经世文选编》的编纂过程中，不时出现一些矛盾和难以解决的问题，项目组曾试探过不同途径。在文献组对报送第二阶段成果的批复中，曾指出应对分类、选文、点校三方面做重点研究，项目组据此对前此各种有关问题进行归纳，统一认识，确定方案。现将有关问题说明如次。

1. 关于断限问题。本书选文上起清入关建立清朝始，下限断于清朝逊位止。入关前虽有重要经世文如范文程、洪承畴等人所作，也不予收录。

2. 关于选文来源问题。本书为选编性质，选文自应出自清代近二十种经世文编，但尚有不以经世文命名者，如《切问斋文钞》、《皇朝蓄艾文编》、《皇朝道咸同光奏议》等多种，均具经世文性质，未能见收，似有不妥，遂与以经世文命名各书，同样作为收录对象。至于某些重大经世问题，各书均未收有关篇目，则自个人别集中采录，但为数极少。

3. 关于选文数量平衡问题。各种经世文著述中，作者名声有大小，成果有多少。为使论题博涉，作者面广，一般多者不超过十篇，少者亦在一二篇之间。个别重要篇目必须收录者作特例考虑。

4. 关于编排问题。在选文完成后，面临如何编排次序问题，项目组曾对此进行不同方式的试探。开始按照各种清经世文编类目，综合研究，基本按照旧有的吏、户、礼、兵、刑、工六部分类，略加增补调整，拟定分类篇目，将各文分类归属。结果有些类目互相交叠，有些内容多头，归类不准，有些难归属于一类，有些清季新出现的如洋务、西学、废科举、行新政等新事物附接于原分类之后，类如穿靴，难以融合。因而又改用以时间顺序编排，即照作者生年排列其作品，以其人为后世所共识，其文有切实实用意义者为原则选文，但仍在疑似之间。在2008年6月的专家座谈会上，对编次问题，争论甚多，对类别排或时序排各抒己见。二者各有短长，难于统一。最后经会议议定：交由项目组会后研究讨论决定，采用一种编排方式，不再就此争论。项目组经过郑重反复研究，决定采

用以作者生年为序方式编排，因为以时代顺序编排各文，可使读者便于从历史发展顺序中较清晰地看到不同时代的社会问题及不同的对策，而且可操作性较强，并为补救无类可查之不足，特在附录中编制类别索引，供对照使用。

5. 关于标点问题。按照工作要求，邀请具有一定点校水平人员，根据《文献整理工作通则》进行初校、二校，尽量消除错误硬伤。经整理后，再聘请专业点校人员一人通校全书，统一体例，消除错误，要求达到规定标准。最后由正副主编分别核校，以求完善。

6. 关于作者简介问题。对于入选作者生平，最初撰写较长小传后发现各作者情况不同，小传长短不一，而且有挂一漏万之虞。于是改用原经世文编简介方式，在选文之首，列一简介，撰写作者名号、籍贯、生卒、经历、著述等。其生平不详或原署阙名者无法按生年排序，则选其内容切实有参考价值各篇，以篇名首字拼音为序，编为副篇，列于正编之后，并编入索引。

7. 关于附录问题。本书所收近二十种清代经世文著述，为了便于利用，特编制三种索引，即篇名索引、作者索引和分类索引。这些从不同角度检索正文内容的索引，将极大地方便使用者，达到一索即得，免去使用者的翻检之劳，以提高清史文献的使用效果。

五、结语

《清代经世文选编》历经三年半的岁月，终于在清史编委会文献组的直接指导下完成。这一过程中，项目组人员经历了反复探索，也走过一些弯路，经历过许多辛劳，同时也获取了许多整理文献的有益经验。因此，我非常感谢各方面对这一项目的关注，他们是：

首先，感谢清史编委会和项目中心、文献组对我们的信托，并在业务上和财力上给予热诚的帮助，使我们能顺利地开展工作，完成任务。而王汝丰先生与文献组诸君之密切联系，时予关注，亦在此表示谢意。

其次，由于我们需用各种经世文编底本，承国家图书馆、天津图书馆、吉林图书馆、浙江图书馆、上海图书馆、北京师范大学图书馆、天津师范大学图书馆、南开大学图书馆等单位和有关人员惠助，热情提供复印底本，使项目得以及时启动。

再次，全稿承孙致中、涂宗涛、李福生、孙香兰、初钊兴、王增清、郑天一、张继海、陈振江、高洪钧、江晓敏、黄立新、王沛霖、穆祥望和焦静宜诸先生和女士们热情承担第一、二次点校工作。潘友林先生独立承担第三次审校工作。他们的辛劳令人感念难忘。

《清代经世文选编》如果没有上述各方的帮助是不能如期完成的，但在此我还应对我的合作者、天津图书馆文献部主任李国庆先生表示感谢。他是一位有敬业精神，有丰富整理古籍经验的中年学者。当初定项目时，清史编委会因我已年逾八旬，建议物色一位年富力强、富有学识的学者协助，而国庆则是我心目中的首选。在三年多的合作历程中，国庆认真履行副主编职任，在繁重的本职工作外，倾全力于《清代经世文选编》。他组织天津图书馆有关同仁，承担繁重的文字录入工作、编排校对工作，以保证编纂工作的顺利推进。他随时积存编纂进程中各种有关资料，使我便于掌握全局。我感谢他为全书做出的应有贡献。

我以耄耋之年，得侧身于盛世修典之大业，实感荣幸。虽时怀临履之懔，但年高体弱，难免有不周与差误。如本书有可取之处，则为诸同仁所尽力；如有瑕疵，我职任主编，当独任其咎。全书刊行问世，尚祈诸有识者匡正为幸！

二〇〇九年元旦写成于南开大学邃谷，时年八十七岁

原载于《清代经世文选编》　来新夏主编　黄山书社2019年版

《历代文选·清文》前言

中国散文产生于先秦时期。在唐宋散文鼎盛的基础上发展形成了自具特色的清代散文。它是古代散文的基本总结，在历代散文中占有重要的一席之地。但是由于它为唐宋散文声名所掩，复以与近代散文相交错，所以往往被人所忽视。其实，无论在质和量诸方面，它较之前代毫无逊色。清文确有它值得阅读和研究的价值。

关于清文的数量，尚无确切的数字，有人说文近万篇，但其数实不止此。如果以清人文集至少有二千种，每种仅有十篇文章计，那也会有二万篇之数，其数量可谓多矣。不过清文的价值不只在数量上，其体裁之多样，内容之丰富，作者群之广大，皆足以有别于前代而卓立于散文史上，呈熠熠光彩。

清文体裁多样，不仅就文坛整体而言，即每一个作者也能不拘一格而运用诸体。综观我所曾读清文，既有评论政治、发挥思想的政论文，如《原君》、《论荒政》、《采西学议》等；有讨论学术的札记体，如《论梁元帝读书》、《经史子集之名何昉》等；有叙一事一物首尾，使人得其始末的记事文，如《传是楼记》、《池北书库记》、《黄生借书说》、《核工记》、《市声说》等；有品题典籍，自明著书旨趣的序跋体，如《〈聊斋志异〉自序》、《〈十七史商榷〉序》、《〈海国图志〉序》、《〈欧阳生文集〉序》、《〈天演论〉序》等；有月旦人物，评论得失的传记体，如《徐霞客传》、《柳敬亭传》、《马伶传》、《张亨甫传》、《关忠节公家传》等；有追踪山水，记域内外见闻的游记体，如《洞庭山看梅花记》、《游姑苏台记》、《游天台山记》、《伦敦》、《观巴黎油画记》等。至若杂记小品更为多人喜用之体。类此，亦可见清文于诸体运用之裕如。

诸体并用，其内容自必丰富。凡政治、经济、军事、思想、文化以至社会生活无不可于清文见之。如《阎典史传》揭露清王朝入关后之残暴，《原君》、《大命》、《明良论》、《密陈夷务不能歇手片》反映清代知识分子的民主思想与忧患意识；《周忠介公遗事》、《左忠毅公遗事》、《书〈史忠正公家书〉后》为表彰前朝忠毅之士；《徐霞客传》、《柳敬亭传》、《马伶传》、《大铁椎传》、《书鲁亮侪》极力赞扬独立特行之人；《关忠节公家传》、《葛壮节公墓表》、《陈将军画像记》则尊崇抗击外侮之壮烈之士；《狱中杂记》、《记介休狱》痛陈吏治的暗无天日；《与友人论学书》、《为学一首示子侄》、《〈十七史商榷〉序》、《经史子集之名何昉》、《〈三国疆域志〉后序》可略窥清学之端倪；他如游记、杂著均非放言空论之作。从列举诸文可见清文既言之有物，复运以妙笔，使后来读者有可供参阅资料，复陶冶于佳文美句之间。宜乎其能以文史交融之作争胜于历代散文之林。

清文作者之众，正可见其一代文风的兴盛。统观其发展历史，约为三期：其初为顺治及康熙前期，作者多为有明遗老，而其出处有所不同，有眷恋旧朝，坚不入仕者，如顾炎武、黄宗羲、王夫之等之文重在发抒思想，如顾炎武的《廉耻》篇，黄宗羲的《原君》篇以及王夫之的《船山记》，无不以文明志，言之有物，为清文立一规矩。另有顺应新朝，入清为宦者如钱谦益，虽其行不齿于士林，然所撰《徐霞客传》亦尚存一代学人之事迹。继而为康熙中后期及雍乾嘉三朝，既有方、刘、姚的桐城文派，复有王、赵、钱的考证学风，形成清代散文一鼎盛时期。桐城文派为清代散文的一大流派，远承明归有光散文之余绪，近接清初诸老求实之文风，主张言之有物，言之有序，以义理、考证、辞章三者结合为文，务求内容与形式统一。桐城以外，尚有支脉阳湖文派。以恽敬、张惠言为代表之阳湖派，虽分蘖于桐城而自有发展。它除以经史为撰著的源泉外，更益以诸子，行文笔势亦不受拘掣，较桐城为舒放。二者于清代文风，颇著影响，几有以桐城为清文主流之势。实则不然，当时若袁枚、全祖望、蒋士铨、赵翼、钱大昕、洪亮吉等均无所归属，而文质兼备，颇多突破，皆称一时大家。迨道咸以降，渐入近代社会，外有强敌压境，内有民众反抗，国势日衰，国情有变，针砭时弊，要求维新之作纷出。龚自珍、林则徐、魏源、冯桂芬诸家勃兴，成清代散文一大旋风，生气顿增。至桐城影响仍不绝如缕，曾国藩及曾门四弟子，承方、姚余绪，凭政治优势，力振桐城，呈一时之盛。及其晚期，有林纾、严复以桐城笔法译西方文学科学之作，别开生面，为清代散文殿后之作。林、严均籍隶福建，所以有侯官派之称。及辛亥事起，清代散文亦随之而告结束。

清代散文虽不若唐宋散文之盛，但亦颇为识者所重。《与友人论学书》、《大铁椎传》、《核工记》、《书鲁亮侪》、《鸣机夜课图记》、《病梅馆记》等多篇，均见于半世纪前之中学课本。我治清史有年，于清文颇多接触，深感其内容丰富，证理写景均平实可读。惟时以未能引动更多读者为憾。近年有古籍整理单位，已着手纂《清文海》一书，长编巨制，非一时所能立就，即一旦竣事，人力物力亦非一般出版机构所能承担，诚不如先有简本之得实用。于是颇有意于辑一选本。适今春河北教育出版社李自修编审来邀主编《清文选》，与愚衷正合，乃欣然应约。年高体弱，虑力有未逮，遂请女弟江晓敏共成其事，得其首肯，于是纂辑《清文选》之议乃定。

我与晓敏首议收录标准，作者断限，编辑体例及读者对象诸项，往返商榷者再，始定凡例。作者以清人为限，凡生于明而卒于清如顾、黄、王者入录，生于清而卒于民国如康、梁、章者不录。选文以多数人较熟知者为主，即所谓名篇。文章编次以作者生年为序，每人不得超过两篇。每篇篇首撰有作者简介，两篇则不重列。正文加标点，以便阅读。正文之后有注释，但求通文达意而不多作考辨，至于读者对象则以中等文化以上者为主。据此凡例，共选文百篇。凡名人名篇，体裁内容皆尽量概全。选篇既定，由晓敏逐篇进行标点、注释，每成十篇即送我审阅，加以订正，再由晓敏修改，最后经我通阅定稿。书历十阅月而告成，凡条理文字，撰著简介，翻检群籍，注解疑难，晓敏之功居多，我则仅相商榷，通读定稿而已。顾清文浩繁，而选本篇幅已定，欲求无所遗漏，实所难能，至点读注释容有错讹，则审定者之责，固不得辞其咎。至祈识者、读者有以教我为幸！

一九九九年初夏写于南开大学邃谷

原载于《历代文选·清文》　来新夏、江晓敏选注　河北教育出版社2001年版

《阅世编》点校说明

《阅世编》十卷，清初叶梦珠撰。梦珠字滨江，号梅亭。上海人而著籍娄县学。生于明季。是书卷九《师长》篇《金伯固先生》条称：

> 金伯固先生，讳汤，初字孟明，邑庠生。崇祯甲戌，蜀中刘念先先生潜来令上邑，于童子试中取先生第一。是年入泮，遂开家塾于城南。余年十二，往受经焉。

又同卷篇《瞿行言先生》条称：

> 瞿行言先生，讳儆臣，邑庠生，与余家亦为比邻。崇祯丙子，试南闱不售，归开家塾，授生徒，从学者亦数十人，余年十四，往受经。

据崇祯甲戌（一六三四年）上推十二年，丙子（一六三六年）上推十四年，均为明天启三年癸亥（一六二三年），是叶梦珠当生于是年。至其卒年则不详。惟梦珠别著《续编绥寇纪略》卷首有清康熙二十七年自序，而此书也有康熙三十几年纪事，则康熙中叶时必尚在世，估计时年当在七十岁左右。

叶氏于明亡时二十一岁，入清五十年，其主要生活在于清，但对明朝之亡似有惋惜。而对清初之裁抑东南汉族缙绅地主颇为愤懑，所以把他涉世六十余年所见闻的世务，写成《阅世编》一书。所谓“阅世”，书中曾自述其立意。如卷六记奏销一案后即说：“阅世至此，为之兴慨。”卷九记撰者与门人的师弟关系后又说：“此尤阅世所最亲切者。”其意乃言书中所记皆亲所阅历的世务。语有所据，而所加褒贬也自可信。

这部书向无刊本，传钞也少。一九三四年，上海通志社从松江图书馆借阅此书钞本，因书中“所涉上海旧闻足资考证者极夥”，遂于一九三五年排印收入

《上海掌故丛书》为一种，并在书末写跋，简要介绍全书内容说："是书所记，大而郡国政要，世风升降；小而门祚兴替，里巷琐闻；旁及水旱天灾，物价低昂。举凡涉世六十余年间，阅历之所及，无事不书，有闻必录，而于松江一郡之沿革创置为特详。"

这部书共分天象、历法、水利、灾祥、田产、学校、礼乐、科举、建设、士风、宦绩、名节、门祚、赋税、徭役、食货、种植、钱法、冠服、内装、文章、交际、宴会、师长、及门、释道、居第、纪闻等二十八门。它主要涉及明清之际以松江为中心的这一地区的自然、政治、经济、文化、风俗、人事各方面情况，记述颇称详备。它的体制虽为备纂辑府志时的采择，而于治史者尤资参考。

这部书最引人注目的是有关明末清初的社会经济资料。近人有关论著已多所征引。这些数据的特点是，记载比较具体、议论比较平实，非若一般"文人之笔"的空泛。其中田产、赋税、食货、徭役各门，对当时的社会经济、人民负担及民生状况等都有细致的记载。如卷一《田产》门及卷七《食货》门记土地及米、布、柴、盐、烟、茶、糖、肉、纸张、药材、干鲜果品、眼镜、顾绣等生活必需品和手工艺品的价格都有详备的记录，并比较了各年价格的升降，来反映顺、康时期土地与民生的变化状况，实为它书所不及。又如卷六《赋税》门论松江赋税之重也很扼要明确。

同卷尚记"奏销"及增征等事，都和清初裁抑东南缙绅地主有关。清朝入关后，一面圈占土地，扶植满族新生贵族地主；一面为巩固政权，对有碍于最高统治权的"绅权"施加一定的压力——如追缴积欠、增征钱粮等。这些"措施"在顺、康时期的推行情况在书中都有明显的反映。

清朝对于东南，特别是苏松地区缙绅地主的裁抑，有利于进一步巩固既得的政权，但它绝不意味着减轻人民的任何负担。从这部书所记载的内容看，人民除赋税、地租外，尚有无穷无尽的徭役。卷六的《徭役》门仅记松江地区的徭役就有大役与小役。大役有布解、北运、南运、收催、收兑；小役有排年、分催、总甲、塘长等繁多的名色。另外还有杂差，更是巧立名目，滥用民力。读此编所记徭役的具体情况，宛如亲见人民辗转呻吟于重役之下。

这部书对于自然现象也很注意记录，有些难免陷入示儆人事的寓意中，但具体资料仍有重要参考价值，卷一的《天象》门所记地震资料颇备，尤为可贵。其记康熙十八年京师大震的资料为他书所未详载。

卷七的《种植》门记松江地区农作物诸品种，可备东南植物志的采择。

文化风俗方面的记载也有可供参考的数据。如卷四的《士风》门，卷八的

《冠服》、《内装》门，卷九的《宴会》门，卷十的《居第》门，都可考见封建等级制度与社会风俗的递变。卷十《纪闻》门记张野塘将北方弦索传入南方，促成了南北曲的融合，这对研讨戏剧、音乐等均可资参证。

叶氏由于清初裁抑东南缙绅地主政策对自己切身利益有所触动，如卷六已明言“予为亲友所累，亦在奏销之列”，加以当时文网尚疏，所以书中不时流露出各种不满情绪。如卷二的《学校》门记清初生员限额事，一面极称明代考选人才的“极隆”盛况，一面对清初裁汰入泮名额，认为是使“江南英俊，销铄殆尽”，其后果是“学子丧气，甚者改业”，卷四记清朝“初定江南”时的“士风糜弊极矣”；卷六记徭役之弊；卷八、九以服饰、宴会为例来说明风俗的衰敝；卷十更直书“太祖果于杀戮”等等。正因为这样，这部书才保留了一些“实录”，成为清人笔记中有重要参考价值的一种。可能也正因为有这些内容，所以此书一直没有刊本。

这部书中也不可免地夹杂不少无关理要的记述，如卷四专立《名节》一门，表彰“烈妇”以宣扬封建道德观念。撰者对明末农民起义及其领袖、对收复台湾的名将郑成功等，都多致诬蔑之词。

这部书卷二的《科举一》原缺。另外有个别错字，因无别本可供校勘，只得以理校之，用括号附注在原字之下，供读者参考。卷二记中式人名单也有重出误记的，仍存原式，未加改易。至于段落则是《上海掌故丛书》本原分者，未加任何变动。

叶氏在《阅世编》外尚有《续编绥寇纪略》五卷一种，收刊于《申报馆丛书余集》内。书前有康熙二十七年时所撰自序，则书当成于《阅世编》之前，因《阅世编》纪事有至康熙三十二年者。自序言撰述缘起乃因吴伟业《绥寇纪略》终于李、张之败，于是续编孙可望、李定国以后及永历入缅、被杀诸史事及传闻。并称所据资料为《滇蜀纪闻》、《楚中遗事》及二书所本之邓凯《也是录》。《也是录》今有传本，而另二书则未见。《续编》虽多有传闻，但叙述原委较详，且时代略近，也尚有可资参证处。书凡五卷：前四卷为《蜀川沸》、《滇黔窜》、《争挟主》、《缅甸散》，末附《纪闻》一卷。

一九八〇年六月初稿
二〇〇七年三月修订稿

原载于《阅世编》　（清）叶梦珠撰　来新夏点校　上海古籍出版社1981年版，中华书局2007年版

《闽小纪》校点说明

《闽小纪》四卷，清初周亮工撰。周字元亮，一字缄斋、栎园。河南祥符人。明万历四十年（一六一二年）生，清康熙十一年（一六七二年）卒，年六十一岁。明崇祯十三年进士，任山东潍县令、浙江道试御史。入清后，历任两淮盐法道、淮阳海防兵备道，福建按察使、布政使，都察院左副都御史，户部、吏部侍郎。顺治十二年以事被劾入狱，十八年赦归。康熙元年，复任山东青州海防道、江南江安督粮道等官。八年又被劾去职，旋卒。子周在浚为撰《周栎园先生年谱》，简记生平附于《赖古堂集》。此外记周亮工生平的传记尚有多篇，如《清史列传》七九有传，姜宸英《湛园未定稿》六有墓志铭，鲁曾煜《秋塍文钞》三有传略，林佶《樸学斋文稿》有传。他如《清画家诗史》、《国朝名家诗钞小传》及《国朝名人辑略》等均记有栎园行事。

周亮工是清初著名学者和艺术鉴赏家，精于书画、印章的鉴赏。著述甚富，有《因树屋书影》十卷、《读画楼画人传》四卷、《印人传》四卷及《赖古堂集》二十四卷等多种。《闽小纪》是他任官福建时杂记当地风物之作。

《闽小纪》是清代较早记述福建地方风土、人情、物产、工艺、掌故的杂著。后出有关诸作如《闽杂记》、《闽游偶记》等多仿其体例，采其内容，如《樸荔》、《纸箒》等多则均被后出诸作所辑取。

是书卷首有王有年、汪楫、黄虞稷、范䜩、孙汧如、罗耀诸序，除记撰述及付梓缘由外，大都是推崇之词。独黄虞稷序记全书内容甚备。黄序说：

> 凡夫全闽之轶事旧闻，方物土产，大而人文之盛，微而工伎之巧，幽而洞壑之奇，细而物类之夥，事涉隽异，他方所鲜，即群焉传诵，目未及觏者，与夫方言里语，足备博闻，皆征诸睹记，笔以成书，名之曰《闽小纪》。

是书记福建物产情况如茶、荔枝、龙眼、兰花等特详，如卷一的《尤物》、《唱龙眼》、《鱼鱿娇》、《闽茶》、《樸荔》，卷二的《树兰》、《蜜渍兰》，卷三的《番薯》、《长乐瓜荔》等条皆是。他如卷一《江瑶柱》，卷二《海参》、《西施舌》等条之记海产；卷一《闽酒》条之记造酒；卷二《收香鸟》、《鹧鸪》等条之记禽类；卷二《江皓臣》、《吴平子林公兆》、《德化磁》等条之记特种工艺，都有可供采择参证之处。

是书所记颇有可备研究社会经济状况的材料，如卷一《樸荔》条记明清之际商业资本活跃在农业经济领域中的状况说：

> 闽种荔枝龙眼家，多不自采。吴、越贾人，春时即入赀，估计其园。吴、越人曰断，闽人曰樸。有樸花者，樸孕者、樸青者。树主与樸者，倩惯估乡老为互人。互人环树指示曰：某树得干几许，某少差，某较胜。虽以见时之多寡言，而后日之风雨，之肥瘠，互人皆意而得之。他日摘焙，与所估不甚远。估时两家贿互人：树家嘱多，樸家嘱少。

又同卷《磳田》条记社会动乱时土地所有权的变化情况说：

> 闽中壤狭田少，山麓皆治为陇亩，昔人所谓磳田也。丧乱以来，逃亡略尽，磳田芜秽尽矣。予《寒食登邵武诗话楼》诗，有“遗令不须仍禁火，四郊茅舍久无烟”之句。

栎园颇称博涉，所以书中尚有杂考多则，如卷二《仙霞兜子》条考“轿”字始见于淮南王刘安的《谏击闽越书》；《考亭》条考以考亭称朱熹为不恰。又以擅诗文、好学术，书中辑入闽人遗诗佚文较多，而卷四最多。他对闽中学人曹学佺、徐㶿、谢肇淛等的掌故逸闻也多记述，如卷四《闽中藏书》条就记称：

> 徐兴公云：吾乡前辈藏书富者，马恭敏公森、陈方伯公暹。马公季子能读能守；陈公后昆寖微，则散如云烟矣。又林方伯公懋和、王太史公应锺，亦喜聚书，捐馆未几，书尽亡失。然四公之书，咸有朱黄批点句读，余间得之，不啻拱璧也。予友邓参知原岳、谢方伯肇淛、曹观察学佺，皆有书嗜：邓则装潢齐整，触手如新；谢则锐意蒐罗，不施批点；曹则丹铅满卷，枕藉沈酣。三君各自有癖，然多得秘本，则三君又不能窥予藩篱也。

这条记载不仅记福建学者的遗闻，也足为书林增一掌故。

有的条目虽所记为闽地风尚，但却能从中反映当时的阶级关系。如卷一《唱龙眼》记称：

龙眼枝甚柔脆，熟时赁惯手登采，恐其恣啖，与约曰："歌勿辍，辍则弗给值。"树叶扶疏，人坐绿荫中，高低断续，喁喁弗已，远听之，颇足娱耳，土人谓之唱龙眼。

这虽然描述了收获龙眼的工序，但更重要的可借此了解到果园主对雇工的苛刻态度。

是书卷三有《烈女高氏》条，连篇录入高云客所写长诗，尽力宣扬封建伦理，成为书中的糟粕，正以见撰者时代与阶级的局限。

是书原收入《四库全书》，以"自始至末，皆谈闽事，究为方志之支流"而"附书地理类"。乾隆五十二年，清政府发现收入四库中的李清所著《诸史同异录》中有诋毁清朝统治的字句，于是又重新检查所收各书，把李清、周亮工、吴其贞和潘柽章四人所著十一种书从中撤出，但各书副本及提要仍存宫中。一九六四年，中华书局出版《四库全书总目》时把能找到的九种书的提要——即李清的《南北史合注》、《南唐书合订》、《历代不知姓名录》；周亮工的《读画录》、《书影》、《闽小纪》、《印人传》；吴其贞的《书画记》和潘柽章的《国史考异》等九份提要补录在《总目》的后面，题为《四库撤毁书提要》。在《闽小纪》的提要中记述了该书的主旨和对它的评论说：

是编乃其官福建布政使时所作，多述其地物产民风，亦兼及遗闻琐事与诗话之类，叙述颇为雅令，时时参以议论，亦有名儁之风，多可以为谈助。其中如辨李骐、马铎无同母事、倒挂鸟非桐花凤、《金凤传》为明末徐熥伪托、考亭乃黄氏亭名非朱子之号、蛮鼓洋为鞔鼓之讹、李白僧伽歌与神僧传李邕碑皆不相符、杨慎名蛄赋由误解江淹紫虈春而发华之语，亦颇有考证。惟解韦庄"上相闲分白打钱"以为徒手相搏，未免强作解事耳。其中《闽酒》、《朱竹》诸条与所作《因树屋书影》彼此复出。盖兴到即书，偶然未检；然在近代说部之中，固为雅驯可观矣。

至于是书究有何窒碍而被撤毁？通读全书似仍在怀明而诋清，如卷四《鼓山茶》条说：

鼓山半岩茶，色香风味，当为闽中第一，不让虎丘、龙井也。……一云，国朝每岁进贡，至杨文敏当国，始奏罢之，然近来官取，其扰甚于进贡矣！

所谓“杨文敏”当指明历事四朝的杨荣——卒谥“文敏”。则所谓“国朝”乃指明朝无疑，而二卷本改作“前朝”，尤为明证。所谓“近来”当指在闽撰书之时，即清顺治四年至十二年间。所记直斥清初“官取”特产之扰甚于明之进贡，而明之进贡尚为杨荣所“奏罢之”，则栎园之左明右清，昭然可见，也无怪它的被撤毁。

《闽小纪》有四卷本、二卷本和一卷本。四卷本是康熙间赖古堂家刊本，刊印较好，内容也较完整；但也有略于他本者。如记闽茶，四卷本仅卷一有《闽茶》条一则、卷四有《鼓山茶》条一则；而赖刊二卷本则除包含上二则外，尚多十二则，《说铃》二卷本则多十三则。又赖刊二卷本卷一有《闽酒》条十七则，《说铃》二卷本卷一《闽酒》条十八则（二者实则相同，赖本将十二、十三两则连为一则）；四卷本卷一则无《闽酒》条，而仅在卷二有《闽酒》条一则。二卷本有二种：一是赖古堂刊二卷本，一是《说铃》前集二卷本，后者比前者稍多，如赖本卷二至《雪峰》条止，而《说铃》本此后尚有多则。后来的《丛书集成》本、《龙威秘书七集》本、《古今说部丛书》第八集本、《说库》本均同《说铃》前集二卷本。二卷本所删节者主要是四卷本所录入的诗文，赖古堂刊二卷本有汪楫等五序，缺王有年序。《说铃》本则删去全部序文。又如四卷本卷三《蕃薯》条于记蕃薯之传入中国并其功用外附录何镜山所撰《蕃薯颂》一文，二卷本则仅有记事而略去何文，《曹能始》、《林初文》及卷四《黄让》等条均略去录诗部分。又有整条全删者，如四卷本中《闽茶曲》、《闽酒曲》、《晁无咎诗》、《闽语》、《林子羽遗句》、《泉趋》、《砧声》、《林鲁生》、《烈女高氏》、《卢圭斋诗》、《荔枝赋》及《荔子诗话》等记录诗文各条二卷本均删去，至《鼓山茶》条被删恐以触犯忌讳之故。一卷本见收于《小方壶斋舆地丛钞》第九帙，因二卷本流传较广，此本遂无足重轻。

此点校本以康熙间赖古堂刊四卷本为底本，并参读了两种二卷本，作了一些校补。校补情况除在《说明》中述及外，在有关部分加了括弧按语。为了便利读者，我在卷首新增了各卷的条目。

一九八二年国庆

原载于《闽小纪·闽杂记》（清）周亮工撰　来新夏校点　福建人民出版社1985年版

《闽杂记》校点说明

《闽杂记》十二卷，清施鸿保撰。

清人记福建风土而以《闽杂记》名书者，据《中国丛书综录》著录有三种，即：

《闽杂记》十二卷，（清）褚华撰，《申报馆丛书》续集《掌故类》。

《闽杂记》二卷，（清）黄锡蕃撰，《黄椒升遗书》。

《闽杂记》一卷，（清）施鸿保撰，《小方壶斋舆地丛钞》第九帙。（第二集，页五四二）

案：此录有误。检《申报馆丛书》十二卷本，撰者乃施鸿保，并非褚华。其致误实因十二卷本前一种书系褚华撰《沪城备考》六卷，或《综录》编者误将前书撰者植于后书。至所著录一卷本是十二卷本收入《丛钞》时的节本。黄记未尝寓目，所见独施记繁简二本。

施记撰者施鸿保，字可斋。浙江钱塘人。生年不详，同治辛未（十年，一八七一年）三月卒于福州旅寓，年七十余。以此上推，当生于乾嘉之际。道光四年中秀才后，屡试不第，遂去江西、福建等地作幕，而在福建为时尤久。据此书咸丰八年自叙说：

> 余自道光乙巳来闽，迄今十有四年，十府二州其未历者福宁、漳州、永春、台湾而已。

道光乙巳为二十五年，历时十四年为咸丰八年，其间幕游所经几遍福建。施氏于作幕谋食之余还勤于著述。所著有《春秋左传注疏五案》六十卷、《炳烛纪闻》十六卷、《读杜随笔》八卷、《可斋诗文集》若干卷，而《闽杂记》则是他记在闽见闻的杂著。从这些著述看，施氏之学似已遍涉于四部了。

《闽杂记》的撰述始于到闽的道光二十五年，初步完成于咸丰六年，前后采录编次垂十二年。他自称：

> 凡至之处，尝与博雅谈宴，辄询事迹见闻，或为地志未载，载而未详者，一有所得，即随手缀录，间加采访辨证之。留意既久，至丙辰岁，已积九百余条，乃甄为二十卷，不分类也。

次年，他又“追忆补续，参考删改，略分天、地、人、物四类，附以难中所著《思悸录》，共为二十六卷，名之曰《闽杂记》”。

此书撰者生前未梓，而寄存全稿于闽人王华斋处。同治十三年会稽朱埙到闽，自王华斋处假归阅读，并加摘录。后王氏“匆匆索归”，朱氏仅摘录十之三四，于光绪元年携归故里，即据摘录稿“重加省览”，“厘正分编为十二卷”，交申报馆印入丛书，为是书的重印本。所以今印本并非施氏原稿全貌，但即此十之三四已大有裨于了解闽省风土。设十之六七犹存王氏而能问世，则不仅有功于施氏，且可为闽省乡邦文献增色。

是书主要纪福建地方见闻，据整理者朱埙撰叙说：

> 凡闽之山川、人物、风俗、气候与夫坠闻逸事，随所见闻，一一具载，盖地志之支流也。

朱氏更评论其书说：

> 其所纪虽不出一乡一国，而网罗古今，洪纤毕具，述事陈辞，辨而不华，质而不俚，于世道人心，政事风教，尤三致意焉。闽为天南奥区，地大物博，方志有所未尽，得先生是编以参验之。仕宦者可以知民隐，游览者可以观土风，作史者可以备采摭，谈艺者可以资考证。

循读全书，其记风俗能详其异陋，记园林颇著其工艺，记物产则表其特异。虽短篇小什，未能概括事物的全貌，但言之娓娓，又颇有可观，其间尚有可供采择证史者。

其记土地所有权有皮骨之分说：

> 闽俗田有皮骨之分。买卖皮田者，契上书⽥字，田字去左一直，读若爿。买卖骨田者，契上书⺫字，田字去右一直，读若梭。皆俗制字，词状中

尝有之，他处人不识也。（卷八《卪𦣞》）

此所谓田有皮骨之分是封建社会晚期土地所有制关系松弛的一种特殊占田形式。所谓骨田为土地所有权，所谓皮田为土地经营耕作权。其有骨田权者称骨主，即地主，其有皮田权者称皮主，即包佃者或佃权所有者。这已表明地主土地所有制的权力在下降，主佃关系在发生新的变化，致使当时有所谓“一田三主”之称。顾炎武《天下郡国利病书》卷九三、九四均述及此事。近人傅衣凌于《明清农村社会经济》一书曾详论此制。

农民生活困苦，往往于青黄不接之际，预卖作物，即一般所称“卖青苗”者，福建则称之为“判卖”。《闽杂记》记其事说：

凡田地、山场所种竹木蔬果之类，不论收获多寡，于初种或将获时，估卖于人，谓之“判卖”。闽俗词状常有“冇”字，“有”字中缺二画，初不识，后知即“判”字也。（卷七《冇有》）

“冇”字广东读若冒，即无之意：福建读若“判”，凡禾稼不实，物之中空者皆曰“冇”，如瘪谷称“冇谷”，所以“判卖”者，即卖不成熟的作物。

福建气候利于果木，又地狭人稠，所以果树种植成为农业经济中的重要专业，《闽杂记》所记果木园的经营正反映商业性农业的发展，如：

橘园在福州西城外，广数十亩，皆种橘树。每秋熟后，红实星悬，绿荫云护，提筐担筥而来者，讴歌盈路。（卷三《橘园》）

闽俗：荔枝熟时，亦以红笺书“某处荔支于某日开园”。（卷十《开园》）

商品性农产品成熟后贴出“开园”广告，公开出售，而且“提筐担筥而来者，讴歌盈路”，其盛况自可想见。这一盛况可证农业经济中资本主义因素随着商品经济的发展而增长。

与此同时，福建的药材也越出省界转贩江浙，活跃了贸易，如延、建、邵地区有人于冬月收买牵牛花子，“与使君子、钗石斛、泽泻等，贩江浙间，其利颇夥。”（卷十一《牵牛花》）

类此社会经济资料外，是书还注意到文化资料，如记方言读法、人事称呼、古迹遗文等均有涉及，而所记书林掌故，也可资考证。如记闽中藏书家称：

闽中藏书家最著称者，宋时莆田郑樵、林霆外，如方渐富文阁、方千宝三余斋亦有名。明时则晋江黄俞邰千顷堂、福州徐兴公汗竹斋、宛羽楼皆有书目行世。国朝林鹿原中书、李鹿山中丞、何述善上舍、郑昌英秀才。近时若梁茝林中丞、陈恭甫太史、何梿海孝廉，闻所藏皆十余万卷，真可羡也。（卷八《闽中藏书家》）

是书虽有可供采铜者，但不经之辞也所在多有，如云带鱼为鹭鸶所化，并以“石首化鸥、黄鹩化雀证之”，而认为“或可信也”。（卷十二《带鱼》）他如同卷《火龙》条言火龙“出则致雨，归则致火”。《鹭有先如》条言闽省藩署榕树巢鹭，“若其年鹭不来巢，则主官有大故；或巢而不多，亦必有降调之虞”。其他各卷也有多则类此。此固撰者未脱说部窠臼，要在读者善加抉择。

撰者引述前人著述较多，惟多沿过去学人随意引述的陋习而失于谨严。如卷四《虞王清节》条引录《南齐书·虞愿传》称：“愿在郡，不治生产。前政与民交关，质录其子。”本传作“质录其儿妇”。又同则引《南齐书·王秀之传》文也多有出入。又卷五《宋无忌》条引《史记·索隐》也有歧异。此本为读者方便，引语均加引号以别于其他，而不可引之为据。

撰者著笔也有荒疏处，如卷十《甘薯》条言“唐大宗名预”，实为代宗。

是书申报馆本为初印本，中有错字及模糊处。《小方壶斋舆地丛钞》本作一卷，系删节申报馆本而收入者，难资考证，仍当以申报馆本为据。

一九八三年除夕

原载于《闽小纪·闽杂记》（清）施鸿保撰　来新夏校点　福建人民出版社1985年版

《清嘉录》校点前言

《清嘉录》十二卷，清顾禄撰。

顾禄字总之，一字铁卿，自号茶磨山人。生卒年不详。所著《清嘉录》初刊于道光十年，一书之成当需数年，则此书创编或在道光五至十年间。而《例言》首称："余年二十有五，丁母氏忧，闭门却轨，日与父老谈吴趋风土。目之所见，耳之所闻，辄寄诸子墨，以资歌咏，以助剧谈，阅数年，积若干帙，都为十二卷。"据此，顾氏当生于嘉庆初年，称之为嘉、道时人当无误。当时人韦光黻于所撰《闻见阐幽录》中曾略述其生平说：

> 顾铁卿禄，吴附生。恃才华，纵情声色。娶妾居山塘之抱绿渔庄。刻《清嘉录》、《桐桥倚棹录》。外洋日本国重锓其版，称为才子。为友人陈某诱致邪僻，事连，同系于官。陈某逸去，禄旋以疾卒。《易》曰："比之匪人，不亦伤乎！"如曹（按：曹墳，字稼山）、顾两君，皆可深惜者。（《吴中文献小丛书》）

顾氏能诗赋，善画，长于掌故。所著有《颐素堂诗钞》六卷，附《清嘉录》十二卷，道光五年付刊，梓成于道光十年庚寅。次年即随船传入日本，得到彼邦学人重视，推其诗为"各体咸备，众妙悉臻，彬彬风雅，比兴不坠"。于《清嘉录》则重其"于土俗时趋，推其来由，寻其沿习，慎而不漏，诙而不侈。考证精确，纤悉无遗"（日本朝川鼎书序）。又辑有《颐素草堂丛编》七种，嘉庆二十四年刻本，其中自撰有《雕虫集》、《骈香俪艳》、《看枫约》、《酒春秋》、《壶中揽胜》五种。别有《颐素堂丛书》八种，所收顾氏自作尚有《紫荆花院排律》、《省闱日记》、《买田二十约》，及《烟草录》（与褚逢春合著）。此外，顾禄所著笔记《桐桥倚棹录》，已由上海古籍出版社于1979年整理出版。

这些著述最有影响的当推《清嘉录》，这是顾禄记述苏州风土的杂著。清代的风土杂著颇多，重要都邑几乎都有，而以谈北京、苏州者为多。此类著述或随笔札录掌故沿革，或按方位记述城坊建制，或发之于吟咏，或以之为导游。其能以月为序，以节令民谚为题，叙地方风土人情，娓娓详备，兼能参稽群籍，附加考按者，自当以《清嘉录》为最。

《清嘉录》十二卷，每月一卷，按月分条记民间令节风俗，引录有关诗词，共二百四十二则。每则之末，搜罗群书，援以为证，有一定的资料价值。无怪乎百余年后尚有学者推重其书说："顾氏此作，读之如谏果回味，历久弥甘。"（王伯祥：《庋椽偶识》，见《中华文史论丛》1979年第四辑）

《清嘉录》虽为风土杂著，而涉及方面甚广。尤以对社会情况反映更称真切，其间虽有迷信怪诞之说，而颇有助于了解嘉、道间社会经济状况及民情风俗，所记社会底层生活更为他书所少见。如卷四《卖时新》，卷六《三伏天》、《凉冰》、《珠兰茉莉花市》，卷七《立秋西瓜》，卷十一《饧糖》及卷十二《年市》诸条均记小商小贩的经营状况甚详。其记熬糖小贩"寒宵担卖，锣声铿然，凄绝街巷"（《饧糖》）的凄声悲调似犹声声入耳。其记江湖艺人不仅见其自身生涯，也可窥知社会风情，如卷一《新年》条于详记玄妙观前杂耍艺人的各种行当时，特别具体地记述瞽男盲女的说唱活动是："瞽男盲女击木鱼铜钹，答唱前朝故事，谓之'说因果'。"同一条还记及测字、起课、算命、相面各色人等的觅食状况以及"逢人祇应"以装水烟袋为生的窭人。诸般形象使人若置身玄妙观前熙攘繁盛之中。

是书还记及剥削阶级的奢靡生活，如卷六《虎丘灯船》即记载豪民富贾一掷千金无吝色的奢靡生活：

> 豪民富贾，竞买灯舫，至虎丘山浜，各占柳阴深处，浮瓜沉李，赌酒征歌。赋客逍遥，名姝谈笑，雾縠冰纨，争妍斗艳。四窗八拓，放乎中流，往而复回，篙橹相应，谓之"水辔头"。日晡，络绎于冶芳浜中，行则鱼贯，泊则雁排。迫幕施烛，焜煌照彻，月辉与波光相激射，舟中酒炙纷陈，管弦竞奏，往往通夕而罢。

作者自谓"隐寓陈善闭邪之意"（《例言》），其友褚逢春亦云："《清嘉录》纪吴中岁时风俗，于踵事增华中，寓改奢即俭之思。"（《桐桥倚棹录》

序）可见此书实兼有民俗学与社会学之双重意义。

是书征引群籍颇称繁富，作者也自诩搜罗群书达数百种之多。惜所引多误，正以见作者未获永年，不遑订正少作。翻读全书，随手即可拈来多例。如所引书作者有误，其卷一《行春》、《开门爆仗》、《放烟火》，卷三《放断鹞》诸则附考均引及“唐高承《事物纪原》”，然《纪原》诸本、《直斋书录解题》、《四库提要》均作宋高承。又如误《野获编》撰者沈德符为孙德符（卷六《狗竇浴》、《晒书》）。至引文与原书相核，或误或删或不合原文者所在多有，如引《事物纪原》各条，核之原书，或无此引文，或全段仅一语相和。卷五《划龙船》条引《旧唐书·杜亚传》称：“江南风俗有竞渡之戏”，而细核《旧唐书》卷一四六本传则为“江南风俗，春中有竞渡之戏”。其引文脱“春中”二字，则下文定龙舟日期“在春中不在端阳”一语将无所依据。卷三《犯人香》条附考引《旧唐书·王毛仲传》云：“管闲厩、刍粟之类，每岁回残，常致万斛。”而核之旧唐书卷一〇六本传则此段语分三处记事：一曰“检校内外闲厩”；二曰“刍粟之类，不敢盗窃”；三曰“每岁回残，常致数万斛”。顾氏缀合一起，未照引原文，至误数万斛为万斛，相差数倍。类此固不得言其严谨。现书中仍保持原状，未一一加以订正。该书于排比引文之中，时时“参以己见”，为阅读通畅及醒目计，凡引文与原文无根本性质之出入者，则仍加引号，以别畛域。少量易滋惑误者，则酌情出校。但希望读者使用书中所引各书资料时当追查原书，而勿以此为据。

是书初刻于道光十年庚寅，有宛山老人顾承序，称此书书名本于陆士衡“士风清且嘉”之句，并称此书：

> 荟萃群书，自元旦至于岁除，凡吴中掌故之可陈，风谣之可采者，莫不按节候而罗列之。名之曰《清嘉录》，洵吾吴未有之书也。

另有剑锋老人顾日新序一篇。作者《例言》六则，述编纂缘起、资料来源及体例等甚备，可供读全书之参考。别有题词若干则。道光十二年五月，顾禄远道托人带扇头题诗及画赠日本学者朝川鼎，并请他为《清嘉录》题词，于是朝川鼎便与友好积极商洽擘画《清嘉录》的翻刻事宜。另一学者安原宽还对全书加以校订翻刻。现传本简端有校订十数条，疑即安原宽所校。日翻刻本于道光十七年（日天保八年）丁酉七月刻竣。

光绪三年，葛元煦据日刊本收刻《清嘉录》于《啸园丛书》中，四年刻竣。

葛氏特写跋以志刊行缘起：

> 《清嘉录》十二卷为吴县顾铁卿所撰，将吴中风俗，分十二月详晰编载，不惮烦琐。其中溯源往事，博引群书，洵为雅俗共赏。惜原版久已遗失，故吴中罕见是编。近从日本觅得翻刻本，亟付手民，重为锓版，俾入境者作采风问俗之资，握管者为数典正文之助，恐《中吴纪闻》、《千金》、《四民月令》等书不得专美于前矣。光绪四年戊寅仲春月仁和葛元煦理斋识。

光绪十七年辛卯秋，又有上海乐善堂据日刻本翻刻，封里别署《吴门风土记》。《小方壶斋舆地丛钞》第六帙收有顾禄著《吴趋风土录》即此书节本，各则仅有记事而无歌词及征引著作，可供浏览，难作依据。

1962年8月，顾颉刚、俞平伯及王伯祥诸氏拟编印《吴门风土丛刊》，“即以此书及《桐桥倚棹录》树之干，前冠蔡云《吴歈百绝》，后缀袁学澜《苏台揽胜词》、《虎丘杂事诗》、《姑苏竹枝词》、《田家四时诗》、《吴门新年杂咏》、《岁暮杂咏》六种。”（王伯祥：《庋榢偶识》）惜其事未果。

《清嘉录》刻本较多，仅据知见，撮述如次：

一、原刻本据日本朝川鼎书序中说，附刻于《颐素堂诗钞》之末，“梓成于道光庚寅首夏”。此本据顾颉刚《桐桥倚棹录·题识》称“已不易睹”。近在华东师大图书馆见愚斋（盛宣怀）藏书中有《清嘉录》四册，无日人校刻痕迹，扉页正面刻“道光庚寅孟夏，清嘉录，何桂馨题”。颇疑此本为原刻本。

二、日刻本系据原刻本翻刻，据朝川鼎书序说，系由校者安原宽“捐俸授梓”，于“丁酉七月校刻竣工”，丁酉为日本天保八年，清道光十七年。据《夜读草》作者所见，为知言馆刊本，有朝川鼎序。日本《京都大学人文科学研究所汉籍目录》著录此本为“天保八年江户须原屋佐助等覆道光十年刊本”。上海图书馆所藏《清嘉录》一种为五册，扉页正面有何桂馨题签，反面刊“东京乐善堂藏版记”，则此本当为日翻刻本，但此本无朝川鼎序，或改装时遗落。

三、又一本封里镌“道光庚寅孟夏，何桂馨题《清嘉录》”，似翻刻原刻本封里。有日天保八年丁酉八月朝川鼎撰序。每卷卷首除署“吴县顾禄铁卿撰”外，尚并署“日本久居安原宽得众校”。简端时有方块校记，则此本显非原刻。此本无日本大窪行等三人题词。大窪行等题词小序称：“比先生书近作七首赠朝川善庵以求序，并征我辈题词”数语，与朝川鼎序所言：“岂意君亦谬闻余虚

名，壬辰五月，扇头题诗及画托李少白以见寄示，且属题词于《清嘉录》”，二者正相合。壬辰为道光十二年，大窪行等题词当在此后不久，而十七年竣工的日翻刻本自应录入。《夜读草》作者定此本为日翻刻本，而于无大窪行等人题词则释为“不知何故”，此说无充足理由。此本似不得遽定为日翻刻本。

四、又一本封里格式与上一本同，但有日本大窪行三人题词而无朝川鼎序，也未署日校者名。全书版式与上一本略异，即此本每卷卷首书名与卷次分列二行，而上一本则书名与卷次连为一行，但简端无方块校记。《夜读草》作者以此本为原刻本，并记称：“顷于琉璃厂得原刻《清嘉录》四册，内容与翻本无异，唯题词多二纸，有日本大窪（窪）天吉等三人诗三首。”此说未妥。大窪行三人题词系见原刻本后所作，原刻本岂得有大窪等题词。故此本并非原刻。

五、光绪三年《啸园丛书》本，据葛跋乃据日翻刻本而重刻者，无日人序及题辞，也不署日校者名，简端无校记，但有按校记改正处，也有并未改正而仍沿旧误者。此本刊行缘起，葛跋言之甚明。

六、光绪十七年上海乐善堂据日翻刻本刊行本，版式与第一种全同。仅扉页不用道光庚寅何桂馨题签而改为“光绪辛卯年仲秋之月吴门风土记上海乐善堂藏本”字样。有日人序而无日人题词，当为翻刻时所删略。各卷目录集中于全书之首而非如其他诸本的分隶各卷卷首。简端有方块校记，但不如第三种本所附校记之全。

七、据《京都大学人文科学研究所汉籍目录》著录：日人长泽规矩也辑《和刻本汉籍随笔集》，昭和四七至四九年东京汲古书院景印本，其第十一集收印《清嘉录》。

本书以第四种为底本，以一至三本校对，并以所引各书之原文适当进行参校。据对校本，收入朝川鼎序。第三种本子简端所附方块校记均认作日翻刻本所校，并入本书校记，以备参稽。

一九八三年三月

原载于《清嘉录》(明清笔记丛书）　（清）顾禄撰　来新夏校点　上海古籍出版社1986年版

《清嘉录》再版后记

廿余年前，我曾应上海古籍出版社盛晓峰先生之邀，点校清顾禄所撰《清嘉录》一书。《清嘉录》为清代地方小志中之佳作，除记叙个人耳闻目见之古吴岁时风土之外，尚引录有关著述，以相印证。内容非一般纪事之作，而具有相当学术含量。是时我方在职任，公余点校，颇有疏讹，虽反复检阅，冀求完善，而问世不久，即蒙薛正兴先生指误纠谬（《古籍整理出版情况简报》183期）达数十处，不禁悚然心惊，愧对读者。其后，友朋间有指正，亟思补过。2006年秋，中华书局编辑同志邀约重印，衷心窃喜，乃吸取各类建言，重加审读，冀能减少误处。惜又以年老目眊，仍虞有隙漏，尚祈方家读者有以教我为幸！

二〇〇六年腊月来新夏识于南开大学邃谷，时年八十四岁

原载于《清嘉录》(清代史料笔记丛刊） （清）顾禄撰 来新夏点校 中华书局2008年版

《来——南迁萧山的来姓》后记

1998年春，天津新蕾出版社策划出版百家姓书系，特邀我写《来》姓一书，宿愿可偿，当即承诺。惟本族文献，流传不广，亟需就地取材，乃邀在萧山工作之族人来丽英女士，查阅档案，访问故老，实地考察，提供初稿，我则统一文字，补其缺漏，虽已尽力，但仍感不足，尚望海内外来氏宗裔有以教之，读者给以批评指教！

一九九九年春

原载于《来——南迁萧山的来姓》（百家姓书系） 来新夏、来丽英著 新蕾出版社1999年版

人生幸福何为先

——《烟雨平生——邃谷主人自述》代序*

岁月无情地流逝，我即将迈入八十岁的人生旅程。虽然没有做出显赫的成就，但我确在自己的岗位上兢兢业业做了应做的事情，自我感觉，似无愧疚，而在每一年龄转折点上，总能励志奋进。

我在六十岁的时候，曾经立志说，“遥望远天，苍松翠柏的矫健，正以岁寒后凋的精神在召唤我作新的开始”，我“要以‘花甲少年’的龙马精神，树千里之志，使余年踔厉风发，生气勃勃地植根于博，务求乎精”。

我在七十岁的时候，曾经自赞说，我的一生是“无忧无怨，意气坦荡；蒲伏默祷，合十上苍：只要不死，台阶还要再上”。

在即将八十岁的时候，我回顾了这八十年的风雨坎坷，似乎看得并不十分清楚，一切都有点烟雨迷蒙的感觉，唐朝诗人杜牧有句说：“南朝四百八十寺，多少楼台烟雨中。”才智如杜牧犹对四百八十寺有“多少楼台烟雨中”的感觉，则驽钝若我，对无数往事又怎能不在烟雨迷蒙之中呢？往事迷蒙就是对其未能尽窥而有所缺憾。清乾隆时诗人沈德潜有《雨中游虞山记》一文，是一篇情景交融的好游记，作者始而写两过其山而未登的憾意，继而写某次雨中登临，又未能尽探幽邃，而感到心甚怏怏，终而抒发对世事的感慨说：“然天下之境，涉而即得，得而辄尽者，始焉欣欣，继焉索索，欲求余味而了不可得；而得之甚艰，且得半而止者，转使人有无穷之思也。”

此于世事亦然，迷蒙往事将使人有无穷之思，如果一切清清楚楚，岂不索然

* 本文最早刊于2002年4月4日天津《今晚报》。

乏味？因而我对过去一切都无怨无悔，而瞻望未来则无欲无求。因为我的一生都是在烟雨迷蒙中走过来的，所以我把我的自述题作《烟雨平生》。虽然迷蒙如此，但我还要豪言壮语地说："只要早晨起来，依然天天向上。"

我在晚年，常常思考一个问题："人生幸福何为先？"有人说，"人生幸福寿为先"，因为长寿是自古以来共识的幸福，但又不完全都是幸福，如有寿而无健康，不仅本人痛苦，还牵连妻儿忧愁；如有寿而有财势，则鬼瞰其门，儿孙觊觎，每日生活于暗箭待发之中，有何幸福可言。我则以为"人生幸福达为先"。语云："达人知命"，惟有"达"才能真正认识人生。如视坎坷为人生必经之途，视一时辉煌为过眼烟云，视未被启用为淡泊明志，视生老病死为人人难逃之自然规律，视欢乐为一时兴至，视离合为宴席之聚散，视家无余财为君子固穷，视家人父子若友朋相聚，视挨整受压为心无愧怍……此皆为达人知命之念。万事皆以通达处之，虽有阿Q之嫌，终有幸福之乐。"人生幸福达为先"，我将奉为座右！

原载于《天津记忆》第50期（来新夏教授米寿庆祝专号之一） 天津市建筑遗产保护志愿者团队编 2010年8月

《弢盦自订学术年谱》序

年谱为纪传体之一种，以纪一人平生之行事为主，简要可读，故世多用此体；有亲属编者，有门下宾客编者，有友生编者，有后学编者，而自谱亦其一种。其标明学术年谱者，言其内容之主旨乃叙一生家学、师承、读书、治学、撰述诸端，借以使他人了解谱主学术之趋向也。我之自谱，亦仿其意而为之。岁月不居，转瞬已近望九之年，理应坦述一生，惜文字积存零落残缺，记忆容有错谬误差。今撰自谱，所记或有不当，但自律真实，至祈读者鉴之。

我自六七岁时，即从祖父受蒙学教育。年齿日增，读书渐多，十岁即学为小什，记童年往事。年近弱冠，得武进谢国捷先生指导，开始接触四部典籍，学作札记，日有进程记录。历年以来，每有与学术有关学行，辄记于册。迨负笈京华，考入辅仁大学历史学系，得陈垣、张星烺、余嘉锡及启功诸先生耳提面命，学业有所长进，随手札录浸成习惯，得学术日记多册。延至上世纪五十年代，诸事繁忙，渐废记事，仅凭记忆。迨“文革”祸起，凡有文字记载之片纸寸笺，胥被抄没，历年记事小册，在劫难逃，而其中数册记有问学、交游诸事者，颇蒙垂注，时加传讯，瓜蔓所及，追根究底，奢望有重大罪案线索之发现。进行数月，始以无所获终其事，而多种记事小册则罔知下落，从此决心不再存文字记录。

八十年代初，任职事繁，为免贻误公务，囊中时贮一小册记事，间忆往事，亦略记痕迹。时思自述其事，而着笔不易，而按年系事，编为学术简谱，尚属简易，乃粗加董理，至世纪之交，遂成初稿。2002年夏，适逢八十初度，为便各方学侣亲朋略知我之生平，又悉心整理，并随年补入资料，所记多为读书进业之行事。遂附入八十岁纪念文集——《邃谷文录》之末，以就教各方。

2010年为我米寿之年，《天津记忆》王振良诸友力促增补自谱，谋列于《天津记忆》作一专号，以飨同好。情不可却，着手整补。反思一生，蹉跎岁月八十八年，而君子三德，一无足述。惟此小册，未敢自炫，但求得一读书人真面目，则云幸矣。至希诸友及读者曲谅一介书生寝馈书册之憨态，则将雀跃而揖谢。是为之序！

二〇一〇年夏日，来新夏写于南开大学邃谷，时为米寿之年

原载于《天津记忆》第51期（来新夏教授米寿庆祝专号之二） 天津建筑遗产保护志愿者团队编 2010年8月

七十年的天津缘

——《沽上闲弹》代序

再过两年，就是天津建城六百年纪念，这是从1404年建天津城起到2004年止的计算。而我在这座城市已经住了七十多年，占建城历史的十分之一强。应该说得上是老居民了。我1923年出生在浙江杭州，1929年，我刚进入七岁，因为父亲任职天津北宁铁路局，就随着移居天津，这只是一种偶然的遇合。中间虽然有几年暂时离开过一段时间，但总像是根在天津似的。我没有想到会在这座城市停留了四分之三世纪，小学、中学都是在天津读的，大学在北京读。毕业后，满有机会在北京谋职，却偏要回天津工作。解放初，我已被分配在中国科学院历史三所工作，可以继续留在北京，但仍然念念不忘回天津，软磨硬泡，才求得组织上介绍到天津南开大学，谁曾想到这一待就是七十多年！

天津不过是一个普通城市，没有太多吸引人的地方，但是，为什么使我这样一个不甘安于现状的人竟能从绕膝父母到四世同堂，一步不动地待上一辈子？所以有人问我，这个城市究竟有哪些魅力让我久居下来？我也曾从历史到现状想过几遍，确能找出百十来个理由用来做解释，但我认为最重要的则是八个字，那就是天津是一块“四通八达，华洋杂处”的宝地。

天津的地理位置相当优越，面临大海，背靠京城，又是南粮北运的转运站，四方往来的士宦商贾，其行旅大都经由天津，广洋杂货亦多从此转输内地。据当时人记载，清初的天津已是“镇城百货交集”的都会。康熙时的《天津卫志》对这种盛况曾有所概括说：“天津去神京（指北京）二百余里，当南北往来之冲，南运数万之漕悉道经于此。舟楫之所咸临，商贾之所萃集，五方之民所杂处……名虽曰卫，实在一大都会所莫能过也。”河海滩涂更使天津成为有渔盐之利的富

庶之地，社会生活相当繁荣。水路交通，贯通南北，百货骈集，贸迁有无。近代以来，铁路的铺设，更增方便。京津往返，不过咫尺，尤利官场宦海的潮涨潮落；风云变幻，信息纷陈，使人耳目时新，生活丰富多彩。“四通八达”带来的种种利便，不知不觉地让我留了下来，渐渐习惯于天津的人情风物。没有想到，在烟雨迷茫中，一过就是七十多年！

但是，不能不注意到，这座城市又是曾经蒙受过凌辱的地方。近代以来，以英国为首的外国侵略者的悍然入侵——白河投书，北塘进犯，胁制订约，强迫开埠，尤其是划定租界，制造国中之国的畸形发展，终于使天津成为一座“华洋杂处”的城市。侵略者的别有用心，固毋庸赘言；但他们为了自己更好地占有和生活起居的需要，客观上也带进来一些现代化的设施和城市管理措施以及生活习惯等等，这使我能较早较多地看到世界，不时接触个别洋人，还能看到听到一些新东西，消除一定的闭塞心理，无奈地从中获取一点现在看来已是微不足道的外界信息。就因为指望从这么一丝丝缝隙间能让我在那积弱的年代里，呼吸到一点点可怜的西风，而吸引住我居留在这座城市里。

当然，“四通八达，华洋杂处”只不过是最初吸引我住下来的理由，后来住惯了，也就“安土重迁”，不想再搬动。哪里想到，一住就是七十多年。人到暮年，更懒得搬迁。看来只好终老天津，不做他想了！

二〇〇二年十月

原载于《天津记忆》第52期（来新夏教授米寿庆祝专号之三）　天津建筑遗产保护志愿者团队编　2010年8月

《天津的人与书》题记

我出生于浙江杭州，自七岁随父就职天津而落户于斯土，长于斯，老于斯，忽焉一瞬，已历八十春秋，是天津当为我之第二故乡，理应熟悉地情而多所涉及。我于近二十年曾写随笔数百篇而言及津门杂事者甚少。而记其地之人与书者更少之又少。今辑其文，零星篇章，颇感愧恧，无言以对乡老。揆其缘由，生性不善交游，晚年行动不便，更少社会活动。在津又不愿广通声气，是以闻名而未谋面者多多，且对人亦不愿妄加臧否。至于有关津门著述，获读较少，书序等文，更鲜受命。所为天津近代史撰写之前前后后一文，经历曲折，尚可供一览。

友人王振良君搜集我所撰有关天津人与书诸文，得二十余篇，汇成一集，列入《天津记忆》专号之一，心感内疚，难以言辩，至请津门父老有以谅之！

二〇一〇年末伏，来新夏写于南开大学邃谷，时年八十八岁

原载于《天津记忆》第53期（来新夏教授米寿庆祝专号之四）　天津建筑遗产保护志愿者团队编　2010年8月

《弢盦影集——来新夏先生九秩诞辰留念》题记

浑浑噩噩，不知人生已行几多路，蓦然回首，烟雨迷蒙，皓首一翁，手持书卷，蜷居于邃谷。神清气闲，怡然自得，仰屋凝思，若历数其一生之既往。二十世纪前半期为求学时代，寝馈书卷，罔顾世态。后半期前三十年，起起落落，百业待举，惶惶应世，疏离图籍，淹留少进。后三十年，欣逢盛世，作吏十年，清贫自持，舌耕笔耘，小有所成。虽年登望九，犹待期颐。优游岁月，亦当知足。

今届九秩之年，亲友多所存问。反思既往，若灯影恍惚。乃出箧中旧藏，得影照数百帧。精选细筛，二十岁前较完整，年可得一幅。中年意兴阑珊，无多乐趣，照片几难按年寻求。直至花甲，人当退休之年，我方出而问世，公私交往，日趋繁多。可每年有多幅影照，整理排比，汰杂取精，得一百五十余幅，各缀简短说明，合编成册，以飨亲友，俾知邃谷老人一生之经历。

此册先经萧山图书馆方晨光先生筛选排序，后由天津图书馆李国庆先生整理编次。印前又经《今晚报》王振良先生校核，再精选出百帧。又《天津记忆》团队傅磊、唐文权先生美工设计，《今晚报》周贵有先生协助印刷。劳心费力，并此致谢。

公元二〇一二年六月来新夏识于南开大学邃谷

原载于《弢盦影集——来新夏先生九秩诞辰留恋》　天津史学会等主办“弢盦九秩诞辰系列庆祝活动”纪念品之一　2010年6月

《冷眼热心——来新夏随笔》序

随笔之体，大多为学者出其学术绪余所作，或读书偶得，或阅世触感，或怀旧念故，而读者往往于不经意处有所受益。其卓然成家而为后世所称道者，若宋洪迈之《容斋随笔》至《五笔》，清王士祯之《池北偶谈》、《居易录》、《香祖笔记》、《分甘余话》；梁章钜之《枢垣纪略》、《浪迹丛谈》、《归田琐记》、《退庵随笔》等，虽为识小而未遗其大。我素慕其意而未遑着笔，及年近耳顺，公私诸端，稍理头绪，研余片暇，每操秃笔，蘸残墨，札所得所见于别录，忽忽十数年，不知老之已至。今年逾古稀，检视敝箧积稿，殆二百余篇，略加编次，取八十余篇，乃成此集，大要为三类：

载籍浩瀚，涉猎难遍。神昏目瞀，仅得大要。偶冷眼一瞥，时有所悟，乃笔之于册，视作枕中之秘。又数经删订，日月积累，颇得多篇。

人海纷扰，情牵梦萦，难有宁日。冷眼静观世情百态，陷溺尘寰不得自拔者多多，遂使垂老之年犹困惑于俗务。乃诠释人生，坦陈心态，又得多篇。

知人论世，或趋于时论，或囿于识见，往往偏颇而难得其中。冷眼观察，求历史人物以公允，发亲人故旧之幽微，行之于文，复得多篇。

括此三类八十余篇，大率皆我晚年冷眼观书、窥世、知人之作，惟原其本心，尚非旁观妄言者流。观书所悟，贡其点滴，冀有益于后来；窥世所见，析其心态，求免春蚕蜡炬之厄；知人之论，不媚世随俗，但求解古人故旧之沉郁。斯固可谓冷眼热心之作，亦我食草出奶之本旨。适诸篇成集，亟待命名，久思未得，忽念当以愚衷本旨，告诸读者，乃题书名曰《冷眼热心》，祈知我者谅其冷眼，识其热心，幸甚！幸甚！

一九九六年仲夏之夜题于邃谷

原载于《冷眼热心——来新夏随笔》(当代中国学者随笔)　来新夏著　东方出版中心1997年版

《冷眼热心——来新夏随笔》后记

十年一剑，近年来似乎已被滥用成套语了。但是，这本小集子确实是十年磨剑的成果。这些文字写于中华大地各种板块经过剧烈跳动、碰撞而后逐渐平稳下来的时候。它开始于抚平伤痕的那些日子里。经过十多年的岁月，我也未曾料到在我的破旧书簏中居然积存下二百来篇真实的文字。在翻检这些小文时，不能不感谢那些在这条道路上帮扶着我走过来的人们。如果没有他们为我在莽莽丛林中开辟通道，也许我会半途而废。

当然在森林中会有各种不同的鸟叫声。有人认为在随笔专业作家之外，类似我们这类人，如果也来写随笔，那只不过像患感冒那样打几个喷嚏而已，算不得什么正宗。这种嘲讽语言刺激起我的逆反心理。我立意要选编一本题名为《学嚏集》的集子，表示我对打喷嚏的兴趣。很快，我的一位忘年朋友韩小蕙女士便和王春瑜教授共同推荐我的样稿给了上海东方出版中心正在策划组织“当代中国学者随笔”丛书的年轻编辑雷启立君。我为了慎重起见又请宁宗一教授通审全稿。宁兄和他新婚不久的年轻妻子足足花费了二十多天，认真地作为我的第一本随笔集的第一对读者。他和我商讨如何选篇分类，修改语句，终成定稿而交付出版。我思忖这部经过调整修改过的文稿，不会有太大问题的。不曾想到这位比我小近半个世纪的年轻编辑非常直率地提出个人的看法，希望我做较大的改动，调换和修改若干篇文稿。意见中肯，态度真诚；但我却有些气馁，准备收回文稿。因为一则我确实对自己所写随笔的水平也没有十分把握，再则参加这套丛书的周汝昌、邓云乡、朱正、王春瑜……诸先生，虽然彼此年龄段比较接近，但他们都已是写随笔的名家，把我这个刚刚“转业”不久的人所写的所谓“随笔”厕身其间，怕坏了一锅汤。可是春瑜教授和启立君接连来信鼓励我要有信心。我被这种近些年来已少见的真情所感动，便尽一月之功重新调整、修改、编选，并亲自把全稿送到上海，和启立君当面商讨了若干有关问题。

定稿以后，我曾先后选用《学嚏集》《津门断想录》《邃谷杂录》和《研余随笔》等书名，但都嫌缺乏新意。终于我想到这些文稿是写于摆脱狂热，回归冷静的年代里，我已可以用冷静的双眼去观书、阅世和知人，但丝毫没有一点冷对的鄙视，因为我抱着的是一颗炽热的心。所以我终于题写了《冷眼热心》的书名。

经过半年的时间，我终于看到这部文稿的校样。我像四十年前出版第一部学术专著那样兴奋，因为这是我在随笔领域中的第一本集子。我认真地校读全稿，审慎地作了个别的修改和订正。为了尽量让这个新生儿少一点瑕疵，我又拜托十多年来的学术合作者焦静宜副编审校读一遍。她在编务非常忙碌，身体状况又欠佳的情况下，不分昼夜地细读了全稿，发现了多处文意、语句甚至谋篇上的欠缺，提出了积极的修改意见，使《冷眼热心》又得到一次磨洗。

《冷眼热心》的出版问世当然使我很高兴，但使我更难忘的是在成书的全过程中，我得到许多真心实意朋友的帮助。谁道人间无真情？当真正需要帮助的时候所得到的真诚、善意的帮助就是真情。我感谢这些朋友，真诚地谢谢所有帮助过我的朋友们。

一九九六年中伏写于邃谷

原载于《冷眼热心——来新夏随笔》（当代中国学者随笔）　来新夏著　东方出版中心1997年版

《路与书》序

《路与书》原是我一本流产随笔集的书名。

我学写随笔开始于八十年代之初。到了八十年代之末，也已积有成数，主要是自己读书、行路的记录。我读的书除了用文字写成的书外，还读了大千世界芸芸众生的无字书；我走的路不仅指地理概念的路，也包含拖着沉重脚步，跌跌撞撞走过的人生道路。

八十年代是我的第二个青春期，我刚刚走过了整整一个花甲的人生之路，按世俗的看法，似乎已是垂暮之年，应该退归林下，颐养天年了。但是，自我感觉文思并没有衰颓枯涩，反而不时还有提笔作文的冲动。于是我在撰写学术论著的同时，也想向师友们呈现另一种文字风貌，随手写点遣兴抒情之作，摆出点轻松洒脱的姿态。但是积习难除，这些我自以为像随笔的东西仍有不少学究气。不过，无愧我心的是有实事求是之意，无媚世悦人之容。这些小文包括序跋、书评、游记和杂感等等。虽卑之无甚高论，但一则自己已年逾下寿，犹望能以新貌见知于师友；二则也奢求师友们当行经荒漠感到干渴时能从这头瘦骆驼的水囊中姑且喝上一口。

八十年代末，我已把这些文字编成我的第一本随笔小集，由钟叔和兄权充红娘，把它推荐给朱正先生，即蒙编入他主编的《骆驼丛书》中，年轻的责编周楠本先生很迅速地完成了编辑工作，不意在将要交付排印之际，遭遇到众所周知的变故，于是出版社整顿，《骆驼丛书》中止，我的这本题名为《路与书》的小集也就相应地流产了。但是，值得安慰的是周楠本先生理解作者的艰辛，很妥帖地寄回原稿，篇篇都保留着他标号画版、改正标点错字的红色笔痕。另外还寄来300元道歉费。小集的流产，彼此都意在不言，心领神会。但这笔道歉费，却是我一生中最珍贵的稿费，一直储存而未加动用，因为它不仅仅只是几百元钱的价值，而是渗透着一种真挚的友情。

这本退回来的小集中的篇什，大部分早已移做别用，留下来的只有《路与书》这个书名和几篇小文章。我把残留的几篇与近几年所写的较多篇什合在一起，分别编成两本随笔集：一本题名《冷眼热心》，交由上海出版；另一本为了纪念《路与书》的波折和有关人士的友情，仍旧题名为《路与书》。当小集待字闺中时，中国青年出版社的张国风先生正策划开凿一条“老人河”，盛情地把《路与书》这涓涓细流也引入他的“老人河”中。人生难得老更忙，我默默地祷念，在未来的岁月里能挤出更多的水滴，渐渐地积成细流，继续不断地流向“老人河”。

我真诚地爱着那些爱护和理解我的真正的朋友们！

原载于《路与书》（老人河丛书）　来新夏著　中国青年出版社1997年版

也无风雨也无晴

——《依然集》代序

大约在十四五岁的时候，远在故乡的祖父屡次来信要我读点宋人的词。不久，还寄来几十首他亲自选集的宋词，婉约与豪放的都有。我却比较喜欢读苏、辛的豪放派词，特别是苏东坡的词。虽然他的“大江东去”已是脍炙人口的名作，我也能流畅地背诵，但我更喜欢他的《定风波》。随着岁月的推移，经历了重重风波，我也越来越喜欢这首词。它似乎伴随我走过漫长而艰难的人生道路，也扶持我度过也有风雨也有晴的若干时日。几十年匆匆地过去了。在没有纷扰和半夜静思的时候，我也还不时地重温少年时曾经读过而至今犹在记忆的《定风波》：

莫听穿林打叶声，何妨吟啸且徐行。竹杖芒鞋轻胜马，谁怕？一蓑烟雨任平生。　　料峭春风吹酒醒，微冷，山头斜照却相迎。回首向来萧瑟处，归去，也无风雨也无晴。

诗词往往可以联想多义，也无妨以意逆志。这首苏词给人一种恬澹无争、怡然自得的慰藉。人生终有过风风雨雨、如晦如磐的日子，也有过晴空万里、踌躇满志的时刻，不论怎样，一旦料峭春风吹酒醒，往往会有些微微的冷意，或许打一寒噤。那时，既厌烦去听嚣杂的打叶声，也已视肥马若敝屣。真想不如去过“一蓑烟雨任平生”那样的潇洒生活，以求回归自我。什么风雨，什么晴空，似乎都已虚无缥缈，只剩下迎面的夕阳斜照，辉映着一位蓑翁竹杖芒鞋，吟啸闲行。人生果能如此，夫复何求！

不管我对坡公的本意是否理解得对，但是，这首词确曾给我一种解脱，无论在明枪暗箭、辱骂诬蔑的风雨中，遭受天磨和人忌；还是在几度闪光的晴朗时，傲啸顾盼，我总在用这首词的内涵使我遇变不惊，泰然自处。也许人间还有不少坡公的知音正用这首词在对待人生荣辱与无聊闲言。因为这种境界多么令人心醉！

“也无风雨也无晴”确能给人一种澹泊宁静的情趣而回归到依然故我的纯真境界，更使我想到宋代另一位词人周密《酹江月》中的“如此江山，依然风月”的恬静。纵然世态冷暖炎凉，可那只不过是一时的风雨与晴空；归根结底，还要回复到依然风月的本真去。误堕尘寰的我终于摆脱掉风雨的纷扰和晴空的照耀，蜷缩进飘庐蜗居去寻行数墨，过着“也无风雨也无晴”的日子，平平淡淡，依然故我地笑对人生。

江山依然风月，人生依然故我。积尘扫土，遂成一集，无以名之，乃题曰《依然集》。

一九九七年春节写于邃谷

原载于《依然集》(当代学者文史丛谈)　来新夏著　山西古籍出版社1998年版

枫林唱晚

——《枫林唱晚》代序

我喜欢枫树，我更喜欢枫林，因为只有它才能在肃杀凋谢的秋天独占颜色，给人们成片的耀眼火红和一种热辣辣的舒适。秋天是一年中的四分之三，如果人能活到百岁，那么已过古稀之年的我，也算进入了人生的秋天。我热爱生活，也留恋人生，我要像枫树那样，总能浸润在火红火红的生活中。

我最早知道枫树是读唐朝诗人张继的《枫桥夜泊》，虽然它给我一种神情凝重、色彩清新的感觉，但总嫌"江枫渔火对愁眠"的消沉和郁闷。也许江边的枫树不免稀疏而点点渔家灯火又那么闪烁摇动，如果所见是成林的枫树，也许就会是另一种情思。后来从读外国史地书中知道枫叶一直随着加拿大的国旗飘扬，成为加拿大的国家象征。我向往着能亲眼看看这个枫树之国，终于在半个世纪以后，我亲履了这片土地，并亲尝了枫糖那不含糖的甜蜜。可惜滞留在那里的时候是春天，未能看到红透了的枫叶。

我最早欣赏到枫叶的美和枫林的魅力是在半个世纪以前。那时，我还是北京的一个大学生，秋季入学后不久，就听到同学们经常谈论着西山红叶的美丽，也有些同学在周末成群结伙地骑着自行车去西山看红叶，薄暮归来，还滔滔不绝地回味那成片枫林的耀眼。我被这种诱惑力牵萦着，一直想亲眼看看枫树叶子究竟红成什么样子，成片的枫林又是怎样的动人情景；但是，由于家境不太富裕，我连一辆二手货的自行车都置办不起，只能遥望西山，发挥自己对枫林红叶的想象。第二年的秋天，一位家境富足的要好同学，买了一辆新车而把替换下来的旧车送给我骑，这是我一生中的第一辆自行车，兴奋异常，头一件要办的大事就是骑上车到西山看向往已久的枫林。我尽力快速地蹬车，虽然是一段很长的路程，却好像很快就看到远处西山红叶正等待我这位倾心的朋友。待到临近的时候，只见一丛丛枫树若断若续地连成一片的枫林，真能荡涤净胸中的秽气，看看其他树木已在逐渐凋零，脚下已是步步可以踩着黄叶，红黄二色的对照，不禁油然而生万物兴衰之感。草木逐渐枯萎，独枫叶以朱颜尚浓的风情傲视群山，与霜菊并成秋日双杰，点缀喧嚣的尘寰。从西山返校，我的视线所及，依然是成片枫林的耀眼，情难自禁地不断掀动思绪。以后，虽然曾去过几次，终不如第一次印象那么深刻。

三十年后，我闯过了扰扰人生，一切归于恬静。在一个天朗气清的秋日，我借着去西山凭吊有位红学家认定的曹雪芹故居的机会，再一次去探寻枫林，也许是季节的错落，枫林好像稀疏散落得难以唤醒我的最初梦境。我耽心会失去第一次对枫林美好的恋情，从此不再去探寻，以期永远留住美好的忆念。我似乎时时漫步在火红的枫林中，若梦若幻，浅吟低唱：抒发着读书的一得，咏叹着世情的冷暖，感悟着人生的底奥，数说着人物的遗闻，追忆着山水的游踪。逸兴遄飞，每以秃笔残墨率尔成文，敝帚自珍，贮之箧簏，积久成册，念其多成于枫林云雾之间，乃题曰《枫林唱晚》，或可供知我者共享此晚晴云尔！

一九九八年于邃谷

原载于《枫林唱晚》（学识走笔·大学生文库） 来新夏著 南开大学出版社1998年版

《枫林唱晚》后记

我从八十年代初学写随笔，到九十年代中，已写有随笔近五百篇。近年屡经有关出版社邀约，已先后编成《冷眼热心》、《路与书》、《依然集》和《邃谷谈往》等四种。历时殆十余年，极宜认真反思，纠谬误于既往，补不足于未来。至若孰佳孰劣，尤应有所认识。近年时感腹笥日空，若不重蹈书海，势将难以为继，若不及时“恶补”，则又何能再战，遂决意暂时“挂笔”。即或偶而动笔，也只为不废磨砺文字之功，而为未来稍尽积累之劳而已。适当其时，南开大学出版社李正明副教授来舍访谈，希望我能支持和参与其组稿计划，并承担其《学识走笔·大学生文库》之写作任务。

李正明副教授虽为理科出身，但一直主张文理交融，以求相辅相成。且未流于坐而论道，而能起而济世。近者，不顾俗见，毅然邀约文理各方学者分别撰写文理知识读物，以为当代大学生增新补缺，此固无异为跨世纪之莘莘学子培植根基，用意至善，用心良苦。是身负教育之责者又何得袖手而漠然哉！是以应邀学者均能踊跃从事，共成盛举。我则仅存余篇，难以成册，婉辞不获，乃请迟以时日，当奋力以赴。正明先生再次敦促，且告之曰：凡前此已入集者，设为有助于文理互补，作育人材，推动校园文化发展之篇，也可再次入选，集于一编，岂非更有便于大学诸生之阅览，旨哉斯言！乃不揣固陋，出箧中余篇，选各集中数篇，复以所见所闻，补敝起废，新撰多文，合成一集，共五十余篇，遂以读书偶得、黉门管窥、论说世态人生、月旦人物、萍踪屐痕类分，稍加编次。此固不敢云作，但求为诸生一拓视野，庶无负于正明先生之苦心孤诣。至拙作之良窳，当待读者之是正！

一九九八年清明写于南开大学邃谷楼

原载于《枫林唱晚》（学识走笔·大学生文库）　来新夏著　南开大学出版社1998年版

《邃谷谈往》自序

邃谷是我沿用了半个多世纪的书斋名，但并不是我最初的书斋名。

我从十六七岁开始认真读书以后，总想有间自己专有的书房；但是由于家境不甚富裕，我便和祖母同住在一间卧房内。祖母很疼爱我，理解我，知道我想要个书房，所以尽量缩小自己的地盘，让我能在栖息之室中划出一个角落。这个方不逾丈的角落里，除一张小床外，只能安放一张二屉桌和一个仅有四层的小书架，这就是我的书房的胚胎。既是书房，不可以无名，便用一条小宣纸，亲笔写了“蜗居”二字，作为我的第一个书斋名贴在床头上，并且自我解嘲地以为我这个读书人已经有了自己专用的书房了。

十八岁那年，家境稍好，我家搬到一座楼房的一楼住，依然不太宽敞；但是，我发现楼层间的楼梯较宽较高，形成了楼梯底下一间约有八平米的三角形小黑屋。我忽发奇想，便向父母申请这间小黑屋，得到入住的批准，于是我离开一直宠爱我的祖母而搬入“新居”。一张木板单人床塞进楼梯的底层，进出需要爬进爬出。这养成我后来不爱随时往床上躺的习惯。在楼梯高层部分，不仅可以直立伸腰，还能从上到下挂一幅书画，小黑屋书房这头有高度的地方，可以一横一竖地置一桌一架，床板的外端便是座位。我非常知足，因为我已从“蜗居”爬出来，虽然“新居”终日点灯还像深谷那样昏沉；但是，我终究能在自成一统的天下里，颠倒昼夜，随心所欲地运作，成为读书生涯中的一大乐趣。有了独有的书房，自然应该有个能登大雅的斋名。我从昏沉的楼梯底下苦思冥想到幽暗的深谷，又把平淡的深字换成比较深奥的邃字，而且这间黑屋是占有从楼下到楼上的空间，至少有点楼味，于是便果断地定名为“邃谷楼”。一年以后，我感到书斋更不可以无记，遂操笔撰成《邃谷楼记》一篇，记斋名寓意之所在，日后虽在文字上略有更易，但主旨不变。我非常珍惜我读了几年古文后用古文写就的这篇处女作，所以要把它存档于此。其文曰：

> 非谷而曰谷，何也？惟其深也。无楼而曰楼，何也？惟其高也。惟高与深，斯学者所止焉尔。邃谷楼者，余读书所也。沉酣潜研，钻坚仰高，得乎书而体乎道，邃然而自适焉。晦翁朱氏诗曰："旧学商量加邃密。"朱氏之为是诗也，时方与象山辨致知格物之同异，称商量且以邃密为言，喻其深也。今余以邃名谷，又以邃谷名楼，盖亦示志学端倪而专攻史学之志略尔！古有愚公谷，以人名谷者也，人而以愚名，又以愚公名其谷，是以返朴之意为寄耳！战国有王诩者，居鬼谷，因号鬼谷子，终其身传九流之学，当时人丐其余润，即以其术鸣于世，后之人奉为大匠焉。隋季之王通，论道河汾，遂铸十八学士，厥功益宏矣。唐有李愿者，隐盘谷，其后复有司空图者，居王官谷，皆负高世之志者。宋诗人黄庭坚号山谷，亦以谷自况其胸襟者，皆以虚谷之怀蕲乎深造者耳！余既以读史为治学入德之门，无中外古今，演绎也，抽象也，悉不得离乎邃密之意，而又自勖以虚谷之怀，由是而得窥班马刘章之毫末则幸矣！余居北既久，颇缔交燕赵之士，得有同道数人，共聚于邃谷楼，或抵掌高论，相与驰骋于典籍，辨析其异同；或促膝谈往，旧事复资于谈柄，斯余所以踌躇而满志也。章氏实斋尝称史所贵者义也，而所具者事也，所凭者文也，固已为治学者立大纲矣。余性不敏，而学谫陋。其事粗知，其文则未，其义则愈益远矣！今而后深自勖于事以期其贯通，于文则务其朴质，于义则宗之于求真求实。若是，于学方庸或可得，而邃谷之称亦庶几无负，余又焉得不勉乎哉！

这虽是我的一篇"未冠"之作，但一生以它为座右，而至今犹自视为可共一生的佳什。尽管我的书房随着岁月的推移，有所改善，至今已颇具规模；但是，我一直怀恋着那间三角形的黑屋子，因为我的第一篇学术随笔《佛教对白话文的影响》（原文已佚，仅记题目）和日后作为我大学毕业论文的《汉唐改元释例》初稿都产生在这里。这间黑屋子也是我走上漫长的学术人生的第一间书房，所以我常常向一些熟悉的朋友戏称这是我的"龙兴"之地。

我的书房里，不管在哪个时代、改善到哪种层次，总有一些少年伙伴、中年朋友和老年至交不时相聚，或校正文字，渐成专著；或谈往忆旧，随登笺簿。后来专著大多成稿，并相继问世，唯随札一直散乱无绪。"文革"时期，随札也未能逃脱厄运。迨勇士凯撤，我慌乱收拾烬余，幸存什五，乃贮之敝箧而无暇顾及。八十年代以来，公余之暇，整理寸简片纸，重读随札，回首旧尘，平生知己半为鬼，而生者也垂垂老矣。黯然神伤，遂假余年，退居邃谷，逐篇诠释编次。近年又就读书一得，怀旧念故，阅历世态，感悟人生诸方面，时有随录，共得随笔数百则，始则择刊报端，继而编次成书，幸得社会接纳，先后问世者有《冷眼热心》、《路与书》及《依然集》三种，然犹有余篇，于是复编一集。事虽既往，而邃谷抵掌促膝之情景，历历难忘，往事如新，遂以《邃谷谈往》为书名。兴念及此，何可忘三角形黑屋书斋为我一生致学肇端之功，特成一序以见人间沧桑！

一九九八年三月写于南开大学邃谷

原载于《邃谷谈往》（说文谈史丛书）　来新夏著　百花文艺出版社1999年版

《一苇争流》序言

《诗·卫风·河广》云“一苇杭之”，《疏》称“言一苇者，谓一束也，可以浮之水上而渡”，其意以一束苇即可得一小舟之用。魏文帝是曹氏建业之主，当黄初六年东巡，“临江观兵，戍卒十余万，旌旗数百里”，慨然赋诗曰：“猛将怀暴怒，胆气正纵横。谁云江水广，一苇可以航。”睥睨江东，气吞天下，跃跃然有渡江南下以求一统之势，所赖者亦惟以一叶小舟渡航耳。菩提达摩由南而北，路经金陵与梁武谈法不契，于是即就芦丛中成苇一束，并以之渡江入嵩山少林而得道，创中国禅宗之始。坡公游赤壁，或悟达祖一苇可航之意，于是在《赤壁赋》中大吐豪放之气而吟诗曰：“纵一苇之所如，凌万顷之茫然。”其意亦以乘小舟即可凌波万顷。一苇虽小，其用实宏，固不得以其小而忽其用。

我学写随笔历十余年，每成一文，犹掇苇一支，惟一时难以成束，而私衷则无日不期其成束。岁月积久，成文已近百篇，似可聚为一束，但尚感纤弱无力，不足以当小舟之任，乃复不计时日，傍电脑而坐，敲打不辍，日掇拾于芦丛，终于撰成《冷眼热心》、《路与书》、《依然集》、《枫林唱晚》、《邃谷谈往》等五种，自以为当可成一坚实小舟，虽不如魏文之成霸业，达祖之悟大道，坡公之纵豪气，而我之一苇或亦能浮沉于随笔巨波中顺流而下，顾犹以未能争流而渡为憾耳！

今春，戴逸教授应邀为广西人民出版社所策划之“历史学家随笔丛书”主编，依学科十人之例，网罗及我，同卷诸君子莫不学识优长，而我徒增马齿，益感惶悚难安，惟竭尽全力，祈能比肩并进。乃按编辑条例规定，自成书中遴选若干篇，以示始基之历程；复增新作若干篇，以见近年之进益，合成一册，俾一苇将不仅局于顺流而下，更望其或能争流而渡。环视丛书诸家作者，济济多士，正罄其所学，出以美文，亦犹百舸之争流；反顾自我，不过一苇，惟小舟固不甘于目送百舸，于是奋起一篙，以小舟而跻于百舸，争流而前，庶乎渡江有望。时书方成册，尚无以名之，遂以《一苇争流》为名以明志。幸知我者不以一苇而笑其渺小，更不以争流而嗤其为蚍蜉，则愚愿足矣！

一九九八年冬月于南开大学邃谷

原载于《一苇争流》（历史学家随笔丛书） 来新夏著 广西人民出版社1999年版

"且去填词"

——《且去填词》代序

养病期间，难遣永昼，偶从架上抽《苕溪渔隐丛话》一册，翻得严有翼《艺苑雌黄》中有记宋词人柳永逸事一则，其文曰：

> 柳三变喜作小词，薄于操行，当时有荐其才者，上曰："得非填词柳三变乎！"曰："然。"上曰："且去填词！"由是不得志……自称云："奉圣旨填词柳三变。"

这段记述中的柳三变是宋代著名词人柳永的初名。柳永字耆卿，曾官屯田员外郎，是北宋仁宗时拥有大量读者与歌者的词作者。宋叶梦得在所著《避暑录话》中记他任官于丹徒时，曾遇见一位西夏归朝官说："凡有井水处，即能歌柳词。"是可见柳词流传之广。其中"上曰"的"上"是指宋仁宗。在宋人的著作中，记仁宗这件事的有多处，有的只是说法略异，如吴曾的《能改斋漫录》中说：

> 仁宗留意风雅，务本向道，深斥浮艳虚华之文。初，进士柳三变好为淫冶讴歌之曲，传播四方，尝有《鹤冲天》词云："忍把浮名，换了浅斟低唱。"及临轩放榜，特落之，曰："且去浅斟低唱，何要浮名？"

如果剔去仁宗那些一本正经的种种借口和撰述者那些阿谀皇帝的藻饰美词外，无论是"且去填词"，还是"且去浅斟低唱"都有值得作为史鉴的地方。一个"薄于操行"而在填词创作上已有成就的员外郎（比附为处级），即使仁宗能够"明扬仄陋"，把柳永不次擢升为郎中（比附为局级）、侍郎（比附为副部级），也许只是个毫无政绩的"花花官"，而仁宗却能看中柳永的长处，扬长避短，让柳永“且去填词”，无意中造就了一代词人。纵使柳永未能入传《宋史》，但他创作的大量作品，确为后世留下重要的文学遗产。他的“今宵酒醒何处？杨柳岸，晓风残月。……便纵有千种风情，更与何人说”（《雨霖铃》）和“衣带渐宽终不悔，为伊消得人憔悴”（《蝶恋花》）等名句，一直脍炙人口，为人传诵。柳永虽然正史无传，但南宋以来各种文学评论著作无不给予颇高的评价，甚至有“杜诗”、“柳词”之并称，而且评价越来越高，清末民初的词家郑文焯即说：“屯田（柳永官屯田员外郎，故称）北宋专家，其高浑处不减清真，长调尤能以沉雄之魄，清劲之气，写奇丽之情，做挥绰之声。”（《大鹤山人词论》）近代以来，各种文学史、词史、诗史无不以相当篇幅涉及柳词。这就是宋仁宗之所以为宋仁宗，知人善任，尽其所能，为有宋一代文苑增添异彩，开拓了宋代文学主流——宋词的广阔天地。

“且去填词”已说过去近千年，但是它仍具有一定的生命力和史鉴的作用。不过，在实际工作中，要做到对人才的“且去填词”，确非易事。“文革”过后，平反纠错，落实政策，可谓是一次不错的重才举措，但是有人认为还要为之找顶乌纱帽戴上才算“真正的落实”。这种观念长期以来在指挥着对人才的使用。有一位拥有男女老少广大读者群的武侠小说大家金庸，他的作品不仅有纸书，还有影视片，其影响所及远远超过柳永的“凡有井水处，即能歌柳词”，真是“凡有人聚处，都在说金庸”。对武侠小说的评价与其社会职能如何等问题不是我的学养所能议论；但是，金庸小说无论从数量和技巧水平看，都可以称得起是这一领域中的大师级人物，并能进而独领这一领域的“风骚”。可不知为什么偏偏要在“武侠小说大师”的桂冠上，又重重地加上一顶某大学“文学院长”的乌纱帽，总揽院务，无疑会少写多少部武侠小说，有碍于大师的更上层楼。另有一位中国最年轻的郑院士，在研究人工智能和机器人的高科技领域中极有成就，但偏偏让他坐上西北某大学副校长的交椅，分管人事和外事。类此之例，不在少数。不久前，在报上看到一篇《“重才”不等于戴“乌纱”》的短文，认为这“不仅是种错误的用人导向，也是一种人才资源的浪费”，确是警策之语，而且更是对专业人员从事专业权利的剥夺。如把“乌纱帽”戴到适合戴和想戴的人的头上，而让金大侠“且去写武侠小说”，郑院士“且去造机器人”，让各种卓有成就的人才都“且去”这个，“且去”那个，两全其美，各得其所，岂不懿欤盛哉！

原载于《且去填词》（学人随笔丛书）　来新夏著　天津古籍出版社2002年版

《且去填词》后记

《且去填词》是以我1999—2001年所写的随笔为主，结集而成的小集，按其内容相近分为五卷：

卷一是围绕文化所写的学术短文和杂感，尽量把一些学术性问题民众化，回归民众。

卷二是针砭时弊的一些随笔，希望能有裨世风。纵然人微言轻，也愿尽一点责任。

卷三是有关人物的纪念性和怀念性的文字。不仅叙其生平，也还有些感慨。

卷四是书序和书评。不阿世媚俗，努力撮其指归，言其要义。

卷五是记自己游踪屐痕。纳文化于山川名城。

集子编成后的最大难题是起书名，我耗费整整一下午列出七八个书名，又一个个否定，最后还是选中我的一篇文章的篇名作书名，那就是《且去填词》。当时写这篇文章是鉴于有些有专业特长的人士或被动加官，或主动谋官，而担心这将有碍于他们向本领域的顶峰进发，所以借用宋柳永的故事说事。文章发表后山东有位未曾谋面的年轻朋友提出了异议：我认为宋仁宗要柳永“且去填词”是看中柳永的长处，让他扬长避短，是善用人才；而这位山东朋友则认为“仁宗显然是把柳永视为只知填写艳冶小词的无行文人，难当大用”。这位山东朋友真有一股山东大汉的豪气，不像有些人写批评文章藏头缩尾地不署名，他堂堂正正署了大名和单位，所以我才可能和他通信商榷，我在信中申述我虽在说三却是道四，是借古喻今。后来彼此有了书信和电话往来，真成了朋友。

我写《且去填词》一文的目的是因有些人才在专业领域中已有相当高的造诣和声誉，应该凝志于专业，集中火力，更进层楼，为民族和国家争光，不要吃着碗里看着盆里，可惜未获采风。此风不但不见刹，反而继起者比比。一位有成就、有国际声誉、有广大读者、有才华、有精力、有政治地位、有发展前途的名作家，为什么非自己斥资建院、建所，博取院长、所长、教授、博导之类的官衔呢？为什么不努力向诺贝尔文学奖的巅峰进军，为国争第一席呢？如果有财力斥资建这建那而不“亲政”，那我必举双手赞成。

我真期望各行各业的精华，各尽各力，发挥有特长的一面，“且去从政”、“且去写小说”、“且去建造”、“且去发明”、“且去教书”，且去这个、且去那个……那就都有可能像“且去填词”的柳永那样，成为一代词宗。

我也总想让“且去填词”一语有个浅显通俗的诠释，让更多人理解。想来想去都不恰当。忽然有一天清晨楼下为争早点摊位争吵起来，有位天津老乡陡地发出响亮的一声“该干嘛，干嘛去！”击退了对方。这不正是对“且去填词”最准确、最贴切的诠释吗？

这就是我对书名的自我解说。

原载于《且去填词》(学人随笔丛书）　来新夏著　天津古籍出版社2002年版

《出枥集》自序

从小多病，前几天为文集找几幅插图，从“文革”抄余的照片中发现一张我一岁多的照片，照片中由母亲抱着的我，真像打蔫的绿豆菜，当时家长都担心我夭折。我的舅母住在家乡萧山的西兴镇，信服镇上龙图庙的灵验，尤其对那位坐在旁边的嫂娘陆氏夫人。于是就和母亲商量着备了香烛供品，抱我到庙里，寄养在陆氏夫人的名下，求其庇佑长命百岁，似乎亦未能立见灵验。直到四岁以后，我才渐渐健壮起来。我的青少年时代是在民族危难，战火纷飞的年代里惶惶然地度过，后来又坎坎坷坷地历经各种磨难，总算活过来了，不料已至知命之年。等到有了比较安定的生活，就想不虚此生做点贡献。立德立功，业绩不大。遂退遁蜗居，检读古今图籍，默察世事百态，偶有所得，灾及电脑，积稿近千，难称立言，不过老人心语。偶有省悟，不知老之已至。八十初度，谁不言老？回首往事，烟雨迷茫。呜呼！先贤有言，人生如梦，信哉斯言！

生老病死，不论英雄美人，还是凡夫俗子，都难违此规律。老了就是老了，该怎么办？只有两条路可走：一条是无所事事，坐耗岁月；另一条是不待扬鞭自奋蹄。思前想后，不甘走前一条路，那么只能走后一条路。看看如此江山，依然风月，我也一息尚存，依然笔耕不辍。前几年的成果已然结集成八种。现在手头又攒了从2000年以来所写的十多万字，准备略加整理增补，再编一集，作为八十初度的纪念。

正在编集过程中，我去北京开会，新世界出版社的张世林先生闻讯来宾舍见访，送我一套以季羡老为首的五位名家的集子，出书的名义是祝寿，目的是抢救。世林主张把这些耄耋之人的心里话留下来给世人随读，所以加了件外套，名曰《名家心语丛书》。他非常诚恳地约我加盟这套丛书的第三辑。因为多年的友谊，他知道我今年八十初度，有意以此作为纪念，真令人感动。《名家心语丛书》中有季老所写的一篇总序，完全站在老人立场上，反对“老龄化社会”和“余热”等等把老人视为无用或用处不大的说法，我很支持这一抗议。在世纪之交，时常听见“跨世纪人才”之说，似乎天然含意不包括老人，我就不服气。好像只有中青年才能跨世纪，才是人才。世纪只不过是时间的一个界标，谁跨过2000年，谁就是跨世纪，不论老少；谁在新世纪对国家社会有贡献，谁就是人才，也不论老少。虽然当时有人对我嗤之以鼻，讽刺我七老八十，何苦与人争一日短长，我则坚持己见不改。

应世林之约以后，尽月余之辛劳，补写了几篇，约近二十万字，加了几幅插图，居然又成一集。共分八卷，以示八十之年。除书序书评、读书札记、知人论世等寻常篇什外，卷一名“不悔少作”，为前世纪四十年代之少作，用以志缀文之始，若合近作诸文并观，庶可得我文字历程之梗概。汉人扬雄悔其少作，我则不悔少作，若无少作，何有今作？遂列数篇少作于卷首。历年撰文多多，幸有选家法眼，入之最佳、精品之集，或供人以鉴赏，而对我则雪泥鸿爪，聊备遗忘，乃选录数篇，列为卷二“旧文他选”。卷八为“烟雨平生”，乃我八十之自述。集成之余，颇钟情于魏武之“老骥伏枥，志在千里”，堪称“烈士暮年，壮心不已”，顾我犹感微憾。窃惟“伏枥”显呈老态；“千里”未免距短。乃妄易为“老骥出枥，志在万里”，并即以“出枥”名集，尚祈识者勿嗤其老悖，笑其狂傲。幸甚！幸甚！

原载于《出枥集》（名家心语丛书） 来新夏著 新世界出版社2002年版

享受寂寞

——《学不厌集》代序

许多人怕寂寞，视寂寞如魔鬼，一旦遭遇，又常常发出无奈的怨叹。达官贵人，位退权消，怕失势后门可罗雀的寂寞；富有者商海失利，怕树倒猢狲散的寂寞；名姝艳丽，人老珠黄，怕灯火阑珊的寂寞；学者作家，江郎才尽，怕笔涩墨干的寂寞；中年人怕事业无成的寂寞；老年人怕孤独无依的寂寞。各色各样的人有各色各样对寂寞的怕，归根结底，这些人都因为有所希冀，贪求满足，才怕寂寞。如果能够澹泊人生，敝屣荣华，那不但不会有寂寞的苦恼，反而需要寂寞，进而享受寂寞。

确实有些人不怕寂寞，也从不感觉寂寞的困扰。他们摆脱喧嚣，远离热闹，需要寂寞来追求自己的人生目的。孔子的学生颜回居陋巷，身处寂寞，但是他为追求儒学之传，不顾箪食瓢饮，依然过着不改其乐的日子。司马迁遭受非刑，亲友疏远，寂寞之极，但他为完成父亲的遗业，为后世留一部信史，在寂寞中完成《史记》这部皇皇巨著。当代也不乏其例，有人多年遭受不公待遇，放之林野，妻儿分居，亲友不语，但矢志不移，终日沉浸书史，潜心著述，累累成果，为学林承前启后，为民众益智增识，真正享受美好的寂寞。

我这一生曾有过两次寂寞：一次是四十多年前，那是我被排除在群众队伍之外的岁月里，不管是圈于“牛棚”，面壁苦思几十年的往事，供述交代，还是放逐四裔，战天斗地于广阔田野，只能困顿在永昼难耐、长夜不眠的寂寞之中，都是形影相吊。除了外调和提审（当年传唤交代问题，名之曰提审，视同囚犯），几乎没有任何语言的交流。难耐的寂寞！寂寞得令人烦躁、恐惧。无奈只能从随身带着的那些曾被人踏过撕过的书稿中求解脱。这些书籍和文稿，虽不懂人间的冷暖，却似乎字里行间不时会流露出丝丝笑意，有时好像若有若无地送来遥远的慰藉。在漫漫的多年禁锢日子里，我学而不厌地读了几十种书，恢复和撰写了三部著作。这是我生平第一次不自觉地感到寂寞的美好，真正享受了寂寞。十多年前，我又遇到再一次的寂寞。上一世纪九十年代初，我以古稀之年离休家居，刚从热闹场中退出，寂寞真的又来临了。但是，这次的面对，比第一次自觉多多。我并不再感到难耐，而是喜悦。因为寂寞给我腾出了自由的余年。从而我可以回翔于较大的空间，学而不厌地诵读满壁的藏书，也可以在窗前灯下纵笔写作。我还可以不被俗务打断而聚神凝思，悠闲地完成那些“半截子工程”，了平生未了之愿，做自己想做的任何事。我更能把一生学而不厌的所得，用随笔的形式，回归民众，反哺民众。这难道不是最幸运的享受？

从两次面对寂寞，享受寂寞看，学而不厌确是知识分子排遣寂寞的验方，其实这只是先师孔老夫子的遗教。据我的猜测，孔子当年周游列国，四处碰壁，万分寂寞之际，喟然一叹说：“默而识之，学而不厌，诲人不倦，何有于我哉？”暗暗地广记见闻，不断地读书学习，教书育人，这对孔子来说又有什么难的呢？默而识之是无形的行为，无时无刻不在进行；诲人不倦，不能像孔子那样有一大批弟子在身边，接受教诲，所以对一般书生来说，只能恪遵“学而不厌”一条路。如果遇到寂寞，肯走学而不厌的路，会让人感到寂寞并不难耐，寂寞会给人多么美好的享受！

在写这篇文章的时候，我选编的学术随笔集正好成书，等待命名。选集中所选的这些文章，正是学而不厌的成果，所以我就为这本选集题名为《学不厌集》，并以《享受寂寞》一文作为代序。

二〇〇四年二月写于邃谷

原载于《学不厌集——来新夏学术随笔自选集（问学编）》 来新夏著 海峡文艺出版社2004年版

《只眼看人》自序

历史的画卷展现着无数风流人物的歌泣悲欣，现实的生活晃动着多少“蚩蚩者氓”的熙来攘往。如果没有这些，历史将是一片空白，而无所谓古往今来；生活亦将是到处混沌，而不见其众生百态。所以人无论在历史，还是现实中，都是主体，而怎样看人，则成为每个人在经意不经意间的话题和谈柄。

中国人很注重看人，所以有“知人之明”的成语和故事。古籍中的经史子集，无不有人的活动。一代一代在评论人物，于是有“流芳百世”和“遗臭万年”的两大看人标准。儒道法墨的著作中，无不于人有所论述。史圣司马迁创纪传体，并在《史记》中设七十列传，为后世立下写史规矩。班固《汉书》有《古今人表》，把人分成三六九等。汉末许劭每个月议论当代人物，称月旦评。南朝刘宋的刘义庆留给后世一部《世说新语》，写尽魏晋风流。清人王晫续写《今世说》，虽难免沿袭，但多存人物逸闻琐事。至于文人墨客之说部笔记，人物尤称主体。名公巨卿，市井伧夫，名姝艳丽，硕德方外，无不描画尽致。时至今日，泛滥尤甚，芸芸众生，千姿百态，徜徉于纸边墨海，令人目不暇给。

人既如此重要，那么怎样看人，自当各具卡尺，衡量比画，以求得当。昔贤教导说，看人要“全面地、历史地”看，这是高智商者方能做到。因为“全面地、历史地”看人，需要双目洞若观火，具四六开、三七开的功力，更应有“论其功不掩其过，言其过不没其功”的胸襟。这些，驽钝如我，都不具备。但面临现实，又不能不时时遇到人这个主体，于是经过反三复四地考虑，决定以“只眼看人”。有朋友以我为狂傲，问我是不是自我标榜与人不同的“独具只眼”。我说，非也。我何敢言“独具只眼”，而只是让双眼分工，一只眼看古人（我所谓古人，概指已作古之人），一只眼看今人而已。朋友又问“究竟哪只眼看古人？哪只眼看今人？”答曰：“我两只眼，都有白内障，一只动过手术，拨开云雾，用以看古人；另一只未动过手术，蒙蒙眬眬，用以看今人。”朋友更问：“为何如此？”答曰：“我之所谓‘只眼’，尚有一义。双眼平视，不易聚焦，若掩一眼仰视，则天色清亮，颇能一眼看穿。”古人是非，文献足征，大致锁定，若我以动手术之眼看之，类能取其一善，攻其一点。较“全面地、历史地”看人，简易多多。至于今人，则人心莫测，阴晴难定，随风转舵，卖友求荣，云云云云，实难一眼看透，而时有“看走眼”之虞，不如爽性以模糊之眼视今人，惟期得其大致轮廓，免扰心志，以求宁静。

我既以只眼独钟情于看古人，于是时就古人之一端——或操守，或雅趣，或学识，或事功，或命运坎坷，或居心诡诈……总期以人为镜，鉴其得失。梳理成文，笔之于册。近二十年，积稿盈寸。总想有机会选编一书，而难得机缘。前者，曾与一多年好友相谋，拟编一《读人丛书》，则我自可随手搭车。不意因事未果，意犹怏怏，而痴心未泯，遂就历年所作，优选三十余人，分列二卷。卷上为近代以前人物，卷下为近当代人物。一本生存人不录之旨，所收各色人物，均已作古，统谓之“古人”，而屏除尚存世之今人。书既编成，乃以《只眼看人》为名，待沽寒斋。今春得小友张伟涛之介，又得鲁静小友为之责编，得付枣梨。寿耶，灾耶？是耶，非耶？得失自有寸心！

二〇〇三年四月，非典肆虐，闭门邃谷造车之作，时年八十一岁。

原载于《只眼看人——来新夏随笔选（人物编）》（空灵书系）　来新夏著　东方出版社2004年版

书缘

——《邃谷书缘》代序

活了八十多岁，回头一看，只干了一件正经八百的事，那就是与书结了一辈子缘。无论藏书、读书、写书，还是认识读书人，都没有离开过书。这是一种缘分——书缘。

我从呱呱坠地就和书结下了不解之缘。听母亲后来说起，抓周那天，在抓周盘中放了诸如笔墨、糖果、小玩意儿、制钱、小元宝、香烟中的美女毛片等等，祖父又特意拿了非常精巧的一小函科举时代考场应急用书放在抓周盘里，用来预测我未来的志向。据说我毫不犹豫地拿起那本小书往嘴里送。祖父掀髯大笑，连说好！好！而祖母则嘟嘟囔囔地说，又来个书呆子。天意如此，与书为缘的一生，似乎早已命定。

我五六岁时就从祖父读蒙学书，祖父是我的启蒙老师，他平日和我在一起时，很慈祥，怎么捣乱他都能容忍；但一旦读书，却很严厉。他教我读三、百、千、千和《幼学琼林》、《龙文鞭影》，也常讲一些历史故事如“梦笔生花”、“康梁变法”等等。他主张书要背，有时提醒两次，我还不能流畅地背，就点支香，罚跪在垫子上背，直到香点完背得滚瓜烂熟为止。这对我一生读书铺了一个很好的底。七岁那年，我随父母到天津读小学，开始接受新式教育；但是，祖父并不放松我的国学基本教育。他指令我父亲教我循序渐进地选读《论》、《孟》。从我十岁以后，祖父从《古文观止》中精选了若干篇，一篇篇亲手抄寄来让我背诵，像《郑伯克段于鄢》、《蹇叔哭师》、《李斯谏逐客书》、《报任安书》、《陈情表》、《兰亭集序》、《桃花源记》、《吊古战场文》、《阿房宫赋》、《进学解》、《捕蛇者说》、《醉翁亭记》、《卖柑者言》等等，至今我对这些名篇还能约略记得。后来又选钞了一些唐诗宋词。我把祖父的手钞本分成两册，一直保存着，随时诵读，对我日后写文章甚有裨益，可惜在“文革”时，遭到了丙丁之祸。

我喜欢读书，但读书也曾给我带来过苦恼和无奈。就在我十四岁（1936年）那年，正在南京金陵大学附中读初一的时候，父亲因调职，携母亲与二弟离开南京。我因不便中途转学，就开始过寄宿生生活。由于无人管束，任性而为，经常挟中外小说数种，拎水壶及面包零食一小袋，去玄武湖租船，自由飘荡一日，卧读小说，或凝望蓝天，品味情节；或闭目沉思，与书中人物同行，彼喜我喜，彼悲我悲，殆若痴迷。不意学年终结，因旷课过多，又有几门课程不及格，得“留级”处分。自感愧恧，悄然离校，只身北归。父母虽未严责，但冷遇不交谈者逾月。后在天津重读初一，力求奋进，成绩飙升，直到大学毕业，始终在前三名。这也算是读书生活中的一次波澜。

我十七岁读高中，开始读史书。在两年内细读了前四史，以后又陆续从家富藏书的语文老师谢国捷先生处，借读了其他诸史的纪传和部分志。同时开始搜集史书中资料，撰写《汉唐改元释例》。两年以后，我完成了初稿。这是我的第一篇史学论文。以后我又以读书为题写作了若干学术随笔，奠定了我八十年代大写随笔的初基。

1942年我二十岁，考入北平辅仁大学。读书环境大为改变，既有陈垣、余嘉锡等名师的指导，又有大量庋藏的图籍，眼界为之大开，如入宝山，目不暇给。四年的大学生活让我贪婪地读了各种各样的书，自己也觉得颇有点“腹笥”了。慢慢地产生要藏书的欲望，于是在家中原有的线装书基础上逛旧书店、书摊，访书购书，买了《日知录笺释》、《廿二史劄记》、《近代诗钞》、《上海掌故丛书》、《二十四史》等近千册图书。其中有两件事至今难忘。一件是进大学第一年，选修余嘉锡先生的“目录学”课。余先生指定课本是范希曾的《书目答问补正》，跑遍京城旧书店、书摊，没有找到。后来终于在天津天祥市场找到，如获至宝，不仅解决了学习用书，而且还与这部书结下了不解之缘，成为我一生的案头用书，日后又为我完成《书目答问汇补》奠定了第一块础石。第二件事是我在某家旧书店买了一部手写《板桥诗集》，价钱很便宜，我自鸣得意，以为淘到了镇斋之宝，经常向人显示。后来遇到一位行家，告诉我这部书不是手稿，而是从刊本板桥手迹中影写下来的。这对我不啻当头一棒，从此启示我更多地学习版本知识。前者“文革”时抄家被抄走，后来在发还查抄物资时，幸运地从一捆乱书

中找到，虽封面有些破损，但我汇补的资料完整无缺，只不过把我汇补者的名字涂掉，似乎认为我不配而已。后者则被“红卫兵”以“扫四旧”为名，和其他线装书一同付之一炬了。

读了一些书，就渐渐产生一种想写作的冲动。我从十七岁开始，在谢国捷老师指导下学写文章，有的经过谢老师的首肯，还投寄报刊发表。不久，我就开始写我一生中第一篇专题论文——《汉唐改元释例》，后来带到大学，经陈垣老师具体指导，改成我的大学毕业论文。从此，我的读书、写书生涯，一直不停，即使在最艰难的岁月，我也没有放下这支笔。因为我和书的缘分越来越深，就像蚕吃了桑叶必然要吐丝那样，直到目前我已完成专著性著作近三十种，为学术界所熟知的有：《林则徐年谱新编》、《古典目录学》、《近三百年人物年谱知见录》、《北洋军阀史》、《古籍整理讲义》、《三学集》及《邃谷文录》等等。二十世纪八十年代以后，我已迈入老年，有许多人生阅历想抒发，也想把自己从民众中得来的知识回归民众，而当时大环境也日益宽松，于是我开始“衰年变法”，写了较多随笔性的文字，至今已先后编成十几种随笔集，如《冷眼热心》、《枫林唱晚》、《一苇争流》、《且去填词》、《学不厌集》、《出枥集》、《只眼看人》及《来新夏书话》等十余种。但我还没有时人所谓的“挂笔”、“封笔”之想，而仍然感到意犹未尽。看来我和书的缘分，要到地老天荒才算个了。“春蚕到死丝方尽”是我与书结缘以来的终生职志！

傅璇琮和徐雁两位先生主编一套《书林清话文库》邀我加盟，我感谢他们的盛情，就把近几年读书、写书的愚者一得编成一集，分为三卷：卷一是读一般书所写书序、书评以及一些感受；卷二是由于近年关心新编志书较多，也写了不少有关方志的序评，以其尚少人注意，特独立一卷；卷三是写一些读书人与书的逸闻轶事，为书林增掌故，益见闻。书编成之后，因其所记，均与书有缘，而大都成篇于“邃谷”，乃名之曰《邃谷书缘》。

是为之序。

二〇〇五年初春写于南开大学邃谷

原载于《邃谷书缘》(书林清话文库）　来新夏著　河北教育出版社2005年版

《皓首学术随笔·来新夏卷》序言

上世纪九十年代，有较多的文史知识分子写了大量的随笔，并很快结集出版。一时飚然兴起于文坛，成一景观。出版社亦纷纷组织套书应市，并给戴上一顶大体类似的帽子，名曰《当代中国学者随笔》、《当代学者文史丛谈》、《历史学家随笔丛书》、《现代中华学人笔记丛书》、《京华学者随笔》，等等。所收各篇，门类繁多。有掉书袋的，有即景生情的，有徘徊山水的，有针砭世俗的，有月旦人物的，可以说内容混杂，无中心主旨。因此，也引起一些批评。有一篇题为《关于学术随笔的随笔》，批评这类由学者写的随笔说："既无学术，又不像真正的随笔；既无逻辑，也无灵性；既不严谨，也不潇洒……既不能给我以诗意的痛快淋漓，又不能给我以学术的严谨缜密。"这里似有一点误会。那就是把"学者随笔"与"学术随笔"混同了。因为二者是有严格界定的。"学者随笔"以身份定，而"学术随笔"则以内容定。"学者随笔"应当允许学者谈天说地、说古道今、追踪山水、评说人物世情等等，信笔写来，自成文章。"学术随笔"则应有以谈论学术有关之作为中心。如个人对某一问题的一得之见，友朋之间的学术交流点滴，掌故往事的订正纠谬，学者学行逸闻以及读书札记等等，均以有无学术内涵为指归。如果把前文改题为《关于学者随笔的随笔》倒是值得重视的一篇针砭时弊的佳作，足以引起我们这些拥有学者身份而正在学写随笔者的思考。对于"学术随笔"，我仅读到过中国青年出版社出版的《二十世纪中国学术文化随笔大系》，这套书的确是叙事谨严有据，文笔条畅清新，给人以大量的知识，开拓思路。让一些文史知识分子从呆板的纯学术旧框框中跳出来，发挥其启迪民智、传播文化的功能。因此我常想是不是能从大量的学者随笔文字中选辑一套学术随笔丛书，为随笔这一文学体裁拓宽发展道路。

时隔不久，我和中华书局的柴剑虹师弟，在闲谈他们汉学室工作计划时，偶尔涉及编一套“学术随笔”的事。我说了我的想法，他很赞同，并提出由汉学室来落实。准备先从八十岁以上的老学者入手，组织六七位，编成一套，作为试点。不久，这一选题被列入中华书局的出版计划。我亦收到约稿信，决定加盟这套丛书。

我以是否有学术内涵为标准，从我历年所写的数百篇随笔中，经过认真精选，编成一册。但衡诸稿约的25万字要求，尚超出近十万字。于是再一次筛选，得二十五六万字。乃区为九卷，合成一书，题曰《皓首学术随笔·来新夏卷》。卷一《管窥蠡测》，为对历史研究及编纂的个人认识与学术观点；卷二《书山有径》，述个人治学道路与体验；卷三《撮其指要》，为学术性著述（个人及他人）所写的序言；卷四《激扬文字》，为学术性著述所作的书评；卷五《口讲指画》，为公开讲演、采访问答之有学术内涵者；卷六《旧事如新》，为谈论掌故，追述往事之什；卷七《吹疵摘瑕》，为自纠和评说论辩之作；卷八《流风余韵》，为仰慕先贤及怀旧思念之作；卷九《镂之金石》，为津门名胜古刹所撰上石之碑文。末附《我的学术自述》，略陈个人学术经历，俾读者有以知我。书既编成，复标以“学术随笔”之名，冀与“学者随笔”能分畛域。至是集是否能称“学术随笔”，则非我之所知，而犹待读者之判定。

二〇〇六年二月二十七日写于南开大学邃谷

原载于《皓首学术随笔·来新夏卷》　来新夏著　中华书局2006年版

《邃谷师友》自序

我行年八十五岁，回忆这一辈子，不论立身进业，还是服务社会；不论顺风行船，还是坎坷起伏，无不仰赖于师友之教诲、激励、关注与支持。今年臻耄耋，老成半多凋谢，学侣亦存世几希。缅怀往迹，时思鸿爪之留。频年积有抒写师友情谊之作，而诸友亦时有鼓励评骘之篇，贮之箧中，偶或展读，颇动情思。近应上海远东出版社之约，乃出所藏有关师友之作以及一己之管见，益之以媒介之访谈与友朋赠书题录，成书一册。书凡五卷，并附录一卷，略言其指归如次：

卷一为怀念、追思已故师友之篇什，所言多记授业、教诲之情，阐扬恩师学术之大略。至于诸友则多述数十年交游之契洽与往还之情状。缅怀往事，不禁涕泗随之。

卷二为涉及在世诸友之文字，或信函往来，商榷学术。或形诸文字，发抒友声。声应气求，皆见性情。

卷三为对文史诸端之一孔之见，自抒拙见，呈教于世。是耶？非耶？尚待高明指正。

卷四为访谈录，近年媒体多有访谈，虽文中有访者提问之语，但主要为我答问之词。或言人生感悟，或评书论文，或自陈风雨平生，皆即兴问答，无文字藻饰，亦以见我人生之一面。

卷五为友朋赠书录。自上世纪八十年代以还，社会氛围，日趋开放，学人多有撰述，彼此为谋切磋砥砺，每成一书，大都相互交换、庋藏。我则每得赠书，辄书数百字题录，储之于箧。今自其中随手抄取二十余种，无先后次序，或有助于忆往。至箧中所余，当俟机再成续篇。

卷末附录一卷，为友人眼中的我。选录友人对我平生立身行事及学业进修之激励与评说。或言一生之遭遇，或论事业之进展，或评学术之得失，皆为直谅多闻之谠言，借以示人知我一生之大略。

全书编成，通览一过，恍见一生之往事及人间之真情。乃喜为之序，以申缘由，苟有未当，尚祈贤达指正。

二〇〇七年五月下旬写于邃谷

原载于《邃谷师友》(远东瞭望丛书)　来新夏著　上海远东出版社2007年版

《80后》自序

上世纪四十年代，我刚从大学毕业，意气风发，偶尔有感，写点随笔。五十年代以后，因随笔易有歧义，怕被人曲解而招来一些不必要的麻烦，就搁笔不写。八十年代，随着时代发展，思想解放，不再有各种顾忌，于是重整笔墨，开始在报刊发表一些随笔文字，一写就是二十多年，积稿数百篇，我的学生戏称我是“衰年变法”。转眼我已是八十衰翁，但仍没有挂笔之意，并时以春蚕丝尽来鼓励自己，大约又写了百多篇随笔，似乎了无老态。有人好心劝我，您不缺什么，多一篇少一篇，无关紧要，还是安享晚年，找点乐子吧！我答以小车不倒自管推，爬格子就是我的乐趣。我还想再选编一本随笔集呢！

不久以前，我在一次评稿会上遇到小友祝勇，他代表北方文艺出版社，很诚恳地一再向我约稿，希望我选编一本随笔集，要求我三分之一写自己，三分之一写他人，三分之一写与书有关的书话。我根据这一框架，从我八十初度以来五年内所写的文章中选辑了一批，大致可成一集。编集以后就需要命名，想了很多书名，有一些还颇为俏丽，但总感到不甚贴切。在一次整理文稿过程中，忽然想到既然都是八十以后所写，那不如实事求是，径名曰《八十以后》。但颇想追求时尚，所以又借用时下年轻人计算出生年代的方法，改题书名为《80后》。

我为了文章主题明确，便于读者解读，遂将《80后》所收的几十篇随笔，类分为五卷。卷一为《烟雨平生》，是借用唐杜牧“南朝四百八十寺，多少楼台烟雨中”的寓意，命名我的口述历史简编；卷二是《月旦人物》，是援引三国时许劭月旦人物的故事来对古人及已故师友略作评说；卷三为《古今藏书》，从藏书楼谈到图书馆；卷四是《序评书话》，有自序，有他序和评论，我认为序评都应属于书话一类；卷五《怀旧忆往》是我对以往生活中的某些片断琐事的忆旧之作。

《80后》编成以后，我又通读一遍，感到尚能符合原定框架，有几篇略作文字修改，但不失原意，并适当附入一些随文插图以增兴趣。我热切地希望，这本小集将使我的读者，无论识与不识，都能借此对我有更进一步的了解，也期待读者们给我以批评。

二〇〇七年岁末写于南开大学邃谷

原载于《80后》（老橡树文丛） 来新夏著 北方文艺出版社2008年版

《交融集》后记

从上世纪八十年代较大量写随笔起，至今将近三十年。虽然写了几百篇随笔，出过几本小集，一直在追求自己的风格，有过若干思考，但总升华不上去。究竟自己写的是哪种类型随笔，与其他人又有何不同，朦朦胧胧总说不清。直到新世纪开始，老友宁宗一兄认认真真地读了我绝大部分随笔，写了两篇文章。一篇名《两条平行线的对接——读来新夏文史随笔》。时隔不久，他又写了一篇名为《心灵史：文学与历史的契合点——读来新夏文史随笔新作》。宗一兄在连续发表的二文中，详细分析了我写的那些作品，而把它们定格在“文史随笔”上。另一位老友朱正兄也写过一篇评论文章，名为《史家·史笔·史识——读来新夏的随笔》，也把我写的随笔归入文史类。其他一些朋友也多不约而同地发表过类似的见解，如此论定，似乎我的随笔已经定型。

既然朋友们都把我的随笔归于文史类，那么文史类究竟是怎样一种特色？朋友们的见解归纳起来认为：我的随笔历史和现实的信息量较大，写人和事多有根据，文字亦尚能注重“言之不文，行之不远”的法则。我也从许多见解中领悟到，原来我的随笔中既包含着传统的文史相通的基因，亦粗具“以文为体，以史为干”的个人写作风格。这算不算是一种文史交融的随笔？

于是我就用“以文为体，以史为干”的标准来审视自己三十年来的作品，大体上符合。因此就从若干远近时期的随笔中选一些自认为在内容上是有根有据求真求实，并以之作为文章的主干，而不故作感情的发抒；在写作上则抛开常见的那些枯燥艰涩的历史文文风而稍重文采，力求可读而为民众所接受。共选文数十篇，结成一集，为标明文史交融的本旨，即以“交融”名集，用以求教高明。

《交融集》分七卷：卷一《管窥》，是我对学术和现实生活中一些不成熟的见解和我与他人对一些学术问题的商榷；卷二《访谈》，是我接受媒体对学术和现实生活的答问，多为随机应答，毫无修饰；卷三《个案》，是我为写学术专著《林则徐年谱新编》时，先就其中某些大小专题，以随笔形式写下来，作为“以文为体，以史为干”的标本；卷四《述往》，是我对古今先贤的某些突出点，写成小传式随笔，俾后来者知所景仰；卷五《谈故》，是谈说历史掌故，犹如史部中的旧事；卷六《评点》和卷七《序跋》都是对书的评论和推介，类似古今文人学者的读书笔记和书后。这些选文不一定准确，只是想说明自己写随笔的主旨。

我的随笔集从未请人写过序，因为我知道许多朋友读书、写作、教学、研究等必须承担的社会职责太繁重，请他们读我的全部或大部分书稿，再经过研究分析写篇序，未免强人所难。而《交融集》却一反常规，专诚请宁宗一兄为我写序。因为只有他读了我的绝大部分随笔，而且写过两篇具有研究性的辨析文章。我原担心他已写过许多，这次未免为难他，不料他一口答应，真使我喜出望外。他旁观者清，又具有相当的理论水平，能帮衬我挖出我想说而说不清楚的想法。一旬以后，他拿来七千字左右的题为《从对接到契合》的序，给我以极大的鼓励，也让我拨开迷雾，知道自己今后该怎样做。我的选文并不完全准确表达我的想法，但有了宁序也就解除了我的顾虑。我感谢宗一的真诚，我也期待读者理解。

二〇〇九年榴花季节写于邃谷，行年八十七岁

原载于《交融集》（观澜文丛）　来新夏著　岳麓书社2010年版

闲身自有闲消处

——《砚边馀墨》自序

1993年3月，我正七十岁，已是教授离退休年龄的最高限。我无怨无悔地办了离休手续，准备优游林下，做些自己想做的事。偶尔在整理旧物时，发现有我用墨笔写的唐朝僧人释齐己的《遣怀》诗，我的书法素不甚佳，但尚称端正，一面自我欣赏，一面从头到尾地读了如下内容的全诗：

流水不回休叹息，白云无迹莫追寻。
闲身自有闲消处，黄叶清风蝉一林。

诗是最容易被人以意逆志的，也不知是感悟呢，还是一种精神的合拍？这首诗莫不是在警示我应如何对待自己的离休生活？这首诗非常直白地告诉我：对过去的一切要无怨无悔，对未来的期待也要无欲无求，空下的身子自会有打发日子的去处，最好像蝉那样，不再噪鸣，隐入林中，静观黄叶的飘落，面迎徐来的清风，甘于享受寂寞。我特别欣赏诗中“闲身自有闲消处”那句，我不正是闲身吗？那就要找寻闲消处。蝉在黄叶清风中，抱树入眠，蓄积力量，等待来年的炎炎夏日，蜕变而出，再求一逞。我则志在淡泊，身无长技，数十年来只会抱书夜读，码字爬格子。既想变变原有的面目，又想轻松潇洒一点。于是乃就观书所悟，贡其点滴，冀有益于后来；窥世所见，析其心态，求免蜡炬春蚕之厄；知人论世，不媚世随俗，但求解古人故旧之沉郁。遂运以秃笔残墨，随意兴之所至，笔而书之，自诩为“衰年变法”，实则依然难忘红尘，为蝉所嗤笑！不数年而积稿盈尺，新知旧雨多敦促成书，于是粗加甄选，于1997年出版第一本随笔集《冷眼热心》，自是年必成一册，续成《路与书》、《依然集》、《枫林唱晚》、

《一苇争流》……诸集，得友朋多方鼓励，不期然而然地跻身于学者随笔之列，得再求一逞之乐。

2003年以还，年逾八旬，专一从事随笔写作已达十年，集成字数殆达二百万字，随意散置，家人时以分门别类，再成随笔选集为请，我颇善其言，乃选存少量旧作，益以新稿，于2004年分别编成数集，已出版者有以问学为主的《学不厌集》，以评骘人物为主的《只眼看人》，以读书为主的《邃谷书缘》等，向读者贡献所得。

闲身自有闲消处，十多年过去，隐身于随笔行中，也算一份闲消处。2008年，时值改革开放三十周年，百年期盼之奥运在京举办，万象更新，举国欢腾。林下野叟，无以为贺，适呼和浩特张阿泉老弟函邀加盟《纸阅读文库》，乃集未结集之篇什付之，分为两卷，卷上为《阅世篇》，记人间百态，目之所及，略寓针砭。卷下为《读书篇》，为各方嘱托校读文稿，形诸序跋，稍贡一得。名之“砚边馀墨”，当括全书总要。暑日昼长，若手此一册，或能以之祛暑遣闷，聊尽中华老民之贺意，不禁拊掌微笑。孰意望九之年，犹得为尘世一展身手，为奥运擂鼓喝彩，不亦一大乐事乎？设天假以年，更当奋蹄出枥，再成一集、二集……决不萌“挂笔”之念。念兹在兹，幸知我者鉴察，知林下犹有一蝉也。

二〇〇八年奥运前夕写于南开大学邃谷

二〇一〇年春再订正

原载于《砚边馀墨》(纸阅读文库)　来新夏著　内蒙古教育出版社2011年版

《不辍集》自序

2012年6月，是我九十初度暨从教六十五年的日子。我从八十到九十岁十年间所写的随笔中，选编几十篇，成一小集以自庆。成集后，首先遇到命名的问题。我想书名应反映编集的立意。开始定名为《杖朝集》，根据是礼记中规定“八十杖于朝”，用以说明这是我八十以后的作品，妻子不同意，认为这是上不服领导，下傲视民众，十足傲气，不宜使用。接着想到“岁寒而后知松柏之后凋”，取名《不凋集》或《后凋集》，似乎又以享高年傲人，也不可取。还是谦虚点好，于是想到“行百里者半九十”这句话，这是勉励人走了九十里不过是百里的一半，应该加倍努力，就想题名《半途集》表示自己的谦虚，但与“半途而废”的“半途”易生歧义，不用为好。最后还是妻子建议，用“不辍”作集名，因为我曾公开表态说过“有生之年，誓不挂笔”的豪言壮语，用“笔耕不辍”的“不辍”名集最恰当，于是集名乃定。

定名以后就是选篇，陈垣老师曾告诫我们编自选集一定要自己选，如果托人选篇，往往不能体现自己的理念，不能删选得当。这十年间，我大约写了二百来篇大小文章。要自己从中选出近百篇文章是要费时间的。我用了两个月的时间，选了百来篇自认为尚能保留下来的篇目，编成一集。并按内容大致划分为六卷。

卷一题作《议论》，收集我对一些有关学术问题的拙见，有的可能偏激些，有的可能不够完善，有的可能有点针对性，但文字都力求“自话自说”。有位过世的前辈学者曾说，“要议论不要争论”，说得很有意味，遂标《议论》之名。

卷二为《书序》，作序是老年学人最头疼的事。自己写的书，要写个序表明点心意，扼要地说点主旨。别人写的书，也因自己已年高，又略有薄名，遂来求序。有的是旧友，情不可却；有的是素昧平生自称是晚辈，不得不表示点“提携”之义。所以这十年序写的很多，选与不选，颇费踌躇，所以这一卷就选得多些。

卷三是《书评》，这些书评都是应请而作。世间都希望书评中多说些赞誉之词，而我又不愿过多地“违心”，笔墨之间很伤脑筋。所以这卷选文较少。

卷四是《人物》，人物是一本书中的灵魂，每天除了闻见各种事务外，不可避免的是接触人。不能见物不见人，所以也写了一些有关人物的篇章。其中包括古人和今人。古人根据文献做出恰当的历史评价，今人多为已故亲友，常以文字表达一些哀思和怀念。对生存人则不录。

卷五题《谈故》，暑天消闲，灯下小憩，或与家人聊天，或偶然思及往事掌故，皆笔之小笺，以资谈柄。

卷六为《忆往》，高年亲历之事颇多，但大多消失于岁月转移之间，其尚能留存记忆者，当是印象深刻，经久尚存者，乃述其首尾，以存雪泥鸿爪之痕迹。

附录《一蓑烟雨任平生》，为我口述历史的蓝本。数年前，经邢宁、衣长春二君据口述内容并参以我所写的有关文字，整理成篇，姑作蓝本，以备异日撰写回忆录时作底本。

书既成集，承柴剑虹师弟推荐，商务印书馆江远先生慨然接受，列入选题，使拙作得以面世，均深表谢意。

二〇一一年立秋日写于南开大学邃谷

原载于《不辍集》　来新夏著　商务印书馆2012年版

《邃谷序评》自序

书序是很早就有的一种文体，有人说始于战国时宋玉的《神女赋序》，有人尚持异议；但南北朝时的《昭明文选》却把此篇与《毛诗序》、《尚书序》同样收入。不论如何，书序在汉代已较流行，最有名的是司马迁的《太史公自序》，写家世、学术传承与观点，写全书各篇的提要，形成一书目录。历来认为这是读《史记》的钥匙。其他如扬雄的《法言序》，王充《论衡》中的《自纪》及班固《汉书·叙传》，这些都是自序。直到西晋左思写成《三都赋》，请当时名流皇甫谧作序，为请他人写序的开端。宋、明以来，有人正式研究序体，如宋人王应麟在《辞学指南》中说："序者，叙典籍之所以作。"明人徐师曾的《文体明辨叙说》引《尔雅》的诠释称："序，绪也。字亦作叙，言其善叙事理，次第有序，若丝之绪也。"

"序"，宋以前作"序"，宋以后据《老学庵笔记》卷六说："苏东坡祖名序，故为人作序皆用'叙'字；又以为未安，遂改作'引'，而谓《字序》曰《字说》。"后来序、叙二字混用。明清以来，几乎无书不序，自序、他序，且有一书多序者，也有前后皆序者，如清人王鸣盛的《蛾术编》即有前后二序。书后的序，一称"跋"，或称"读后"、"书后"等，清初顾炎武的《日知录》卷十九曾有《书不当二序》条即评此事。自"五四"以来，写书序之风日炽，凡著一书，除自序外，多有他序，甚或不设自序，仅列他序者。书序很为学人读者所重，前辈学者郭绍虞先生主编《中国历代文论选》就收录书序近三分之一。而《中国序跋鉴赏词典》之类的工具书，选录序跋四百余篇，涉及作者三百余人，多有名作，颇便阅读翻检。

自序粗述书之大旨，叙明著述缘由，实事求是而较少自炫。求他人作序，则不易求得佳什，若为至交亲人所撰，尚能态度诚恳，语言切实，颇有可观者，如清人张金吾撰《言旧录》自述生平，乞其妻季氏景和为之序，对金吾学术造诣、治学态度，有所评骘，不同于一般泛泛之论；近人宁宗一教授邀其门人崔君为其所著有关《金瓶梅》研究的著作写序，颇得爱师之道等，皆世所罕觏，而不可多见者。其他求人作序，大多冀着笔者多加揄扬，说些"瑕不掩瑜"的话。明言请教指正，实求溢美之词。所求者大率是前辈名流、学人文士，或浪得薄名，或小有声望，若泰山北斗，耆年硕德，则更所期待。如撰者无暇，则求序者往往出其囊中锦绣，声言为节长者之劳，力恳签名认可，有拒者，有勉为其难者，有欣然命笔者，流品自见高下。扬州八怪的郑板桥，曾在一篇小引中，自称其不求人写序的志趣说："求之王公大人，既以借光为可耻；求之湖海名流，必至含讥带讪，遭其荼毒，而无可如何！总不如不叙为得也。"此郑板桥之所以为郑板桥也。

我所著书多为自序，很少求人作序。平生写书百种左右，只有三书，求人作序。一是《古典目录学浅说》，请前辈目录学家顾廷龙先生作序，一则顾老确是古典目录学领域的专家，再则当时我想在学术上有所进益，希望顾老提携指教；二是《北洋军阀史稿》，请中国现代史专家孙思白教授作序，一则孙兄是我几十年敬重的诤友，我尊之如长兄，再则他是唯一通读《北洋军阀史略》和《北洋军阀史稿》，并进行过比较研究的行家；三是《交融集》，请中国文学史知名学者宁宗一教授作序，一则我和他有半个多世纪的友谊，是我的多闻友，再则他是唯一读过我大部分随笔，并进行过理论性研究，写有评论文章的朋友。

为自己写序，叙明著书宗旨，书稿内容，自我发摅即可，为一条线思路。为人撰序甚不容易，既要表明个人见解，又要考虑对方的为人和著述，至少比为自己写序多花费双倍力气。我很佩服近代学者梁启超先生能够旁若无人，自说自话地为蒋百里所撰《欧洲文艺复兴时代史》写序，从欧洲想到清朝，洋洋洒洒，一泻千里，大气磅礴，千古佳序，可惜长达五万余字，无法作序，乃别成一书，题名《清代学术概论》，润泽后学，难以数计。而与此长序相反者，有些名人还写过短序，如冰心为《天上人间》写了一百一十字的短序；而瞿秋白为曹靖华所译《新土地》一书拟定了五字序。他在给曹的信中表示，要在书前写序，并说"这序只有五个大字，就是'并非乌托邦'"。后书稿毁于"一二·八"日军炮火中，幸有信在，为序之长短，存一故事。

当前，我日趋高年，求序者相应日增，因而应对无措，不堪其苦。我认为写序与题词是老年人两大苦事。据传闻北京大学谢冕教授喜欢写序，我不仅钦佩他的精力充沛和宽厚义行，也在想他为何能如此来者不拒，因而妄猜这是谢教授的无奈——名高望重，拒写怕伤害人。实则我也常遇到一些不想写而又不得不写的尴尬事，只是缺乏那种有容乃大的胸怀，不能直率坦言而已。更有一些名家虽处无奈，但却能巧妙地表达自己的意见，隐有所指而让人难以落定，如已故季羡林先生在为郑天挺先生的《清史探微》写的序。这篇序原定由汤一介先生写，但汤先生推给季羡林先生，季先生不愿写，但又不得不写，所以在序的头一段就重笔申明："我何人哉！敢于佛头着粪耶？我也不敢写。"但因与郑先生有六年同事之谊，剩下老人又不多，难以推却，因此大声说："我之进退，实为狼狈！"明确这是一种无奈。季序通篇无一言涉及郑天挺先生的为人与学术，也不评说《清史探微》任何一点内容，而是王顾左右而言他，只提了三点旁敲侧击的希望：一是希望北大历史系重现辉煌，二是希望大振清史研究，特别是满文研究之雄风，三是希望以上两点尽快实现。实际只是两点，其中第二点颇耐人寻味，不知季先生的微言大义是隐指何人何事，我反复读季序，说与郑氏有关，似乎有点；说与郑氏无关，又有点关联，终究都未敢落定，只是钦佩前辈学者语言喻义之妙而已。此类序固非季先生莫能为！

我怕为人写序，愈老愈怕。一则我写序有条底线：要看三分之二稿，最好全稿。再则不愿由人代写好，只在成稿上签个名，所以显得体力有点累。我可以为作者，特别是为年轻作者说点揄扬好话，但也得容我说点不足处。我力求做到"有求必应"，但难免无奈。因此，三十多年基本上没有因写序伤害人。但也有一次遗憾。我有一位中年朋友，是山西方志界的刘伟毅先生，他组织编写了一部《中国方志史》，为郑重其事，专请我的挚友曹振武先生转请我一序。我读完全稿，基本上肯定全书的写作，只是认为末后两章需改动，而这两章恰是方志界领导机构的某位领导所写，他把新志编写工作的总结性文字改写进书，与全书风格不太一致。于是，我在序中就有所谈及：

> 新志编修为近半世纪社会主义文化建设事业中重大建树，本书作者亦多身经其事，所述有待浓墨重彩，刻意论述，既以见十数万修志者之辛劳艰难，亦以回应有人对新编方志事业之贬损。且行文似采总结汇报旧文较多，与全书文风不甚一致……《中国方志史》以第十二章第四节《也有值得总结的教训》为全书结尾，意志似感消沉，令人抱有微憾。

刘先生因怕有触犯权要之处，将序撤除，这一点我不在意，但并未通知我和曹振武先生一声。曹先生为此耿耿于怀，逝世前一个月，尚在向我道歉，而刘先生则未置一言。噫！权势之可畏也如此！我所遭遇，惟此而已，其他尚称平顺。

三十多年，我写了百余篇序。因为我有参与指导新编方志几十年的经历，所以志书序占了一半以上。我把对修志的一些见解和观点都写进序里。其他书序除为自己著作写序略长外，为他人写序多以千字为常，有对学术著述的，有对随笔散文的，也有对古籍整理的。我写这些序都很尽力认真，但不为一般读者所看中。偶尔在自己随笔集中羼入一些，尚未出过专集，也总想能出一本专集。今年年初，南京董宁文兄组织一套小丛书，每册十万字左右，邀我加盟，我非常高兴地选编了一本《邃谷序评》，选了几十篇序和评的文章，交给董兄。我忻喜我的序终于汇选在一起，我期待这本小册子能顺产。我希望今后不再写序，至少少写点序，免得我害怕和受累。

二〇一二年初秋写于南开大学邃谷，行年九十

原载于《邃谷序评》(开卷书坊)　来新夏著　上海辞书出版社2013年版

《“古今人物谭”丛书》前言

人物是历史的灵魂，是推动历史发展的动力，是演绎世间百色斑斓现象的角色。当我们研读和交谈历史时，很难避免言及人物。我读过一些史书，也记住一些情节故事，写文著书时，不断引用。日常生活，也常以人为镜，校正得失。于是，养成一种好谈古今人物的癖好。

十几年前，常有些学生和亲属晚辈来“邃谷”，谈天说地。最多涉及的仍是历史人物。有时谈人物的生平遭遇，有时论人物的功过是非，有时述所见所闻。虽不能像东汉末年许劭那样作“月旦评”，但事后陆续把所谈内容写录保存。文字虽然粗糙简略，不过往往集中人物某一特点，尚有会心，于是操笔删定，藏之箧柜。日积月累，积有成数，乃分别编为《明耻篇》（“中华文化集粹丛书”）及《只眼看人》等二种，付之剞劂问世。历时十余年，二书已在市肆难求。适丁波兄邀稿，为普及古今人物事迹，乃以二书为本，从中选用若干篇，益以新作，合成“古今人物谭”丛书。

丛书分三册，以时代划分为古代、近代与当代，以人物重点事迹为中心，文章或长或短，不拘形式。唯所述皆事有根据，文有出处。文字力求浅近，可供中等文化水平人士随时阅读。三册各有命名，第一册名《评功过》，为古代部分，即自上古至鸦片战争前的清朝止；第二册名《辨是非》，为近代部分，是活动于1840年至1949年间并卒于1949年前的人物；第三册名《述见闻》，所收为卒于1950年后的人物。每册约在十万字左右，开本小巧，便于读者携带与阅读。

这三本书中所收各篇，大多是旧作，因高年精力衰退，无能重作。有少数几篇是近年新作，一并合在一起。各篇多保持当年面貌，与读者共享重温之乐。所有不足之处，统祈谅察。

二〇一三年中秋写于邃谷，行年九十一岁

原载于《评功过》、《辨是非》、《述见闻》（“古今人物谭”丛书） 来新夏著 商务印书馆2016年版

他序（跋）

《十一家注孙子集校》序言

《孙子兵法》是中国传统文化中的基本典籍，宋代《十一家注孙子》汇集了曹操、李筌、杜牧、梅尧臣等三国至宋代十一位大家对《孙子》的注释，思想内容非常丰富，是历史上研究《孙子兵法》的集大成著作，对宋本《十一家注孙子》进行整理研究是一件非常有意义的事情；针对经典著作的善本古籍进行精细的整理研究，对于传承中国文化、推动中国文化"走出去"也是具有积极意义的。

刘春生同志长期致力于《十一家注孙子》的整理研究，从上世纪八十年代初曾多次就《孙子》的版本、目录问题问教于我，我们就此问题进行了探讨。他经过二十余年的不懈努力，几易其稿，今年年初终于完成了《十一家注孙子集校》一书；特别是他是在业余时间进行研究、写作，不浮不躁，全凭对学术研究的追求和赤诚，实属难得。《十一家注孙子集校》以宋本《十一家注孙子》为底本，参照临沂银雀山汉墓竹简、敦煌晋纸写本、黑水城西夏文本、宋本《武经七书·孙子》及汉唐以来史书、政书、类书中的《孙子》引文，梳理校勘《孙子》正文及十一家古注，以考证研究《孙子兵法》自汉至宋的版本流传过程、演变轨迹及十一家注的汇编情况，进而校订讹误，具有较高的学术价值。

《十一家注孙子集校》的主要特点是：

一、对所依据和参照的文献资料进行了深层次的研究。银雀山汉墓竹简提供了大量的校勘资料，然而竹简本现存文字只是十三篇文字的半数，因此本书还进一步研究利用竹简文献，把眼界放到竹简文献的整体，拓展到残简缺字的探讨上；对敦煌晋纸写本、黑水城西夏文本也作了同样的探讨。本书还对《北堂书

钞》、《长短经》、《通典》、《太平御览》、《武经总要》等古籍的不同古本进行了研究，这种研究对考据源流、参证校勘极有价值。这些都是本书的独到之处。

二、精细全面。本书对宋本《十一家注孙子》刊印前的所有现存有关《孙子》的文献资料全部予以辑录梳理，借此对宋本《十一家注孙子》进行精细全面的整理研究，校注注重以文献凭据立说，不臆断，不过言，求朴求实。

三、《十一家注孙子集校》体例完备，符合古籍整理研究的规范，没有明显硬伤。有鉴于此，我推荐《十一家注孙子集校》一书。是为序。

二〇一三年十二月二十七日

原载于《十一家注孙子集校》　刘春生校订　广东人民出版社2019年版

《中外历史名人简表》序言

人物是历史长卷中的重要角色；传人之作的纪传体是我国史书的主要体裁。人物的种种活动构成绚丽多姿的历史画面；人物的端端业绩显示民族的风采骄傲。他们在二十四史中那些连篇累牍的文字记述只能作一些专业工作者考校研讨的依据，而更多的民众又何能厕身于书山学海去吮吸先民哺育后人的乳汁。因此，寻求能纳须弥于芥子的方寸之地去包容我们的民族精英，并为后来者奉献养料，确是普及文化，传播知识的当务之急。

表是我们民族记载历史最简捷的传统史体。我国的史学名著《史记》、《汉书》都曾用表的形式来解决烦杂的人物活动。《史记》五体，表居其一。它的人物年表有《汉兴以来诸侯王年表》、《惠景间侯者年表》、《汉兴以来将相名臣年表》。它们将汉初那些传不胜传而事又难没的历史人物以表出之，既省文字，又与列传相为补充。《汉书》有《古今人表》，不仅记录人物，而且尚以人品论其高下，含有评论历史人物的意义在内。后世学者更用表体来整理正史史料以便省览。清代学者尤善此体，其最负盛名的是清初著名史学家万斯同之撰《历代史表》。它广征博引，表列数千年史事而眉目清楚，无怪同时代著名学者朱彝尊称誉《历代史表》是“揽万里于尺寸之内，罗百世于方册之间”。这是对表体最简要而中肯的评定。

可惜表这一体裁没有受到足够的重视和充分地利用，甚至有人不承认表的科学价值，以为只有论才是著作。这种皮相陋见从《中外历史名人简表》这本书的问世而得到了反证。这本书虽然不能称为鸿篇巨帙，但其中却包容着古今中外的政治、军事、科技、文学、艺术各方面的名家总一千七百余人。表的作者从浩繁的资料中言简意赅地概述了这些名家的生平和业绩，读者展卷，一览可得，使古今中外的人物形象坐收于几席之间。这些表的作者所付出的劳动和对社会的贡

献，无疑不亚于那些蹈空之论。空谷足音，令人钦敬。

书本知识的来源有多种渠道和形式，阅读专著、论述、杂文、随笔无一不可从中获取知识。表当然也是输送知识的渠道，但读表要比其他更难，切不能以小道轻之。如果从读这些表得到启迪而更进一步懂得把自己吸取到的知识纳之于表，则不仅可以备省览，便翻检，也能训练思维的概括能力。

这本书的编者不仅具有将表体单册问世的识见，而且他们校核内容、订正文字所付出的艰辛更在想象之外。为人作嫁正是编者的无私奉献，我又怎能不徇编者之请而作如上的赘言呢？

一九八七年十二月于南开大学

原载于《中外历史名人简表》　本社编　天津人民出版社1990年版

《中国文化世家》总序

家族制乃中国古代社会主要基础之一，家族之传承关系历来颇为社会所重视，文献亦多有记载。1997年春夏之交，我于北京晤五十年代之老学生曹君月堂，时曹君正策划主编《中国文化世家》，邀任顾问。情不可却，遂有所商榷而略贡刍荛。是年冬，我复于一次会议得见南开大学校友臧恩钰，出其昆仲合著之家族史《边外炊烟》，请我作序。于是乃就世家一体，论述如次：

> 司马迁著《史记》立世家30卷，起吴太伯世家至三王世家。《索隐》解释世家的含义说："系家者，记诸侯本系也，言其下及子孙常有国。"其意乃指古代世袭爵位的贵族，或因政治上的优势而世代为官的家族历史。后世则含义日广，遂有"经学世家"、"中医世家"、"文化世家"以至"梨园世家"等等，所记多为声名卓著家族之家世事功，而于一般平民家族，殊少及焉。其后虽有谱牒以世其家，而往往史料不足，语焉不详。遂使极为丰富之民情习俗，家族传承均以无所附丽而渐次泯灭，使有关历史学、社会学、文学艺术等研究失去大量丰富的第一手文献资料，反之，若有家传之类，则凡人口之迁徙、地方之开发、风物人情之记述，皆能有所稽求而为中华文化更增异彩。

臧氏所作乃记其先世至今之艰辛创业，繁衍生息，令人具见一平民家族以一农家如何蔓延于教育、交通、医药、艺术各业之发展趋向。是以一家而辐射各业之家族史，属于世家文化之著述。月堂所论乃就文化一端而言，即所谓专论文化世家之一脉，二者似有所不同。月堂于其编纂纲要中曾对二者有明确界定云："'世家文化'与'文化世家'是两个不同的概念或现象。'世家文化'的重心在文化，对它的研究偏重于文化学上的构建；'文化世家'的重心在世家，对它

的研究偏重于文化传承的家族渊源。”

据此，月堂遂有编纂《中国文化世家》之议，将全国按文化地理区域类型，划分为中州、齐鲁、三晋、燕赵辽海、荆楚、吴越、江右、江淮、岭南、巴蜀、关陇等11个地区，各立一卷，共500余万字。乃邀集同好，分头运作，期以世纪之交成书。若此体大思精之宏篇巨制，设非月堂之殚精竭虑，诸君子之勠力同心，直若缘木而求鱼。今春月堂函告：《中国文化世家》近期将告杀青，并邀作序。窃惟月堂以积学之士，久羁卑位，郁郁不得申其志。我一介书生，无援手之力，徒唤负负。不意，月堂以花甲之年，奋蹄崛起，广集俊彦，发前贤之所未发，荟中华文化世家于一编。我不仅为学林增一宝藏贺，我更为月堂于晚年得展才智而生熠熠光辉贺，于是赠以“莫笑老圃秋容淡，犹有黄花晚节香”句，并乐而为之序。

二○○○年四月十日于南开大学邃谷

原载于《中国文化世家·巴蜀卷》　曹月堂主编　湖北教育出版社2004年版

《沈约集笺注》序*

孙先生致中，与我相交卅年。其为人也，诚悫朴实；其治学也，远师乾嘉，于整理古籍尤有好焉。一生为人作嫁，曾就职天津古籍出版社，任编辑、编审数十年。公余之暇，曾与同事共就《纪文达公遗集》广搜博采，增补点校。并独立补缀年谱二十余万字，庶可得纪晓岚生平大要。经数年之经营，《纪晓岚文集》三册告成，持来寒舍请序。我读其全稿，得百余万字，较原《遗集》增入多多。其数年辛劳之迹可见。问世后颇得学界佳评，至今犹为学人参考之所资。

古籍整理，枯燥烦琐，人多避之，而致中则乐此不疲。洎退休之后，仍手不释卷，沉浸旧籍。古稀之年，又应我之邀，参与我主持之《清代经世文选编》选文点校工作，虽高年体弱，仍按规定，克期完成，复审者无间言。今年秋，致中突见访，相谈之下，始知致中尽多年之功，成《沈约集笺注》一稿，请序于我。致中年近杖朝，犹孜孜于学如此，令人感动。我年登望九，老病浸寻，已不多为人作序跋之文，致中既为数十年旧友，今亲顾寒舍，商量探讨，情义所至，固难言谢却。

沈约为南朝历仕宋、齐、梁三朝之名公巨卿，为当时文学、史学之领袖，与王融、谢朓、任昉、萧衍有“文学八友”之称。沈约创“四声八病”之说，为声韵学重立里程，唐人近体诗自此发源。其存世史著《宋书》百卷，虽多有诟病，终列正史。其人之渊博才智，由此可见。沈约身处乱世，处世惟艰，时人评论不一，而以讹传讹，后世更难一致，而诸多研究又少涉及。致中有鉴于斯，整理旧文，参以旁籍，为其《笺注》成《前言》一篇，剖析沈约所处之社会背景，详述其生平、学术及文史创绩。又不遗余力地为沈约辩政治、学术之诬，使沈约于萧

* 《沈约集笺注》，（南朝）沈约著，孙致中笺注，待梓。

梁之得位及神不灭论战之真相，略得其真。致中于此类诬词，若老吏断狱，条举例证，以破陈说，为评价沈约得一新说。噫！沈约何幸，千百年后，又得知音。

沈约原有集百卷，久佚，后世辑本，多出类书，颇有异同。致中以明张溥《汉魏六朝百三名家集·沈隐侯集》为底本，复以清严可均《全上古三代秦汉三国六朝文》校文，以今人逯钦立《先秦汉魏晋南北朝诗》校诗，更参以《昭明文选》、《艺文类聚》、《古诗纪》以及齐、梁、隋诸史等多种旧籍，成文七卷、诗二卷。致中之整理古籍，一依乾嘉旧规，目录编次以底本为序，新增诗文则分别置于原目次之后。其《笺注》分校、释两部分。所谓校者，以底本与严、逯二本对校，并与旁籍作他校，仅存异同，不作考证，不定是非。其释则首申题解，次释义，次释词，再举例以明事情原委。凡所举例，多以六朝及沈约同时代人之作品为据，以免后世作品之牵强附会。若致中自有会心，则以“按”出之，用以就正于时贤。其释文或征引多籍，或独立思考，皆有助于贯通文字，了解著者本意，用心尽力，其劳可见。

读致中《沈约集笺注》稿竟，深感致中连年默默耕耘之成绩，实不可及。其《笺注》不仅于沈约研究有重要裨助，即沈约方方面面之千年蒙羞，亦得清洗。我不禁为致中贺，亦为沈约贺。如此要籍，若藏之名山，实为不恰。唯当世书业，逐利为先，致中一介寒儒，身无余财，难求枣梨，徒兴仰屋之叹。窃意致中服务天津古籍出版社，一生敬业尽职，从无索求，主事者若能少加念及，则致中生平之愿得了，而主事者眷念故旧之意，亦当啧啧人口，策励来兹。山野老朽，率尔陈言，尚祈鉴其鲁莽。是为之序！

二〇一〇年岁末写于南开大学邃谷

原载于《海南日报》2011年3月27日

《鲍廷博年谱》序言

中华载籍，为数浩繁，相沿至今，虽时有增损，但至今犹能拥有十数万部册古籍，实非易易。其所以得垂世久远者，端赖先人之善于保护。保护措施不外二途：即藏书与刻书。藏书者，罄资财搜购典籍，以防散失损伤；刻书者，再造古籍，繁衍古籍，不致孤善灭迹。前人或藏或刻者多，而藏刻兼具者鲜。明清以来藏书刻书并行不悖者渐盛，藏书家又多立说鼓吹，如清初曹溶之《古书流通约》倡言刻书之益，有推动之功。清代刻书几成藏书家之美德，于是藏刻纷起，而鲍廷博之既藏又刻，钟情典籍，尤为著名，为学人所熟知。

鲍廷博字以文，号渌饮，又号通介叟、得闲居士。祖籍安徽徽州府歙县西乡长塘村。以父祖经商于浙江而寄寓杭州，并出生于斯土。迨父母离世，即迁居浙江桐乡乌镇杨树湾，而鲍廷博始终以徽人自命。他少习会计，又勤学耽吟。因科举不利，蹉跎岁月，遂绝意仕进，而从事藏书刻书事业，成为清代前期一大藏书家和刻书家，体现了徽商"贾而好儒"的特点，达到了"贾为厚利，儒为名高"的完美结合。

鲍氏正规藏书始于廷博之父思诩，思诩业贾浙杭，而颇好书，建知不足斋以庋藏。廷博承欢膝下，以孝事父，进而力购前人所藏典籍，日积月累，遂成大家。鲍氏藏书来源，大抵不外购进、传抄、获赠三途。购进可考者始于乾隆三十六年（1771），有各种宋元善本及名家所藏；传抄为与人交流互补，据知约有二百余种。各本多有廷博幽楗跋语，可助了解本书；获赠多为友朋间情谊所致的表达，而《四库》献书后颁赐的《古今图书集成》虽因系御赐而另建赐书堂以贮藏，但亦属赠书一类。据此数源，则鲍氏藏书必有相当数量，究其详数若何，则尚无确数。就我所主编之《清代目录提要》收《知不足斋宋元文集书目》条称："本书是鲍廷博所收藏的唐宋元人文集目录，共约四百多种。略依时代分类，其中唐人文集十六种，宋人文集三百三十八种，南宋人小集六十种，金元人文集一百三十八种，宋元人总集八种。”此仅文集一类。又其《四库》献书达600余种，被著录者249种，入存目者131种，列献书四大家之首，足见鲍氏藏书精富，无愧于大藏书家之称。

鲍廷博对所藏，不仅善加爱护，而且进而研究和完善各书内涵。他居家行旅，以书自随，焚膏继晷，亲加校勘，搜求众本，相互雠校，正讹补缺，并写题跋，志其始末，使所藏各书无错讹，对错漏之书则严加指责。又邀请专家为校专业书籍，如史学家钱大昕、医学家魏之琇、算学家丁传、历算家李锐等，均应聘为校专业典籍，提高质量，使鲍氏经校各书得“无一讹字”的美誉。

古代刻书有官、私、坊刻之不同。鲍氏刻书，自非官刻，而所刻诸书，亦非单纯牟利，难称坊刻，当属私刻一类。鲍廷博刻书始于乾隆十年以花韵轩名义刻琐冯普之《古今姓汇》，后多为私藏珍善本零种书和朋友著述。乾隆三十一年，鲍廷博助成浙江严州知府赵起杲青柯亭刊蒲松龄《聊斋志异》十六卷本。这使《聊斋志异》改变以抄本流传，篇卷有差异的状况，为中国文学史研究做出一定贡献。在刊刻零种典籍的基础上，鲍廷博逐渐形成刻整套丛书的想法，特别是在《四库》献书获得赐书后，声名鹊起，更激励他的意志。从乾隆四十年起直到道光三年止，历经五十年祖孙三代的努力，终于纂成《知不足斋丛书》三十集，收书二百余种、七百余卷。此丛书的刊行，显示出清代图书在编纂事业中具有较高质量的成果，颇便广大学人的参阅。不仅当代学人赞誉有加，后世好评，也不绝如缕。

这样一位大藏书家和刻书家，除了一些简略的生平和因《丛书》而有所涉及外，较完整的传记和评述则较零散。直至2006年5月黄山书社出版《清代徽人年谱合刊》时，始将旧藏安徽省博物馆，由王立中所撰并经安徽省图书馆郑玲先生点校的《鲍以文先生年谱》问世。原作者王立中先生在稿本例言中曾申明该谱的主要内容是：“此谱但选其有关校刻书籍，或先生之师友，按年份系之，不泛及也。”王编虽简略，但对鲍廷博一生藏书刻书著述等事迹，作了初步条理化的编次。郑玲先生除了点校整理该谱外，又对其史料价值撰写了专文《〈鲍以文先生年谱〉的史料价值》，指出该谱的三点价值说，“第一，为鲍以文的生平提供资料，使已有的传志但却简略的人物资料得到丰富补充”，“第二，鲍以文朋友之信息总汇”，“第三，此年谱还提供了其他多方面的信息，如《永乐大典》与《四库》的关系”等，给该谱以某些肯定（《天一阁文丛》第五辑）。但该谱文仅万余，事多缺漏，与鲍廷博之业绩，名实难副。近年安徽刘尚恒先生为写《首创有功，记事有憾》一文（《古籍整理出版情况简报》总477期，2008年5月），对王撰鲍谱作了较中肯的评论。刘文一面肯定王谱手稿点校出版，“不仅对徽学研究有极大的帮助，而且对中华传统文化研究大有裨益”。同时也指出该谱的不足说，“一、缺载年份多……凡四十七年未有记录，占鲍氏行年一半强”，“二、有些年份，虽有鲍氏事迹，却过于简略，失去丰富的内涵”，“三、有些年份所记，根本未涉及鲍氏事迹”，“四、有些年份所记时事详，而于鲍氏事略”。是王谱之有待充实丰富。刘尚恒先生有鉴于此，遂本皖人述皖贤之志，立意重写鲍谱，于是先从收集四类资料入手，即：1. 鲍刻丛书的序跋校记；2. 鲍氏交游的书友诗文、年谱、题跋、笔记；3. 各类志书、目录、题跋、杂著等；4. 谱牒、书札及鲍氏诗文之作。有此广阔史源基础当为新编鲍谱奠定坚实基础。

四类资料中，自当以鲍氏丛书之序跋校记为最要。这类资料虽已见诸《丛书》，但因散置而多为人所忽视，实则鲍廷博于版本、校勘、目录诸学之真知灼见皆贯穿其中。刘尚恒先生多年从事目录版本之学，造诣颇深，乃深加选剔，条分类系，分置各年。各条之下，又自加按语以考订异说，补释版本，叙说抄书、刻书、藏书、交流、著录等情况，使鲍廷博之学术亦得以发扬。鲍廷博交游甚广，与学林书苑之宿儒耆旧，多有交往。所记多有裨于传统藏书文化之研究。刘尚恒先生又为所涉及诸君子，补其生平，论其学术，不啻为传统藏书文化增添研究资料，而鲍廷博之书界地位，亦借此烘托，显然得见。至于三四两类，足为全谱辅翼，使鲍廷博一生益显完备。此新编鲍谱有异于王编之一大特色。

刘尚恒先生于正谱之后，增设一《谱后纪要》，记谱主身后行事，颇具创意。《纪要》始嘉庆二十年，终于民国十年，前后计百余年，虽非逐年记述，但有事必录，使有关谱主行事得完整具见，所记主要为促成《知不足斋丛书》最后数集及《续知不足斋丛书》与《后知不足斋丛书》的编纂缘由。其光绪六年条记廷博曾孙鲍寅将家藏赐书《古今图书集成》捐献与文澜阁，是鲍氏此时尚有藏书。若自鲍廷博之父藏书至其曾孙捐书，其间鲍氏藏书虽有散失，终非绝迹，是可称五世藏书之家，为历来藏书家所罕见。此新谱之又一特色。

我与刘尚恒先生为数十年交往之旧识，于学问一道，时有商榷。尚恒一生虽有坎坷，但好学不倦，笔耕不辍，为同仁所称道。今年晋古稀，犹孜孜以求，实足为后学垂范。尝念乡先贤鲍廷博为藏书刻书，卓著功绩，而其事迹不彰，已有谱传又多简略，乃竭数年心力为撰新谱。稿成来舍请序，我虽近望九之年，体弱多疾，而见此作，犹情不自禁，勃然而兴，尽兼旬之力，通读全稿，读后深感学问之无涯，惜尚待字闺中，至希就此待梓之际，于鲍廷博一生之社会背景及有关书林掌故，略有点缀，则全谱当更显丰厚生动。濡笔略志所得，是否得当，祈作者、读者有以教之！

二〇〇八年冬日写于南开大学邃谷，行年八十六岁

原载于《鲍廷博年谱》　刘尚恒著　黄山书社2010年版

《纪晓岚文集》序

一

清乾嘉时期有一位居高位、享盛名、执学术牛耳，为士林宗仰的著名学者、文人——那就是纪昀。他虽以博闻强记著称，但更多的却是流传于人口的一些诙谐风趣的轶闻，有些甚至已近戏谑。这些轶闻的总主旨是刻画他的聪慧捷悟，是一种善意的喜爱，而并非恶意的嘲弄；甚或其中包含着鄙弃自视天亶聪明的乾隆帝的微言。这些逸闻加之于一位翎顶袍笏的封建显宦身上似乎有点扭曲形象，但却不是一般庸官俗吏所能企求得到的。五十年前，我第一次听到纪晓岚这一名字，便是从先祖为我讲说纪晓岚与乾隆帝间一些应对谐趣而来。这些逸闻的辗转相传、历久不衰，证实了纪晓岚无疑是一位口碑在民，具有广泛影响的人物。我对纪晓岚真正价值的认识却是在四十多年前。那时，我正负笈京华，从目录学家余嘉锡先生攻习古典目录学。《四库提要辨证》正是余师萃毕生精力的杰作，仰高钻坚，必然潜研；而《四库全书简明目录》又是指定阅读的参考书，于是原在我头脑中玩世不恭的纪晓岚一易而为殚精竭虑整理编次数千年封建文化成果的文献学家，开始比较准确地树立起纪晓岚真正的学者形象。

二

清乾隆帝是一位善于继承和发扬传统文化，并力求创造出符合其时代需求的文化并加以利用的帝王。他为了总括和选择封建文化的文献而创编一部企图囊括封建文献的总库——《四库全书》，并相应地编纂出一部对万种文献能撮其旨意、得其大要的目录书——《四库全书总目》。编纂《总目》的动议，早于《四库全书》编修的决定。清乾隆三十七年正月，乾隆帝在向各地发布的求书谕中就明确命令要“先将求到各书叙列目录，注系某朝某人所著，书中要旨何在，简明开载，具折奏闻”（《四库全书总目》卷首）。不久，安徽学政朱筠为建议编纂《四库全书》，曾要求一编国家已有藏书目，作求缺依据，二按向、歆父子遗意，对求得之书逐种撰写提要进呈。经过馆臣讨论，乾隆帝最后决定对征集到的图书“详细校定，依经史子集四部名目，分类汇列，另编目录一书，具载部分、卷数、撰人姓名，垂示永久”（《办理四库全书档案》）。这部巨帙空前的目录虽与《四库全书》一样，由乾隆帝第六子永瑢等领衔修撰，但实际主持人则是四库全书馆的总纂官纪昀。

纪昀（1724—1805）字晓岚，一字春帆，晚号石云。河北献县人，乾隆十九年进士，历官至协办大学士，是乾隆时期官方学术领导人之一。他学识渊博，以汉学为时人所重。清代汉学家在评论汉学诸名家时曾誉纪氏“于书无所不通”（《国朝汉学师承记》），虽语有过誉，但也反映汉学家对纪氏学术功力的认识。纪晓岚在乾隆中叶以后曾多次主持官修图书的工作，积累了集体编书的丰富经验。他又善于延揽人才，所以当时许多耆儒硕学都来参加编目工作，如皖派领袖、经学家戴震，史学名家邵晋涵，深明诸子、校勘之学的周永年都成为分部主撰，而纪昀则划一体例，润色文字，起到了集成定稿的重要作用。他的学术功绩和他的后辈阮元颇相类似，而阮氏广集俊彦，似偏于经学一端，固不若纪氏之兼被四部；但后人评论颇有欠于公允者，如清季知名学者李慈铭曾在其日记中写下一段评论说：

> 总目虽纪文达、陆耳山总其成，然经部属之戴东原，史部属之邵南江，子部属之周书仓，皆各集所长。……今言四库者，尽归功于文达，然文达名博览，而于经史之学实疏，集部尤非当家。（《越缦堂读书记》）

这是越缦的一偏之见，难称允洽。耳山后入馆而先没，难言其劳，而纪氏对总目的综合、平衡、润饰之功，实不可泯。纪氏同年友、四库馆同僚朱珪在为纪氏撰墓志铭及祭文时曾有过言简意赅的评论说：

> 昀馆书局，笔削考核，一手删定，为全书总目，裒然可观。（《墓志

铭》，见《知足斋文集》卷五）

生入玉关，总持四库。万卷提纲，一手编注。（《祭文》，见《知足斋文集》卷六）

纪昀对自己主持和参与提要的工作也率真地形诸不同篇什之中，他屡屡自言道：

余于癸巳（乾隆三十八年）受诏校秘书，殚十年之力始勒为总目二百卷，进呈乙览。（《诗序补义序》，见《纪文达公遗集》卷八）

余向纂《四库全书》，作经部诗类小序。（《周易义象合纂序》，见《纪文达公遗集》卷八）

余校录《四库全书》子部，凡分十四家。（《济众新编》序，见《纪文达公遗集》卷八）

诗日变而日新，余校定四库，所见不下数千家。（《四百三十二峰草堂诗钞序》，《纪文达公遗集》卷九）

本证他证，纪氏戮力总目之劳已可概见，而有功学术，为清代目录事业作出贡献，实难异议。乾隆三十九年，以《总目》二百卷篇帙过巨，纪昀又奉命简编《四库全书简明目录》二十卷，既有利推广学术，又造福士林，若干后学多借此以为登学术堂奥的阶梯。国家藏书目同时编制繁简二本是前此各代所没有的创举。

晚近评论纪氏与四库者多指陈其维护封建文化专制主义之弊，此固可谓言之成理，若置纪氏于其所处时代而论，则纪氏实为善于发挥学术社会功能以适应时代要求之强手。苟苛求纪氏具备超越时代的超前意识，则未免过矣！纪氏之与四库总目，不仅为清代目录事业之壮举，也可称古典目录学领域中的宏业。

三

纪晓岚一生倾力于编纂《四库全书总目》，博学多通；又多经颠踬，洞识人生。晚年遂本其阅世数十年之悟思，出其余绪成《阅微草堂笔记》二十四卷，为清代笔记说部增一瑰宝。

《阅微草堂笔记》二十四卷为纪氏五种笔记（《滦阳消夏录》、《如是我闻》、《槐西杂志》、《姑妄听之》、《滦阳续录》）的汇刊，始撰于乾隆五十四年，历时九年，底成于嘉庆三年。五年，门人盛时彦为之校订合刊，以纪氏书斋名名书，并写序记撰述缘起说：

> 采掇异闻，特作笔记以寄所欲言。《滦阳消夏录》等五书，俶诡奇谲，无所不载，洸洋恣肆，无所不言，而大旨要归于醇正，欲使人知所劝惩。

笔记是纪氏“追录见闻”、“时作杂记”之作，所以采访范围颇广：上起官亲、师友，下至皂隶、士兵。内容泛杂：凡地方风情、宦海变幻、典章名物、医卜星相、轶闻逸事、狐精鬼怪，几于无所不包。全书近四十万言，收故事一千二百余则。

晓岚学宗汉儒，于道学虚伪有所抨击，笔记有多处以嘲弄口吻讥刺所谓道学家的迂执虚伪，如《滦阳消夏录》四曾揭露二塾师的险恶行径说：

> 有两塾师邻村居，皆以道学自任。一日，相邀会议，生徒侍坐者十余人。方辨论天性，剖析理欲，严词正色，如对圣贤，忽微风飒然，吹片纸落阶下，旋舞不止。生徒拾视之，则二人谋夺寡妇田，往来密商之札也。

这种借鬼神以讥刺宋儒道学曾引起道咸时人林昌彝的不满而抨击说：

> 其托狐鬼以劝世可也，而托狐鬼以讥刺宋儒则不可。宋儒虽不无可议，不妨直言其弊，托鬼神以讥刺之，近于狎侮前人，岂君子所出此乎？（《射鹰楼诗话》卷二）

林氏评论似正而过苛，不如前此乾嘉时人刘玉书的言婉而讽。刘氏于所著《常谈》卷一也评纪氏托神鬼设教为不当说：

> 晓岚旁征远引，劝善警恶，所谓以鬼道设教，以补礼法所不足，王法所不及者，可谓善矣！第缙绅先生夙为人望，斯言一出，只恐释黄巫觋九幽十八狱之说，藉此得为口实矣！

晓岚虽一生通显，但位居清要，对庸官俗吏的骄横恣肆，排挤倾轧，不仅借鬼神寓言，更有直斥其非者，如《滦阳消夏录》六曾指出除官以外的四种恶人是：

一曰吏、一曰役、一曰官之亲属、一曰官之仆隶。是四种人，无官之责，有官之权；官或自顾考成，彼则惟知牟利；依草附木，怙势作威，足使人敲髓洒膏，吞声泣血。

笔记中还记载了一些社会的阴暗面，如《如是我闻》二之记明季因灾致有屠人鬻肉的惨象；《槐西杂志》二记某侍郎妻虐待女婢的酷刑。这些记载当然不能视为纪氏的有意揭露，但这种纪实之笔却为后世了解封建压迫提供了资料，并使《笔记》具有一定的史料价值。

晓岚生当乾嘉考据兴盛时期，也以考据专学自任，书中多有杂考之属，如《如是我闻》二记京剧中窦尔墩为献县巨盗窦二东的音转；《滦阳续录》二考科场中拜榜、拜录仪制；《滦阳续录》三考新疆巴里坤军士凿井得古镜为唐代遗物；《滦阳续录》五考门联始于唐末以正它书肇于明祖之说。有些记载又颇讲求物理，如《姑妄听之》二记一老河兵推究河石倒流的道理，极为近情。

《笔记》是清人笔记中较有影响的一种，论者较多，其中有以《笔记》为仿《聊斋志异》之作，实则不尽如此，纪昀即认为《聊斋志异》为“才子之笔，非著书者之笔也”，隐然以《笔记》与《志异》为异途。相沿对二书评论多扬蒲抑纪，独清人俞鸿渐的《印雪轩随笔》卷二则扬纪而抑蒲称：

《聊斋志异》一书，脍炙人口，而余所醉心者，尤在《阅微草堂五种》。盖蒲留仙才人也，其所藻绘，未脱唐人小说窠臼；若《五种》专为劝惩起见，叙事简，说理透，垂戒切，初不屑屑于描头画角，而敷宣妙义，舌可生花，指示群迷，石能点头，非留仙所及也。

道光时人梁恭辰于所撰《池上草堂笔记》卷一引张维屏评论《笔记》为“觉梦之清钟，迷津之宝筏”，梁氏更据而按称：“近今小说家有关劝戒诸书，莫善于《阅微草堂笔记》”，归于劝戒之作，未免失之于偏。李慈铭的《越缦堂读书记》中则评其书说：

事涉语怪，实其考古说理之书，其中每下一语，必溯本原，间及考证，无不确核。又每事必具劝惩，尤为有功名教。

这些评论都不若鲁迅所作的全面持平之论，他在《中国小说史略》第二十二篇中说：

> 测鬼神之情状，发人间之幽微，托狐鬼以抒己见者，隽思妙语，时足解颐，间杂考辨，亦有灼见。叙述复雍容淡雅，天趣盎然，故后来无人能夺其席，固非仅藉位高望重以传者。

“后来无人能夺其席”的结论，衡之后来乐钧的《耳食录》和俞樾的《右台仙馆笔记》诸作，确是对《阅微草堂笔记》价值的恰当评论。

四

《四库全书总目》与《阅微草堂笔记》久已为人熟知而可加以论定，而其他诗文，虽知之者尚少，但内容颇多可资参考者，似不应漠然置之。至如应制之作也不当一概否定，斥之为谀上之作，因一则时代使然，二则此等诗文也可见“士人”处境之艰难，违心之论，实逼出此。统观遗集，小疵固难掩大醇。为使纪氏自有其历史价值，提供丰富资料，汇编专集，实为后学当务之急的职责所在。

王沛霖、吴恩扬、孙致中及韩嘉祥四君，寝馈古籍历有年所，深相契合，比年以来，见于纪昀其人其事，未能引起更多人研究探讨使之得到历史确评，推究其主因之一是《遗集》既采集不备，又流传不广，其他资料颇多散佚。于是共事搜寻，重新编定《纪晓岚文集》——除收录原《纪文达公遗集》并《阅微草堂笔记》外，复辑入《明懿安皇后外传》等四种；其他尚有知而未见之文献只能俟诸异日；《四库全书总目》则以刊本既多，流传已广，遂不复入集。至于传述纪氏生平者实有多种，如《清史稿》、《国朝耆献类征》、《碑传集》、《国朝先正事略》、《汉学师承记》、《文献征存录》、《国朝诗人征略》初编、《大清畿辅先哲传》、《清代学者像传》及《知足斋文集》等书均有纪氏传记，惟所记多有重复而资料也欠丰实。近人王兰荫更编《纪晓岚先生年谱》（《师大月刊》第一卷第六期），多方补苴，纪氏生平略备。别有王汉章撰《纪晓岚年谱》，内容简略，难供依据，似为未完稿之纲目，稿本今藏天津图书馆。孙君致中有感于兹，遂广辑资料，成《年谱》二十余万言，以纲记事，附录资料，于是纪氏生平蔚然大备，而研究者检读称便，尤以汇笔记说部中之有关资料为谱余，不仅裨补正史，也足资谈助。

四君点校《纪晓岚文集》既竣，乃问序于我。我以多年致力于流略之学，恒以评论纪氏功过不允为憾，曾著文以辨其事；近年以来，复因撰《清人笔记随录》，研读清人笔记而检及《阅微草堂笔记》，又随手有所札录。《四库全书总目》与《阅微草堂笔记》既为晓岚一生成就所在，而我又于此略有所知，于是欣然应命，撮述成稿而为之序。

一九八九年新春于南开大学北村

原载于《纪晓岚文集》 （清）纪晓岚著 孙致中等校点 河北教育出版社1991年版

《纪晓岚遗物丛考》序

纪晓岚是清代乾嘉学术鼎盛时期的著名学者，由于他倾毕生精力于《四库提要》的编纂和《阅微草堂笔记》的撰写而屹立于世界文化学术之林。由于他在民间流传着若干表现聪明睿智的传说和故事，而为广大民众颇为熟悉和喜爱的人物。因而也就被一些迎世媚俗者流所猎取，戏说之作一再编造，扭曲形象，误导民众，致失人物本真。谬种流传，势不得不有所纠谬，而最佳途径，莫若以正面事实批驳，而以实物印证尤具力度。

今秋，北京有关部门有恢复纪晓岚故居之议。纪晓岚故居位于北京正阳门外，珠市口西大街原虎坊桥东，现仅存西院，东邻晋阳饭庄。纪氏故居原为雍正时名将岳钟琪旧宅，建于雍正七八年间岳氏声势正盛时。雍正末，岳钟琪获罪拘禁，家人急谋出手宅第。适当其时，纪晓岚之父纪容舒携子晓岚来京补官，遂购得岳氏旧宅。当时纪晓岚尚为十一岁的少年。从此，纪晓岚即在这所宅第内攻读、科试、任官，直至三十九岁外放福建学政止，一共住了二十九年。由于纪父回乡养老，纪晓岚又赴外任，这所宅第曾先后典租与人。乾隆三十六年，纪晓岚四十八岁时，由新疆戍所赦归返京，又重住此宅，直到八十二岁终年。约住了三十五年。纪晓岚在这所宅第中前后共住了六十多年，实可无愧于故居之称。

我有幸应邀与议其事，会间于故居定位问题颇有议论，一说作为旅游景观，按传说故事制作新造型，布置故居以迎合世俗；一说以文化景观定位，以纪氏生平及贡献为主干，以体现一代文化名人之形象。反复议论，终以文化景观定位。如此，不仅使纪晓岚得其本真，为海内外人士所共仰，抑可纠当前戏说失真之误，以正视听。惟既以文化景观定位，不只以文献为据，尤当有实物见证，方可取信于人，而搜求遗物诚非一朝一夕之功。不意与会者有沧州王敏之先生，早于此前，已多年追索纪氏遗物。并于会上出其所著《纪晓岚遗物丛考》一稿。此天佑纪氏，获此机遇！我不仅为故居得布展线索贺，更为王敏之先生累年辛勤，终得其用贺！

王敏之先生为纪晓岚故乡沧州市收藏家学会副会长，多年从事纪晓岚遗物搜集，颇著成绩。经多方奔走，以拍照、墨拓为手段，共得图片500余幅；又潜心研究，于各件加以注释、浅说、考证，乃成《纪晓岚遗物丛考》一稿。全书共分故居、匾额、信札、诗稿、跋语、题铭、评注、考证、藏砚、印章、画像、文房用具、书法作品、画卷、墓葬、墓碑、墓志、《家谱》、《砚谱》等十九类。纪晓岚一生形迹，已可得其大概。

王敏之先生此作，成书有年。我于此次会间，承王先生嘱读，深感其搜求之广，用力之深，惜犹待字闺中，颇以为憾。甚望助成其事，庶其书得不日问世。我虽年登耄耋，愿预为之序，将拭目以观其成！

二〇〇二年初秋中浣于南开大学邃谷

原载于《纪晓岚遗物丛考》　王敏之编著　人民日报出版社2003年版

清人别集的价值

——《南开大学图书馆藏稀见清人别集丛刊》序

“集”是中国古籍分类四分法中的一大部类，源起于汉刘向、刘歆父子《七略》之《诗赋略》。《诗赋略》中包括歌诗、屈原赋、陆贾赋、孙（荀）卿赋以及杂赋等五部分。班固《汉书·艺文志》承向、歆父子余绪，仍设《诗赋略》。魏晋以还，有晋荀勖《中经新簿·丁部》、梁阮孝绪《七录·文集录》以及多数以四部命名的目录，下迄《隋书·经籍志·集部》、《四库全书·集部》等所涉集部，皆自《诗赋略》一脉相承而来。至于阮孝绪之易王俭《七志》之《文翰志》为《文集录》，曾于其《七录》序中释称：“窃以顷世文词，总谓之‘集’，变翰为集，于名尤显，故序《文集录》为内篇第四。”“集”之地位，自此大定。

集部之设二级目，始自阮孝绪《七录》之《文集录》。《文集录》包含楚辞、别集、总集、杂文等四类，以后目录分类大致历代相沿，如《隋书·经籍志》、《古今书录》、《旧唐书·经籍志》、《新唐书·艺文志》、《郡斋读书志》、《遂初堂书目》、《宋史·艺文志》等都基本相同。《宋史·艺文志》以“文史”易“杂文”，仍成四类。《明史·艺文志》去“楚辞类”，仅剩三类。清《四库全书》则在楚辞、别集、总集后增加“诗文评”与“词曲”两类，共成五类。而“别集”始终有其一定位置。

“别集”起源，一般认为始于东汉，但汉人文集多为后人辑编。此后历代文人亦多有个人诗文别集行世。至清，由于刻书条件方便，文人学士所著诗文，多付剞劂，或为家刻，或友生助刻，成书殊多。唯其总量若何，至今难定。王重民、张舜徽诸前辈所接触之清人别集，不过千数百种；《贩书偶记》正续编合计清人别集约4000种。《清史稿·艺文志》及其补编合为4575部；清史编委会所编《清代诗文集汇编》收4380种。其藏量最大者为藏书家伦明所藏清人别集则近万种，惜已散失。其为清人别集编制目录者，有李灵年、杨忠所编《清人别集总目》，著录现存的2万名作者的约4万种作品。又柯愈春所编《清人别集总目提要》亦著录19700家，4万余种。两种统计略有差异，但基本相近，这应是清人别集的近实数字。

如此大的数量，并非庋藏于一地一处，而是分散在全国各地、各系统的图书馆和储藏所，甚且延伸到海外各地。其中有大量稀见别集，货藏于地，难以利用，未免遗憾。若干高等院校图书馆有识之士，深以本馆所藏不为世人所知而长期隐没为憾，于是创意，凡别集藏有一定数量之大馆，各就所藏，相互沟通，择其稀见，合为丛刊，并成提要以应世。南开大学图书馆亦与其事，历时二年，终于选定161种馆藏稀见清人别集，并由古籍部同仁分别撰写提要。主事者以我于上世纪八十年代曾掌馆务，而于清人别集又使用较频，略知概况，乃邀作序。既有此书缘，乃欣然接受而为之序。

南开大学馆藏清人别集达数百种，择其稀见者161种入于丛刊。其作者上起清初，下迄清末。作者身份多不同，有尚书、御史、状元、进士、贡士、隐逸、遗民、道士、释子以及妇女等。除陆圻、余怀、张伯行、朱壬林、范锴、翁元圻等少数知名人士外，大多为不见经传之一般文人，故其所作，颇少藻饰。但其题咏、序跋及唱和者又颇多出名人之手，如毛晋、周亮工、钱大昕、卢文弨、方东树、林则徐、杨以增、吴德旋、冯登府等，若加辑存，不仅可备了解此集及其作者之大概，或可补重要人物记事之不足。

所载可用以证史、佐史之史料，如第一种明清之际钱塘陆圻所著《威凤堂集》三十六卷，集中有涉及明后期史事者颇繁，有为庄氏明史所撰有关志书，卷二十八记有明三大案甚详。又第二十五种康熙时昆山周梦颜所著《自怡轩杂文》二卷，为其曾孙蕙田于咸丰七年（1857）所辑并刊行者，所收《请减苏松浮粮疏》及《苏松浮粮考略序》等经世济民之作，乃针对当时一大社会问题，对改革清前期财赋制度有极好建议。第六十八种乾嘉时人侯官谢金銮所著《二勿斋文集》卷一《异物说》，即斥鸦片之危害称："世有不义之富贵，而鸦片应之以生。"第一百六十种道咸时广东顺德人黎原超所著《侣樊草堂诗抄》六卷之第一卷所收《羊城夷警》及《粤氛吟八首》述道光二十年（1840）鸦片战争事，颇具史料价值。

丛刊尚收有妇女别集，第五十五种乾嘉时满洲女史佟佳氏之《绿窗吟稿》二卷，为清抄本，所收多咏物、抒怀、酬唱、寄答、闺思、闺怨、怀旧、悼亡等作。第五十六种《瘦吟楼诗集》作者江苏长洲金逸为袁枚女弟子，诗作数百篇，能见当年一般知识妇女之日常生活。惜二人均早逝，未有更多作品传世。又第一百三十六种嘉道时福建莆田陈淑英之《竹素园集》四卷，同治间刊行，含《竹素园诗抄》二卷及《竹素园集句》二卷，亦可备一格。在男性别集中亦不时可见妇女之生活，如第四十七种康乾时诗人浙江衢州叶闻性之《自娱集》，即有咏畲族妇女形态者，诗云："更饶畲客妇，裙裤不掩胫。竹髻裹花巾，珠珰悬两鬓。负担胜健儿，入市群相趁。"生趣盎然，令人遐思。

其版本有抄本、刻本、写刻本、活字本等。自康雍乾、嘉道咸、同光宣至民国，历朝不缺。以道光刻本为最多，有36种；其次光绪，有32种；最少者为雍正，仅1种。其文体涵盖较广，有诗赋、传记、书序、记事、杂剧等多种。

别集既已选定，同仁等为节读者翻检之劳，乃每种分别撰写提要一篇，记作者生平经历，学术交游，集中大要等。我读其提要，见其所述，颇可供指引读者了解利用之需，择其数例以明提要之内涵。

其著版本异同者，如第十四种明清之际莆田余怀之《江山集》，又名《五湖游稿》共三卷，含《鸯湖游稿》《石湖游稿》及《泖湖游稿》等3种，但蒋生沐《东湖丛记》所载《江山集》，包括《平生萧瑟诗》《三湖游览志》《枫江酒船诗》《梅花诗》等4种，与抄本不同。又第二十四种常熟冯武的《遥掷稿》15种，为康熙宝稼堂精刻本，其他尚有上海图书馆藏抄本，而国家图书馆所藏亦为宝稼堂本则为19种，二者相核，南开本则缺《问天集》《向隅集》《耄言》上下、《梅游杂咏》等4种，故南开本应非全貌。

别集多有题咏序跋，多为名人所作，有评有辩，提要多有录入，可备读集者参考。第十三种康雍时江苏盐城人成永健之《偶存诗集》八卷，其卷前方正玭所撰《凡例》中，言永健之诗"从三唐入手，不落宋元窠臼。其博奥妍华，真可颉颃西昆，而中之沉郁深至，则本于少陵"。近人邓之诚《清诗纪事初编》卷四亦言："诗格颇近杜陵，词新气逸，饶有新意。即以诗论，亦复不让名家，然颇不为人所知。"第三十五种雍乾时安徽宣城人袁穀芳之《秋草文随》十卷，有袁枚、王鸣盛、钱大昕、程晋芳、阮葵生、戴震、姚鼐、蒋士铨、翁方纲等多位著名学者为其诗点评，如钱大昕于其《孙清原传》文后评曰："叙次纤细悉入妙，置之《震川集》中，几莫能辨。"又于《老仆斋公墓志》后评曰："文到妙处不过一真字，真便可传，又何用寻轩冕客为题，以虚长文集之声价耶？”如此佳评，颇有助于作者声名。

随举数例，可借提要以进窥别集之价值。惜撰文之前，启动仓卒，既未定统一规章；文成众手，事后又乏通稿之笔。以致各文略欠规范，写作水准，亦时有参差，但终可当导读之需。尚祈读者谅其不足，取其优长，用之为检索之具，则幸甚矣。是为之序。

二○一○年二月写于南开大学邃谷，时当米寿之年

原载于《南开大学图书馆藏稀见清人别集丛刊》　南开大学图书馆编　江晓敏主编　广西师范大学出版社2010年版

《中国流人史》序

世有“显学”与“晦学”之分，“显学”为当世所重，而“晦学”虽其学重要，然资料发掘艰难，前人成作较少，一时难见其功，学人潜研者寥寥，若为世所遗忘者，今之流人史、流人文化、流人学类此。

李兴盛研究员三十余年来，一直沉潜于我国流人问题研究，其所著连年问世，凡个案研究、文献记录、史事纵论、理论探讨，均所涉猎，涵盖可谓深广。曾先撰有我国第一部地区流人通史《东北流人史》，后撰有我国第一部流人问题理论探讨之作《中国流人史与流人文化概论》，其间又撰有我国第一部流人通史《中国流人史》，皆为有功学苑的开拓之作。

近年来又对其《中国流人史》进行修改增订，扩写成二百余万字的皇皇巨著。这是一部内容丰富、史料充实、论述新颖、文字流畅之作，是一部填补空白、独具特色的学术专著。

一、《中国流人史》开创了流人研究的完整领域

中国流人的源起很早，但过去只有一些对个别地区、个别人物、个别问题的零散论述。它们不仅数量少，而且大都是从刑法、文学、移民、边疆开发和人物等角度出发探讨，有所论述。《中国流人史》则是对流人问题进行全方位、多层次、各区域的完整论述，开创了流人史研究的新体系。随之而起的将有各种类型有关流人的专题著作相继问世。《中国流人史》筚路蓝缕之功，实不可没。

二、《中国流人史》的研究具有可供借鉴的现实意义

知识分子在流人中所占比重几达一半以上，许多诗人、作家、政治家等，从屈原到林则徐都遭受过流放的命运，所谓“天下才子半流人”，此之谓也。《中国流人史》抓住这一关键，不把知识分子流人的遭遇作为个案，而是加以系统论述，使之成为记述中国知识分子坎坷经历、不幸命运、悲惨处境，而仍能百折不挠、利国利民、奋发向上的感人史诗。这不仅具有学术意义，亦充满着浓郁的现实意义。

三、树立了准确评价历史贡献的范例

流人往往与罪犯联系在一起，因此对他们的贡献没有充分地给以应有的准确评论。《中国流人史》以大量篇幅、详尽的史料记述了自先秦至清代中国流人的状况，并立专章系统论述了中国流人在军事、经济、文化和教育等方面对中国社会发展所作出的贡献与历史作用。并以大量材料阐明其所以取得成就的缘由。

总之，目前李兴盛研究员之于流人问题研究，有史、有论、有专门著述、有文献汇编，已由流人史、流人文化之研究，升华到流人学之研究，即足称完整架构专学之规模。这部新版的巨著，就是最好的力证。

二〇一一年九月二十五日

原载于《中国流人史》　李兴盛著　黑龙江人民出版社2012年版

流人学的脚步

——为《中国流人史与流人文化论集》作序

世有“显学”与“晦学”之分。“显学”为当世所重，群趋若鹜。如清之乾嘉朴学，今之红学、敦煌学，于是资料盈箧，成果丰硕，人才辈出，为举世所属目。“晦学”则不然，虽其学重要，然资料发掘艰难，前人成作较少，一时难见其功，学人多视为畏途，潜研者寥寥，若为世所遗忘者，近之流人学类此。流人源出于流刑，多为蒙冤受屈，备受迫害与刑罚者。流人颇多具有文化素养，甚至学问淹博者也为数不少。虽投诸四裔，犹不弃边远，播种文化，开发蒙昧，厥功至伟，是流人与流人文化问题固不得不有所研讨，而世之投身斯业者固屈指可数也。

我之接触流人问题，始得益于安阳谢国桢（刚主）先生，我家与谢氏有通家之谊，少时曾借书于谢氏，得读刚主先生所著《清初东北流人考》，为前此未读之书。见其对清初发成东北之流人所作专门性研究，既钦其治学视野之广阔，复感其研究有裨于清初开国史的探求。后此则未见有关流人新作。五十年代以来，于流人问题之研究亦未见有起色。八十年代初，海宇廓清，学术文化顿显新颜，有幸获识西北周轩、东北李兴盛二君，皆以流人问题研究自任，撰述探讨，卓有成就。周轩君为我素识，切磋交流，时有尺雁往还，并承不弃，邀我为所著《清宫流放人物》作序，深佩其僻居边陲，而能因地制宜，穷年累月从事“晦学”研究之精神。我识李兴盛君较晚，初仅书信往来，继又得读惠我大作。前二年，兴盛不辞千里，亲临寒舍，一倾积愫，固恂恂然一君子也。我虽曾粗涉流人之学，而视李君所著之精深，则瞠乎其后矣！1991年，读其所著《东北流人史》，深冀其由一隅而扩及全面，孰意不及五年，而百余万言之《中国流人史》又问世，李君用功之勤，投入之深，求之当世，实不多见。我曾为此书做过鉴评说：《中国流人史》“是对流人问题进行全方位、多层次、各区域的完整论述，开创了流人史研究的新体系”。我通读《中国流人史》的最深感受是，他不把知识分子流人的遭遇作为个案，而是加以群体的系统记述，使之成为记述中国知识分子坎坷经历、不幸命运、悲惨处境而仍能百折不挠、利国利民、奋发向上的感人史诗。我读书未遍，关于流人史的研究，除周、李二君的著述外，其他专著、论文所见尚鲜，此流人学之所以为“晦学”也。究其缘由，愚意以为治此学者必需具备三条件：

其一，研究者必须久居边远戍地，对流人生活背景、岁月煎熬有亲临其地的切身感受，有一种为不幸者存史的激情冲动，乃以真挚的感情去探讨、研究、论述中国知识分子的忧患史。这是最重要的精神支柱。

其二，研究者必须具备发现挖掘史源、搜检考校史料和公允评论人物的学识底蕴与熟练技能。惟其如此，方能于人于事，持之有故，言之成理。方能由此及彼，由表及里，由个案至群体，由远古及近世，撰成诸种著述，使流人学之研究不数十年而蔚为大国。这是最重要的物质基础。

其三，研究者必须澹泊自甘，硁硁自守，不急功好利，不艳羡荣华。以悲天悯人之心，阐幽发微；不偏不倚，还人物以本来，终其生而无怨无悔。这是最重要的史德。

三者言易而行难，周、李二君得天独厚，幸逢其会，一羁居西陲，一谋食黑水，耳听故老逸闻，目见流人遗迹，抚今思昔，思潮汹涌，笔端激情，油然而生。二君皆好学深思之士，穷年累月，孜孜不倦，广搜博采，勤于著述，颇见称誉于学术界，而李君兴盛所著连年问世，凡个案研究、文献记录、史事纵论、皆所涉及，涵盖可谓深广。今复出示其《中国流人史与流人文化论集》，捧读之余，欣悦不已。兴盛倾历年之积存，更于《中国流人史》之基础上，总结升华，成此论集。从此，有史、有论、有著述、有文献，足称专学之规模。

创建流人学之建议虽发自商传君，而身体力行者则惟李君兴盛。兴盛之辑《中国流人史与流人文化论集》，虽为辑录其于流人问题研究中之理论观点，实则寓构筑流人学框架之深意。书分上下编，上编阐述有关流人史与流人文化之理论问题，诸如流人的分类、流人史的分期、流人文化的界定与特性、流人历史作用的评价等等；下编为文选，辑与撰者及其著作有关之资料，可备了解兴盛治学历程与所获成就之参考。

流人学的成立是兴盛的一个梦，他自谦目前是“残编寻旧梦”，我看他已在日益走近“全编圆美梦”的佳境。他自勉是“攀登今未已，风雨正兼程”，我则以耄耋之年真诚地期待流人学不久将在社会科学的学科分类表上堂堂正正地占有一席之地。流人学之跫然足音，殆已日近一日。兴盛其勉旃！是为之序。

二○○○年十二月三日写于南开大学邃谷

原载于《中国流人史与流人文化论集》　李兴盛著　黑龙江人民出版社2000年版

《清宫流放人物》序

上古有墨、劓、刵、宫、大辟五刑，后又增流刑作为宽宥五刑的补充措施。《尚书·舜典》中所说“流宥五刑”，即指舜因五刑残及身体乃用流放方式以代替五刑，并且还规定“五流有宅，五宅三居”，使流放者到一定地区去住按规定的住所。所谓“五宅”是按五刑而各有不同的住所；所谓“三居”是按罪情轻重分别到三种距京城远近不同的地区去服刑。这是舜以“流”来代替肉刑的宽宥政策，“流共工于幽州，放驩兜于崇山”便是这种宽宥政策的具体体现。这虽然包含某些传说成分，但直至汉成帝时，帝舅大将军王凤乞退时曾说：“陛下以皇太后故，不忍诛废，臣犹自知，当远流放。”（《汉书·元后传》）仍然以“流”作为代替诛死的一种宽遇。隋唐以来正式把“流”列入“笞、杖、徒、流、死”的五刑之一，成为轻于死刑，重于徒刑的一种惩罚手段。于是有许多人便因各种不同原因而受到“流”刑的惩罚。

历史上对“流”刑颇多记载，只是在用语上时有不同。史书上曾经用过“迁”、“徙”、“流”、“放”、“流徙”、“流放”、“长流”、“贬”、“谪”、“责置”、“斥逐”、“发”、“发戍”等等词语来表示“流”刑的实施。历史上有许多将相名臣遭受过这种厄运。史书和说部中的“流”刑记载也屡见不鲜。每当我读到这些故事时，常常产生不同的感觉：对其人其事或有罪有应得的快意，或有感叹惋惜的同情，或有扼腕腐心的痛恨，或有正义获伸的希冀……但总缺乏完整系统的总体认识而希望能读到一本比较集中论述的著作。后来读到谢刚主先生所著《清初东北流人考》，见其对清初发戍东北之流人所作专门性的研究，深感有裨于清初开国史事的探求；但它限于清初，局于东北，犹未餍所求。建国以来，历史人物多为学人所瞩目，但又多重英雄人物或大奸巨慝，而于失意政坛，投之四裔者则尚少涉及。近读周轩先生所撰《清宫流放人物》手稿，深幸此研究缺门得有所填补。

周轩先生长期奉职新疆，孜孜探求，勤于著述，其零篇单著多见报刊，而独立成书者虽积有五种，但终因艰于枣梨，仅有《清宫流放人物》一种得以问世，此不得不感叹学人之窘困，顾较之终生积稿盈箧而未获刊行者亦云幸矣。周轩先生之立意撰著《清宫流放人物》，盖亦有自。周轩先生虽身非发戍之人，但久居往昔戍地之边远地区，以其识见之敏，因地选材，当在意中。周轩先生穷年累月，翻检典籍，叙清宫流人生平，乃成一书，题曰《清宫流放人物》。自顺治迄宣统，分朝代顺叙而下，共收录近300人。其言“清宫”者，明其为清朝政府所流放人物以别于一般民间因事流放者。周轩先生于缀辑人物生平基础上成前言一稿，置于卷首，胪述自古以来流放人物情况，并分析诸种流放类型。如是手此一编，不仅可为读全书之锁钥，更不啻读一流放小史。全书于流放人物颇能详其生平遭遇，惟于流人对戍地之作用与影响似尚可深入探求，加以浓彩重墨。此固管窥之见，不足掩瑜。若周轩先生以此书为起步，更拓展其研究视野，纵横贯连，撰成中国流人史，则当更有可观。

周轩先生与我初为书信往还之文字之交。1986年，我参加纪念林则徐诞辰二百周年学术讨论会，始面晤于榕城福州；次年又赴新疆参加林则徐西戍一百四十五周年纪念活动，始面晤于乌鲁木齐，再度相会于伊犁河畔。接谈之下，对周轩先生治学与应世有更多了解。当时，周轩先生正致力于林则徐诗文之研究，并撰成专著，请序于我，后因该书未获出版，而稽延其事。今冬，《清宫流放人物》行将付排，北京故宫博物院紫禁城出版社编辑栾静莉女士受周轩先生之托，专程送全稿来舍，坚邀作序。我为履践旧诺，尽多日之力，读竟全稿，因述其缘由，泚笔而为之序。

一九九二年十二月写于南开大学

原载于《清宫流放人物》　周轩著　紫禁城出版社1993年版

《清宫藏照揭秘》序

摄影技术随着中国近代历史的开端而出现，而且不过二十几年就在古老的中国被使用。它的出现与使用不仅对文化积累是一大贡献，也是对历史的考信提供了绝佳的条件。像片继千数百年依靠文献、实物作为史据之后，为历史的探求开辟了新的形象史源。同时，在各种撰述中设置像片，使之图文并茂，相辅相成，较之以往仅靠手绘图像更为真切，更足征信。它使中国左图右史的优良传统发展到更高的层次。

摄影术传入中国，首先出现于宫廷，尽管当时有种种怪异的想法和说法，但抵制力并不太大。因为从目前发现的最早一张像片乃是清醇亲王奕譞在摄影术发明后的二十四年所摄；即使顽固守旧如慈禧也不视为奇技淫巧而加以绝对地排斥，而且颇好此道，留下了不少遗照。其原因就在于这一技巧确实有存真驻颜之妙，不由得不使人因其新鲜感而加以钟爱。从而使这一技巧不断地扩展：从宫廷到民间，从人物到器物，都依靠它来留真传后。中国近代的博物馆为之增加了庋藏，近代问世的若干著作也借此而添插像片，显露光彩。这是文献的积存与利用的一大进步。但它却向人们提出了新的课题，就是收藏时，由于认识不足或者一时疏忽，没有及时经专家确认而作出文字记录，时过境迁，虽有珍贵的形象史料，但因无法辨认而不得不忍痛割爱。

近十几年来，我由于撰写编纂了一些书，总想在书内配置若干帧像片以增添形象感，加强可信度。承收藏单位的慷慨，容我从大量的藏品中拣选可意的照片，结果有些往往由于对人物辨认不清，无法写文字说明而不得不放弃，如一张辛亥革命时期有历史意义的群照，除孙中山、黄兴等屈指可数的几人外，其他人物均因无法指认而舍弃。北洋时期的照片也复如此，前两年几位友人编写一部《北洋政府总统与总理》，卷首刊出总统七人、总理二十九人，共北洋首脑人物三十六人的像片。其中有些人得之较易，有些人则搜求甚难。既搜求全备，而辨认又颇费周折，如贾德耀、杜锡珪等为人所不熟悉均需辗转经亲属戚友认真确认。是书问世后，由于北洋时期总统、总理的形文俱备而形成一大特色。因此，每当我惋惜某一像片难以采登之余，常常联想到似乎应在文献积累、研究与利用上增辟一门像片辨认学，把数以万计的珍贵形象文献一一辨认确切，写成文字记录，既可备展示给人以直观教育与启示，又可备学者据以论证或考察。同时，对新像片的采集与入藏也应及时确认存档。这样，像片这一形象文献将发挥不逊于文字记载与实物遗迹的考信作用。可能由于像片辨认学这一名称不够确切和典雅，虽经建议，也未能如响斯应，得到支持，所以只能默祷能有一位既有机会接触大量像片，又有才智足能辨认考订者，取得一定实效来支持我的想法。不意这一意念却被汪莱茵女士捷足先登，开创了对历史像片的探讨与研究，并撰成《清宫藏照揭秘》专著问世。

莱茵是我早期的学生，潜心清宫史的研究，历有年所，学术造诣与时俱进，我还经常从她那儿汲取知识，彼此已是一种师友之间的关系。她自嘲为“学问傻子”，这不是傻子的傻话，恰恰是聪明人的真话。不仅学问，天下万事都需要傻子。如果没有傻子的傻劲，要想干点成绩是不易的，也是飘浮的。莱茵在故宫长年默默无闻地从事陈列展览工作，后来又在《紫禁城》为人作嫁；但她并不是枯坐终日，例行公事。她善于利用优势，肯于下苦功，近年已连续出版了两本清宫史的著述，她都不弃老朽，专函邀我作序。我既眷念师弟情谊，又确实佩服她的锲而不舍的精神，所以都应命而作。这次她又把新作《清宫藏照揭秘》全稿寄来，并附有情真意挚的信函，再一次邀我作序。我非常高兴，既赞赏莱茵的用功，又庆幸自己以望七之年居然能在莱茵的著述中获得“三连冠”的荣耀。欣慰之余，立即展读。近年，我的夜读习惯已有所改变，总是节制在不过午夜；但莱茵这本十余万字的著述却使我破例用三个夜功，读到两三点钟，并在读竟的凌晨即捉笔写序。这篇序写得很笨拙，但莱茵应该接受我的真心诚意。

莱茵这本《清宫藏照揭秘》不仅实现了我的理想，也给某些进入宝山空手而归者以启示，虽然全书篇帙不大，但确为研究心得。其涉及范围既有人物，又有器物；其论述考辨，既据文献，复采口碑，于研究清宫史及其他学科实有裨益。其记1863年奕譞的第一张像片为迄今所知最早的像片，距世间所传慈禧像片提早四十年，为中国摄影史上推近半世纪。其记溥仪与泰戈尔、英王子及庄士敦诸人合影可见当时中外之交往。其记宫廷园林背景可备古建筑研究与复原以及旅游资源之开发提供可靠的依据。其记宫廷取暖与卫生设备既可见宫廷生活的享受与奢靡，又可为探索清宫建筑价值的凭证。他如宫闱日常生活以及人际往来等不一而足。手此一编，不仅可知若干轶闻逸事，又可破谜解惑。

最近莱茵又将远涉重洋去探奇访珍，希望能着意搜求流散域外的像片以补缺参错，再有《海外散照揭秘》之作。宫史为历史的一部分，前此多以其关涉统治阶级生活而有所漠视，孰知彼时之运筹决策多出其中，固不得弃而不顾。莱茵颇具史材，又有接触藏品的条件，前此诸作，无异铺垫。若能再以十年一剑熔铸之功，成《清宫史》之作，不啻为史坛增一异卉。设莱茵再有所请，八十老翁当掀髯大笑，泚笔以待。莱茵其勉旃！

一九九一年三月上浣作于南开大学邃谷

原载于《清宫藏照揭秘》　汪莱茵著　书海出版社1992年版

《故宫旧闻轶话》小序

莱茵是我二十多年前的学生，承她不弃衰朽，把她所撰的《故宫旧闻轶话》书稿送我阅读，并请序于我。我边读边感到有一种不可遏止的喜悦。不由得使我想起北魏李谧初师孔璠，数年后，孔璠反向李谧请业的故事。人们为此流传着“青成蓝，蓝谢青。师何常，在明经”的赞誉。这个动人的故事多年来一直回翔在我的向往之中。我总想为人师者，如果有幸向自己的学生学习，那应是一种最好的欣慰与奖赏，而当我灯下夜读莱茵这部书稿后，不禁感到愿望实现的满足。

莱茵的书稿是她从历年研究紫禁城历史的百余篇作品中选录出来的。她的各篇文字既非洋洋洒洒的皇皇大文，也没有什么惊人之笔和涂抹什么艳丽的油彩，只是一方方信而有据、娓娓动听地描绘历史沧桑的篇章，从一个方面显示了悠久、灿烂的祖国文化。

也许出于一种师生情谊的偏爱，我以两个夜晚通读了全稿，使我过去某些朦胧模糊的影像清晰了，某些空缺得到了填补，从而渐渐沉浸在吮吸知识的境界之中。假如人们先在头脑中储存了这部书稿的信息，再去漫步于紫禁城，那就会有更真切的感受，获得更丰富的收益。

我以花甲初度之辰喜读莱茵的《故宫旧闻轶话》，很想提笔在书名后增题“初集”二字，并自祷能在古稀之年再夜读她的二集、三集……并为她写新序。

一九八三年十月于南开大学北村邃谷

原载于《故宫旧闻轶话》　汪莱茵著　天津人民出版社1986年版

《紫禁城——红墙内的宫闱旧事》序

五年前，我曾应莱茵之请为她的《故宫旧闻轶话》写过一篇小序。那时，我正六十岁，所以曾在序的结尾处写道：

> 我以花甲初度之辰，喜读莱茵的《故宫旧闻轶话》，很想提笔在她的书名后增题“初集”二字，并自祷能在古稀之年再夜读她的二集、三集……并为她写新序。

这本是我的一种祝愿，想不到莱茵只争朝夕，在时隔五年，我尚未到古稀之际，就拿出她和伯霖合写的《紫禁城》一书，并仍请我为之作序。这不仅是莱茵的勤奋，也是我们之间一种难得的机缘。

紫禁城是明清两代象征政治中心的宫阙。辛亥革命前的几百年中，它是维系亿万生民的精神支柱；改朝换代也以谁主宫禁浮沉而定。辛亥革命以后，虽然王朝倾覆，但逊帝仍留居宫禁中，因此又翻云覆雨地不断卷动政治漩涡，引起多少遗老遗少的眷恋和遐思。直至1924年末代皇帝溥仪被逐离开宫阙，紫禁城失去了固有的禁区神秘色彩，宫阙和珍藏才逐步呈现在人们面前。人们对巍峨的宫阙和耀目的瑰宝叹为观止；但是，对宫阙的兴建沿革、藏品的艺术价值却知之甚少或知之不详，所以非常需要有一些历史、文物、考古专家来从事整理、研究、撰述和论定，使人们不致有如入宝山，空手而归之憾。

莱茵是历史专业的科班出身。她没有跻身于侈谈高论，也没有沉浸于饾饤征考，而是倾精力于旧宫历史的研究。三十年的岁月，她由文献钻研到实地考索，终于使这座曾居住过二十四位皇帝，迄今犹存的世界上仅有的大建筑群及其珍藏被完整而系统地历数其沧桑风雨。这正是一位长期默默的学者辛勤劳动的真正价值。

莱茵的这本书以明清两代历史发展为主线，融合了五百年间的旧闻掌故和轶事琐语。她没有板起面孔说兴衰，而是娓娓动听谈往事。这本书是《故宫旧闻轶话》的增订和续篇。书凡十章，以宫殿立章，并围绕一宫一殿记史事、掌故、器物、建筑，兼及人物活动，致使一编在握则宫史诸端均历历如绘，加以书端附图精妙，益得图文并茂之趣。而伯霖则对欧美文化艺术素有修养，并曾实地考察过许多国家的古代宫殿，收集了大量资料，进行比较研究，为本书增色不少。

也许有人认为这本书只是杂录掌故之属，不是什么学术性的专著。这是一种狭隘的偏见。史文体裁，自古有多种形色，设仅拘一体，则史著将日趋苍白，为识者所不取。莱茵勇于自辟蹊径，独具匠心，则于学之外，更有识焉，我故乐为之序。

一九八八年中秋于南开大学北村邃谷

原载于《紫禁城——红墙内的宫闱旧事》　汪莱茵、陈伯霖著　南开大学出版社1989年版

《林则徐评传》序

林则徐的业绩和历史地位已有定评，论述其一生的专文也为数不少，但过去对这一人物进行全面研究而写成专著的却寥寥无几。解放前，仅有魏应麒所撰《林文忠公年谱》等一二种，其内容也久已难应时代的需求。解放后，中国近代史的研究勃兴，各种专著如雨后春笋，而惟独对这一近代历史上的起点人物的研究则显然偏枯。六十年代，《林则徐集》陆续编辑出版，有关研究林则徐生平的专著也在相随进行。稍后，即因人所共知的原因而使这些专著只能默默地进行。八十年代，一扫阴霾，于是厦门大学杨国桢同志的《林则徐传》和拙著《林则徐年谱》分别在北京、上海出版，当时有所谓“南谱北传”之称。此外，华东师范大学蒋世弟同志的《林则徐传》也被收入上海人民出版社所编《中国近代史丛书》中出版。谱传等的出版虽填补了这方面的缺空，但就林则徐这一人物而言，似仍有撰述余地。

1982年在福州召开的“林则徐与鸦片战争学术讨论会”大大地推动了对林则徐的研究工作。也就在这次会上，我结识了福建师范大学的中年教师林庆元同志，拜读了他提交大会的论文，并承他告知正在撰写《林则徐评传》，将由河南教育出版社出版。他还约请河南社会科学院院长胡思庸教授作序。思庸兄既是鸦片战争史专家，又是河南学术界的领导人物，由他为河南出版的本行专著写序是最适合的人选。不意在即将付梓前夕，思庸兄因目疾而难以捉笔。按惯例，一部书前总要有篇序才算完备。因此，林庆元同志又把写序任务转托给我。写序难，为同行著作写序更难，为同一课题的专著写序尤难。赞扬多了则失之于俗，指点多了则失之于妄。特别是年齿衰朽的人为风华正茂的中年朋友的著作写序则难之尤难。惟一的办法是用几个月时间，过细地研读内容，查核资料，略尽拾遗补阙之劳，然后述其始末而成序。但是，我的公私事务确实比较繁杂，难以有完整而不受干扰的时间，所以只能以歉疚的心情，挤零碎时间，粗读一过，略陈臆说。

这部书，从宏观上说，其出版意义是无庸置疑的，因为研究和宣传这样一位伟大的爱国者，不论在科研和教学领域中，都有其一定的价值；同时，也确为精神文明建设尽了砖瓦之劳。具体来说，这本专著，无论从内容和立论上，都已显示了作者的学识功底。全书将林则徐的一生作了比较清晰的概括，对林则徐的行事、思想，给以分析评论。特别是把历史人物放在特定时代和社会背景下考察，更突出了人物的异彩。这本专著，由于篇幅适度，文字可读，预料将比杨传来谱能获得更多的读者，因而它在进行爱国主义教育上的贡献也将更大。

就在林庆元同志这本专著撰写待梓过程中，林则徐的研究已一反以往的沉寂。1985年在福州召开了林则徐诞辰二百周年学术讨论会，1986年又在伊犁召开了林则徐西戍145年学术讨论会。这些学术活动不仅是具有相当声势、规模的纪念盛会，而且也提供了较丰富的资料和新颖见解，引起海内外人士的广泛注意。与此同时，《林则徐与鸦片战争论文集》、《林则徐信稿》和中山大学陈胜粦教授的《林则徐与鸦片战争论稿》等专著和资料相继问世，形成一股“林则徐热”。林庆元同志这部专著也将为这一热潮增添火力。我深信，这部专著问世后，作者不仅在已有的各家成果基础上有所增益，还将从广大读者中得到应有的公正评论而从中有分析地吮吸养料，进而对所著磨砺雕刻，自我完善，以满足读者的更大需要。这一点，无疑是我们从事著作的人所当共同恪守的信条。

一九八六年秋于南开大学

原载于《林则徐评传》　林庆元著　河南教育出版社1990年版

《林则徐诗选注》序

一代伟人林则徐，以其深厚的文学底蕴，丰富的宦海阅历，坦诚的高尚情怀，发之为诗作，确与一般写景抒情之作有所不同。林则徐的诗作，描绘了时代的色彩，吐露了内心的隐衷，这正是中国传统诗文化中诗以言志的绝好例证。

我在研究林则徐一生事迹的同时，诵读了他为数不少的诗作。这些诗作抨击时代的种种弊端，同情下层的遭遇，非议吏治的腐败，痛快淋漓地宣泄着个人的义愤与激情。他诗篇中的某些名句，如“苟利国家生死以，岂因祸福避趋之”和“中原果得销金革，两叟何妨老戍边”等等，都体现出一位正直的封建官员以国事为重，不计个人得失的忧患意识。这些名句一直闪烁着亮光，照耀着后人。通读了林则徐的全部诗作之后，就会使人感到这是可作历史凭证的史诗，也为知人论世提供了足备征考的论据。

林则徐的诗作，大体可分为三个阶段。第一阶段是初登仕途，意气风发，尚未经受挫折的时候，关注民生疾苦，直抒胸臆，一吐为快。其赴云南途中所写诗作大多属此，如《驿马行》一诗借驿马的病累，抨击吏治腐败、民生困苦以及用人不当、赏罚不明等等；《病马行》一诗则借病马之饥病濒死，指斥人才之受压抑、摧残之厄；《裕州水发》一诗则抒发其关心民生疾苦的心怀。至若吟咏张良、诸葛亮与岳飞祠庙诸诗，则志其所景仰之人物以明其立身行道之准则。第二阶段是禁烟运动时期，其爱国热情，发自内心，壮怀激烈，颇难自已；但险恶的政治环境，迫使他在高昂的激情中流露出无奈的沮丧，如在虎门的《眺月》一诗中，他怀着极大的必胜信心，高歌“蛮烟一扫海如镜，清气长此留炎州”。但结尾处却感叹说：“今年此夕销百忧，明年此夕相对否？留诗准备别后忆，事定吾欲归田畴。”林则徐感到身心交瘁，要归隐田里了！在《庚子岁暮杂感》一诗中发出壮志难申的愤慨呼号说：“杨仆空横海，终军漫请缨。”他因“多惭父老情”而深感内疚，一位封建官员能自觉于有负民众的期望，也确是难能可贵的一种品德。第三阶段是赴戍及在戍所的诗作。这时的诗作既多，质量也趋于成熟，如《赴戍登程口占示家人》的“苟利国家生死以，岂因祸福避趋之”的名句，成为林则徐思想的精粹凝炼。多首《回疆竹枝词》真实地反映了新疆的社会和民生状况，表现出一种身遭贬谪犹能关心民瘼的高尚情操。《送伊犁领军开子捷》一诗体现了林则徐注重塞防的国防思想。林则徐虽偶有《纪恩述怀》之作，亦其时其人不得已的应时之作，而统观戍所诗作，可称无一不可作史诗读。三阶段之分是我的约略之言，并非是对林则徐全部诗作的准确分期。虽然其他时期也有诗作，但我感到终不若这三阶段诗作之有代表性。

林则徐的诗作，始见收于清光绪年间刊印的《云左山房诗钞》，但编次不整，且多漏列，时另有手稿诗草存世。七十年代后期，有《林则徐诗文选注》之类诗文集流传，顾颇嫌简略。八十年代后期，福州郑丽生先生穷一生精力，于林则徐诗作广事搜罗，亲加笺校，成《林则徐诗集》一巨册，林则徐诗作可称大体完备，其功固不可没，唯高年成书，容有讹误。周轩君遂有纠谬摘误之文以补前贤之不足。两代学者的辛勤烦劳，使林则徐诗作之汇聚，将益臻完善，读者于此，得不忻然！

周轩君久居西陲，从事流人史之研究盖有年矣，而于林则徐西戍事迹之研究尤情有独钟，虽条件较差，而勤奋治学，颇有成绩，前曾以林则徐西戍诗为主而成《林则徐诗选注》一书，书成问序于我，我既钦周君之好学不倦，而读其书又见其于题解、注释之用力。林则徐诗作大多清新可读，而往往好用典故，今得注释疏导，则将更无窒碍而利便于初学者。惜仅以西戍诗为主，而略录其前后，贻读者以不足之感。设周君能更倾力而为全诗之注释，则不仅裨益于研究者，更可成包容郑笺之诗词全集，其功尤伟。我虽登中寿之年，犹冀周君奋力为之，而我当拭目以乐观其成。是为之序。

一九九六年十月二十五日于病榻

原载于《林则徐诗选注》　周轩著　新疆大学出版社1996年版

《林则徐水利思想研究》序

林则徐是中国近代史上久已定论的民族英雄，他以反侵略的鸦片战争的勋业彪炳史册，几乎妇孺皆知。而他在地方施政，为民造福上的事迹亦多口碑相传，啧啧人口。官私文献亦多有遗留。历来对此颇多研究者，二十世纪五十年代以来，研究者日众，有关著述层出不穷，至于盈架，致使林学研究崛兴于学术研究领域，凡林则徐所历十四省所经管之政务，如治河、救灾、兴农、屯垦等宏大举措无不涉及。其所贡献最大者，莫过于治水。而研究者多为文史人士，缺少治水专业知识，又乏实践经验，以致长期难有显著成就。迁延至今，亟待加强专业研究。今春，林则徐基金会及有关水利单位同心合力，在林则徐故乡福州召开“林则徐水利思想研讨会”，专题研讨林则徐治水思想与方略。多士多文，荟萃一堂，为前此有关林学研讨所少有，为推动林学研究之莫大助力。

林则徐治水思想是全方位的，他从查禁河工弊端起步，连及整饬吏治、疏通河道、调节漕运、亲历河患，以至垦荒开渠、查核田亩，几乎涉及其所有水利施政，亦几乎涵盖其所有施政领域。当其入仕不久，尚流动于中层地位时，即以江南道监察御史身份，触动权要，揭发和处理了河南仪封南岸河工弊端。河工素为弊端所在，历任河督也多因循敷衍，惟求肥己。林则徐则认为这是关系到河道、民生的重大问题，“必须明校工程，始能厘工剔弊，化险为平”。他决心“破除情面”，以求“弊除帑节，工固澜安”。

林则徐从历年各地施政事件中，逐渐认识水利和人力、土地与农业间的关系，提出了“地利必资人力，而土功皆属农功，水道多一份疏通，即田畴多一份之利赖”。这既是林则徐从实际考察中所体验到的收获，也是他对治水问题认识的出发点和基本点，一切有关水利问题皆以此为指针。即使他身处被革职的逆境中，而仍不忘治水。当他被遣戍新疆途经河南水灾，毅然接受主持人王鼎邀请，

被留治河，一方面固然希冀工竣赎罪，另一方面他认真投入一线，全力参与，亲历河干，抚慰灾民，激励同僚，但竣工后，仍遭发配的不公待遇，但他毫不犹豫地踏上戍途。

林则徐在戍所的几年，所专注者仍为开垦事宜。他在清廷同意下，自备路费，亲历库车、阿克苏、乌什、和田、喀什噶尔、叶尔羌、伊拉里克和塔尔纳沁等地，兴修水利，开荒屯田等等。经过林则徐一年多的经营，成效大著。林则徐周历“天山南北二万里，东西十八城，浚水源，辟沟渠，教民农作”，计辟各路屯田三万七千余顷，出现了“大漠广野，悉成沃衍，烟户相望，耕作皆满”的景象。至于其有关治水著作《畿辅水利议》，虽其成书时间，学界尚未一致，但作为林则徐有关兴修水利以利民生的思想则大致被概括。该书内容于《畿辅水利议·总序》中已有详论。道光十八年，林则徐于接受禁烟使命时尚将其上奏道光，可见其重视是书之价值。

类此种种，此次研讨会均有较深入之研究，为林学研究拓展和增补文献积存，有所贡献。主事者有鉴及此，乃集诸文，成一汇编。旧识茅林立君来函，索为一序。我年逾九十，近年精力日衰，友好所命，多为婉拒。而茅君与我在编《林则徐全集》十多年共事，相处甚得，情意难却。乃浏览其稿，见其作者除四五人为旧识外，绝大部分为未识，亦多为后起之秀，深感林学研究后继之有人。后来者居上，诸君子当仁不让，为林学研究之主力，当无疑意。再观其文，多为前此较少阅及，极利开展林学之研究。见此得不兴奋，乃命笔略缀数言，以当老马之一嘶，为研讨会之成功贺，为林学研究之兴旺贺。是为之序。

二〇一三年中秋

原载于《林则徐水利思想研究》　林强主编　海峡文艺出版社2015年版

《林则徐书札手迹选》前言

一

林则徐是中国近代历史上声名显著的历史人物。他不仅在朝野之间有广泛的交往，而且又以雅擅书法名于时。他凡与亲朋友好互通音问时，不轻易假手幕僚而大多亲自作札，受信人也或以其书法而珍藏。因此他是近代遗存有大量书札手迹的人物之一。他所写的书札据其日记判断当在二千札以上，而存世的也大约有千札左右。这样一批巨量的手札，不仅是一项重要的史源，也是精美可玩的艺术品。它具有着文物与史料的双重价值。

书札手迹的史料价值，首先在于原始，它是写信人思想、行为最原始形态的记录，既非因传写而有讹异，又未经辗转引述而失其原貌，因而它是一种珍贵的直接史料；其次在于比较真实，因为它是私人交往的文献，而在互通音问时也往往会对彼此交谊与信赖程度有所估计，因而除一些应酬信札外，大部分书札手迹对人对事既无隐讳，也少虚饰，而多能倾吐积愫，使阅者可由此而得到官书及公开诗文中所难见到的隐秘。因而，书札手迹又可备作研史者考史、证史借以征信的资料。

林则徐书札手迹虽为数颇夥，但过去多散存于公私藏家。海内异处，尽睹匪易。各家又以敬其人重其物，什袭珍重惟恐不及，致使研究者徒兴望洋之叹。今故宫博物院毅然出其藏品，交紫禁城出版社选择一部分手迹影印问世，不仅造福学林，也为资源共享开其风气，应该为之喝彩叫好。正因如此，所以我也不自揣固陋，而在付梓前欣然应命通读全部藏札，并为之书后。

二

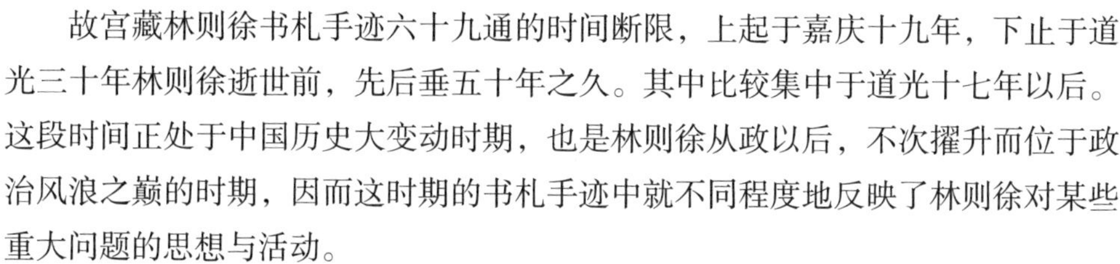

故宫藏林则徐书札手迹六十九通的时间断限，上起于嘉庆十九年，下止于道光三十年林则徐逝世前，先后垂五十年之久。其中比较集中于道光十七年以后。这段时间正处于中国历史大变动时期，也是林则徐从政以后，不次擢升而位于政治风浪之巅的时期，因而这时期的书札手迹中就不同程度地反映了林则徐对某些重大问题的思想与活动。

道光二十年与二十一年之间，中国近代史揭开了序幕，林则徐正处在内外交迫的矛盾焦点上。他既要抗击外国侵略势力，又要回旋于统治集团内部的矛盾之中。他有激昂慷慨的欢欣，也有愤懑焦躁的烦恼。这些都不便形诸奏章折片而只能向亲朋好友陈述吐露。林则徐当对英战斗获胜之余，就情不自禁地函告时任闽抚的吴文镕说：

> 逆夷猖獗，本在意中。此间兵船不敷调遣，只得添雇拖风、红单等船，招募壮勇，以增声势。昨在砚石洋面剿击嘆吻夷船，帆桅俱坏，歼夷颇多；但惜未将其船牵获耳。（道光二十年八月致吴文镕函）

与此同时，林则徐也把经过观察所分析的敌我形势函告友人说：

> 夷务近日殊形溃烂，然自有鸦片入内地之后，此事即在意中。譬如人身生疮，即必出脓。体气旺时，脓出则疮可以收口，若养痈愈久即为害愈深。今日之事，恨不于二十余年之前发之，中国之财尚不至如是之匮，然及今而理之，犹不至于内毒攻心。
>
> 比闻诸国以唊逆阻其懋迁，皆欲与之说理，大抵助顺去逆，人心之公，唊夷岂能久乎？（道光二十年八月九日致敬舆函）

林则徐的这些分析没有什么蹈空之论，而比较符合客观实际。这不仅可以看到当时的具体形势，也足以证明林则徐确是一位进行过实际考察的实际政治家。

他在另一封给至亲叶小庚的信中还有更详尽的分析说：

> 在顽夷虚骄成性，纵之则愈滋桀骜，束之亦易就范围。侍去年发谕一次，即据禀缴烟土二万余箱，未曾折一矢镞。随即奏明令具切结，如再夹带鸦片，人即正法，船货没官。他国皆已遵依，独唊夷再三反复，而言路适有

条陈，以取结为无益者，恰如奸夷之意。事之无成，殆基于此矣。

夷船北赴天津，不过数只，原无能为，而彼处之无备与定海等，守土者恐又失事，遂以蜚语归咎于粤而和议兴矣。此后事势，歧之又歧，难以罄述。（道光二十年十一月二十九日致叶小庚函）

随着战局的败坏，投降势力的日益抬头，林则徐已经处于显然劣势的地位时，他曾以极为愤慨的笔触抒写了自己的窘境和苦恼，写信给自己的老师沈鼎甫说：

直省则亦因前次复奏水师不必设、炮台不必添。迨夷船驶来，恐蹈浙江覆辙，是以别开生面，意在甘言重币，释撼快心，即可乘机而了目前之事，却未计及犬羊之欲无餍，即目前也不得了也。今自沙角挫衄之后，夷性益骄，军情益怯，如防已溃，修复綦难。……文武既因而观望，恐鬼蜮城即捣其空虚。自顾手无斧柯，偏使身同羁绁，刍献则疑于触讳，葵忧莫解于濒危。……（道光二十一年正月二十八日致沈鼎甫函）

这位空怀壮志、难济时艰的政治失败者终于被迫退出了战场，登上了戍途。但这并未能完全摧毁这位爱国者的精神支柱。他以自己的爱国心关怀着局势的变化。道光二十二年二月，当他由河工赴戍时，即在致友人李星沅（石梧）的信中愤言战局之坏说：

浙事溃败，一至于此，九州铸铁，谁实为之？闻此时惩羹吹齑，不令更有募勇之事，数千里外征调而来之兵，恐已魂不附体，而况不习水土，不识道途，直使逆夷反客为主，其沿途骚扰之状，更不忍闻。大抵民无不畏兵，而兵无不畏贼，事势如此，徒为野老吞声耳。

林则徐不仅指斥了奕经在浙的偾事，而且早在百年前就洞察了当时兵、民、夷三者的关系，可称卓识。

在同信中，林则徐继续发抒他的海防思想，主张船炮建设说：

海上之事，在鄙见以为船炮、水军万不可少。

七月十四日，林则徐行抵甘肃泾州，获知镇江失守之讯，就在当晚写信给至友刘闻石说：

南中又有镇江失守之信，令人滋切愤忧，不知续报何似耳！

九月十四日，林则徐行抵安西州曾写信给在京友人江翊云，对江宁订约感到愤懑说：

南中事竟尔如许，人心咸知愤懑而佥谓莫可如何！恬嬉久矣，可胜浩叹！

同信中，他又提出建设船炮以谋挽回局势的思想说：

果得一二实心人便宜行事，只须漳、泉、潮三处濒海地方慎密经理，得有百船千炮，五千水军，一千舵水，实在器良技熟，胆壮心齐，原不难制犬羊之命。（道光二十二年九月十四日致江翊云函）

林则徐抵达戍所后的五个月，在致陕抚李星沅函中表示了既关心东南局势而又无能作为的莫可奈何心情说：

东南事局，口不敢宣，而固无时不悬悬于心目间，不知何所终极！（道光二十三年三月致李星沅函）

半年以后，他又致函李星沅，论述了军事、财政的危机说：

所论营务习气，弟前略有所闻，叹喟久之。军骄由于将懦，懦从贪生，骄从玩生，积重难返，比比皆是，虽有独清独醒之人，不能不权宜迁就，以避违众激事之过，此江河所以日下也。

目前患贫为甚，诚如来教，安得有生财之道？然若中外一心，变通挹注，亦尚不无可商，何至较及锱铢，为委琐之下策，而非徒无益耶？（道光二十三年九月致李星沅函）

当时，曾有人酝酿以赎锾的办法来解脱林则徐的遣戍生活，但都被婉辞。林则徐在致金安清的信中表示感激之余，也无所忌惮地吐露出对清统治者那种批其逆鳞的看法。这是在公开文字中甚难见到的一种文辞。信中说：

惟念弟获咎之由，实与寻常迥异。即前此辗转播迁之故，尊处当亦有闻。雨露雷霆，惟待天心自转。与其批龙鳞而难测，莫如听马角之不生。（道光二十四年十月三日致金安清函）

道光二十六年，林则徐释回后，虽然在若干方面失掉些锐气，但对船炮建设这一海防思想仍未放弃，他还随时留意，并在一封信中作过详细地询问，说：

前次足下委付江南监造战船，未识如何造法，并曾否经手铸炮？所铸是否即照洋中铜炮？每位斤重若干？费用几许？口门多大？能放多远？并祈详悉开载，以广见闻。（道光二十七年春致玉溪函）

在这批藏札中，我们还看到林则徐曾注意到文化方面。一封是与贵州大定知府黄宅中讨论黄所主纂的《大定府志》，从而连及修志义例，首先，他就由滇辞官回籍途中，对《大定府志》“反复寻绎”后而提出推重之词说：

深叹编纂之勤，采辑之博，抉择之当，综核之精，以近代各志较之，惟严乐园之志汉中、冯鱼山之志孟县、李申耆之志凤台，或堪与此颉昂，其他则未能望及项背也。

他的评论是否有溢美之处，可以再进一步研究，但至少可知他涉猎方志的广度。函中所说三部近代名志，指严如熤的《汉南续修府志》、冯敏昌的《孟县志》和李兆洛的《凤台县志》。

其次，林则徐为如何为志书写叙提出了自己的看法说：

窃念弁言之作，原为全帙提纲，如叙中于书之体例有脱漏者，应请就稿酌添，有触背者亦祈酌易。总使作者之意尽宣于叙者之言，俾读者观一叙而会全书之宗旨，乃为䜣合无间。

甚至对刊本误字也加指陈说：

现在刊本未免尚多错字，希嘱细心者重校一过，逐加修改，更可以广流传矣。（道光二十九年致黄宅中函）

这些意见对当前编修新志工作也有可资借鉴之处。

另一封则是抨击时文误人，信中说：

所谓学者，无处而非集益之资，不拘拘于时文试帖也。向见埋头贴括者欲叙半点小事亦不能明晰，无怪老辈以为社稷苍生晦气也。（道光二十九年致毕星楼函）

从这些选录的若干则例证可以说明这批藏札是具有一定史料价值的。

三

林则徐的书札手迹除了史料价值外，还是值得珍藏的书法艺术品。从时人多求书写屏扇等物可以推知他的书法已有一定的声誉与定评。林则徐对书法理论自有主张，早在道光七年，他就在《跋沈毅斋墨迹》中主张由学唐人入手。他说：

> 初学临摹辄舍唐人矩范而躐等于钟张羲献，是犹未能立而使之疾行，僵卧必矣。（《云左山房文钞》卷四）

林则徐也很喜欢为人作字，在书札中常见他谈及应人之请而作书的事，如道光二十二年六月二十日滞居西安时致刘建韶（闻石）函中即可见其写件之多：

> 日来纸帧便面堆积几案，腕下尚未能稍稍清整，日内容当为之也。

及由西安登程赴戍时，随身所带除图书外，尚有“公卿求书绫绢宣纸”（郭柏苍《竹间十日话》）。在西戍途中，据日记所载，几于无日不为人书字。待居戍所则书事更多，所书“远近宝之”，“不数月缣楮一空”，“手迹遍冰天雪海中”（李元度《林文忠公事略》）。正由于有较多的实践活动，致使林则徐的书法日臻精美。释回以后，虽职任烦重犹书写不辍，道光二十七年由陕赴滇督任途次致刘建韶函中曾言其事说：

> 弟沿途补还陕省笔墨之债，不下百数十处，而尚未能扫数就清。前有数件嘱送台寓转交，想承分致。兹又有三件乘戈哈回陕之便仍送尊处代交，惟尚有折扇数柄未及书就，容再觅便寄陕可耳。

从这批藏札看，前期书札尚欠圆润，结构行笔也略嫌粗涩；鸦片战争时期的书札颇见进益，至西戍后则纯熟流利，点画结构具合章法，信笔浑成而无造作，可称方家。所以从书法造诣上也可判断出作书的大致时间。这些藏札的遗存应视作书法宝库中的藏品。

四

故宫藏札六十余通虽有见收于以往印本者，但现在一般藏者已尠入藏，研究者也难搜求。故宫博物院为纪念林则徐这位近代爱国者诞辰二百周年，特将所藏这批书札全部进行整理、释文，手迹中除个别残简，既难考定时间、受者；又并无实际内容者外，经选出一部分予以影印，交紫禁城出版社汇集出版。

这批书札的受信人有张祥河（诗舲）、郭尚先（兰石）、陈寿祺（恭甫）、沈维鐈（鼎甫）、李星沅（石梧）、金安清（眉生）、刘建韶（闻石）、叶申芗（小庚）、潘曾莹（星斋）、潘曾沂（功甫）、黄宅中（惺斋）和沈葆桢（翰宇）等。他们都是当时的知名之士，与林则徐有一定的交谊和至亲关系。这批藏札中以致刘建韶者为最多，函中内容也最丰富，足征彼此之间契合之情。刘建韶字闻石，福建长乐人，林则徐乡试同年，曾应邀教读林氏诸子。林则徐从政后，原籍家事多委托代办。后成道光十五年进士。道光二十一年任陕西孝义厅同知。林则徐西戍途次及回陕赴滇均与刘有联系。致刘信札除这些外，其他藏者尚所在多有。

全书编次大致以受信人为类，再以写信时间为次，其难于归属或有内容而无受信人者，也粗考其近似年代编列于卷末。所附手迹影印于释文之后，便于读者使用。

这批藏札的出版，将为林则徐的研究增添了新资料。我在检读全部藏札之余，不禁盛赞故宫博物院主政者的通达，感谢整理者的辛勤，而且也馨香默祷有更多的藏者，或单行、或联合，闻风而起，出其宝藏以应世，让我们的信息时代获得更多的历史信息！

一九八四年时逢甲子再周写于南开大学北村邃谷

原载于《林则徐书札手迹选》　故宫博物院藏　刘九庵选编　紫禁城出版社1985年版

《鸦片战争史论文专集续编》编者的话*

1958年，三联书店曾出版了一本由列岛选辑的《鸦片战争史论文专集》，收录了建国后至1957有关鸦片战争的论文诸篇。迄今二十六年过去了，对鸦片战争史的研究又有了更多的新成果。为了便于研究和查阅，值此纪念在鸦片战争中抗击外国资本主义侵略的伟大爱国者——林则徐诞辰二百周年之际，我们编选了《鸦片战争史论文专集续编》这本书。

本书所收文章的时间范围自1958年至1984年。在此期间，全国各报刊发表的有关文章计四百余篇，本书从中选录了二十三篇；内容包括有关第一次鸦片战争的史实、人物、社会状况、中外关系等诸方面，以使读者更全面、清楚地了解鸦片战争及其前后中国社会的历史面貌。同时，为了方便查阅检索，我们在书后附载了《鸦片战争史报刊论文索引》，供大家参考。

由于篇幅关系，本书只选入了近三十年来关于鸦片战争研究成果的一小部分，在此特向更广大的作者和读者致歉！对于选编中的不当之处，敬请批评指正。

编　者

一九八四年三月

原载于《鸦片战争史论文专集续编》(中国历史研究丛书）　宁靖编　人民出版社1984年版

---

*　本文集由来新夏、焦静宜选编，署名宁靖。

《震动与回响——鄂尔泰在西南》序言*

刘生本军是我上世纪八十年代后期的硕士研究生，在学期间，以头脑灵活思路清晰为同门所赞誉。九十年代末，又入云南大学副校长林超民博士门下，攻读中国民族史博士学位，专注于清代民族史、边疆史及政制史诸领域。历经数年潜研，撰成《震动与回响》博士论文，即以鄂尔泰为中心，以其所实施之改土归流，开发苗疆及经营西南等事功为主要内容，专论有清一代一次重大政治体制之改革。鄂尔泰与改土归流为清代有名人物与重要事件，论述者颇有其人，而本军能从诸家论述中别辟蹊径，独出一帜，并以《震动与回响》为题，概括其于史事之识见。本军不以生题偏题取胜，而于平凡中见其突兀，亦足见本军之慎于选题。

鄂尔泰为清前期历事三朝的重要政治人物，改土归流又为雍正时期巩固政权的重大举措。作者在占有充分资料的基础上，即择取鄂尔泰一生中在西南六年之最大事功立论，以改土归流、开辟苗疆与兴修西南水利三者即所谓“一人三事”为全文中心，于是其论述亦随之而有所指归。此可见本军在力求避免当前某些论文泛论无涯之通病。

资料为论文之必备基础，是以在撰文之始必广事搜罗，唯有人专求奇书偏籍为人所罕见者以猎奇取胜。前辈学者于此多所言及，近代目录学大师余嘉锡老师自号“读已见书斋主人”以自励，史学大师陈垣老师更以读常见书勖后学。历来学者亦多从常见书中发掘新知，有所创获。今读本军所作，其所附《参考文献》，不过学人常见之《清史稿》、《实录》、《方志》及前人与今人之论述而已，决不见孤善珍籍或人所谓之稀见书。足以见本军之能恪守前贤之遗教而力求

* 应早年弟子刘本军之请为其待梓博士学位论文所撰。

其实。

论文以《震动与回响》为题，颇见新意。因鄂尔泰在西南之事功，确已震动一时，而其对后来经营西南又确有巨大影响，可谓总括得宜，复合乎时代命题习惯，但虑及一般读者尚难立即知悉论文内容，遂加《鄂尔泰在西南》之副标题，则一语道破，二者相辅相成，令人立知论文之确指。全文于《绪论》外共设四章，结构紧凑，未见枝蔓。《绪论》合乎学术规范，首列前人研究状况，以明本文之学术起点；次述本文的突破与创新；终而落脚于本文的学术价值和现实意义。于是展卷即得全文之纲要，可谓善著述者也。第一二两章，论述鄂尔泰与改土归流之思想缘起、发展与完善，以及推行其事之原委始末，颇称详尽，读后对鄂尔泰其人及改土归流之事功，可得清晰之面貌。第三章论鄂尔泰开辟苗疆之思想与实践，为作者有所发现之创作。第四章论鄂尔泰与西南水利，虽事多繁杂，作者亦能撮其指要，令读者易于掌握。鄂尔泰之生平事迹评价以及各项施政之意义，亦于此四章得其概括。

学贵谦抑，更贵创意，而尤贵自信。本军既承前人各说，择善而从，综括诸家，以示其虚怀若谷；其区分改土归流与开辟苗疆，评价鄂尔泰经营西南的功过，具体论证西南水利之开发等方面均有创见，为前此研究做出明显发展与补充，均可称突破与创新。作者于此乃明显著之于文，特于《绪论》第二题中，标举《本文的突破与创新》，既有利于读者先得全文纲要，亦以见作者于其所研究之所得成果，具有充分信心，而敢笔之于文。谦抑、创意与信心，固为学人所必备，本军初涉学术藩篱，即能粗具规模，不禁令我窃喜焉！

本军入我门下三年，仅略窥学识门径。而学识之有成，端赖林师超民之耳提面命，谆谆教诲之功。林师玉汝于成之劳，当终身铭感。至学问本无涯涘，今之所得，当视为万里起步。尚望奋然精进，更求有成，我于本军有厚望焉！

二○○六年国庆前夕，写于南开大学邃谷，时年八十四岁

《状元宰相张之万》序言

1947年，我大学毕业的第二年，经人介绍到天津新学中学担任史地教员。到校的第一天，校长黄道陪我到教员休息室去会见一些老教师。我属于文史组，第一位认识的就是文史组组长张公骕。我被黄校长指定坐在他旁边。我是教员中的小同事，处处小心，战战兢兢，张公骕老师就笑着对我说，不要太拘泥，慢慢和大家熟悉，就自然了。不久我和所有学校教职员都彼此认识，但最接近的仍然是公骕老师。他比我大十岁，我以兄事之，两人常作长谈，下班后，一路回家一路谈，天南海北，无所不谈。有时我就随他到他的小楼继续谈，每周总有二三次。在小楼上，偶尔谈他的祖父张之万的事迹，有时还展示其祖父的书画遗作。但毫无夸耀门庭的意味。我是学历史的，对张之万这样一位声名显赫的清代名臣，早有所知，可万没想到有幸和他的嫡孙公骕兄成为知交。

张之万（1811—1897），道光二十七年状元，历事道、咸、同、光四朝，外任督抚，内阁大学士，为世人艳称“状元宰相”。宦海浮沉，直到光绪二十三年（1897）卒，享年八十七岁，受到赠太傅、谥“文达”、入祀贤良祠等优遇。他又享高年，成为封建社会中可称福禄寿具备的“全福人”。但由于性格内向，处世平和，在仕途中又不过分张扬，所以其声名稍逊于族兄弟张之洞。不过仍有不少流传下来的逸闻琐事，偶尔曾见于报刊。而公骕兄也多次与我谈过张之万的事迹。

公骕兄还和我谈过张之万的书画成就，并把他所珍藏的先祖书联、山水画册和扇面给我看，画作确是清峻洒脱，不同凡俗。我像是在哪儿见过，忽然想起与我所见戴熙的画风相近便脱口而说出，有点戴熙的味道。公骕拊掌大笑，赞叹我的眼力，并说当年确有“南戴北张”之誉，我庆幸蒙对而心存惭愧。我还见到过张之洞写给张之万的五六封信，是师爷用梅红笺纸恭楷缮写，信的内容是张之洞

在湖北办洋务的情况，我当时曾抄存这几封信，原件可能已遭“文革”之劫。

公骕兄又曾赠我《张文达公遗集》一部，主要为张之万抚豫时所作，大多涉及“剿捻”活动，有一定史料价值，但后来有人编《中国近代史资料丛刊·捻军》时，《遗集》未获采入，实为缺漏。我的这部《张文达公遗集》也在“文革”中散失，不是付之丙丁，就是入了“勇士们”的私囊。

抗战期间，伪华北政务委员会委员长王揖唐，以徐世昌任东三省总督时与公骕兄父亲张瑞荫为同僚，亲自到张府力劝公骕兄弟出任日伪高官，兄弟们不为所动，婉言谢绝，宁肯在家吃掺了杂物的玉米面（时称“杂合面”）。这位北大学子，曾任抗日名将宋哲元的秘书，并被招为侄女婿；八年期间，不到日伪统治的天津社会上任职，闭门读书，师承家学，不仅通读了二十四史等诸多文史典籍，而且与夫人潜心于国画，公骕兄工山水，夫人工花鸟，成就了公骕兄深广的学术功底。与公骕兄一起工作时，常常感到他那信手拈来的广博学养，有时也浮想到他的状元宰相祖父。

今年是张之万200周年诞辰，张氏后裔为纪念先祖，特广搜文献，遍征文稿，编书纪念。有家世、有生平、有事迹、有掌故、有旧闻，大致可得张之万一生之行事。既蒇其事，以我与张氏有世谊，特别是与亡友张公骕为至交，特来求序。我久疏笔墨，且年近九旬，往事多有遗忘。谨略述数事以应，是为之序。

二〇一一年八月写于南开大学邃谷

原载于《状元宰相张之万》　张哲荪主编　天津外语电子音像出版社2011年版

《甲午战前钓鱼列屿归属考——兼质日本奥原敏雄诸教授》日译本序

吴天颖教授是与我有近四十年友谊的故交，承他不弃在远，使我有幸通读其呕心沥血的杰作《甲午战前钓鱼列屿归属考——兼质日本奥原敏雄诸教授》全稿。这部并非巨帙的宏篇，却使人感到沉甸甸地压手，光熠熠地照人。这是多年来不曾多见的专著。这部书可能不如某些昌言宏论之作那样辉煌一时，但它吐中华民族之正气，树中华学术之脊梁，传之后世，洵为不刊之作。

诗穷而后工，学术亦然。吴著草创于凄风苦雨的十年动乱年代。“文化大革命”虽是一次浩劫，但也产生了某些为勇士们所意想不到的反效应。有些笃学之士就在夹缝中作学问，成就事业。吴氏也正在这样的特殊环境中将其专著打坯、成型。其艰辛困苦之状，对有过类似遭遇的人们，是不难理解的。吴氏自序中所述的辗转起落，应该说是事过境迁后的轻松之笔。

近年读过不少史学著作，或放言高论，或东摭西拾，或稗贩旧说。其能博观约取，钩玄纂要，自出机杼，论次成书者盖鲜。吴著一脱流俗，广征博引，涉及中外典籍档册，搜求范围除大陆所藏外，远至英、美、日等国，近达港、澳、台地区。迨史料大抵集中，乃辑录史料汇编，为撰著奠基。尤可贵者，撰者持循序渐进、谨严治学之态度，为全书之高质量建立坚实基础。至其体制，颇称完善。书凡五章，对日本所谓学者之谬论谰言，以犀利巨笔，直烛其奸；于所掌握之昭然事实，则以正义严词，侃侃立论，有理有据，有辩有驳；章次之间，若笋之剥箨，层层深入，并附以图文原件图片，足成佐证；终而引致毋庸置疑之结论：“钓鱼岛等岛屿是在中日甲午之战签订《马关条约》后被日方侵占的中国领土。”历史真相至此而大白于天下。

谎言百遍成真，非明智睿识难以洞识其奸。某些沉沦于“伊藤遗风”、“田中奏折”、“大东亚共荣圈”痴梦的幽灵亡魂，并不识满怀信心泱泱中华睦邻友好之善良，犹在歪曲、捏造历史，狺狺不已。吴著除阴霾、拨迷雾，首斥日本某些学者妄引国际法上之“先占”原则，死不认尸般地不承认钓鱼列屿为中国领土，不承认该岛屿系台湾的附属岛屿。更进而将1895年窃据钓鱼列屿的活动与其1894—1895年进行的中日甲午战争“脱钩”，尤其不承认与《马关条约》有任何瓜葛等。其次，吴著复指陈日本之所以处心积虑要使侵占钓鱼列屿的梦幻成真，乃在于可从此掠取可供其使用四十年的石油资源，以摆脱其年进口99.8%石油的被动局面，实现其贪婪野心。吴氏以一箭中鹄，将侵略者的险恶用心，暴露于光天化日之下。

执干戈以卫社稷，国士责有攸归；运巨椽以扬正义，学人义不容辞。吴著对日本奥原敏雄等的诸般谬论，针锋相对，正面阐明。如针对日方所谓1683年（康熙二十二年）以前，台湾非中国领土的谬论，详尽地论证台湾与祖国大陆的血肉联系；针对日人抹杀钓鱼列屿为台湾附属岛屿的伎俩，指出，不仅中国“原始发现”并命名了钓鱼列屿，而且最晚于“十六世纪中叶，明代抗倭军政长官胡宗宪已将钓鱼列屿正式划入海防区域”，以批驳奥原所谓《海防图》“不问其地是否为他国领土”的谎言。撰者严正指出，“边海自粤抵辽，袤延一万五千余里”，均系中国领土。

撰者以1885年9月6日《申报·台岛警信》为铁证，揭露了日本第一次觊觎钓鱼列屿的阴谋。以日本明治时海军省“极秘第三号”《台湾匪贼征讨》为据，揭露其所拟《马关条约》内关于“台湾全岛及所有附属岛屿”毫未界定的缘由，证明日方海军显要确认钓鱼列屿系“台湾淡水港附近之集合地”。撰者强调指出：“隶属于中国台湾省的钓鱼列屿，是中国在甲午之役战败，被迫签订《马关条约》并换文之后，由负责接收台湾的‘大日本帝国全权委员·台湾总督·海军大将·从二位勋一等子爵桦山资纪’率领‘征台（南进）舰队’于清光绪二十一年五月初，即公元1895年5月下旬，以武力非法侵占的；旋于6月3日……台湾交接事宜完全结束。至此，包括钓鱼列屿在内的‘台湾全岛及所有附属各岛屿’，正式沦为日本军国主义的殖民地。”

撰者非常坦率地自称：“这项课题研究，是在井上清、杨仲揆、丘宏达、沙学浚及方豪等先生已有的基础上进行的。”尊重前人成果是一种文德。但通读全书，则撰者发掘与订正之功，实不可没。随手可拈数例。如以所谓《日皇十三号敕令》为突破口，全面剖析了奥原所持“论据”之虚伪。以史实证明了“中国人首先发现并命名钓鱼列屿的原因”，发掘出明洪武七年吴祯等击溃倭寇的真相。

撰者还订正了《明史·外国传三·日本》中有关胡宗宪建议明廷“移谕日本国王”的时间应提前一年，即嘉靖三十四年，落实了郑舜功“钦奉宣谕日本国”的特使身份，从而增强其著作《日本一鉴》所述确言钓鱼列屿属于我国台湾所具有的权威性。撰者从《明实录》中钩稽出“三十六姓”开发琉球的史料，驳斥了奥原的“即使最早记载钓鱼台等等的古代文书是在中国方面，钓鱼台也未必是中国人发现、中国命名的”这一谬论。考证了“镇山”的由来，订正了井上清、杨仲揆的误解；又以闽南方言的读音为依据，解开了“郊”、“沟”系中外之界的谜团，使乾隆《坤舆全图》所载“好鱼须”、“欢未须”、“车未须”等地名，用闽南方言读之即为钓鱼屿、黄尾屿、赤尾屿。三岛异名的真谛，豁然贯通。

撰者在爬梳史料的工作中，也时刻不忘发扬中华民族的严谨学风。一件流传于世非常有利于论证的资料即《慈禧赐盛宣怀谕》，其中记有“原料药材采自台湾海外的钓鱼台小岛……即将钓鱼台、黄尾屿、赤屿三小岛，赏给盛宣怀为产业……”这是多么直接的论据！但是，撰者经过缜密的考证，认为此说难以置信而科学地予以存疑，并严正宣称：“中国学者有勇气排除虽有利于己论但却经不住推敲的个别资料，有信心认定此举丝毫无损于钓鱼列屿之为中国领土的结论。”气势磅礴，大义凛然。学术研究之价值与贡献也于此可见。所以邓广铭教授在读此书后深致感叹说：“从事人文科学之研究者，近年以来，每被社会所轻视，以为与国家之建设、民族之命运，全无可以效力之处，若使得读此一新著，也必将大大改变此种观点了。”

吴著在课题的立意、史料的搜集、体制的编次和文字的运用上都可称上乘之选。这正如一位专家所评论那样说：“本文在综合前人研究成果的基础上，对钓鱼列屿归属问题进行了深入、系统的研究，抓住要害，披露了一些新的史料，内容详实，立论正确，论据可靠，证明有力。本文始于历史事实，终于法理主权，构架科学，逻辑严谨，为鲜见之力作。”并认为所作钓鱼列屿很早即属我主权的论断是“精辟之至”。当然，包括撰者在内的所有学者的著作都难说无隙可击，我在初读书稿时也曾提出过修改意见，已蒙撰者采纳，足征撰者之虚怀若谷。何况这一著作已远远超出个人著作的范围，而是全社会捍卫国家、民族利益的武库，任何人都有义务增益之，补正之，修订之，完善之，天颖亦当以我之所言为然也。

吴著中文本问世后，得到国内外学术界人士的赞誉。钓鱼岛归属问题当已无庸置喙。不意比来有个别不能面对事实的日人，罔顾事实，竟然有所妄为，而与

此相类之言行，也多见诸媒介。军国主义之阴魂，时隐时现。中华学人，惕于历史教训，义难坐观。天颖有意以所著理喻日人而虑及语言障碍，日人难以了解真相，乃谋译所著为日文，俾爱好和平之广大日本人民得识历史真相而不受蒙蔽。吾友水野明教授籍隶日本而根植中华，应天颖之邀，毅然不顾忌讳，承担全书之日文监译工作。予深庆天颖之得水野明教授为助，更钦敬水野明教授之无私义行。天颖请序于我，乃以对全书之简评付之，或可备读天颖所著之先行。是为之序。

一九九七年仲春记于南开大学邃谷

原载于《甲午戰前釣魚列嶼歸屬考——奥原敏雄諸氏への反证》(《甲午战前钓鱼列屿归属考——兼质日本奥原敏雄诸教授》)　吴天颖著　水野明监译、青山治世译　外文出版社1998年版

《天津租界谈往》序

“租界”是一个既令人憎恨，又让人向往的地方。憎恨它在我们神圣国土上划出了一块块国中之国，藏垢纳污，为非作歹，扰我社会，害我生民；向往他们出于其生活需求所进行的近代都市建设和公用措施，客观上为我们提供了近代都市的一种模式。不论如何，它终究是国家的毒疣，民族的耻辱。虽然毒疣已经摘除，耻辱已经湔雪，但是这页历史确可以引起我们很多警觉和思考，值得我们了解和研究。

可惜不知出于何种原因，也许是我见闻仄陋，这段历史很少为人所注重，很长时间内除了一些零星论述外，还未见有人进行专题研究并写出有关专著。直到划定租界的半个世纪以后，1926年，南开大学政治学会写出了一本题作《天津租界及特区》的专著，虽非皇皇巨著，但终究有人把它置于研究视野之内。原以为这将引起一些连锁反应，孰知事与愿违，一切又归于沉寂。是不是这一课题难以置论而受到冷落，是不是由于文献不足征而无人或少人涉及？前者固然可以讨论，而后者则绝非事实，因为租界的档册文献足够作为研究的基础，只不过是人们吝于付出相当的韧力和苦功而已！

或许天津是各地租界中最具典型性的地方，经过漫长的六十年，1986年，一部研究天津租界的专著又在天津出现。那就是由老友杨大辛参与和审定的《天津租界》。这本书分为《各国租界篇》和《专题资料篇》，虽大都为亲历其时其事者的回忆，但却为天津租界作了概况性的介绍，并按七个专题作了比较完整的叙述，内容也翔实可信，为进一步研究租界问题提供了必要的参考资料。可是大辛兄并不于此止步，他雄心勃勃地策划对全国租界问题进行较全面的资料搜集和专题论述。他以天津政协文史资料委员会为基地，联合上海、辽宁、广东、青岛、厦门、武汉、广州等地文史资料委员会，邀请有关人士按租界与租借地的不同情况分题撰写而汇集成一部五十万字的巨作，题名为《列强在中国的租界》，成为当前对全国租界与租借地问题的重要参考性著作。我从彼此交往中所听到的一鳞半爪信息而深为他过去付出的辛勤劳动和对事业的执着精神所感动，更钦佩他对未来的继续钻研和精进不已的行动。

“老骥伏枥，志在千里”，近年来似乎已成为赞誉老年人不断努力的套话，但我仍然要引用魏武这一诗句，因为没有更恰当的成语可以概括大辛兄现在对租界问题的研究工作。我和他都已年过古稀，理宜退归林下，颐养天年。我虽没有完全舍弃笔墨，但已从繁重的学术研究工作中逐步转向写些比较零散的随笔和杂文；大辛兄则不然，他依然在租界问题研究的艰难道路上，开辟榛莽，蹒跚地迈进。他要抢救和清理有关租界的口碑资料，为学术研究者提供足够吮吸的乳汁，为后来者解除一些罗掘资料的繁劳。于是，他又从过去征集到的大量有关租界的口碑资料中认真甄选、审定，务求其首尾完整，内容确实，可备史料之选者，成《天津租界谈往》一书，公之于世。

《天津租界谈往》淋漓尽致地揭露了殖民主义者在租界内无所顾忌的罪行，如《日租界的毒、赌、娼》、《法租界的罪恶角落》等篇痛陈其扰乱社会、毒害民众的罪恶，读之令人切齿腐心，这是从另一角度进行爱国主义教育的好教材。对于那些在我国掠夺财富、吞噬血汗的冒险者，如汉纳根、泰莱悌、巴图也夫、戴维斯及德璀琳等，则暴露其丑恶历史和卑劣行径，让人们认识他们贪婪的本性。对英、法、日统治机构，日本特务机关的暴行以及帮派活动的内情也有充分的记述，可借以了解其组织情况和罪恶行为。对于租界的设立和收回，叙述始末，颇称完整详尽。而于租界内的风情面貌涉及尤广，所记有游乐场，如平安影院、小梨园、中国大戏院、赛马会、回力球场以及各类公园、体育场等；有学校、医院，如工商学院、耀华学校、新学书院、马大夫医院和德美医院等；有教会，如西开教堂、俄国东正教及英国教会等；有商业中心，如劝业场；有新闻单位，如大公报、益世报、庸报、京津泰晤士报等。这些虽多与租界当局有程度不尽相同的瓜葛，但也浇灌着国人的血汗，不能不给以应有的估量。至于小白楼的沿革，梁启超、顾维钧、张学良、张勋、孙传芳及历任民国总统等故宅的记述更可备怀旧凭吊和景点观览之依据。其尤有史料参考价值者为津地若干主要史事之全其始末，如老西开事件、天津事变、人力车风潮以及抗日锄奸活动等皆为天津地方史撰述所必备。手此一编，则天津租界的往事历历在目。

《天津租界谈往》虽属口碑资料，与天津档案馆公布之《天津租界档案选编》有其性质不同。后者多为原件，可信度较高，而文件之间，容有歧出，尚待考辨；前者所述则多经撰者周爰咨谋，反复考较，既审定一说，复出以流畅文字，可读性颇强。近年新撰《天津通志》附志《租界》之问世，论述亦称详尽，与前二书相辅相成，可收相互征考补益之效，为推进租界问题之研究共作贡献。

大辛兄多年参与天津政协文史研究工作，复本其“不做官，只做事”的初衷，不辞辛劳，访问耆旧故老，爬梳断简残篇，孜孜以求，终成宏业。其所参与及撰写之三书，为前此所未见，可称前无古人，至其搜求罗掘，几近竭泽而渔，后恐难有来者。书稿既成，付梓在即，大辛兄不弃疏陋，邀为序言，惶恐遵命，循读一过，既获益良多，复自惭寡学。我专注史学，并居津数十年，但于天津租界仅得其大概，而《天津租界谈往》一书竟鞭辟近里，细致入微若此，不禁喟然而叹曰：“学之固无止境也。”乃略陈所见为序，用以自责云尔！

一九九七年三月写于邃谷

原载于《天津租界谈往》(《天津文史资料选辑》总第七十五辑)　天津政协文史资料委员会编　杨大辛主编　天津人民出版社1997年版

《北洋政府时期的政治制度》前言

北洋军阀集团从1912年篡夺辛亥革命成果，建立北洋政府起，到1928年覆灭止，形成了一个所谓北洋军阀统治时期，在这十六年的松散统治中，它建立了从中央到地方，层累式的统治机构，制定了一套不可能全部落实的法令规章。这套统治机构和有关法规变易频繁，十分纷杂，有关资料又比较零散，搜寻不易。就我所知，所谓“北洋官制”的资料还从来没有任何较有系统的整理，致使从事北洋统治史研究时感到相当困难，苦于缺乏一部比较集中的资料。因此，在教学与科研方面都急需能汇编一部有关北洋政府统治机构的资料并给以必要说明的专书。《北洋政府时期的政治制度》一书的编成应说是适应了这种需求，填补了民国史研究工作中的一个空白。

《北洋政府时期的政治制度》是已故华东师范大学历史系教授钱实甫先生的遗作。钱先生生前经过多方搜求，苦心经营，方始纂辑成书。他还曾以艰苦的劳动编纂和撰写过《清季重要职官年表》、《清季新设职官年表》、《清代职官年表》和《清代的外交机关》等有裨学术、嘉惠后学的专著。钱先生这种甘愿为人铺路的精神是值得学术界尊重和继续发扬的。不过，《北洋政府时期的政治制度》书成以后，却由于客观原因而一直未获问世。

《北洋政府时期的政治制度》一书篇幅较巨，记述较备，全书共分十八章及附录四种。前十五章，以北洋政府机构为主，历叙国会、大总统、内阁、司法机关、其他中央重要机关、省立法机关、省行政机关、地方军政机关、特别行政区、道制、县立法机关、县行政机关、县的下级组织、市制及官僚制度等基本状况。后三章则记述非北洋政府系统的机构，即南京临时政府时期的官制、护国军军政府、护法军政府、大元帅大本营。这样就比较全面地反映了当时全国境内统治机构的状况。附录四种为北洋时期政治制度的参考和补充材料、引用重要法规目录、主要参考书籍所载有关资料目录和名词索引简注，起了工具书的作用。从这些内容可以看到这部书涉及范围之广。更重要的是，作者对这一广泛内容不只是单纯地汇集一些有关材料，而是依据材料，作了概况的说明。尽管这些说明尚有些可商榷之处，但它对当时统治机构及法规条令与实际执行间的“名实不符”等状况所作的必要说明，确比仅仅汇集材料，更有裨补于后人，这正是本书有别于其他资料性著作的一大特点。

这部书的第二个特点是搜罗资料比较丰富。作者从成著、报刊、文件、法规各方面搜集了大量资料，并据这些资料作了简要的叙述，还适当地注明出处，以备稽考。这既使读者可以了解到各类各级机构的基本状况，又便于进一步探索资料。作者把当时散见于报刊而目前又较难一时找遍的资料比较系统地加以运用与指引，确给读者一种新的启示和方便。

这部书的第三个特点是作者以“为人”之学的精神，使之充分发挥了工具书的作用。所收附录四种，既便于检寻资料，又具有辞书作用；在正文的论述中也注意到如何方便读者，如作者在每章之后所附的大事简表，似乎与正文内容有所重复，但它却提纲挈领地起到了为正文作索引的作用。

当然，这部书在编纂方法和文字论述等方面尚有某些可进一步完善的地方，这原是可以由作者在生前自行弥补使之精益求精的，但由于作者谢世而未果，不能不说是一件憾事。致使这部经作者多年积累而撰成的著述直至今天才得以问世。

1982年春，中华书局的李侃、陈铮等同志应钱先生夫人萧友莲同志之托，希望由我来承担遗稿的通读任务，并作些必要的删订工作。我和钱先生素昧生平，未谋一面，未通尺素，本来是没有资格承担这一工作的。但是，我深切地感到一位已故学者多年苦心之作一直“藏之名山”，不获为学术研究所用，那将是何等可惜。促成它问世应该是生者义不容辞的职责，而由一个陌生的后学去承担这一工作，将比熟识者或许更方便些。因此，我也就不揣学殖谫陋，抱着一种尊重前辈劳动，个人从中获取教益的心情，冒昧地接受了这一委托，征得钱夫人的同意，和中华书局商定了定稿意见：一、保存原稿体例和编制方法；二、说明部分，仅对重复或论述欠准确的地方稍加删略；三、附录部分为方便读者尽可能保留；四、对原稿只删不增，以免羼入非作者原意的内容。

我在开始通读全稿前，为了集思广益，约请我的同事郭剑林和焦静宜二同志先后各通读一遍，提出看法和删订意见。他们读后都认为这部书有参考价值，无需作太大变动，只要在个别地方略加删定即可。我在这一基础上又比较仔细地通读一过，在个别地方少加删略，基本上保留了原稿面貌，通读全稿后的最大收获是我从中获取了不少有关知识，激发了我对这一领域的研究热情。我虽然对这一段历史作过一些研究工作，但识见、功力远远不够担当审订工作的重任，因此，我只作为一个读者略述促成此稿的经过。

这部遗稿曾有一些同志提过参考性意见，但最后是由我通读定稿的，因此，对原稿有删略不当之处，统应由我负责。我衷心期待这部遗著早日问世以告慰钱先生之灵，从而使后学者减轻了学术道义上的责任，研究和教学工作者也满足了参考资料上的需求。这一愿望的实现，对我来说，将会感到莫大的欣慰。

一九八二年八月于南开大学北村

原载于《北洋政府时期的政治制度》　钱实甫著　中华书局1984年版

《皖系军阀统治史稿》序言

北洋军阀是中国近现代史上一个肇端于十九世纪末而形成于辛亥革命之际的政治军事集团，研究这个集团的兴衰和有关活动，无疑将是中国近现代史研究的重要领域之一。但是，长期以来，北洋军阀史的研究没有得到应用的重视。这固然有其本身头绪纷繁，错综复杂，不易评说指点的难度；但更重要的原因，是曾经由于有些人视之为“禁区”，个别人甚至提出质疑，认为这是舍正道而不由，走偏锋而猎奇，直至近来仍有人把这段历史视之为“恶”历史，遂使这段非常重要的历史处在一种长期荒漠的状态。我之闯入这一研究领域，不是一种有意种花的行为，而是无心插柳的意外。在上世纪五十年代．我奉命参加整理接管的北洋军阀档案，没有想到几个月的尘土飞扬、窒息难耐的整档工作，竟然确立了我一生致力于历史学的专业方向。在以后长达半个多世纪的岁月里，我经历了以《北洋军阀史略》、《北洋军阀史稿》和《北洋军阀史》三部专著作为里程碑的漫漫学术旅程。同时我也培养了一批研究北洋军阀史的人才，他们是焦静宜、李德福、王红勇、莫建来、刘本军、刘兰昌和宁敬立等。焦静宜、莫建来、刘本军三人还直接参与了《北洋军阀史》的编写。在我们师生共同努力下，这部历经十年的磨剑之作——百余万字的《北洋军阀史》终于在2000年问世，并获得2003年国家教育部第三届人文社会科学优秀成果历史学二等奖。这是对我们几十年来的默默耕耘所给予的肯定和鼓励。但是，北洋军阀史的研究还有许多有待开垦的沃土，期待着更多的有识之士投身其中，尤其是我非常期待我的学生们能矢志不渝地继续奋进。

北洋军阀集团虽然以其社会属性及其政治军事结构被称之为集团，但并不是铁板一块，而是包含着若干不同的派系，其中皖、直、奉是三大主要派系，而皖系是三大派系中得袁世凯亲传衣钵的继承者。皖系首脑段祺瑞是小站练兵的股肱之臣；袁世凯统治时期，以段祺瑞为首的皖系是支撑北洋政府的砥柱；"洪宪帝制"失败后，段祺瑞收拾残局，延续北洋命脉，开始皖系统治时期；二十年代初，皖系虽以直皖战争的失败而转移北洋政府统治权于直系，但皖系并没有完全退出政治历史舞台。他们还在北洋派系之间和国内政局各方面进行翻云覆雨的种种活动，如三角同盟、临时执政府的建立以及日伪时期的附敌丑行等等，都在表明皖系势力的阴魂不散。虽然皖系的诸种行事，在北洋军阀集团宏观研究中有所涵盖，但终不能详尽分析它的独有特色以及它和直、奉以及各地方军阀派系间的异同，这些都需要深入搜集资料、认真分析研究来充实这一研究领域的武库。而这一课题我最希望由对皖系有过较长期研究与积累的我的学生莫建来来完成。我们曾经就此交谈过，他也似乎心领神会我的理念，但没有谈深谈透。

国庆期间，建来来看我，我以为只是照例的节日问候，但意料之中的意料之外，却是呈送在我面前的一部完完整整的《皖系军阀统治史稿》。意料之中是建来有近二十年研究皖系的功底，又有参与撰写《北洋军阀史》的历练，他终究会写出皖系军阀史的；意料之外是他竟能在本职策划编辑工作繁忙并在读博士研究生的紧张情况下，在三年多时间内完成这样一部有新意的专著，怎能不令我惊喜！青出于蓝而胜于蓝，他没有辜负我的希望。我欣然接受他请我作序的要求，并以四天的时间通读了这部专著。

《皖系军阀统治史稿》是一部有创意的专著，近年来有关皖系的论著虽偶有所见，但能系统翔实论述皖系军阀统治的专著却未曾寓目。也许我见闻仄陋，把这部专著视作史料丰富、论述简明、记事谨严、体系完整的首创之作。作者莫建来把皖系的建立放到中国近代社会和北洋军阀集团兴起的大背景下分析研究，显示出皖系是有根之木的一股势力。作者以皖系军阀全部行事过程中的具体史事，分析了皖系军阀统治的五大特点，凸现了皖系军阀的真实历史面貌，并明确地阐述了该课题的研究意义和作者写作的立足点。全书以五章的篇幅勾勒了皖系军阀统治兴衰起落的历史轨迹，并在卷首叙述皖系军阀的形成、卷尾叙述皖系军阀统治的余波以全其始终，为北洋军阀史研究领域增一奇葩，但终因篇幅所限，未能畅所欲言。我甚望建来锲而不舍，更加广搜博采，精雕细刻，再尽十年潜研之功，由三十余万字之《皖系军阀统治史稿》走向五十余万字之《皖系军阀统治史》，俾我以逾九之年，获见桃李之盛开，又何其乐也！建来其勉旃！是为之序。

写于南开大学邃谷，时年八十二岁

二〇〇四年国庆

原载于《皖系军阀统治史稿》 莫建来著 天津古籍出版社2004年版

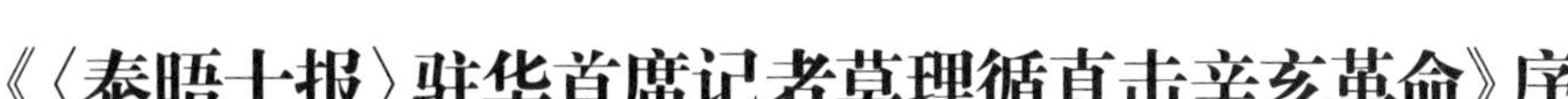

《〈泰晤士报〉驻华首席记者莫理循直击辛亥革命》序

莫理循是一个外国人，他把一生主要精力放在中国，关心中国的政治和社会。他几乎走遍中国，因为是记者出身，善于观察、写录和摄影，留下大量有关清末民初的重要文献和影像资料，成为中国近现代史研究者关注的资料原点。我在研究和撰写《北洋军阀史》的时候，曾阅读过他的书信集译著《清末民初政情内幕——〈泰晤士报〉驻北京记者、袁世凯的政治顾问乔·厄·莫理循书信集》（骆惠敏编，刘桂梁等译，上海知识出版社，1986年），搜集了若干有关资料。我很希望能有他的其他译著以丰富我的视野，但对莫理循的研究似乎渐渐冷落下去，只有一些专业圈中的人偶尔谈到他和他的著作。不久以后，中国人民大学王汝丰教授介绍他以前的学生窦坤女士来舍交流商榷。窦女士正在北京大学攻读有关莫理循研究的博士学位。当时我为有人将终身从事莫理循的研究并已开始翻译他的著述，写出研究论文而欣喜，但又为自己未曾很好研究莫理循，难以有特殊的见解而惭愧，我只能略说那个时代的一些背景资料。但我竭力鼓励窦坤一往无前地研究下去，多介绍莫理循的著述，让中国学界更多地了解这个外国人。从此窦坤就走上这样一条学术之路。

窦坤是个很勤奋的女学者，人很朴实，衣着一般，谈学问滔滔不绝，讲生活无时尚习气。她第一次来访，辞别时把帽子丢在我家，竟然不知，后来我又托人带去。她几乎全身心地投入对莫理循的研究，翻译资料，写作论文，奔走搜求，她的名字渐渐和莫理循就链接在一起。她翻译和撰著了莫理循的有关著作和图片，并翻译了莫理循的部分日记。正巧遇上辛亥百年纪念，她和福建教育出版社的编辑林冠珍女士议定，为适应这一重大事件的需要，压缩了原定移译1897—1912年的报道，改定以1911—1912年7月莫理循担任记者时的报道为主，并为说明辛亥革命前中国的情况，又选译了1909—1910年的部分内容。莫理循的这些报道和认识，反映了他对辛亥革命以及当时中国的认识，既客观地介绍了莫理循对中国改革和革命的如实报道，也显示了他一直支持袁世凯的一贯作风，还可以看出英国等帝国主义国家对中国问题的干涉，比较集中地展现了莫理循处理中国与英国关系的过程和内容。为了使人们更多了解一个外国记者对中国革命的认识和报道，撰者又增加了较多内容，以引起读者更大的历史兴趣。

全书共分四部分，都是紧紧围绕辛亥革命这一主题的。第一部分是窦坤女士以前写的关于莫理循与辛亥革命的研究内容，以期使读者更加清楚地理解莫理循的报道和在当时的活动，题作“莫理循与辛亥革命”。第二部分是译文，选译自《泰晤士报》上莫理循的报道，题作“莫理逊眼中的辛亥革命”。第三部分是摘选《莫理循通信集》中与报道有关的信件，是对莫理循报道的一个补充，题作“莫理循书信中的辛亥革命”。第四部分是“莫理循小传”，使读者全面地了解莫理循这个人与近代中国的关系。

我过去为窦坤女士写过一篇书评，题目是《临渊羡鱼，还是竭泽而渔？》，希望她对莫理循的研究能把莫理循的方方面面挖深挖透。当时只是期待，目前看来，她已把湖水淘尽，将把大大小小的鱼都一网打尽。没想到一位睿智聪慧的女学者，还有一股子愚公精神，对她的专题研究日进不已。窦坤女士尚在盛年，在自己开拓的大道上，不遗余力地奋进，取得更大的成果。我以望九之年，当拭目以待。是为之序。

二〇一一年中伏写于南开大学邃谷，时年八十九岁

原载于《〈泰晤士报〉驻华首席记者莫理循直击辛亥革命》　窦坤等译著　福建教育出版社2011年版

永不忘记的黑色数字

——《抗日战争史及史料研究》代序

中国近现代史家曾经运如椽之笔蘸着黑色的血，在覆盖全球的大书上，在十三亿炎黄子孙的心上，写下一连串作为前事不忘后事之师的历史纪事：“1895甲午”、“九一八”、“一·二八”、“七七”，等等。这些黑色的数字既揭示着强暴耻辱，也显示着中国人民抗击、奋战和觉醒。黑色的血又写出了细菌部队的番号731和南京无辜被残杀的300000同胞等等更沉重的黑色数字，史家已经无法再冷静地去分析其社会背景和仅仅愤慨地去怒斥罪恶，因为这些黑色数字散发着阵阵血腥，在刺激着具有良知的人们流泪、抽泣和无法抑制的痛苦！人们对历史上遭受过的某些苦难创伤，随着岁月的冲刷，会逐渐淡化；但是，像731细菌部队的万般罪恶，300000无辜军民的被惨杀以及遍及各地的奸淫掳掠、血肉横飞所凝聚的黑色数字是不会忘记的，永远不会忘记的！

中国人民曾经检讨灾难的根源，积弱落后而造成“挨打”地位的历史教训，时时激励着中国人民奋发图强；但决不允许一切侵略者视我们为“挨打”对象。中国人民从未甘于“挨打”，全民抗战的伟大历史就是明证。中国人民以劣势的装备和兵力抗击住猖獗一时的日军，几次大会战和遍及各地的人民战争，把进侵的敌军牢牢地钉死在铁蹄所经之处，使其寸步难行，挣不脱层层捆绑的无形绞索。十五年的沉痛，八年的苦战，终于赢得了胜利，比之于欧陆各国一瞬间即被德国法西斯所席卷，更显示出中国人民的韧性威力和觉醒；但是，中国人民为此付出了巨大的民族牺牲，是第二次世界大战中遭受损失最大的国家之一。这些血债理应偿还，但我们分得清战犯与人民的界线，即使曾对中国人民犯有罪行，只要能正视历史，真诚认罪，为和平做贡献，中国人民还是以泱泱大国的宽厚，以直报怨，以德报怨。可是善良的期望不一定得到善良的回报，农夫和蛇的故事并不只是寓言，而仍有它重要的现实意义。

我们不是还能不断地听到种种不和谐的音调和嚣杂的噪音吗？抹杀侵略战争的真正历史，歪曲侵略战争的性质，喷射战争双方都有责任的毒焰，拒不认罪，参拜战犯亡灵，甚至仅仅轻描淡写一下“不战”的文字承诺都难以在议会顺畅地通过。更有甚者，日本出版界流行着撰写所谓“模拟战纪”，如《绀碧舰队》、《大胜利——南太平洋大海战》等小说，描写军国主义者的幽灵在战争中反败为胜，大肆颠倒黑白。虎狼之心，昭然可见。中国人民没有昏昏，没有麻痹，擦干了民族的血迹，抹去了未干的眼泪，睁大了眼睛，死死地盯住这些黑色的数字，深沉地看清这些黑色的数字所辐射出来的泪、血与火。在血与火中锻炼出来的中国日益发展、强大，不再“挨打”。它既不忘记过去那些黑色的数字，也绝不容过去那些黑色的数字重新出现在中国的历史上！警惕啊！善良的人们！

“忘记过去就意味着背叛”，这句名言是曾经受过凌辱和折磨的人们所永远不会遗忘的。在中国抗日战争胜利五十周年之际，中华民族的儿女们群情激奋，口诛笔伐，比对任何历史事件更正气昂然，以会议、撰著、影视和媒介宣传等不同形式来表达缅怀与愤慨，追念先烈，痛斥敌寇，使中华民族的英勇壮烈，日寇的残酷暴虐公诸天下。1995年夏，中国近现代史史料学学会集会于黄山，举办学术研讨会，纪念抗战胜利五十周年。与会会员以积年研究所得，义正词严，发抒己见，相互切磋，成文数十篇，合前此会议有关论文共114篇。大会责成刘建业、王庆基和李永璞三同志主其事，审慎选定62篇，合为一集，由南开大学出版社正式出版。永璞同志以我襄主会务，特来请序，我读诸稿，愤敌寇之肆虐神州，敬会友之同仇敌忾，身为炎黄子孙，义不容辞，乃略抒己见以为之序。

一九九六年元旦完稿于南开大学邃谷

原载于《抗日战争史及史料研究》（中国近现代史史料学学会学术会议论文集之一）　中国近现代史史料学学会编　南开大学出版社1996年版

《寻踪纪影：李原、吴舫同志革命和生活的足迹》序言

李原同志系出山左岳氏，本名岳殿陞、岳克，山东平原人，1922年生。上世纪二三十年代，国内处于战乱及抗日战争时期，李原同志十五岁刚考入县中不满一个月，就响应号召随校离家流亡读书抗日，先后辗转于山东、河南、四川、湖北等地，颠沛流离并开始投身革命活动。1939年，在四川绵阳入党。1942年，考入四川燕京大学新闻系。1945年，奉派与吴舫同志共赴湖北新四军，在中原军区、晋冀鲁豫军区参与过外事及新闻工作。1949年随军南下云南，担任新闻媒介及地方政权领导工作，由基层县委书记循阶晋升至省委常委兼昆明市委书记，所在勤政劳苦，深入群众，关心民瘼，政绩树于民心。1983年，调任南开大学党委书记。由政转教，对李原同志的经历是一次重大的转变，但他怀着一颗忠于党的教育事业的赤诚之心，面对新的现实。到校后，深入学生群体，体现身教、言教；团结知识分子，发挥人才智能，给学校带来新的学风。离休前曾任天津市政协和人大领导工作。2000年离休后，依然笔耕不辍，秉笔直书，为党的地方文献存留真实史料。

李原同志性情率真，善于待人，所交诸友，无论地位高低，皆能倾心交流，虚心聆听意见，遇有歧义，或正言相辩，或直言驳论，不少假词色。“文革”期间，身遭折磨，犹实事求是，调查思考，了解民生疾苦及百般艰难，积累原始资料。离休后又倾全力从事著述，先后就数十年滞留的政迹所在地云南政况，进行毫无掩饰的真实写作，完成一些有信史价值的专著。他以省委书记阎红彦的一生为素材广泛采访调查，考订筛选，编写《只唯实》一书。后又以《云岭三十年》之名，写云南五大省委书记经历，反复修改，力求近实，终为云南地方文献，存

留重要参考资料。

我与李原同志相识较晚，1983年秋，我赴昆明参加西南军阀史学术研讨会，经一老友介绍，得识李原同志。当时，他已奉命调往南开大学，所以交谈学校情况较多。回校后，仍有交往，有过几次倾谈。当时知识分子入党难的说法，已较普遍。我申请入党二十八年，未能如愿。李原同志到校后，解决知识分子入党难是他重点工作之一。他对我的历史和现状进行了严肃审慎地考察，毅然排除某些极左意见，亲自担任我的入党介绍人，引导我走进党的队伍，使我在晚年更自觉地为党工作，也使我的人生增加了色彩。

李原同志晚年由于长期工作的积劳，身体状况欠佳，没有精力和体力写作自传和回忆录。但一直想以影集的形式，条理人生的痕迹，给子女和亲友留个纪念。一次偶然的机会，他接受老友杨春洲之女丁凡一女士的建议，在丁女士的帮助和他的爱女吴岳的主持下，从现存的大量照片中，精选出二百余幅，分为风采、工作、生活和友谊等章节，编成《寻踪纪影》一书，以形象记录自己的一生，为后人留下一个革命者的足迹。并嘱我撰一《序言》，以告读者。我敬谨笔墨，或难道其深意真谛，姑作一文，俾读者见其影像而想见其风范，则犹有荣焉。

二〇一三年元月初旬写于南开大学邃谷，时年九十一岁

原载于《寻踪纪影：李原、吴舫同志革命和生活的足迹》 吴岳等编 2014年印行

为小门生所著写序

——题《中国历史上的重大决策》

中国数千年的历史长河，源远流长，润泽九州沃野，万众生灵。惟风云诡谲，变幻莫测。时而顺流而下，波涛起伏；时而瓶颈阻塞，溢流横出。苟求其波澜壮阔，冲塞破阻，建立事功者，更非政治上之大智慧者莫属。而贻误事机又往往由于决策者优柔寡断之失当。纵观古今历史，凡重大关键，若有大智慧者运其睿智，高瞻远瞩，通盘考虑，作重大决策，则必建丰功伟绩。而决策错误以招致失败者，亦时有所见。正反经验教训，其事多载诸史册，足为后来者鉴，至于著之文字，普及民众，则犹有待焉。

本书作者吴杨就学南开大学，专攻图书文献之业，以其余事，雅好文史，于读史之余，颇抉其幽隐，乃自周秦至近代搜求得例四十，观其成败，皆在于决策。遂集其事实，出以浅近文字，寻其矛盾，解其症结，以求广被民众，受其启迪。谨择数例以明决策得当与否之有关大局。其《商鞅变法中的疏漏》条，既颂扬“商鞅相孝公，为秦开帝业”所建立的不世之功，皆由于商鞅之“不顾一切”的铁腕精神，复惋惜正由于这种“不顾一切”所采取的高压政策的疏漏，以致身遭“车裂”的杀身之祸。其《玄武门突变中的先发制人》篇，作者详叙唐李渊之子建成、元吉与世民间为夺取政权继承权的重重矛盾，已达尖锐顶点之状况，而引《兵经百字·智部》云“兵有先天，有先机，有先手，有先声”之说为据，进而详细分析李世民面临危机而与门客共商先发制人之策，终于消灭建成、元吉而获政权。遂使唐初出现“贞观之治”之盛世，皆源于先发制人之决策。其《“杯酒释兵权”中的高超艺术》篇，记宋赵匡胤在陈桥驿为部下拥立而建立宋朝后，日夜担心重演黄袍加身的旧事，乃与辅臣赵普定“杯酒释兵权”之策，从而造成兵不血刃的良好善果。赵匡胤以高超的艺术手段，断然决策，避免戮杀功臣的惨剧，树立保全功臣的范例，固不得不归功于“杯酒释兵权”的定策。其《康熙收台的用人之道》篇记康熙于平定三藩后，决心收复台湾，在群臣纷议之际，力排异议，毅然决策，起用降将施琅，专统收台事宜，终于获得统一成功，此乃在于用人之道之得当也。

全书四十篇，内容大都类此，使读者不仅从中明其史事，更可以悟其经验，有所借鉴；得其教训，受其警示。而其文字，力求平顺，具有可读性，更便于普及民众。俾读者既得知识，又有益于应世，岂非两全之作乎？

作者吴杨为徐建华教授之高弟，而建华又为我早年门人，则吴杨自当为我门下之再传女弟子。今建华持吴杨所作，请序于我。读其书，虽所叙事及行文，尚有可磨砺之处，但其能善于读书，得发其内涵，且有所见，亦足嘉矣！吴杨方在妙龄，而我已年逾八旬，相距花甲之年，能获读其所著，亦人间之一大乐事。我亟期吴杨之日有进益，更上层楼，俾薪火有传，吴杨其勉旃！

二〇〇六年“五一”写于南开大学邃谷

原载于《中国历史上的重大决策》　吴杨、王红梅著　百花文艺出版社2006年版

《中国文献学资料通检》序

通检之体或言始于宋代《群书备检》，据宋晁公武《郡斋读书志》卷九称：

> 《群书备检》十卷，右未详撰人。辑《易》、《书》、《诗》、《左氏》、《公羊》、《穀梁》、《三礼》、《论语》、《孟子》、《荀子》、《扬子》、《文中子》、《史记》、《三国志》、《晋》、《宋》、《齐》、《梁》、《陈》、《后周》、《北齐》、《隋》、《新旧唐》、《五代》史书，以备检阅。

宋陈振孙《直斋书录解题》卷八也说："《群书备检》三卷，不知姓氏，皆经史子集目录。"《宋史·艺文志》则说："其书已亡。"但明《文渊阁书目》卷十一著录："《群书备检》一部，三册，残缺。"是此书至明尚存残本。清番禺黎永椿编著《说文通检》十四卷，极便翻检《说文》之用。近人陈乃乾有《清代碑传文通检》之编，为检清人生卒、字号、碑传之捷径。类此非具为人之志，甘于自任爬梳之苦者不能，是以先师陈援庵先生曾慨乎其言说："兹事甚细，智者不为，不为终不能得其用。"并亲历岁月，宵旰不辍，编撰《中西回史日历》及《二十史朔闰表》，以身教后学。其《二十史朔闰表》至今犹为学者案头必备之书。惜乎晚近学风浮躁，稍窥学术樊篱，摭拾一二典实，便放言高论，浪得虚誉，而沉酣潜研，甘为人梯者极鲜。不意空谷足音，跫然可闻，我亦何幸，以耄耋之年，得读扬州蔡贵华先生编著之《中国文献学资料通检》一书。

今夏外游方归，有青年登门求见，略作寒暄，始悉其为贵华先生哲嗣开元，负笈于津门医科大学，奉父命送呈其父所编撰之《中国文献学资料通检》部分原稿、凡例、书目及节略诸件，请序于我。我与蔡贵华先生素所未识，何敢贸然？洎匆匆展读诸件，不禁欣然色喜，语云"天涯何处无芳草"，信非虚语！扬州为古今文化名城，代有名家，书画有扬州八怪，称艺苑奇葩；学术有扬州学派，为一时显学。而客籍过往之硕彦，尤难胜数，唐代诗人李白之“烟花三月下扬州”和杜牧之“二十四桥明月夜”，久负千古绝唱之誉。历代学人著述颇称闳富，而于清尤盛，汪中之撰《广陵通典》，存乡邦文献；刘文淇祖孙三代成《春秋左氏传旧注疏证》一书，为左氏功臣；李涵秋之作《广陵潮》，痛陈社会百态……地灵人杰，斯地也而有斯人也，此又何怪乎蔡贵华先生不顾寒素，追迹先贤，而倾一生精力于《中国文献学资料通检》之作也。

文献学为人文、自然诸学科之必须依据，舍此则无异于缘木求鱼，难有所得，是以孔子有“文献不足征”之叹。古往今来亦无不以文献为重。汉之刘向、宋之郑樵、清之章学诚，均以文献名家，而为学术做大贡献。前世纪中叶，学人于文献学之研讨，颇少涉及。八十年代以来，学尚平实，文献检索与利用之教材与著述频见迭出，学者亦多致力，始有张舜徽先生之《文献学论著辑要》，选读文献学经典之作；继有郑伟章先生之《文献家通考》，网罗清初以来文献学家千五百余人，阐幽发微，方便后来；而崔文印夫妇所撰《中国历史文献学史述要》则为内容充实、资料丰富、论述详明之作，有裨于了解历史文献学之基本内容、主要典籍与历史发展状况。本世纪初，更有蔡贵华先生《中国文献学资料通检》之即将问世，文献学之繁兴已不待言！

《中国文献学资料通检》创意于前一世纪八十年代。撰者孜孜以求，焚膏继晷，历经二十年之辛劳，终成一百余万字之巨帙。观其书名似为一工具书，而其实又不止于工具书。其书涵盖颇广，凡有关古典文献学之人、事、物诸方面，无不一索可得。其所谓“人”者，有文献编纂家、校勘学家、目录学家、版本学家、钞书家、藏书家以及文献世家等；其所谓“事”者，有文献征集、文献整理、文献收藏、文献流通、文献聚散、藏书掌故以及藏书家逸事等；其所谓“物”者，有所谓室名、书名、文献收藏管理机构、相关职官、文献载体、重要版本术语以及藏书印等。可谓文献资料之洋洋大观。至其编撰体例，多有超越前人而自辟蹊径者，言主目，非仅列条目而有精要的释文，参考用书殆达二三十种，亦有设按语者，为考证、辩论及补正内容；言资料，采撷典籍近三百种，可称内容丰富，非一般通检书可比；言便用，正文以音序编次，后附四角号码字头索引及罕用字读音索引等，以照顾过去与当前之检索习惯。足见撰者思虑之周详，为文献学武库又增一利器。

清代文献学家章学诚在其所著《校雠通义》内篇一《校雠条理第七》中曾论

其事说：

窃以典籍浩繁，闻见有限，在博雅者且不能悉究无遗，况其下乎？以谓校雠之先，宜尽取四库之藏，中外之籍，择其中之人名、地号、官阶、书目，凡一切有名可治，有数可稽者，略仿《佩文韵府》之例，悉编为韵。乃于本韵之下，注明原书出处及先后篇第，自一见再见以至数千百，皆详注之，藏之馆中，以为群书之总类。至校书之时，遇有疑似之处，即名而求其编韵，因韵而检其本书，参互错综，即可得其至是。此则渊博之儒穷毕生年力而不可究殚者。今即中才校勘，可坐收于几席之间，非校雠之良法欤？

章氏之立论，历时二百余年，始由扬州蔡贵华先生编纂《中国文献学资料通检》予以实践，此正庄子所谓薪尽火传之深意。而《中国文献学资料通检》之能坐收利便于几席之间，不仅可见用于当代，亦将嘉惠于未来，是以我敢鲁莽断言曰：《中国文献学资料通检》一书，固传世之作也！是为之序。

二〇〇一年初秋写于南开大学邃谷

原载于《中国文献学资料通检》　蔡贵华编著　中国文史出版社2004年版

《图书馆学情报学档案学简明辞典》序

“工欲善其事，必先利其器”，读书治学也同样需要“利器”，方能“善事”。这正是工具书之所以出现的客观要求。工具书在我国具有悠久的发展历史。古代由于图书数量不多，一般学者能够以皓首穷经的功力去博闻强记，因此，工具书的使用尚未引起应有的重视；但是，随着时代的发展，学术领域的拓广，图籍的日增，单凭背诵记忆已经势所难能。诗人墨客既不能默诵字的韵部，复需以优美辞藻来启动思路和雕饰文句；某些统治者因难以博览群籍，而命人将相同内容的资料依类编次以供省览；而好学深思之士尤需准确地解决文献资料中的疑难以利于掌握精粹。于是，工具书的制作便随之而兴起和发展。

工具书的始作与类别，诸家之说不一，如果说大致在战国末年成书于众手的《尔雅》是我国最早一部按照词义系统和事物分类而编纂的辞典，那么，词书无疑是最早的一类。其后不仅《尔雅》有多种注疏，而且还有不少以“雅”命名的词书。直至近代，在《辞源》、《辞海》诸综合性词书之外，随着学科的繁兴，更有各种专门学科的词书问世，诸如人名，地名、语言、历史、医药、工程……无不编有词书，助人检索，俾坐收便利于几席之间。但作为读书治学根本的图书之学却显有逊色，学科发展缓慢，工具书之制作也相应没没，所谓图书馆学辞典之类，不论篇帙，抑或数量均难如人意。

近年以来，不仅图书馆学有显著发展，即与之有联系之情报、档案等学也日益为人注目。三者虽各成体系，但从其社会作用、管理方法、发展趋势和交叉溶合诸方面考察又颇多共识之处。三学资料多散见典籍书刊，研求者翻检维艰，于是亟待有集中解释词义物类的词书可备检用。图书馆学的工具书固云尠矣，而融贯三学的辞典尤称罕觏。此种情况，衡之当前需要实难相称，因此，群策群力编纂一部简明的“三学”辞典势成当务之急。

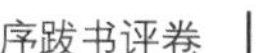

1986年初，《理论图书馆学教程》审稿会于广州中山大学召开，会间曾议及当今词书之不足，乃有合力编纂图书馆学情报学档案学辞典之创议。时与会者有南京大学、南京工学院、兰州大学、中山大学、内蒙古大学、内蒙古电视大学、华中师范大学、中国人民解放军空军政治学院、湘潭大学、湖南大学、湖北省高校图书情报工作委员会并南开大学等十二个单位，咸表赞同，佥议众志成城，共襄盛举，乃成立编委会，并谬推我出主其事。我自愧能力不足，又深知辞书编纂之艰辛，非鞠躬尽瘁不克成事而颇有难色，但十二单位同仁的热情与属望不忍违拂，又念及先师陈援庵先生有云："兹事甚细，智者不为，不为终不能得其用也。"遂禀承师教，奋力承担，期以桑榆之年，为学林效驽骀之奔驰。

1986年7月，由南开大学图书馆学情报学系主持在承德召开了第一次编委会，讨论编写体例及专题划分，议定辞典内容包括图书馆学、情报学及档案学三学科，共23专题，即：

1. 图书馆学基础理论
2. 图书馆管理
3. 藏书建设
4. 读者工作与研究
5. 图书馆事业建设
6. 图书馆事业史
7. 图书馆学思想
8. 文献分类与主题
9. 文献编目
10. 中文工具书
11. 外文工具书
12. 目录学
13. 目录学史
14. 古籍与版本
15. 中国书史
16. 情报学
17. 文献检索
18. 情报分析与研究
19. 情报编译报导
20. 图书情报现代技术

21. 图书馆建筑与设备

22. 图书馆学、情报学教育

23. 档案学

编委会又按华东、华南、中南、华北、西北等地区组成分编委，分别承担专题，落实词条撰写工作。1987年5月，在湘潭大学召开第二次编委会，对词条初稿进行审读，进一步统一体例，确定词条，并由各分编委负责本地区所撰词条的修订工作。经过两个月的努力，乃于7月间在兰州大学召开第三次编委会，集中人力，按专题审查全稿，历时半月，原则通过书稿，并决定委托主编单位——南开大学图书馆学情报学系负责收尾定稿工作。

主编单位接受任务后，既感谢合作者的信赖，又深知其事艰巨，遂一本敬事而信的态度，虽人力微薄，也竭尽全力，邀集专人组成修订组，几经反复，校阅核对，删重补遗，并加编检索和附录，终于在1988年底，历时年余，乃告粗成，即交付南开大学出版社审订。

南开大学出版社接受书稿后，由副总编辑马光琅、责编焦静宜、黄娟等三同志不计朝夕，历经三审，提出若干商榷性意见，于1989年5月间由主编单位再修改，又经修订组以半月时间作付印前整修。至此，自创议至成书四易寒暑，先后与其事者近百人，始获付枣梨。耗时不可谓不长，费力不可谓不多，而究其成效如何，实难预卜，但求尽心而已。

这本辞典虽力求能适应图书馆学、情报学、档案学等领域的理论与实际工作者所需，也借以节有关读者翻检群籍之劳，但终以无所依傍，书成众手，而势将存在不足与缺点，语云“初生之物，其形必丑”，这固可引作自恕之辞，设此初生之物，能得大匠斫轮，名手雕刻，给以指正，编者定据以修订增删，使这部辞典渐趋完善，以应社会的责求。

这部辞典自确定体例、选录词条、审定书稿以至成书问世，我一直亲与其事。于良芝、邵元溥、马艳玲三同志在编纂过程中曾协助我承担了若干编务工作。凡辞典略有可取，皆众友所成就，而其谬误不足则我当独居其咎。我并借此向为辞典尽力众友致深切的谢忱。

一九八九年仲夏于邃谷

原载于《图书馆学情报学档案学简明辞典》 来新夏主编 南开大学出版社1991年版

《图书馆学情报学简明辞典》前言

“工欲善其事，必先利其器”，读书治学也同样需要“利器”，方能“善事”。这正是工具书之所以出现的客观要求。工具书在我国既有悠久的优良传统，又有丰富的宝贵遗产。我国正规工具书的问世应以公元100年时撰著的《说文解字》和公元220年前后辑成的《皇览》为最早。以后代有所作，数量日益增多，类型渐趋完备。工具书的类别，诸家之说不一，但辞书无疑是主要的一类。我国最早的辞书当推《尔雅》，近代不仅有《辞源》、《辞海》等综合辞书，更有各种专门辞书，如人名、地名、语言、历史、医药、工程……无不多有辞书，助人检索，可坐收利便于几席之间。但是，作为读书治学根本的图书之学却未能获得最大重视，一如其他学科的多量与普及。

图书馆学在我国是既古老而又新鲜的学科。过去由于种种原因受到漠视，典藏流通，为人视同书肆，几无学术研究之可言，工具书的制作寥若晨星。这种状况衡之当前需要已极不适应而久待有识者勇于任事。

今南大图书馆学系、天津医学情报站、天津市少年儿童图书馆、天津图书馆的几位中青年同志不满足于平凡而有意义的日常工作，立志孜孜以求，潜心于“为人”之学，参考群籍，造福同道，竭数年之力，完成这部拥有2500余词条的《图书馆学情报学简明辞典》著作。书成之际，请序于我。我和他们有所交往，对他们勤事乐业的精神素所钦佩，但能如此拼搏奋发，敢挑重担，却出于我的意料之外；不过，从他们平日的工作精神看，却又在情理之中。我虽比他们痴长几岁，但颇以缺乏这种蓬勃朝气而深以为愧。我借此作序的机会，真诚地祝愿这本辞典将为图书馆学这一领域增加财富，为图书馆事业中的战友们提供“利器”。

我也热切期望图书馆学界的中青年朋友们在振兴中华的宏伟事业中冲天腾飞，把我国的图书馆学研究推向新的高度。

一九八五年三月于南开大学

原载于《图书馆学情报学简明辞典》 《图书馆学情报学简明辞典》编写组编 1985年天津印行

《中国古今书名释义辞典》序

中国的正式图书始于简书，而简书多为单篇流传，所以古无书名而仅有篇名，如《伐檀》、《兼爱》皆为篇名。嗣以聚篇成书而不能不加标书名以作大名，而篇名则称小名。加标书名有多种方式：

一是根据著者姓氏缀以古代男子美称之“子”字而成，如《孟子》、《韩非子》、《公孙龙子》等。

二是根据著作的成书情况而定，如孔门弟子追忆孔子言教议论，加以编次成书而标名《论语》。

三是根据图书内容而命名，如刘向编次战国时策士献策而定名为《战国策》。

四是以著者职位、爵谥、地望为书名，如《太史公》、《史忠正公集》、《韩昌黎集》等。

五是以著者加文体而成，如《屈原赋》、《温庭筠诗集》等。

其他标名方式尚或有之，不一一赘述。

随着社会的发展，著述的繁多，更依作者不同的性情和才华，书名的内涵遂日益丰富，情况也更为复杂：有意有所寄、有同书异名、有异书同名、有一书多名、有借书名夸示地位、有故作奥秘以示风雅，千姿百态，不一而足，以致清朝学者章学诚在所著《文史通义》《繁称》篇中痛斥“人心好异，而竞以标题”、“巧立名目，横分字号”等时弊，主张把有怪异书名的书“概付丙丁”，一烧了之。章氏是对后世炫才逞奇者表示愤慨，但未免失于偏激。书名怪异与古人“观目而悉洞”的命名立意日远，致使读者对图书之了解益增窒碍。现掇拾数例以证其事。

《镜镜詅痴》是近代第一部比较系统阐述几何光学原理、光学仪器原理和制镜技术的科学著作，著者是清嘉、道时人郑复光。郑是我国第一个自制望远镜的科学家，其书名是为表达自己不为人了解的愤慨；但寓意晦涩，有待诠释。所谓“镜镜”，指书的内容是讲明光学原理；所谓“詅痴”，指商贩叫卖自己的次货。用这一书名是说自己像一个商贩那样鼓吹自己这部讲光学原理的著作。郑复光另有一部包罗天文、物理、生物、气象、技能各种学问的著作，题名《费隐与知录》。这也是一个颇为费解的书名。所谓“费”是怪异的意思，“隐”是不明白的意思。原来这是一部解释怪异难解现象的科学著作。此书名之不可以不释义。

《清嘉录》是清嘉、道时人顾禄记述苏州风土的一本杂著。此书有多种版本，其光绪十年乐善堂刊本封里别署《吴门风土记》，《小方壶斋舆地丛钞》第六帙收顾禄著《吴趋风土记》，即《清嘉录》节本。此同书异名皆出于晋诗人陆机《吴趋行》之句称“土风清且嘉”。有些同书异名由于避讳，如辽僧行均撰《龙龛手镜》，宋人避“镜”为“鉴”，而有《龙龛手鉴》的异名。有些书相沿视为同书异名，实则非是，如清初董含撰《三冈识略》，因所居在紫冈、沙冈、竹冈之东而名书。《说铃后集》收董含撰《莼乡赘笔》，世皆以此即《三冈识略》，一些专著也定二者为同书异名，经校核二书，《赘笔》删去《识略》达二百五十余则，皆怵于文字贾祸而有意删削者，删量既大，主旨亦不同，固不得视为同书异名。其同书而异名往往有多达五六个者，如《战国策》尚有《国策》、《国事》、《短长》、《事语》、《长书》及《修书》等异名；《越绝书》有《越绝记》、《越绝》、《越录》、《越纽录》、《伍子胥》及《伍子胥书》等异名。此又书名之不可以不释义。

与同书异名相应者为同名异书，即书名虽同而作者非一，内容亦异。如《经说》一书，自宋程颐撰《经说》八卷始，经元明至清陈宗起撰《经说》八卷、《经遗说》一卷，共有二十二人重复使用此一书名。但作者、内容不一，而是异书。又如《诗品》，南朝梁钟嵘与唐司空图均用此同一书名，但钟专论五言诗，按作者品评优劣；司空则按诗歌风格分二十四类加以品评。设此类书无所诠释，则读者势将茫然失措。

有些书名出于同一典故，如元王恽之《玉堂嘉话》、明焦竑之《玉堂丛语》、清杨士聪之《玉堂荟记》，皆以“玉堂”冠首，乃因玉堂自宋以来为翰林院别称，三位作者都曾任官翰林院，故均采玉堂典故。这种书名释一可得三。

有些书名切不可望文生义，如清杨陆荣撰《三藩纪事本末》，因世人熟知清初三藩之吴三桂、耿精忠、尚可喜，遂不察内容，鲁莽称此为平定吴、尚、耿之史事，而不知此三藩乃指南明福王、桂王、唐王之三藩。此等书名又何能不释义？

有的书名表示了作者狂傲嫉世的态度，如宋人车若水著书“横斥古人”，因正患脚气病，遂名书曰《脚气集》。宋人吴缜所撰《新唐书纠谬》和《五代史记纂误》则明显地直指二书作者欧阳修。

有的作者根据“贤者识其大者，不贤者识其小者”的说法而以“识小”名书以示谦虚，如张江、姚莹各著《识小录》，马腾蛟有《小坡识小录》，程廷祚有《春秋识小录》，等等。

近年有一套丛书冠名为《蓦然回首——对中国传统文化的反思》。“蓦然回首”，学文史者可能了解，但更多的人难得其解，甚至不知“蓦”字如何读法。这本来是王国维在《人间词话》中说明学问进益三历程中的最高境界，所谓“众里寻它千百度，蓦然回首，那人却在灯火阑珊处”，书名虽然俏皮而有寓意，但未免偏于曲折了。

类此种种，皆足以说明书名之学决不容漠视。我国典籍浩繁，难以尽读，设由书名释义而粗窥大略，则有裨学人多多。近年吴枫主编《简明中国古籍辞典》、胡道静主编《简明古籍词典》以及杜信孚所撰《同书异名通检》与《同名异书通检》诸书，虽于书名诠释有所涉及，惜未泛释，而犹无书名释义专著应世，此《中国古今书名释义辞典》之应运而生也。

《中国古今书名释义辞典》集十余文教学术单位之俊彦，通力合作，上起先秦，下至“文化大革命”之燃发，所收辞目达三千二百余条，都九十余万字，体大思精，有功学林。应编者诸君之托，邀我一言，盛情难却，而此著又有益于世用，遂不揣疏陋，杂谈书名诸例而为之序。

一九九一年溽暑，挥汗写于南开大学邃谷

原载于《中国古今书名释义辞典》 赵传仁等主编 山东友谊书社1992年版

《历史文献研究》序

我与世伟相识二十余年。从他就学于华东师大到他担任上海图书馆领导，虽非朝夕相处，但也不时看到他在各种专业刊物上发表的论文和出版的专著，又时有信函往来和在某些学术活动中晤面，自以为对他的学术历程粗有了解，不意最近看到他的论著目录，他从1984年至今二十多年间，竟然有论文百余篇和专著十六种，使我非常惊讶，因为他不是专一的教学和科研人员，而是一位长时间承担相当繁重公务的人员，这些都是在公余获得的。这不能不引动我对这一现象的思考。而其时，他应“当代中国图书馆学研究文库”编委会之约，编选自己的文集，并请序于我，我借此略抒个人思考所得，以就正于世伟及诸贤达。

师承为治学根本。历来学者无不自有师承，接受名师的严格基础教育，然后方能逐步进益，学有所成。世伟青年时代受业于陈誉教授。陈誉教授学贯中西，著述闳富，极重师道，诲人不倦，是以世伟于大学阶段即已立学术根基。嗣后，世伟师从顾廷龙先生。顾先生为海内图书馆界耆宿，致力于版本目录之学，时称版本目录学大师，为学林所宗仰。世伟服务上海图书馆多年，得亲炙顾门，学业猛进，学术研究更趋成熟。

勤奋为治学要途。立足于勤，为学者获取成果的主要途径。焚膏继晷，古有名训。梁人阮孝绪于《七录》序中有云：“晨光才启，缃囊已散；宵分既漏，绿帙方掩。”阮孝绪正以这种勤奋精神，完成了目录学名著《七录》的编纂。今世伟昕夕从公，而能有多量成果，设非宵旰致力，曷得如此收获？

专一为治学方略。昔人有“专攻一经”之说，示后学勿旁骛之意。今世伟自就学至工作，倾全力于图书文献之学，孜孜不倦，笔耕不辍。其专一之功，颇见成效。观世伟之著述目录，所录于学有版本、校勘、考证诸方面；于人有向歆父子、孙诒让、王重民、潘景郑及顾廷龙等先贤之成就，皆不出图书文献之范围，可称专心致志。

清代藏书家张金吾于《爱日精庐藏书志》序中曾云："欲致力于学者，必先读书；欲读书者，必先藏书。藏书者诵读之资，而学问之本也。"可见藏书于治学之重大关联。一般读书人往往以藏书不足，奔走搜求为苦。而上海图书馆馆藏之富，居全国之前列。世伟既一禀师承，复勤奋专一，又任职上海图书馆多年，坐拥书城，取用方便，左翻右检，得心应手，更为世伟添翼，此又世伟优于一般读书人之幸也。世伟治学有成，良有以也。

国家图书馆出版社策划出版《当代中国图书馆学研究文库》，世伟膺选第二辑，乃就所著遴选二十余篇，成二十余万字之文集。优中选优，自见精彩。世伟方当盛年，前途大有可为，行见佳篇华章，层见叠出，为个人树里程，为图苑添异彩。我虽衰朽暮年，亦企望其更登层楼，精进不已。是为之序！

二〇〇七年国庆写于南开大学邃谷

原载于《历史文献研究》　王世伟著　国家图书馆出版社2008年版

《传统特色文献整理与收藏研究》序

徐建华君持其《传统特色文献整理与收藏》稿来舍请序。近年以高年体衰，诸友有所嘱托，多予婉辞，而建华之请，难以推却。因建华是我二十多年前第一个目录学学科的研究生，他经过长期努力，现已成长为南开大学教授和博士生导师，他能不忘故旧，把他的第一本文集送来请序，在当今师道日衰的时候，我不仅内心高兴，亦以见建华尚未流于世俗颓风。

这是建华的第一本文集，主要内容是有关古典目录学、谱牒学与藏书学的研究，均为中华传统文化的重要组成内容，列于史部。历代学者多擅其学，清乾嘉之际，几为学者必备之学术基础，研究者日众，著述者益盛，一时称为显学，为清学四大支柱之一。晚近以还，其学渐不为学人所重，而其学之使用价值未泯，攻其学者日鲜，建华于群学繁杂浮躁之时，默默于此，勇担学术道义，洵为难得。季豫师之学得再传于建华，亦可慰其万一，惟令人有推浪之感慨。极望建华珍惜英年，进德修业，不辱余门而光大发扬之。

建华之治目录学，以佛典目录为切入口，前人于此尚少涉及。建华立志盖有年矣。忆二十余年前，建华方卒业于硕士，其论文即为佛典目录之研究。历年钻研不辍，成文多篇，有《敦煌本〈众经别录〉考述》、《中国历代佛典目录阶段性特点分析》、《中国古代佛典目录分类琐议》、《中国古代读藏目录叙略》等篇。其于家谱之研究，始于十五年前我和他应约合写《中国的年谱与家谱》的知识性读物。其后，我因忙于增订《近三百年人物年谱知见录》而暂停对年谱本身的研究与写作。建华则继续前进，于十数年间先后完成论著多种，其收入本集者有《家谱的地方性特色及价值》、《家谱的收藏、整理与编目》、《略论当代家谱目录的编制》及《〈中国家谱藏谈〉序》等篇，多切家谱要点，更有多种有关成书，从而争得谱牒界一席之地。藏书于近年来渐成显学，研究传统文化之

人士，颇多参与。建华亦致力其间，辨章考镜，撰述文字。其与他人相异者，在于将藏书与佛教寺院相连结，足见特识，所撰有《中国古代佛教寺院藏书初探》、《中国佛教寺院藏书的构成及其成因》、《唐五代之前东林寺藏书的文化意义》、《中国古代佛教寺院藏书在中国文化史上的贡献》等篇，读其文颇有新颖之感。

这本文集是建华于所撰百余篇论文中所选集，虽不过三十余篇，亦以见其二十余年笔耕不辍、焚膏继晷之精神。为文一遵家法，大多考证详明，论述切实。即细小但多为人熟知之“贝叶”一词，以数百字考明其最早使用年代，引证多位唐人诗文，以证其在唐代已使用“贝叶”一词，用以驳“贝叶”始用于元朝一说之不确，但于始于南北朝之说，因未获原始资料，仅录以存疑，体现盖阙之意；又如《字辈与僧人》一文，据大量例证阐述以字辈考证史事之方法，颇具创意。类此即可见建华之未趋不求实证之时尚。

建华方当知命之年，学识已有一定基础，精力充盈，为大有为之年。虽曾隶门下，但观其成果，不禁有出蓝胜蓝之喜。北魏时有语云“青成蓝，蓝谢青。师何常，在明经”。我羡建华身当政通人和之际，潜研精进，了无障碍，而老朽历经坎坷，空负时光。兴言及此，建华更当励志敬业，期以二十年成立言盛事。老朽于建华有厚望焉。是为序！

二〇〇九年七月溽暑，挥汗写于南开大学邃谷，时行年八十七岁

原载于《传统特色文献整理与收藏研究》 徐建华著 国家图书馆出版社2010年版

《〈千字典对〉注释赏析》序

“幼学”之名，始见于《礼记·曲礼上》。它从周秦开始发展，于是仓颉、凡将、训纂等幼学读物相继出现，可惜均已亡佚。现存最早识字课本为汉元帝时史游所撰《急就篇》，继其后脍炙人口者则有三、百、千等等初学入门必读书。其中南朝梁周兴嗣所撰《千字文》以四言协韵，极富文采，且不仅只识名物，更有社会历史、伦理道德等方面的内容，为世所称。后来用此形式创制的这类幼学读物亦为数不少，除流传于世者外，想或尚有湮没无闻者。《千字典对》便是近年来新被发现的一种久遭湮没的幼学读物。

《千字典对》需历经三关，始能面世：其一为发现关。《千字典对》成稿于百余年前，当时仅作乡塾读本，未能行世而为人所知。近年山西阳城县志办刘伯伦先生为该县下孔村编写村志时，在吴昆山家故纸堆中发现此书原稿引起其注重，乃出该书于多年尘封之中，为该书稿传世开辟道路。于是人们始知世间尚有此书。

其二为整理关。《千字典对》内容涵盖上下五千年，撰二百五十则名人名事，名言名句，用典甚多，苟不加注释，确乎了解不易。伯伦自发现该书稿后，即立意为其条分诠次。为便于更多读者，乃以译文、注释和赏析三层次进行诠释及剖析。如此则《千字典对》之字义、典实及内含均将毕呈于读者之前。伯伦更为不没前贤之劳，文献口碑，多端寻访，原撰者刘辅之之生平遂得昭然可见，不仅有功于撰者，抑且为阳城及下伏村增一地方文献。设今之修志诸君子尽以伯伦之所为而为，则本届之修志成绩，将不止于成志若干而已。乡邦文献之增益，又不知几何矣。兴言及此，深以未能早见及此，有所倡导为憾，尤当引以自责。

其三为出版关。前二事皆可以伯伦之强毅成之，如仅此而已，则《千字典对》与湮没无闻，又有何异？此不独使《千字典对》未能广被天下，抑有负于伯伦之苦心孤诣，更不足以励深求文献之志。唯当前出版艰难，世所共见。《千字典对》虽耗费不多，终不敌为秽书而甘斥巨资。设有主政者、富而好学者以及有识之出版家，助成其事，则老朽亦将为慷慨解囊者馨香默祷矣！伯伦成其书后，函请为序。我虽年臻耄耋，体弱多病，而读其书，不禁豁然，以此书不仅为幼学所必读，即成年人又何得缺此类知识。激奋之余，起而操常废之笔墨而为之序曰：伯伦之功不可没，《千字典对》流传之业不可止。我将翘首拭目以待，伯伦其勉旃！

一九九八年元月八日于南开大学邃谷

原载于《〈千字典对〉注释赏析》　刘伯伦著　国际炎黄文化出版社2002年版

《美国图书馆藏宋元版汉籍图录》序

几年前，北京大学中国古文献研究中心的几位同事，选定了一个科研题目——到美国调查国会图书馆以及六所高校东亚图书馆馆藏的宋元版汉籍，并摄其书影，编成一部《美国图书馆藏宋元版汉籍图录》，为学界人士增一津筏。与此同时，邀我担任该项目的学术顾问。我虽在青年时代攻读过“版本目录学”这门课程，但后来的几十年，这门学问几乎近于被禁锢，其珍善本图书多以不是理由的名目被“专藏”，难以借阅。因经眼者日少，遗忘者日多，所以乍闻其事，有点惶恐，不敢应允；但参与者多为熟识旧友，又是在同一杆大旗下共事的同仁，难以推却，只好应诺，内心则以“顾我则笑，问道于盲”自解。

图录是著述的一种体裁，在书文化的传承中有一定地位，传说中的“河图洛书”颂赞图书优美曰“图文并茂”，1973年在长沙马王堆出土文物中的汉初长沙国深平防区的地形图、驻军图和城邑图等，都以“图”居主要地位。随着文字逐渐发达，图遂渐退于次要地位，成为文字的陪衬，以致沦于附庸地位。上世纪末，已故林申清先生所撰《宋元书刻牌记图录》，使读者目见珍善图书牌记款式，图录一体渐为人所瞩目。近年以来，以“图录”形式出版的专书渐多，如《灵兰集萃——中华珍贵医药典籍展图录》就是一部收录六十多种珍贵医药典籍书影的图录。特别是在“国家古籍保护中心”的组织与推动下，“图录”的出版似乎有了上升趋势，特别是古籍，除了以再造古籍的方式增加珍善本古籍的数量以便利读者外，为了人们能经眼古籍的真面目，各省、市多编印图录性质的专书，如山西的《珍贵古籍名录图录》收书八十八种，天津的《馆藏珍贵古籍图录》收书三百余种，皆以收录珍善古籍书影为务。使千里皮藏，如置案头，岂非快事？惟所遗憾者，其所录仅限国内，而流传域外者则只能望洋兴叹而已。晚清黎庶昌使日时，曾以两年之功，搜求流日汉籍，刻书二十六种，成《古逸丛书》

二百卷，携之归国，时称盛事。近年，严绍璗先生成《日藏汉籍善本书录》、范邦瑾先生撰《美国国会图书馆藏中文善本书续录》及沈津先生撰《美国哈佛大学哈佛燕京图书馆中文善本书志》等多种著作问世，利便学者不浅，但均为以文字记录之书录而少图录。北京大学古文献研究中心诸同仁，有鉴于此，乃定议派专人亲赴美国调查，著成《美国图书馆藏宋元版汉籍图录》一书，以补缺项。

《美国图书馆藏宋元版汉籍图录》以图录为主，并附简要说明，既开未有之局，又能亲见原书面貌，二美俱，令人兴奋。我既承作序之任，乃循读全稿，可得五点：

其一，撰著队伍为团队与单兵相结合方式。其事首由安平秋教授统筹规划，指挥全局，以曹亦冰教授为主编，亲临其事。又由卢伟、杨海峥、顾永新诸先生分别负责各馆。如此，既能互通声气，相辅相成；又可专注一点，不受牵制。遂成顺利推进之势，此或可为组织集体项目所借鉴。

其二，调查搜寻范围较广。本书调查对象为美国国会图书馆及哈佛大学哈佛燕京图书馆、普林斯顿大学东亚图书馆、耶鲁大学东亚图书馆、柏克莱加州大学东亚图书馆、哥伦比亚大学东亚图书馆、芝加哥大学东亚图书馆等六所大学图书馆，共搜得美国所藏宋元汉籍一百四十三种（除宋、元版外，其中尚有辽、金本各一种），几近全部（有某书著录较此多十八种），可称搜罗殆尽。

其三，书影摄制，精致明晰。图录重在书影，而书影又以选书叶为首要工作。本书各类书影，无残缺叶，而所选多为首尾叶及两卷衔接叶，则版式、大小题、藏章、牌记、刻工、书法等项，均可一览而得。一叶之摄，必刷多张，以备优选，是以图录无模糊失真之虞，得信而可征之效。

其四，图录所附说明，文字简约，所述甚备而不夺图录主位，可见编者字斟句酌之功。通过说明可知图录之版式、版框长宽、行格、图书流转、藏章、装帧和海内外收藏处、版本异同等项，使读者如见原书。这些说明对版本校勘，珍稀本、遗佚本状况，考察名人鉴定等，均有重要参考价值。

其五，征引繁富。本书非仅以调查所得成书，而是对每幅图录均统观原书，参阅海内外有关版本之名家名著，如陆心源、叶德辉、傅增湘、王重民、屈万里、李际宁、沈津、严绍璗及居蜜等人有关专著，均有涉及，既增加本书的学术含量，更便于读者利用。

上述五点，不过为我一得之愚。进而言之，这本《图录》所产生的更大影响，在于开拓“图片文献”的新道路。这些图录不仅可存真，并编成一本珍善本汉籍照片集，更重要的是，它将成为一种“图片文献”的应用体现，能与“文字文献”、“数字文献”鼎立为三。以我陋见，这就是一部域外珍善汉籍的流传图史。它摆脱了以图片从属文字的陈规，对历史诠释具有独立价值。

本书编纂诸君，历六年辛劳，成此《图录》。这一《图录》将成为以图为主阐释版本流传史的首创之作，亦对在中国文史学界建立“图片文献学”有所启迪。我于本书，忝陪末座，无所建树。惟望古文献研究中心以此为起点，对日本、欧洲等域外所藏宋元汉籍，相继作更多编制图录工作，并逐步建立“图片文献学”这一独立学科，达到“以图解史”的目的，我将以余年翘首以待。是为之序！

二〇一二年初伏三日，挥汗写于南开大学邃谷

行年九十

原载于《美国图书馆藏宋元版汉籍图录》　曹亦冰、卢伟主编　中华书局2014年版

《天禄琳琅研究》序

流略之学，肇端于向、歆父子。其所著录，多侧重于书录。其后多遵向、歆遗规。下迨宋尤袤私著《遂初堂书目》，遂有不同版本记录。于是若干书目相随而起，但尚未遍行。明清之际，社会动乱，宋、元以来各种稿、钞本，传世日稀。于是藏书家如绛云楼钱氏、汲古阁毛氏、传是楼徐氏等，皆以收藏宋刻元钞著称，其中如季振宜、钱曾还专就家藏宋元刻本，编善本书目。在此风气影响下，清政府于康熙以来，累次求书也均视宋、元旧刻、旧钞为搜求重点。数代经营，国家藏书日渐丰富。于是有“古椠之藏于内殿者”也“视旧加广”（于敏中：《天禄琳琅书目》凡例）的美誉。乾隆九年，乾隆帝命于敏中等将内府藏书中宋元以来的善本书一一择出，共置于昭仁殿，赐名“天禄琳琅”，并初步编目。乾隆四十年，正当纂修《四库全书》时，又命于敏中等在原编目录基础上，再增入新征集到的各种善本书，“重加整比，辑为总目”，定名为《天禄琳琅书目》，共十卷，收入《四库全书》，汇宋、金、元、明四朝所刻之书及明影宋刻本书目于一编。其编次体例，先以朝代为序，复以四部区类。嘉庆二年，《书目》所录各书尽毁于火，乾隆帝又命彭元瑞等一仿《前目》体例，编《后目》二十卷，所收除绝大多数仍为宋、金、元、明及影宋本外，尚收有辽版及影辽版各一种。至此，宋后各朝所刊之书大体全备，对后人研究宋以来的图书流传、收藏及版本沿革等，提供大量资料。惟《后目》编撰时，由于对所收书籍未加仔细审定，因而把一些后人仿刻或书贾伪造之赝品也误判错断，造成缺憾。

《天禄琳琅书目》前后目是我国第一部官修善本书目，《两目》共收书1093部，集中介绍宋、辽、金、元、明五朝善本书的刊刻年代、版本、流传、庋藏等情况，惜《前目》所著录书，尽毁于火，目难校书；《后目》各书也多残破流失。千余种善本书，今仅得其半。但此版本目录首创之作，讹误存疑颇多，前贤时有补苴订正，惟未见全面研究之作，时望有后起者出而整理纠谬。前闻北京刘蔷女士正默默耕耘，收获尚有待时日。

余识刘蔷女士在十余年前，时伊尚未届而立之年，而沉潜好学之名，已为业内所知。历青春年华，孜孜于古籍整理与研究，颇有成就。后师从安平秋教授之门，攻读博士，名师佳徒，相得益彰。乃以攻坚为志，定《天禄琳琅书目研究》为博士论文开题。数年经营，稿成，经内外名家匿名评审，均给以佳评。“资料搜集，近乎竭泽；亲历目验，不遗余力，辨微考异，不漏纤毫。”几成评者共识。又经反三复四，方以定稿交由北京大学出版社出版，则获读是书，当指日可待。不意金秋时节，刘蔷突携稿惠临寒舍，不弃老悖，请序其书，乃得先读之乐，幸何如也。老叟年近望九，虽体弱神衰，犹得忘年小友之青睐，得不欣然命笔而为之序。

刘蔷之撰《天禄琳琅书目研究》，首要之功在于文献搜集之深广，于其所附文献参考之目可证。凡古今中外，无论长篇巨制，抑零篇短什，如官书、专著、杂记、各类书目以及先贤时彦之论著，皆所寓目，网罗殆尽竭泽，而掌握纯熟，运用得当，犹其余事。此仅就运用文献而言，以此止步，亦未为不可。而尤可贵者，在于文献之外，又以个人之力，不辞辛劳，奔走四方，对《两目》著录诸书聚散与流传情况，进行大量调查工作，使其海内外落户者了然于心。此即世所谓文献与田野相结合之文献研究新模式，于后学大有启迪意义。

刘蔷之于《天禄琳琅书目》前后两编之藏书始末、现书状况及版本实情、编纂体例、版本学成就以及其不足之处等，皆已条理清楚，可称完备。其中特具卓识者为发掘《两目》目外书，前人虽于此有所留意，但未能深入研究，而刘蔷于此特加汇总，名之曰“目外书”，并以亲历调查所得，制二表即《现存天禄琳琅前编目外书一览》及《后编目外书一览》，将历年所得有关资料悉入表内。各表分书名、卷数、版本、存藏、钤印特征及著录等栏。旁行斜上，一览可得。表之为体，始于《史记》五体，其用在由繁纳简，执一驭万。清初著名史学家万斯同之撰《历代史表》，广征博引，表列数千年史事于一书，眉目清楚。其好友朱彝尊称其书为“揽万里于尺寸之内，罗百事于方册之间”。刘蔷于上述二表外，尚在各章中制作有关一览、统计诸表，以约繁为简，概括诸事。若化表式为文字，则不知将多赘若干篇幅而劳读者心力矣。

版本目录学为清学架构之一大支柱，《两目》编纂于乾隆年间，正清学昌明兴盛之际。《两目》著录之繁富，实为空前绝后。撰者又为乾嘉学术名流。其鉴

定手段与方法，不仅开启中国版本鉴赏目录程式之先河，亦为乾嘉学术添翼。《两目》经刘蔷之正本清源，订讹纠谬，其学术地位不仅局限于目录版本之列，更有利于清学之阐释。

治学之道，学人各有不同手段，而多年钻研过程，日积月累，所得自当敝帚自珍，自视为枕中之秘，不轻语人。前贤元人元好问，雅有声名，而尚有“鸳鸯绣了从教看，莫把金针度与人”，为后人议论质疑。刘蔷胸怀开阔，倾其治学亲历之经验教训，专设第五章于书尾，题曰《天禄琳琅书目之版本学成就》，下设《描画历代版刻风格》、《兼用多法鉴定版本》、《考订一书版本源流》、《揭示版本作伪》及《天禄琳琅版本鉴定错误及其原因》等五节，内容切实，令人不禁再读。此章虽以《两目》为例，实则总结版本目录学之源流、历程、方法、考订等甚详，实可称为一版本目录学之教本。启迪后学，示以典范，其功宏远。亦以见刘蔷学术境界之高尚。斯人也而有斯文也，信哉！

读《天绿琳琅书目研究》竟，不禁掩卷唏嘘。刘蔷方年逾不惑而有此业绩。思我当年，正拘縶牛棚，日以扫地洁厕、巡回批斗为业，蹉跎十年，落实时已年届花甲，虽尚有余热，终为强弩之末，以视刘蔷，得不喟然。刘蔷现当盛年，已奠定坚实学术根基，而“天行健，君子以自强不息”当为共识，山野一叟，不惮繁琐，略贡刍荛。《两目》之全面研究，刘蔷固为功臣。而读者读其文，核其目，方能有得。往复翻检，曷胜其劳！若能以《两目》为底本，由刘蔷倾历年所得，一一重加点检，移录公私藏本之手批、手校，然后条理《两目》，按书系入，统加编次，成《天禄琳琅书目条理》一书，则读者一卷在手，当可顺文而下，得《两目》之准确本，不亦善乎？从此《两目》之使用与研究，更有所依据，而《两目》之学术地位亦可不言而喻矣。余以望九之年，犹翘首以待，刘蔷其有意乎？

是为之序。

二〇一一年金秋写于南开大学邃谷，行年八十九岁

原载于《天禄琳琅研究》　刘蔷著　北京大学出版社2012年版

《续修四库全书杂家类提要》序

几年前，在上海一个学术会议上，我认识了该司马朝军教授。交谈之下，感到这位中年学者腹笥深厚，谈吐不俗，所攻方向又是学界钟情的“四库学”，不禁加深了几分敬佩。后又收到朝军惠赠的《〈四库全书总目〉研究》一书，当推该领域有关研究著述之翘楚。从而深期朝军更有进益，为中华传统学问增色。近时又收朝军新著《续修四库全书杂家类提要》，并邀为一序。我近已日趋高年，精力衰退，婉拒者多，而朝军教授之请，心向往之而情不可却，姑缀短章，略摅浅见。

杂家之起当在战国汉初，是折衷和杂糅各类思想的学派，具有“兼儒墨，合名法”的特点，列在诸子百家，即后世著录之子部。其收纳范围是“自六经以外立说者皆子书也”，杂家类亦随之存录，如秦吕不韦的《吕氏春秋》和汉淮南王刘安的《淮南鸿烈》等都是杂家的代表作。杂家之列于子部，自《七略》、《汉志》、荀勖、李充以迄《隋志》，历年相沿，无所更改。但后世子部界限日趋庞杂，如清《四库全书》将难纳入经、史、集诸部的图籍统归子部，使子部几乎成了无所不包、凌乱不堪的大杂烩，与最初的子书范围已相去甚远。其后，杂家更广收博纳，益形混杂，以致人多讥学无边际者为杂家，实则博览杂家著述，殊非易易，非博涉多通之士，莫能言杂家。我尝读《四库全书》杂家类提要，颇受其益。后人鉴四库有漏列及乾隆后诸籍缺著录，乃继《全书》之后，又纂《续编》，另编《提要》，其杂家一类即收书数百种。世事烦扰，未遑详阅，而司马朝军又重为此撰《提要》，行将见承先启后之效，为读《续修四库全书》及旧有《提要》作先导。

朝军之撰《续修四库全书杂家类提要》乃受傅璇琮先生之邀，为《续修四库全书》杂家类所收著述撰提要。该类所收各书，上下古今而以明清为重，即四库漏收及四库后之杂著，内容极为庞杂，凡杂学、杂考、杂说、杂品、杂纂等等，无所不包。前人于撰《续修四库全书》杂家类提要一事，曾有所关注。二十世纪二十至四十年代间，在日人主持下，中日学人曾与其事，分头撰写，单篇成文。合成以后，既欠沟通，又不划一，致使书成众手，无所统摄，仅存油印本稿。迨二十世纪七十年代台湾王云五氏乃就日本京都大学人文科学研究所所藏油印本，由台湾商务印书馆印行《续修四库全书提要》一书。1996年，中国科学院图书馆罗琳等人士即据馆藏提要稿本219函，编成《续修四库全书总目提要（稿本）》37册，另索引1册，由齐鲁书社影印出版。前二书未能遍加整理，分类编次，较为凌乱。今司马朝军在前人基础上，分撰杂家类提要，逐一批阅，旁参他籍，每读一书，辄遵向、歆遗规，成一提要，历时三年始成，可称辛劳。当此之际，武汉大学国学院主编《珞珈国学丛书》，见收此书，并拟由商务印书馆刊布单行本，想不日即可问世。至于应如何与前二书比照评估，则老朽尚未深研，不敢妄言，只能待之异日。

朝军志有鸿鹄，于此尚为浅尝。其后更拟为自古至今之杂家类图籍，撰《杂家叙录》一书，以利学林，立意宏远，践行维艰，非费十年之功，聚多识学人，严定义例，广搜博采，妥加编次不可。我年逾九十，来日苦短，诚祷有生之年，能见《杂家叙录》之成稿，可有幸不辱此生。朝军方当盛年，精力充沛，当能遂此愿望，我于此有期盼焉。是为之序！

二〇一三年初春写于南开大学邃谷，时年九十一岁

原载于《续修四库全书杂家类提要》　司马朝军著　商务印书馆2013年版

古越藏书楼百年祭

——记徐树兰与古越藏书楼（代序）

19世纪末，维新思潮在中华大地上日益蓬勃发展，西学和西方一些新事物为更多人所欣赏和接受，特别是维新派人士在探索国家富强道路的过程中，逐渐认识到文化教育的重要性，也认识到图书馆在社会教育中的重要作用。朝野间时有这类的强烈呼吁，在1896年底的《时务报》上就不断出现建立图书馆的建议。如汪康年在《论中国富强宜筹易行之法》中说："今日振兴之策，首在育人才，育人才必能新学术，新学术必改科举，设学堂，建藏书楼。"其意已寓建立开放型图书馆之义，只是名称尚沿用藏书楼之旧而已。而孙家鼐在《官书局开设缘由》中则正式揭出图书馆之名说："泰西教育人才之道，计有三事，曰学校，曰新闻报馆，曰图书馆。"正因有这类宣传鼓动的言论，所以在戊戌变法时，无论学会、学堂、报馆、译书馆等，都有类似图书馆之类的藏书机构。这些机构虽然随着变法失败而夭折，但建立近代图书馆的思想却在广大知识群中产生着深远的影响。特别是经历了庚子、辛丑的奇耻大辱后，更加刺激了社会上启迪民智、开拓新知的要求。开办新式图书馆的行动已在某些有识之士中酝酿策划。绍兴士绅徐树兰及其所创建的古越藏书楼就是20世纪初首开这一风气的人和事。

一、徐树兰的生平

徐树兰（1837—1902）是20世纪初颇具声名的人物，在一些有关著述中很容易找到他的生平事迹。所记内容，或繁或简，大都近似。其中唯有薛炳所撰徐

传，述其一生事迹，最为简要，传云：

> 徐树兰，字仲凡，号检盦。山阴（浙江绍兴）人。光绪二年举人，授兵部郎中，改知府，以母病归，不出，任地方公益，如筑捍海塘，建西湖闸，创设豫仓。每筹本省及各省赈款至数十万金，以及设救疫局，置赡族田，建清节堂，集相验费，皆有案牍可稽。尤留心三江口水利，著有《引清涮淤议》。议上，官厅难其事而止。捐千金开办中西学堂，其后改为绍兴中学堂，归官办，树兰垫费至四千余金，未偿。复捐赀建越中藏书楼，延慈溪冯孝廉一梅编纂书目。又至昆山新阳购地开荒以兴农业。皆粗具规模，未竟其绪！光绪二十八年五月卒，年六十五。子元钊、尔穀、嗣龙、维烈。（绍兴县修志委员会编《绍兴县志资料》第一辑，民国二十八年排印本）

徐氏一生事业，大致具备，唯未著其清道光十七年生。或薛氏以已著卒年与享年则生年自可推知。至于越中藏书楼之名或为创意时曾有此说，而在正式申报筹办时，则定名为古越藏书楼。所记子嗣四人，据尔穀之子徐世燕提供的徐氏世系资料，可知元钊原名维康，字易园；尔穀原名维新，字显民；嗣龙原名维咸，字宜臣；维烈则字武承。从这篇小传中看到，徐氏一生事业的重点似在发展农业和兴建以藏书楼为名的近代图书馆，而后者尤为其事业的重中之重。

二、兴建古越藏书楼

徐树兰甘愿捐巨资兴建古越藏书楼，虽因维新思潮的影响，但更直接的原因在于受到西方新事物的启发。他曾在《为捐建古越藏书楼恳请奏咨立案事》中一申其说云：

> 泰西各国讲求教育，辄以藏书楼与学堂相辅而行。都会之地，学校既多，又必建楼藏书，资人观览。英、法、俄、德诸国收藏书籍之馆，均不下百数处。伦敦博物院之书楼，藏书之富，甲于环球。一切有用之图画报章，亦均分门藏弆。阅书者通年至十余万人。日本明治维新以来，以旧幕府之红叶山文库、昌平学文库，初移为浅草文库，后集诸藩学校书，网罗内外物品，皆移之上野公园，称图书馆，听任众庶观览。其余官私书籍馆亦数十

处，藏书皆数十万卷。一时文学，蒸蒸日上，国势日强，良有以也。（《古越藏书楼书目》卷首）

徐树兰环顾和考察了海外图书馆的发展趋势及其对社会之效能，启发他准备以个人力量筹建具有类似东西方图书馆性质的藏书机构。他曾在光绪二十五年（1899）开始在绍兴府学堂创设“养新书藏”，并由主持校务的蔡元培手订《略例》15条，为第二年兴建古越藏书楼提供了可资借鉴的规章制度和实践经验。古越藏书楼的创建年代，各书有1902年与1903年的异说，实则当时人张謇在所撰《古越藏书楼记》中早有明确说法道：“其事集议于庚子，告成于癸卯。”也就是说，古越藏书楼创始于光绪二十六年（1900）；光绪二十八年（1902）四月，即徐树兰卒前一个月，建楼的一切章程规制及工程，已基本完成。光绪二十九年（1903），藏书楼全部告成。光绪三十年（1904）正式向全绍兴公众开放阅览，博得当地人士的交口赞誉，正如张謇在《古越藏书楼记》中所说：“楼成，其乡之人大欢。”中国第一个开放型的私人图书馆由此诞生！同时徐氏久所憧憬的“以藏书楼与学堂相辅而行”的追求也得以实现。

建楼伊始，徐树兰主要抓了两件大事：一是斥资8600余两，在绍兴城西古贡院处购地一亩六分，“鸠工营造，名曰古越藏书楼，以为藏书之所”；二是将“所有近来译本新书以及图画标本、雅驯报章，亦复捐资购备”，共用银23560余两。二者相加共用银32160余两。但徐氏呈文称共用银32960余两，两任浙江巡抚的折片中则均称用银33000余两。前后相差800余两。这个差额，可能是一次性支出后，陆续购进桌椅器物和杂支等。藏书楼的规模是前后四进，头三进是高楼，为藏书所用，第二进的中厅是公共阅览室，备读者阅览。门面是高墙小门，和第一进相连。如今，门楼犹存，已被修葺一新。后三进则尽圮，左右侧共墙尚存，壁上留有柱痕，存础尚可见数个。

三、藏书建设

徐树兰原是绍兴一藏书家，他之所以有建楼之议，就是准备公开私藏供社会所需。当建楼之议已定，徐氏首先将“家藏经史大部及一切有用之书，悉数捐入”。但徐氏是一位具有先进思想和眼光的士绅，不局限于传统旧籍的公开，而是在继承传统文化的基础上，更加开拓创新，传播新知，以启迪民智。于是又以2万余两的巨款购进已译、未译的东西方著述和图画、标本及报章等，使古越藏书楼共有藏书达7万余卷。细检书目可能超过8万余卷。作为私人藏书楼，应算是入藏量比较丰富的。徐氏公开私藏的义举，曾得到张謇在所撰《古越藏书楼记》中给予的高度评价说："今先生独捐世舍故，不以所藏私子孙而推惠于乡人。謇知其子孙必能嬗守而不失，亘千祀历万劫而无已也。"

古越藏书楼的藏书特色在于兼收并蓄，不仅收古人著作，也收近代人著作，如一些解经之作，既有汉、魏的郑、马、服、贾著作，也有近代俞樾、陈澧的著作；不仅收华人著作，也收外国人著作的，如物理学方面，既有晋张华的《博物志》、明方以智的《物理小识》等多种华人著作，也收藏有英国人艾约瑟的《博物新闻》、美国人丁韪良的《格物入门》和日本人饭盛挺造的《物理学上编》等多种著作，其中某些学科没有华人有关著作，就全部入藏外人著作，如热学、气学等学科，就全为英美人著作，且所藏外人著作包括已译、未译。不仅有某一学科的宏观著作，也有对极其具体事物的论著，如在动植物类中，入藏有英国人傅兰雅的《论苍蝇》。不仅有专门性著作，也有一般性的教科书，如舆地类就有张相文所编的《中等地理教科书》和《初等地理教科书》。不仅藏文本，也藏图册，如教科画、地图、实业图、器械样本图和动植矿物样本图等。所藏对版本的要求，并不单纯追求珍善，而侧重于切实易得，如有不少是《小方壶斋舆地丛钞》、《说郛》、《玉函山房丛书》、《格致汇编》等丛书本。所有这些都显示着古越藏书楼的藏书建设并不墨守成规，而具有顺应时代潮流、映射社会所需的特色。这种与时俱进的藏书特色已非过去以藏为主的旧式封闭式藏书楼，而是转变为以用为主的开放性藏书楼了。

四、订立章程

《古越藏书楼章程》是徐树兰亲手制定的建楼整体规划，它不像传统藏书楼那样制定了多方限制的繁文缛节，而是一份尽量以用户方便为主的崭新章程。据徐树兰在呈报文件中声称，他是"参酌东西各国规制拟议章程"的，所以，《古越藏书楼章程》是一份值得重视的图书文献。也可以说，它是图书馆法的先驱文献。

《章程》共分7章30节，有光绪二十八年古越藏书楼单刻本，书名系何寿章所题。《章程》开宗明义即申明其建楼宗旨是“存古”与“开新”。为使更多人了解建楼的真实意图，徐树兰还详加释义，阐明其所以立此宗旨乃为针对当时“详古略今”和“尚近蔑古”的时弊。徐氏认为“不谈古籍，无从考政治学术之沿革；不得今籍，无以启借鉴变通之途径”。在《藏书规程》一章中，划定了藏书楼的入藏范围与标准，其中值得注意的是对已译未译的东西方图书的收藏，并释义称：“已译者供现在研究，未译者供将来研究（已通外国文字者）及备译。”这表明古越藏书楼的开放，已不止于借借还还，而是准备为研究者、译书者的长远研究提供资料，含有当代研究图书馆的意味。藏书中农学用书较多，不仅有欧西人著作，还有不少日本人的著作，体现了徐氏“以农为本”的务实思想和包容多国别、多学科的博涉思想，颇为接近近代图书馆的广泛服务性。《管理规程》一章中，规定了藏书楼的管理体制。全部人员包括总理1人、监督1人、司书2人、司事1人、门丁1人、庖丁1人、杂役1人，共8人，并各有职责规定，井井有条。《阅书规程》一章是全章程的中心内容，共15节，占全章程之半，完全从读者用户利益着眼，充分体现徐氏“仁人爱物”的人文思想。藏书楼特将第二进中厅作为阅览室，设60个座位，备读者阅览，从目前遗存的失修情况看，其仍不失为明亮宽敞的读书好场所。每天上午9至11时、下午1至5时向公众开放6小时，凭牌进楼，对号入座，凭牌与发书单借阅，但不外借。座满则来人需在外候牌。图书如有污损，照章赔补。藏书均盖用戳记，据今人考察，曾用“古越藏书楼图记”、“会稽徐树兰捐”、“徐氏检盦见本”（《中国藏书楼》壹，第312页，辽宁人民出版社）。尤其值得注意的是，徐树兰在制定章程时关注到读者往返就食的烦劳，特在第二十五节中规定读者可自备膳资委托藏书楼庖丁代办三餐，又免费供应茶水，其服务的细致周到，不仅体现徐氏的仁人之心，亦以见其所具现代图书馆的服务意识。徐氏为扩大馆藏，发动社会力量，在章程第六章中特以专节申明“有愿出资助益及助益书籍者均拜嘉惠”，并在赠书上标出“某某惠赠”字样以示谢意。徐树兰还创立了一种“存书”制度，凡有将私藏暂存入楼者，即掣给收据，并加盖“某某存”和“本楼新设存书之例，如欲取还此书，缴回本楼收据即可发还”。他通过多种途径，动员更多社会人士参与这项重要的公益事业。

古越藏书楼虽未能完全摆脱传统影响，仍然沿用藏书楼的名称，但从这份章程考察，它已具有西方公共图书馆特色，是一座具有开放性质的私人公共图书馆。徐树兰固无愧为中国近代图书馆的创始者。

五、编制《古越藏书楼书目》

《古越藏书楼书目》的编制，前后有两次。一次是为徐树兰将家藏和新购各图书一并捐献时所编书目，似由徐氏自编，共6册35卷。曾有刻本，今未见。其藏书分类仍受传统分类影响，分为经、史、子、集和实务等五类。后来可能在实际运作中发现有很多不适应处，于是又很快延聘慈溪举人冯一梅（冯字梦香，光绪二年举人，曾任绍兴府学堂教习）重编。冯一梅将全部中外藏书，统分为学、政两部，各分24类，共48类，收编成20卷，创立了许多新鲜类名，并将收书和分类原则订入章程第三章第三节中，以作永制。新编书目于光绪三十年由崇实书局石印，即今传世本。

重编的《古越藏书楼书目》20卷，分两大部，即学部与政部，各10卷。每部分24类。学部包括原四部分类中的经、子、集，再增入近代物理、医学、天算等科学；政部包括原史部，又增入地理、外国史、外交、教育、军政、法律、农业、工业、美术、占卜和稗史等。虽没有完全冲破旧的分类法，但增加和创立了若干新类，特别是有关近代科学的内容，自有其创意。其学部各类均于类名下增一“学”字，而政部各类则无“学”字，此或徐氏以学部各书多为学理探讨，而政部则为用世之作。书目所收各书均著录书名、卷数、作者和版本，项目基本完备，不过由于编目时间匆促，且刚刚接触新事物，其分类令人感到有些凌乱，间或著录有不确切和不完整处。如政部“谱录”类著录《李寒支岁记》一卷，编者为“子李权编”。检核原书，则书名为《李寒支先生岁纪》，而编者为“李世熊自编，李权续编”。查该谱系谱主李世熊自编自出生之明万历三十年至清顺治三年，而其子李权则续编自顺治四年至康熙二十五年谱主之卒，故不应独著李权编。在各类之末，时有附注，说明其著录范围。如“正史兼补表补志考证”类后附注说：“凡专考一史，或兼考数史，皆随附于本书，考全史者附于后。”在“纪事本末”类下也附注说：“马骕《绎史》入古史类，其余涉兵事者如《绥寇纪略》及《圣武记》、《湘军记》诸书，均已入军政战纪类，故所录止此。”类下之小类则分列较细，如“诗总集”下又分数细类，如“诗总集数代合编者”、“诗总集各代分编者”、“诗总集以地分编者”、“诗总集以姓分编者”等。类书则分汇考、辑古、摘锦等三小类。《书目》虽尚有微瑕，但它力求突破传统四分法，独辟蹊径、自创新意的精神，是应予肯定的。现代目录学家姚名达曾评论《古越藏书楼书目》说“谈最早改革中国分类法以容纳新兴之学科者，要不得不推《古越藏书楼书目》为最早也”（姚名达《目录学》），充分肯定了《古越藏书楼书目》的创新之功。

六、结束语

古越楼的建成至今已有百年，创始人徐树兰的逝世至今也已有百年，其业绩与影响是应为后人所尊崇。为之举办纪念活动，更是绍兴这座文化名城义不容辞的职责。

古越藏书楼虽然沿用千百年来所袭用的名称，但是它的性质和内涵已完全不同。它改变了几千年来以“藏”为主的藏书习惯，而是无私地将家藏图书向社会公众开放，向以“用”为主的藏书思想转变，并施之于实践。这是中国藏书文化的一大发展和剧变，开启了近代开放型图书馆的先河。在古越藏书楼的影响下，20世纪初，全国各省相继掀起建立公共图书馆（个别以藏书楼为名）、学校图书馆和专门图书馆的热潮。古越藏书楼开一代风气之功，足以彪炳于史册。近代图书馆事业随着社会发展而日益蓬勃，古越藏书楼也几经沧桑变化，终于在全社会的关心下发展成今日的绍兴图书馆。从开放型的古越藏书楼发展为更加开放的绍兴图书馆的百年历程，非常灿烂地显示着伟大的中华民族对文化建设方面的孜孜以求、开拓创新精神。

与此同时，人们也不能忘却古越藏书楼的创始人徐树兰在中国近代图书事业上的特殊贡献。他以具有维新思想的地方绅士的身份，谢绝仕途，锐意于地方公益事业。他远远地超越了既往无数藏书家，毅然“举其累世之藏书，楼以庋之，公于一郡，凡其书一若郡人之书也”，实属难得。这与当今捐赠家藏化私为公者比比，或不以为奇，而百年前这种“不以所藏私子孙而推惠于乡人”（张謇《古越藏书楼记》）、甘于奉献的行动，亦可谓大勇者矣！薪火不绝，徐氏有知，视今日绍兴图书馆之馆舍宏丽，藏书盈室，技术手段先进，公众受益无穷，得不拂髯而笑，喜其百年夙愿之得偿。我也何幸，既得闻开放图书馆之旧事，复亲临开放图书馆之胜地，欢欣莫名。爰记徐树兰与古越藏书楼始末，以祭徐公；并祝绍兴图书馆腾越发展，广积庋藏，更新技术，润泽公众，造福社会。我将为之颂祷焉。

原载于《开放的藏书楼　开放的图书馆——纪念古越藏书楼创建百年论文集》　本书编审委员会编　浙江人民出版社2002年版

海宁藏书家浅析

——《海宁藏书文化研究》代序

海宁为浙江文化名城，世多以名人文化、潮文化、灯文化称之，然若细加考察，尚有不可忽视之藏书文化。海宁的藏书文化当以私家藏书为主干，而海宁私家藏书确与其他地方私家藏书有所不同而自具特色。

一　灿若繁星的藏书家

海宁虽仅为一县，而藏书家数量之多，却颇引人注目。据吴晗《江浙藏书家史略》统计，海宁有藏书家38家，在浙江省是仅次于杭州而居于绍兴、宁波、吴兴等藏书名城之前，列于第二位，也有人统计超过这一数字。见于文献记载，海宁的私家藏书当以宋人马端（曾官宣教郎，世称马宣教）为最早。马端（1252—1318年）先人随宋室南渡而定居海宁，以盐业起家，富豪一方，遂建“看山楼”，藏书万余卷，元末毁于兵事中。稍晚有元人张雨（1277—1348年），字伯雨，为宋儒张九成的后裔，早岁隐于黄冠，久居杭州，以是为人误作杭州人。曾藏典籍图书于所居“黄篾楼”，所藏于元末兵乱中散失。明清之际有马思赞者，父兄均于清初入仕，而思赞不慕荣利，终其生为太学生，素好图书金石，家有“道古楼”和“红药山房”，收藏宋元珍籍及金石书画，编有《道古堂藏书目》。身后藏书散出，一为海盐马笏斋藏于“师竹轩”，一为吴骞收藏于“拜经楼”，其余悉毁于火。清代以来，海宁藏书家日渐增多，特别是中期以后，大家名家勃兴，呈诸家挺秀之势。范凤书先生所著《中国私家藏书史》中曾较详尽搜求，得清代全国万卷以上藏书家有543人，而海宁一地即有11人，兹钩列如下表：

陆嘉淑（1620—689年） “有楼曰密香，藏书万卷。”（《云自在龛随笔》卷四）

查慎行（1650—1727年） “卒之日，惟书万卷而已。”（《碑传集·查先生行状》卷四十七）

陈邦彦（1678—1752年） 礼部侍郎 “私藏亦可称东南一大家，与绛云楼是埒。”（《海宁陈氏宗谱》卷二十五）。

马思赞（？—1745年，一作1705—1758年、1669—1722年） 上舍 “马寒中拥书万卷，筑道古楼。”（《拜经楼诗话》）

吴骞（1733—1813年） 贡生 “笃嗜典籍，所得不下五万卷。”（《海昌备志》）

陈鳣（1753—1813年） 举人 “构向山阁，藏书十万卷。”（《碑传集·陈鳣传》卷四十八）

马瀛（1765—1830年） 监生 “吾乡陈仲鱼向山阁藏书，大半归马二槎上舍。”（《东潮丛记》）。

杨文荪（1782—1852年） 岁贡 “购求书籍，积十年，不下五万卷。”（《春禄山房文稿·芸士府君行述》）

蒋光煦（1813—1860年） “衍芬草堂三世藏书，达数十万卷。”（《浙江藏书家藏书楼》）。

唐仁寿（1829—1876年） 诸生 “家饶于财，大购书，累数万卷。”（《杭州府志》卷一百四十六）。

邹存淦（1849—1919年） “撰《己丑曝书记》，著录三万余卷。”（《简明中国古籍辞典》）

若再加检核，尚能有得，如康熙末年的陈世佶就“藏书万卷”，光绪末的朱昌燕先世有藏书十万卷，后荡然无存。朱昌燕又不遗余力，搜罗四五十年，收藏颇富，聚于“朝经暮史昼子夜集楼”。其表弟徐光济身后遗有“藏书万卷”。蒋光煦的从弟蒋光焴，三代积书，共得数十万卷，而清以前藏书万卷以上者还能搜检多人，如明前期的马宣教，是资甲一方的富商，曾起楼“聚书万卷”（《浙江通志》卷一百八十七），明崇祯时的吴太冲，藏书“与山阴祁氏、海虞钱氏埒”（《武林藏书录》卷中）。其不足万卷而自构藏书楼的藏书家几难枚举。海宁不过为一700平方公里的城邑，而藏书家达数十家，誉为灿若繁星，当称确论。

二　学有专攻的藏书家

藏书家的家世不外三途：一为官僚，二为商人，三为学者。海宁藏书家虽有官僚（康熙时的许汝霖，官至礼部、户部尚书，筑“也园”藏书）、商人（如元明之间的马宣教是富商），但大多为诸生、贡生、监生等不慕荣利的学者型士人，从而成为海宁藏书文化的一大特色。这些学者型藏书家都是积学之士，都具备一个藏书家必备的业务条件，他们不仅有相当高的学术造诣，有一定数量的藏书，对所藏书都钤有内容不一的专定藏书章，筑有一定规模和设备的藏书楼，用以储存和保护藏书，还多以其专学对藏书加以整理校订，使之臻于完美。从文献记载中可以找到很多实例。其中足以作为代表性人物的便是吴骞和陈鳣。值得注意的是，吴、陈二人不仅是海宁藏书家中的双子星座，而且还是中国藏书史上的全国性顶级人物。清末张之洞曾为学人入门国学而编有《书目答问》一书，其书末附入《国朝著述诸家姓名略》，分门别类地选取了清代著名学者六百余人，并称“凡卷中诸家即为诸生择得无数之良师也”，而“其自著者及所称引者，皆可依据”。这份推荐名单，罗举了清代名家名师，海宁学者即有多人入选，而吴骞、陈鳣则并列于“校勘之学家”类，可谓推崇备至。从对吴骞、陈鳣的比照中即能看到海宁藏书文化的明显特色。

吴骞（1733—1813年），字槎客，号兔床。一生不慕荣华，仅仅是一贡生，而穷毕生精力于藏书、校书、读书、著述。陈鳣有一首为吴氏“拜经楼”藏书所写的诗，可说是概括了吴氏的藏书活动，诗云：“人生不用觅封侯，但问奇书且校雠。却羡溪南吴季子，百城高拥拜经楼。”（《简庄诗抄》）陈氏对吴骞的学术成就也非常倾心，在为吴氏《愚谷文存》所写序中云：

> 吴槎客先生，品甚高，谊甚古，而学甚富，著述等身。不屑为流俗之文，夙共当世贤士大夫相往还，与之上下议论。晚年益深造自得，远近学者宗之。

吴骞和许多藏书家不一样，他没有先世的遗存，完全靠个人辛勤搜求。他在所著《愚谷文存・桐阴日省编》中曾叙其得书情况说：

> 吾家先世颇乏藏书。吾生平酷嗜典籍，几寝馈以之。自束发迄乎衰老，置得书万本，性复喜厚帙，计不下四五万卷。分归大、二两房者，不在此

数……竭平生之精力而致之者也。

看来，吴骞自藏和二儿所藏的总和，不止五万卷。有人估计其藏书总量，当近十万卷，也颇近理。这些藏书主要来源是当地藏书家，如马氏“道古楼”和查氏“得树楼”散出的旧藏，保证了他藏书的基本质量，他还不时与江浙藏书家互通有无，借钞借补。他的藏书中有不少宋元旧刻善本，并在《拜经楼丛书》中收刻多种，以广流传。所以叶昌炽在《藏书记事诗》卷五中引述称：“槎客喜搜罗宋元刻本，如陶渊明、谢玄晖诸集，皆取而重刻之。”

吴骞为了贮藏他的藏书，特于乾隆四十五年建“拜经楼”，并另建“千元十驾书室”，专贮宋元善本。“拜经楼”的命名是吴氏表示尊经之意，而不避袭用臧庸“拜经书室”之名。“千元十驾”之名，则为与苏州大藏书家黄丕烈“百宋一廛”争胜。黄氏以家藏百部宋版于室，而傲啸藏书界；吴氏则以元版虽稍逊宋版，但如十倍之，亦足可相敌，乃取驽马十驾可胜骐骥一跃之义，而命名为“千元十驾书室”。二贤共为收藏善本所作的努力，不失为书林佳话！吴氏对这些善本非常珍惜，写了许多校勘题跋传于世。

吴骞爱书如命，常常把所得善本与个人及家庭生活联成一体，以示纪念。他在得到《宋刊百家注东坡先生集》后，不仅自己以“苏阁”名其收藏处，而且还将“苏阁”二字送给儿子吴寿旸作号，后来又得到宋版《周礼纂图互注重言重意》而命寿旸以“周官”为字。世俗或以吴氏未免书痴，但是叶昌炽《藏书记事诗》中却透露了吴氏的内心隐秘，诗中说：“为慕一廛藏百宋，更移十驾庋千元，生儿即以周官字，俾守楹书比孝辕。”

吴骞像大多数藏书家那样，希望世守其藏。他的儿子寿旸和孙子之淳都能不负所望，世守楹书。前后延续了近百年。在十九世纪五六十年代，也不幸毁于兵燹。历来藏书家的结局，往往如此，实可付之一叹！

吴骞不仅藏书，而且对藏书进行繁重的校雠题跋工作，与他同时代的学者对他这种活动多所赞誉。如陈鳣多次推崇他的校雠题跋成就，说他对书“丹黄甲乙”，“一楼灯火夜雠书”。黄丕烈说他“藏书甚富，考校尤精”。他对善本书都亲加校勘，并写出有学术价值的题跋。后来他的儿子吴寿旸曾收集吴氏宋元刻本、抄本以及名人校本、稿本等善本题跋321篇，编成《拜经楼藏书题跋记》五卷，题跋历述作者生平、版本行款、钞校流传过程和各种藏章等，为海宁藏书文化进入高境界做出了巨大贡献。

吴骞很重视藏章的制作，据有人统计，有二十多个具有不同含义的藏章。如他搜求到宋本“临安三志”后，即刻一“临安志百卷人家”，另有代表名号“兔床”的“兔”字白文和“床”字朱文章；有标识其藏书价值的“千元十驾人家藏本”章、“拜经楼吴氏藏书”章、“兔床鉴定”和“兔床经眼”章；有标明藏书所在地的“小桐溪上人家”章。还有为表达个人情操和志趣的“寒可无衣，饥可无食，至于书不可一日失，此昔人诒厥之名言，是可为拜经楼藏书之雅则”等，都为后人鉴定、研究图书，留下了有关收藏和流传的资料。

吴骞有大量著述传世，所著有《拜经楼诗集》、《续编》和《再续编》、《万花渔唱》、《拜经楼诗话》、《愚谷文存》、《拜经楼书目》和《兔床山人藏书目录》等。

陈鳣（1753—1817年），字仲鱼，号简庄，是与吴骞并称为海宁藏书文化双星之一。他虽晚生于吴骞20年，但二人卒年相近，因而成为一生密切交往的忘年挚友。他和吴骞一样地嗜书如命，以毕生的精力、资费，广搜图书十余万卷，其中多有宋、元、明各朝刊本和珍稀刊本。由于他对经学有颇深造诣，故与经学大师钱大昕和段玉裁等颇有交往，进行学术上的研讨商榷，当时的学术界领袖人物阮元也极加推崇，说他“于经史百家，靡不综览”，是“浙西诸生中经学最深者也”，因此他收藏的经部善本，尤令人瞩目。晚年建“向山阁”、“六十四砚斋”、“士乡堂”和“孝廉居”等，为入藏图书与文物之所。他还特制一小船，题名“津逮舫”，作为与友人吴骞、黄丕烈等访求图书、商榷文字之具。

陈鳣基于对经部的专攻，所以对经部藏书所作校雠题跋，颇为时人所重。这些成果都集中在他所著的《经籍跋文》中。《经籍跋文》是很受学者重视的一部经学专著，吴骞在为此书所写的序中说：

> 简庄精敏果锐，强于记诵，而能专意于经学，又克广揽穷搜。今观所撰诸经跋文，钩沉索隐，凡古本为后人窜乱芟并者，莫不审究其原来次第。而字之更改淆混者，一一校正，令人得见本来面目。

陈鳣的题跋除记述学术、校正内容外，还记述了藏书的刊刻年月、版式行款、入藏流传、得书缘由和藏章等项。他的藏章基本上都为表明其藏书皆经亲加审定的含义。有“海宁陈鳣观”、“仲鱼过目”、“仲鱼手校”、“陈鳣考藏”、“鳣读”、“简庄艺文”等章。另有一方肖像章，希望后人读其书如见其人。肖像下方刻有家训式内容，文曰“得此书，费辛苦，后之人，其鉴我”，垂训子孙爱护藏书，可惜事与愿违，其后人并未秉承先人遗训，而于陈鳣死后不久，藏书即遭散失，前后存留不过数十年。

陈鳣所著有《经籍跋文》、《简庄缀文》、《简庄文钞》与《续编》以及《简庄诗抄》等多种。

在吴、陈二人外，海宁还有不少著名藏书家，如前此的查慎行和同时的周春、周广业等，都是列名于《国朝著述诸家姓名略》中的著名学术人物。他们大都有丰富的藏书，有固定的藏书楼，有专攻的学术方向，他们之间都能互相交流图书、商榷学术，并以自己的学术专攻收藏图书、完善图书，有较多具有丰富文化内涵的藏章等，这就构成他们学者型藏书家的特定地位，而显现了海宁藏书文化的一大特色。

三　书香传承的藏书家

书香传承是历来藏书家所共有的现象，而海宁藏书家的这种现象更较突出。虞坤林先生的《海宁藏书家之传承及其姻亲关系初探》一文（《海宁藏书文化研究》，西泠印社出版社，2004年），对此做出较为详尽的综合论述。他列举了黄湾马氏、袁花查氏、盐官陈氏、新仓吴氏、洛塘周氏、路仲陆氏、硖石蒋氏、硖石徐氏等八家，条列其家族传承关系。这些家族和姻亲之间的关系，若按不同组合方式，可略分为几种类型。

一是祖辈隔代相传，藏书世家的合流：海宁最早藏书家宋人马端，为马氏第四世，聚书万卷，而享誉江南。传至十四世马纶，娶同邑朱氏女，无后，过继内侄朱应复为嗣，改名马芳。朱氏为海宁望族，家富藏书，其后裔有朱至、朱昌燕等，为海宁藏书名家。马芳下传至十九世马麟翔，是一位“博收古今书籍”的藏书家，其三子思赞、翼赞、廷赞，均富有藏书，而以思赞为最。思赞娶另一大藏书家查慎行之妹，如是形成为马、朱、查三族以过继、联姻为桥梁，形成三大藏书世家在某种意义上的家族型藏书。

二是祖孙传承：吴骞是海宁藏书近十万卷的学者型藏书家，其子寿旸承父业，辑吴骞所写善本题跋为一书，寿旸子之淳，受遗籍，“校读不倦”，不坠祖业。海宁藏书大家先后荡失，独吴氏三代世守，百年不散，实为难得，为海宁家族藏书增一光辉。另有康熙时名宦许汝霖，其子事迹不详，遂直传其所藏于孙许淳。淳为雍正进士，母病乞归，“笃嗜典籍，披拾遗文，所藏宋元未刻之集，多至百十种”，辟“学稼轩”为藏书处。曾汇辑汉唐至清诗文各五十卷，分别以《文海》、《诗海》为名。所著有《学稼轩诗文集》十卷、《学稼轩书目》三册。

三是父子相传：这是藏书家普遍存在的一种传承类型。如明崇祯进士吴太冲，本有私藏，又得到朝廷赐书，其藏书规模，几可与当时著名藏书家山阴祁氏和常熟钱氏相匹。其子吴农祥，继承藏书，筑“宝名楼”贮之。后“半毁于火，掇拾灰烬，百不存一”。又康熙进士许惟楷，筑“一可堂”广蓄典籍，子许勉焕又加扩充，称海宁著名藏书家。

四是兄弟并称：兄弟各有藏书，并均有藏书家之称者，海宁查氏可为代表。查氏三兄弟，长查嗣琏（后易名慎行），家有“得树楼”，藏书甚富；次查嗣瑮，筑“查浦书屋”藏书：季查嗣庭，有“双遂堂”藏书。后查嗣庭以文字狱戮尸，亲族子弟，均受株连，慎行以年老放归，嗣瑮则遣戍关西，藏书必然散失无存。又乾隆时周莲、周春兄弟，并富藏书，而均以博学名，周春声名尤著，为张之洞列入《国朝著述诸家姓名略》经学家类。

五是族群藏书：同一家族有多家藏书而皆有藏书家之名者，海宁蒋氏足以当之。蒋氏家族有藏书者达十余人，能称为藏书家者，有蒋楷、蒋光煦、蒋光焴和蒋学坚等。蒋氏于清初定居海宁后，乾嘉时有监生蒋楷（1774—1827年），好积聚金石书画及宋元版本古籍，贮“来青阁”中，收藏之富，可与同时之吴骞、陈鳣所藏比美，后家道中落，死后，所藏大半归从侄光煦“别下斋”，部分传于其孙学坚。学坚为编《平仲园书目》存世。蒋光煦为蒋氏家族后起之大藏书家，除得其从叔蒋楷大半藏书外，又加意搜求，其藏书楼“别下斋”积古籍十余万卷，名刻善本居半，曾出其所藏刻《别下斋丛书》二十八种九十卷，《涉闻梓旧》二十五种一百卷，为学者所重。另著有《东湖杂记》，“皆记其所见异书秘籍，而金石文字亦附见焉。”（俞樾序）其书与钱泰吉《曝书杂记》并重于时。惜所藏图书、版片于太平军过境时，悉被焚毁，光煦痛惜呕血，不久身亡。蒋光焴（1825—1895年）为光煦从弟，其祖若父及其本人，三世积书，共得数十万卷，分贮于“衍芬草堂”及“思不群斋”。“思不群斋”为专藏明刊本抄本及诸善本处。“衍芬草堂”遗存厅堂，已列为文物保护单位，现已整修，并对外开放。另在海盐澉浦蒋氏庐墓旁有“西涧草堂”，贮蒋氏先世遗书。兵乱时也曾移“衍芬草堂”藏书于此。十九世纪六十年代初，太平军活动于两浙，光焴自携所藏，避难于湖北，直至社会初定，始携书返乡，损失不大。抗战时，其后人寄存所藏于上海一银行，后为国家图书馆、浙江图书馆及上海图书馆分别入藏，使蒋光焴三世积存能基本得以保存。其孙蒋钦项曾编《盐官蒋氏衍芬草堂藏书目录》三册，于“文革”中散失，另有朱嘉玉所编《西涧草堂书目》，现藏海宁图书馆。近闻“西涧草堂”已由所在海盐政府拨资整修，亦云幸矣！

海宁的族群藏书现象，无疑地构成为海宁藏书文化的另一特色。

总之，海宁藏书家以数量多、藏者学术水平高、家族藏书面广，而为海宁藏书文化增辉。各方有关学者频加关注，而海宁地方人士尤重视其事，而对藏书文化有关问题多所研究。撰著论述，以阐扬乡德。如此，藏书文化亦将无负于海宁四大文化之列矣！

（本文主要参考文献有：任继愈主编《中国藏书楼》、傅璇琮主编《中国藏书通史》、范凤书著《中国私家藏书史》、郑伟章著《文献家通考》和顾志兴著《浙江藏书家藏书楼》等）

二〇〇四年早春二月写于邃谷，夏六月修订稿

原载于《史学月刊》2005年第2期

《私家藏书风景》序言

中华传统文化之所以得代代相传，不绝如缕，端赖有完善之藏书体系。中国之藏书事业原起于春秋战国之际，源远流长，为文化学术之传递立一保障，而官藏、私藏、公藏之完整体系，实非世界各国之所能企及。其间私家藏书，庋藏之富，发展之速，研究之精，与学术结合之密，尤非诸国所能一较短长者。历来公私著述颇多述及，清代学者更有精到研究，惟尚乏完整系统论述之专著。近年以来，众多学人颇多注意，屡见著述，而能称资料丰富、论述完整者，焦作范君凤书所著《中国私家藏书史》当居前列。

我于二十世纪八十年代初，识范君于江汉某会议，一经接谈，即知范君已潜研中国私家藏书史多年，颇见成效，而娓娓交谈，更见功底深厚。本世纪初，复相晤于宁波天一阁，蒙赠《中国私家藏书史》一册。全书近六十万言，虽然当时我的视力已很差，但还是借助放大镜逐字逐篇地读完。后来，我和妻子焦静宜女士交谈藏书文化，她曾问及对当前有关藏书问题的著述时，我对《中国私家藏书史》曾有过这样的评论，我举了若干种有关著述后，并说："其中范凤书先生，一生从事私家藏书的研究，至老不衰，令人钦敬。晚年终于撰成《中国私家藏书史》。这一著述，资料丰富，考证详明，立论谨严，为藏书文化研究中不刊之作。"（《天一阁文丛》第一辑）我很期待范君在藏书文化的研究领域中能有更新的著述。

不久前，我真的收到范君邮寄来《私家藏书风景》全部书稿。略加翻读，深感范君用功勤进，笔耕不辍，于撰写专著之余，犹能积累如许多量资料，实为难得。此稿共分三部分，第一部分为《中国藏书史专著提要》，始祁氏《澹生堂藏书约》，终今人《浙江藏书史》，凡七十四种有关藏书史之著述，均依向歆遗规，各撰提要一篇，既以见范君涉猎之所及，亦有裨于有志斯学者之参阅。第二部分为范君近年游踪所至访查私家藏书楼之日记，收《江浙私家藏书楼探访日记》、《入蜀出渝日记》、《闽赣湘访游日记》等数文，详细记述在各地所访见之私家藏书楼，别具视野，不仅可备卧游者阅览，亦足供研究者参考。第三部分为范君历年对藏书史所涉及之问题进行专门性论述之专篇论文二十三篇，无论就史事之考订纠谬，抑或对他人有关著作之评价，均本实事求是之旨，无放言蹈空之说。其挖掘藏书家之淹没史实，订正藏书典故之诠释，均见功力。而《中国私家藏书目录探考》一文，尤为近年少见之佳作。如是，《私家藏书风景》又将为私家藏书史研究领域增一雅藏。

范君既惠赠书稿，复另具一专函请序于我，言及前者于《中国私家藏书史》杀青之际，曾有是请。不意当时我正婴疾住院，不克执笔而心存遗憾，我于此亦久感内疚。今者，范君又成新作，而未忘旧情，往事重提，我又何敢推诿？虽年逾八旬，神昏目眊，仍手持放大镜通读全稿。深感范君归隐林下，犹孜孜于学术，汲汲于著述，期与同道相切磋，求为后学树楷模。兴念及此，得不慨然！乃濡笔为序，以应贤者。虽词难达意，亦尽心而已！设有悖谬，尚祈同道指正！

二〇〇五年岁杪，写于南开大学邃谷，时年八十有三

原载于《私家藏书风景》 范凤书著 河北教育出版社2007年版

《潜庐藏书纪事》序

近几年读书风气渐盛，有些城市已经形成以中年读书人为核心的读书人群体，即以我接触到的来说，就有不少，如南京以徐雁、董宁文、薛冰等人为主力，以《开卷》为阵地的一群读书人；山东济南以自牧、徐明祥、于晓明等人为主力，以《日记杂志》为阵地的一群读书人；他如北京的谭宗远与《芳草地》，山东泰安的阿滢与《泰山周刊》，河南濮阳的王金魁与《书简》以及久闻其名而未获一面者，为数尤多。我读过他们的刊物和文章，每每感到有一种清新之气袭来，因为这些文章没有官话、套话和伟大的空话，也没有八股气、痞子气和无病呻吟的脂粉气。有的只是质朴的文风和坦诚的直白，很容易声应气求地相融合。有时也收到一些书友的书稿和集子，希望我为之写序评，更督促我把这些任务排进读书日程中去。前些日子收到徐明祥先生的《潜庐藏书纪事》，并请我作序，因为身体不适，以致延误至今，深感歉然。

我写序评总希望能先读全书全稿，这既能了解作品的全貌，也为了督促自己多读点书。徐明祥先生是从他们办《日记杂志》开始有所交往的，是有多年友情的朋友。我们不仅彼此互通音问，还曾共游过泉城，我也常应命为他们写点文字。明祥是知道我的写序习惯的，所以将书稿全部清样寄来。打开一看，首先映入眼帘的是张阿泉先生的序言，通读以后，感到这是一篇极好极妙的序言，既畅论书话一体之源流、体裁与写法，旁征博引，独具卓见。并为徐书定位为“这批文字，从书说到人，再从人说到书，人书交融，但本质上还是说书，以书为支点，是关于书的札记，所以还是书话”；又评说了本书的特点：“徐明祥君的《潜庐藏书纪事》在‘杂’字上做足了旁逸斜出的文章，令人赤膊裸足，俯仰纵横而读，得瓦屋纸窗、茶烟一夕的氤氲休憩之乐。”一笔尽括全书真谛。张序虽淋漓条鬯，令人爱读，但却给我造成难以着笔之无奈。本可搁笔，但已与明祥有约，一诺千金，岂可逃避，只得就徐书略言读书所得，虽难与张序比论，亦聊当践约以自我解嘲耳！

如果凡是与书有关联，不论述说书的本身，还是写由书引发出去的论辩诠释，都可以属于“书话”范围的话，那么《潜庐藏书纪事》无疑当是“书话”的一种。作者套用叶昌炽《藏书纪事诗》而出之以散文，实为表明这本书已不仅是谈书与人，而是包容了藏书、读书、写书三项活动。这样联成一起，更丰富了书话的内涵。本书所收正是他所私藏的三十五位老、中年作者的四十八种书，虽以随笔散文集子为主，但又不仅限于此。作者从每位被收者的人与书中，抽绎其特色，成一篇名，文章内容颇多演绎于题外，笔墨也不受拘束，谈锋可随意所及。通读全书，各篇又各有特色。以同一主题写几十篇同类文章，而无程式化的感觉，而于随意中又隐见规矩，实属难得。

本书的首篇文章《哲人细吟岑寂歌》是写张中行先生与其“负暄三话”的。这是一篇不短的书话，估计当在七千字以上。他写了张中行先生的生平，写了“负暄三话”的各自特点以及书的命名掌故，写了作者与张中行先生的交往沟通，并举出若干实例来说明张老的写作风格和意境，剖析得鞭辟入里，有助于读张中老的随笔，其中不乏有得之见。如论及“张老的行文不同常人，均属小处入手，大处着眼，须臾中寻永恒，芥粒内求大道。既雅又俗，雅在以布衣之身，担负起一种大任；俗在食人间烟火，处街头巷尾，不傲视芸芸众生；大雅大俗，舒卷自如，令读者难抑怅惘之情”。寥寥数语紧扣张中老行文意境。作者还对“三话”分别做了较详尽的分析，虽属一家之说，但对读者却有一种导读作用。

全书的倒数第二篇是《天涯听潮有思绪》，是对伍立杨先生的两本书而写。我之举此为例，一则因作者的写法有趣，是用彼此来往信札和一些生活细节串起全文的；二则我喜欢伍君之文。我不认识伍立杨先生，偶尔在报刊上读到他的文章，感到颇有深度，有味道。后来我的一本小集《邃谷谈往》被天津百花出版社收入所编的《说文谈史丛书》中，而伍立杨先生的《梦中说梦录》也被收入。于是我有机会在全套赠书中，比较集中地读了多篇伍文，曾经妄自尊大地认为伍的文路与我有某些相近之处，并曾妄言“伍立杨的古文基础很厚，至少背过《古文观止》，否则写不出这样的文字”。后来有友人告知伍先生方近不惑之年，颇令我惊讶，始而佩服，一位中年人，文章老练如此，难得！继而惭愧自己已逾两个不惑之年，文章还写不过人家。从徐文中又看到伍先生信札中所表露，确是个性情中人，可惜至今未谋一面，只好等待文缘的到来。至于明祥这种别具一格的书话，颇多创意，是开拓书话写法的一种思路。

我有幸也被收入徐著。在《一苇争流纵随笔》的题目下，写了我和我的《且去填词》这本小书。我很高兴明祥着重宣布了我为什么晚年多写随笔的缘由，转述了我对随笔发展趋势的一些看法，也补充了我忽略了自然科学家写随笔的思想缺漏，并由此引发他对书话写法的几个观点，做到由此及彼，由表及里的意在文外之趣。他很欣赏我对《且去填词》题目以“该干嘛，干嘛去！”所作的诠释，而我也快意于这种触景而生的机锋。

断断续续地终于读完了《潜庐藏书纪事》，借此了解到三十余位作者的生平及其著作，受益很多。但要践写序之约，确实不易着笔，思索了几天，简略地说点一鳞半爪的感受，聊充张序、徐文的铺路石子而已。是为之序！

二○○六年十二月，写于南开大学邃谷，时年八十四岁

原载于《潜庐藏书纪事》　徐明祥著　中国文史出版社2006年版

《海源阁藏书研究》序

中国藏书事业源起于春秋战国，儒道墨法诸家均有论述，相因发展，渐次形成国藏、公藏、私藏三大体系，保障藏书事业得以源远流长，日趋兴旺，其中私藏藏主多为学者文士，咸以搜求、庋藏、点勘、研究、刊发为务，私藏事业遂为学人所瞩目，而历代文献颇见记述。自宋以还，私藏事业渐显风采，而至清尤见突出，学人无不藏书，而有关藏书诸学，如版本、目录、校勘、考证等学，亦相应而兴，为清学奠定基础。

清代私人藏书家之众，几为前此各代之总，而名家辈出，可称中国私藏之极盛。清初有钱谦益、朱彝尊、徐乾学，乾嘉有黄丕烈、袁廷梼、周锡瓒和顾之逵等人，著称一时。晚清则有陆氏皕宋楼、瞿氏铁琴铜剑楼、丁氏八千卷楼和杨氏海源阁四大家，皆为学人所熟知，而聊城杨氏海源阁独立北国，所藏蔚然为北方图书之府，尤为学人所关注。

海源阁藏书自杨以增父辈始，但大规模聚书之意愿则以杨以增道光二十年（1840）在家乡东昌府建海源阁藏书楼为契机。杨氏官至江南河道总督，时当南方战乱频仍，各大藏书家私藏大都散出，杨以增广加收购，汪士钟艺芸书舍大部分藏书为杨氏所得。杨氏家乡聊城，为大运河九大商埠之一，卸运方便，得书即可直运家乡，海源阁藏书得以日益充实发展，形成藏书家规模，时有“南瞿北杨”的雅称。同治初，以增子绍和在京师任官，乘“祺祥政变”怡府端华得罪之机，府藏散出，绍和收购了怡府乐善堂、明善堂大部分藏书，运回海源阁，与原藏南方图籍，汇聚一处，成为南北藏书精华的汇集所，藏书数量及规模超越各家之上，近代藏书家叶遐厂曾言其“汲取南北之精帙，萃于山左之一隅”，足可称一时之盛。

绍和及子保彝不仅世守藏书，还编纂多种目录，如《楹书隅录》、《宋元秘本目录》、《海源阁藏书目》等，均详尽可据。海源阁藏书久已流失，这些书目便成为研究考察海源阁藏书的主要依据和参考资料。保彝嗣子杨敬夫继承家业后，正值民国军阀混战之际，社会动荡不安。二十世纪三十年代前后，海源阁历经军阀、巨匪等骚扰破坏，损失惨重。杨敬夫不得已，曾于1931年将海源阁劫余残存藏书运出安置，最后分别入藏于国家图书馆及山东图书馆，至此历五世百余年的海源阁藏书历史就此告终。后人虽多轸念故阁，搜求爬疏文献资料，研究记述，但多为零篇短作，直至近时，始见山东丁延峰君所作《海源阁藏书研究》，为全面深入研究海源阁之专著。

丁君延峰是山东聊城一位中年学者，1985年毕业于山东师范大学中文系，曾任聊城大学副教授。2004年至2007年入南京大学中文系，师从著名版本目录学家徐有富教授，攻读中国古典文献学专业，以优秀论文《海源阁藏书研究》获博士学位。2009年8月至今，在中国国家图书馆博士后科研工作站，师从陈力教授，为在站博士后，除主持有关古籍整理的项目外，更进而修订完善《海源阁藏书研究》，成一专著。这部优秀论文经多年锤炼而更臻完美。丁君为已经凋零，空有其楼的海源阁藏书重现全貌，倾极大学术精力，数易寒暑，终撰成研究海源阁历史诸纂述中最有代表性的专著。丁君导师徐有富先生特为撰序，给予高度评价。在即将付梓前，丁君复携稿亲临寒舍，请序其书。既有徐先生撰序在前，我本可缄而不言，但阅读一过，深感此书内涵充实，研究深入而多有创意，足传后世。读讫颇有心得。乃冒昧略陈所得，以续徐序之貂，率而操笔为序云。

《海源阁藏书研究》一书史料基础扎实，植根博涉而撷取诸家精华。据其所附参考文献，丁君共参考专著160余种，论文80余篇，采择不可谓不广。在此广博坚实基础上，丁君复从细节做起，对海源阁及其藏书有关问题，分解研究，各成独立论文达三十余篇，逐渐积累，一砖一瓦，经年累月，终成大厦。《海源阁藏书研究》之成为佳著，良有以也。

《海源阁藏书研究》之编排体例，与其他藏书楼研究之著述别具特色。它以学术视角看待阁藏。全书共分八章，其第一及第七两章专论海源阁藏书缘起与源流及藏书的散佚与归宿，记述海源阁之兴衰始末颇称详备，令读者若见所藏；第二至第六章从藏书特色与精品、目录学、版本学、刊行及利用诸方面，作学术性探讨，将海源阁旧藏置于清代各专学中进行研究论述，极为精深，若非丁君有清学相当基础，曷克臻此？

《海源阁藏书研究》各章中，时见作者创见。如第二章第二节之《藏书精品叙录》不仅著录海源阁藏书精品四部55种，更各撰提要，使散失旧藏精品面貌，重展风姿，为同类著述所少见。又如第四章第四节《善本观念》以杨氏第二代杨绍和为研究对象，总括绍和“以内容为上，兼顾形式的善本观”，并以此评价杨氏海源阁的藏书价值说：“在杨氏这种善本观念支持下，杨氏几代主人耗尽毕生精力，搜集到七百余种宋元旧刻，名家影宋元抄本，名家校本。这些善本构成了海源阁藏书的核心部分。”一言道破海源阁藏书的价值所在。丁君于前贤陈说，亦能直指差谬，如杨氏刻书九十年，为北地之大观，而傅增湘、谢国桢诸氏皆言北地刻书“声闻寂寞”，“冀北鲁东，文物之邦，犹未有刻书之风”等，而丁君认为“以杨氏刻书之质量与数量，在我国出版史尤其是清代私家刻书史上，占一席之地，应是名副其实”。直言不讳，应属创意。

丁君之研究虽以海源阁藏书为鹄的，而辐射延伸者极称广阔。当时及先后之藏书与藏书家多有涉及，尤其于海源阁藏书之研究者特立第八章《海源阁藏书研究的历史及现状》，专论民国学者与当代学者对阁藏及遗书之研究与贡献，一则符合专著必理清该课题之研究成果的规定，再则也使读者对海源阁藏书之研究现状，有所了解，以为进一步研究之根据。丁君对所涉及之其他藏书家与学者均专立一目，详其生平、评论及与杨氏之关系。如《李士钊与海源阁》专目，详述当代学者李士钊对海源阁研究之状况及贡献，对其他涉及者亦无不如此。手此一卷，可见若干藏书家与学者之概况，无异为清代藏书史料之汇总，于研究近代藏书史，大有裨助。

《海源阁藏书研究》之优长处，徐有富先生序言已备论之。此序聊事补苴，非敢言尽当。惟尚愿进言二则：一则书尾照片，十分需要，惟一般惯例，图片置于书首，如正式出版时，望能移动；二则此书包含书名、人名甚多，翻检烦难，如能在书后附一书名、人名综合索引，则读者利便多多。所言是否有当，尚待丁君裁定。

是为之序！

二○一一年十一月上旬写于南开大学邃谷，时年八十九岁

原载于《海源阁藏书研究》　丁延峰著　商务印书馆2012年版

《苹楼藏书琐谈》序言

二十世纪八十年代初，我参加在武汉召开的中国历史文献研究会，得识天津社会科学院历史所研究员涂宗涛先生。归津后又不时相聚，谈书论文。宗涛兄腹笥之富，令人钦敬，而我则时获教益，乃以之为多闻友也。1983年某日，宗涛兄挟其《苹楼一隅藏书题记》见示，并命读后题识。展卷一读，始悟清张金吾名言之内涵，张氏于《爱日精庐藏书志》中有语云："欲致力于学者，必先读书，欲读书者，必先藏书。藏书者诵读之资而学问之本也。"这段话在宗涛兄的身上得到验证。原来他的博学之源乃在于藏书之富。于是挑灯伏案，读其题记，大有所得，乃奋笔疾书成《〈苹楼一隅藏书题记〉读后题识》一文呈教，借存友情鸿爪。其文曰：

蜀中涂子宗涛，夙所仰慕而未获一面，今春遇于汉渚文献会，交谈甚欢。归津后，又频有往还。论学切磋，见其无大言高论，惟孜孜以求实。于是相知益深，而喜得多闻友也。一日，涂子过我飘庐，出其所著《苹楼一隅藏书题记》命题。余虽好目录之学，而频年废学，愧难置喙。顾雅命不可违，乃展卷捧读，益信涂子好学之笃，用力之勤，似又不能已于言矣。所录仅四十七种，而一编在手，不啻涉身苹楼，亲觌所藏。所书题记，颇合乎流略遗制，而又能指陈史料之所在。其无传本者，更引录要点，尤便读者。至最可贵者，莫若录及赏鉴家所不屑之《古新圣经问答》及《满汉同文新出对象蒙古杂字》等书，是宝文、绛云之绪又重见，亦以见学人与俗夫之泾渭。此又余与涂子有同好焉。行见苹楼聚书日增，登录日广，而手记益富。迨乎案头盈尺，付之枣梨，则将继艺风、藏园而起，为向歆之学增一新声。是时余当自陈，再题其后，想宗涛必不我拒也。

本来这只是当年信笔写下的一篇题识，没有想到宗涛兄顾念情义，什袭珍藏达二十余年。今《苹楼藏书琐谈》成书，并专函命序于我，随函又附《琐谈》目录及二十年前我所写之题识复印件。我见之若重睹故物。遥想当年，初登花甲，留此痕迹，得宗涛兄如此维护，高山流水之谊，令人不禁慨当世人情之浇薄。如此，则所命又乌敢云辞。

《苹楼藏书琐谈》乃宗涛兄就其所藏具有特色者，类辑为五，即“淘书与藏书”、“手写本书册”、“善本罕见本”、“拓印钤印本”与“叙文史新编”等。循读目录，则多为善本佳刻，有多种为余所未曾读。近在咫尺，而视宝山若未见，其与盲瞽者流几希！今宗涛兄毅然提供撮要，使世人知宝藏之所在。余与宗涛兄相交既久，又焉得吝笔墨而不为之一序乎？是为之序！

丁亥上元写于南开大学邃谷

原载于《苹楼藏书琐谈》　涂宗涛著　天津古籍出版社2013年版

《清代书院与学术变迁研究》序

书院正名于有宋，上承春秋战国私学讲授之余绪，下启元明清逐步官学化之趋向。历时千余年，颇有益于学者传授，学子进修，为官学教育体系之补充。而藏书、刻书，甚有益于文化之传播，为时人所属目。学者于此，每有论记，散见于各种论述。近世更有专著，论其历史沿革、职能、学脉及搜集汇总有关文献者较多，而专论其某一专题者盖鲜。今读刘君玉才所著《清代书院与学术变迁研究》一书，喜不自胜，喜其选择切入点之恰当，发前人所未发，补书院研究之缺项，为后来者启发思路。

刘君玉才早年专攻古典文献，长期主持《中国典籍与文化》专刊，在中国古文献学界颇著声誉。我与其交往较早，时有文稿商榷，近年又在学术会议聆听发言，颇见学术功力。他行有余力，历经多年潜研，终成《清代书院与学术变迁研究》一稿，其好学深思精神，令人钦佩。又不弃在远，邮寄全稿，俾我得先读之快。高年寂寞，得一佳作而读之，亦一大快事！

清学近已成显学，学术界研究者甚众，但大多萃聚于研究学者与著作，而通贯梳理者较少。书院研究近年也颇见彰显，专著汇编时见，而旁及其他者不多。玉才则以清代书院为基干，循历史发展之轨迹，畅论清学之变迁，实为前人所未发。而清代学脉借以疏通，读者耳目为之一新，皆得力于玉才之殚精竭虑。

《清代书院与学术变迁研究》一书虽非鸿篇巨制，但语多精要，而无冗篇赘言。清代书院沿自元、明，人多笼统地视为课时文，应科举之所，似于学术无足轻重。玉才则于众多资料细加审视，开宗明义地给清代书院以公正论断：

> 沿至清代，尽管书院的主体部分是考课式书院，服务于时文、帖括，但书院本身依然是所在地区汇集士人的中心，而主持者也多是知名度较高的学

者。在没有讨论会和公共刊物等学术平台的时代，无疑仍会起到交流传播学术成果的作用，且对于学派、学风的形成有促进之功。

作者撰述一以贯之，上自清初黄宗羲、孙奇逢、李二曲等讲学三大儒以证人书院等为依托进行流动式讲学始，历述康熙崇尚程朱理学与书院的发展、乾嘉考据学派与书院的构建以及嘉道间阮元以书院作学术示范，终而止于晚清书院学术趋向的演变。引证繁富，论辩有据，学术脉络清晰。通读一过，不仅对清代书院有明确公正的认识，而对有清一代学术名家亦多能得其学术大要。既可以作清代书院史读，亦可作清学史读。二美具，读一书而兼得之，实为后学之利便。

作者撰述谨守实学家法，无一事无来源，无一字无出处，即据所附《主要征引书目》，足见其采集之富，涉猎之广。其中传统文献达223种，今人著述有91种，两共300余种。一部不足20万字之论著，而有如此广阔之视野，是可谓洋洋大观，亦足证作者撰述基础之深厚。今之掇拾下载，仓促成书以欺世者，视此得不愧恧！书尾所附《清代书院师生情况表》，虽所取有自，但综合成表，极便读者翻检，亦一功德。

玉才方当盛年，即有此造诣，未来发展，实可期待。我年登耄耋，深幸古文献学界有此后劲。既承相邀作序，曷敢自抑藏拙，乃就读全书所得点滴，录次成文，虽难以推介全貌，亦以见野叟之一得。是为之序！

二〇〇七年初冬写于南开大学邃谷

原载于《清代书院与学术变迁研究》　刘玉才著　北京大学出版社2008年版

《新中国古旧书业（1949—2009）》序

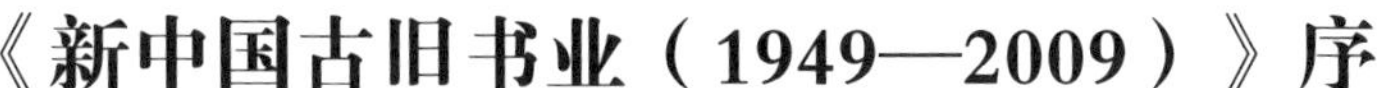

己丑初夏，河南赵长海君携其所著《新中国古旧书业》稿来舍请序。近年因年高体衰，诸友有求，往往婉谢。不意《新中国古旧书业》一稿，略加浏览，即深为其内容所吸引，而诺其请。读自己想读的书稿，是人生一大快事。我喜欢读这部书稿，是因为它不时把我引入与古旧书相伴一生的历史既往。

八十多年前，我开始在祖父教诲下读启蒙读物，但并不是时新的新版教科书，而是三、百、千、千和《幼学琼林》等，都是扫叶山房极简装的线装书。是我姑姑、叔叔读过的旧书。祖父常命我用这种本子和好一点的版本对照诵读，纠正错讹。当年虽然不懂版本校勘之类的专称，但亦算一种初步的童蒙训练，成为我与古旧书结缘的开端。

七十多年前的1937年7月，日寇侵占天津，我们全家从“中国地”逃到法租界，托庇于另一个帝国主义者。我被送进离新家最近的旅津广东中学就读。学校离天祥市场只有十来分钟的路程，所以下午放学后，常到天祥市场去逛，看到二三楼围着圈有不少书店和书摊，主要是古旧书。当时我还不太懂书，只是逛逛看看而已。直到进入高中，才渐渐开始在店摊徘徊，东翻西看一些书，听一些长者谈论书，尤其是那时古旧书店老板都有不少古旧书的基础知识，待人也很和善，欢迎人在店堂看书。熟了以后，老板常让伙计搬凳子让我慢慢看，不像现在书店人员很厌恶你翻架子上的书。有时店堂清闲，老板还叫学徒沏一壶“高末”，和他对坐谈学问。我常从这些好心老板处得到许多版本目录的知识，为我了解古旧书奠定基础。我亦偶尔用节省下来的零用钱买点便宜的古旧书。这种逛书店、书摊的习惯，一直延续了几十年。

六十年前，天津解放，古旧书散出不少，价格也跌差很大，我在京津两地的书摊和街头地摊上，论捆买到不少古旧书。粗加整理，较多的是清人年谱和皇历。年谱引起我日后撰写《清人年谱知见录》的兴趣。那几十本皇历有不少是挨着年的，可惜在“文革”中我只能眼巴巴地看着它们葬身在家门前那堆无情的烈火中，我那不轻易流的眼泪，不自觉地顺着面颊流下来，而那些无知的男男女女却哈哈大笑地欢庆自己的战果。至今想到那些无法弥补的损失令人痛惜。五十年代初，我从北京被调任到南开大学任教，由供给制改为工薪制，有点余钱，加上一点小稿费，可以买点古旧书。那时南开大学图书馆馆长冯文潜教授是一位和善敬业的长者，他爱书，对南开大学图书馆的建设有很大贡献。我因有点版本目录学的基础知识，所以常受冯老的委托，帮助馆里采购古旧书。我不仅借此过目不少古旧书，还结识几位古旧书业的行家，如张振铎、王振永、刘锡刚等人。张振铎有很丰富的古旧书知识，特别对刻工有研究。我曾在我所主编的《津图学刊》上发表过他研究明代刻工的文章，现已九十高龄犹矍铄善谈。振永和锡刚主要跑南开图书馆，振永和我有更多的私交，所以经常到我家来聊天，有时拿些好版本书给我看。有一次送来两种《书目答问》批注本：一是天津藏书家刘明阳的批注本，一是邵次公的批注本。我连夜过录，数日后始归还。这一过录引起我广搜《书目答问》批注的兴趣。历时半世纪，终于完成《书目答问汇补》一书，利人使用。当这一著述即将在中华书局出版时，我不能不感谢他的友情，也不能不归功于古旧书行业从业人员对我的启示。想到当前古旧书业的衰微和从业人员与读书人的远离，不禁感慨系之，令人黯然神伤！

五十多年前，我有了点积蓄，很想实现多年的梦想——入藏一套盒装二十四史。经过冯老斡旋，我以较廉的价格买到一套五洲同文版的二十四史。这不仅实现宿愿，而且在书房的一面墙上有这一套大书装点，也为书房增色不少，有点像研究历史的学人的书房了。以后又陆续购置了一些古旧书，渐渐丰富了我的藏书。每当晨光熹微和夜色深沉的时候，独自在书桌前寻行逐墨，读自己喜欢读的书，真有他人难以想象的乐趣，有一次，读书读到兴头，得意忘形地把书放下，拿起墨笔在一张花笺上，写下南朝目录学家阮孝绪的一副联语：

晨光才启，缃囊已散；宵分既漏，绿帙方掩。

我虽然没有宋人苏舜钦读《汉书》得意时浮一大白的豪情，有时不免情不自禁，有些激动，只是这一次表现得更突出些。写后，又不觉哑然失笑。

四十多年前，这一面墙的二十四史竟于1966年的8月间，丧身于红卫兵的“文革”烈火中。另一些线装书，也都不是充公，便是烧掉，我的数千册古旧书

几乎一扫而空，仅剩下从灰烬中扒出和后来所谓发还的查抄物资，总共只有百多册。2004年10月，我想念那批书，写过一篇《我的线装书》的小文，来悼念这些无声的密友。

三十年前，一切纳入常规，但古旧书尚未见大起色，书价亦较便宜，一些有心人独具睿见，广事搜罗，延续了古旧书精华的寿命，也造就了一批新兴藏书家，其间韦力君贡献尤大，我有幸在京观其部分所藏，精华萃聚，不禁令人瞠目而叹为观止。社会上淘书藏书，一时成为风气，而古旧书的书价则日趋高昂，非一般寒士所敢问津。

八十多年与古旧书相伴的个人经历，不过微乎其微地略见古旧书业的一小侧影。时思有智者出，为此行业追本溯源，条分缕析，成一全面完整之论著，以餍众望。三年前，得金陵藏书家徐雁君惠赠所著《中国旧书业百年》，全书达百余万字，资料搜求完备，论述条理清楚，我读书未遍，类此著述，尚为首见。所著共九篇，以首善之区为发轫，通贯历史，展望未来。前无依傍，独自架构，洵为创意之作。卷首《弁言》九章，约六万余字，网罗当代学人论述殆尽，九九相合，意味顶级吉祥。是书推陈出新，廓清迷雾，多有妙谛。徐君还自陈撰写此书的深心说：

> 多少年来读书、淘书和藏书，令我深以为憾的，是有关中国旧书业只有若干回忆性的文章发表，却始终缺乏学理性的系统著述。我意识到，曾经目睹我国古旧书业最后一片风景的吾辈，假如再不复及此，投入时间和精力，凝神从事撰著，那么这一古老行当的往日风情，就可能犹如线装古书的散叶一般，随着最后一代坊间书友的纷纷故世，而在人间风流云散，不复踪迹。

这段话语不仅体现一位真正读书人意气风发的豪放，也义无反顾地主动承担起沉重的社会职责。徐君常说“三年半成书”，似含歉意，实则无现成资料，无前人专著，四方奔走，流连书坊，广加采择，平地起屋，能以如此短促时间成此巨制，其焚膏继晷，勤劳艰辛之苦状，足可概见。徐君上开筚路蓝缕，下启后学思路，其功固不可没。

十步之内，必有芳草。徐君成书之际，河南赵君长海已在启动《新中国古旧书业》之课题，并于2003年获国家社科基金立项。经数年经营，终于在2008年7月完成。虽与徐著有体例之差异，而其主旨则一，上下连贯，网罗散佚，并读之余，视作中国古旧书业史亦未为不可。

赵君在所著序言中自陈受徐雁君著述激励，更引发我循读赵君所著而两相比论。

赵著上下断线分明，分著述与软件两部分。著述部分以《大事记》冠起首，以《世界古旧书业概览》附于后，其间分为六篇，即《理论篇》、《书商篇》、《藏书篇》、《网络与古旧书业篇》、《拍卖篇》、《传媒篇》，共四十余万字；软件部分为中国古旧图书图录，共录入古旧图书照片17000余幅。全部著述体制仿照志书编写方式而略有变通。

《大事记》为志书主要部分，赵著仿之而有所发展。全篇以文献为基础，以年月日系事，记1949至2009年六十年间古旧书业的人物事件、政策法规等，择要系录，力求不遗。所有条目皆征引有据，附加注明。凡政策得失，人事异动，书店变迁及典籍流散，均有所评述。古旧书业六十来年之风雨历程于此可得其脉络。

首篇《理论篇》仿志书之综述，总论古旧书业概念之界定，古旧书的内容范围，有关人物事理以及未来振兴之建言等等，开卷读此，可得全书之大要。

《书商篇》记古旧书业从业人员代表人物二十余人，《藏书篇》记对新中国古旧书业有较大影响之人物近十人，其体类志书之传记而略有不同。志书例定“生不入传”，而此书所收诸人如《书商篇》中之张振铎与《藏书篇》中之姜德明、韦力等人，均为我之旧识，今尚健在，似有违志例。惟近年志书已多变例，固无伤大雅。

《网络与古旧书业》、《拍卖篇》及《传媒篇》等篇所涉及皆为古旧书业中的新生事物，作者有鉴及此，遂创意而特立专门篇章，颇有见地。全书所收集资料亦翔实有据，可供进一步研究者所必需，当为日后撰写《中国古旧书业史》必不可少之篇章。

《世界古旧书业概览》对英、日、美、法等国古旧书业之研究，搜集资料新颖，为世人拓宽视野，令人有新鲜感。将此篇置于书后作《附录》，则国人既可接触世界而全书内容益显丰富。

尺有所短，寸有所长。我读徐、赵二著，各有优长。若能以二书为基础，合成一《中国古旧书业史》，则上下贯通，横不缺项，为读者提供一完整专史，雨露广被，何其幸焉！望九野叟，亦当翘首以待，乐观其成。所言或为悖论，尚祈贤达指正！

二〇〇九年六月写于南开大学邃谷，行年八十七岁

原载于《新中国古旧书业（1949—2009）》 赵长海著 吉林文史出版社2009年版

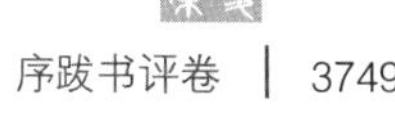

《比较图书馆学引论》序

随着学术研究的日益发展，国际交流的日趋频繁，学者的视野也由局促一地一国而逐渐远瞻世界，从而引发学术领域中跨地域比较研究的兴起，于是比较教育学、比较法学、比较文学等新兴学科的领域次第开辟；而图书馆学，在中国既有二千余年的历史传统，又有自明以来引进西方文化的相应撞击。它之所以进行相互补益、相互推进的比较研究也是一种历史的必然。比较图书馆学就因此成为一种专门学科而屹立于图书馆学研究领域之中。

比较图书馆学如从世界范围内作宏观的考察：它不仅得到学术界的应有重视，而且已拥有一批有成就的学者和为数较多的专门著述，成为图书馆学中的重要分支学科；它在一定程度上更集中地反映出世界图书馆事业的发展水平。这就迫使中国学者不能不倾注精力于这一学术领域的研究与撰著。这些学者有一种共同的理念，就是想通过比较图书馆学的研究，不仅可借引进、介绍各国图书馆学理论和图书馆事业的实践来推动和发展中国的图书馆学理论及图书馆事业，改善当前进展迟缓的现状和促进国际间的学术交流；而且还能把中国二千余年的图书馆学理论和图书馆事业的状况向世界介绍和宣传，以弘扬中华文化。本书作者钟守真教授便是这批学者中的一员。

本书作者钟守真教授早年毕业于北京大学图书馆学系，是一位接受过图书馆学严格的正规教育的女学者；她又在科研单位和高等院校从事教学与科研工作三十余年，具有丰富的实践经验；特别是八十年代，她又以访问学者的身份历访美国和加拿大，并在美国奥尔巴尼情报学院进修一年，更加开阔了视野，加深了认识，于是倾全力于比较图书馆学这一领域的研究与教学，并积数年之功，精心结构，编著成这本《比较图书馆学引论》专著。

我有幸得到钟教授的俞允，把《比较图书馆学引论》归属到由我主编的《图书馆学情报学系列教程》之中，因而有了先睹的机会。在我循读全书之后，不仅使我获得不少教益，而且也感到这本专著具有其他图书馆学方面论著所不同的特点：

近年来问世的图书馆学专著，为数已不少，虽不乏佳作，但有些著作偏重于描述而理论性的升华则显得薄弱。《比较图书馆学引论》则以理论阐述作为重点部分，但又不偏废实践应用，致使这一著作成为一本有体有用而具有学术价值的好教材。

《比较图书馆学引论》既介绍国内外专家学者的诸多观点，却又极其鲜明地表述作者所持的见解，显示了作者广征博采的胸襟和畅述已见的才识，体现了百家争鸣的精神。致使这本著作成为既能兼收并蓄，又有独立见解的力作。

《比较图书馆学引论》多方位地叙述了国内外比较图书馆学方面的主要论点，旨在使中国的图书馆学领域能吸取域外的新鲜事物以彻底摆脱“封闭”，走向改革开放的坦途；也使中国灿烂夺目的图书文化能推向世界，获取了解。当前，比较图书馆学领域中的专著还不多，《比较图书馆学引论》应该算是一部立足中国、面向世界而值得称道的著述。

作者既具有较深厚的系统专业知识基础，又有长期从事专业实践的经验，因此，这本书中映现出若干理论结合实践的范例。作者还通过这门学科高层次的教学与研究，培育了一批青年学者，并能坦诚地和她们合作，勤勤恳恳地耕耘，也体现了作者的善良用心。

当然，由于这是一门发展历史还不很长的新兴学科，有些问题尚待探讨与研究，加以作者是在工作任务繁重情况下，为应社会需求而加速完成的，所以很可能存在一些不足，甚至是缺点。我相信作者会以虚怀若谷的态度欢迎同行专家和广大读者的批评与指正，我也期待着这一领域有更多的论著相继问世，为繁荣图书馆学领域而共同奋进。

一九九二年六月一日写于南开大学

原载于《比较图书馆学引论》　钟守真著　南开大学出版社1993年版

《现代图书馆管理》序言

中国的图书馆事业有着2000多年的悠久历史，在这样漫长的进程中，无论是图书的制作、典藏、整理、流通，还是管理机构的设置等，都随着社会的发展而有所变化；但是，由于中国封建社会的长期性，所以图书馆的发展亦相应缓慢，直到二十世纪初，因为整个社会的变革，中西文化的碰撞和交融，中国的图书馆管理才由以藏为主的藏书楼管理体制，走向以用为主的近代图书馆管理体制。又经过不到百年的历程，特别是在上世纪的八九十年代以来，世界在人们并未完全察觉的情况下悄悄地进入了知识经济的新时代，中国的整个社会经济也顺应潮流，实现以发展为指向的重大变革。新的知识经济对图书馆来说，既是机遇，也是挑战，并随时伴随着陷阱。估计在本世纪二三十年代，新一代图书馆即现代图书馆必将顺应历史发展的要求，取代近代（传统）图书馆而较完整地出现，但不容忽视的是，在这一过渡进程中，有些人由于以片面性的思维方式和工作方法来对待新时代图书事业的发展，甚至某些高层人士也公开宣称“只要有几间电子阅览室，就能很好地发挥图书馆的功能，不需要建图书馆”等等，于是有不少单位和个人不去面对现实，认真研究，反而浮躁地急于想由近代图书馆过渡到现代图书馆，盲目地追求高科技建设，陷入“见（计算）机忘（文）本”的电脑化陷阱之中，未能认真全面地研究现代图书馆管理的理论和实践。我曾在有关会议和撰文中呼吁纠正误区，全面认识和研究近代（传统）图书馆到现代图书馆的过渡问题和如何建立现代图书馆的管理体制问题，但反响较鲜。近日见到徐建华君所著《现代图书馆管理》书稿，发现有若干观点与我历年的主张暗合，因而非常高兴地把书稿读下去，并应徐建华君之请而为之序。

《现代图书馆管理》的作者徐建华是我十几年前的研究生，对古典目录学，尤其是佛典目录，有较深厚的功底，近年来又颇多涉及如管理学、策划学等新兴学科，特别是对知识管理学的理论及实际运作等前沿学科，有更多的钻研和心得，使自己逐步成为在图书馆学这一领域中努力探求古今结合的学者。清初学者刘献廷曾说过："今之学者，率知古而不知今，纵使博极群书亦只算半个学者，然知今之学者甚难也。"我甚喜建华能不做"半个学者"而务其"甚难"。《现代图书馆管理》一书的撰著即其求通古今之一证。

《现代图书馆管理》一书共分理论、战略、运作、专项管理等四篇十章，其篇章结构与内容论述，均能独出机杼，摆脱前人类似著述之窠臼，颇具新意。而所陈观点亦多建立于求实求真基点上，如将现代图书馆定位为"复合图书馆"，而阐述其理由说：

"在可以预见的将来，数字化信息资源还无法完全取代传统的印刷型文献，二者必将在较长的一段时间内共存。基于这种考虑，本书将我国现代图书馆的发展形态定位于复合图书馆，并强调现代图书馆的数字网络化建设，需要国家有关部门加以统筹协调。"

这是实事求是的科学定位，有了这样的定位，近代（传统）图书馆向现代图书馆的过渡、建设和发展，都将减少盲目性而沿着正确的方向前进。

撰者在该书第三篇运作篇中虽然是探讨具体的业务工作管理问题，但首要在确定现代图书馆的办馆宗旨。撰者非常明确地提出"以用户为中心"的服务理念，并进而阐述这一理念说："现代图书馆从一开始就应为用户考虑，从用户的角度进行机构设置，充分考虑用户的信息需求、使用习惯、信息接受方式等。"撰者认为"传统图书馆的工作，往往是图书情报专家们按照自己的意愿，组织信息，判断什么样的信息为有用，并将相关信息加以分类加工，然后提供给用户，忽视了用户的个体差异"。一语道破近代（传统）图书馆之难以适应新时代需求的症结所在。撰者还把不同的服务理念作为传统图书馆和现代图书馆的分水岭，他说："传统图书馆对社会的贡献往往表现在间接支持上，对社会的服务只是通过诸如开展社会教育，提供文献资料等间接方式表现出来；而现代图书馆要想在信息社会中获得更大的发展，就必须对社会有更大的贡献。这种贡献要以直接支持的形式表现出来，直接为社会经济建设和政府决策提供服务。"从而为现代图书馆管理提出了"用户定制服务"这一基本服务理念，向社会凸现出现代图书馆不同既往的新形象。

该书第四篇为专项管理篇，撰者将现代图书馆的管理划定为人力资源管理、经费管理、组织文化、形象策划、公共关系、危机管理等六个专项。除前二项在传统图书馆有过类似职能外，其他四项应说是撰者对现代图书馆机构设置的构想。即使前二项，撰者也都赋予新的内涵，如人力资源管理已非往日的人事部门，仅仅发挥单纯的任免、考绩、奖惩作用，而是包含培训、激励、绩效评估、职业生涯开发与管理等丰富生动的内容。这就改变了传统图书馆单纯从自我出发而封闭内向，而是作为现代图书馆从用户出发，外延到融入社会的需求中。其成效正如撰者所预测那样：

“一方面它可在图书馆内部产生强大的精神动力，增加向心力和凝聚力。另一方面它能对外部产生良好的宣传效应，展示形象。同时还能够正确应对危机，提高危机生存能力，使现代图书馆的发展步入良性轨道。”

从上述的几个特点看，《现代图书馆管理》确是一部应社会发展需求而出现的适时著作，它不仅体现建华君和他的学生们几年来能面对社会发展的需求，从实际出发，进行学术探讨和追求的成绩，也为图书馆学领域的教学工作提供了一部有理论、有实际运作途径的可用教材，更给我带来一种后来者居上的喜悦。

二〇〇三年初冬写于南开大学邃谷

原载于《现代图书馆管理》　徐建华著　南开大学出版社2003年版

《（汉英对照）图书馆接待用语》前言

中国之典藏图书，历史悠久，惟正式而向公众开放则始于近代。时代变化，日新月异，图书馆与社会之联系随之密切，不仅国内通联往来日益繁忙，即海外交流参观亦更形频数。英、美、法、日……诸国及港、台、澳地区之专家学人纷来求书者有之，各国图书馆交换图书者有之，各界人士捐书乐助者亦有之。于是图书馆顿成参观交流之所，往昔固闭自守之局破除，而呈喜迎多方来客之势。设犹倚靠少数专业人员应接，已感不暇。近年改革开放，来访者日众，接待益趋紧迫，海内外贤哲纷至沓来，接待工作顾此失彼，自在意中。若图书馆人员人人皆能负接待之任，则内外为之称便。大国泱泱之风，行将驰誉世界。

天津市高校图书情报工作委员会暨《津图学刊》编辑部有鉴及斯，经反复调查研究，决定编纂《图书馆接待用语》一书。乃委其事于我，组织擘画，周爰咨谋，遂敦邀天津医科大学韩宇骐研究馆员出任主编，并邀阎英琏、张凤岭、李慕兰、李英、陈啸山诸同志组成编委会，共同商讨，拟定内容，编写翻译，历时近三月，方完成初稿。更为审慎计，复聘旅居欧洲多年之南开大学崔永禄教授通审订正，书稿终底于成。

全书分一般情况、采访工作、分类与编目、流通借阅、典藏工作、参考阅览工作、期刊工作、古籍与特藏工作、馆际交换与合作、现代化技术应用、高校图书馆之间的组织与协调及应谈交流等十二类，共300句，虽难称已概图书馆全部工作，但大致可副应对之需。此于加强国际交流，无疑有所裨益。

此书一无依傍，端赖诸编委冒溽暑，挥汗劳作。南开大学张迈曾教授、葛绳武编审、曹焕旭副研究馆员，天津大学王秀宏、牛书东二女士，天津商学院惠世荣研究馆员等更热情诚挚地承担撰写、审订中英文稿之任，《津图学刊》编辑部邢媛、张雪焱二女士及程国毅先生等奔运为劳，南开大学出版社社长李金保副研究员、编辑部主任焦静宜副编审、美编傅希光先生在设计、出版方面鼎力相助。天津市高校图书馆界同仁更是多方关注，百般支持，使本书得以排除疑难，顺利问世。我谨向诸先生、女士表示真诚的谢意。我虽未身与其事，而自创议至成书，颇多闻问，并负全面策划之责。设全书有不当之处，我应独任其咎。惟望此书能普及广被，发挥效用。至若广听众议，纠谬补缺，以更求完善，则为编者所殷殷属望者也。

一九九四年九月于南开大学

原载于《（汉英对照）图书馆接待用语》　《津图学刊》编辑部编　南开大学出版社1994年版

把高校图书馆办成研究型图书馆

——《华北高校图协第20届学术年会论文集》序

2005年是华北地区高校图协成立二十周年，2006年则是华北地区高校图协举办学术研讨会的二十周年。这足以说明，华北地区高校图协自起步之初，就把自己放在学术研究的础石上。我们高校图书馆人，一直密切地关注着在今后相当长的时间里，我国高校图书馆的发展趋势究竟如何?

从宏观上讲，就是以世界先进水平为参照系数，向发达国家学习，实现具有中国特色的现代化图书馆，完成由传统图书馆向现代化图书馆的全面转变过程。

从微观上讲，有不少图书馆界人士写文章发表了自己的见解：

在服务方式上，主动开放式的动态服务将会逐步代替传统的“看门人”式的被动静止服务。

在服务内容上，将朝着多样化、多层次的方向发展。

在服务态度上，工作人员将朝着专业化的方向发展。

在设备和手段上，传统的缺乏自动化设备、以手工操作为主的旧设备和手段，都将被自动化与现代技术所代替。

在整体布局上，一馆一室的“小而全”的闭关自守状态，将被资源共享、网络化所代替。

在体制问题上，高校图书馆将会朝着信息化的方向发展。建成图书信息合一的统一完整的信息中心。

我对这一趋势比较集中在一个理念上，那就是把高校图书馆办成研究型图书馆。

上述的各种意见，都围绕着高校图书馆的未来发展趋势，也是现代化图书馆的重要标识，人们对这些问题已有充分的论述。归根结底，他们都是为了达到强化“信息”和“教育”两大职能的目的。这两大职能虽然正式提出了十几年，但一直没有认真贯彻和切实推行。不过，它仍具有指导图书馆发展的活力，是现代化图书馆与传统图书馆的最本质区别。没有这两大职能的强化，即使实现了工作手段与技术设备的现代化和自动化，也不能说是完全实现了现代化；即使暂时还没有完全实现技术设备的全面现代化，而“信息”和“教育”两大职能能得到最大限度地强化，而成为图书馆的主要职能时，也可以说是具有现代化图书馆的性质了。所以，根据我国国情和国力，在逐步实现自动化、现代化的过程中，我认为强化“信息”和“教育”两大职能，还是今后相当长一段时间内高校图书馆发展的主要趋势。

但是究竟什么样的图书馆才能具备和便于操作这样的功能呢？这就是我提出来的一个理念：把高校图书馆办成研究型图书馆。国外有若干高校图书馆都在向研究型图书馆发展。胡耀邦在《西德、挪威、瑞典、丹麦四国图书馆事业考察记》一文中提到，这几个国家“打破单位和系统所有的界限，把图书馆事业划分成为研究图书馆和公共图书馆两种。研究图书馆包括国家图书馆、大学图书馆……”（《省市图书馆要办成研究图书馆》，见《黑龙江图书馆》1985，1）。美国的一些高校图书馆也早已实行分设教学科研人员用的专业图书馆和学生图书馆的做法（《1876–1976年美国大学图书馆的组织模式》，见《大学图书馆通讯》1984，4）。美国的专业图书馆，实际上和上述四国中的研究图书馆的性质是一样的。其他如前苏联和日本、加拿大等国的高校图书馆也都朝着这个方向前进。美国、加拿大等国的东方图书馆便是一个明显的例子。美国哥伦比亚大学的口述传记图书馆更突出了其研究型色彩。

我一直欣赏上述这些国家图书馆人的远见卓识，不仅把研究型图书馆作为自己对图书馆未来趋势的理念，而且当我担任一个高校图书馆领导工作时，我身体力行地去努力创造条件。而在离任后，我仍然在不同场合宣传这一理念，甚至在2000年华北地区高校图协第十四届学术年会上我就以“把高校图书馆办成研究型图书馆”为题作了大会的主题报告。可惜没有太大的反响。默默的六年过去了。最近，我非常高兴地听到这次华北地区高校图协学术年会的主题是“与时俱进，发展创新，建设学习型大学图书馆”。学习与研究是一把双刃剑。不学习，无从谈研究；要研究，必须要有良好的学习条件。这个主题让我看到高校图书馆的愿景。华北地区高校图协广大图书馆人，也正围绕主题，冒着酷暑，认真用心地撰写论文，参加年会。本次年会的主办单位天津市高校图工委亦为此奔走游说，准备出版论文集。主编李广生常务副秘书长特来请序于我，因此我再次阐释研究型图书馆的理念，以补充学习型图书馆的另一面。

研究型图书馆的优点很多：

（1）它有助于不断强化高校图书馆的“信息”与“教育”两大职能。研究型图书馆的服务对象比较单一。这些服务对象对于图书馆需求的水平和层次都比学生要高。他们不满足于一次文献和二次文献的一般性提供。他们既需要从宏观上了解本学科和相关学科领域的动态（包括水平、成果与趋势），又需要从微观上了解某一课题、某一专业的水平与成果。这已大大超过我们所理解的一般化的信息服务，而是已成为教学科研活动的不可分割的组成部分了。要完成这样高水平、高层次的信息服务，高校图书馆就有必要参与教学与科研工作，调查研究教学科研人员的需求，并系统地分析研究各有关专业发展的动态、水平和状况，不断向教学科研人员提供综合性和述评性的报告。同时还要在实践中研究图书馆自身发展的内部规律，为发展图书馆学提供理论根据，促进图书馆事业的不断发展。与此同时，还能以更优越的条件为学生读者提供教育性服务。在这样的图书馆里，两大职能可以得到充分的发挥。因为它已不仅是学校的图书资料中心，而且还是教学科研人员不可脱离的研究场所。

（2）研究型图书馆也有助于图书馆工作人员的更加专业化。由于研究型图书馆的信息服务和教育服务都是高水平和高层次的，所以势必要求它的工作人员既要有图书信息的专业知识，又要具有专深的某一领域的专业知识，成为某一学科中的图书信息专业人员。只有这样，才能向服务对象提供广、快、精、准的信息，才能向服务对象进行有系统和高质量的教育，这就要求图书馆人员在掌握图书信息专业知识的同时，还要不断加强其他专业知识的学习和深造，让自己自觉地朝着专业化方向发展。

从上述两点考察，在我国近期还不能很快实现发达国家那样的现代化水平的情况下，这种设想将有助于图书馆自动化优势的发挥，转变社会上对图书馆事业的异样看法，促进图书馆朝着更加现代化的方向发展。所以说，把高校图书馆办成研究型图书馆对加速图书馆的现代化有着现实与长远的意义。为什么这样说呢?

（1）研究型图书馆符合图书馆信息化的要求。有些文章认为，达到信息化要求的关键在于体制，实则不然，它在于服务内容上。高校图书馆的服务内容朝着信息化方向发展是信息社会的必然要求，是保证和提高高校教学和科研水平的支柱，不如此，高校图书馆的支柱作用会减弱，日趋于可有可无之间，那么，其生存亦将受到威胁，而高校图书馆要实现信息化的最佳形式就是研究型图书馆。

（2）研究型图书馆是实现我国高校图书馆工作人员专业化的最好途径。每个图书馆从业人员都为了能适应这种转型，必须按专业化的要求去钻研奋进，否则就要被淘汰。如果按研究型图书馆的要求去做，人员的现代化素质必然得到相应的提高。

（3）这种转型能解决日常工作中最具体、最实际和最迫切的问题。它是解决读者层次不一，需求水平不同，馆舍紧张和实际需要尖锐矛盾的有力措施。长期以来，我国高校图书馆的用户是非常混杂的。有教师、科研人员、研究生、本科生、高职生、高自考生、进修生以及社会机关单位的购证者等等。他们共同使用一个无所划分的图书馆，自然产生很多弊端。如：（a）学生占读者的比例大，教学科研人员成为次要的服务对象，客观上受到排挤，有的学校几乎形成九与一之比。图书馆所受压力越来越大，如果学生读者成为图书馆主要服务对象，不仅对外借阅部门要以大量的人力、物力接待学生，其他部门也都被牵制，而对教学科研人员连一般借阅都不能满足（有些教学急需的书被学生先借走，前沿热门的书被学生长期转手），以至教学科研人员往往望馆兴叹。（b）教学科研人员和学生是两个不同层次的读者群，他们的知识水平不同，对于图书资料的需求也有差异。学生，尤其是低年级的学生，一般是围绕所学课程，以借阅图书资料为多，以增加知识、提高水平为主；而教学科研人员、研究生（也包括一部分毕业班本科生），则以了解新动态、发现新问题、研究新事物为主。所以，前者对于教育性服务的需求大于对信息性服务的需求；后者则以信息需求为主。高校图书馆的工作重点似应倾斜于后者。但是，目前高校图书馆却把主要精力放在前者身上。因而无法满足广大教学科研人员的信息需求，以致对学校整个教学科研水平的提高产生不良影响。（c）馆舍紧张，学生读者占去阅览场所的90%左右，将阅览室变成自修室（这是教务处的职责范围）、交流感情场所、娱乐室等等，而教学科研人员则难有立足之地。而有些大馆所设的小型研究室又往往被某些特殊人物无限制地占用，一般人员使用率很小。由此可见，现有的高校图书馆既要打破传统模式，又不能以增设现代化设备为发展标志。因此，建议将高校图书馆分设为研究图书馆和学生图书馆，而以前者为重点建设点。这不是畸轻畸重的问题，而是这样做既可适应现代化图书馆未来发展的需要，又可解决目前存在的实际问题（如经费、人力、馆舍等问题）。如果学生读者对研究图书馆有所需求时，可以通过学生图书馆进行“馆际交流”；如学生读者确实需求量大时，还可以做必要的调整。这样，既保证教学科研人员在研究型图书馆得到基本的信息满足，又可使学生读者在学生图书馆满足其课程学习上的需求，同时也不妨碍其进一步的信息探求。两全其美，各得其所。而高校图书馆也能在藏书建设、用户服务、设备增置和队伍素质的提高诸方面做得更好，让未来的高校图书馆更大地发挥提高高校水平、推动高校发展的重要作用。

我倾吐了我的理念，我更忆及了这二十年的艰难历程。去年，我在年会上用“廿年风雨廿年情”来概括我遇到的形形色色的风风雨雨，但我无怨无悔，因为我得到的是人间最足珍贵的“情”，我们有创建华北地区高校图协时的“热情”，有各级领导和兄弟单位的“关注之情”，有所有图书馆人同舟共济的“深情”……这一“情”字就为我们华北地区高校图协灌注了无穷的生命力。我们经历了艰难的昨天和成就的今天，我们也必将迎来辉煌的明天。我诚挚地希望：我们共同撑起华北地区高校图协的光荣旗帜——“同在图协，同做贡献，发展友谊，搞好协作”，奋起拼搏，珍惜既往，创造未来！

二〇〇六年七月写于南开大学邃谷，时年八十四岁

原载于《华北高校图协第20届学术年会论文集》　李广生主编　南开大学出版社2006年版

《华北高校图协第二十五届学术年会论文集》序言

华北图协创立迄今二十余年，而其学术年会亦相应举办，坚持召开。华北图协是华北地区高校图书馆人团结协力，进德修业之所。二十多年的历程，全体成员携手走过多少艰辛坎坷的道路，也度过无数欢欣愉快的日子，每个人都能在图书馆事业上昂首挺胸地前进，又有着各不相同的感受。我依存在众人之间，却愈发有一种异样的感觉，那就是“生疏”——有两个“生疏”。

一个是人的“生疏”，二十多年的历程，我熟识的面孔渐渐地少了，生疏的面孔渐渐地多了。熟识的面孔不是走了，就是退了。常常使我哀叹“平生知己半为鬼”，我惆怅，还是欣悦？我选择了后者。我关注那些熟识者走过的脚印和车辙，怀念他们的业绩与成就。而对新一代和新新一代的生疏者，目睹他们充满活力，步履矫健地勇往直前，我羡慕得到他们以微笑向我释放善意。我嫉妒，还是融入？我选择了后者。我尽量地熟悉他们，让他们的青春氛围推动我走向未来，让一代又一代的生疏者渐渐成为我的熟识者。

另一个是文的“生疏”，历年的学术年会，都有大量的征文。每次，我都选一些自己所熟悉的内容详阅慎读，而每当天津值年，我更力争多读一些，都让我从中得益。近数年来，我越来越感到征文难读难懂，主题日新，内容也费琢磨，经多次阅读请教，所得亦甚了了。我的话语权也越来越少。是止步．还是再学习？我选择了后者。今年恰值天津值年，我义不容辞地要承担审读部分征文的责任，这无异给了我磨砺自己的机会。

今年学术年会的主题是“复合型图书馆与复合型人才培养”，其中包括图书馆的采编、读者服务、质量控制、发展模式、管理体制、用户教育和人才队伍建设等，涉及图书馆的方方面面。我对这一主题只有一般了解，所知又多似是而非。为了慎重，我请我的已是教授的老学生，为我讲说这一主题的基本知识，又从征文阅读中读到若干见解与观点，订正那些不准确的认识和理解，同时还阅读了若干对复合型图书馆有关的论述，以开拓我的视野。通过这些努力，我大致掌握了复合型图书馆的基本概念，如：

（一）复合型图书馆一称混合型图书馆，是传统图书馆与数字图书馆的并存形式，但它不是传统图书馆与数字图书馆的简单叠加，而是二者有机地结合在一起的统一体。

（二）复合型图书馆虽是图书馆连续发展的四种形态之一，但它不只是一个简单的过渡时期，而是力图开发出将传统的文献资源与不断增长的数字化资源，实行集成管理与服务的机制。是一种全新的图书馆模式，具有自身特有的管理要求、运行规律与服务功能。

在此基础上，我破除了自己多年对书机不平衡的疑虑。得到了由那些陌生人所阐述的各方面问题与观点，从而汲取了养料。我也从一星半点的片段走向更多地了解，我对文的“生疏”渐渐变成对文的熟悉。我庆幸我的两个“生疏”，已经渐渐变成两个“熟悉”。

我能为大家的论文集写序，是我和大家共聚一起的明证。一个年近九十的老叟，能与新一代和新新一代簇拥在一起，是一种幸福。能读到新一代和新新一代的论文，更是耄耋之人的大幸。我珍惜这一切，愿永远和大家并肩前进。让我们的图协地久天长。愿图协的成员人才辈出，永葆青春。

是为之序！

二〇一一年盛夏挥汗写于南开大学邃谷

原载于《华北高校图协第二十五届学术年会论文集》　孔令国主编　南开大学出版社2011年版

《天津风土丛书》总序

记一地风土民情、遗闻琐事的书是地方志中的一大支流。它不仅可资掌故谈助，也可备编写方志的采择，现在还可供旅游者参考。它起源甚早，南北朝时梁·宗懔的《荆楚岁时记》是比较著名的一部早期风土著述。但所记为两湖地区，范围似嫌略广。宋·孟元老所撰《东京梦华录》则记开封一地风土，为后人所喜读。清人对这类书的撰述尤有兴趣，项维贞《燕台笔录》、高士奇《金鳌退食笔记》之记北京，周亮工《闽小纪》、施鸿保《闽杂记》之记福建，厉鹗《东城杂记》、徐逢吉《清波小志》之记杭州，陈作霖《金陵琐记五种》之记南京等，几于屈指难数。但书多散刊，搜辑不易，于是有风土丛书之编。繁者如丁丙所辑《武林掌故丛书》，多至二十六卷；简者如《上海掌故丛书》、《北京历史风土丛书》，均集多种书于一编，便于翻检。天津虽位居名城，除《津门杂记》较为人所习知外，其他风土著述则多被忽略。1938年，张江裁辑印《京津风土丛书》时，涉及天津者也仅收入二种，但实际情况远非如此。这就促使我想约请一些同道者共同整理出版一套《天津风土丛书》，而天津古籍出版社不计草创之艰难，把这套丛书的出版，毅然引为己任，从而使我的设想成为现实。

这套丛书所收都是成作，我们仅作点校整理，不妄加删定。当然，这些书的作者多是封建文人，书中无疑会有不少封建糟粕。不过若从另一角度看，这些部分也真实地反映了一定时代的地方风貌，如果予以删除，那就失去了时代特色，但为帮助阅读，整理者均在每种书前写一点校说明，供读者阅读时参考。

这套丛书虽然不是什么创举，但至少可以起到保存地方文献，提供乡土资料和介绍天津历史风貌等作用。所担心的是由于整理者种种客观原因和我在工作中的疏略，可能会出现某些使读者引为憾事的不足与缺点。这只有借公开印行的机会来求助于广大读者。

这套丛书基本上一种一册，但为了平衡篇帙，也可能一种数册或一册多种。虽名曰丛书，但不作统一编次，可分可合，以应不同读者的需要。

这套丛书的生命力将依靠广大读者的支持指导。我愿意随时按读者的需求以供驱使，并将此视为我学习和生活中一件极感愉快的事。

一九八六年五一节于天津南开大学地方文献研究室

原载于《天津风土丛书》　来新夏主编　天津古籍出版社1986年版

《天津建卫600周年丛书》序言

2004年12月23日是天津设卫筑城600年的纪念日，这对居住在这座城市和曾经客居在这方土地上的人们具有极大的探求魅力，即使曾到此一游或旅途所经的人们，也都很想知道这座城市究竟是怎样一座城市。它的形成、沿革、特色、物产、习俗、光荣和屈辱……种种城市的内涵恐怕许多人都是语焉不详，也许久已淡出人们的记忆了。

天津设卫筑城600年，绝不是说天津只有600年的发展史。天津的成陆发展总在四五千年以上，自秦汉至宋元，历代在天津地区挖渠开河，运粮建寨，设官定制，发展渔盐业生产等活动，遂使天津得以逐步开发。最早记载天津市区聚落起源的是《金史·完颜佐传》，其中所说，金宣宗贞祐二年（1214年）为维护漕粮转输，曾提升武清巡检完颜佐为都统，守卫“直沽寨”。这个“直沽寨”（简称直沽），据今人考证，当在今红桥区西青道一带，或略偏南。当时漕粮在直沽转输的达百万担以上。由于金、元两朝，建都北京，天津地位日显重要。元初虽因河道淤塞，南粮改作海运，但仍由天津转运入京。据《元史·食货志》所载，每年由津转京的粮食，多达三百余万担，出现了“转粟春秋入，行舟日夜过”的繁荣景象。与漕运并肩发展的是盐业生产，金、元两代，已设置盐务管理机构及人员，在今塘沽、汉沽地区开辟多处盐场，成为重要财源之一，所以天津更为朝廷所重视。元武宗时（1309年）又把直沽提升为都指挥司级别的地位，仁宗时（1316年）进而改直沽为海津镇，并在大直沽设接运厅和粮仓以接运和储存漕粮。漕运的船工也为了祈求航运安全，先后在大直沽（元初建，后废）和东门外（元泰定三年建，明清时重修、扩建，今存）建立天后宫，供奉海神。金、元两代对天津的经营，使天津由聚落逐步走向都市的条件，渐臻成熟；但是天津作为一个具有完整意义的都市却是在明清时期完成的，而作为这一转折的重要标识则是明永乐二年至四年（1404—1406）间的设卫筑城。

明太祖朱元璋于1368年建立明朝后，为了酬庸和巩固王朝权力，遂封诸子为王，分守各地，其第四子朱棣被封为燕王，驻守北平。1398年，明太祖死，因太子早逝，由太孙朱允炆继位，是为惠帝。允炆庸懦，而燕王则经几十年的戎马生涯和苦心经营，在诸王中实力最强。也许出于更好地延续发展和强化明政权的需要，燕王决定发兵与侄争位。他率兵由直沽"济渡沧州"（嘉靖二十九年《重修三官庙碑记》，天津历史博物馆藏碑）南攻。征战数年，终于在1402年攻入南京，即帝位，是为成祖，年号永乐。明成祖在成功喜悦之余，为了纪念始发兵的"龙兴之地"，把直沽这个曾是"天子渡河之地"（李东阳：《修造卫城旧记》，《天津卫志》卷四）赐名为天津（天是天子之义，津是渡口之义）。关于天津的得名，有星座说、津河说、关口说和赐名说等各种不同说法，但赐名说既有上引比较翔实充分的文献根据，又为津民口碑所熟知，所以当以天子渡河而得名之说为近实。

明成祖虽即帝位于南京，但他不能遗忘自己的实力据点北平，必然要把政治中心北迁，把北平作为他的北京，以维护和巩固他的新政权（袁世凯就任大总统后，不肯赴南京就职，不惜制造兵变，坚持建都北京，与此何其似也）。但在迁都北京之前，他必须先把作为京师屏障和门户的天津建设好，于是在永乐二年十一月二十一日（1404年12月23日）下令在天津设天津卫、天津左卫、天津右卫，统称三卫，天津的第一部志书就以《三卫志》为名（今佚）。并在这一军事性的据点驻兵16000余人，以拱卫将建立的京师和维持当地的安全。并命工部尚书黄福、平江伯陈瑄、都指挥佥事凌云、指挥同知黄冈"筑城浚池"。

天津城的初型是以土版筑，城基距地表约4米，逐层用黄土夯实，土层间铺撒碎砖瓦和瓷片，类似后来所谓的"干打垒"，所以称为"筑城"。这座土城周长9里余，城高3丈5尺，宽2丈5尺，城的形状是东西长、南北短，很像一把算盘，所以津民有称之为算盘城的。经过一年多的时间，土城建成，于是作为天津卫所的实体矗立起来，至今犹啧啧于津民之口的"天津卫"这一惯称，也自此出现。时隔五年，明成祖将一切部署就绪，便于永乐七年（1409年）正式北迁，建都北京。天津也从此承担起明清两代捍卫京师的职责。

但是，土城筑成将近百年时，就日渐倾圮残损，而不得不修建加固，于是在明孝宗弘治六年（1493年），由时任天津兵备道的刘福主持，用砖包砌加固，城池同修，各门增建瓮城和城楼，历时两年竣工。四门分别题写了镇东、定南、安

西、拱北匾额，显示其拱卫京师、安定地方的武备作用。城中建鼓楼，城周较土城略有拓展，但基本未动。其城圈就是现今东、南、西、北四条马路的内边，也就是过去白牌电车围城转的线路。明朝政府很重视这次重修，特由当时重臣、文学家李东阳亲为之撰写《修造卫城旧记》，记其始末，为天津城建的历史留下了重要文献。

设卫筑城后的天津，各方面都有较快发展，特别是粮、盐两大经济支柱更为显著，明永乐初由于北运河淤塞，由南方海运至津的粮食，难以及时运京，仓储业大为发展。曾有露囤千所，甚至在北仓还建立了百万仓。不久迁都北京，“百司庶府，卫士编氓，一仰漕于东南”（傅维麟：《明书·海漕志》），天津转输漕粮任务日增，至明宣德十年（1435年），明政府特在津设户部分司，作为管理漕运的专门机构。当时大运河上粮船万艘，转输漕粮五百万担。繁荣景象，可以想见。

渔和盐是天津的两项重要财源。明在建国之初，即设“河间长芦都转运盐使司”，管辖以天津为中心的产盐区。天津不仅是产盐区，还是营销中心，长芦盐之名由此而起。由于采用日光晒盐法而产量大增，据一种计算，明末长芦盐运销量已达23.98万引（每引650斤）。天津的渔产也很丰富，《天津县志》特著其事说：“津邑，滨海区也。鱼利与盐同，捕鱼不下三十种。”天津流传下来的许多风土诗也都盛赞天津渔产的丰美。鱼盐之利推动了天津经济的发展。

漕粮的转输，无论海运，还是河运，都带动了运输业和商业的发展。粮船为了调剂漕丁和水手的收入，允许在漕粮外，随带一定数量的各地货物以懋迁有无。这些货物大部分在天津卸载、发卖和转输，因而在三岔口不远的东门和北门外就形成了若干商业区。随之货栈、钱庄、会馆等行业和组织，都应运而生。集市贸易也随之而兴，十集一市的轮转，遂有“天天赶大集”之说。一些服务行业如饭庄、酒楼、戏院等，更是迭兴不已。

天津从设卫筑城以来，经过有明一代的经营，到明清之际，它终以有拱卫京师门户，河海转运枢纽，商业繁荣兴盛，富鱼盐之利，招八方来客的优越条件，而成为人所瞩目的要埠，远远超出单纯军事要冲——“卫”的地位。所以《天津卫志》特以浓彩重墨概括其盛况说：“天津去神京二百余里，当南北往来之冲，南运数万之漕，悉道经于此。舟楫之所咸临，商贾之所萃集，五方之民所杂处……名虽曰卫，实在一大都会所莫能过也。”清初史学家谈迁赴京过津所看到的天津，已是“镇城百货交集，鱼虾蟹鱐并贱”。（《北游录·纪程》）顺治十二年（1655年），荷兰使节哥页赴京，路过天津时，曾把天津与广州、镇江并视为中国三大港口。天津的“人烟稠密，交易频繁”，使这位使节惊讶，并命其随从人员将三岔口和海河两岸的景象，绘图带走。天津已是一个比较成熟而开放的城市了。

天津自设卫筑城以来，历经600年风雨沧桑，有多少可歌可泣、可喜可悲的事迹和人物，等待述说弘扬，并留存于图画文字，以教化当代，垂示后世。迎接设卫筑城600年，不仅要欢庆这个城市的光荣节日，更希望在迎候的日子里，有更多故老贤达写出信而有征的往事风情，为我们的天津，留下更多的文献积存！

我籍隶浙江，出生杭郡，而侨居天津七十余年，直等第二故乡。食于斯，长于斯，学于斯，老于斯。乡恩深重，值此庆典，何得无报？乃于2003年春，邀约津沽名流学者，相与咨谋，众议佥同，共定编撰《天津建卫600周年》丛书，以为文献积存之祝。共立八题，目次是：

一、天津的城市发展

二、天津的人口变迁

三、天津的方言俚语

四、天津的园林古迹

五、天津的邮驿与邮政

六、天津的九国租界

七、天津的名门世家

八、天津早年的衣食住行

题目既定，撰者分册撰写，每册十余万字，各有随文插图，期以一年。2004年春，各稿相继完成，逐册循读，大都相契，而各有所见，亦未强求划一。全套丛书共八册，近百万字。天津古籍出版社社长刘文君女士，欣承出版之任，情义可感。责编韩嘉祥先生，学识优长，不辞辛劳，奔走于撰者之间，商榷修订，终底于成，如期问世，功不可没。撰者诸君殚精竭虑，共成斯举，为津门增拓文献积存，颇著勋绩。我则追随诸君子之后，稍事擘画，与有荣焉。设有不足，则我当独任其责，幸读者垂察！

二〇〇四年六月写于南开大学邃谷

原载于《天津建卫600周年丛书》　来新夏主编　天津古籍出版社2004年版

谭汝为与天津话研究

——《天津方言词典》序

我原籍浙江萧山，七岁时，来天津客居，一住就是八十多年，天津无疑是我的第二故乡。我听得懂天津话，也能说不够纯的天津话，但对天津话缺乏研究，所以常想从一些研究天津话的朋友处学习、请教。我认识三位研究天津话的朋友。第一位是在辅仁大学读书时高我一班的李世瑜学长，后来也都落脚在天津，时有交往。世瑜学长是社会学专业出身，对天津方言素有研究，我请教过他一些有关问题，也读过他有关天津方言的文章，如《天津方言俚语概论》和《选辑》，获知不少天津方言的基本知识。2004年为纪念天津建卫600年，我主编一套丛书，世瑜学长应我之邀，写了一册《天津的方言俚语》。可惜他前几年过世，使我失去了一位多闻博识的老学长。第二位是我在“文革”时相识的一位工宣队员张维绪，当时他是天津新华印刷一厂的工人，“文革”以后，我们保持友谊，继续来往。他是天津的本地居民，对研究天津话有兴趣，也有积累。二十世纪九十年代末，他不仅担任了厂长，而且还整理历年积累，又经老天津人作了订正，最终编成一本《天津话词典》[①]准备出版。这是一本来自民间的作者完成的天津话研究成果，我特为这本书写了序，讲了我的感受。只是几年过去，仍未见出版，想是遇到了障碍，彼此间又断了联系，让我时时惦念着。近几年，我有幸又认识了第三位研究天津方言的朋友谭汝为先生，从他那儿又得到更多有关天津话的知识与新的进展状况。

谭汝为先生是一位民俗语言学家，曾任教于天津师范大学。他籍隶广东，但

① 《天津话词典》，后更名为《天津话语记》，于2013年6月由天津教育出版社出版。

生于天津，长于天津，在天津客居达六十余年，这成为他研究天津方言的先天优厚条件。2009年初，他曾应天津电视台之邀，在公共频道播出“这是天津话”的谈话节目。谭先生在这个节目中，从词义解释、词源探索、典型例句、语境语用等角度，对天津话词语进行通俗的解说，力求做到理论与实践结合，学术与普及兼具，方言与地域文化交融，进而使天津话的优长特色及文明使用传播到广大听众，达到雅俗共赏的目的。经过一年多的积累，他不仅进一步深入挖掘了不少天津话词语，而且展示了他对天津话在语言学方面的深刻认识。他总结了普通话与方言的关系、关于方言岛与天津话的语音特点、天津方言与地域文化关系、天津方言语汇的别具一格和天津方言词语的有音无字等，启迪人们对天津话的学理认识。他还将他的积累和心得汇编成《这是天津话》一书，用以推广天津话。我有幸得到赠书，并浏览一通，进一步认识了几十年生活的语言环境的真实面目。我在写《重吃折箩》短文时，一时不知道用什么字来作“形”，更不知道怎样解释整个词的“义”，就靠查谭先生的这本书才解决的。那是一部既能解决实际问题，又是普通百姓能读懂的好书。但是，谭先生并不在此止步，而是继续钻研、搜集、订正，以更求完善。经过数年，谭先生念及已故语言学家李世瑜先生的生前嘱托，在已有的各种研究成果基础上，又邀约在津熟悉天津话的故老参与增订、修订工作，集思广益，丰富内容，终于纂成《天津方言词典》，为天津方言的研究推进一步。

当我收到谭先生这部书稿后，首先的感觉是惊喜，惊的是谭先生在短短的几年中，又主编了这样一部含量达六千余词条的辞书，真是难得。这部词典体现了谭先生研究天津方言的学术特色：第一，他广泛涉猎前人的著述，吸收前人的经验，但不局限于文献圈中，而是在坚实的文献基础上，亲赴现场采访记录，使文献与田野相结合，如亲至皖北地区调查天津话的语源，增强了语词的精确性。第二，《天津方言词典》不仅只是词典，而且还包括俗谚和歇后语，又附了天津的文化词语、方言称谓和方言词缀等表，成为一部知识含量丰富、知识结构全面、方便读者使用的工具书。第三，谭先生对每个词语都经过反三复四地考研，做到形、音、义具备，形成天津方言走向完整的语言系统，甚至对有些词语进行艰难地探求和思考，使《天津方言词典》成为一部有创意性的学术著述。第四，也是我最赞赏的一点，就是谭先生治学经历中的与时俱进精神。从《这是天津话》和《天津方言词典》二书的前言比照，就看出谭先生不墨守成规，而是注重语言与语境变化的重要关系，赋予天津方言以新的生命，加强人们对天津方言的新

认识。

谭先生编纂和出版《天津方言词典》，是受李世瑜先生的嘱托。我既为世瑜学长所托得人鼓呼，又看到谭先生尊重先辈遗愿的品格。不掠美，不自炫，是每个学人应具的品德。我因高年，近年很少因请写序，但鉴于谭先生《天津方言词典》的成就和他的品格，当他持稿来舍请序时，我不禁心情激荡，欣然承诺，乃略抒胸臆以应。是为之序！

二〇一二年七月中旬挥汗写于南开大学邃谷，行年九十

原载于《天津方言词典》　谭汝为主编　天津人民出版社2014年版

《天津话语汇》序

在天津寄居了七十多年，对天津话能听能说，但大多知其然不知其所以然。对天津话的方言岛理论和方言形成过程与特点等，几乎一窍不通，至于落笔成字，更不知如何写法。所以总想能找到一些简明扼要的理论书和查用方便的工具书。2004年，为纪念天津建卫六百年，我主编了一套八种共百万字的丛书，其中就有李世瑜学长所写的《天津的方言俚语》一书。李学长是一位资深方言学家，在短短十几万字的小书里，分为上下篇。上篇是《天津方言俚语概论》，全面讲述了天津方言和方言岛，天津方言的历史与社会的实地考察，以及天津方言的种种特点。言简意赅，的确大家手笔，裨益读者。下篇为《天津方言俚语选辑》，分为词汇、成语、谚语、歇后语四类，成为对方言的学理探讨非常重要的参考用书。如果再有一册以音序和字头排列的辞书，可供随时翻检查找，那么天津方言的研究将呈现一种完整的系列，为天津居民提供了解当地方言的阶梯。

时隔三年，我的设想终于实现。今年上半年旧友张维绪来访，送来他多年积累成书的《天津话语汇》稿。因为当时我刚动完心脏小手术，无力着笔，只略略翻看一些，便放置起来。直到近日，在身体大体康复的情况下，才比较仔细地阅读该稿，感到我几年前的设想即将实现。天津话从理论到实用都将有书据。原住民可从中找到每天说的、听的话，渊源何在。外来民亦可借此了解天津话是一种什么方言，再不至被人视以为怪，甚至用作插科打诨的笑料。

《天津话语汇》的编者张维绪是我三十多年前的旧识。当时只知道他是一位有文化底蕴的印刷工人，后来是天津新华印刷一厂的领导人。虽时有交往，但不知道那时他已留意于天津话语汇的收集。他的家庭和岳家都称得上是天津老居民，说的都是地道的天津话，耳濡目染，给他一个纯粹天津话的语境。他又经常怀揣小笔记本，出入各种公共场合，听天津话，特别是听老年人的天津话，一一记录。进入新世纪，他已积累有数千条。2003年维绪退休后，遂倾全力整理积存，做词条提纯工作，从他历年搜集的词条中，筛去非天津独有的词汇和一些无把握、拿不准的词语，得将近四千条。然后逐条加以诠释。他既要诠释得准确，又考虑能否为大多数人所理解和接受。因此往往需用较多时间反三复四地修改订正，直到自己满意为止。而把语音定成文字，也是很费思考的。这样日复一日地几经寒暑，方在今年年初形成初稿，于五月间送给我先睹，并邀我为此稿略加评说。

我在搁置几个月身体基本康复后，安排了比较完整的十多天时间，通读了这部书稿，深深地钦佩这位语言爱好者的用心与辛劳。他以十数年坚忍不拔的精神，随时随地从文献和田野两方面进行艰难的资料搜集工作，表现了一种锲而不舍的专注。在整理诠释过程中，他只考虑如何让读者、让他人使用方便，如何把词语诠释得清楚明白。他费心费力地按音节、按字头把近四千条词语排顺、排好，使用非常方便，起到了语词工具书的作用。就我读书所及，这本书的收词量似已超过我所见到的同类书籍。有许多我非常熟悉和经常使用的词语就是写不出字来和解释不清，但从这本稿中就可一翻即得，很有实用价值。

二〇〇七年八月二十日写于南开大学邃谷，时年八十有五

原载于《天津话语汇》　张维绪著　天津教育出版社2013年版

《〈益世报〉天津资料点校汇编》序

报刊始于近代。二十世纪前后，资产阶级改良派和民主革命派为了各自的政治目的，大力进行舆论宣传，于是各种形式的报刊纷纷问世，而报纸以刊期短，报道及时，更为人所喜读。及辛亥革命以后，社会有所变异，新旧思潮激荡，舆论勃兴，各种背景和形式的报刊益形发展。《益世报》便在这样的历史条件下应运而生。

《益世报》是罗马天主教会在中国印行的中文日报，创刊于1915年10月10日。它是一份以西方教会为背景的报纸，虽然颇为注重宣扬西方文化，并曾支持袁世凯帝制，但是，它还能比较客观地报道中国社会，特别是天津的各方面情况。在“五四”爱国运动时期，承印过《天津学生联合会报》，后又聘周恩来为特约通讯员，于1921年至1922年间连载了周恩来自法国发来的《旅欧通信》达56篇之多，表现了一定的进步倾向。1931年“九一八”事变后，由于抨击国民党政府不抵抗政策，主张抗日救国，受到读者的极大欢迎。1937年“七七”事变后被迫停刊，1938年底在昆明复刊，1940年迁重庆。抗战胜利后，于1945年12月1日返天津正式复刊，至1949年1月天津解放后停刊，前后达三十余年，而其影响几与天津《大公报》相侔。

《益世报》虽为宗教背景，但并非传教性报刊，而是一种内容相当丰富的公共性报刊，它对当时我国的内政、外交、经济、军事、文化和社会风情等方面，特别是对当时发生的重大事件均有比较翔实的报道，对研究近现代史、中外关系史、文化史和社会史等提供了大量足资参证的珍贵历史资料，是正待发掘的重大史源。八十年代以来，由于学术研究与文化活动异常活跃，资料需求量日见扩大，建国前与《益世报》并称“四大报”的《申报》、《大公报》、《民国日报》均已先后影印问世，而《益世报》则尚未为世人所用。惟以数量浩繁，一时限于人力物力，难以全部提供社会使用。天津市地方志办公室郭君凤岐，素具史识，检读《益世报》，见其中涉及天津之资料，为数较多，乃谋分类分期编印应世，终于1995年底与收藏者天津图书馆协商确定共同编辑出版《〈益世报〉天津资料点校汇编》。适香港回归在即，于是邀集同人，先集天津与香港一题，焚膏继晷，计日程功，于1997年5月成《〈益世报〉天津与香港史料选编》一书，分"天津与香港"及"香港有关史料"两类，共9万字，不仅应当时社会所需，亦为正在编辑的大型汇编丰富了经验。

《〈益世报〉天津资料点校汇编》工作始于1996年4月，首先自原刊选录有关天津资料，再分类按时编排，然后从中选取最有价值的资料进行点校编辑，历时两年，已得近千万字，当全部所选录者仅十分之一，乃谋先将此千万字分类按年编次，成书三册。其第一册收录1915年至1928年天津建市时的资料，共360余万字，设置了"周恩来旅欧通信"、"历史事件"、"工人运动"、"对外往来"、"地方行政"、"经济实业"、"金融证券"、"文化艺术"、"市政设施"、"宗教信仰"、"天文气象"、"民风民俗"、"军事活动"、"租界纪事"等37门类，类下依时顺序排列，读者可按类分年检读。参与其事者40余人，为人之学，功不可没。

第一册行将问世，主事者郭君凤岐问序于我。择要读稿，既喜且愧。喜宝山深藏，初加磨砺，俾世人得窥其风采，或将有更多有心者广加搜检，使《益世报》尽最大社会效能，则郭君开创之德，固不可泯。愧则我居津近七十年，又专攻地方史志，坐视物弃于地而无所尽心，得不惭恧？郭君既委序与我，俾有幸补牢，义所难辞，乃叙其成书始末，庶世人共识编者之辛劳，而期待第二、三册之早日问世。设人力物力有济，千万字以外之资料亦得次第编辑成书，则大有裨于学术文化之进展，我于此有厚望焉。是为之序！

一九九九年十二月写于南开大学邃谷

原载于《〈益世报〉天津资料点校汇编》　天津市地方志编修委员会办公室、天津图书馆编　天津社会科学院出版社1999年版

《南开大学图书馆建馆九十周年纪念集（1919—2009）》序言

中国是世界上的图书大国。中国的图书事业有着两千余年的悠久历史，完整的保存体系，藏用结合而走向以用为主的一贯宗旨和仁人爱物的人文精神。自周秦以来，藏书楼与藏书家已成为中华传统文化的重要构成部分，下迨十九、二十世纪之交，西学东渐，维新思潮纷起，西方图书馆观念渐有浸润。旧有藏书楼多趋向于对社会公开，具近代图书馆之雏形，而新建近代图书馆亦将喷薄出世。1898年，清廷颁布《京师大学堂章程》之第一章第六节即明确有建立大学堂藏书楼之规定，称“今设一大藏书楼，广集中西要籍，以供士林流览，而广天下风气”，为高校设置图书馆启其端。二十世纪头十年，各省如安徽、浙江、湖南亦相继建公共馆，甚至私人如绍兴徐树兰建古越藏书楼，公开个人藏书，筹措经费，购书以应民众所需。据一种统计，1901至1911年，正在筹建和已经开办的图书馆有四十多所。辛亥革命以后，近代图书馆的发展势头日强。五四运动的民主与科学宣传更是一大推动力，适逢其会，南开大学于1919年成立，而校图书馆亦相应设置，至今殆九十寒暑矣。

南开大学图书馆初建之际，难称规模，仅有津门学者名流严范孙、李炳麟、卞蒋卿等个人捐赠书籍数百册与购书费若干。历经十余年，在社会关注与有关人士之努力下，图书馆发展迅速，抗战前夕——1936年底，馆藏图书经各方捐赠和历年采购已达20余万册，并有元、明刊本的珍善本图书数百种，馆藏略具规模。不幸于1937年7月，日寇发动侵华战争，南开大学图书馆馆舍毁于日军炮火，而内运图书又于辗转途中遭到日军劫掠，损失惨重。抗战胜利，虽向日方索回部分图书，已非旧观！历年经营，至上世纪五六十年代，已颇见规模，跻于高校大馆之列，孰知“文革”动乱，正常工作几陷停顿，幸事先有所措施，损失较小，及八十年代，拨乱反正，各项事业渐趋正轨，而馆龄已逾花甲！

1984年2月，我奉派出掌馆务，绠短汲深，惟敬谨从事，以求无愧我心。入馆之初，正值建馆七十年间，秉承前人优良遗规，以应政通人和之际遇，上下同心，清理积书，调整设置，安排人事，俾老有所安，中有所为，少有所学，一切趋于平稳自然，而以建成新馆为终结。1990年连任即将期满，方谋安排新旧馆配置，胸中粗有擘画，而继任者急于就任，先期入馆理事，未获倾心相告，匆匆离任。迨李治安教授就任馆长，重加调整，适与我原所擘画暗合，不禁欣然自慰。“十步之内，必有芳草”，信哉斯言！世纪之交，全馆同仁竭尽心力，团结奋进，成就显著，藏书已达数百万册，现代化设备亦大体完备，于各高校大馆中称翘楚焉。

2009年为建馆九十周年，回忆既往坎坷，不禁怅然久之；而瞻望未来前景，又不禁跃然而起。际兹民族振兴，国家崛起，社会和谐，万众尽力之际，得全馆团结一致，海内外人士频加关怀，则日新月异，必将有始料不及之成就。我曾忝任馆职两届，今近望九之年，犹能面对盛景，得不欢然！馆方为积存有关历史资料，广征图文，成纪念集一册，嘱我作序，义不容辞，命笔略缀小文。设有不当，尚祈贤达正之。

是为序。

二〇〇九年六月下旬写于南开大学邃谷，行年八十七岁

原载于《南开大学图书馆建馆九十周年纪念集（1919—2009）》 南开大学图书馆编 南开大学出版社2009年版

《南开新闻出版史料（1909—1999）》序言

南开大学出版社重建之始，我奉命出掌社务，而崔君国良已先期到社，任总支书记兼副社长，彼此相辅相成，历时六年，从无间言。崔君籍隶河北，固燕赵慷慨悲歌之士，勇于任事，敢于直言，人多持有异议，我独爱其率真。时当草创，事务繁巨，我年事稍长，崔君每视我若兄，亲执奔走之役，任劳任怨，我亦倾心倚重，识其才干。其尤足称者，于行政琐细事务之余，犹孜孜于学术研究，穷年累月，爬梳搜寻，终与同好共成《南开话剧运动史料》一书，为南开奠定北方话剧起源之地位，颇得戏剧大师曹禺先生之好评。我读其书，获益滋多，更惊崔君等搜罗之广，用力之深。传世之作，洵非虚誉。时隔不久，崔君复自南开学校校史资料中发现，南开大学早于二十年代始已有出版社之事，而非自今日始，今所创立者实为重建。其说若能成立不仅南开出版社社史可上推六十年，即南开校史亦增一新内容。我深望崔君再接再厉，广搜博采，使其发现建立于坚实基础之上。嗣后，我与崔君先后离任，音问渐疏，我亦淡忘其事。不意于1999年初秋，崔君过舍，出示所著《南开新闻出版史料》一书，令我瞠目兴叹：崔君固有心人也，不图林下悠游岁月，老骥不甘伏枥，竟尽数载之功，默默耕耘，不慕名利，成数十万言巨著。其追求事业之精神，当令急功躁进者愧！崔君不忘故人，来邀作序，盛情可感，情难以却，尤期借此获读全稿，遂允其请。

《南开新闻出版史料》上起于1909年，下止于1999年，几可称世纪之书。书分《南开早期新闻出版理论》、《南开新闻出版组织机构》、《南开新闻出版史话》、《南开新闻报刊汇览》、《南开出版图书汇览》、《南开新闻出版文论选》等六大部分，内容丰富，史料翔实，手此一编，南开大学数十年新闻出版事业，历历在目，无庸他求。我读其书，始知南开出版社之渊源有自，是今之南开大学出版社固不得以创始称，而当为重建中兴之业，我与崔君又何幸而担此中兴重建之大任?

其书自理论至实际，皆有确凿史料为证，始于1914年陈钢所撰《南开星期报》之《本报之宣言》，殿以今社长张君世甲之论述，虽为史料，但通读而下，不啻为南开大学新闻出版史。所录史料无一文无来源，无一字无出处，不愧为史料汇编中谨严之作。

其书既成，适逢南开大学建校八十周年，佥议以其作校庆献礼，聊表出版社全体同仁之寸衷。我于此书无尺寸功，徒以曾与闻社事而谬承撰序之任，曷胜惭恧。山林野鹤，馨香默祷，别无他求，惟望我南开大学、我南开大学出版社龙腾虎跃，蒸蒸日上，庶无负于前辈创业之艰难，幸甚!

一九九九年建国五十周年国庆日

原载于《南开新闻出版史料（1909—1999）》　崔国良、张世甲主编　南开大学出版社1999年版

《南开话剧史料丛编》序

《南开话剧史料丛编》的编者崔国良兄是我多年的旧识，我们曾在南开大学出版社同驾一套马车。我任社长，他是书记。他性格耿直刚烈，勇于决断，我因较他年长，处事含蓄，常做些平衡协调工作。我们因为性格的互补，所以一直和谐地共事六年。退休以后，他不像有些人那样——钓鱼、打牌、学书画、去旅游，安然消闲。而是选择重点，继续专攻南开话剧运动的研究，以大部分岁月，沉浸在旧书刊中，爬梳整理有关南开话剧的史料，从事这方面的著述。前几年他已编撰过《南开话剧运动史料》和《张彭春论教育和戏剧艺术》等。近年又殚精竭虑地进一步广收博取有关南开话剧史料，大有竭泽而渔的气势，终于在南开大学九十周年之际，完成了一部百余万字的巨著——《南开话剧史料丛编》，实在令人震惊和钦佩。

《南开话剧史料丛编》开宗明义标明以汇集史料为宗旨。史源主要是南开校刊及出版物如《南开星期报》、《敬业》等等。国良对收录入编的门槛甚严，只收有史料价值的文字，对无史料价值文字，虽为原件，亦概不收入。他为南开话剧运动的深入研究提供了大量珍贵的第一手资料。这是对学术真诚所创建的功德善举。

这部巨著共分三卷：

一是《剧论卷》，汇集有关话剧的理论研究和一些评论，都采自当时报刊，下限止于2009年，收入张伯苓、张彭春、周恩来以及诸多署笔名作者的理论性文字，也就是说这一卷收录了自1909年至今的百年话剧理论。围绕着话剧理论这条重要线索，约略地显示出话剧自萌生经发展、中衰、复兴等不同阶段的历程，脉络清晰可寻。这是南开话剧对中国话剧所作的理论贡献。它奠定了中国话剧的理论基础。

二是《剧本卷》，所收材料截至1950年，共收百余种剧本，分三种不同情况：一类是见收剧本全文，共四十余种，按年代先后编次，最早的是张彭春先生于1915年创作的《闯入者》，有蔡丽文和黄燕生两种译本，蔡译名《闯入者》，仅有二、三两幕，因阙第一幕，本《丛编》未收；黄译作《入侵者》，为三幕原本，一名《外侮》。同年，张彭春先生还创作了《灰衣人》和《醒》等剧，都是用英文所写，后译为中文上演的。1916年，张彭春先生曾在《入侵者》的英文本上做过修改。这几部戏奠定了南开话剧作为中国现代话剧起步点的地位。隔不几年，张彭春先生主稿的五幕剧《新村正》问世，成为从文明戏过渡到现代话剧的标识。第二类是《南开早期话剧幕表及详志》，收有十余种，大多不够完整。“幕表”简言之是一种剧本大纲，有角色，有上下衔接，有剧情，但无具体台词，给演员即兴发挥留下空间。“详志”只写场次、角色及剧情内容，比“幕表”略详，其中如二十三幕天然剧《仇大娘》的内容详志，最具代表性。所谓天然剧，是指台上无布景、无道具，只有简单的桌椅。这出戏署名南开学校新剧团编演，南开学校敬兴乐群会印行。据编者考证，是周恩来所记。第三类是《剧目提要》，收六十余个剧目，每一剧写有提要，使读者对剧情能够有大致了解。

三是《编演纪事卷》，收录一些与话剧有关人士对演剧、编剧、演员的回忆，表达了各作者对话剧理论的认识和话剧活动的记事，对研究话剧发展是第一手资料。其中周恩来所写作文《试各述寒假中之事况》，述假期中犹致力于话剧活动并执笔写《仇大娘》剧情内容等事况。另有《新剧筹备》一文，可见当时编写剧本之方式。该卷所收胡适所写《与TEC关于〈论译戏剧〉的通信》，原刊于《新青年》第六卷第三号，编入时编者摘其中片段，易题为《谈南开新剧》，认为南开新剧团是“中国顶好的了”。编者又煞费苦心地搜集和整理了自1909年到2009年百年间有关话剧的新闻报道。内容充实，首尾完整，反映了当时的社会认同度。

《南开话剧史料丛编》是一部百余万字的史料巨制，但它不仅仅是一部史料的简单汇总，除了给读者和研究者提供可资利用的史料汇集外，更值得注意的是编者编纂方法上的特色。

编者遵循史料汇编最基本的规则，注意史料的深度与广度。他尽数年之力，穷搜深挖，尽量将所收资料，提供给需用者；但又不是有文必录，而是将搜集到的史料经过审视和筛选，对某些虽为原始文本，但却无史料价值和具体内容的，则加以淘汰。编者对所选史料按时间顺序编次，使史料本身体现话剧发展的自然轨迹。这些史料不仅体现天津为北方话剧的重镇，并较大数量地为天津地方文献作了文献积存的工作，充实了天津地方文献的库存。

编者不仅仅把史料纂集在一起，而是对全部史料加以分析和研究，他认为张彭春先生于1915年创作《入侵者》等剧是有深意的，因为那时正是日本帝国主义者利用袁世凯图谋称帝提出“二十一条”的年代，张先生的《入侵者》无疑是中国人民的怒吼。这种分析，不仅论断南开话剧在中国话剧史上复兴话剧的地位，也为评价张彭春先生的爱国情怀提供了明证。

编者国良兄是将一生贡献南开的南开人，他于退归林下之后，不是寻求自娱自悦，而是奋力崛起，为南开增光添色。他以古稀之年，笔耕不辍，虽然体力大不如前，但他不以为意，依然奔走各方，夜以继日地纂集丛编，终于在南开建校九十年之际，完成了这部巨作。完稿之后，他把全稿送来，请我作序。我近年因年老体衰，很少应承这类事务，但一经粗加浏览，就情不自禁地愿为他效力。在行文过程中，我陡地想起唐释齐己的诗。诗云：

流水不回休叹息，白云无迹莫追寻。
闲身自有闲消处，黄叶清风蝉一林。

这首诗非常直白地昭示人们：对过去的一切，要无怨无悔；对未来的期待，也要无欲无求。空下的身子，自会有打发日子的去处，最好像蝉那样，不再噪鸣，隐入林中，静观黄叶的飘落，面迎徐来的清风。我愿与国良兄共读此诗，以甘守寂寞，志在淡泊，愉悦终老，不亦善乎！是为之序。

岁在己丑金秋，写于南开大学邃谷，行年八十七岁

原载于《南开话剧史料丛编》（南开大学九十年纪念丛书）　崔国良主编　南开大学出版社2009年版

《中国西部地区地方文献资源论稿》序

2007年由国家图书馆主办的第二届地方文献国际学术研讨会上，我得知了内蒙古大学张利先生主编的《中国西部地区地方文献资源论稿》将要出版的消息。在我国目前地方文献理论学术专著极为稀见的情况下，应该说这是一件很值得祝贺的大事。

这部专著是张利先生在主持国家社会科学基金项目“西部大开发中地方文献的开发与利用”研究成果的基础上经过统编整合而成的。西部大开发，是我国政府在二十世纪末做出的一项重大战略决策，不仅关系西部地区的建设发展，而且关系中华民族的伟大复兴。时至今日，已经取得了辉煌的成果。毋容置疑，在西部大开发中，具有鲜明地域特征的地方文献资源是西部大开发赖以凭借的重要信息资源，对于西部开发具有重要的参考和实证意义，这些已为西部大开发的实践所证明。该项目把地方文献资源的开发利用与西部大开发联系起来加以研究，从这一点看，其选题不仅具有创新性，而且具有较强的实用性。

《中国西部地区地方文献资源论稿》一书的即将正式出版，为我国地方文献研究工作的深入研究和发展开了一个好头。尽管该书是根据西部开发的社会需要，针对西部地区地方文献资源的建设和开发利用适时而作的一部专著，其研究的地理范围是西部地区，但其理论和实践意义已远远超出了西部地区的范围。在这部书中，作者采取了一种大视角、全方位的研究模式，首次对我国西部大开发所辖区域范围内的图书、档案、方志、文博等各个文化系统的各种类型、各种载体、各个文种的地方文献资源及其开发利用进行了比较全面系统的揭示和研究。书中涉及了地方文献的许多重要理论和实践问题，如地方文献与地方文献资源的科学内涵，地方文献资源的特点、价值和功能，地方文献资源（包括少数民族文献资源）的概况和开发利用研究，地方文献资源的特色化建设，地方文献资源保障系统的建设，地方文献资源的数字化建设，地方文献网络信息资源的开发利用，地方文献资源的用户研究，加强地方文献资源建设的一些热点问题研究等等。我认为，这些问题的研究至少可以起到五个方面的作用：一是提升全社会对于地方文献资源和地方文献工作的认知程度；二是提高西部地区地方文献工作为西部大开发服务的质量和水平；三是推动西部地区地方文献工作的不断深入发展；四是促进西部地区与全国地方文献工作和学术研究成果的进一步交流；五是丰富我国地方文献的研究内容，为地方文献学科的建立开辟新思路和奠定一定的科学基础。这部著作编制体例新颖，内容详实丰富，民族特色鲜明，理论实践并重。目前，诸如此类的地方文献专著还尚未得见，应该说，这是一次大胆的探索和创新。地方文献工作是一项实践性很强的工作，是需要全社会，特别是所有地方文献工作部门共同关心的工作。我们应该从这部专著中，得到一些启示和借鉴。当然，西部地区幅员辽阔，地方文献积淀丰厚，在时间有限，经费紧张的情况下，进行如此大范围的研究，在事实上也不可能一蹴而就，这是完全可以理解的。这也是张利先生对书稿质量始终谨慎从事，致使本书迟迟未能付梓的重要原因吧。

地方文献工作和关于地方文献的专门性研究在我国历史上虽然起步较晚，但现在正处于方兴未艾的发展阶段，“地方文献学”作为一门新兴的和正在逐步完善的学科，已经得到学界的认同和重视。因此，我在这次国际学术研讨会的大会发言中，曾经冒昧地提出“地方文献学学科建设和培养专业人才”的建议，张利先生的这一研究正证实我的建议是适时的，是地方文献学发展到目前必然出现的一种倡议。我感谢张利先生这一研究，它对我的倡议给以重大的支持，也证明地方文献学研究确已进展到应该建立新学科的时机，而培养专业人才也必然成为地方文献学发展的当务之急。

以科研立项带动地方文献的学术研究，是促进地方文献学科建设与发展的重要途径，也是培养地方文献研究学术梯队的好办法。近些年来，一些以“地方文献”命名的研究课题，有的已纳入本地区的社会科学规划项目，也有个别项目获得了国家社会科学基金的资助，充分说明了国家对于地方文献科学研究工作的重视。目前，张利先生正在致力于主持国家自然科学基金项目“基于区域振兴的西部地区自然科学地方文献资源的挖掘整理和开发利用研究”的研究工作。我国自然科学地方文献的研究基础非常薄弱，因此这项任务非常艰巨。像张利先生这样能够使地方文献的研究课题在国家社会科学基金和国家自然科学基金资助项目中先后立项，在全国范围内尚属首次，是一件很艰难的事情。当然，也从另一个方面说明了张利先生的选题能力和水平。我期望张利先生在以后的地方文献学术研究中能够做得更好，争取“百尺竿头，更进一步”，取得更大的成绩。

另需指出的是，与正文部分一样，这部书附录部分提供的有关西部地区地方文献资源的资料也特别丰富，可见在编制过程中下了不少功夫。如其中的“有关西部地区地方文献书目索引等检索工具一览表”，几乎囊括了西部地区地方文献（包括少数民族文献）的所有检索工具，是开展地方文献工作、进行学术研究和用户利用地方文献资源必不可少的辅助工具。该书一册在手，即可通览西部地区地方文献资源和相关方面的基本状况，在现代出版物中，这也是本书值得称道的地方。

在此次大会，既聆听了张利先生的高论，又承面邀为本书撰序，声应气求，又有学术共识，自当就管窥所得，略加敷陈，以作推介，是为之序。

原载于《中国西部地区地方文献资源论稿》　张利主编　内蒙古大学出版社2007年版

写好家族历史

——《边外炊烟·宽甸臧姓家传》序

司马迁著《史记》立世家30卷，起吴太伯世家至三王世家。《索隐》解释世家的含义说：“系（世）家者，记诸侯本系也，言其下及子孙常有国。”其意乃指古代世袭爵位的贵族或因政治上的优势而世代为官的家族历史。后世则含义日广，遂有“经学世家”、“中医世家”、“文化世家”以至“梨园世家”等等，所记多为声名卓著家族之家世事功，而于一般平民家庭，殊少及焉。其后虽有谱牒以世其家，而往往史料不足，语焉不详。遂使极为丰富之民情习俗，家庭传承均以无所附丽而渐次泯灭，使有关历史学、社会学、文学艺术等研究失去大量丰富的第一手文献资料。反之，若有家传之类则凡人口之迁徙、地方之开发、风物人情之记述，皆能有所稽求，而为中华文化更增异彩。我于此久求未得，时以为憾。去冬，识臧君恩钰于京都，以其为南开大学校友而有所接谈，言及其昆仲所撰家传《边外炊烟》，乃记其先世至今之艰辛创业，子孙之代有名人，家族之繁衍生息等内容，并称返籍后当寄书见赠，并请为其书再版写序。我甚喜世家文化或将多有开展。迨回校不久，臧君即惠赠所著，而我则以公私猬集、体力就衰，未遑及时展卷。顷以再版在即，臧君函促至再，遂摒他务，尽数日之功，读竟其书，深为其立意深远、体裁新颖所动。

《边外炊烟》一书之副题为《宽甸臧姓家传》，已明示其著书之宗旨，其前言复诠释称：边外者，实指柳条边外臧姓先祖定居之辽宁宽甸县灌水镇之聚居故里；炊烟者，乃对臧姓自山东拓荒至此，一脉七传，已由袅袅炊烟农家而支脉繁衍于各业之形象描述。其书五章，非若一般世系之平铺直叙，而是别成体裁，起伏跌宕，颇有新意。令人具见一平民家族之历经艰困，颠沛跋涉之苦状，也以

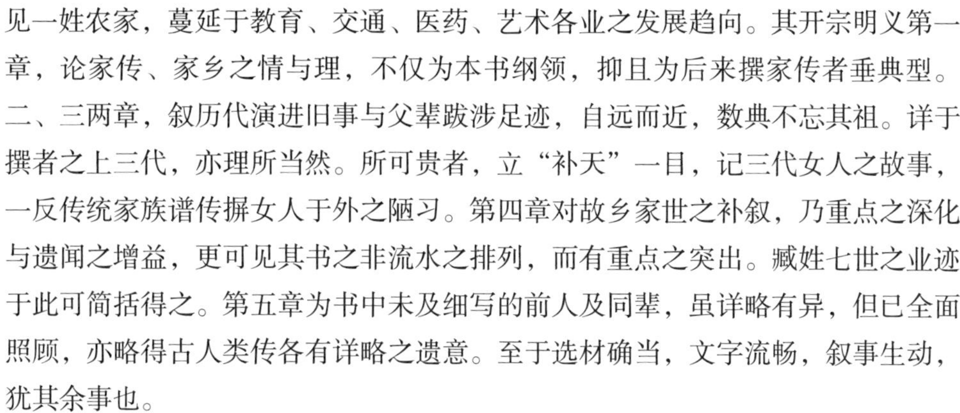

见一姓农家，蔓延于教育、交通、医药、艺术各业之发展趋向。其开宗明义第一章，论家传、家乡之情与理，不仅为本书纲领，抑且为后来撰家传者垂典型。二、三两章，叙历代演进旧事与父辈跋涉足迹，自远而近，数典不忘其祖。详于撰者之上三代，亦理所当然。所可贵者，立“补天”一目，记三代女人之故事，一反传统家族谱传摒女人于外之陋习。第四章对故乡家世之补叙，乃重点之深化与遗闻之增益，更可见其书之非流水之排列，而有重点之突出。臧姓七世之业迹于此可简括得之。第五章为书中未及细写的前人及同辈，虽详略有异，但已全面照顾，亦略得古人类传各有详略之遗意。至于选材确当，文字流畅，叙事生动，犹其余事也。

《边外炊烟》为臧君恩钰与其兄弟恩钟、恩清所共撰，而各取其姓名中一字合署为钟钰清编著，恺悌君子，诚足钦敬。该书初由辽宁大学出版社印行，今将再版，请为之序。深以此书不仅为臧姓一家家传；其谋篇立章，编次结构，文字运作皆足为其他有意编修家传者所取法借鉴。设一般家族皆能有家传，上而追本溯源，下而叙及当代，无异为日后续修新地方志增一大史源。我深以恩钰昆仲之创意为是，乃操笔而为之序！

原载于《边外炊烟·宽甸臧姓家传》　钟钰清编著　辽宁大学出版社1994年版

《常州祠堂》序

常州朱君炳国，好谱牒之学。多年来搜集、庋藏、研究谱牒，不遗余力，颇多绩效。并主编《谱牒文化》杂志，称南中谱牒研究重心之一。与此同时，又延伸其研究领域，注力于与宗谱相关连之祠堂研究。不数年，在文献积累与实地调查基础之上，与周君逸敏撰著《常州祠堂》一书，邮稿于我，并请一序。

祠堂之建立，历史悠久，或云始起于汉代，而大盛于明清，江南各地，尤为普遍。炳国与逸敏就地取材，就常州一地祠堂，进行个案研究，分叙各祠堂之起源沿革、规模形制、设址修葺及名人事迹等，共收祠堂百余所，属姓五十余，成《常州祠堂》一书，颇称完备。此类专著实属罕见也。我尽半月之力，浏览一过，深感其颇有创意，为地方文献研究又开一新路。乃就所见，略摅一得。

地方文献之研究，近年颇得学人认同，各就一地一事，广泛搜求，深入探讨，多方调研，均较利便。炳国于谱牒、宗祠之研究，皆以常州地区为限，故其进度之速，成果之丰，较之广域研究，尤为得力，一如各边陲地区研究流人事迹之易见成效。此炳国治学方法之得当也。

炳国与逸敏于常州祠堂通贯研究后，乃于书前著《家族兴衰的历史见证》一文前言，以概述其研究成果，俾为全书之导读。该文副题是“常州祠堂的前世今生”，借以阐明主题所在。全文分题专论：一为《从皇室到平民——中国祠堂的历史足迹》，述常州祠堂之起源沿革；二为《从西盖赵氏宗祠到瞿秋白故居——浩荡龙城的祠堂状况》，择常州有代表性祠堂数所，以见一斑；三为《祠堂的修缮从古代到未来——常州祠堂的发展趋势》，叙祠堂发展进程中的坎坷，旧祠堂的修复要求及其意义等。言简意赅，有裨读者，而要言不烦，更得引而不发之妙。

左图右文，由来已久，后以印制条件尚不完备，行见衰微。近年科技发展，插图书籍日增，图文并茂，尤为人所好。《常州祠堂》篇篇有图，且不仅一帧。凡祠堂规模、内部装修、陈设文物、名人轶事、文献记录，皆能以图显示，历历在目，图文相辅，可得明确印象。甚至祠堂已毁，犹存遗址图影。一地祠堂全貌，尽在书中。或作考究追踪，或作寻根指南，或作研判依据，均为必备之咨询。

祠堂既有悠久历史之传承，又涉及诸多领域，堪称祠堂文化。其内涵之广，可以想见，如祠堂之建筑形制，楹联匾额，器物陈设，又如祠堂与族权之关系，祠堂文献之价值，名人个案之解读，在在皆可作专题研究，撰专著，集汇编，领域广阔，令人豁然。炳国与逸敏之撰《常州祠堂》，为祠堂研究开拓思路，有筚路蓝缕之功。继之而起，当有更多研究专著汇编。其后逐次研究，或将成专学。

炳国方当盛年，精力充沛，既窥门径，则登堂入室指日可待！炳国若能组织团队，各就专题，汇编资料，分头研究，撰著专著，成《常州祠堂研究系列丛书》，岂不盛哉！炳国其有意乎？我虽高年，亦将翘首以待。是为之序。

二〇一二年十月写于南开大学邃谷，行年九十

原载于《常州祠堂》　周逸敏、朱炳国著　凤凰出版社2012年版

《海宁文史丛谈》序

海宁陈伯良先生，博识多闻，好属文，兼擅铁笔，尤娴于乡邦文献。固我之多闻友也。海宁为文化名邑，先贤名哲辈出，伯良少承家学，孜孜向上，性好记述，见闻每多笔录；青年时于政治运动之中获罪，经历坎坷，而志不少懈；迨政策落实后，已年近花甲。但伯良不悔既往，仍以“老骥伏枥，志在千里”之志，重整旧业。夕阳奋蹄，不计晨夕，犹笔耕不辍，乡土风情，嘉言懿行，无不归隶笔下。积有年所，成《海宁文史备考》30余万字，邀我为其题签。《备考》问世，不啻为海宁地方文献增一要著。近年，时闻伯良仍在为乡邦文献尽力，所写篇什，又积有成数，成《海宁文史丛谈》一书。顷得专函来告，海宁市政协决定编辑专集出版，并邀为新作写序。伯良与我有同好，又为多年旧识，何敢拂其请。惟年近望九，精力衰退，未能通读所著，仅述友情与该书大略云尔。

《海宁文史丛谈》收文百余篇，皆关乎海宁上下古今之历史地情、人文著述、人物故事、故纸考辨等等，虽多逸闻琐事，细部小节，然历史真实，极需细节。具体行事备，则史事可征，求实求真之愿可望。全书经大致区分，共得五辑：

一曰“史迹文踪”。所收古今人物如陆逊、陈与郊及徐志摩、张宗祥等之遗迹及行事，有文即录，而于穆旦，尤所钟情，记有数则。盖伤穆旦之半生偃蹇，并为撰写《穆旦传》作未雨之备。其中尚有《萧山来裕恂先生在海宁州中学堂》一则，记先祖于清末任教海宁中学时逸事。小子见此，不胜铭感。

二曰“世家人物”。海宁多望族大户，陈氏一族，代出名公巨卿，享誉全国，非仅海宁一地。今人王国维、陈学昭、穆旦等名人之旧闻往事，皆见文字。文化之乡，不言可喻。

三曰“掌故轶事”。记海宁及与海宁有关人士之轶闻琐事，如查继佐、吴骞、陈鱣、张宗祥等海宁名宿之往事，皆见写录，间有为世上所稀闻者，如《唐宣宗曾在盐官安国寺为僧》、《毛泽东说：硖石是一个好地方》等则，颇可资谈助。

四曰“故纸泽存”。远起于《盐官县图经》、《海昌图经》等方志，下迄于《王国维与海宁地方志》，旁及于《海宁书刻珍闻》及《海宁早期皮革生产的片断史料》等，他如有关谈迁、杭辛斋、陈乃乾、宋云彬诸则，皆伯良爬梳故纸所得之人物地情资料，可备地方文献之采风。

五曰“疑案考辨”。凡事实背后，藏有谜团，往往为后人所迟疑难解，伯良多方考辨，庶得真相，如《“由拳纸”产于何地》、《智标塔建于何时》、《报业巨子史量才海宁遇害真相》等则之疑团，一经考辨，或能冰释。

五辑内容，大致如此。伯良叙事，全其首尾，得其要点，复运以通畅笔墨，记往怀旧，为海宁地方留存文献，俾后学有所依傍。不佞受命为书序，得附骥尾，又何其幸也。设所述有不当处，请伯良及读者教正。是为之序！

二〇一一年中伏挥汗写于南开大学邃谷

原载于《海宁文史丛谈》　陈伯良著　中国文史出版社2011年版

《古海盐文化实录》序

海盐为吾浙一古邑，置县早于嬴秦一年，历时二千二百余年，地方文献积累较丰，人文底蕴较厚，但典籍文字已非一般民众所能卒读，有待化艰深为平易，使海盐数千年历史文化传播民间。但古今转换，语词变化颇殊，亟需整理编次，方可为大众阅读。劳神费时，难得适当人选。乡人朱岩先生是一位勤于耕耘而不嗜名利的文化学者、佛学学者，虽久离家乡而乡情极浓，游学四方而情切桑梓，性耽文史而颇属意于乡邦文献。他曾以数年之力，据专著百余种、报刊文章十余种、电子文献近十种，撰成“以事件为线索的海盐历史文化叙述”的《海盐 嬴政二十五年》一书，2010年已由北京大学出版社正式出版。这是当代人写的海盐历史文化专著。作者在其精心专著中对海盐作了如下客观评价：

> 海盐并不仅仅是一个固定的地理概念，亦不是一些著名的事件和人物。它是一个由历史、人文及各种物质、非物质因素组合起来的文化现象，一个浓重的文化符号，一个强大的精神主题，一位从容跨越多年沧海升沉而处变不惊的历史巨人。

这一概括既显示了作者文化史观的主旨，更表露了远方游子对故乡的眷恋、思念和赞誉的乡情，而其涉及内容更可作海盐历史文化大纲，只是在铺采摛文中偏重学术内涵较多，与作为向海盐广大民众普及海盐历史文化知识的读物，尚有一些距离。海盐当政诸公为正确有效地传播、传承海盐的历史文化，商定编纂体例，以上起史前，下至清末民初为限，根据现有的丰富史料，力求还原历史文化的背景，突出海盐历史文化的特色，保证其史学、文化学的价值，出以通俗易懂文字，编写一套《古海盐文化实录》，并嘱托朱岩先生主其事。

朱岩先生既有浓郁的乡土感情，又有多年从事海盐地方文献研究的经历，主持其事，可称恰当人选。朱岩先生奉命之后，乃以其学术素养，规划丛书架构，分定为《人物》、《著作》、《文选（上、下）》、《诗选》、《文艺》、《古建》、《文物》、《书画》、《民间收藏》等九卷共十册。各卷分列子目，各按内容，采用不同分类编次。如《人物》即按人物身份分类，分士夫、文艺、隐逸、僧道四类，类下收历史名人，选择其有根据的故事条目。又如《诗选》则按年代顺序，以作者为索引，收录海盐与非海盐诗人有关海盐的诗作，并附作者小传及各种注释，其他各卷亦莫不因内容不同而各取其宜。

这套丛书虽运之以通俗笔墨，轻松易读。但不失其应有的学术性、知识性和文艺性。诗、文选篇皆经作者精选，并附小传、注释，既保存原作面貌，又帮助读者释疑解惑，提高读者阅读水平，起到普及海盐历史文化知识、加强爱乡爱国教育的作用，实为同类丛书所难得。

这套丛书在朱岩先生全面策划制定的条例指导下，邀约多人，分头搜集、整理资料。编写初稿后，即由朱岩先生整齐文字，查核史料，统一文风，终成定稿。付梓之前，朱岩先生携其部分目录及内容来舍请序。朱岩先生虽重任在肩，能不顾得失，而黾勉从事，实堪钦敬，乃濡笔而为之序。

二〇一一年十月写于南开大学邃谷

原载于《古海盐文化实录》　朱岩主编　西泠印社出版社2011年版

《萧山丛书》总序

一

丛书之名，起于唐陆龟蒙《笠泽丛书》，但这是陆氏自谦所著诗文不过“丛脞细碎”，而以名其诗文集，实则不合丛书为“群书之府”的体例。宋王楙《野客丛书》所收均为个人考证杂著，徒有丛书之名，而无丛书之实。

然则丛书究起于何时？历来学界颇有争议，约之可得五说：

（一）近人汪辟疆认为起于上古之诗、书，姚名达是其说，因诗、书为若干篇章所组成。然其所集不过篇之集合，非群书之府之汇聚。

（二）《四库全书总目》认为《隋志》所载齐陆澄的《地理书》及梁任昉的《地记》是“丛书之祖”。若从总聚群书角度看，是符合丛书体例的，但所收只是地理一类，而非群书之府，只能视之为专科丛书之始。

（三）清蒙族学者法式善所著《陶庐杂录》卷四中曾云，宋曾慥所编《类说》收《穆天子传》以来二百五十四种书为丛书之祖，非也。《类说》虽收录群书但却仅以书为纲，不全收原书，而在各书之下又立词目，再按类选抄各书，是一种融丛书与类书于一体之另类，非丛书也。

（四）清学者钱大昕在所著《潜研堂文集》卷三十中认为，宋人左禹锡所编《百川学海》，编成于宋度宗咸淳九年（1273），荟萃古人群书为一编，并加以新命名，当为丛书之始。曾被学者认为这是首尾完善的丛书——既汇聚各种全书，又不限于专科，可称体例完备的综合性丛书。

（五）清光绪年间，目录学家缪荃孙在所著《艺风藏书续记》卷五中言：发现明抄本宋人俞鼎孙的《儒学警悟》。此书编成于宋宁宗嘉泰二年（1202），比《百川学海》早七十余年，是我国最早一部综合性丛书。

根据上述各种说法，对丛书的起源，可作如下描述：丛书之体始于齐梁，丛书之名始见于唐陆龟蒙之《笠泽丛书》，而今存最早的综合性丛书为宋的《儒学警悟》。

丛书虽然起源较早，但真正名实相符而有显著发展却在明、清两代。明代既有包罗四部的综合性丛书如《汉魏丛书》、《唐宋丛书》及《宝颜堂丛书》等，也有大量专门性丛书如《子汇》、《古今逸史》、《五朝小说》等，尤其值得注意的是，明天启时海盐令樊维城辑历朝乡人著述四十一种六十五卷的《盐邑志林》，开后世地方性丛书之端。清代则以学科分类辑编丛书之风益盛，如经籍之《皇清经解》、考史之《广雅书局丛书》、舆地科技之《麓山精舍丛书》等，不一而足。而乾隆时编纂之《四库全书》共收书3461种，79309卷，可称震铄古今之巨制。民国时期，丛书似稍逊于明、清两代，但所刊行的《四部丛刊》、《四部备要》及《丛书集成》三大丛书，代表了当时编印丛书事业的发展水准。

二

地方性丛书发轫于明代《盐邑志林》，编者樊维城，生年不详，万历四十七年（1619）进士，旋任浙江海盐县知县。樊氏在海盐知县任时，非常注重地方文献之搜集与编纂。到任第三年——天启二年（1622），即着手筹划，邀聘名家，编纂《海盐县图经》，历时二年，于天启四年（1624）成书十六卷，并刊印出版。同时还编纂了《盐邑艺文前编》甲乙集，共四卷，收录三国至宋、元时期与海盐相关的诗文，有重要参考价值。在修纂《海盐县图经》的第二年，樊氏又亲自主持编纂大型地方性丛书《盐邑志林》。收三国吴至明代乡贤著述四十一种，六十五卷，其中不乏传世之作。成书后不久，即刊印出版。民国时，商务印书馆曾据明版影印出版，颇利学人。樊氏推动后世编纂地方性丛书事业的开创之功，固不可没。

其后，各地编纂地方性丛书者日渐增多，或集乡贤著述为一编，或汇集地方文献有关著述成一书，其篇幅大者如光绪间刊行的《畿辅丛书》、《常州先哲遗书》。甚者一县一地也纷纷集成本地丛书，以表彰乡贤，积累乡邦文献。浙江一省即有多种，如《绍兴先哲遗书》、《仙居丛书》、《金华丛书》、《义乌先哲丛书》、《永嘉丛书》等等，吾萧之纂集《萧山丛书》，亦肇始于清代。

民国时期，此风未杀，各地相继编纂，如《山右丛书初编》辑山西学人著述，《关中丛书》则收自古以来有关陕西之人事、方物、杂著等达六集之多。《屏庐丛刻》辑天津人著述等等。为数之夥，难以胪列。二十世纪六十年代末，上海图书馆所编《中国丛书综录》问世，搜罗著录各类丛书，堪称完备，利便于学人参阅。

三

萧山之有丛书，始于鲁燮光所编《萧山丛书》。燮光生平，据民国二十四年本《萧山县志稿》卷十九所载，有云：

> 鲁燮光字瑶仙，晚号卓叟，原籍山阴，其先世自清初来萧山，居西河下。燮光以廪贡生选授慈溪训导，俸满，保升知县，历署山西和顺等县令。光绪时，晋省荐饥，办赈颇力，巡抚李秉衡大器之。性好学，手不释卷，初选辑《永兴集》一百数十卷，遭乱残缺。晚年著《萧山儒学志》八卷、《湘湖水利志》四卷、《西河志》一卷，均未刻。在山西著有《山右访碑录》一卷。重游泮水，寿九十余。

今萧山区志办复考知其生卒年为清嘉庆二十二年（1817）生，宣统二年卒（1910），享年九十三岁。若与丛书所收各书中跋语及边识相校，与鲁氏生卒，大致不差。萧邑地情各书于此多失载。

《萧山丛书》有刻有抄，均以其壶隐居藏本乌丝阑纸存录，共收书十一种，除王思任尺牍选本为明人外，其余十种，均为清人撰著，而鲁燮光所著达八种。原稿存国家图书馆，我所见为萧山区志办扫描本。所收各书均为萧人，于研究乡邦文献，颇有裨助。其各书序跋批语，多有可取之处。惜仅有一辑，入民国后中断。

四

自鲁编丛书后，垂百余年，萧山无丛书。新编《萧山丛书》创意于数年前，后经萧山区志办与南开大学地方文献研究室交流磋商，于2011年定议合作，历经立项、审批、筹划经费、拟定体例、确定第一辑入选书目等，确定分辑编纂刊行，自2013年始，分年出版，每年一辑十册，共成一编。所收各书为免次生错讹，悉加影印，分邀专人各撰前言一篇，稍尽导读之任。

新编《萧山丛书》第一辑，收书十余种，遍及四部。撰者多为萧籍著名学者，如毛奇龄兄弟、王绍兰父子、汪辉祖父子、任辰旦及鲁燮光等。由于各书篇幅不一，有合数种为一册者，以求各册厚薄相当，而不以时代为序也。

萧山为历史古邑，人文荟萃，乡邦文献充盈，《萧山丛书》第一辑，选目入书，颇费周章。整理编次，又多所考虑。2013年，选编工作始蒇事，所选多名人名著，版本亦尽量选优。书成差强人意，惟初生之物，其形必丑。《萧山丛书》虽非初生，但中断百余年，不免疏漏，今后各辑，责任更显繁重。至祈乡老贤达，学者名流多所指正，尤望惠予评说，挖掘幽隐，提供选目。在事诸君，殚精竭虑，并此致谢。

是为之序。

二〇一三年初夏

原载于《萧山丛书》第一辑　杭州市萧山区人民政府地方志办公室、南开大学地方文献研究室编辑　来新夏、沈迪云主编　学苑出版社2014年版

《萧山历史文化丛书》总序

我籍隶萧山，少小离家，漂泊北地者七十余年。故乡情景，依稀梦中，而苦无返乡机会，莼鲈之思，未能自已。上世纪八十年代，应邀还乡，参与修志，一了思乡心愿。逗留时日，偶或徜徉街市。目睹高楼矗立，商业繁兴，中小企业竞相崛起，为经济发展浇灌活力，私心为之窃喜，默祷故乡之腾飞，指日可待。不数年间，日新月异，果如所望。近年回乡观光，面貌丕变，往昔旧迹，了无痕迹，而高楼大厦，栉比鳞次；大道宽广，高档座驾，风驰电掣，真一大都会也。游子归来，几不识其为何地，而萧地之历史沿革，古今风情，先贤旧事，山河点缀，则尚有待于寻求。

语云："没有经济实力，就没有竞争力度；没有文化繁荣，就没有未来愿景。"故乡历史悠久，人文底蕴深厚，久已啧啧人口，惜言乡情之图籍较少，似稍逊于经济发展，而令人有微憾焉。近三十年来，新修地方志及年鉴等地情书，纷呈迭兴，但多为综合性著述，能得地方之大略，而缺乏刻画细部之专门著述。近数年来，故乡文化，日见勃兴：各种文化设施，相继建立，民众素质，颇见提高。论述故乡地情之各种专题著述，层出不穷，而《萧山历史文化丛书》，尤显风采。

《萧山历史文化丛书》由萧山区历史学会主编。多年来，学会组织专家学者，各就所长，撰写有关专著。自本世纪之初，开始运行，迄今已成书问世者达十余种。《丛书》最大特色为不拘一格，视野广阔。专题范围有综合，有分论。涉及范围有古迹，有水脉，有方言，有风情，有旧事，有译著，有诗辑等。其次，该《丛书》各种专著，文风朴实，虽属地方小志，而多本事事有根据，字字有出处之旨，具有相当学术性。其中数种尚有若干插图，更增左图右史之妙。我曾陆续得其书，浏览一过，对故乡认识近真，补往昔所知之不足，丰富知识，获益滋多。其中如李维松之《萧山古迹钩沉》，每叙一古迹，无不征引文献，旁求口碑。详述宗祠格局、牌坊残存、井泉故事、凉亭位置等等，并附以较多插图，因此无论历史沿革、存废现状，均可于书中稽求而得。非惟可资谈助，亦能据此作抢救维护古迹之依据。又方晨光之《文脉湘湖》，读其讲述，可得湘湖古今风貌之大要。此不仅为萧山增一乡邦文献，亦为方志武库辟一支流。又与《萧山方言趣谈》作者刘宪康面谈交流，深感其书，鞭辟入里，能得萧地方言之奥窍。论此数则，不过举例说明而已。统观已出各书，皆能言之有物，通达流畅，可得雅俗共赏之效，于反映地区文化、启迪民智，极富良效。

《萧山历史文化丛书》既有前此良好基础，亟待继续撰著，以求绵延不绝。2011年初夏，我回乡晤《丛书》主编沈迪云先生，语及《丛书》如何继续运行之事。沈先生见告将以更深挖掘、更多探求、更广拓展来延续《丛书》的撰著，俾萧山地域文化更健康地兴起，取得更大、更多成果，以促进萧山文化得与经济发展比翼双飞。沈先生并邀我为未来各种专著撰总序，我颇韪其言，遂濡笔作此总序。

我衷心祝愿在未来岁月，将有更多乡人深入研究萧山各种专题，大至于山河水利、古今往事、名贤往哲，小至于市衢村镇、习俗风情、土特产品。积少成多，一二十年后，《丛书》将成为吾乡地情实录，亦将为萧山地域文化论述之总汇。老朽年登耄耋，或难以躬逢其盛，谨先此祝祷其成。是为之序！

二〇一一年盛暑挥汗写于南开大学邃谷

原载于《萧山历史文化丛书》　浙江省杭州市萧山区历史学会主编　浙江人民出版社2013年版

《萧山古迹钩沉》序

马齿日增，乡思益切。我籍隶萧山，少小离家，浪迹燕赵，谋食四方。俗务烦扰，无暇他顾。偶怀故乡，亦不过仰屋遐思，回味儿时祖辈于瓜棚灯下，口讲指画零星片段而已。前者，数度回萧，虽有访求，但羁于公务，未遑遍历，而涉猎寸简短什，亦意犹未尽。近年，优游林下，奈以高年体衰，难偿宿愿，时谋寄情卧游，苦于无书可读。今春，乡人李维松邮其所著《萧山古迹钩沉》一稿，请序于我，展卷欣喜，不意八旬衰翁，犹有此幸。读维松所著，不啻策杖亲临，遂乐而为之序云。

乡人李维松好学博闻，眷恋乡土遗迹，以公余之暇，倾心宣扬乡邦文献。历时五年，遍访萧邑遗迹，周咨故老旧闻，征考典籍文字，撰成《萧山古迹钩沉》，分遗址、街市、牌坊、凉亭、宗祠、墓冢、寺庙、戏台、井泉等十四章，摄影数百帧，并附文字说明，图文并茂，引人入胜，是书主旨亦于此可见。诚如作者自期“开掘地域人文底蕴，展示历史萧山魅力”，言简意赅，颇得著述之要。

是书以访求纪事为主，兼涉诗文、志乘，两相印证，使历史萧山千年胜迹，尽在目下，不仅引动外客，将为无烟工业增色，抑且大兴游子莼鲈之思，念兹在兹，心向神往。我离乡七十余载，犹不忘冠山青绿，祇园梵呗，我来氏家族世居长河，而舅家经商西兴，今读《街市》篇，有《长河老街》与《西兴老街》专目，童年往事，宛然在目，兴奋难已，尤以《西兴老街》之记述，顿令人回溯时空。忆少时寄住舅家，每雨中着钉鞋，踏行于老街青石板路间，叮叮音响，重绕耳畔。乐天“烟波尽处一点白，应是西陵古驿台”以及历来名家之西陵吟唱，盖可见西兴千百年来之沧桑。而今西兴变化多端，而舅家凋落难寻，不禁唏嘘者久之。其《墓冢》篇又列先祖来公裕恂之墓，存殁均感撰者深情。

撰者专著此书，不仅为萧邑景物指南，亦有其学术含义。每叙一古迹，无不征引文献，旁求口碑。因此，无论历史沿革，存废现状，如宗祠格局、牌坊残存、井泉故事、凉亭位置等等，均可稽求而得。非惟可资谈助，亦能据以抢救维护，于保存乡邦文献，宣传地域文化，功莫大焉。冀当政者采风及此，庶无负撰者之苦心。

故乡萧山，久有文明乡里之誉。历代文士迭出，著述充栋，而能谈论古今遗存以普及民众者，尚不多觏。近年，前有陈君志根《萧山古今谈》之作，后有李君维松《萧山古迹钩沉》之撰，一卷在握，全邑纵览。我年登耄耋，沉浸笔墨数十年，虽有所著述，而于乡邦文献少有作为。读《萧山古迹钩沉》深感愧恧，勉为之叙，以告罪于父老，幸垂察焉！

二〇〇三年四月中浣写于南开大学邃谷

原载于《萧山古迹钩沉》　李维松著　方志出版社2004年版

《杭州滨江区历史文化丛书》总序

滨江为名都杭州属区，位于钱塘江南岸，于1996年由萧山划归建制。其所辖西兴、长河、浦沿等街道，历史传承悠久，文化底蕴深厚，古迹名胜遍布，人文口碑相传，为滨江奠定文化名区之根基。2002年，杭州高新技术产业开发区、杭州市滨江区两区管理体制调整，实行两块牌子一套班子的管理新模式，如虎添翼，更增经济活力。历经十载经营，社会发展日新月异，人民生活富裕安定；而历史文化之发掘整理，相形之下，稍嫌滞后。市区领导见微知著，为丰富滨江区文化内涵，提高区域文化品位，遂根据中央《关于加强我国非物质文化遗产保护工作的意见》，以及省市文化部门有关精神，建立有关领导机构，特设历史文化研究办公室，组织专业人员从事搜集、整理，并编辑《杭州滨江区历史文化丛书》。《丛书》共含七册，计有：

《史事撷英》，各个历史时期有关重大事例之记述。

《民俗荟萃》，滨江之风土人情。

《乡音土语》，滨江之方言土语、歇后语、谚语以及民谣。

《古韵流风》，自春秋至今有关描述、赞美滨江的诗词。

《口齿遗文》，滨江之民间故事与传说、笑话。

《乡贤遗事》，滨江历代名人轶事。

《山水古迹》，实地拍摄滨江山川、古刹、古树、古村、古街风貌，并配以文字说明。

《丛书》七册皆由滨江文史耆老分别撰写。其搜求、爬梳、编纂之辛劳，已见于字里行间。我离乡数十年，飘泊异乡，奔走衣食。每兴乡思，仅得少时点滴留存。今得此书，则吾乡自然人文、风土人情、故事传说，无不历历在目，循读一过，即可得故乡之大要，而足慰远方游子之乡情。

滨江古迹遗存，随处可见；文献传说，俯拾皆是。加之近年经济长足发展，而山光水色更秀丽照人，必能日益引动诸方来客；无烟工业之兴建发达，指日可待。设能人手《丛书》一集，不仅引导来客了解滨江，喜爱滨江，亦可大增滨江之人文素质，则钱塘南岸将凸现一繁华若锦之名区，亦将使“滨江文化”深植人心。

社会发展端赖经济、文化之并肩前进。无经济，则发展缺乏基础，竞争难以立足；无文化，则发扬无所依据，历史略显苍白。是二者之不可偏废，亦若人之双足，必当并行。滨江经济发达，已昭昭在人耳目，而文化则深蕴民间，亟待开发。今《丛书》七册之编纂，当视为良好起步，行见各项文化工程，联翩纷呈，经济文化之“跛足现象”日渐消除，则滨江经济、文化之齐飞，将在一瞬之间。

我祖籍长河，又从事地方文献之研究多年，而关心乡邦文献尤甚。先祖来裕恂先生早年在乡兴办教育，中年留学东瀛，投身辛亥革命。民国初建，敝屣荣华，居乡著述，多有地方文献之作。《古韵流风》一集，即有其大量乡土诗词入选。我身为游子裔孙，面对故乡先祖，何得不为桑梓效劳。值《杭州滨江区历史文化丛书》即将付之枣梨，命我作序。小子不敏，乡老之嘱，焉得不尽绵薄，乃濡笔序其始末，是为之序。

二〇〇六年十一月长河人来新夏写于天津南开大学邃谷寄庐，时年八十四岁

原载于《杭州滨江区历史文化丛书》　吴云主编　西泠印社出版社2007年版

《水脉萧山》序

萧山是我的故乡，是钱塘江南岸一座貌若大都会的区县级小城市，是浙东几座经济发达城市之一，是以百强县区享大名于世。我常以自己是萧山人自豪，我眷恋它，热爱它。虽然我的旧居长河和我的外婆家西兴都已划归滨江区，但我在任何场合仍然自称萧山长河人。我可以向许多朋友述说我故乡几千年的历史，我也能向朋友们全其首尾地宣扬乡贤名流的种种往事，我也常常邀请一些朋友在方便条件下到萧山做客，展示我的故乡。我也能讲很多故乡的特色；但是我却遗忘故乡的最大特色，那就是故乡生民赖以聚居、生活、成长的“水”。我羡慕意大利威尼斯城的秀丽，以今生未能亲履其地为憾。我在苏州、绍兴等被人们称为水的城市留连，我欣赏乌镇、同里等等小村镇小河流水穿镇而过的雅趣；但独独没有看见脚下故土的水脉有经有纬地蜿蜒流动的风采。乡友方晨光寄来所著《水脉萧山》书稿，不啻向我的无知敲一大棒，我好像血栓被疏通，能通畅地周流全身那样。舒适痛快，我找到故乡真正的命脉！

方晨光是我的忘年乡友，他勤奋好学，干练通达，曾担任过萧山图书馆和博物馆等机构的领导；但他淡于名利，沉浸著述，在仕途尚有上升空间的趋势前，他主动要求到科研单位去作一名编辑，编一份不怎么红火的地方刊物，因为这可以丢掉若干公务的烦扰，而以更多的精力，围绕水这一中心，钻研乡邦文献，著书立说。2006年，晨光曾著《文脉湘湖》一书，邀我作序。我读其书稿，盛赞其描述湘湖之完善，令人神往，而兴后生可畏之叹，却尚未洞识“水脉”之深意。2009年春，我应江苏《泰州日报》之邀，评论其城市史著述——《泰州城脉》。该书以泰州宋城城砖为书的造型，其以“城脉”为名者，盖以该城之相延至今，以有历史脉络为之流通疏导。今晨光以“水脉”为萧山生存、发展之根基，亦犹人体脉络之相贯通。以水区划而萧山古往今来天地人物，皆得包容。晨光所著

《水脉萧山》则为故乡提其纲而挈其领，世人当由此而知我故乡。

《水脉萧山》共分钱江之吼、潘水之歌、湘湖之魂、运河之诗等四编。各编下设多题，概括该水流经之千情百态，如钱江之吼，首论钱江之变化莫定，却有多处遗迹，足称奇迹，尤以跨湖桥遗迹之发掘，得八千年前独木舟遗物，不仅提前萧山开发历史，亦破除中华五千年历史之陈说，而为中华文化提早三千年，其人文价值，不可估量。而观潮、筑塘、造地诸端，亦以见故乡之繁盛与乡人之勤劳。潘水即浦阳江，流经之地，多有古镇老街——进化、浦阳、临浦、所前、义桥、楼塔等，皆著名萧山。历史人物有越国美女西施、抗英名将葛云飞、民国都督汤寿潜、通俗史家蔡东藩等，无不得浦阳滋润。龙灯细乐，民俗习尚，娓娓道来，倍增乡思。湘湖则可与西湖媲美，考其缘起，传其景色，更列湖贤杨时、陆游、毛奇龄、汪辉祖等行踪，发后学高山景行之思。运河历史悠久，河道街屋，融为一体。古镇风貌，随处可见。古桥旧驿，街景市集，允称大观。而衙前农运，声势浩大，影响及于八十余村，为中国近代农运之首义。总之，萧山概貌，有此一览，可得萧山命脉之所系，识萧山数千年之传承。伟哉四水！萧山生民之所依托，吾辈又焉得不祷其源远流长以佑庇斯邑斯民。

晨光既成《水脉萧山》，邮其稿至寒舍，力邀作序。历时十日，始读竟全稿。见其命题之确切，史料之翔实，结构之谨严，叙事之流畅，文字之干净，较之前此著作，极见长进，其尤可令人效法者，在于写地方小史能抓住根本，并以之为中心，历历如绘，生动别致，为史学著作辟一新途径。我甚望晨光更进层楼，为地方文献再创新意。是为之序！

二〇一〇年岁末写于南开大学邃谷

原载于《水脉萧山》 方晨光著 中国档案出版社2011年版

《湘湖史》绪言

湘湖是一个具有非凡魅力的名字，是故乡萧山堪与西湖媲美的胜景。从童年到如今，我一直眷恋着湘湖，甚至想到身后能归葬于湘湖，或者在湘湖荒原获一方小土立一“读书人来新夏碑”与湘湖相伴。湘湖有着8000多年历史的跨湖桥文化遗迹，有着深厚的文化底蕴，有着历代文人名公的流风余韵，有着丰富充盈的土特物产，有着“山绕湖转，湖傍山走”的美景，更有着说不尽的琐闻故事……所有这些，都给萧山增添了绚丽色彩，而萧山亦以拥有湘湖而骄傲。

我曾读过几种有关湘湖的书，获知湘湖的大略，总想能读到通贯古今、全面论述的著作，而一时未能如愿。2006年，乡友方晨光先生以所著《文脉湘湖》来请序。其书从“历史文化学”角度，研究湘湖的人文历史，向一般读者提供了解湘湖的帮助，但对我来说，该书是一部对湘湖作专题性研究的专著。可喜的是，方晨光先生并未以此止步，而是继续他对湘湖的研究。他曾告诉我，将要写一部《湘湖史》。时经四年，他和他的课题组果然实现了他们的学术理想，完成了《湘湖史》的撰写。《湘湖史》仍以历史文化为视角，反映从跨湖桥文化以来包括自然湘湖和人工湘湖8000多年的历史。其区域范围为湘湖“文化辐射区”，以湘湖流域为基本范围，并超出湘湖流域，较之《文脉湘湖》又进层楼。我心向往之而谋先读为快，适晨光正发来书稿请序，时当溽暑炎夏，读其书若感清凉。

《湘湖史》的主要作者方晨光先生，是我的乡友，虽相识较晚，而相知则深，颇为其勤奋向学的精神所感动。我在为《文脉湘湖》所写的序中，曾表达我对他的钦佩之心说：“晨光历任公务，而能于公私丛集之暇，敏而好学，行有余力则日以治学著述为业，于当前公务人员中实属难能。晨光既以湘湖为专攻，则随湘湖日益发展、更新，而研究探讨当有更大进展，而为地方文献领域增一专家。”现在看来，这段话尚有不足。方晨光先生在经过中年历练后，愈益显示他淡泊名利的性格。他摒弃地方上的党政领导职务，他敝屣尚有升阶的空间，毅然投身于学术研究和著述，去充当一份不甚著名的杂志编辑。而且非常恬然自喜。正因为他有这份空间，才带领他的课题组写出了《湘湖史》这样一部著作，对他们所处的时代做出他应作的贡献。

《湘湖史》共分六章，以历史的发展为贯穿脉络，进行分时代的较详论述。前有“序论”，后有“附录”。全书的内容大要是：

序论题作“湘湖生态环境及历史分期”，对湘湖的湖名、生态环境、文化价值和湘湖史的分期等情况作出明确的解释和界说，是本书开宗明义的总说明。

第一章题作“原始社会时期：跨湖桥文化”，共分三节，对远古湘湖跨湖桥文化的遗址与遗存、跨湖桥人的生产生活以及跨湖桥文化保护及展示，做了较详细的描述，为萧山的人文历史和中华民族五千年的历史提前3000年。

第二章题作“先秦至汉唐时期：古越争战与文化多元”，共分四节，叙述了这一历史时期湘湖地区的战备、战事以及萧绍运河的沿革和名士遗迹等，以显示湘湖自然湖泊时期的人文状态。

第三章题作“宋元时期：从自然走向人文之湖”，共分五节，强调地论述湘湖筑湖前的自然状态和人工建设后的水利成效，并论及《方文林墓志铭》相关人物、南宋皇室的遗迹以及名公文士对湘湖山山水水的吟颂，使后人陶醉在湘湖诗情画意的美妙境界中。

第四章题作“明清时期：湘湖禁垦之争与人文发展”，共分七节。除追述历来权势者对湘湖的侵占和反侵占的原委外，详尽地记述了湘湖的集镇、古迹、特产，并重点论说乡贤遗事、氏族源流及文人学士的人文活动，汇集了他们创作的诗文书画，充分地体现湘湖的人文精神，装点了湘湖的人文色彩，令人神往。

第五章题作“二十世纪：湘湖垦殖与文化探索”，共分六节。这是湘湖几近消亡的衰退时期。作者只用一半的笔墨记述湘湖的湮废及艰难的农业生产，而以其他四节写湘湖景观、湘湖典故、湘湖师范及湘湖研究的著作，强调人文精神尚在，用以寄托作者对湘湖湮废的哀痛。

余论题作“文化湘湖的振兴”，介绍新湘湖的规划、机构、开发历程与文化保护、景观、公园以及有关湘湖的著作。意为历史文化的延续和湘湖新文化的创造，虽不能纳入章节，但为湘湖文化美好的愿景。

附录包含有湘湖大事年表、湘湖诗、词、文、赋目录选、湘湖古代景名简注、湘湖景名楹联一览表、湘湖导游词选、新“萧山十景”评选中湘湖景观等内容，对参读本书与游湘湖者有所裨益。

通读全书，应是一部贯通古今、综合论述、具有明显人文精神的著作，可作为读者了解湘湖的门径。对于历史的考证，作者付出相当的努力。所征引的文献史料，包括志书、著作、论文百余种。其持论比较客观，如湘湖的命名由来，备存三说，以待论定。至于历史分期亦大体相当，切中时代特色。文字通畅，具有可读性，为湘湖增一佳作，则定当不胫而走，望九之年犹翘首以待！

是为之序！

二〇一一年秋日写于南开大学邃谷，时年八十九岁

原载于《湘湖史》　方晨光等著　中国社会科学出版社2012年版

湘湖知音

——《文脉湘湖》序

乡人方晨光，初未识其人，而久闻其名，为吾乡群文、博物、图书、文化网站诸文化单位之领导人。今夏，晨光为协商我向故乡捐书事，冒暑来津，亲莅寒舍，始与晨光相晤，固彬彬一学人也。年逾不惑，干练深沉，而一经接谈，学养颇深，叙乡邦文献尤娓娓不绝，并以《湘湖诗画邮票珍藏册》见赠。晨光于是书之策划、设计、撰文、摄影诸端，无不亲与其事而为该书之主要编者之一。其书设计之有创意，内容之丰富多彩，装帧之精美悦目，固能融邮票、书画、篆刻、摄影于一体，以体现湘湖景色与名人诗词之珍藏册，足可列于同类珍藏册之前列。展卷一读，左图右史，犹如置身湘湖山水之间作一卧游。晨光公毕离津回里，不几日，复寄赠其所著《文脉湘湖》，请序于我。粗加涉猎，不仅讶晨光岂仅得湘湖之鳞爪，实为湘湖天时、地理、人文诸方面历史之深知者。我深庆吾乡人文一脉之继响，更喜湘湖之得千古知音，恍惚间若有一大隐抱琴斜倚于跨湖桥头，轻弹缓拨，丝丝飘荡湘湖八千年沧桑心曲，或入耳，或入梦。行见湘湖文脉，曲折舒缓，惠我萧山，我又乌得而不为之序乎？

湘湖与我并不陌生，七十余年前，我方在髫龄，寄居于西兴外家，就读于铁陵关小学。每当晚饭后，时有乡老及沙地纲司多人来聚于大外祖居室，高谈阔论，谈古说今。我亦多倚大外祖膝上，伏听乡邦掌故，偶有谈及湘湖影色，则怦怦心跳，即有立时命驾之奢念，而更多及于湘湖师范。诸老言湘湖则优于西湖，言湘师则宛如高等学府，而子弟之优劣亦多以能否入湘师为衡量。于是，童稚之心，无复他想，常以日后能做“湘师生”自励，甚至形诸梦寐。岁月推移。旧念逐渐模糊，回忆日益褪色。今突得晨光《文脉湘湖》，循读一过，颇得时光倒流，旧念再现，时空隧道，恍然缩短之乐。

《文脉湘湖》书凡七篇，末缀附录，篇下分题记述。各篇命名为《文化遗址显湘湖》、《遍踏湘湖觅皇踪》、《湖贤事迹说功臣》、《古镇环绕湘湖碧》、《万顷湖边古寺多》、《湘湖特产润千年》、《心景相融皆成景》等。附录则记古湘湖景区、新湘湖景区，各成专文。设能手此一书，则湘湖古今风貌可得其大要。若远至八千年前之跨湖桥文化遗址，为中华文化之源起又增一新证；中经宋儒杨时之围塘筑湖及明嘉靖三十三年（1554）之跨湖建桥，乃成山绕湖转，湖傍山走，山中藏湖，湖中有山，交融争辉之自然格局。帝王踪迹，贤士嘉德，亦遍传口碑。湖水润泽古镇，名产快人朵颐，而景点之隽语描述，更令人神往。谓《文脉湘湖》为地方小志，不仅为萧山增一乡邦文献，亦为方志武库辟一支流，于地方文献之开拓与研究，大有裨益。

晨光历任公务，而能于公私丛集之暇，敏而好学，行有余力，则日以治学著述为业，于当前公务人员中实属难能。晨光既以湘湖为专攻，则随湘湖日益发展、更新，而研究探讨当有更大进展，而为地方文献学领域增一专家。晨光方在中年，后来者必当居上。我虽年登八秩，然老骥出枥，志在万里，犹愿与晨光共勉，为乡邦文献同做贡献。晨光其勉旃！是为之序。

二〇〇六年八月冒溽暑写于天津南开大学邃谷

原载于《文脉湘湖》 方晨光著 方志出版社2007年版

《〈汉文典〉注释》说明

《汉文典》是先祖来裕恂先生著述的一种。

先祖来裕恂先生字雨生，号匏园。清同治十二年四月十一日（1873年5月8日）生于浙江省萧山县长河乡。弟兄五人，先祖雁次行三。

先祖少攻经史诸子，年十八，肄业于杭州西湖诂经精舍，得晚清经学大师曲园俞樾先生青睐，赞誉他"颇通许、郑之学"。当时曲园老人已年逾古稀，犹吟诵不绝，时与诸生称道先祖诗才，认为由于先祖对诗"乐此不疲"，而使老人能"歌咏湖山，不虞岑寂"。《〈匏园诗集〉俞樾序》给予了颇高的评价。

光绪十八年，先祖方二十岁，就一面于杭州崇文、紫阳二书院以窗课博膏火资；一面还设帐授徒为稻粱之谋。光绪二十五年，主宗文义塾智斋教务二年。二十七年，应浙江大学前身的求是书院聘，任教职。二十九年，先祖三十一岁，因受新思潮影响，乃典衣举债，东渡扶桑，入弘文书院师范科，并考察日本各类学校的教育状况。次年应聘主横滨中华学校教务。同年归里。是年冬，光复会成立，先祖以学识受知蔡元培氏而加盟入会。

民国肇建，先祖接任本县教育科长。次年，应邀入浙江省省长屈映光幕；不久辞去。三年春，北游京师。在京与鲁迅先生以旧识频相往来。居数月南归，家居著述。次年任县志馆分纂，参与编纂民国《萧山县志》；五年，县志告成。民国八年，先祖在杭州甲种女子职业学校执教。十二年，任葫芦岛航警学校教职。十六年，先祖以友人马叙伦氏征荐，出任浙江绍兴县知县，以不善敛财，任职仅六月，愤而去官，复在杭州、萧山等地从事教育工作。民国二十三年，先祖应聘任上海大同大学教授，讲授国学。抗战时期居乡，拒任伪职，在宗祠以教蒙童维生。抗战胜利后，应旧友沈鸿烈之邀，受浙江省政府咨议名誉职，而实职则在萧山县志馆任编纂。

解放后，先祖以旧友沈钧儒、马叙伦诸氏推荐，被聘任浙江省文史馆馆员。1958年当选为萧山县第三届人民代表。1959年任萧山县政协常委。1962年7月，先祖以高年无疾而终于故里，享年九十岁。

先祖是清末较早接受新思潮、由封建知识分子转化为具有浓郁爱国思想的资产阶级知识分子之一。在他的《匏园诗集》各卷中，任加翻检都可读到若干具有爱国诗情的篇什。如反对帝国主义侵略的有卷六《倭寇行》的指斥日帝侵略，《游江北岸》的抨击英国侵华，卷十四《总税务司加官衔》的反对英国侵略分子赫德加官衔；赞成变法的有卷十《读〈公车上书〉》的颂扬康有为是“伟哉南海有人豪，联合公车情允治”。《八月十三日，六君子成仁，仿老杜七歌以吊之》不仅哀痛变法者的流血，而更大胆地直接痛斥慈禧是“牝鸡司晨失妇德”。同情革命的有卷十五《为苏报案章炳麟、邹容下狱，乃醵以周之，延徐紫峰为被告律师翻译，赴会审公堂旁听，归而放歌》一诗，揭示了苏报案的实质是“痛言论之不自由兮，横遭祸殃”。以章、邹的入狱为“因文字而获罪兮，大道晦盲”。卷十九《闻皖省之变》与《六月六日闻秋瑾就义》二诗悼念徐锡麟与秋瑾。卷二十三的《武昌起义》高歌“霹雳一声惊破胆，楚江风雨天昏暗。……从今收拾旧山河，赤壁功成奏凯歌”。他如卷十一《猛虎行》的刺贪吏；《读〈扬州十日记〉》的抨击清兵在扬“杀人流血暗无天”的残酷。所有这些都反映了先祖随着时代前进的可贵思想。

先祖一生潜研经史诸子，兼擅诗文骈俪，著述闳富，而散失太半，仅就所知有：

（一）《汉文典》7卷，光绪三十二年商务印书馆印本。分《文字典》3卷，《文章典》4卷。

（二）《匏园诗集》36卷（12册），民国十三年家印本。按年分卷，起己丑，止甲子（1889—1924年），历时三十六年，共收古、今体诗2400首。

（三）《萧山县志稿》14卷，《志余》1卷，稿本，浙江省图书馆藏本，1991年天津古籍出版社排印标点本。

（四）《萧山人物志》，未刊稿，杭州市图书馆藏。

（五）《杭州玉皇山志》20卷（8册），稿本，杭州市图书馆藏，1985年杭州图书馆石印本。

（六）《春秋通义》，未梓。见《匏园诗集》卷二十一诗题《著〈春秋通义〉成赋此》。

（七）《文学史》，未梓。见《匏园诗集》卷十七诗题《暑日，予著〈文学史〉，内子尝伴予至夜分或达旦》。

（八）《中国通史》，未梓。见《匏园诗集》卷二十二诗题《著〈中国通史〉成，系诗于后》。

（九）《姓氏源流考》2卷，稿本，残本，家藏稿。

（十）《匏园续集》，未梓。见周清水撰《来裕恂传》（《萧山县志》编纂办公室藏稿）。

（十一）《匏园骈体文》，未梓。见周清水撰《来裕恂传》（《萧山县志》编纂办公室藏稿）。

《汉文典》是先祖著述中的代表作。它是先祖留日时愤日人所著有关诸作“非徒浅近，抑多讹舛”，矢自著新编，而于归国后乃屏绝世务，发愤从事，潜心创编的一部重要学术著作。它始著于光绪三十年暑日，当时有诗自纪其事说：

> 渡津无筏道其穷，不有辞书孰发矇。五夜机声参入漏，中宵剑气化为虹。帘垂月照室虚白，窗敞风嘘烛晕红。底事夜深犹剔烬，文思字义为沟通。（《匏园诗集》卷十六《暑日在家无事，著〈汉文典〉以自遣》之一首）

《汉文典》书序记撰书缘起：内则以《马氏文通》“文规未备，不合教科”，外则以日人诸作“类皆以日文之品词强一汉文”，“乃返而求之于《尔雅》，于《说文》、《广韵》之书，于言文体、文法及选文、论文之书”，“以泰东西各国文典之书，详举中国四千年来之文字，疆而正之，缕而晰之，示国民以程途”。

《汉文典》分二典——《文字典》与《文章典》。“《文字典》所以述字之源流及品性；《文章典》所以论文之法则与体格。”《文字典》分3卷：第一卷《字由》，讲述字的起源、功用、称谓及变化；第二卷《字统》，讲述六书及形音义之学；第三卷《字品》，讲述词类。《文章典》分4卷：第一卷《文法》，讲述字法、句法、章法、篇法；第二卷《文诀》，讲述文章风格及结构要求；第三卷《文体》，讲各种文章体裁；第四卷《文论》，讲述文章基本原理，发展历史及作文应注意避免的弊端。

《汉文典》历时二年而成书，光绪三十二年出版问世，当时先祖曾写诗自记其心情说：

> 飘零琴剑发长叹，敢作藏山事业观。若问工夫千虑得，为言今古两穷

难。学希许郑文班马，法准欧苏义柳韩。得失知凭方寸地，会看拔帜振词坛。（《匏园诗集》卷十八《赴沪为〈汉文典〉出版》）

次年，先祖获悉此书已由提学使支恒荣送部审定，乃自我评论著书本意在于“只为英华便咀含”（《匏园诗集》卷十九），表示了为后学尽力的苦心。

《汉文典》的出版曾引起一定的反响，友人某曾以此书有功后学为贺，先祖为此写诗答称：

周秦汉魏有前程，矻矻经年幸小成。……后学津梁何敢诩，工夫且自验平生。（《匏园诗集》卷二十一《接友函云拙著〈汉文典〉颇有功于后学》）

《汉文典》的问世对于文章学的研究具有一定的开创之功，但因行文过于简约，缺乏较多具体实例以备参证，致使后学不易尽晓其意。这或是此书长期以来未能引起广泛注意的原因所在。

《汉文典》初印于光绪三十二年，为上下二册装。1949年复合为一册重印，至今又历四十余年，坊间久已绝迹。1981年，全国写作学会列《汉文典》入文章学理论丛书，并由南开大学张格、高维国二先生承整理注释之任以应社会所需。张、高二先生所承担的任务是繁重的，但通过他们的整理注释，不仅使《汉文典》能得到更广泛的流传．也使先祖当年的著书苦心复得阐扬，我应向他们表示衷心的感谢。

张、高二先生历时四年余而注释稿即告完成，终因出版困难，迁延岁月而未获问世，中间虽有一二出版社以本书具有相当学术价值而谋付剞劂，奈以财力支绌而不果。1992年春，我在日本讲学期间，获识横滨中华会馆侨友张湖顺、王庆仁、吴笑安、陈福坡、梁兆华、杜国辉、谢武坤等先生，曾商及《汉文典》出版事，佥以先祖曾服务于横滨中华学校，对侨生有所贡献，乃共醵金资助出版；南开大学出版社亦以我曾供职于该社，旧谊难忘，慨允接受。今先祖遗作《汉文典》之广获流传。张、高二先生十年磨剑之辛劳得酬，而我告慰先祖之宿愿得偿，皆当深致谢意于陈福坡先生等眷念耆旧，慨然解囊之盛情。

一九九二年八月写于南开大学

原载于《〈汉文典〉注释》(二十世纪初中国文章学名著）　来裕恂著　高维国、张格注释　南开大学出版社1993年版

《中国文学史》说明

《中国文学史》是先祖来裕恂先生遗著中的一种。

来裕恂先生（1873—1962），字雨生，号匏园。少肄业于杭州诂经精舍，受业于国学大师俞樾。先后在宗文书院及求是书院任教职。后受新思潮影响东渡日本，就学于弘文书院师范科。并应聘主横滨同盟会主办之中华学校教务。回国后参加光复会，在乡里劝学。辛亥革命后，从事教育与著述。建国后，任浙江省文史馆馆员以终。平生著述甚富，正式刊行的有《汉文典》（光绪三十二年商务印书馆印行，1993年南开大学出版社注释本）、《匏园诗集》（民国十三年家印本，1996年天津古籍出版社排印本）及《萧山县志稿》（1991年天津古籍出版社排印本）等三种。内部印本有《杭州玉皇山志》（1985年杭州图书馆石印本）。其未梓者尚有《萧山人物志》、《易学通论》、《春秋通义》、《中国通史》、《姓氏源流考》、《匏园诗续集》、《匏园骈体文》及《中国文学史》等多种。

《中国文学史》原藏于家，上世纪六十年代初，先祖以高年辞世，先父与我远居北地，未能及时亲视。先祖遗物遂为宵小乘隙盗卖，此书亦在难中。后辗转古旧书肆，终由中山图书馆搜求入藏。八十年代，又有友人自该馆复印全稿相赠。我极谋付梓，而多受挫折。小友王君振良时任职《今晚报》要闻版，研习文学史多年。2002年夏，王君获悉家藏先祖遗稿《中国文学史》，乃来舍求借。匝月送还，并写《一部尘封百年的中国文学史》一文，以介绍《中国文学史》之大略，其文有曰：

书稿为工楷手写，共九篇，八十四章，百六十八叶。每半叶十行，行二十五字，共约八万字左右。

书稿虽首尾完整，但前详后略，前半引用原诗文较多，而后半则于应引入资料处多付阙，后重加修订时，曾标明“注入”字样，以待后补，似因成书仓促所致。

据《匏园诗集》记事，作者于光绪三十年（1904）端午节后由日本归国，即专心著述。次年春受聘于海宁中学堂。是时教育部门规定中学堂普遍开设文学史课程，作者可能即受命讲授该课程，遂于是年夏开始撰写《中国文学史》，边讲边写，约一年完成。时间匆促，内容简约，当为授课讲义。宣统元年（1909）二月重加誊正，并写《绪言》，时仍在海宁中学堂任职。入民国后又有一次较多的补订。

作者受中国传统文化浸淫甚深，同时又大量接受新学。这双重影响虽使作者眼界开阔，但也导致了其文学观念的混乱与复杂。致使这部《中国文学史》内容驳杂和泛化。从各章的标目看，举凡传统的小学、经学、子学、玄学、理学、新学以及释道，甚至天文、舆地、医学、算学等均纳入此书论述范畴，因此把此部“文学史”视作“学术史”，也许更名符其实。

作者在《绪言》中曾指出，“远而希腊，近而欧美”，均“撷文字之精英，焕政治之明光”。因此“欲焕我国华，保我国粹，是在文学”，“盖文学者，国民特性之所在，而一国之政教风俗，胥视之为盛衰消长者也”。作者认为文学可以转移风气，关乎世道人心，并把文学与国民性等紧密联系起来，体现了晚清以来，以梁启超为代表的资产阶级维新派文学思想的影响。

来氏《中国文学史》关于小说的论述，虽不足千字，但在已知清末国人所撰的七八部中国文学史中，也只有黄人及来氏对传统小说给予了不同程度的关注。因此，来氏这不足千字的篇幅，在当时背景下已经是难能可贵了。

作者特别重视文学的时代背景，常常不厌其烦地大篇幅叙述一个时代的哲学和学术发展。并能由此引发出一些精辟的观点和结论，如发现汉代谶纬与文学的密切关系和唐代佛学为中国文学史上之一大事业等等，至今对文学史研究犹有启发意义。

中国文学史的撰写最早始于域外，从1854年德人硕特的《中国文学述稿》起至1904年日人日久保得的《中国文学史》止，相继有德、俄、英、日等国学者，撰写了七部“中国文学史”。而中国在二十世纪的第一个十年的中期也出现撰写出版中国文学史的第一个高潮，据目前所知，中国第一部中国文学史是窦警凡于光绪二十三年（1897）撰写、三十二年（1906）作为课本铅印出版的《历朝文学史》。直至清末，先后成书的也有七家。

来氏《中国文学史》正是中国文学史撰写出版第一个高潮时的产物。它与其他几部文学史著作在一起，成为早期中国文学史编写的一个“标本”。这些著述虽然都不成熟，体现出共同的幼稚以及复杂乃至混乱的文学观念，然而不容忽视的是，这些早期的中国文学史已经显示出了中国学术研究从传统向现代转化的端倪。只有解剖这些“标本”，才能更科学地把握早期中国文学史的总体风貌，才能更清楚地认识中国学术研究，从传统向现代转化所走过的艰辛道路。

来氏《中国文学史》能以稿本形式，历经近百年曲折，保存至今，这本身就是值得学人庆幸的事情。

王君振良能通读书稿，写出如上中肯全面的推介，令我感动。因而我多方奔走，希求问世，都未能如愿。今年上半年，我求助于故乡萧山方志办主任沈迪云先生，他毫无迟疑地慨允，乃邀长河高级中学族人来小钦老师略加条理，即先以影印方式面世，再谋正式出版机会。10月间，我回故里，得见先祖遗稿已全文纳入行格，成书一册，感激欢欣，难以言表，乃携归校订，行将付印，略缀数语以说明缘由。并对关注以及付出辛劳者表示感谢！

二〇〇五年十一月长孙新夏写于天津南开大学邃谷

原载于《中国文学史》　来裕恂著　杭州市萧山区地方志办公室2005年印行

《萧山来氏中国文学史稿》后记

《中国文学史》是先祖来裕恂先生遗著之一种。

来裕恂先生（1873—1962）字雨生，号匏园。少肄业于杭州诂经精舍，受业于国学大师俞樾，先后在宗文书院及求是书院任教职。二十世纪初受新思潮影响，游学于日本弘文书院师范科，并应聘主横滨同盟会主办之中华学校教务。回国后参加光复会，在乡里劝学。辛亥革命后，敝屣荣华，从事教育与著述。建国后先后当选为萧山政协常委和人大代表，并任浙江省文史研究馆馆员以终。平生著述甚富：正式刊行的有《汉文典》（光绪三十二年商务印书馆印行，1993年南开大学出版社注释本）、《匏园诗集》（民国十三年家印本，1996年天津古籍出版社排印本）及《萧山县志稿》（1991年天津古籍出版社排印本）等三种。内部印本有《杭州玉皇山志》（1985年杭州图书馆石印本）、《匏园诗集续编》（2008年由杭州滨江区社会发展局印行）。其待梓者尚有《易学通论》、《春秋通义》、《中国通史》、《萧山人物志》、《姓氏源流考》、《匏园骈体文》、《匏园随笔》等多种。

未梓诸稿，原藏于家。上世纪六十年代初，先祖以高年辞世，先父与我远居北地，未能及时亲视，先祖遗物遂为宵小乘隙盗卖，诸稿亦在劫中。后辗转古旧书肆，多种幸有公共图书馆及藏书家搜求入藏，如《匏园诗集续编》及《易学通论》等入藏杭州图书馆，《中国文学史稿》入藏中山图书馆，而《匏园随笔》上册则入藏绍兴方氏。八十年代中期，应我的请求，杭州图书馆馆长褚树青以《匏园诗集续编》及《易学通论》复印本相赠。中山图书馆段晓春先生以《中国文学史稿》复印本相赠。呜呼！小子何幸，先人遗著复获藏于家，而为弘扬祖德，乃极谋正式出版，以裨后学，不意又多受挫折。直至2005年，《中国文学史稿》方获萧山方志办沈迪云主任慨允所请，特邀长河高级中学族人来小钦老师整理影印面世。次年，《易学通论》又蒙广东人民出版社卢家明编审推荐，得正式出版机会。而2007年春，《匏园诗集续编》稿在杭州滨江区社会发展局丁幼芳局长的关注下，经吴云等老师九个月的辛劳，整理编定，于2008年春，由社会发展局出版发行。装帧规制，一仍正编，与正编合为全璧。2008年3月，绍兴方氏复以《匏园随笔》上册复印件相赠，至此先祖主要遗著多已问世或藏于家，我心粗安，而犹念念不忘于正式出版。

2007年5月19日，我神交近二十年之旧识、岳麓书社社长曾君主陶因公赴京，特转道来津，在寒舍欢晤，并赠我珍籍数种。我亦回赠拙著多种及先祖《中国文学史稿》扫描本一册。言谈间话及先祖《中国文学史稿》之初撰年代1907年正当中国新撰文学史之第一次高潮。迄今已届百年之期。而主陶亦颇有意于此稿，面邀由岳麓正式出版。主陶回湘不数日，即惠寄合同，约定由我邀人整理编次后交稿，一年内出书，闻讯欣喜不已，经再三思考，终于选定小友王振良君担整理编次之任。王君振良南开大学中文系毕业，任职《今晚报》要闻版，专心从事中国文学史研究多年，2002年夏，王君获悉家藏先祖遗著《中国文学史稿》复印稿，乃来舍求借，匝月送还，并写《一部尘封百年的中国文学史》一文，以介绍《中国文学史稿》之大略。王君能通读全稿，写出中肯全面的评价，令我感动，2005年故乡萧山区史志办为此稿出扫描影印本时，我即撮要此文写入卷首说明中，以代导读。

2008年3月，全稿整理完成，又邀山东夏津原志办主任潘友林君校核，并诚请著名学者陈平原教授撰序冠于卷首。旋即封寄主陶，主陶嘱我写一后记，以明整理出版始末，因述其原委，略赘数言，并借此向历年有关友好所给予之关注，致以真挚的感谢！

二〇〇八年五月上旬长孙新夏写于南开大学邃谷

原载于《萧山来氏中国文学史稿》 来裕恂著 岳麓书社2008年版

《易学通论》跋

《易学通论》为先祖来裕恂先生遗著之一种。

来裕恂先生字雨生，号匏园，清同治十二年（1873）生，1962年卒于里第。先祖少聪慧，十岁即能赋五言、七言绝句，十七岁即正式按年编诗为《匏园诗集》。光绪十六年（1890），应浙江学宪潘衍桐科试成秀才。光绪二十三年读书于紫阳书院及诂经精舍，受业于清末经学大师俞樾，深得赞许。二十六年由杭州知府林迪臣推荐至浙江大学前身之求是书院任教习。二十九年即由省派往日本，负笈于弘文书院，同时参加孙中山所办横滨中华学校教务工作，时年三十一岁。次年学成回国，参加光复会，在乡里劝学。辛亥革命后，敝屣荣华，继续从事教育与著述。抗战时期屡拒伪职，设塾教书维生。建国后被聘为浙江省文史馆馆员及萧山政协常委等职以终。

先祖平生著述闳富，正式出版的有《汉文典》（光绪三十二年商务印书馆印本、1947年重印本，1993年南开大学出版社注释本）、《匏园诗集》正续编（正编有民国十三年家印本，1996年天津古籍出版社排印本；续编有2007年杭州滨江区排印本）、《萧山县志稿》（1991年天津古籍出版社排印本）、《中国文学史》（2005年萧山方志办扫描本，2008年岳麓书社排印本）及《易学通论》（2009年广东人民出版社排印本）等。内部印本有《杭州玉皇山志》（1985年杭州图书馆石印本），其散失者尚有《萧山人物志》、《春秋通义》、《中国通史》、《姓氏源流考》、《匏园骈体文》及《匏园随笔》等多种。

《易学通论》原藏于家，1962年先祖以九十高龄辞世，先父与我远居北地，未能及时亲视，先祖遗著书稿及家什，均为家族宵小盗卖。《易学通论》全稿即在劫中，后辗转古旧书肆。八十年代初，终归杭州图书馆收藏。今杭州图书馆馆长褚树青君时任该馆古籍部主任，雅好古旧图籍，更有意推广使用，于库中发现藏有先祖《匏园诗集续编》、《易学通论》等书稿，因与我为旧识，乃以二书复印件全稿相赠，虽非先祖手泽，但得窥遗著文字，愚愿亦足。《匏园诗集续编》已于前年由吴云先生整理、杭州滨江区斥资印行，而《易学通论》则迟迟未获机缘，我屡以未尽责任为念。

我于易学，略知皮毛，深以未得通贯其学为憾，瞿塘家学具在，中断数百年，幸得先祖著书立说，光大家学。我又曷得不捧读先祖遗著以增长学识？乃于2007年夏，利用暑假通读《易学通论》，始知先祖于民国十八年因历年读易有得，即立意著述，并写成序言，以明著述宗旨，时年已五十七岁，正执教于上海大同大学，任国文教授。中经十数年潜研订补，积累资料，终于在1946年当抗战胜利之年着手整理撰著，次年脱稿，著成《易学通论》八卷。时年七十五岁，历时几三十年。飞龙在天，先祖普及易学之初衷得遂。我读书至此，亦不禁拊掌而呼，来氏易中断数百年，今得先祖之弘扬，裔孙辈得沾溉余绪，又何其幸也。

先祖于民国十八年夏所作《易学通论》序中，篇首即揭示其著述主旨，言“孔子假年学易，而曰可无大过，何为也哉？盖学易则明乎吉凶消长之理，进退存亡之道，以是知孔子之言易，必因象而究义，要非略义而言象也”。此可见先祖一本圣教，有诠释易学要义之志。历代因习易学而言人人殊，各立一说。先祖以平和的学者风范，不拘门户，而兼容汉、宋，并坦陈其治学态度称：“欲会汉、宋于一炉而冶之，言象术则确守汉儒，言义理则宗宋儒。该注疏经解之说而去其蔽，宗程《传》、《本义》之旨而达其意，因为集注之体，备读本之用，撰成《易学通论》八卷。不离象而言义，亦不舍义而言象。”先祖复自谦其著书，“非敢冀垂世久远，为来哲所宗奉也。不过为后之学易者，作邮驿津梁而已。”既以作邮驿津梁自任，当为引导普及之举，遂总括全书，立《本书大旨》十六条，以作凡例，并以《易》不易读为由，乃于卷一成《学易须知》一卷，“使读者先明易之要旨及种类，集先儒精华所在诸作，加以申明或判断，使读者见易学之一斑”。仁人之心，天日可鉴。私念及此，又焉能坐视其书稿流落散佚。为便于推介，特邀忘年挚交杨效雷先生通读全稿。杨君精研易学有年，慨然允诺，乃尽数月之劳读竟全稿，并题其后云：

> 来老先生出于审美之情趣，研读《周易》，并将自己的体悟，凝注于对《周易》文本古雅的诠释之中，可使今人从一个侧面了解感受民国时期《周易》研究的学术取向。在中国易学史上，关于《周易》经、传之间的关系，

有“以传解经”说和“经传分观”说的争执。“以传解经”说将《易传》视为正确理解《易经》的必经门径，而“经传分观”说则认为《周易》经、传是性质不同的两类著作，《易传》对《易经》的解释多不可靠。在来老先生的《易学通论》中，“以传解经”说居于主导地位。从形式上看，来老先生遵从将《彖传》、《象传》分别附于各卦爻辞之下的经、传合编本；从内容上看，来老先生解经多用《易传》所提出的诸种易例，在解释《易传·系辞》时，来老先生更明言：“非潜究六十四卦，则不能知《系传》；非熟玩上下《系传》，则不能明卦义，此经、传所以相为表里也。”

来老先生解释《易经》，虽本《易传》，但并不拘泥于《易传》，而是折中汉、宋，择善而从，深研覃思，自抒胸臆之论，亦常见诸笔端。由于时代局限，来老先生此著，未能参阅马王堆帛书《周易》和上海博物馆藏楚简《周易》等文献，从而使某些诠释，在今天看来是值得商榷的。但作为民国时期的一部易学论著，其价值是毋庸置疑的。

杨君所论，坦率公正，可称确评。于是求梓之心益切，乃商诸旧友广东人民出版社卢家明先生，蒙其垂爱，慨然允诺，并亲任编审，凡稿中有阙漏处，多获杭州图书馆褚树青馆长关注，百般支持。设原稿本阙，无法求全，则惟敬空而已，未能补正。时阅一年，而全书清样邮至，家明兄并饬我作序。我半生坎坷，学殖疏浅，而于易学，尤乏根底，深愧未能恪遵家教，光大来氏易学，惟骨鲠在喉，不吐不快，遂不揣驽钝，敬作跋语，以叙始末。临颖感叹，未能继承家学，今而年臻耄耋，难求进益。谨以推介先祖易学，自赎自慰。兴念及此，不禁涕泗从之，是为跋。

二〇〇九年九月写于南开大学邃谷

原载于《易学通论》　来裕恂著　卢家明点校　广东人民出版社2010年版

《匏园诗集续编》后记

《匏园诗集续编》是先祖来裕恂先生遗著的一种，是《匏园诗集》的续编。

来裕恂先生，字雨生，号匏园老人。浙江萧山长河（今属杭州市滨江区）人。生于清同治十二年（1873）。1962年7月逝世，享年九十岁。少治学于杭州诂经精舍，受教于经学大师俞樾，曾先后任教于紫阳、求是书院。光绪末年，东游日本，就学于弘文书院，并考察教育，一度任同盟会主办的横滨中华学校教务长。归国后，加入光复会，参与了清末的资产阶级民主革命活动。民国初年在教育界任职。1927年，曾出任浙江绍兴县长，因不满官场恶习，不久即愤而去官，乃以教读为生。解放后，受聘为浙江省文史馆馆员。1957年当选为萧山县政协常委，1958年当选为萧山县人大代表。先祖一生著述闳富，所著有《汉文典》、《易学通论》、《中国文学史》、《萧山县志稿》、《匏园诗集》等均已正式出版问世。其他《春秋通义》、《古今姓氏考》、《杭州玉皇山志》、《哀思录》及《匏园诗集续编》等手稿，尚藏于杭州图书馆待梓。先祖立身行事已详见卷首周德垣先生所撰之《来公雨生传》。

先祖曾学诗于俞樾，极受赞赏。一生写诗近五千首，自光绪十五年存稿，至民国十三年家印《匏园诗集》，历时三十六年，按年为次，年编一卷，成三十六卷，共收古今体诗2400余首。其所作多为与现实有关，并借以表达个人思想之作品。内容新颖，辞气激昂，充满爱国精神。如《倭寇行》、《游江北岸》、《读公车上书》、《闻秋瑾就义》、《武昌起义》等皆为慷慨悲歌之作。而所及又多涉近代大事，不啻为中国近代史诗，有裨于文史研究之参考。《匏园诗集》久已绝版，惟时有垂问者。1994年，我诚邀南开大学地方文献研究室张格、高维国二先生整理标点，经年告竣，计50余万字。1996年，得萧山文史委员会资助，由天津古籍出版社于当年12月正式出版问世。而《续编》犹庋藏未刊，心有未安。

《匏园诗集续编》手稿，原藏杭州图书馆。上世纪八十年代中期，杭州图书馆现任馆长褚树青先生方主持古籍部工作，即以复印本全稿见贻。家藏多年，苦无出版机缘。《续编》为续《初编》之作。上起1925年，下止1951年，分装九册，原缺二本若干卷，现存二十七卷，收诗1890首。《续编》之作，先祖已逾知命之年，历尽沧桑，洞察人生，诗风渐趋冲淡平和，虽时兴怀才不遇之叹，并自道生活艰难，然皆以坦然对待，无怨无悔。所著《劝世诗》60首，为警世之作，劝人祛恶行，做善事，仁人之心可鉴。时先祖久隐乡野，而爱国精神未减，于国事人情仍时时萦绕于怀，发之于诗歌，如《二月初一日炮打冠山》、《哀时命》等诗，痛斥日寇炮击暴行，以致居民伤亡，尸骨暴野之惨状；《南北洋》诗76首，皆据先祖盛年时亲历其境之所见，记述沿海岛屿之险要形势，以及遭受外侮之国耻，发人深省，励人心志。是《续编》亦自有其参考价值，惜久藏名山。我曾多方奔走而未获机缘，徒呼负负而已！

2006年冬，我应杭州市滨江区之邀，出席编纂《杭州滨江区历史文化丛书》之研讨会，时故里长河已由萧山划归滨江。我虽多年浪迹四方，而弘扬乡邦文献，责有攸归，当与该区社会发展局局长丁幼芳、副局长武斌等有关领导，商讨滨江文化建设及发掘乡邦文献问题时，曾谈及先祖遗著《匏园诗集续编》，在座乡友吴云先生曾读《匏园诗集续编》复印稿，也着力介绍其价值。幼芳局长深以其事为当务之急，当即决定，整理出版《续编》，并聘吴云、来小钦、来永培、来永杰等滨江多位文史界耆宿，分头整理，由吴云先生总其成，并指定区文化馆王福明馆长具体负责，督促推动。逖听之下，不胜感激。自启动一年来，在王馆长多方协同配合下，经吴云等先生焚膏继晷，不辞辛劳，对诗集手稿辨识、校点、编次、缮录，并增编全书目录，附入有关参考资料，使续编诗集益臻完善，终于在2007年11月初旬完稿，并将于年底正式出版问世。

呜呼！小子何其幸也，际此政通人和之盛世，在各方关注劳作之下，先祖遗著得出幽隐而彰显于世，非徒来氏后裔得润遗泽，亦为滨江文化增一乡邦文献。我于《匏园诗集续编》出版之际，特撰后记，叙其始末，并向有关各方深致谢意。

二〇〇七年十一月长河人来新夏敬记于南开大学邃谷

原载于《匏园诗集续编》　来裕恂著　杭州市滨江区社会发展局2007年编印

《萧山戚氏宗谱》序

家谱为表谱之一种，记载以血缘关系为主体之家族世系与族人事迹之编纂体裁。肇端于远古，甲骨、金文已见其雏形；商周以还，官私撰述，为数不少。太史公撰《史记》即参考春秋之前大量谱牒，故其《自序》云："维三代尚矣，年纪不可靠，盖取之谱牒旧闻"，惜多已亡佚难求。下历汉魏南北朝，明察举，重门第，于是谱学大兴，修谱之风渐盛，政府设谱局，地方设谱库，主持修撰，收藏谱牒，谱牒之学颇为时人所重，梁阮孝绪《七录》著录当时谱牒著述即达千余种。唐至宋初，家谱原有之政治与社会作用相对减弱。至宋仁宗后，名人欧阳修、苏洵等亲修家谱，倡导其事，士大夫纷纷景从，遂成一时风气，但已非若往昔比论门第，求官入仕之必备。其主要目的乃为记录世系，和睦家族，教育族人，提高家族社会地位。家族修志遂日益普遍，惜遗存难寻。直至明清，修谱之业大兴，内容亦较前增多，除追溯远祖，排明世系外，又增传记、著述、祠堂、家规、家训、田产、坟墓等内容，并于修谱年限、入谱条件、修谱规范、刊工用费等，均有明确规定。民国以来，社会动荡，倡议修谱者日少。近年，各地有为尊祖、敬宗、睦族，于是多有族人合议修谱，其成书出版者，已有所见，现据粗略估计，新旧家谱约在二万余种，而《萧山戚氏宗谱》当列于新修家谱之一种。

萧山戚氏卜居萧山，与我来氏同，均在宋室南渡之际，而始修家谱则在明末崇祯十三年。其后八次修谱，七次合修，民国七年又有分修，而民国三十五年更有富阳派之单独续修。历经六朝八百余年戚族之族史，得以上承源流，下辨世系，戚氏家族文献乃获传世。其雍正四年续修本，即由我来氏先人来谦鸣公为之序。谦鸣公起笔即云："予与戚氏尧声、季明等世兄弟也。其曾祖母来氏，其母亦来氏，其嫂亦来氏，其姊妹又皆嫁于吾来门，故吾来氏与戚氏，谊笃情深，非同泛交者也。"今戚氏裔孙于谱系中断八十八年后，重修宗谱，可称盛世壮举！

小子何幸，得继谦鸣公之后，又应戚氏族众之请，为序新谱。来、戚二族，自谦鸣公至小子，历时二百余年而姻娅之谊尚存，岂冥冥中自有缘在。小子虽难承谦鸣公之学识，亦不得不勉应其请，为序其谱。

一谱之修首在族中有志者之倡修，奔走联络，族人则如响斯应，共襄盛举，众志成城，众擎易举，谱事方得有成。今九修《萧山戚氏宗谱》始有戴村南三村戚友根、戚利新弟兄首倡其议，不辞辛苦，奔走采访，联络散居萧邑各地戚氏族人，成立专门修谱机构，聘请专业谱师，历时年余，即将告成。是戚友根弟兄首倡之功，功在全族，固不可泯。

一谱之能否成佳谱，端视内容之质量，而有旧谱可依者更称利便。今九修《萧山戚氏宗谱》以戚氏族人旧藏之义桥版、花女桥版、富阳版三谱合一，重新排序，又增入萧山戚氏族源之考证与补充，以及有关戚氏之文献资料，共得《九修》、《源流》、《历修》、《世系》、《行宗》等五篇，历述戚氏历代宗谱与今此九修之情况、戚氏先世之事迹、以及族人世系派脉等，从而增加宗谱之历史底蕴与人文价值。是谱内容之丰富为前此诸谱所不及，亦为后来者树模式可资借鉴。自此而后，戚氏宗亲得据此明辨世系，敦睦族谊，于家族和睦，社会和谐，大有裨益，更为萧邑地方文献武库增一新艳。

当代戚氏族人，齐心合力，成此新修之族谱，上续八十八年之断层，心无愧怍，可上慰列祖列宗。惟戚氏一族，源远流长，后之来者，望能恪守三十年小修，六十年大修之规例，继承先志，代代相传，则戚氏族史，自当传之久远，永志弗谖。书此作序，借申贺忱。

岁次丁亥夏日，写于南开大学邃谷，时年八十又五

原载于《萧山戚氏宗谱》　萧山戚氏2008年自印本　萧山图书馆藏

崇实百年

——《长河小学百年校史》序

教育为立国之本，兴国之基。而幼学教育尤为人生事业之发轫。《礼记·曲礼上》有云："人生十年曰幼，学。"《孟子·梁惠王》上也说过"夫人幼而学之"的话。是可见自古以来幼学久为众所关注。我来氏自宋室南渡，定居长河，即以兴学启蒙为己任，于宋宁宗嘉泰后期即在长河创办义学、书院、学校，开教育之先河，距今殆已八百馀年矣。下垂明清，义学、书院，遍布长河乡镇村落，而来氏先祖多有参与。迨清室末造，废科举，兴新学的呼声，几成共识。光绪二十九年冬，清廷下令在全国范围内建设学堂，先自县始，次及各乡。长河来氏、汤氏诸乡贤，适应潮流，纷起筹办。终于光绪三十二年在长河成立新式小学堂。先祖来裕恂先生所撰《萧山县志稿》载其事称："长河乡私立第一崇实初等高等小学校，在长河。来均济、来杰、来裕恂、来雍发起。光绪三十二年正月开办，先办初等，校舍租赁。民国二年，就义学地建筑校舍，添设高等，经费由来氏义学田租拨给。"于此可见长河办新学之概略。

民国以来，社会动荡，民生不安，内战外患，相继侵扰，势必影响教育，在艰难坎坷中迟缓前进，而师生则坚忍不拔，以各种方式迂回应对，使长河依然弦歌不辍，文脉相承。1949年，长河解放，长河教育重获生机，崇实小学以其悠久历史，教学资源丰富，被确定为区辅导学校（区校），领导全区小学教学业务，校名改为萧山县长河区中心小学，私立小学的历史至此结束。1949—1965年间为长河教育发展前进时期，在区校领导下各乡镇中心小学及各村校，先后整顿教学秩序，建立新型师生关系，贯彻中央教育文化方针，转变教育理念，使用新编教材，改造私塾、保小，增设乡村完小达二十馀所，使长河教育获得空前发展，呈现村村有学校，人人有书读的兴旺景象。

1966年，“文革”劫难突起，长河教育，无可避免地遭受灾难，正常教育无法进行，教育秩序异常混乱，教师星散，学生几等于失学，使长河教育大受挫折。1976年，粉碎四人帮，“文革”劫难结束，长河教育重新走上稳定发展道路，落实各项有关政策，直至1989年十馀年间，恢复教育元气，优化教育资源，增建改建校舍，添置仪器设备。普及九年制义务教育……长河教育呈现蒸蒸日上之势。

1990—2006年的十六年间，长河教育与各项事业迈着同样步伐，实现了由农村小学向现代化城市小学的世纪跨越进程。今年适逢崇实—长河小学建校百年校庆。金秋季节，我有幸应邀到校参观。目睹校舍多座，教室宽敞明亮，仪器设备周全，各种专业教室大体完备，而室内体育馆正在兴建。教师多为学识充实、教学经验丰富之英才俊彦。校内展牌显示学生之聪明智慧，在在令人欣喜！不禁深庆吾乡教育之成就。值此百年校庆，缅怀前贤创业之艰难，后继者尤当克绍其业，奋发猛进，培养人才，为乡增光，为国图强。今有此校史一卷，当世代永志弗谖。是为之序！

二〇〇六年十一月长河人来新夏写于南开大学邃谷，时年八十四岁

原载于《崇实百年——长河小学百年校史》 杭州市长河小学校志编纂委员会编 2006年12月印行

《中华幼学文库》总序

幼学之名，始见于《礼记·曲礼上》：“人生十年曰幼，学。”《孟子·梁惠王下》也说过“夫人幼而学之”的话。又因为它是启人之蒙昧，故又称蒙学。它的发展史实在不短，从周秦时就已开始。求知要读书，读书必先识字，字且不识，遑论其他。所以幼学必先从识字入手。根据现存的最早一部古代目录书《汉书·艺文志》小学部分的记载，汉前识字课本已有10家35篇，最早的是《史籀篇》，接着有《苍颉篇》、《爰历篇》和《博学篇》。汉代合三篇为一，总名为《苍颉篇》，又称三苍。时又有《凡将篇》和《训纂篇》之作。但均已亡佚，仅后世辑有片段。现能见到的最早识字课本是汉元帝时史游所撰《急就篇》，以三、四、七言押韵，主要记名物，偶或涉及伦理道德。继起者为南朝梁周兴嗣所撰《千字文》，全文千字，除一“洁”字外，无一重字，四言叶韵，极富文采。其内容包括社会历史和伦理道德。唐代的幼学教育发展更为完整、系统。它包括识字、知识、道德三大内容，出现了一批如《太公家教》、《女论语》、《兔园册》及《蒙求》等幼学读物。直至清代，基本模式无大改变，仅仅随着时代和社会的发展，幼学读物的品种有所增加。如宋代增加了《百家姓》、《三字经》、《十七史蒙求》、《名物蒙求》、《千家诗》及《书言故事》等；明清时期，又沿着唐宋的路子，陆续出了一些新的蒙学书，如《小儿语》、《弟子规》、《鉴略》、《幼学琼林》、《龙文鞭影》及《昔时贤文》等等以应不同需求，其中《三字经》、《百家姓》、《千字文》和《千家诗》几乎是人们公认的入门必读书。这些读物不论其内容、学习顺序和使用时的施教方式，都是适应正规教育需要的。

与正规教育之路并行的幼（蒙）学教育，还有一条业余教育之路。它的读者不限年龄，不拘身份，男女老幼都可以选择这条识字途径。这种所谓幼学教育不是从年龄立意，而是指扫盲性质的启蒙教育。这是一条非正规的业余教育之路。它的主要读物就是因地制宜、因事制宜以不同句式编排的各种“杂字”。“杂字”虽然在正规教育中也作为不准备走仕途者的一种读本，但历来没有受到应有的重视。可是，它确是传统幼学教育中很重要的组成部分。其数量很多，有全国通用的，也有地方独有的。内容深浅不一，范围不同。作者大多佚名，可能以其为小道，但大文学家蒲松龄却撰写了一本31章1.4万字的《日用俗字》（已收入《蒲松龄集》），讲了很多做人的正确道理，是杂字中的上品。

对于这些传统幼学教育读物，历来在一些学者文人的著述诗文中时有涉及，但进行较为系统的研究则为时较晚。我先后读过常镜海先生的《中国私塾蒙童所用课本之研究》和张志公先生所著《传统语文教育初探》，深感欣悦。这是两本内容丰富、说理透彻、论述系统的佳作，像把一团乱发梳理成一条光油油的大辫子那样惹人喜爱。但是按他们所附书目去求书还很不易。不过，在“文革”扫四旧的年代里，这些读物却被作为批判对象，大量印行，几乎泛滥成灾，从反面给了不少人以传统幼学教育。万万没有想到无心插柳，竟然成林。近些年，在弘扬传统文化的美丽旗子下，公私各种渠道大印特印，不管内容错漏，装帧粗劣，“三百千”云云，充斥市场。这是弘扬，还是糟蹋？不能不引起人们的困惑。我总想为什么不认认真真、堂堂正正地整理出一套可供保存文献，以应去粗取精之需的传统幼学教育资料呢？可是，在出版事业回翔于低谷之际，有谁肯于乐此不疲地为朦胧的希望付出劳动呢？又有哪些出版界的朋友和明智之士肯挑起这付成败难卜的重担呢？

柳暗花明又一村，似乎是一句安慰话，但有时又似是幸运之神的有意安排。素来不热衷于过眼烟云的畅销书而独钟情于长销书的南开大学出版社的有关人士，却注视到这一冷漠的角落，正策划编制一套传统幼学教育读物，并真诚地邀请我为主编。这真是意料未到的东风。这些读物虽然有一定的历史与时代的局限，但它却反映了历史上不同时代文化教育的某些侧面；这些读物的内容虽然不全为现实所需要，但披沙拣金也颇有可供借鉴之处。应该说这是我国传统文化的一处宝藏，因为它不仅是千百年来世代相传的群众读物，而且在宋时已传入日本，清初又传到东南亚、欧洲和北美。现在某些国外大学仍将其作为汉语专业的初级读物，最近还被联合国教科文组织列入“儿童道德丛书”之中。于是，我约了几位能合作的朋友共议其事，选取各时期为较多人熟悉的代表作和流传稀少的版本，经过校勘、标点和整理，编出一套《中华幼学文库》，力求达到传统幼学读本的善本标准，把它献诸当代社会，传留后世子孙。这一设想不久就正式投入工作运转的轨道。

三、百、千、千因流传较广，本子较多，所以搜求选取比较容易；但是，我一直主张要把杂字列入，以求完整。可是“杂字”类读物原未受到重视，收藏者少，亡佚者多，在确定收列杂字一类时，的确遇到相当困难。但声应气求，终有芳草。经老友杨大辛先生和“杂字”收藏家王慰曾先生的协助，不数日而自王先生处取得数种。其中天津味十足的天津杂字，尤富地方特色，内容亦趣味盎然，实为难得。我也曾因合作共事关系而识张志公先生哲嗣国风，复自志公先生处获得几种，最为可感的是其中有明万历时刊印的杂字。这展露出志公先生乔梓慷慨借书的读书人本色。天津师范大学图书馆的高洪钧先生相识多年，也慨允复印其馆藏杂字等件，这在过去也许不算什么，可现在却是了不起的义举。真是意想不到，原以为难度最大的杂字搜集工作，因众人添柴而大有所获，所得资料不止可编一册，还能编二、三册。也是一个意想不到，原以为《百家姓》没有什么寻觅材料的问题，不想理应收录的《皇明千家姓》这一种极富时代特色的代表作（只有北京图书馆入藏），却在“文革”时因系明初刻本被某权贵索去，至今不知下落。无可奈何，只能付诸阙如。

我当过几种书的主编，毁誉不一。但有一条是共同的，那就是“主”得太多，又删又改，又增又减，往往落个吃力不讨好的结局，可悲也夫！不久前，我读到韩锡铎先生主编的《中华蒙学丛书》。这是一部有40余人参加、收书70余种，每种加有说明和注释，共达300万字的巨帙。费时耗神，自在意中，尚未遍读，未敢雌黄；惟独对韩先生序中有一段话颇有领悟。韩序有云：“审稿时对部分书稿虽然作了某些加工，但毕竟不能越俎代庖，只能文责自负了。”这真是得道之言，应该择善而从。因此，这一套文库的各种应当由各编校者“文责自负”了。

第一辑五种（《三字经》、《百家姓》、《千字文》、《千家诗》、《杂字》）是各编校者冒酷暑的挥汗之作，颇著辛劳，但幼学读物数量众多，丰富多彩，我希望二辑、三辑也能随之而与读者见面。这些读物虽为启蒙所用，但是，随着时代发展、社会变化，语言故实与现实生活距离日远，青少年、大学生也许未必能全部读懂，所以选材时尽可能选入些注本。另在卷首撰写《前言》，正文加了标点和必要的注释与校勘，希望对读者有所帮助。为使海内外炎黄子孙共浸润于中华传统文化遗产之中，立繁简二体，各取所需，用心当蒙读者谅察。此书不仅可供幼学者阅读，也可备老人作儿时的回忆，即为人父母者若能有分析地以此教读子女，则尤胜于遗金于子孙。

写序本不容易，写总序尤难。我写过一些连自己都不满意的序，总感到馆阁味太浓，像穿着一领旧长衫徜徉于弯曲的古道上。所以我在写这篇总序时就想洒脱一点。但是，东施效颦，自己仍感到有点像放大了的小脚那样。不过，最后还是把它放在《中华幼学文库》第一辑前面，作为序。我在序末不想说什么“如有不足之处……”之类的套话，因为我们确曾尽力克服不足。但是我们却真挚地希望读者挑剔苛求，那将鞭策我们走向“十足”的佳境。

一九九五年春节于南开大学邃谷

原载于《中华幼学文库》（第一辑） 来新夏主编 南开大学出版社1995年版

《民国笔记小说大观》序言

笔记一体，始于汉魏，兴于唐宋，盛于明清。所谓“始于汉魏”是指蔡邕《独断》、应劭《风俗通义》、崔豹《古今注》、刘义庆《世说新语》等未成笔记文体之作；所谓“兴于唐宋”则指封演《封氏闻见录》、李肇《国史补》、刘肃《大唐新语》和洪迈《容斋随笔》等开始用随笔形式记述作者见闻之作。至“盛于明清”已为学者所共见，无庸赘言。

笔记的特点，内容为“杂”，形式为“散”。故历代著录多入杂家与小说家。《隋志》入《风俗演义》于杂家，入《世说新语》于小说家。《宋志》入宋祁《笔录》（《四库全书总目》子部杂家类四著录《笔记》三卷，即此书）于杂家，入释文莹《湘山野录》于小说家。《四库全书总目》于杂家、小说家之下又分多属。如杂家类入《容斋随笔》于杂考之属，入《梦溪笔谈》、《居易录》、《池北偶谈》于杂说之属，入《韵石斋笔谈》于杂品之属，入《钝吟杂录》于杂编之属；而《天香楼偶得》、《天禄识余》则存目于杂考，《冬夜笺记》、《筠廊偶笔》则存目于杂说。其小说家类，凡“里巷闲谈词章细故者”，如《清波杂志》、《癸辛杂识》等均隶于记录杂事之属。他如《今世说》、《陇蜀余闻》则存目于杂事之属；《板桥杂记》、《簪云楼杂记》则存目于琐语之属。后此著录大体遵四库成规。

历代笔记数量无确实查考，而清代笔记数量确已超越前代。《听雨轩笔记》跋中曾云：“康熙间，商丘宋公漫堂、新城王公阮亭皆喜说部，于是海内名士，人各著书。今汇集于《昭代丛书》初、二两集者，不下数百种，较之前明百家小说已倍蓰矣。”若再增入其他丛书收录本及单刊本，则其数量必相当可观。所谓笔记至清而极盛，于此可见。

我好读杂书，尤沉浸于清人笔记。二十余年，以“三余”之暇，读清人笔记近四百种，网罗资料盈箧，用以成文者多篇，始知笔记之作，固非若蠡测管窥者之视作支流小道。而每读一书，辄写书录一篇，撰《清人笔记随录》手稿若干卷。采铜于山，吹沙见金，笔记又焉能不被视为中华文化之宝藏？此又何独清人笔记为然。遂于民国笔记时有浏览，所读不过以十数，而内容之丰富，资料之可征，比比皆是。设天假我年，当继《清人笔记随录》之后而有《民国笔记随录》之撰。不意山西古籍出版社先我着鞭，有《民国笔记小说大观》之辑，际此出版低谷，此不仅为盛举，亦可称壮举。草野逖闻，曷胜欣悦，当更申其说。

晚清民初为中国近代历史之大变动时期，社会呈现一种中西杂陈、新旧并存的过渡性现象。奇闻异说，层出不穷：或涉宫闱秘闻，或为里巷琐议，或政海宦潮之波涛起伏，或文士骚客之绮闻雅趣，或世风民习之乖迕杂错，大都皆可于诸家笔记中得其鳞爪片羽。若排比缀辑，时可见人事之概略与大要，大之为清代及民国史事拾遗补阙，小之亦可资瓜棚灯下笑语谈助。其撰者亦多为广闻能文之士，或曾为大府僚佐，参与密勿；或交游广泛，熟知风云诡谲；或徜徉市井，采风听歌，洞晓民风；而于迷信怪诞之异端又多具辨识之能力，故羼杂写录者盖少，此又民国笔记之多胜前代而独具特色者。如李孟符所撰《春冰室野乘》、袁克文所撰《辛丙秘苑》、徐一士所撰《一士谭荟》等等，皆为当时人所赞誉，读者覆盖甚广，影响颇大，而有裨于史事论述者，尚有多多。

往者，我撰《北洋军阀史稿》时，即参读笔记多种，如刘成禺的《世载堂杂忆》、陈夔龙的《梦蕉亭杂记》、魏元旷的《光宣佥裁》、居正的《辛亥札记》、马叙伦的《石屋余渖》和《石屋续渖》等等，虽撰者或囿于政治派别而论述容有讳避藻饰，而反复考校后，仍有可资采录而未见载于他书的资料，所以又进而较多地有所检读。惟民国笔记单本别行者多，且历经战乱，书多散失难求，反不如古代笔记之有《笔记小说大观》及《清人史料笔记丛刊》等，能有所汇总而便于求索。正动念间，宁兄宗一教授来舍告我山西古籍出版社已斥资汇印民国笔记，并代主其事者浼我作序。声应气求，灵犀相通，我久念其事，而今成现实，兴奋之余，乃粗述所见，以为之序。

一九九五年初秋于南开大学邃谷

原载于《民国笔记小说大观》（第一辑） 山西古籍出版社1996年版

《大学生知识丛书》总序

当前，我国正处在“大腾飞”的光辉时代，无涯的知识正在蜂拥而至，知识结构在日益繁密，那些求纯单一的陈旧观念将障碍着人类智能的发挥，知识“杂处”和交叉渗透将是这一时代的新要求。大学生是知识的继承、深化与增殖者。扩大大学生的知识领域，培养他们具备分析和解决问题的能力，提高他们的思想、文化素养，丰富他们的精神生活，都将有助于造就合格的“四化”建设人才。为此，南开大学出版社不惜以微薄之力，独承其任，决定出版一套《大学生知识丛书》，向大学生贡献自己的赤忱。

《大学生知识丛书》主要面向大学本科生，兼及各种办学形式的大专生、中学教师和广大自学青年。我们希望借助这套丛书使他们在所攻的专业之外，再从其他专业知识中吮吸养料，加深对本专业的触类旁通，也许相互融合会产生出人们始料所未及的新领域，那将是这套丛书所引以自豪的。

《大学生知识丛书》的作者不拘一格：欢迎学有造诣的老年、风华正茂的中年和脱颖而出的青年，能以这套丛书作为自己的园地辛勤耕耘，公开自己所积存的精神财富。尤其欢迎有一批研究生和大学生能为自己的伙伴写书。

《大学生知识丛书》的内容注重知识性、科学性、先进性和实用性，注意介绍新学科、边缘学科和应用学科的有关知识，特别要求能通过接受知识而熟悉如何掌握与运用知识的方法。

《大学生知识丛书》即将问世，并将从一到十，从十到百，从百到……连续出版下去。它不排序列、不分学科，兼收并蓄、诸体并存。成长固属可喜，但成长过程中的风风雨雨则正企待作者与读者的支持与批评。

原载于《中外军事法庭审判日本战犯——关于南京大屠杀》（大学生知识丛书） 胡菊容著 南开大学出版社1987年版

《大户人家》丛书序言

《大户人家》丛书，是中新置产有限公司策划、组织，并由公司领导人张怀安和成卫东主编的一套人物传记。

中新置产公司是一家以购地、建房、销售、牟利为主业的房地产企业，在商言商，投巨资，赢大钱，是他们的本分，固无可厚非，但是他的领导人为什么又拨出一定的资金编纂这样一套文化产品——《大户人家》丛书呢？是不是为迎合时尚，在商品经济的外层涂泽包装一袭光彩动人的文化外衣，用以充实展开行业竞争的能力？

如果真的只是为了以文化藻饰经济，那他们完全可以邀约一些能文之士，酬以多金，授意篇目，历时旬月，亦可综撮杂凑，各成万字之华章，再付之精美装帧，广为散发，亦不失为文化宣传之一道。但是，他们没有这样做，而是走向了另一条途径。

他们并没有单纯地以文化作为经济的装点，而是想真正地把他们的物质产品——大户人家的别墅群，摆脱世俗的观念，而赋以高雅的品位，给大户人家以新的诠释。

他们的这种理念，产生于天津老城厢的开发改造。当他们看到城厢在不到三个月的时间内拆成平地时，不仅本能地首先考虑到城区中心应该建造顶级别墅群以尊重这片曾经繁华兴盛的空白土地——这是大自然的恩赐和先民们苦心经营与浇灌的沃土。有了这份对土地的尊重，他们就采取经济与文化并重的原则，正如他们的领军人物张怀安在本书序中所宣布那样，即他们所建的别墅，“既能够领军于时代，又不失传统内涵；既能够忠实传达历史，又能够建立现代居住标准”。于是在努力建造好大户人家房舍的同时，又重新诠释了大户人家的文化内涵——大户人家不仅是拥有奇珍异宝，亿万资财，而且是能够闪烁历史文明，传

承中华文化精髓的书香世家。他们在这种新概念的指导下，决定编纂一套有学术性和可读性的《大户人家》丛书，来实现其文化理念。

《大户人家》丛书中的人物，优中选优：或以事功，遗爱在民；或以言行，影响社会。当这些事迹纂次成文时，既增辉于历史，复有裨于当代。见物思人，将使读者流连仰慕于斯土！

《大户人家》丛书的作者，广选海内俊彦：或于本专题积有成果之专家，或于近现代史事研究有素之学者，或能世其家之名门后裔，反复甄选沟通，然后确立专题，克日完稿。

《大户人家》丛书既成稿，又邀资深学者分头审阅，拾遗补阙，反复商榷，力求完善，遂成定稿，乃配以相关插图，俾得左图右史之趣，为有关领域尽砖石之劳。

《大户人家》丛书使用语体文字以便具中等文化水准者阅读，其稀见重要史料皆加附注，以便使用者征信。行文则各取其便，未强求一致。

《大户人家》丛书定稿后，主编携稿来舍请序。我择要披阅其书，确乎为学者所撰之学术性著作，非一般商业操作之所为，因徇其请，序其始末，介其内容，世人可取作史籍而读之。是为之序。

二〇〇七年四月二十八日

原载于《大户人家》　张怀安等主编　上海社会科学院出版社2007年版

《老资料丛书》序言

人们最愿意记住和怀念，但又往往容易遗忘或模糊的，就是既往的历史。如果人们想驾一叶扁舟徜徉于历史的长河之中，那就需要有长流不息的源头活水。这源头活水就是丰富多彩的种种文献。中国是一个自古以来就十分重视文献的文明古国，“河图洛书”虽然带有浓厚的传说成分，但这是最早概括文献的分类界说，是指明文献主要包括文字与图画。如果没有文献或者文献不足那就很难说明历史了，即使二千多年来一直为人们崇奉的至圣先师孔子也会为之发出无奈的慨叹，在《论语·八佾》篇中就记录下这样一段话说：“夏礼吾能言之，杞不足征也。殷礼吾能言之，宋不足征也。文献不足故也，足，则吾能征之矣。”秦汉以来，各朝在得国之初，甚至在夺取天下过程中，都很注重征集文献的工作，当时都概称“图籍”，即包括图画和文字载籍，而毁灭文献者，则必然会遭到严厉的斥责，而称之为“厄运”。因此保存文献成为中国一种优良的文化传统。

近年以来，由于人们逐渐端正对待传统文化的态度，于是重视历史文献的搜集、整理和推行历史档案和老照片的刊行，成为一时风尚，特别是老照片的搜求，更为人所重视。于是文史界、出版界和收藏界有识之士，纷纷挖掘整理，详加说明，印行问世，以飨读者。天津人民美术出版社为应社会需求，组织人力，从博物馆、图书馆以及有关藏家，广事搜求，集有相当数量，乃各以专题分编成十种，并合为一套丛书，即以其主要功能而命名曰《老资料丛书》。

《老资料丛书》以名人、怀旧、传统及收藏为四柱，下隶《民国人物写真》、《二十世纪三十年代女性》、《二十世纪三十年代泳装人体》、《二十世纪三十年代西洋女体》、《二十世纪三十年代上海洋楼与民俗》、《二十世纪三十年代长江名胜》、《世界百年老桥写真》、《前苏联星火插图》、《明刻历代百美图》、《明刻历代帝贤像》十册。除明代旧刻外，主要时间断限为二十世纪初至其中叶，而以三十年代为多。其时，正为中国近现代历史发展的上升时期，文化思潮汹涌，全民反抗侵略热潮高涨，沿海城市有走向大都会的趋向，照片、图画，遗留颇多。社会历史情况借助图文，历历在目。此《老资料丛书》之编印价值正在于此。

《老资料丛书》之编印问世，即可备身经当年社会情况的老人忆往怀旧，并以之比照当前，而益增欢欣。对年轻一代，则既可满足其对历史往事之求知，更能有所借鉴而策励奋进。这些照片和图画所提供的历史信息，不仅对研究和探讨二十世纪前期的社会百态、祖国山河提供有参考价值的资料，而且种种形象更能给人以直观的感受，尤其是对从事造型艺术的群体而言，更有摹绘取材的重要价值。这项工作的作用与意义也正在此。

《老资料丛书》的编制，采取了有图有文的形式，既有行文流畅可读、比较完整的有关文字论说，又有相对完整的图片，供读者观赏，以加深文字的印象。图文并茂成为本书的一大特色。这套丛书的编印，只是组织者——天津人民美术出版社的第一期计划，如果确为社会所接受，并产生应有的效果，那么第二、第三套同类性质的丛书，将不失时机地应世。我有幸获读这套丛书的初稿，从保存资料、传之后世、提供资料、有益参考的角度考察，它将是一套具有双效的图书。因此我遂应该社副总编戴剑虹女士之请而为之序，预祝这套书的出版成功。

原载于《老资料丛书·二十世纪三十年代长江名胜》 钟年仁编 天津人民美术出版社2003年版

旧貌新颜传书香

——序《老资料书》

中国是一个有深厚文化积累的国家，古旧书籍的数量也较多，但随着时代的变迁，有些书逐渐散佚，难于搜求。有些书则日益珍稀，而不能为一般人所经眼，致使货藏于地而未能流通。这一矛盾，久已为关心古旧图书的延续和传统文化的传递的有识之士所担忧。不久以前，国家有关方面有鉴于此，曾斥巨资，设“中华再造善本工程”专项，责成国家图书馆承办，对人们仰望而不可见的珍稀图书进行重新制作，效果甚佳。这样，既能减少珍稀图书的使用率，保存和保护珍稀图书的原本，免受损伤；又能让各地读者民众有机会就近欣赏珍稀图书的面貌和内容，一举两得，实是一项有功文化的善举。因而引起我更多的思考，如果有更多的收藏者和出版者，能有组织地重新出版一些为更广泛读者群所喜爱的古旧图书，岂不更好？

我曾思考这一问题，并策划效仿“中华再造善本工程”那样，实施一项小再造工程，准备选一些贴近生活、贴近民众的古旧图书，一套套地出版，既有旧貌，也增新颜，为中华文化闪现更多的亮点。适逢其时，天津人民美术出版社的副总编过访，谈及他们正准备在去年出版《老资料丛书》的基础上，再组织出版一套《老资料书》，并力邀我担任这套书的主编。由于一则我对这一设想有共识，二则这位副总编是南开大学校友，于情于理，我接受了邀请，共同商讨工作的进程。

去年天津人民美术出版社出版的《老资料丛书》，各以专题分为十册。除了两种明代旧刻重印外，其余几种，多是二十世纪初至中叶东南地区的老照片。这套书编成后，我曾作过如下的评论说：

既可备身经当年社会情况的老人忆往怀旧，并以之比照当前而益增欢欣。对年轻一代，则既可满足其对历史往事之求知，更能有所借鉴而策励奋进。这些照片和图画所提供的历史信息，不仅对研究和探讨二十世纪前期的社会百态、祖国山河提供有参考价值的资料，而且种种形象更能给人以直观的感受。

果然，这套书在投放市场后，很快获得双效书的收益，从而推动该社继续做下去的决心，并就第一套书中《明刻历代百美图》和《明刻历代帝贤像》两种的再造经验，把2003年这套书的重点放在再造古旧图书上。

2003年这套书定名为《老资料书》，立意是发掘文化资源，推动古旧书轮回，保存和普及传统文化。从各方面搜求底本，时间断限自明迄民国，基本上按原格式线装形式，图文全部不动，不加整理，版式或有缩印，装帧略赋新意。全书共十种二十四卷，分为两类。一类是《中国古代艺术书籍精选》，包含有《明刻博古图》四卷、《明刻历代列仙传》二卷、《明刻历代列女传》四卷（仇十洲绘图真迹）、《清刻历代画像传》二卷、《清刻红楼梦图咏》（改琦绘图真迹）、《清刻观音变相图》、《清拓五百罗汉像》二卷等七种。另有《民国时期艺术书籍精选·民国版清代学者像传》一种二卷。另一类是为初学画者提供参考范本，有《中国古代绘画技法书籍精选·清版点石斋丛画》四卷和《民国时期绘画技法书籍精选·民国版雀巢人物画稿三千法》二卷等两种。

这套书虽然由于征集难度较大，难以构成专题系列，但仍具有重新印行的意义。其一，从美术欣赏角度着眼，所选底本多为有相当参考价值的美术作品，如仇英、改琦为明清两代人物画名家；而两种绘画技法书籍均可供有志美术事业者参读。其二，所选各书均为民众喜闻乐见的作品，但因这些书流传较稀，原本价格又较高，搜求借阅亦并不甚易，比国家再造善本工程更接近民众，书价亦较低，易为民众接受，有普及传统文化的作用。其三，所收各书中有几种，对学术研究能有所裨助。如《清代学者像传》就为清史研究者提供一种形象资料，《红楼梦图咏》不仅可作研究“红学”的参证，也可资读《红楼梦》一书之参照，加深对书中繁杂人物群的记忆。至于绘画技法的两种，足供美术工作者入门和摹习，更可增一般读者对国画笔法的欣赏。

基于上述几点，我估计这套书也会和去年《老资料丛书》一样，为读者接受和喜爱，成为双效书。我更希望能从这套书的编辑、出版、问世过程中取得更多的经验，克服存在的不足。在2004年度，能策划出更上一层楼的重印图书，进一步完善小再造古旧图书的工作，为国家的“中华再造善本工程”做一点小河汇补巨流的贡献，也希望广大读者、收藏者支持这项工作，更希望有更多的人和单位共襄善举!

二〇〇三年冬月写于南开大学邃谷，时年八十一岁

原载于《老资料书·中国古代艺术书籍精选》　来新夏主编　天津人民美术出版社2004年版

敬读启功先生书札

——《启功书信选》代前言

已故文史大师启功先生平生交流甚广，往来函札，散在四方。在他生前卧病时，侯刚、李强等先生就开始搜求整理，终因这些书札多散存在众受者之手，以致未能在启功先生生前编次问世，甚感遗憾。现又经年余之搜集整理，方编次成稿，得启功先生给中外学者、名流及社会人士九十余人所写的致函与复函，共三百余通。经侯刚、柴剑虹、赵仁珪三先生与启功先生亲属章景怀先生议定，委托我再通读一过。我与启功先生有半个多世纪的师生情谊，义不容辞，理当从命，不意正待着手而心脏病作，卧床医院，手术后又历时半月，粗经调治，稍见稳定。原拟假以时日，悉心研究，撰文论述，但为纪念7月间启功先生逝世周年能与世人见面，乃尽两周之力，在病榻通读全稿，极获教益，谨以所得，敬书读后，以志怀念。

这批书札的受者有同辈友人，有及门学生，有私淑弟子，有慕名求教者。他们或为学者名流，或为书画同道，或为后学晚辈。所存书札多者十余通，少亦有一通。内容涉及甚广：凡论学问，谈艺术，诗词唱和，友朋约会，资料借还，推荐人才，题写书签，传道解惑诸多方面。书札内容亦皆言之有物，能给人以教诲与启迪。我在通读中，获益良多，恍如数十年前之面聆教诲。各受函者不乏当代知名之学者与艺术家，亦可借书札以广读者闻见，为有关研究者提供颇具参考价值之旁证资料。

从这批书札中可窥知启功先生之品德与胸怀。启功先生一生以谦抑自律，对他人之美誉尊称，每每逊谢敬璧（见复文光函）。无论班辈长幼，均以尊称对人，谦称自署。启先生对人之不幸遭遇，每多寄予同情与慰藉。我自上世纪六十年代初被审查达十八年之久，七十年代末，我落实政策后，启先生曾面慰说："王宝钏寒窑十八年，终有出头之日。"后在来信中再次言及薛平贵之典故说："回忆前尘，几乎堕泪。以不佞亦曾自言'王宝钏也有今日'之语。虽然身世各自不同，而其为患难则一，抵掌印心，倍有感触，半世旧交，弥堪珍重。"足征师生情谊。他如推荐柴剑虹论文（见致傅璇琮函），为刘江赴日讲学（见致日本今井凌雪函）等，无不真诚竭力，以求玉成其事，亦足见君子成人之美的雅德。尤其令人感动的是对徐利明君请教书法之复函，小字正楷，条分类次，排列多项，前后数页，畅言窍要，均为切实可行之规矩，无丝毫蹈空虚论之言词，足见前辈呵护后学之至情。但在辨章学术、鉴赏书画诸方面，则一丝不苟，不作诳言（见致傅熹年、许礼平、王稼冬、米景阳诸函），对后学尤能坦言相告（见致陈东阳函）。其认真严肃之态度，更使一般世俗之信口开河、哗众取宠之流为之赧颜。

启功先生是当代书法大师，其书法之精妙绝伦，夐非一般书家所能企及，即使片纸寸笺，亦必敬事而信，笔笔老到，绝无使人无法辨认之障碍，仁者用心，于兹可见。若干函封之大字题名，气势磅礴，极其精美。至其所书内容，亦多令人享书艺之美。启功先生晚年目疾严重，改用硬笔书写，仍尽量应人所求，令人为之动容。读这批书札，既可得中华书法艺术之享受，亦是启功先生留给人间的一种遗爱。

病中通读全部书札，深悉其所包含资料之参考价值，启功先生高尚品德之体现以及中华书法之精妙。本应撰写长文以扬师德，怎奈手术后，书写多有困难，乃于病榻，口授小子愚得，由妻焦静宜笔录，反复删定，成此短文。付印在即，匆匆成篇。不恭之处，敬祈吾师宥簪。

丁亥初夏来新夏口授于天津总医院

原载于《启功书信选》　启功著　北京师范大学出版社2008年版

题龚望先生百年纪念书画展

——《薪尽火传——纪念龚望先生诞辰百年书画展》序

龚望先生是津门德高望重，久著声誉的大书法家、教育家和收藏家。其书法造诣之深，久为业内外人士所推重。又长年培育众多文史书法人才，桃李遍植津门。高山仰止，学界尊为耆宿，而先生谦抑平和，与人相接，无论识与不识，皆如春风拂面。

龚望先生家道平平，亦无当世财势，一生以课徒著述为业，上世纪五十年代，又多历坎坷，可称“一介寒儒”。唯深明“君子固穷”之至理，硁硁自守，敬慎维护先人遗留，而于乡邦文献、乡贤手泽，多加关注。复节衣缩食，广搜乡贤书画作品，历有年所，颇多积累。孰意“文革”浩劫，藏品受损。今所展示，虽为残存，犹叹观止。余所获见之百余件乡贤遗墨，不仅得窥龚望先生深厚乡情，亦以见其搜求之艰辛，其于津门地方文献，大有贡献。余未敢言津门无人涉足，而龚望先生之为其中翘楚，当可断言。

龚望先生持家严谨，教子义方，身后诸子相约维护先人所藏，立“不捐、不卖、不分”之誓，至今了无歧异，为当时难得。视今之不肖子孙，先人尸骨未寒，或兄弟纷争，对簿公堂，贻羞先人，为社会所讪笑；或将所藏投入市场，易金自肥，而龚氏兄弟一本家教，维护先人遗存，并不断择其要件，整理出版，润泽社会。所为上无愧先人，下垂为世范。目见及此，不禁令人敬佩。诸子所为，亦龚望先生盛德所感召。

二〇一四年为龚望先生百年冥诞，各方多有沟通相商，佥议组织“龚望先生百年纪念书画展”以寄遐思，龚氏昆仲亦愿提供展品。临展前夕，龚氏昆仲代表亲临寒舍，请为展览题词，余于龚望先生为后学，何敢赞一词，唯以龚望先生道醇德高，学识渊深，又不得不敬贡片辞，以为纪念。谨就所感，略缀文字，以申仰慕之情。

是为之题词。

二〇一二年十一月后学来新夏题于南开大学邃谷，行年九十岁

原载于《薪尽火传——纪念龚望先生诞辰百年书画展》 龚绶主编 尚贤阁文化传媒（天津）有限公司2013年印行

《龚望先生题签集》序*

龚望先生哲嗣龚绶二兄，集先人题所读书签条百余则，谋成一书，持来请序。龚氏昆仲重视先人手泽，孝思不匮，久为我所敬佩。近年，我虽已少著笔序跋，而大义所在，又何敢辞。乃循读有关资料，叙其缘由，抒其所见而为之序。

龚望先生，津门乡贤。终生以教读、著述为业，恬然无求，为学坛所称道。我生少晚，未获亲炙其门，仅以商榷《梅成栋先生年谱》事，幸获识荆。一面之雅，久为心仪。龚绶二兄又时示以先人手迹，益增仰慕。今见新编龚望先生所书题签稿，更见龚望先生学识历程，不仅叹其学殖之深与用力之勤！

龚望先生雅擅书法，每读一书，辄为装池题签。其最早题签，年方而立，即于所读《周易卦变解》一书加题签。数十年来龚望先生于所读书几多有题签，书体亦多有变易，甚者间附题跋，直至八十八岁临终前，犹在重症病房卧床伏几，为所著《四宁草堂杂纂》题签。所谓“四宁”乃取义明清之际书法大家傅山论书句“宁拙毋巧，宁丑毋媚，宁支离毋轻滑，宁真率毋安排”以自勖。龚望先生于题签之余，每意兴所及，随题得失缘由，多含情致掌故。前后计七十年，共可集得百余条。除《四宁草堂杂纂》为自著书外，其他皆为所读书，若能考定年月，则龚望先生书法、学术之进德修业痕迹，可于此得之。谨择数例，以畀同好。

龚望先生曾自友人手得遗稿二页，为之装池，题签《钟筱云先生辅仁书院课艺》，并于稿首写事由始末称：

> 乙巳十二月初九日，蕙生夫子病逝，嗣子耀华于十一日偕妇返津，翌日棺殓，十五日殡出，葬于南郊于家台祖茔。葬毕，耀华夫妇即将全部房舍、书籍、器物等，一律处理净尽，丙午正月初四日返沪。当其变卖书籍时，余

---

* 《龚望先生题签集》，龚绶辑注，待梓。

曾与迟东昇学兄向其建言，先人之手迹遗稿应注意保存。渠言凡属书籍，皆献政府，应由政府甄别。谈未毕，其妻于门外唤之出，实则书贾三人已候楼上多时矣。当即将各屋所藏中西图籍，扫数售出。楼道院庭，街门左右，为之填塞，大车以载，往返多次。即余所知，如《经苑》八函，仅买去七函，《越缦堂日记》八函，仅买去六函，尚有其他剩余残本甚多。购买者之所以不加细检，必其价廉已极，勿庸细检也。书籍卖后，楼上下各屋所余之断简残篇，满地皆是，积有尺许之厚，往来行人践踏而过。如是者数日，专待收废品者清除。此册即筱云太夫子应课辅仁书院之八比试帖，乃同学王万中于废纸堆捡获者。课艺虽无足珍，然亦先人手泽。设先师在堂，必不忍其如此践踏。自告终至殡葬，不及旬日，尸骨未寒而竟凌替若是，为之伤感者久之。因装成册，以付裕国，俾知此区区微物，能保存于劫火之余者，亦甚非易事。若非万中同学留心故纸，又将何从而见之哉！　丙午上巳迂公识于电影轩

按：乙巳为1965年。“蕙生”为龚望先生老师钟世铭字，是年卒，题跋中称“蕙生夫子”。丙午为1966年。“筱云”为钟世铭父，跋中称“筱云太夫子”。裕国名张裕国是钟世铭外孙。此件未付裕国仍存龚家，或不久“文革”事起未及付。

窗课虽仅二纸而跋后却内容丰富，一者揭不肖子恶行，以儆子孙及世人；二者详述藏书凌替散失之惨状，为藏书者鉴；三者述得窗课之缘由，不没友人存遗之功。后人读此得不唏嘘！

又一例为题《释朗然墨迹》跋称：

民国丁亥二月十六日，以法币千元购诸城陶古之寄盦，时五个烧饼、玉面一斤之价。携之行箧，每于课后展读，觉疲乏顿消，精神为之一振。但将来换烧饼时又不知能否仍换五个也。

又为朗然临《书谱》下册跋称：

朗然临《书谱》墨迹，余先购得一册，爱不释手，长携以随。及门谌延年见之曰：“此册余亦有之，惜不知书者为谁？装池与此无异，师既珍爱，当举以赠。”翌日携来，正其上册。既钦谌君之高谊，又喜此册之分而复合，默默中似有神灵呵护者，后为陶古先生言，先生云“此物先后售出，中

隔年余，不意又会于一处，岂藏者与朗然有宿缘耶？”至其临抚之精能，神采奕奕，吾乡乔默公当不多让。宜知者之宝而爱之也。　丁亥夏　龕识

按：“释朗然”明宝坻高僧，住林亭口小庵，持戒刻苦，行止端方，里人重之。一日，遇老僧于山，授念佛法，归依教行。三年，感内火自焚，炼身不坏，若古铜铿然有声。宝坻旧志所收唯一僧人。“民国丁亥”为民国三十六年（1947）。“法币”是当年称国民党政府发行之国家货币。“诸城”是山东一县城名。“陶古”即陶古斋简称，是旧书画古物店。“吾乡乔默公”名乔耿甫，天津人。

为朗然所题二跋，前者可见国民党政权崩溃前夜之衰败，后者可见图书离合之书缘。龚望先生签题书跋甚多，不胜胪数，抉此数例，以见一斑。龚绶二兄前数年在整理家藏书籍、碑帖时，曾辑印先人题签成《龚望先生题写书签百种》，彩印成册。卷首有前言评论其事云：

> 不同书体，或楷或隶；富于变化，风格古朴；疏朗布致，气度潇洒，信手写来，独具风神。非学识渊博，精于书艺，通晓金石者，难能为之。

这段评语，颇合我心，而龚绶二兄犹感不足，乃重检藏书，辑得百余条，加注说明，较前书更趋完美。不仅可与顾廷龙、启功二老所书签条媲美，且别具特色，而另成一格。我得先睹之乐，乃濡笔叙其始末。

是为之序。

二〇一三年冬月中旬写于邃谷，行年九十一岁

原载于《天津日报》2013年12月16日

我也谈谈随笔

——《2000年中国最佳随笔》序

一

韩小蕙女士从1998年开始接受辽宁人民出版社之邀，选编当年随笔成集的任务后，至今已历时三年。第一年也即1998年该选集的序，由小蕙亲自执笔，把1998年的随笔风景浏览了一遍，洋洋洒洒地写了一大篇，高屋建瓴，指点江山，不仅给随笔以恰当的评论，还对随笔作家按一般与个别、男与女、长处和不足诸方面作了分析解说，有胆有识，持论应称公允。尤其最后一部分对随笔作家的分类，真让人有一种斯人也而有斯言也的感受，她把随笔作家分为三类：第一类是散文赶不上随笔，第二类是随笔写不过散文，第三类是散文、随笔写得不分高下。我有幸与张中行、金克木和周汝昌诸老并列为第一类的四条汉子，就我而言，对照实际，倒也心服。小蕙的那篇序实有供研究中国当代随笔史的参考价值。

1999年的序，小蕙采用了当代随笔队伍的排头兵中行老的一篇成作。中行老不愧为大家，大笔勾勒，字不过五百，言简意赅，字字珠玑，把自己的随笔观说得一清二楚。他要求：写随笔一是内容要有情有识；二是结构随着思路走，要如行云流水而自成条理；三是语言以清灵为好。他认为写随笔要达到心如止水，不用力，不求不同凡响的境界，而要达到这种境界，则一是学识，二是修养。中行老话不多而立意深远明确，文章本身就是一篇随笔的范文。

时至2000年岁末，选集又将成书，小蕙这回把写序这一重任委托给我，使我十分惶恐，因为前有一老一少写出来的一短一长的序，把该说的话都说够说透了，我几乎已是卑之无甚高论。但从学写随笔以来，一直对随笔的缘起、定义、界说、写法、境界、功能等等都因一片模糊而深感困惑。如果通过写这篇序而略获条理，也未始不是好事。于是不辞浅陋，冒昧承担。我和中行老都是小蕙点过名的，中行老居四人之头，我则在四人之尾，正应了“虎头蛇尾”之谶。这篇序是否能写好，成败固难逆料！

二

我学写随笔主要从八十年代开始，但第一篇试作却在半个世纪之前。这件事早已遗忘，只是最近托人查阅旧报资料，发现我在1942年9月发表过一篇《跷辫子说》，解说家乡言死是跷辫子的来源，这算是我的随笔处女作吧。后来很少写这类文章。再后来谨言慎行，不愿因文字招来某些无谓的灾祸，更不着一字了。八十年代以来，由于精神枷锁颇能自我解脱，即使说点错话，也能受到宽容，于是常把我读书、行路的事写下来成为一篇篇随笔。我读的书除了用文字写成的书外，还读了大千世界芸芸众生的无字书；我走的路不仅指地理概念的路，也包含拖着沉重脚步，跌跌撞撞走过的人生道路。历年所得，文达数百，集成六种。虽然有了点实践经验，但尚难升华到理论高度，有些问题还不是很明确，于是一面逢人而问，一面广搜众说，粗加爬梳，或可备人参读。

也许由于好读史籍，往往对事物喜究其原委，所以先想到随笔的缘起。有人在文章中说：蒙田是随笔的鼻祖，其说未免笼统。把四百多年前的法国人拉来当中国随笔的祖先，实令人心有不甘。按舒展先生的说法，如果是有名有实，宋朝洪迈的《容斋随笔》比蒙田至少早三百多年。这一体裁一直传递下来，至清蔚为大观。许多文人学士都有写随笔的爱好，名目各有不同，清初诗人王士祯是高官显宦，学坛泰斗，就写了多种随笔，如《池北偶谈》、《香祖笔记》、《居易录》、《古夫于亭杂录》和《分甘余话》等等，内容文字都很好，值得一读。嘉庆道光时的梁章钜也写了不少随笔，如《枢垣纪略》、《归田琐记》和《退庵随笔》等等。而纪晓岚的《阅微草堂笔记》更是脍炙人口的一部随笔。可见中国本是有悠久历史传统的随笔大国，何必数典忘祖，硬拉个洋人来当鼻祖呢？还是阎纲先生说得好，“蒙田是西方随笔的祖师爷”（《学者随笔》序，北京师范大学出版社1999年版）。

随笔的定性问题，一直众说纷纭，莫衷一是。我在读高中时，曾从谢国捷先生处借过距今八百余年的宋洪迈所写的《容斋随笔》五种，卷首有洪氏于宋淳熙七年（1180）所写弁言一则，开宗明义地说："余老去习懒，读书不多，意之所之，随即记录，因其先后，无复诠次，故目之曰随笔。"十年前，我在读清嘉道时人陆以湉的《冷庐杂识》序时，曾见有一段关于随笔的比较明确的定义说："暇惟观书以悦志，偶有得即书之，兼及平昔所闻见，随笔漫录，不沿体例。"这段话说的是，随笔内容是观书、阅世之所得，随笔的文字是随着思路率性而作，随笔的文体是不受传统规矩约束的。近几年，许多文人学者都发表过长短不等的见解，我也比较注意各家之说。记得1995年随笔趋热的时候，《光明日报》于3月8日在文化周刊开了随笔专版，集中发表了若干作家学者对随笔的短论警语，很有看头。主持人韩小蕙的版头缘起中，总括了当时随笔的总貌说："这批随笔，多以文化、哲学的参悟为其底蕴，对当前的社会经济大变革、世态人心的升降沉浮，以及现代人的形而上与形而下的双向生存困惑等等，进行了广泛而深入的思考与咀嚼。"她还从社会意义、文体革新、作者队伍的扩大和艺术审美等角度来分析兴起和发展的原因。他如张中行、金克木、李国文、钱理群、邵燕祥诸先生都有精辟的高论。张中行先生主张"笔随思路走"。金克木先生主张"笔随人而写，看来随意，实在费心"。李国文先生认为随笔"无论浓妆淡抹，无论甜酸苦辣，一是得有点看头，二是能让人看下去"。钱理群先生非常明确地提出："随笔是从心底里涌出来的。它所要述说的，是刻骨铭心的个体生存体验，是只属于自己的'个人的话语'。"邵燕祥先生则规定了随笔的境界是"我手写我口，有感而发，从心所欲，信笔由之，不蹈袭，不做作。行欲其所当行，止于其不得不止，真正的'下笔如有神'——这就是名副其实的随笔境界"。后来又读了舒展先生一篇名为《关于随笔的随笔》的长文。舒先生文章中有一些颇多启发的论点，如"随笔是文学样式中的好杂种"，"随笔的灵感源泉是自由和自然"，"古文和外语好、国学根底深厚的人，写出的随笔淡而有味，触处生春"，"随笔大家没有一个是随大溜的盲从者"，"中国随笔长河是世界随笔大河中的一条重要干流"等等。舒展先生还特别指出，在随笔"这一巨大矿藏中，将会发现大量有历史价值、文学价值、审美价值和消遣价值的各种稀世珍宝。其中有一条金矿脉，若隐若现，那就是随笔的思想价值"（《学者随笔》，北京师范大学出版社1999年版）。他更指出鲁迅的《随感录》和巴金的《随想录》是中国随笔思想价值的精华所在，为随笔后学提出了范本。郭宏安先生曾在一篇题为《随笔与随笔习气》（1995年8月30日《光明日报》）文章中写过一段十分深刻的话说："如果您没有鲜活的思想，没有独特的解说，没有新颖的表达，没有个人的笔调，没有经过先使自己感到'头疼'的思考，您不要写随笔。"我很赞成这类警策之语，非尝其甘苦，难得作此言。这些意见对于随笔的有关理论问题都有所阐述，有力地驳正了当前一种流行看法，即：随笔乃日常生活中随时随地不假修饰率性而作的零星短文。所有这些，对于我这个学写随笔的人都给予了条理性启示。

为了开阔视野，我在写过多年随笔的朋友指点之下，于1987年读了人称随笔鼻祖蒙田的《蒙田随笔》选译本（梁宗岱等译）。十年以后，又读了《蒙田随笔全集》，确实很有感受。适当其时，我从《中国商报》上读到叶蓓先生写的《正襟危坐读随笔》（1997年9月12日）一文，他说："读一读《蒙田随笔全集》，才知道随笔也不是随便写的。作为一个爱读随笔的普通读者，我斗胆想建议我们的随笔作者随时翻阅一下蒙田随笔，写出点提神的东西来，写出点有趣得让人正襟危坐的东西来。"这番议论对蒙田随笔的评价颇高，而提神、有趣两点，确也是写随笔时应当遵循的信条。我也曾正襟危坐地"啃"过《蒙田随笔全集》，深讶蒙田读书之多，思考之深，也许因为我的悟性差，底蕴薄，读得非常吃力，就像当年学习马列主义时读列宁的《哲学笔记》那样，屡屡废卷而兴高山仰止之叹。我确实感到这样的随笔可望而不可即，对于学写随笔的人也许会望而却步。但我有一种朦胧的想法，随笔是不是要让人如此费力去读？蒙田随笔究竟有多少人能比较轻松地从头到尾地读一遍？蒙田随笔是随笔，还是哲理性的著述？时辍时读，历时年余，我终于读完《蒙田随笔全集》，不可否认得到很多教益，但对用历史故事和传说来诠释自己便是随笔的最高境界，还是难以领悟，总觉得蒙田写的是哲人的哲理，在结构和文字上都陈义过高，总不如密切关注当代社会生活并迅速做出反应的随笔易于为人接受。有幸在读《1998中国最佳随笔》时，读到季羡林前辈一篇名为《漫谈散文》的文章，有一段论蒙田散文的议论说："蒙田的《随笔》确给人以率意而行的印象。我个人认为在思想内容方面，蒙田是极其深刻的，但在艺术性方面，他却是不足法的。与其说蒙田是一个散文家，不如说他是一个哲学家或思想家。"这段不长的议论，解答了我对蒙田随笔的困惑。

三

八九十年代，特别是九十年代，随笔写作成为文坛一大景观。我也就在这一年代溷迹于随笔界。当时的动机，一是读了一辈子书，有许多信息应当还给民众，过去写的那些所谓学术性文章，只能给狭小圈子里人阅读，充其量千儿八百人，对于作为知识源泉的民众毫无回馈，内心有愧，而且年龄日增，也到回报的时候了，于是不顾原来圈子里朋友们的“不要不务正业”的劝告，毅然走出象牙之塔，用随笔形式把知识化艰深为平易，还给民众，向民众谈论自己与民众所共有的人生体验来融入民众。另外我还有一种羞于告人的动机，我想向师友们呈现另一种文字风貌，随手写点遣兴抒情之作，摆出点轻松洒脱的姿态。我的学生不无谏净之意地说我是“衰年变法”，我也欣然接受。写来写去，积稿日增，在九十年代连续出版六种小集。与我情况大体类似的一些旧识也多纷纷投身于此业，出版者便用一顶“学者随笔”的大帽子把我们这些“随笔新秀”罩进去。用意未可厚非，也形成一定气候，但并不十分理想。我曾对自己所写的几百篇随笔以学术随笔的尺度来“回头看”过，反思过，确如陶东风先生在《关于学术随笔的随笔》一文中所批评那样：“既无学术又不像真正的随笔，既无逻辑也无灵性，既不严谨也不潇洒。……它们常常既不能给我以诗意的痛快淋漓，又不能给我以学术的严谨缜密。”他认为：“写随笔应当越随意越好，越自由越好，越酣畅越好。天马行空，无拘无束，主观主义，乃至自我中心越好。”而随笔应该是“自己心目中那些充满了智慧与灵性却从不掉书袋，也不受学术规范制约的真正随意之笔”（《中华读书报》2000年5月10日）。学术随笔要达到这一境界，确乎很难，所以，当前以“学术随笔”命名的随笔似乎还不多见。对于“学术随笔”，我仅读到过中国青年出版社出版的《二十世纪中国学术文化随笔大系》，其中分两系列收集了过世与存世学者大师们的学术随笔。对其中几位大家，我曾粗粗浏览一下，只对陈垣老师那一集比较用心地通读全书，认为并不如陶先生所评那样，如陈老早年所写的《释奴才》、《放胸的说帖》、《牛痘入中国考》，晚年所写的《柬埔寨始通中国问题》、《佛牙故事》以及史学方面的《耶律楚材父子信仰之异趣》、《记吕晚村子孙》、《顺治皇帝出家》等篇，无不叙事谨严有据，文笔条鬯清新，是文史融合的佳作，今世固不易求。今人似颇有自知之明，遂多以“学者随笔”命名，九十年代中期大炒特炒的也正是这类随笔，于是

《当代中国学者随笔》、《京华学者随笔》、《历史学家随笔丛书》以及一些具有学者身份的人所写的随笔，成为一时的热门趋势。“学术随笔”与“学者随笔”是两回事，前者以质量定，后者以身份定。陶先生的文章如易题为《关于学者随笔的随笔》，倒是值得重视的一篇针砭时弊的佳作，足以引起我们这些拥有学者身份而正在学写随笔者的思考！

九十年代，“学者随笔”集大量出版上市，无疑是件大好事，因为它从一个侧面说明我国读者的阅读兴趣在不断变换与扩大，但若把“学者随笔”与“作家随笔”（如从大散文角度说，也可称之为“作家散文”）分成为楚河汉界般的两大类，甚至无根据地夸张“学者随笔”将取代“作家随笔”，我对此并不赞同。因为一则在历史上作家和学者都属于文人学士一类，二者的界限并不十分清楚，都是文化人做文化事。再者，中国文化市场大得很，各文化层次的读者都有，现在和将来都会有众多读者喜欢“作家随笔”的，也会有众多读者喜欢“学者随笔”的，所以二者是无需严分畛域的。不过，“学者随笔”的快速发展势头和迅速挤进随笔市场的问题，却很值得思考。

我对上述问题曾经有过一定的思考，认为首先应该从社会思潮的发展变化来看这个问题。换句话说，说“作家随笔”衰微也好，说“学者随笔”兴起也好，都是社会思潮的反映。改革开放前期，随着国门的打开，特别是随着我国从政治社会向经济社会的过渡与发展，多数民众被压抑多年的激情终于有了爆发的机会，这就为以激情创作为主要特点的作家提供了很大的用武之地。从八十年代至今依次兴起的伤痕文学热、报告文学热、纪实文学热以及作家随笔热等等，无一不是这种社会思潮的反映。然而，随着我国社会主义市场经济的最终确立并稳定发展，文化的回归已日益成为大众的期盼，以平实深刻有哲理和令人回味为主要特点的“学者随笔”，得到越来越多读者的喜欢，也就在情理之中了。

近十年来，“学者随笔”如日中天，正以其强劲的势头在扩大其市场占有额，但也有一大问题，即只看学者身份，不顾随笔本身体裁特点。中国学者为数不算少，但真正能按随笔要求写出随笔的人数并不多，有一部分正在转向学写随笔。如果不加节制地开发这块领地，那么，拿出来的作品就不是随笔而往往是学术短文，难于为大众所接受，而日趋尴尬。随笔是一种很适合大众阅读口味的文学作品，理应得到健康的发展，把随笔作家按身份分为两类，或扬此抑彼，或扬彼抑此，都不是最佳道路。我认为作家学者化和学者作家化是最为理想的道路，现在看来，我国的作家和学者在素质上是有所不同的，各自的优势也很突出。作家在激情思维和生动有趣的表达方式上很有优势，而学者在深层思想、对文化的独特思考与见解上又很明显。如果能将这两者很好地结合起来，那中国的随笔不仅质量能更上一个档次，而且其资源也将源源不断。但要走好这条路非经过一段艰难的行程不可。大量阅读古今中外的优秀图书是众多作家的必修课，而改变自己久已习惯的晦涩难懂、脱离民众的行文方式，则应引起广大学者的重视与改进。我们应当充满信心地相信，“作家随笔”与“学者随笔”业已存在并将继续发展的竞争态势，不仅为彼此融合创造了极好的条件，也已预示了这一结合已成功地走出了第一步。这本选集正是体现这样一种融合。

四

写序难，为选集写序更难，为随笔选集写序尤难。因为我既乏深厚的学问根底，又无光彩靓丽的文笔，更没有写随笔的经验积累，只是一个学写随笔的资浅作者，如何敢面对如此众多文坛学苑的大家名家，指手画脚，激扬文字？但是既想无负于朋友的委托，又想借机清点自己对随笔的思路，所以就写下这篇意在书外的序。序中阐述了我对随笔的某些有待探讨的问题的看法，也不知道说清楚没有？目的只是求教，缩短自己学写随笔的过程，并用以向主编交差。

我常戏称小蕙为“选家”，的确如此，她应该说是一位有经验的选家，前后已编选过二十几本散文和随笔的选集，逐渐以其选编的严肃性和高质量，赢得了散文界及广大读者的信任与尊敬。但是，网罗是否净尽，选择是否精当，常是选家难以避免的问题，那就需要各方面的谅解和指正。我希望小蕙尽全力编好这本选集，我更希望读者喜欢这本选集。

二〇〇〇年十二月一日为《2000年中国最佳随笔》作序，写于南开大学邃谷

原载于《2000中国最佳随笔》　韩小蕙选编　辽宁人民出版社2001年版

议论文化游记

——《名人文化游记》代序

“读万卷书，行万里路”，一直是自古以来熔铸文人学者的两大途径。其最具典型性的便是三代以下第一作者司马迁，他从十岁开始读《左传》、《国语》、《世本》和儒家诸经典；二十岁就周游江浙、两湖、鲁豫、四川的名山大川。访求遗佚，搜集口碑。后世文人学者多奉为圭臬，有唐柳宗元以撰写游记著称于唐宋八家，所写《永州八记》刻画唐代湖南零陵优美山水，称古今名篇。明人徐霞客跋山涉水，攀悬崖，登绝顶，考察自然与人文现象，穷一生精力，撰成举世驰名之杰作《徐霞客游记》，熠熠发光于中华文化之宝库。近之如清代，游记之作，所在多有。如清初古文名家宋荦与汪琬各有一篇同名《游姑苏台记》的游记，描绘苏州城外姑苏山上姑苏台山水情景，宋文并引入汪文写景片段，比读之下，汪文于情似略胜宋文一筹。乾隆时诗人沈德潜有《雨中游虞山记》一文，是一篇情景交融的好游记，作者始而写两过其山而未登的憾意，继而写某次雨中登临，又未能尽探幽邃，而感到心甚怏怏，终而发抒对世事的感慨说：

> 然天下之境涉而即得，得而辄尽者，始焉欣欣，继焉索索，欲求余味而不可得；而得之甚艰，且得半而止者，转使人有无穷之思也。噫嘻！岂独寻山也哉！

晚清时期，中国处在一个历史转型期，有人开始动念走向世界。我的一位同乡前辈钱单士厘女士于1903年从日本经朝鲜、中国东北、西伯利亚至欧俄。历时八十日，写成了中国第一部女子出国游记——《癸卯旅行记》，介绍所见所闻，不仅量其风物，更对时事感到忧虑与愤懑，充分反映二十世纪初一位半封建时代女性的远见卓识。1910年，她又写出一部名为《归潜记》的游记，记其在意大利的见闻和她对中西文化交流的看法，更借犹太人在意大利的屈辱惨状，以启迪国人对国事日衰的警觉，体现了游记中的文化内涵。

上一世纪的八十年代，中国进入政通人和、文化繁荣的时期，文人学者渐渐摆脱自我封闭状态，不仅国内时有学术研讨，甚且越洋交流，亦非罕见。所到之地，往往将见闻形诸笔墨，于是游记之作时见报刊，而自藏于箧者尤不可胜数。从此，海内外一地之历史沿革、山川风光、民情习俗、名胜遗迹，以及民众之精神素质、文明程度等等，大都见诸文字，斯情斯景，宛在眼前，几于目不暇给。文化内涵更见深厚，中西文化之沟通，日益畅达。

不论古今，凡出于文人学者之手的这些游记，不仅使人广其见闻，更重要的还能以作者对人文意识的诠释，起到了发挥人们追索知识和开拓思路的效能。也引发我对这些文化游记的关爱和思考。

能亲临海内外胜地，并写出文化游记的人，终究是少数，更多的人虽有此要求与愿望，但一则限于精力，二则限于财力，三则限于时间，无法实现自己的向往，于是只好通过图像和文字来满足自己的文化要求。我曾把这种文化享受称之为“卧游”，所谓“卧游”，并非实指，而是借指一种消闲模式，偎在被窝里，仰摊在老板椅上，斜靠着沙发的扶手，歪倚在被垛上……都属于“卧游”的范畴；但许多文化游记，多散刊在各处，搜寻困难。因此我曾设想如能选辑一批出于文人学者之手，具有文化内涵的游记于一编，提供给那些或年高体衰者，或公私繁忙者，或阮囊羞涩者作“卧游”之需，岂不甚好？

偶然的机会，我和忘年挚友、名记者韩小蕙谈起此设想，她很赞同，表示愿意促成其事。她不顾动过手术不久的孱弱身体，立即投身于策划。她是有名的选家，选过不少集子，很有经验。不过二三个月，应约文稿，纷至沓来，经过筛选，国内域外，大体相当，于是编成两卷一套，题名曰《当代文化游记》。这套集子的编选原则是：一是不仅只描写了自然景物，必须有人文文化内容。二是打破作家、学者的畛域，兼收并蓄。粗加披览，国内游踪东及齐鲁江浙，西至陕甘新疆，北达山西内蒙，中南有两湖豫皖，西南通黔桂四川，以至台港澳门、世界屋脊；域外则遍及美加英法，北欧德意，日韩新马。手持一编，不啻周行寰宇，“卧游”之乐，无可言喻。不过编这类选集最易犯两种错误，一是征稿未遍，招致向隅者不满；二是选稿不精，遭受识者讥评。这套书恐亦未能例外。

书稿编成之日，适新世界出版社世林来约稿，乃以此集付之。出版社着眼书名醒目，乃改题为《名人文化游记》。展读全稿，作者固多名人，而编选者未敢以名人自居，特此申明。世林复邀作序，于是略陈文化游记之说。至所谓议论也者，盖本季羡老之意，不争论，不辩论，各行其道，各说各话，若三岔口之似接触而非接触。我剿袭其意，借申拙见，当蒙贤达谅察！

二〇〇一年初秋写于南开大学邃谷

原载于《名人文化游记》（国内卷、国外卷） 来新夏、韩小蕙主编 新世界出版社2002年版

《寻根集》序言

我与恩辉初识于二十年前在山西太原晋祠的一次图书馆界的会议上，我读恩辉的第一篇论文是有关打牲乌拉的考证性文章。以后虽然以异地远隔，交往较稀，但在报刊上不时见到他所写有关图书馆学、方志学和文艺学等方面的文章，深喜其治学方面之广与笔耕不辍的精神，惜因散见而难窥其著作之全貌。今春恩辉邮其有关方志学书稿，题名曰《寻根集》，请序于我。因学有同道，声应气求，急启箧而视，不意二十余年间，恩辉用力之勤与成果之丰若此，展卷通读，欣悦无似，乃为弁言于卷首。

恩辉之治地方志自个案入手，如关于《打牲乌拉志典全书》一文即为对新发现的一部吉林省地方志所作的考评。进而对地方志领域进行宏观性研究，写出《关于加强地方志研究刍议》和《地方史地文献与地方志》等编。后在宏观简论之中，益知基础工作之重要，遂转向于目录提要之编纂，肇端于吉林一省，复遍及于全国。体大思精，嘉惠学林，其功至伟。

我治流略之学历有年所，于提要目录尤情有独钟。忆八十年代初，中国地方志指导小组所属旧志整理委员会曾有编纂旧志提要目录之议，并草拟体例，惜迁延岁月，未遑全面展开，仅见河南、吉林有所编纂。久久萦怀，己力既有不逮，遂时思或有不畏艰巨勇于任事者。今读《寻根集》所收《中国地方志总目提要》序及凡例，始知恩辉已于数年前成此盛举，深悔孤陋寡闻，耳目闭塞，未悉此大事之毫末，既未身与其盛，又难获见全书，实为治古典目录者之大憾。今幸能读其序与凡例，犹读实斋《史籍考》略例而臆知《史籍考》之概貌。《提要》所收旧志之数已符著录之总数，提要内容有书名、纂者、修纂沿革、内容概述以及方志价值等等，项目不可谓不备。若能手此一编，则足可与正续《四库总目提要》相辅相成矣。更有进者，此书尚有台湾大学胡述兆教授之合作，尤为增色。述兆博学多才、颇著声誉，能与此壮举，不啻为沟通两岸学者之交流树立榜样；至成此巨帙，尤为祖国学术宝库增光添彩。设二君更能就新编志书数千种撰成《新志总目提要》，则于方志界将有气吞包举之势，我将为此而馨香祷祝焉！

恩辉复着意于学术贴近现实，本其所知，策划未来，此尤称超越志界诸子之现状者。如关于中俄朝三国共用的边界点一文，有裨于边界问题之研究与交涉。又对集安城乡生态建设所提的总体设想，更为改革开放、发展经济所必需。恩辉之于方志学可谓有体有用，得学术“二为”之旨矣。

读恩辉《寻根集》既竟，不禁深赞恩辉之精进而自愧学殖之日疏。随读随录，难成篇章，或贻识小而遗大之讥，想恩辉及读者必有所鉴谅也。

一九九八年元月写于南开大学

原载于《寻根集》　金恩辉著　北京图书馆出版社1998年版

要把名著读到这种程度

——序宗一的《心灵投影》

著名学者、中国文学史家宁宗一先生，先后任教于南开大学中文系和东方艺术系，以精研古代小说、戏曲蜚声于学坛。他著述繁富，颇多创见，嘉惠后学者甚众。先生与我相识逾一甲子，而交谊之进展，当分二阶段。前三十年，大氛围紧张，人多谨言慎行，即使擦肩而过，亦仅颔首致意，类君子之交，其淡如水，而宁先生才名，则心仪已久。后一阶段稍呈宽松，彼此又同在一宅区前后楼，衡宇相望，于是交往日密，交谈亦少顾忌。先生少我八岁而识见之精，谈吐之雅，风姿潇洒，令人神往。继而家庭生活，个人隐私，皆能心心沟通。甚至彼此互为作品写序，交换著作，倾吐积愫，几于无话不谈。上世纪八十年代，宁先生与时俱进，学术研究更展新猷——着重探索经典文本审美化以及心灵史意义等课题，颇见进益，成《心灵文本》、《倾听民间心灵回声》等著作，使中国古代文学史研究一新面目。近者，宁先生复以新作《心灵投影》一书见示。全书对18部（篇）古典文学名著进行精到深入阐释，更嘱作一序。我行年九十，精力见衰，有请序者多被婉拒。惟宁先生既为数十年之多闻友，时相切磋，难吝笔墨；今又读其书，虽老悖驽钝，或尚有愚者一得，乃就读书所得点滴，略择一二，敷衍成文，聊以塞责。

小说、戏曲为中国古代文学史中主要构成，下迨元、明、清各代。二者已呈主流之势，其研究者夥颐。我亦曾浏览涉猎多人论述，不乏佳作，而能立足美学，触及心灵，辨析考镜，以深入原著精髓者，则殊属少见。宁先生之所以能有此见识者，盖以少承家学，长而受李何林、王玉章、华粹深、许政扬诸名师指点，加以天资聪慧，好学勤奋，每有研读，辄从原著入手，结构个人文脉，独立

思考，比较印证，铸成卓见特识。其引据征信，犹约略可见乾嘉诸老流风余韵。其著述之能超越群伦者，实缘多年深研潜究所致也。

《心灵投影》是宁先生晚年精心之作，其思路、行文不逊往昔。卷首题记《中国戏曲与小说的血缘关系》开宗明义，为全书立主旨，以示将小说与戏曲相互参订、同步研究之缘由。全书以心灵史观点为核心，多层次、多侧面、多角度展示其回归心灵之理念。所论小说部分自《莺莺传》始，经明代“四大奇书”，下至《儒林外史》、《红楼梦》诸作，无不运其庖丁解牛之刀，鞭辟入里地揭示各书作者多为心灵雕刻之巨匠，而小说文本皆为作者心灵之投影。其于《金瓶梅》，既不斤斤于考证作者笑笑生之生平，更不屑一顾世俗谩言《金瓶梅》为诲淫之作，而是深入发掘作者对中国小说之美学贡献以及纵观明代小说审美意识之演变。论《红楼梦》则不同于一般论述，而定格为曹雪芹的心灵自传，言《红楼梦》既是一首青春浪漫曲，也是充满悲凉慷慨之挽诗。至于戏曲部分则上起关汉卿、王实甫、马致远，至汤显祖、洪昇等名家名著，均进行细腻而富有诗意之诠解，着重于发现人物心灵冲突和人性复杂性。宁先生对《西厢记》文本进入经典的文化考察，更是别创新意，为《西厢记》确立学术史地位有所贡献。

宁先生年逾杖朝，犹笔健如此，学术生命当不可期。今见此扛鼎之作，能不令人咋舌羡慕，设非学殖深厚，曷克臻此？宁先生之所以在学术上能老而不衰，稍加分析，即可知其得益于凡研究探索皆从原著切入，直奔心灵，并身体力行以求其效。《心灵投影》乃宁先生汇聚一生心血之最新成果，是一部将学术性、赏鉴性、可读性融为一体之佳著，而其内涵深厚，文笔条鬯，尤能引人入胜。反复循读，耐人寻味，不禁令老叟为之汗颜拜服。

我与宁先生虽已进高年，而笔耕不辍之念犹存，虽来日苦短，但桑榆未晚，心灵时有激荡。我愿与宁先生携手共进，奋力为所处时代做出应有之贡献。至望诸友督察之。是为之序！

二〇一二年七月写于南开大学邃谷，行年九十岁

原载于《心灵投影》　宁宗一著　商务印书馆2013年版

“品邮说戏”叙情缘

——《品邮说戏》序

亚圣孟子曾说过：“君子有三乐……父母俱存，兄弟无故，一乐也；仰不愧于天，俯不怍于人，二乐也；得天下英才而育之，三乐也。”前二乐是人人皆可求而得之，唯独第三乐则唯教书人所独享。我滥厕南开大学教席者，已逾半个世纪，年登耄耋，不时能听到历届自己曾教过的学生中，有人在某一方面卓有成绩，成为名家，就暗自窃喜，以为自己已得到孟子所说的第三种君子之乐了。其中1955—1959年那班，最令我难忘。当时我方过而立之年，事前就听说这班学生录取分较高，素质较好，在校期间师生关系也较融洽。当时虽有部分学生成绩很优秀，但还不敢说就是英才。经过几十年的岁月，他们中的一些人渐渐崭露头角，成为某一方面卓著声名的名家，已无愧于英才之称，如著名史学家冯尔康、俞辛焞，北京出版社编审闻性真、天津历史博物馆馆长王宜恭，钓鱼岛问题专家吴天颖，著名画家范曾、著名音乐史家吴钊和著名戏曲研究家马铁汉等，都已是蜚声于时的英才。这使我常以为荣，自以为不虚此执教一生。他们中的马铁汉还与我有过几次合作的机缘。铁汉在校时，就以喜好京剧而闻名系里校内，毕业后，到中国戏曲学院深造，后即投身于戏剧工作，彼此来往较少。在二十世纪八十年代初，我曾写过一个京剧《义和团》的脚本。因为是一个案头本，需要转换成舞台本，就想到请铁汉来加工。当时铁汉正任北京风雷京剧团导演，经过吴天颖联络，铁汉一口答应，并很快修改为演出本。可惜未能正式演出，本子也找不着了。不久，我们又有一次合作的机会。我们同感京戏有许多情节源出于历史，但又有敷陈发展，不完全是历史，所以就想凭借我们有文史底子的优势，写点谈史说戏的小文章以消闲。我写了十三出，铁汉写了十二出，又约了姜纬堂、

李凤祥、商传几位同好分别撰写，一共凑成五十七篇，推我为领衔作者，以《谈谈戏》为书名，于1987年10月由北京出版社正式出版。有一件事最显示彼此之间的缘分，那是2002年秋，我应国家图书馆的邀请，去作公开演讲时，意料之外在听众中发现铁汉在座，虽已鬓发灰白，但面目轮廓尚能辨识。彼此都很激动，真想不到四十多年前的老学生又来听我讲演，铁汉说他有幸又来听老师讲课亦是乐事！我在讲演开始时，特意讲了这段近半个世纪的师生情，引起听众的艳羡。第二天我离京时，铁汉特地到车站相送，并赠我一册他写的书《戏中邮》。他说还将继续再写一部《邮中戏》，并先期约定请我写序，让我非常感动。

《戏中邮》（知识出版社，1999年版）是铁汉在《邮政周报》专栏中所发表文章的结集，是他对新中国成立五十周年的奉献，也是对第二十二届万国邮政联盟大会在北京召开专门制作的献礼书。这本书从自古流传下来的大量京剧剧目中，撷取了一百六十则优美的篇章，展现了古人传信递物的历史和风俗，取得了以戏说邮，以邮述史，以史寄情，以情动人的效果，这要不是有深厚的文史功底，是难以做到的。如《战樊城》一剧中，楚平王命伍奢作家书，诱骗其子伍尚、伍员入都，伍尚应命被害，伍员则识破奸计逃亡。铁汉利用这一剧情，既讲了史，也讲了戏。又如《乌龙院》因一封密信导致一桩凶杀案；《牛皋下书》说明古代交战双方约战的方式；《望江亭》因剧中主人公事先得到密信而逃脱被杀害的命运等。铁汉把剧情与邮递行为等联系成文，给人以有关知识。由于这本书很有情趣，所以在火车上就通读了一遍，并且期待我承诺为之写序的那本《邮中戏》能早日成稿，使我先睹为快。

2005年初，我收到铁汉寄来他的近作《品邮说戏》的目录和部分成稿，并称此书近期将正式出版，请我为此书作序。我略加翻读，原来就是两年前说过的《邮中戏》。写序一事，既有前约，自当践约，便复信承诺，于是尽数日之力，读完全部材料，和读《戏中邮》的感觉一样：很有情趣，不忍释手。尤其让人高兴的是，铁汉已年逾古稀，竟然对写作仍能乐此不疲，实现自己的设想。

《品邮说戏》从内容上看，说是《邮中戏》，是从邮的角度来谈戏，与从戏的角度谈邮的《戏中邮》成姊妹篇。现名可能用的是《邮政周报》的专栏名，我看正式出版时，不妨在《品邮说戏》的大名下，加一《邮中戏》的副题，使铁汉这两种书合为全璧。

《品邮说戏》是按邮政部门发行的邮票内容分类，共分15类（包括我国台湾、澳门），即：“关汉卿戏剧创作700年”、“元杂剧”、“明传奇”、“梅兰芳京剧艺术”“、周信芳京剧艺术”、“京剧脸谱”、“京剧丑角”、“京剧旦角”、“十二生肖”、“孙毓敏舞台生活50年”、“中国戏剧艺术”、“中国戏剧邮票”、“京剧舞台上的道具（台湾）”、“中国戏曲脸谱（澳门）”等，各类邮票共79枚。铁汉即按邮票票面上的图案讲今说古，其中包括文学、戏剧、社会生活、人物活动等各方面的信息，并加诠释，将传统文化进行普及。如《关汉卿》一文，既讲邮票本身，又介绍关汉卿的生平与剧作，评论其成就，使人对这位伟大的戏剧家有比较全面的认识。又如《西厢记》和《浣纱记》两文，是写台湾发行的“元杂剧”和“明传奇”两套邮票中的一枚。铁汉不仅讲了元明两代的文学主流——杂剧和传奇，也讲了票面的戏剧情节，并涉及剧本的作者与演员的演出。《穆桂英挂帅》是“梅兰芳舞台艺术”套票中的一枚，铁汉写了剧目的由来、剧情的梗概、梅兰芳的戏剧成就以及该剧的艺术水平等，其他各篇亦无不依此体例。各篇共同的最大特点是，文仅千言而信息量丰富，使读者受益匪浅。

在《品邮说戏》后面的“戏中邮（续）”，是继原《戏中邮》所收的一百六十出戏之后，又续写了九十余出，体例一仍其旧，总共二百五十余出，都是包含传书递物内容的剧目，虽不敢说已搜罗殆尽，但也得其大概。这些篇文字都体现出戏剧文化与邮政文化的巧妙融合，给读者以邮票、戏剧、历史、文化诸方面的知识，成为一种具有创意的著作。

一位八十多岁的老师，经过半个世纪的漫漫岁月，又用放大镜在阅读年已七旬的老学生的作品，这是人生的莫大幸事，对我来说，不能不说是享受到一种君子之乐。而今年又正是我和铁汉相识的五十周年（1955—2005），更为难得的缘分，而令我兴奋不已，理当共浮一大白！乃不顾神昏目眊，敲打键盘，论其书其人。愿这两匹“七老八十”的老骥，奋蹄出枥，徜徉于书海墨壶，共享期颐。是为之序！

原载于《品邮说戏》　马铁汉著　科学普及出版社2006年版

辨章学术　考镜源流

——《脸谱流变图说》序

“辨章学术，考镜源流”这八个字，是清代学者章学诚在精研目录学后给予的总评价，非常准确。我读了李孟明君所著《脸谱流变图说》稿后，颇有所得，而孟明君又请序于我，于是准备写点读后感以应，但一直想不好一个篇名，直到着笔之始，忽然想到章氏这句高度概括的评语，遂加借用以名篇。

脸谱，凡是看过京剧演出者，都知道这是京剧艺术中的一个重要组成部分，但只是一些舞台的感性知识。有些人知道这是区别忠奸良莠的一种标识，有些人或许能评骘脸谱勾画的优劣良窳，也有人把一些对人物作形式化刻画的作品给予“脸谱化”的恶谥。至于能深入地了解脸谱的起源、发展以及其美学价值等等，则多语焉不详和阙闻少见。若能以之作为学术研究的对象，则更为凤毛麟角。

脸谱能否列为一门专学——脸谱学，能否作为一种学术来研究，那就要对这门学问进行全面的考察。我认为，脸谱学之所以可称为专学，因为它有一套源远流长的文化传承系统；它有文献记述和田野（舞台）积累的丰富原始资料，可供研究者使用；它也拥有一批，即使是一小批的研究者正在从事整理与研究，并取得一定的成果；它还有若干空间可供开发挖掘；它的研究对提升现实社会群体的审美观念有所裨益。据此，把脸谱学视为一门专学，似无不可。所以孟明君的这种研究，首先应肯定是一种理所当然的学术研究。

孟明君从儿时就受京剧艺术的熏陶，成年后又留心文献研究与脸谱的临摹揣摩，更得著名学者与演员的点拨，潜心研究多年，历经梳理旧闻，择善而从，推陈出新，独具创意。终使脸谱学之研究别开生面，自成一家，发为文字，积而成《脸谱覃思》一书，颇受前辈学者赞许。著名学者刘曾复曾为其书弁首曰“罗古今于图文，寄褒贬于评语。事事有据，事事有新。美可以表众人之愿，评不违众人之公，诚众人之快事也。”语短意长，可谓确评。2003年5月，《脸谱覃思》正式问世，余幸获孟明君见惠一册，捧而循读，获知良多。孟明君厚积薄发，于书中畅叙脸谱之种种，其独抒创见者比比，如论脸谱的缘起称：“净角人物脸谱则源于生活本身，确切说，是起源于对生活中性格粗犷一类人物相貌的概括与模拟。”如论脸谱的真正内涵称：“符合剧情需要，符合角色身份、性格的，内容与形式完美结合的脸谱是讲道理的真脸谱。”又如论艺术的创造过程说“任何艺术创造都有相同的规律，戏剧脸谱也经历了从眼中之象、心中之象到笔中之象的创造过程”；而“除了生活实践外，舞台实践在脸谱意向营构的艺术活动中，是一个更为关键的因素”。孟明君对脸谱的成熟标识作了较精确的总括说：“脸谱艺术体现了内容与形式的高度统一，鲜明对比的色彩，极富意像性的神态刻画，夸张又不失生理依据地传达出生活中人物的情感性格与自然生理特征。”类此有创意的见解，都给读者以新鲜的感觉，亦可见孟明君于脸谱学的造诣。

学无止境，孟明君并未以此止步，而是在此坚实的理论研究基础上精进不已，并反其道而行，安排整理其所积存图谱，“或纵陈于进化之轴，或横展于流派之卷”，以使“不同时期，不同剧种，不同艺术家的脸谱”，经过学术研究的贯穿，而使“众多脸谱形成为一个整体，一个体系，而不再散落，不再孤立，不再自生自灭”。不数年，研究有成，新作杀青，命名曰《戏曲脸谱图汇》，正待出版。《脸谱覃思》与《戏曲脸谱图汇》二书，足可称脸谱学奠基的姊妹篇。有此二书，不仅将脸谱的研究提升至脸谱学的高度，亦为脸谱文献作了有效的积存和保护，惠及后世，功德非浅。

2007年春，偶与孟明谈及《戏曲脸谱图汇》之作，余颇韪其所从事，而于书名则略陈鄙见。愚谓“《图汇》之名，要求大而全，恐现有资料，难以支撑，不如改为《脸谱流变图说》，更为恰当”。孟明君欣然接受，即以之名其新著。2008年夏，孟明君竟以其成稿邀为序其书，延至秋凉之际，始通读全稿。余少好戏剧，但仅为喜好而已，于京剧知识，一知半解，惟于脸谱则情有独钟，以其丑中见美，颇能启迪世人识人之智能。而孟明君又为愚夫妇二十余年之同事旧友，情不可却，遂勉允所请。通读全稿，获益甚丰，而颇难言其窍要。思之再三，粗述浅见，以就正于孟明君。

其一，搜集资料丰富。全稿约在二十余万字，收341个角色脸谱条目，而每一角色又有不同图谱，所收图谱总数达1700余幅，而究其史源有梅氏缀玉轩藏明清昆弋谱、清宫戏画四种、张笑侠氏著《脸谱大全》、刘曾复氏所著三种以及旧戏刊、剧照、民间流传出版物等五方面，取材不可谓不广。至于各派演员所绘图谱之保存，不囿门户，广搜博采，尤为难得。

其二，解说简明扼要。全书以图为主，解说自当简要。本书文字解说共有四类：一为概说，为介绍整脸演变系统与其他脸谱系列二篇；二为谱式说明，以谱式产生先后为序，介绍各谱式相互间的演进关系及起源与演变；三为图注，于谱式下注明时代、剧种、流派与绘者；四为简评，评不同时期演变、流派、传承以及舞台应用和审美方面。其间二、四两部分，事繁而文约，言简而意赅，最耐寻味。有些简评，反复诵读，能见作者功力。其天头所注角色与戏出，尤便读者识谱。

其三，研究途径得当。学术研究之成败端在路子正否。孟明君曾自称："我开辟了属于我自己的研究途径：探寻脸谱样式演进的线索，探索脸谱形式与内容相谐和的内在规律。"他按照自己正确的研究途径走过来，日积月累，自然地获取成果。他注重案头与舞台相结合的方法，也就是人文社会科学研究中所谓的文献与田野的结合，这是一条学术研究的捷径。

仅举三例，以明《脸谱流变图说》之价值所在，其他可说者，姑不赘言。惟脸谱学之研究，正方兴未艾。孟明君二书可称奠基启动之作，继其后者，当有《中国脸谱演变史》、《脸谱流派析解》、《脸谱学概说》、《脸谱综录》（手绘本）以及著名学者与演员有关脸谱学领域中成就之个案研究等等空间，犹待耕耘。孟明君年方下寿，退归林下，正可倾全力，立中流，当砥柱，深加挖掘，广为搜求，潜研著述，十年磨剑，则脸谱学定当巍然矗立于学术之林。山野一叟，年当望九，犹念念以"辨章学术，考镜源流"为祷，乐观其成。孟明君其勉旃！

二〇〇八年金秋写于南开大学邃谷

原载于《脸谱流变图说》　李孟明著　南开大学出版社2009年版

文如其人

——为《籍海零拾》序

《籍海零拾》的作者曾贻芬、崔文印伉俪和我是数十年的挚友。我读过他们的文章和著述，并为他俩合著的《中国历史文献学史述要》写过评论。文印也评点过拙作多种，所写书评，实事求是，言之有物，令我深思。尤其见交情者，有两件事使我非常感动：一是上世纪八十年代初，我的第一本堪称学术著作的《古典目录学浅说》出版后，文印主动为之写了较长的书评，在当时著名杂志上发表，有较大反响，把我的书推进学术圈子，让我步上学术通衢。二是二十年前，我曾和文印谈过我手头的存稿《书目答问汇补》，准备增补成书。文印当即鼓励我着手，并表示即使退休，也要把这件事做完。其间文印在我全然不知情的情况下，毅然向书局领导推荐《书目答问汇补》一稿，事后获悉，深感厚德。时过不久，《书目答问汇补》在韦力、李国庆二君协助下，终于完稿，由中华书局出版，而文印君实任其责，不遗细小，详加编订，终为学林增一读书工具，二十余年宿愿得偿，岂非天意！而崔君伉俪数十年徜徉于学海，相濡以沫，朝夕共研，时有新作载诸报刊，我读其泰半，今汇集其文，成《籍海零拾》一书，复垂爱于我，命作序言。书缘、友情，义不可却，乃以文品、人品立论，而为之序云。

《籍海零拾》以书为中心，为崔氏伉俪读书、论书、评书之作，分考辨、通论、书评、序跋四编。共收文82篇，附录5篇。内容丰富充实，考订有理有据，文字朴实清顺，为后学所易接受。而我读其文，若隐隐中有作者品德之影像在移动，示我以人与文一体之理。

文人著述，志不掠美，往昔或多有之，而今则抄袭掠取之风日炽，犹恬然不以为耻，而能尊重他人成果者几稀。文印胸怀坦荡，不没师友之功，其“考辨编”中所论李贽诸作，念念不忘师友之帮助与指导，而于李贽《史纲评要》之研究，不仅追思王重民先生之蒙冤，更以崇敬之心，反复陈述王重民先生对其研究指导之功。实为今世难得之文品。信哉！斯人也而有斯文。

“通论编”中，多贻芬有关《通典》研究之作，兼及郑氏《通志》、马氏《通考》，即世所谓三通之学。三通之书，昔贤重之，尝谓不读三通，是为不通，是不明三通之学，亦难称通儒。贻芬读硕士时，即着意三通，可谓得学术之窍要矣。而今一读《弁言》，作者又归功于其导师白寿彝先生。不忘师承，今已难求。另据文印相告，贻芬之立志钻研《通典》源于考研时未能应对有关《通典》之质询，引以为耻，遂发奋潜研，终成名家。今之学子遇此，不过一笑而已，《中庸》有云：“知耻近乎勇”，贻芬之有此大勇者气魄，虽须眉亦当自愧。

学问有显晦之分。显学趋之者若鹜，晦学则频遭冷落少人问津。治晦学者非敝屣荣华，恬淡自若者难为之。《金史》为二十四史中少有涉足者，乾嘉史学优长，而治《金史》有著作者，亦不过施国祁、钱大昕、倪灿诸家所著而已，读时贤著作，亦较少获见，而于《籍海零拾》中，有关《金史》者有多篇，如《〈大金国志〉初探》、《〈大金国志〉新证》、《〈金志〉与〈大金国志〉》、《金代在史学上的成就》、《金史散论》、《金史评介》及《金史人名杂考》等皆对治金史者有所裨助。至若“书评编”所收诸文，亦多实事求是，于受评者多持宽容，于读者可作导读，亦足见作者仁人之心。

我受作者伉俪所属，既读其文，复知其人，则其书固非一般著述，而系作者伉俪文品、人品一体之结晶，欣喜之余，激情喷薄而出，乃捉笔以记所得。设作者伉俪再有新著，望九一叟，当更操笔受命。是为之序。

二〇〇九年十月十六日写于南开大学邃谷，行年八十七岁

原载于《籍海零拾》 曾贻芬、崔文印著 中华书局2010年版

《兰园大庭修自用印集》序言

吾友兰园大庭修教授，东国之博学士也。一生以沟通中日文化为职志。早年专意于舶载图书之研究，后复寝馈于简牍，多所发明，而享誉于中日学术界。兰园与中华学人颇多缔交。1986年1月，吾应邀赴沪参加中国文化史国际学术会议，得识兰园，见其谦抑质朴，诚恂恂儒者，遂定交焉。乃就汉籍传日途径问题，多所商榷，互有会心。1991年9月，吾膺日本文部省国际学术交流基金之邀，东渡扶桑。兰园闻讯，力邀赴关西大学访问，遂以中国古代图书事业为题，与诸生研讨，并参加兰园主持之汉简研讨班，目睹师生逐简研读，古风陶冶，若饮醇醪，不醉自醉，益知兰园奖掖后学之不遗余力也。次年秋，兰园夫妇应约来南开大学讲学，主讲中日文化交流讲座，颇获佳评。嗣后，时有函札往来，方期再度互访切磋，不意于2002年冬，惊闻噩耗，吾友兰园遽赴玉楼之召。异国相知，舍我而去，天道何不公若此？！呜呼痛哉！博子夫人节哀顺变，克承遗志，竭尽心力，维护保存文稿遗物，前已印赠遗稿，近又出兰园自用印，嘱门人陈波君钤印成册，编序五十，用赠友好。伉俪情深，于兹可鉴。

夫印章一事为中华文化之珍物，或识姓氏居室，或志情趣意愿，中华学者皆有所藏，而东瀛汉学家亦无不重此。兰园于此，尤有偏好，古今印章，室有珍藏。其门人陈波君素精铁笔，银钩铁画，备极工巧，时承师命，为兰园作印数十方，成兰园自用印之大宗，亦足以见师生之契洽也。

陈波君既受博子夫人之命，乃集兰园所藏自用印五十九方，裒为一集，颜曰《兰园大庭修自用印集》。又受博子夫人嘱托，邀吾为作前序。印拓置案，宛若

故交相对，物是人去，得不泫然？顾念亡友遗属殷殷相托，敢不忆旧怀往，用申哀思！笔涩墨枯，辞难尽意，兰园其鉴谅之！是为之序。

岁在甲申仲春，中国南开大学教授来新夏敬撰于津门邃谷，时年八十二岁

原载于《兰园大庭修自用印集》(限定五十部第玖号)　日本垂柳草堂编辑刊行　2004年9月7日

《开卷闲话》序

近年来，在六朝金粉之地，竟然有一批说老不老、说小不小的读书人聚到一起，组织了一个“凤凰读书俱乐部”，又出了一份小刊物《开卷》。真是上帝仁慈，这些人赶上了好时候，要是倒回二十多年，只要有某小人稍微撇一下嘴角，“凤凰读书俱乐部”就可定为“裴多菲俱乐部”，《开卷》无疑也是非法刊物，诸位读书人也就吃不了兜着走。而今好了，诸位时不时地聚坐在高处不胜寒的俱乐部里，品茗高谈，阔论书与人。融融陶陶，忘却世间烦扰，令人艳羡！

《开卷》的确是份好刊物，没有烟火气，没有铜臭味，只是一群痴人在说梦。寒舍有多种刊物，能耐心从头看到尾的只有《开卷》，但每期在目录页上看到“苏新出准印JS—1106号”时，总感到一点微憾，总会联想到一对情投意合的恋人，水到渠成地想结婚，只是一时领不到正式结婚证，于是只得邀集三朋四友、街道乡邻，摆桌喜酒，说明情由，取得共识，发个“准印”，随之而来的就是添丁进口，若以法律为准绳，这孩子虽有其法定地位，但终究是非婚生子。至今，《开卷》这个已经会说话，满地跑的非婚生子，该有个正式身份了吧！我常梦想不知哪一期的目录页上突然出现ISSN之类的正式刊号，我必馨香拜祷：上苍佑人！

《开卷》有名家名篇，也有不熟悉的书友的用心之作，但都是实实在在的好文章，没有学究气，没有八股气，没有口号，没有说教，文笔自由洒脱．多性情中语，让人爱看、喜欢看，特别是书尾连载的《开有益斋闲话》更是我每期必读之篇。开始是想从中获得些有关书和书友的信息，渐渐积多了，就日益显出其价值。从学历史的角度看，首先感到这是一种编年体著述，如果是为皇上写的话，那就类似起居注。因此，也可以说这是《开卷》的起居注。几年下来，再浏览一过，不仅看到名人游踪，书话议论，书友音问，长短信息，而且预想到日后可作

文坛、书坛考证史事之资。作者虽署名子聪，但并非一人，而是创办《开卷》那批读书人的集体创作，所以信息渠道深广，视野四面八方，较多地表达了他们的共同心声，所以也是《开卷》发展成长的实录，越来越让人深感有保存的价值。如果能将《开有益斋闲话》中的一则则简讯，以年月为序汇成一编，减免读者翻检之劳，岂非善举？

正在思量，收到《开卷》执行主编董宁文君的来信，他是《开有益斋闲话》主要执笔人之一，他说准备将《开有益斋闲话》编成一书，更名《开卷闲话》，他没有解释更名理由。据我的妄加猜测，一则《开有益斋闲话》与清人朱绪曾的《开有益斋读书记》有重名沿袭之嫌，二则更名《开卷闲话》更足以表明其代表性。他不遗在远，邀我为《开卷闲话》作序。我作为《开卷》的原始读者，自当应承。我赞同其事，乃应董君之请，略叙所见，以为之序。

二〇〇二年初冬写于南开大学邃谷

原载于《开卷闲话》　子聪著　凤凰出版社2003年版

《苍茫书城》序

近几年为不少人写过书序，渐渐形成一些想法，认为写书序不能只对“书”，还应对“人”。只有先把作者说清楚了，才能让读者了解这本书为什么写，写些什么，有无一读的价值，以达到知人论书的地步；另一点想法是，必须把写序者本身也放进去，为什么写这篇序？对所序之书有何评论？能否和自己的学术观点相印证、甚至辩难一番？这样的书序才不流于空泛庸俗，且有味道，能起到导读作用。

司马迁在完成《史记》的撰述以后，为自己写了篇书序，即《太史公自序》，分大序、小序。大序讲述自己家世、学术源流、撰述缘由，以及个人的史学观点；小序则为全书各篇撰写简明提要，成为了解司马迁本人和阅读《史记》的锁钥。虽是自写书序，但其写法亦可用作为他人写书序的借鉴。我最近所写的书序大多用此法。徐雁的《苍茫书城》即将定稿，邀我为之序，我也就先从他本人说起来。

徐雁是一个读书、藏书、写书的书迷，因为如今从他身上找不出“书卷气”以外的东西了。我认识他二十余年，彼此关系可以大致划分为三个阶段：

初识时，他还是北京大学图书馆学系1980级的大学生，我已是南开大学的老教师，比他整整大了四十岁。他读了我在中华书局出版的《古典目录学浅说》，主动来书询问一个什么问题，后来还曾寄赠他自任社长、王余光为主编的北大学海社社刊《学海》。我当时就很欣赏徐雁那种“身在书林，心系学海”的志向和作为。虽时以“小友”目之，但已隐然感到“后生”之“可畏”了。

他大学毕业以后，先是在国家教育部（国家教育委员会）机关供职，其间曾在公务津门之暇来我邃谷观书。听他后来说起，那次在寒舍还有对饮之欢，我如今可是全记不得了。二十世纪八十年代末，他决意离开国家教育行政机关，调回

家乡南京大学出版社，我是赞同的，毕竟那儿离学问近些。不料数年以后，他在六朝金粉之地，逐渐聚集了一批中青年读书人，一起下到“书海”，并且有了一个凤凰台的“开有益斋”和一份名为《开卷》的小杂志作为依托。不断听说，他在学术上和事业上有了很大的进益，可因机缘不巧，彼此未能谋面，但他的著作渐为人所重，一本大部头的《中国读书大辞典》也一印再印，自《秋禾书话》之后，书话集子不断，日渐成为书林中颇具声名的人，令我遥感到了“咄咄逼人”之势，就此不再以“小友”呼之。

近两三年来，我时常在南、北方走走讲讲，有了一些和徐雁等中青年学者接触的机缘。我很感谢他们不以我老悖而敬而远之，而是让我融入他们的“土围子”一起活动，从而激活着我的智力细胞。我发现，徐雁以他勤奋治学的成果受到同行们的尊敬，这让我有了“后来者”将“居上”的危机感。为了不至于落后太远，我曾找来他的著述以测度其学术内涵的深浅。

原来他首先是个爱书的人，不论什么时间，不论什么场合，或交谈，或发言，都离不开书文化的话题。这可能植根于他小学时代在苏南乡下有过的一段“寂寞寻书读”的特殊经历。目前他在南京虽已拥书万册，但在我们同行的那几天，还不时见到他淘书的活动，而且他还有抓住一切空闲时间读书看报的习惯，对于各地方的人文胜迹关注尤甚。据说他的藏书很有重点，按特定的类别入藏，这是一位学者型的藏书家了。

徐雁从南京大学出版社调到一个研究中心任职多年以后，回返到专业领域，从事教学科研，不过还留恋着编辑出版事业。业余联络同人，先后策划选题并组稿出版了《华夏书香丛书》、《读书台笔丛》、《六朝松随笔文库》、《中国版本文化丛书》、《松叶文丛》等六七套丛书，我也一时弄不清全加起来究竟有多少册。但仅就我过目的徐雁个人著述而言，大概就有《雁斋书灯录》、《书房文影》、《开卷余怀》、《沧桑书城》、《南京的书香》、《到书海看潮》、《徐雁序跋》、《故纸犹香》，加上今年晚春在科学出版社将要问世的《中国旧书业百年》，其历年来的辛勤可知。

如以数量论，我和他目前还能过上几招且未必言败，但有一点我却只能是甘拜下风了。因为徐雁的十几种著述，都是紧紧围绕着一个“书”字，甚至连书名中也都离不开“书”的要义。“书”与“输”同音，据说南方有些人很忌讳，徐雁可是因“书”而“赢”。

我感到徐雁的书城里好像隐隐树立着一面书文化的大旗，经过二十来年的苦心经营，他的研究触角已经逐渐由藏书而读书，由读书而评书，步步为营地延伸着，而且还从读“新书”转向读“故纸”了。他似乎正在编织着一张“网”，大有网罗书海、竭泽而渔之势。而我现在往往是东打一枪，西放一炮，已有身不由己之憾。

要通读徐雁所有的著述，恐怕一时也难以实现。好在不久前徐雁专电来津，有作序之请。我随口问道，是本什么书，书名是什么？他说是《苍茫书城》。我回话说，你“沧桑”犹嫌不足，如今又要“苍茫”起来了？他支吾着表示，无非是内心的一种感觉罢了！

我应承作序以后，遂取其五年前问世的《沧桑书城》和去年出版的《故纸犹香》二书一读，以与他即将问世的新集《苍茫书城》相连贯，心想或许能够从中把到点作者从“沧桑”到“苍茫”的思维脉络来。

徐雁自承这部《苍茫书城》是《沧桑书城》的“续编”，但是从两书篇目的比较来看，似乎找不出正、续编之间的必然联系，于是我姑妄“索隐”一把，结论是其关联仅仅在于书名。《沧桑书城》由岳麓书社于1999年4月出版，其时的作者经过十余年的书海跋涉，似乎有了一些感慨，回首来路，不觉浩叹一声“好难哪”！于是在亲笔筑成的“书城”前冠以“沧桑”二字。

《沧桑书城》分为《书城札记》、《藏书故人》和《文翰沧桑》三辑，收集了前此所写的文章近50篇，内容主要涉及坎坷多故的藏书史实和藏书家掌故，反映了学术、文化风气的嬗变。作者将书城中的历史图景赋以写意式的勾画，既彰显了中国藏书历史的沧桑，也昭告着他从书山的沧桑曲径里走出的隐志。试看《沧桑书城》的书品，也似乎带着一点儿江湖草莽的粗犷神态。

自从徐雁在2002年夏，从那个以“中国思想家”为重点的研究中心回归图书馆学专业以来，他的学术活动频繁起来了，我们也就时常在一些场合不期而遇了。我感到他的声名随着历年来著述的积累和流传在日益鹊起，甚至已可啸傲书界了。去年徐雁收拾近年来旧文新作，编成《故纸犹香》一集，由书海出版社在2004年11月出版。这本书可算得上气象万千，无论是装帧还是内容，与《沧桑书城》的简陋书品已经迥然不同。

《故纸犹香》乃《古玩家说》书系之一，黑色全地的宽开本，封面右上端是《四库全书》的半叶书影，左下侧则为白体凸字书名，色彩对比鲜明。扉页上是一叶由古玉、古砚、古画、古钱、旧陶瓷、旧漆器、老装裱和古旧书等骨董旧器组成的“纸上百宝阁”，颇有大家富贵气度。徐雁所写《敬惜字纸》的千字“前记”，说古道今，结末出以“呵呵”之声，若非亲识其人，必定以为是一位学有所成的老者，正在书房里对着书案上的数篇稿纸捻须微笑。

本书亦分三辑，一曰“读旧书的心得”，除了记述《书店风景》、《猎书小记》、《贩书经眼录》等与书有关的书之外，他还特别注重读老书坊的书目。如《李光明书庄价目》，就是根据我的一位小友王振良提供的复印本作出来的文章。他据此发掘出几段书林掌故，启迪着后学一种寻求散佚史料的途径。二曰“访书的小风景”，主要记录到北京、上海、南京、合肥等地访书的情景和收获。访书本为辛苦之事，记录所得更是琐屑之事，但是作者举重若轻，着一“小”字透露其悠闲洒脱之态！三曰“高高的故纸堆”，实为系列化的中国文献学知识小集。

依我猜想，这部《故纸犹香》的完成，大概标志着徐雁即将结束学术江湖的多年闯荡，而要循书山曲径，回返他那树立着书文化大旗的书城中去潜修了。果然不出我之所料，半月前他寄来了《苍茫书城》的目次，原来书稿亦分三辑：

第一辑为“书城内外篇”，外篇有《“书铺”说》、《“风雅”种种》、《“耕读传家”的故事》等教人心仪的随笔，内篇有《“五车楼”安在》、《伤心“测海楼”》、《千秋“滂喜斋”》等令人神伤的篇章。第二辑为“书与人杂志”，既有《唐宋文史论丛及其他》、《海宁藏书文化研究》等篇书话，又有《克乃文在华首开图书馆学课程百年纪念》、《王重民创办北京大学图书馆学门的业绩》，至于缕述程千帆前贤事迹，允称恰当。第三辑为“书刊源流记”，追溯《古文观止》、《书目答问》、《古旧书讯》等书刊源流的洋洋万余言的学术论文，俱见作者考证和叙说的功力，而《徐雁序跋》等自著的前后语，也是题中应有之义。

从《苍茫书城》的全部篇目来看，总体风格更趋于平实沉潜，可见徐雁既靠得热炕头，又坐得冷板凳的学人定力。而这与当年的《沧桑书城》在精神风貌上也是遥相呼应的。因为他在《沧桑书城》的“后记”中，就说过了“自北京大学求学以来的近二十年间，我对于历代藏书家当日搜集典籍之勤、热爱书卷之忱，及其典籍云烟过眼之悲、藏书渐聚渐散之哀，常常不能释然。或读藏书家旧藏之本，或见藏书家书目之集，或涉藏书家故阁废楼，睹物思人，尤不能自已。于是不时发为随笔札记，以寄书城沧桑之慨”，“一部漫长的中国藏书史，却是一部渐聚渐散的收藏痛史”之类的话。

从徐雁历年来出版的著述来看，他是乐于自说自话，不轻易请人作序的。现观《沧桑书城》和《苍茫书城》两书的作序者，或又有微意存焉。

《沧桑书城》的序作者，他请的是比其高一班的学长王余光来写，或寓有与昔日同学好友同步共勉的意思。至今徐、王两人，一在南大，一在北大，分据南北，各擅胜场。而《苍茫书城》则索序于年长四旬的老朽，仅此一举，就隐含着徐雁的自信，因为他已以二十年的工夫走过了四旬年的学问路，而我也已不能不承认其后来居上之势而甘为之摇旗呐喊了。

更有玄机的还有前后两书的命名，“书城”是巍然不动的，变动的只是前面的两个字。依我说，《沧桑书城》要是一道檄文的话，《苍茫书城》则是一曲凯歌了。“问苍茫大地，谁主沉浮？”而今书城将由“谁主沉浮”，显然已是不言而喻。书城之乐，远胜“南面百城”，其斯之谓欤？

“文章千古事，得失寸心知。”自《沧桑书城》而《故纸犹香》而《苍茫书城》循序一观，我认为徐雁以书文化为话题的随笔，不是一般的信笔之作，而是有其确定的中心的，他文章数变而始终未离其“宗”。其为文也资料丰富，考证方法纯熟，叙事多全其始末，与当前那些浮躁之文，迥然不同。

如《沧桑书城》中《难得几世好书人》一文，起因仅仅是金陵止水轩主人委托他考证一部无头无尾的线装书残本。徐雁却非常认真，运用了多种考证方法，牵扯到许多清初著名学人和藏书家的掌故，最后揭破谜底，乃是吕留良的书札，晚清石印本残卷。这就不仅确定了书札主人，而且又随文挖掘和披露了很多书林逸事，读来津津有味。读徐雁的书文化随笔，可以发现这是他的一种常用方法，往往从这一点上“说开去”，不断链接若干文献史料，以丰富读者见闻。书中如《从“好书不出户庭”说开去》、《“南周北马”》等篇大多类此，真是让人目不暇给！

他的《故纸犹香》继承了这种写作风格，不过话题更加学识化了，主要集中在旧书文化的鉴赏这一领域。而通过这部书，已不能不让我寄望于他积累一二十年，直接开笔写作三四年的《中国旧书业百年》了。近年来在宁波，在海宁，在嘉兴，但凡见面总要向他问起。

听说徐雁这部著作不断扩张充实，从最初只想搞清楚“书铺”的起源，到如今定稿以后的近百万字，书中直接引文就有2000条，条分缕析，一一注明出处，那么，说他为完成这部书的撰稿而过目万卷书就已不是什么虚言了。因为观徐雁之书，久让老朽对其刮目相看的，就是他这种博览群书、搜寻史料的本领。我早年在《书目答问》上用过的一点儿功夫，我所写过的在津门淘旧书的文章，甚至有关扫叶山房的一点儿回忆……只要有用，都没有被他放过，先后都被“网”进他的文章中去了。不过徐雁那引文出处注解得也足够详尽，尽显其老实而且扎实的学风。

我很少看到一个人围绕着“书文化”的话题持续地写上十几本书，这一代人中大概只有徐雁做到了这一点，所以我早有研究一下其人其书的念头。不过这也不过是个“念头”而已，他那十几本集子加起来总有200多万字了吧？不用较多的时间作专门研究显然不行。这次借为《苍茫书城》作序的机会，比较仔细地选读了《徐雁序跋》等三两种，我愈加欣赏他的坚韧，他的勤奋，他的执著，他的才华。撇开老一辈的不论，冒昧说一句，在他这一辈中，徐雁应是独领书城风骚的一人。

徐雁请我写序，说明当年的“小友”是把今日的老朽视为“老友”的。这是一种特殊的友情，情不可却。因此，我也模仿他那种“说开去”的笔法，从写序说起，梳理梳理他的思维脉络和学问方法，找寻找寻他的著述特色，并说上一些“老言无忌”的调侃话，当然也都是些序外的话，希望得到作者和其他中青年朋友的指教。

是为序。

二〇〇五年初春写于南开大学邃谷，时年八三初度

原载于《苍茫书城》　徐雁著　河北教育出版社2005年版

《书色斑斓》序

我和袁逸君相识多年，我们曾一起到台湾参加地方文献学术研讨会，也常在一些藏书研究和文献学学术会上见面。他总是快快乐乐地与各方朋友笑谈，甚至开些无伤大雅的玩笑，行为也似乎有些懒散，颇有点不拘小节的才子气。大家也很愿意和他在一起说笑，所以他到哪里，哪里就热闹一片。我也很喜欢和他谈天说地，谈学问、谈人、谈事，在这些交谈中不时会出现些机锋，让我感到他腹笥颇丰而见识独到。他是一位以“玩世不恭”面貌包裹住自己才识的文人学者。我对他的文章不如对他的为人熟悉，他也很少经营张扬他的文章，我只看过几篇发表过的文章和报道中的篇名。近来，读书界的领军人物南京徐雁先生亲下临安，向袁逸下了一道军令状，要他在三个月内，搜集他关于书的散篇为一集，将其逼得浮出水面。因为这是套丛书，袁逸君不敢拖各位贤达的后腿，于是东扒西梳，翻箱倒柜，终得二十余篇合为一集，题作《书色斑斓——听袁逸讲那过去的书事》，函我作序。

袁逸君的这部文稿所收各篇，篇名都很有吸引力。全稿以书为中心，分三部分。一是“书林捭阖”，对书史各有关问题作纵横谈，如于版权、稿酬、书价、剽窃、文稿征集等事，均有论述；二是“书楼探幽”，说与藏书有关诸事，如天一、嘉业的兴衰，抄书、换书、买书的聚书经历；三是“书生意气”，述与读书人有关诸事，如苦乐、仕途、婚姻、烟酒等行为。本意读他十来篇，即可操笔作序，不意读来颇有滋味，篇名像一只玉手在召唤，我不能自已地掉进袁逸的陷阱，把全部文稿读完！

我从来没有读过袁逸君这么多文章，如今有幸，几窥珍秘，自以为已得其大要，老言无忌，见仁见智，可以略说一二。

其一，袁文有“汇通”精神。“汇”是尽量汇集所有资料，“通”就是通古今事物的源流发展。如《古代民间借书：历史的二十六个瞬间》一文可为“汇”的代表，他在这篇几千字的文章中，搜集从晋到清，中国古代民间借书活动的多样姿态的资料，写出了借书的作用与贡献，汇集了自晋范蔚到清黄丕烈古代有名读书人数十人以及各种与借书有关的事迹，引证的典籍有正史、杂史、杂记、书约、小说、题跋、文集、诗文等数十种。这就是袁文的“汇”。在《历代书价考》名下的《唐宋元书籍价格考》、《明代书籍价格考》、《清代书籍价格考》三篇，历述唐前、唐、宋、元、明、清几代书价的钱物标准和价格的演变，上下贯通，演绎之广，文史随笔中尚不多见。如果袁逸君能稍加增益，略事铺张，则可成《中国书籍价格考》一书，填补中国书史的空白。其他如《中国稿酬知多少》以及讲历代抄书、买书等几篇，都是通贯古今之作。这就是袁文的“通”。袁文的好看，就在他用了“汇通之法”。

其二，袁文有充足的信息量。全稿各文无一空话虚言，没有花前月下的呢喃，更没有哀时悲秋之呻吟，而是实打实地把自己掌握的古今信息，无私地反哺给读者；没有伪说，没有戏说。如《一行白鹭上青天》、《气象万千的书房风景》、《三杯通大道 熏练读新诗》等篇或述科举之途之跌宕，或写古时书房之景致，或析烟酒与读书人之关系，俱是言之有物的笔墨，有根有据的事实。他把艰深难懂的信息，化作明晓易懂的话语，给读者正确的知识。也许有人说如此掉书袋不像随笔，我说不然，这正是文史随笔的正路。没有几年寒窗苦，是掉不动这些书袋的。把正确的东西，用民众能接受的笔墨转达出来，难道这不是有良知的文人学者该做的事吗？

其三，袁文有不少独到的见解。剽窃是阻碍原创作品的毒瘤，但人多熟视无睹，有口诛而少笔伐，惟袁逸君独标《中国古代剽窃史论（先秦至宋篇）》一文，分析剽窃的起因、定说、文献记载、理论探索及思考，虽尚欠完备，但首揭其事，有启发后来者深入探求之功。读书之苦乐境界，历来众说纷纭，莫衷一是，有主“学海无涯苦作舟”者，有主“读书之乐乐无穷”者。我素来主“学海无涯乐作舟”，要快快乐乐地读书，不能愁眉苦脸去读书。袁逸君那篇《东边日出西边雨——古代读书人的幸福指数》一文，根据大量的文献资料，体察读书人之喜忧哀乐，而得出读书有苦有乐的结论，令人思考。《钦点天下第一楼：乾隆与天一阁独特之关系》一文，跳出人们对天一阁本身的大量探讨，而抉出这样一个题目，亦以见其视角之独异。一般都提到乾隆对天一阁建筑的欣赏，而袁逸君则探索了乾隆对天一阁的认知轨迹是“从一无所知到有所闻知；从知之不多知之肤浅到知之较多了解渐深；从一律看待例行褒嘉到另眼看待青睐有加，由衷推举，备极恩宠”。这是对天一阁的一种新评价，也启发读者对一位封建皇帝的别样认识。嘉业堂是中国藏书史上最后和最壮丽的一道界碑，评价不一。袁逸君亲历其事，铿锵结论：“开明、通达，是嘉业堂藏书的主体形象；弘扬传统文化、福泽社会公众，是嘉业堂藏书的实际效果；传播典籍，心存公益是刘氏藏书最大的亮点。”嘉业堂主人刘承幹是有争议的人物，而袁逸君则断言：“刘先生赢了，赢得了历史美名，也赢得了人民莫大的敬意。顺应历史潮流，与时俱进，傻公子其实一点不傻。”这就是文史随笔的史笔。

其四，袁逸君性情疏放，时有情趣，作文亦复如此，随手拈来，皆成妙谛。他有些篇名很能吸引读者，如《传奇的面食铺》一文的题目，乍看似乎是讲面食铺的传奇故事，让人欲知道个究竟，看不了几行，即已转入书商搜求散佚，得北宋本《后汉书》缺册的故事上来。由面食铺包点心的善本书页，延引到丁申兄弟在留下镇收集文澜阁《四库全书》散册的故事，都源起于店铺的包装纸，用以警示世人，敬惜字纸，留心散佚，拾遗补阙。袁逸君把这种关注总结为“这就是传统中国崇文敬学，珍惜典籍的人文精神”。

从袁逸君各文的内容看，他读了不少书，至少使我很瞠目。我读书八十年，自以为看了不少书，但袁逸君所读各书，有很多是我未经眼的。他的读书有得和引证应用，多很准确，可见其“博闻强记”之功力。袁逸君好交游，白天夜间，时有友朋相聚；他又好出游，仅以浙江为例，巡行几遍全省。我真难想象他何时读这么多书。是天资聪颖，过目不忘？还是他背地里暗下苦功，用“偷着乐”的读书法，遮掩众人耳目？他从不张扬自己的读书积累，这次曝光着实意外，也令人羡慕。我历来感到读书界一批中青年咄咄逼人之势有压力。他们读书多，又勤于笔耕，年出一书是他们的底线。我常称南京徐雁、苏州王稼句、海南伍立杨……众多读书人为“后来者（必）居上”，今又得袁逸君，得不欣喜。我既羡慕他们百尺竿头，来日方长，又以此激励自己，蹒跚追踪，不要落得太远。心怀激奋，信笔抒怀，不知得主人意否？是为之序！

二〇〇九年春日写于南开大学邃谷，行年八十七岁

原载于《书色斑斓》（观澜文丛）　袁逸著　岳麓书社2010年版

《走进困惑》序言

宗一和我结识近半个世纪，是一位易于相处的朋友。过去大家都各自忙于工作，又在那风风雨雨的岁月里，所以来往较疏。近年来，由于彼此住处较近，又有一种宽松闲散的氛围，所以常常交换一些读书所得，或商榷文字。过从既多，对他的了解也渐深。他能笑看人生而自有主见，不随波逐流而我行我素。宗一可以说是一位性情中人，也是一位可以放心交往的朋友。他籍隶满洲，而负笈津门，从师于华粹深、许政扬诸名家之门，奠定了深厚的古典文学基础，特别是小说、戏曲方面的功底。几十年来，他在澹泊而不宁静的生活中，写下了若干著述和论文，成为这方面的知名学者。可惜我抱残守缺于自己那狭小的专业范围内而未能认真地读他的著述，给我的知识库存留下了一块空白。1994年，他送我一厚册自选集，我粗粗地翻读了一遍，深感他确实无愧于师教，在古典小说与戏曲方面做了大量的研究工作，取得了成绩。前年，我应上海东方出版中心之约，编我的第一本随笔集时，为了慎重，特请宗一为我通看一下。没有想到，他非常认真，和他新婚不久的年轻妻子一起，花费了近一个月时间，逐篇阅读了我的文稿，并提出了分类、编次、调整和修订的意见，清除了不少失误，我对宗一伉俪表示深深的感谢。我也感到欠了他们一笔人情债。

去年，山西古籍出版社策划出版一套《当代学者文史丛谈》，我和宗一都在应邀之列。宗一很认真地搜检他的历史积存，选编成集，题名《走进困惑》，并送给我看。有债必还是为人的规矩，我便义不容辞地答应下来。不意宗一还要我付“利钱”，为他的随笔集写一篇序。可能他知道我写序必看全书的习惯，便以此来督促我通读他的全稿。我虽没有他们夫妇那样仔细，但却是认真读了全书。他早已过了不惑之年，早应该走出困惑，但还是以《走进困惑》名其书，表示他对已有成就的不满足。这种学然后知不足的学者风度意味着他没有丝毫“歇窝”

之念，而仍在精进不已。

宗一这本随笔集是从他的大量成稿中筛选出来的，共得七十余篇，大体分为七类：有追怀师友之作，情真意切；有论学谈道之篇，胸臆独抒，足证其有宗师而无门户的坦白襟怀。他怀念李何林、华粹深、许政扬诸先生的文章，绝非一般例行的悼念文字，而是真正的心灵冲刷。这三位先生都是我的旧识：李、华二先生是我的前辈，政扬则是同辈人。宗一悼念何林先生不是只推崇老师的学术成就，而是在灵前真诚地做自我忏悔。他的坦诚自责，不只是求谅于亡师，更值得动情的是他吐露了这一时代知识分子的困窘心态。他写了长长一篇纪念华粹深先生的文字，从学术到生活，细致入微，句句发自肺腑。他难忘华先生谆谆教诲他要以“场上之曲来分析作品”的薪传。时至今日，宗一犹能随时照顾华粹深先生的未亡人黄湘畹女士，当此世风浇薄之际，宗一所为不啻空谷足音。政扬是一进南开大学就以其学术造诣受到注重，乃同辈中之佼佼者。可惜英年早逝，空留屈子之恨。宗一以极深沉的感情，饮泣悲歌，蘸墨和泪，成文两篇，凡身经其时其事者，得不怃然而同哀。政扬有知，固不虚此人间一行。

文学史和古典小说、戏曲的研究是宗一的专攻。他写过大量的论文和随札，特别是收入这本集子中的各篇更是集中了他在这些方面的见解，而且有不少能引发进一步思考和探讨的问题。他赞同重写文学史，并提出了更深层的如何重写的问题。他认为文学史是心灵的历史，而重写则“应当站在当代的文化立场上，提供一个重新认识文学历史现象的新范式”。这个标尺对其他不同领域中史的研究和重写都有参考价值。他在有关文化的论述上，如梦文化、鬼文化以及青楼文学等等，没有停留在仅仅论辩问题本身。他从思维方式的角度立论，主张研究和写作不只是用笔墨，而应是持一种“心史”的态度，以“杜鹃啼血”的精神去研究和写作。这无疑是用双手齐按在琴键上所迸发出来的最强音。

《金瓶梅》是一部被淫秽眼光看作淫秽之作而遭到圈禁的古典小说名著。我看过足本《金瓶梅》，也读过不少研究性的论述，才对这部古典小说名著有了一些自认为比较准确的认识。但视点较低，仅局囿于作者问题、兰陵笑笑生的籍贯、《金瓶梅》与《水浒》、《金瓶梅》人物以及《金瓶梅》与明代社会等等，而宗一则把《金瓶梅》置于“旷世奇书”的地位上来研究，从该书的社会价值、审美价值和说部地位等方面来审视这部被蒙上灰垢的古典小说名著，认为这是一部愤世嫉俗之书，是真实地暴露了明代后期中上层社会的黑暗、腐朽和它的不可救药的谴责小说。如果把《金瓶梅》归类于谴责小说，那比清末的谴责小说不知要高明多少。有一位年轻学者说："不合理的禁锢以及病态的张扬，均是扭曲。"宗一的研究正是针对这种扭曲，要揭去《金瓶梅》"无可奈何地被蒙上了一层厚重的面纱"，而恢复其"固有的性格"。其有关各篇多为条畅易读之作，如《我读〈金瓶梅〉》一文就是我接受了他的看法后，约他为我主编的一份季刊写的一篇如何读《金瓶梅》的指导性文章，但他不好为人师地改用了现名。

近年来，宗一似乎对武侠小说研究情有独钟，我读过他的一些文章后，也纠正了过去对武侠小说为支流别脉的偏见。其实，儒侠并生，源于周秦，司马迁以侠者入史，不愧为史圣之卓识，而《水浒》横空出世，使武侠小说覆盖愈广。宗一曾界定武侠小说是"它以虚构的梦幻形式，揭示历史、人生及人性的现实"，并称武侠小说为七彩瑰丽的艺术世界。他更亲自品味精品，推荐杰作。这些无疑为武侠小说读者开拓了视野。

宗一于戏剧涉及面甚广，京、昆、评剧都有所论及，对戏剧理论、编剧技巧更持有一说。我疏于此道，颇难置喙。唯读其论书会才人睢景臣及其《高祖还乡》之作，则深庆政扬之学复得宗一为之延续发扬。至于书中多篇阅世之作，则斯人也而有斯言也。读其文者，当知其人。

宗一文稿既定，俾我先读，并命序其书，遂逐篇阅读，多有所得，信笔札录成文，虽意犹未尽而序忌累牍，乃戛然止笔。设宗一能略缩长篇为短什，题文再加简练，则不仅利读者有随读随停之便，更能体现随笔的内涵立意。不知宗一以为然否？谨叙缘由，是为之序！

一九九七年元月十五日写于邃谷

原载于《走进困惑》（当代学者文史丛谈） 宁宗一著 山西古籍出版社1998年版

《茶歇集》序*

近年来，在全国范围内，有不少以读书和读书人为主体的民间报刊。就我收到的赠刊计，就有十来种。他们有一个共同点，就是内容都很清新可读，主持人都很执着认真，没有任何花架子和伟大的废话。有些文章是那些法定刊物上所难读到的。我很尊敬这些主持人，可惜只与《开卷》的董宁文和《芳草地》的谭宗远见过面，其余虽心仪其人，有过信件往来，但却缘悭一面。我也曾想参加他们每年一度的见面会，看看他们究竟怎么会有这么一股子劲。也总想看到他们一些自述性的作品。最近收到山东《日记报》主持人于晓明君寄来他所著的《耕读堂日志》部分手稿，让我满足了后一个愿望。

我和于晓明君从《日记报》创刊开始，已有多年通信往来的历程，他的《日记报》从单页到书本，我每期必看，从而知道很多过去不知道的事。他也曾约我发表些日记稿。我原来有写日记的习惯，但在“文革”抄家时，抄走几本日记，即被按图索骥将日记中提到的人和事一一追问，人无论生死，事不管大小，都要有说法，被逼供得疲惫不堪，所以我发誓再也不写日记，也就无法满足于君的要求了。但我仍然喜欢日记这种写作体裁。因此，当我收到《耕读堂日志》后，就把它安排在我的读书日程中。

日记之体，大抵分两种，一种是写个人记事以备查，文字比较随意的日记，作者不准备发表，或身后经他人发现整理，始公之于世的。另一种是作者利用日记体裁记事，准备公之于世，供他人阅读的，内容经过选择，文字也比较整齐规范，这可以称为日记文学。于晓明君的《耕读堂日志》，当属后一种。

《耕读堂日志》是作者2004年一年的日记，按季分为四卷，约二十余万字。

---

* 本书原题名为“耕读堂日志”，出版时更名《茶歇集》。

它虽然属于日记文学一类，但没有虚妄、造作、过分修饰文字等等弊病，而是一部独具特色，吐露内心真实的记录。我虽然只读了全书的四分之一。但已有一些感受，或可供作者参考。

作者在《耕读堂日志》中真诚地抒发了个人对父母、对师长、对朋友、对很多读书人的挚爱之情，他稚子般地迎候父母的到来，虔诚地尊敬师长，慷慨地接待朋友，而对读书人的一言一行更有所关注。我读到他为章克标辨证的一长段记事，令人感动。当今之世，又有多少人有此侠气？于君颇珍惜他人对他著述的关心，收录他人对自己的评述，也十分重视他人的成果，无论是通信，还是专文，他都认真地发表自己的看法。另有许多论书的篇幅，增加了书话的成分。读到这些内容，不由想到清人李慈铭一生所写的《越缦堂日记》，其中多有读书笔记之类的记事，后有人从中辑出《越缦堂读书记》两大册出版，对后学读书甚有裨助。于君若能长此以往，坚持不懈，焉知将来不能有此成就？日志中尚记有读书界的人与事，足备书林掌故，具有一定史料价值。我既读其日志，而于君复请弁一言，乃拾读后之片言以赠，是为之序！

二〇〇五年初春写于南开大学邃谷，时年八十三岁

原载于《茶歇集》　古农著　中国文史出版社2005年版

《追逐理性》序言

二十世纪八十年代初，我参与故乡萧山新编县志时，曾结识了一位乡友陈志根先生。他是一位勤奋好学，笔耕不辍的学人。在近二十来年的交往中，我读过他发表的一些文章，也进行过一些有学术含义的商榷，感觉他是在认真做学问，认真写作。这对一位在基层长期工作的学人来说，是非常难得的。最近，他从若干年来所写的文稿中精选了部分，编为一集，并为表达自己的治学理念，题名《追逐理性》。他寄来该集的目录和大部分文稿，请我作序。我与志根既有乡谊，又感于他矢志不渝、致力学术的精神，于是就写一点读后感以作序。

陈志根先生这本以《追逐理性》为书名的论文集，共收文五十六篇，分为史学、志鉴、政治、教育和乡土等五卷，按内容主题而分隶各卷。察其分卷类名，足以见陈志根先生之以史学为根本，以修志为事业，以政治明见识，以教育示关怀，而最终立足于乡土，有表有里，有根有脉，固非一般浮躁虚夸者所能比。

这本论文集的最大特色，在于作者善于独立思考，勇于提出自己的见解，非但有知，而且有识。如在《鸦片战争时期中国人民反侵略斗争的阶段及其特点》一文中，从人民斗争的另一角度对鸦片战争进行划阶段的研究，从而将整个时期定为三个阶段，并认真分析了各阶段的特点，使人易于掌握战争历程，亦以见中国人民爱国行动的脉络。他将战争的发端年代定为1839年，更与一般说法不同而别具新意。在有关萧山衙前农民运动的文章中，更可见作者的学术胆识。他敢于冲破通行已久的成说，对萧山衙前农民运动的性质提出质疑。作者认为：“衙前农民运动的意义和地位是巨大的，不容低估的，但将其性质称为共产党领导下的第一次农民运动，还可以商榷。”并从组织上、思想上和领导人的言行等几方面考察分析，得出新的结论说：“衙前农民运动既有别于以往传统的农民运动，但因缺乏党的领导，又有别于以后中国共产党领导下的农民运动。它是旧式农民运动向以广东海丰为先导的、党所领导下的农民运动的过渡。”这种坚持科学精神的治学态度是值得肯定的。

作者长期从事新编地方志工作，因而有关修志的论文在集中也占有相当比重，他不仅回顾了第一届修志的一些实例，更重要的是针对第二届修志，提出了若干有参考价值的观点和建议，如《关于续志工作的若干思考》、《与时俱进是续修志书的应有品质》及《续志篇目设置应做到“四要”》等，其所论述内容对推动新一届修志工作具有重要作用。如他对浦阳江下游河道变迁的考订，对若干历史人物如毛奇龄、章太炎、汤寿潜和蔡东藩等人的评论，都可见作者的学术功底，亦可备读者参考。

萧山虽为繁华富庶之区，但文献资料之搜求、采择，存在一定难度。作者在这种艰难条件下，能做出这样的成绩是难能可贵的。希望作者一如既往，奋力拼搏，在学术道路上取得更骄人的成绩。我虽已年登耄耋，亦愿再读新作，再见新集。是为之序。

二〇〇五年一月于南开大学

原载于《追逐理性》　陈志根著　中国文史出版社2005年版

《师友论定轩——章用秀学术研讨会论文集》序

章君用秀，字定轩，津门绩学之士。少聪颖，髫龄即喜读书，及长，学业初成，于服务桑梓之余，耽于文史，勤于写作，笔耕不辍，不时有专著、专集出版问世。章君博涉多通，潜研所及，几遍文史、艺术诸多门类。又好藏书，为津门庋藏甚富一大家，从而声名鹊起，为津门内外人士所共钦敬。退休后大隐于市，不慕荣利，肆力于学问，计其所著，已成专著77种、论文数十篇，岂止等身而已。近者，津市河北区政府为促进文化发展，举办“章用秀先生学术研讨会”以为推进文化之嚆矢。与会者近三十人，各有谠言善论，于章君学术成就，分析论辩，堪称全面。会后集文稿数十篇为一书，持来请序。我前以高年艰于行，时以未克与会为憾。今用秀来为讨论集征序，正可补前愆，遂为之序云。

我识用秀十余年，当时他已蜚声学坛，彼此时有过从，晤谈多及津门旧事，而于天津地方文献之积存与整理尤所侧重。用秀于此深加研究，对天津地域作“郡新而地古”的立论，并以“河海文化”颠覆了码头文化、殖民文化、外来文化、找乐文化诸多悖论，使研究天津文化者知所依归。其名著《天津地域与津沽文学》专事研究天津建卫以来的地域特点、掌故与文学流派之成就。而于水西庄查氏及弘一法师的研究尤见功力。查氏水西庄为北方名园，可与扬州小玲珑山馆、杭州小山堂相媲美。章君叙水西庄之兴建、景观及文人雅集等文颇有参考价值。又广事搜寻，深入研究乡贤弘一大师之籍贯、进德、修行、布法及文学艺术诸方面，使津门先贤，大显于世，章君以是为学人推为“李叔同——弘一大师研究会”副会长。章君又以津地为渔盐之乡，进而研究盐商之兴起、繁衍及养士善行等端，其著盐商养士及与文士往来等事颇见创意。是盐商养士佳话，不独扬州。而天津文化与盐商推进之功，亦于此约略可见。

章君之为人，诚信朴实，可于其收藏鉴赏等活动中见之。章君于收藏不徒论藏品之真伪、积累及价值以符藏家声名，尤在于保护乡邦文献，促动收藏。更值得注意者，乃在就亲历眼见之事实，揭示市场之黑幕弊端，并以切身体验，将应付市场之对策，娓娓告诸世人。宅心仁厚，实不可及。

既浏览与会诸君论文，大多集中章君之学术人品，宏观者多，微观者较少；概括其学术、人品者多，细剖其一书一文内涵者较少。我抉其乡邦文献一端，即以明章君学术之根本。既有根脉，其他学术门类随之勃发，自在意中。所见当否，尚祈诸君教之！

章君方近中寿，正学术趋于成熟，精神焕发之年，加以退隐消闲，无所干扰之身，则全速突进于学术堂奥，适当其会。我老矣！年逾九十，有心无力，只能路畔伫立，自叹年华逝去！见章君之进取，宜乎我之老大伤悲！以我观之，不十余年，章君将在津门学坛，占重要一席之地，当无异议。天若有情，假我遐寿，我当摇旗鼓呼，乐观其成，章君其勉旃！

是为之序。

二〇一三年冬月写于南开大学邃谷，行年九十一岁

原载于《师友论定轩——章用秀学术研讨会论文集》（天津记忆） 第127期 2014年2月

《变调说西游》序言

批注，历来为读书之一法。前人读书往往或批、或注、或校、或补，于解读本书有极大助力，可为读本书之资粮。此不仅正经、正史云然，即稗官小说，亦多有所作。清初金圣叹之批才子书，发一己之郁闷，论世道之莫测，久已脍炙人口。而李卓吾之评西游，更见思想之发挥，率多延伸书外。前人论诗，时有“意在诗外”之论，以其可得诗之真谛、妙谛。是以书外、诗外之所得，固不得漠视。

我喜读书，时以读批注而赏心悦目。至若古典文学作品，尤应读眉批、夹批以引发思路。数十年前读《西游》，虽先读华阳洞主人之校，参以李卓吾之评，略有所得。惟终嫌片言寸笺，个人之浮议为多，而无更深挖掘。近日获读李正明君所撰《变调说西游》不禁耳目为之一新，眼界为之拓宽，诚读书人善读书之所作也。

李君正明与我相识多年。素知其专攻物理而雅好文学。任职南开大学出版社编审，颇著辛劳。1998年，正当文史随笔热潮之际，李君独具只眼，组织《学识走笔·大学生文库》，荟萃数、理、化、文诸科，熔铸为《丛书》，以倡导文理融合。我亦应邀，以《枫林唱晚》文史随笔加盟。《学识走笔·大学生文库》于当时众多丛书中，颇为时所称。亦以见李君博涉多通之思想，更于提高大学生素质，极有裨益。然李君未止步于此，更进而以哲学理念，科学方法，深层探测，以求其真。乃以《西游记》为标的，择其窍要，阐幽发微，所得出人意外。遂集其篇什，成《变调说西游》一书，为批注古典小说开一新局面。

《变调说西游》之变，乃“变徵（zhǐ）为羽”之变。李君借提高音阶之说，隐寓其书为提高《西游记》认识之作。李君之用心可谓深矣。全书分两篇：上篇题“幻与真”，意在启示将“极真之理以极幻想手法表现”之读书法，收文二十三篇，如《姓氏之幻》、《吃唐僧肉的讲究》、《“喜花”与泡沫》、《遥诊·推拿·听诊器》……以为以幻求真之例证。下篇题“似虚而实”，意在从所写的虚，来探测暗含的实，示读者以“广泛联系，寻根究底，执虚如执盈”之又一读书法，收文三十八篇，如《饮水致妊》、《无语悟空》、《佛与魔》、《虚实西天》……以明虚幻而不虚妄之理。

《变调说西游》貌似随意谐趣之作，实则为李君正明之特殊创意。李君倾数十年治学之阅历，虽云变调，实为高调，用以提高对《西游记》之认识，更出以有趣文笔，若面向中学生，娓娓道来，寓教于乐，陶冶学子得窥读书门径，使其不仅知其然，更能知其所以然。金人元好问有诗云：“鸳鸯绣了从教看，莫把金针度与人”。元氏一代宿学，犹吝金针。而李君竟能不吝金针，度人以矩矱，以法度。即此，亦足征李君之学人胸襟矣。

李君正明所作既成，请序于我。我始以趣味小品视之。及读其书，兴致盎然，而见其寓意深远。此不止中学生受益。即老朽若我者，也若啖蔗者，越嚼越甜，若饮纯醪，若进佳肴，是当浮一大白，乃操笔而为之序。深冀读者勿以小品闲书视之，而当受其金针为己所用，尤望李君出其文理知识，再接再厉，为社会多做贡献。老朽当拭目以待，期获新知，是为之序！

二〇〇六年三月一日写于南开大学邃谷，时年八十四岁

原载于《变调说西游》　李正明著　天津教育出版社2007年版

《半月日志》序

日记是一种传统文体，是一种非常好的写作习惯。清代学者名宦多好为之，如林则徐尚保存大量日记手稿，虽间有缺失，但所记一生重要行事，足资研史参考。又如李慈铭的《越缦堂日记》，篇帙浩繁，内容丰富，后人曾从中辑出读书部分，成《越缦堂读书记》二巨册，为学人所喜读。最近清史编委会的《文献丛刊》中的《清代稿抄本》（第一辑）中，收未刊日记有二十二种，大部分记中晚清的官场形迹和民间习尚，可见日记之为人所重视。近半个世纪以来，因为种种原因，很多人都停笔不写了，但仍有一小部分人继续在写，已故明清史专家郑天挺教授就一直在写，我曾亲见其事。我从初中开始写专题日记，主要为了练习写作文，一直写到"文革"被抄查问才绝笔。那时许多人也多辍笔，日记似乎无声无息了。直到十几年前，山东有几位好学之士，如自牧、于晓明、徐明祥等人崛起，尽全力奔走呼号，自己写，鼓吹别人写，更千辛万苦地刊印《日记报》、《日记杂志》。空谷足音，引动很多人响应，我也是由此而结识他们。以后还稍稍参与其事，而兴写日记之念。2004年12月，我有杭嘉湖之行，曾写有日记。后整理成专题日记，题作《杭嘉湖纪行》，并写一小序，简述我写日记的往事说：

> 少时好记日记以备忘，但并非排日有记，而视事之有无。每年约有一笔记本，十余年间，积有十余册，遇事多资查询。"文革"祸起，迭遭抄家，全部日记落入专案组手，于是每日传讯，按图索骥，细查每人每事，愤懑烦躁，发誓今后再不写日记。近年年事日高，记忆衰退，日益仰仗笔墨，每遇要事，必笔之于册，难称日记。设连续有记，则颇类专题日记。2004年冬，杭嘉湖地区多个文化单位相邀，乃与新婚妻子焦静宜女士偕往。因连日皆有事可记，遂成《杭嘉湖纪行》一篇。

闲时翻读此《纪行》，饶有兴味，如12月8日所记云：

下午，与静宜偕游新西湖，此为近几年新开湖塘。虽面积略小于旧湖，但湖水清澈，风光旖旎，景点也多新意。游“曲园风荷”，相传为南宋制酒之地。有酒市赛酒塑像，配以市声、俗乐，自得其趣。南宋偏安一隅，好酒如斯，商女不知亡国恨。聚饮游乐，直把杭州当汴州。今人亦多好酒，令人担忧！参观盖叫天故居燕南寄庐，一艺人用功不辍，卒成大名，对后人颇多启迪鼓励。

乘游船周游新西湖，约一小时，微有凉意。但心境舒畅，物我两忘，亦人间一大乐事。

又如12月11日记在湖州行止说：

上午，应湖州师范学院人文学院之邀，为该院师生作《读书与人生》报告。讲演中插入古人一些读书经历，深受欢迎。进行一小时余，接受提问，并作回答。

演讲会后，王增清馆长陪同，前往乌镇观光。

乌镇属桐乡，为江南六大名镇之一。镇内有名床、古钱、织布、酿酒等专题民俗展览。大作家茅盾为乌镇人，访其故居，朴实无华，当地亦未故作张扬，令人仰慕。乌镇入口走青石板路，回头坐游船出镇，水陆并行，可称完备。我数年前曾来一游，今已大有改观。静宜为第一次来，兴趣盎然，眼界为之一开。下午三时许，返湖州。

在湖州城内访皕宋楼遗址，该楼主人陆心源为清末四大藏书家之一。以收藏二百部宋元版书著名。后所藏大部为日人捆载而去，今存日本静嘉堂文库。文物归主，理应索回。藏书楼亦早毁坏，近虽修葺数栋，略有陈列，不过虚应故事而已！又至飞英塔参观，此为唐建石塔，宋又围以木栅，成塔中塔格局，为世所罕见，惜时间过晚，未能登塔一览。

这些都是先有粗略记事，后又加工为准备发表的日记，文字经过修饰。另有一种是未发表的手稿。前者，我读过虞坤林君所整理的《徐志摩未刊日记（外四种）》一书。这种未发手稿往往能示人以日记主人未被人知的另一面。如徐志摩于1919年所写的《留美日记》，他在6月22日参加一次有华人参与的夏令营时，曾记有如下的感受说：

此来盖为有多数国人会集，正好借此时机，唤起同仁注意。五月四日以来全国蜂起请事，国内学生已结有极坚强、极致密之“全国学生联合会”，专诚援盾外交，鼓吹民气。一面提倡国货，抵制敌货。吾属在美同学，要当有所表示，此职任所在，不容含糊过去也。

类此激昂慷慨的言辞，还有几处，表现了徐志摩浪漫飘逸，不拘小节的另一面。在五四时期，他是一个热血激昂、豪情满怀的爱国青年。由于是未刊日记，显得主人的更真诚。

又8月6日的日记中，徐志摩更写下严于律己的人生态度，他写道：

昨晚有女子，唱极荡亵，心动一动，但立时正襟危坐只觉得一点性灵上与明月繁星遥相照应。这耳目前一派笙歌色相，顿化浮云。那时候，有两种心理上感动：第一是领悟到自负有作为的人，必定是庄敦立身，苦难生活。Take Life Serious（认真对待生活），决计不可随众逐流，贬损威信。第二是想到心地光明决计不可为外诱所笼罩，亵渎神明。

这俨然是道学家的一种自省，这些未刊日记的内容，无疑是对徐志摩进行全面研究具有重要参考价值。这也许正是自牧等人大力提倡日记研究的初衷之一吧！惟自牧诸君并未止步于提倡，而是进一步开发日记的不同类型。前年，他推动了一次“接力日记”，邀约二十四位作者，每人写半个月，顺序编次成一年。我有幸被约写这年最后半个月，即12月16日至31日，经过修改，题名《岁末半月记》，与其他二十三篇合成一册，作为《日记报》的一种发表，现在翻看有很多有趣记事，如12月16日条记有如下内容：

下午，《光明日报》荆时光小友借来津采访之便，顺道来访。时光为一好学青年，曾有过多次通信，属于我的“粉丝”一类，惜素未谋面，今获一见，甚悦！彼此谈了一些想说的话。他见我满屋子的书，便问我算不算藏书家，我说我非常反对“家”的说法，因为“家”的说法，有很大弊病。一是不论什么人，稍有“成绩”，“家”的称号如文学家、史学家、表演艺术家、红学家等等，就蜂拥而至。声名小点，称名家。声名大点，称大家，几乎无处不家，无人不家，品斯滥矣！二是“家”有无标准？我国是个善于量化的国家，“家”如何计量？如有多少册书，才算藏书家；写过多少诗文，才算文学家；唱过几首歌，当过多少回主演，可称表演艺术家；是否考证过曹氏世系，为秦可卿树过碑，就算红学家。“家”没有个算法。三是“家”像一副枷锁，如被称为藏书家，只能在藏书家圈子里转，往万册、五万册藏书去奋斗。岂不太累？如有一个某某家的头衔，就不能随心所欲。我已年过八旬，还是跟着感觉走吧！

看了自己的，再看看各地文友们半个月连半个月的日记，了解他们在不同地方都在干什么？当难遣永昼，昏昏欲睡的时候，拿来翻翻，也很解困，颇有乐趣，这也是自牧等人为大伙儿做回功德。没想到，自牧点子多，今冬又出新招，在《半月日谱》、《半月日影》、《半月日注》之后，又要编一本“同时日记”——《半月日志》，邀约二十四位男女老少文友，同写半个月日记，地区遍及湖南、甘肃、北京、江苏、山东、山西、江西、辽宁、上海、浙江、湖北等地。文字有长有短，记事有繁有简。看一本“同时日记”可以纵观横览不同地区在同一时间段里各种事物的某一些侧面，让人享受走遍中国的滋味。如能传之久远，其中某些纪事或可成为难得的第一手史料，如黎树祥的《长沙日谱》12月18日《离休金的变化》条所记离休人员工资调整的具体数字说：

> 我1986年离休时，离休金每月是160元，1999年10月涨到1191.80元。2005年10月，为3284.80，现在（今年8月起）是4044.80元，为最初160元的25倍还多！

这既可见离休人员离休金的涨幅，也可见通货上升的速度。又如邓基平（自牧）的《淡庐日志》多记文坛活动、文人行踪及图书交流情况，亦可备文坛掌故之需。

我既欣赏自牧这种日日新、又日新的精神，也感到这是日记体的一种开拓。我于期待自牧更出新样，丰富日记园圃的绚丽多彩，乃捉笔叙其缘由，以励来兹。

二〇〇七岁末写于南开大学邃谷，时年八十五岁

原载于《半月日志》（《日记杂志》第48卷专号）　自牧主编　中国文化教育出版社2008年版

《草堂书影续集》序

几个月前，我收到上海奉贤一位素不相识的书友金峰君寄来几册题名为《草堂书影》的书，托我转赠数册给南开大学图书馆，并要我写“读书是福”四个字。向图书馆捐书让更多人有好书看，自是一件功德事，应该照办；但写字却有难度，我既不善书法，又年高目眊，写不出好字，只是因金峰君的真诚，又是第一次要求，不忍拂其意，勉为写赠，连同请我签名的拙作挂号寄回。这本《草堂书影》无论从内容到形式都不得不承认其精美，从他的经历看，是个无权、无势、无钱的小人物，印这样一册书，只为利人，毫不利己。他对书的虔诚令人感动，节衣缩食，乐此不疲的行动，是在冲刷社会上那种浮躁张扬的恶习。他的地位低，但是他的品格高尚。更值得致敬的是他的妻子凤妹。她耐得清苦，对丈夫全力相助，默默地在做一件有益于社会的事。这对夫妻有“金峰凤妹曾藏”的共同志趣，有金峰文字、凤妹摄影的精诚合作。人间仙侣，过着实实在在却充满真爱的生活。

我在寄还挂号邮件时，对称呼着实费些斟酌。金峰和我有半个世纪的年龄差距，应是忘年小友，称“先生”似乎生分点，所以就用“君”相称，在邮件上写下“金峰君收”的字样。事情本来很平常，万没有想到却给他带来不该出现的麻烦，邮政人员愣说姓名不符，说“金峰”和“金峰君”是两个人，不肯交付邮件，虽经金峰百般解释，依然遭拒，并扬言只有“先生”、“小姐”的称呼，哪有什么“君”这种称呼？并嘱咐金峰转告寄信人，以后注意，不要随意写。万万没有想到，八十多岁的老翁，又接受一次通信教育，真是活到老，学到老！金峰在来信中原原本本告诉我事情的经过，令我啼笑皆非。这一次可笑、可悲，不值一提的事件，却无形中拉近了我和金峰的情感距离。

一个人偶尔做件好事，比较容易，也值得赞扬；但不断做好事，而且无怨无悔地继续做好事，却是件不容易的事，更值得赞扬。金峰在第一本《草堂书影》问世后，最近又在筹划续编，人力、财力又不知将投入多少。日前，他在来信中告知，他又整理编写了近百位作者的签名本书影，其中六十位为前集所未收，四十位是前集已收但却是另一种签名本，我有幸被续集增入六十位之数。金峰在信中还希望我写一短序，顾炎武在《日知录》中曾告诫人们“人之患在好为人序”，这是针砭时弊的箴言。鉴于金峰的奋进精神和这样一本书对社会恶习陋风又是一剂良药，所以便应允，写下这篇短序。祝福金峰、凤妹携手并进，永结同心。

是为序。

二〇〇八年五月下旬写于南开大学邃谷

原载于《草堂书影续集》　金峰编著　上海人民出版社2009年版

《自然集》序

自牧，鲁东一名士，能文好书法，是山东一位颇具名声的专业作家或业余作家。言其为专业作家，因其著文几能等身，虽公私猬集，仍能笔耕不辍，享名于文坛，且有作家级别，故可称专业作家；但其本职又是山东省委机关医院的一级领导，所司与写作风马牛，而本职反为文名所掩，故应是业余作家。我与其相识十余年，相处甚洽，知其伉爽坦率，心无城府，时有文墨往来，而结交日深。

自牧其人，颇有“上马杀敌，下马草露布”之好汉气概，下笔千言，信马由缰，自成格局，故年有积累。迨存有定数，乃集结成书。近年已有《三清》、《尚宽》、《存素》和《舍得》诸作，友人已多有评说。自客岁至今，又成《自然》一集，来函命序，情难以却，且暑热渐退，遂欣然允其事，濡笔而为之序。

自牧以“自然”名集，可以窥知其人生动向。“自然”之名，虽简易平常，而其寓意则为人生最高境界。洞察红尘，然后归真返璞，是为“自然”。自牧历经官场、文坛，得众生百相之磨练，在走向晚年之际，萌求自然之念，可谓悟道早者，将为之贺。集中所收，不依规矩，无矫揉造作之态，不媚世，不迎俗，杂收其序跋、散文、打油诗、书札、日记各类文字，不拘一格，洒脱自如。斯人也而有斯文，信非妄语！

《自然集》共六部分，各冠以室名堂号，有“东山居序跋”、“慧园散文”、“百味斋日记书话”、“佛慧山房诗草”、“澈堂书简”、“淡庐日影”等。书尾有“附录”，为友人评说。于此不仅可见自牧一年中之笔墨收获，亦以见自牧日常人际交往之广和对事物观察之细。内容较杂而信息丰富，诚如自牧所谓“不只娱己，亦可娱友”，我读其书轻松自在，并分享了自牧的快乐，这应是我写序前未曾料想到的收获吧！

是为之序！

二〇一一年处暑之日写于南开大学邃谷

原载于《自然集》　自牧著　中国文史出版社2011年版

题《白纸黑字》

乡友申屠勇剑君，少好文史，尤钟情于乡邦旧物，中学时代即不时走乡串里，搜寻旧物，颇有所得。历经时日，已积存若干，遂建文华阁悉心经营。凡与萧绍有关旧物文书，皆在搜求收藏之列，其中以有关萧绍各项契约文书，尤具特色。

文书契约为立国之本，早自刘邦入咸阳，即命萧何广收图籍，其中文书为大宗，建国时多所依据。其各类文书皆可为了解和调协各方关系之中介，又可作既往历史之明证，文书之价值于此可见。申屠君之着意萧绍文书，始于偶然得一批萧绍地区旧文书契约，皆直接与萧绍社会事物有关，弥足珍贵，乃进而多方搜求，片纸寸笺，皆所关注。不数年间，即达五千余件，上起明崇祯年间，下止1955年，历时三百余年，各种文书契约皆有实例原件，诚可谓大观矣。申屠君为向社会展示本地域之文化遗存及历史真实面貌，经呈请政府批准，建立“吴越历史文书博物馆”，俾社会历史真相之一隅，灼然可见。近经粗加整理，选取精品近八十件，公开展出，既显遗存，又启民智，实大有功德之举。进而又汇印此批展件为《白纸黑字》一书，以广流传。

《白纸黑字》既已成书，申屠君持来请序，我以乡谊难却，强以衰退之年为弁数言以应。申屠自少至壮致力于乡邦文献搜求收藏，不遗余力，既成其书，又展示于众，虽仅一纸文字，而当年社会面貌跃然在目。既为地域保存文化遗存，又为研究社会史事者，提供信而可征之资料，行见为识者所关注。

《白纸黑字》共收文书契约近八十件，按其性质分为不动产租赁典买卖、政府、司法、教育、盐务、赋税、商业票据、会社、家族事务、婚嫁喜庆及堕民等十一类，全部彩色影印，原件真貌，历历可鉴，为研究社会民众间及官民间各种契约关系提供有证可凭之明证，亦为了解乡邦往事得一生动明晰之实据。

我年登九十，获先睹之乐，得不欢忻？遂命笔略题其端。望申屠不懈奋进，为地域文化再建新猷。是为之序！

九十叟萧山来新夏写于南开大学邃谷
二〇一二年四月下旬

原载于《白纸黑字》　萧山博物馆编　中国文化艺术出版社2012年版

题赵胥《朴庐藏珍》

辽南赵胥君，少从杨仁恺氏学习书画，天资聪颖，未成年即具规模。后从业于艺术领域。我识赵君，赵君尚未过而立之年，我则已年逾杖朝，垂垂老矣。惟相聚交谈，极为相得，知赵君非徒技艺超群而博识通达，又非时下青壮年之专趋时尚者所能及，于是乃订交往来，成忘年交。

赵君雅好收藏名人手札墨迹及著述未刊手稿，颇有积存，积之日久，藏量日富，每惠临寒舍，辄携其所藏，令我参阅，并就藏品文献价值及影响意义，时有议论。每有一得，赵君辄命题识，我亦不揣浅陋，略赘数语，往往彼此会心，莞尔一笑。近时赵君又以其所辑《朴庐藏珍——近现代文人学者墨迹选》见示，并邀我一序。我年登九旬，精力趋衰，友人来请序者，多加婉拒，而赵胥于我，历年情意关注，又方当盛年，有待揄扬，遂濡笔撰数言以应。

《朴庐藏珍》为赵胥君自历年所藏近现代名人手札墨迹中精选百篇而集成，上起清末，下迄当代，所选均当时负有大名者，可谓人文荟萃，洋洋大观矣。其生于清而卒于清者有二人，即晚清经学大师俞樾与诗人黄遵宪。其生于清而卒于民国者如陈衍、康有为、蔡元培、章炳麟、梁启超、王国维、邹韬奋等共十九人。其生于清而卒于当代者有张元济、商衍鎏、陈垣、马一浮、陈寅恪、陶行知、胡适、梁漱溟、叶圣陶、钱穆、冯友兰、茅盾、俞平伯、梁思成及季羡林等七十二人。其生于民国而卒于当代者有启功、程千帆、王世襄，而以杨仁恺殿其尾，共七人。凡当年具大名者大多包罗，其涉及重要人物亦云广矣，而所收信札皆为手迹，益增其征信度。

《朴庐藏珍》不仅留真手迹，以见其文献征信价值，辑者更为追思先父，通释信文，增加注释，以便读者。诸信内容，大多为个人交往及托办事务。所收虽多寸笺短札，但亦间有可资参考者，如章炳麟于1920年致函熊克武，言西南军阀混战状况；朱希祖为所藏《孝经注》题跋，论版本甚详；陈垣老师致王重民长函，商榷有关教会著述，为《陈垣来往书信集》所未收，具有参考价值；汤用彤致中华书局函，论整理《高僧传》及《续传》之五条建议，极称详备。至邹韬奋于民国三十一年以红笺小楷书写《图画歌》长篇，尤为罕觏。类此诸例，尚可检出多处，于研究追寻近现代文人学者之踪迹，仍有其一定价值。

辑者自历年所积存藏札墨迹中选辑百篇，去取确定，已属辛劳。更为读者方便，重加释文并注释，复于注释后附以致函者简介，虽大多已享大名而易得，但声名不甚彰显者，则较难着笔。甚至尚有付缺者，其中若无文献可据，但有传闻者，亦不妨以存疑之笔，略叙始末，俾知者有所补充。于有疑义者，当指明缘由，如陶行知与陶知行，虽仅名字倒换，亦为其个人思想有所变易之表现，今之读者或难知晓本义。其实难追寻者，不妨注以“生平不详”或“待考”，以待知者增补。

读赵君珍藏手札墨迹，不禁感慨系之。“孝亲”本为传统文化中一重要内涵，历代亦多标榜以孝治天下，《孝经》即儒家文化中讲孝道重要经典之一，南宋以来即被列入十三经。另一儒家经典《诗经》中《蓼莪》，读之益增思念先人亲情。“孝亲”固应视为社会稳定要素，惜近年所谓“新风”日盛，亲情淡薄，赵胥君方当盛年，力拒时尚浸染，特立独行，出其旧藏，殚精竭虑，遍加诠释，成一专集以纪念先人，实为后来者树一典范。赵父九泉有知，得不喜悦。赵君亦可告无愧。我不仅重其事而更敬其行，赵胥君：其勉之焉！是为之题记。

二〇一二年七月写于南开大学邃谷，行年九十

原载于《朴庐藏珍》　赵胥编著　中华书局2013年版

《我的中学时代》序

中学时代是大多数青少年的必经之路。凡是经过这段路程的人，都感到这是人生历程中最珍贵而美好的一段时光，因为其间有许多人和事值得回忆和追念，但那又是自己尚未感觉到的青春萌动期，也会干些不尽如人意的事情。中学时代，特别是几十年前的中学时代，由于每个人所处时代和环境的不同而不断分流，寻求各自不同的走向。有的循序渐进平稳地走完自己的学程；有的经历社会潮流的冲刷，较早地觉醒，认识到个人的社会职责，不满现状而投身革命，分担家国的命运；有的家境艰难，辍学自谋生计，以承担和减轻家庭的负担；也有一些家道富足，席丰履厚的膏粱子弟，终日浑浑噩噩地混日子……看来，中学时代真是一个既隐隐约约显示着前途，又令人忐忑不安的时代。它无时无刻不牵动着父母和老师的心，然而中学时代的种种切切留在每个人心灵上的痕迹，却难以遗忘。

我是二十世纪三四十年代在天津求学的中学生。当我升入初中二年级时，日寇侵我国土，置国人于其铁蹄之下。为了苟安，全家迁居法租界。我进入一所私立中学，直读到高中毕业。这所学校的校长是上了日寇黑名单的抗日者，老师都是不甘心屈身于敌伪机构，具有爱国节操的知识分子。他们大都毕业于清华、燕京、辅仁、北师大等名校，学识渊博，善于诱导，其中好多人后来都成为大学的知名教授。他们辛勤浇灌，苦心培育，为我日后的进业奠定了良好的基础。我由衷地感谢他们！但少不更事的我也曾干过给他们起绰号、设圈套等恶作剧，现在想来，深感愧疚而默默祷念，祈求宽恕！

感谢阿滢，想到“我的中学时代”这样一个好题目。他把五六十岁、七八十岁，甚至已达望九之年的当年中学生三十多人，从现实生活中拉回到几十年前，让这些当年的中学生，把已模糊和淡忘的往事，重加挖掘和梳理。这不仅可以再一次涌动写作者的青春激情，而且这些几十年前的回忆，必然随之展现出那一时代的社会背景，让人们约略地看到那个时代的一大侧影。阿滢的良好愿望很快地得到响应，许多年龄不等的当年中学生，都从不同角度回忆起自己的中学生往事，并形诸文字。这些文章都真实足信，清新可读。阿滢编成之后，嘱我写序。我粗加阅读，见所收各文作者虽有识有不识，但都是对社会卓有贡献的成功人士。我惶恐不已，未敢妄作，而阿滢雅命难违，谨缀数语，聊作小引云尔。

二〇〇九年八月中旬写于南开大学邃谷

原载于《我的中学时代》　阿滢主编　天地出版社2013年版

《修学旅行记》序

丙戌初冬，我应邀到宁波参加天一阁建阁440年和阁主人范钦500岁诞辰国际学术研讨会。会议结束那一天，我正准备离开宾舍时，服务员交给我一份打印稿，说是一位客人留下来的。我打开一看，是徐雁老弟给我留下的作业，是一份题为《修学旅行记》的打印稿，题目上方还写下一段文字说：

> 来先生：此件系本书样稿，是在校（北大、南大）研究生的日记体《修学旅行记》，请于11月底前赐序。徐雁拜请。

任务明确，又有限期，因此我顺手在稿面上圈写了一个“急”字，塞入行囊，作为回家后的首要完成之件。这种突然袭击是徐雁老弟的惯行，他常常在某次会议上见到我，就把他或他学生所收藏的“来新夏著述”送到我房间，要我签名或写段小跋。我很乐意接受这一任务，因为一则这是徐雁老弟“身教”学生尊老之道，我应该积极配合；二则我的那些破书本来就是造纸厂的备料，年轻朋友留我的签名本在他们书架上，占上寸把地盘，也使“来新夏著述”多延几十年寿命，何乐不为？三则徐雁老弟逢人求跋，我估计再有两三年，就能集成一本《学人书跋》，我得附骥尾而获一叶，也为书林增些掌故。习惯既成自然，只有奉命行事，伏案写序。

《修学旅行记》是以日记体裁撰写的游学记录，这在我国有悠久历史。孔子率弟子周游列国，就是游学，一路上师生间也许有所问答，这些问答后来经过弟子整理编辑，或者就是那部《论语》的部分素材。徐雁老弟则率弟子到各地与会、游学，写成专题性日记，颇得“先圣”遗风。日记可分两类：一类是自己写来备忘的，内容大多是天时阴晴，友朋交往，家庭琐事，读书心得等等；另一类是写给别人看的日记文学，大多正儿八经，言之凿凿，文字又多经修改，流畅可

读，《修学旅行记》就属于这一类。

《修学旅行记》是徐雁老弟众多研究生随师周游的一册专业性很强的日记汇编。有按日排比记录的，有在各日下又立标题，令人知其要旨的；但都围绕一个“书”字，如参加有关阅读和书刊的各种会议，见形形色色的读书人，逛不同类型的书摊，听不同年代读书人的天南海北，等等。这些都与诸生的专业学习环环相扣，真是一种良好教育方法的实录。“读万卷书，行万里路”是读书人的向往和常在口边说的话，但一般难以实行。徐雁老弟不仅身体力行，而且带领学生走这样的路，真是不可多得。

《修学旅行记》不仅仅记录诸生的行路日程，而且笔下时有感情，甚至感悟。读起来不是流水账，而是不少游学心得。如有一篇题为《一场讲座》的小文，记徐门弟子听老师讲已为他们讲过的一本书，在另一场合，又如何深化理解，更出新意，使学生受益非浅。这正是“书读百遍，其义自见”一语的真谛所在。读一遍，讲一遍；再读一遍，再讲一遍，真是学业进修的一种门径。读另一篇题为《国际阅读学会亚洲发展委员会北京年会》的小文，更令我感动。因为徐雁老弟在现场借他人之演讲，教导弟子如何掌握讲演技巧而使学生从容登台。像这类例子全书俯拾皆是，难以枚举。我只建议谁得到这本书，谁就不要把它作一般日记看，而是要认真阅读，咀嚼回味，从中受益。

这本书的原目录上有徐雁老弟五篇日记，但他把这五篇删去了，我建议应该收入。一则师生同在一本书，本身就是书林佳话；再则师生同书也让读者评判一下，如何理解“青出于蓝而胜于蓝”的道理，对师生都是一种鼓励。徐雁老弟自当有此勇气，未知然否？

二〇〇六年十一月二十四日写于南开大学邃谷

原载于《修学旅行记》（校园书香阅读文库）　王碧蓉编　郑州大学出版社2015年版

题张伶博士后出站报告

——《中国情境下组织成员工作-家庭促进研究度》代序

张伶女士是南开大学商学院的一位女学者，是我从她学术起步时就熟识的忘年小友。她从普通馆员和编辑起步，艰难辛劳，跋涉于坎坷不平的学术道路上，顶风冒雨地摘取一项项成果。我虽然比她大四十多岁，又和她的专业隔行，但每一次都认真读她送来的文章和专著，因为我欣赏和敬佩她的精神。

张伶以在职的身份读了硕士、博士，直至博士后流动站研究人员。按中国教育体制，从博士后流动站出站，应是致力学术的最高学历。张伶把她的出站报告《基于资源获取发展观的工作—家庭促进研究》送我一份，希望我为她这份报告写点题记。

工作与家庭历来是社会中一对相关的问题，无论是身在其间，或是旁观研究，都是备受关注的重要问题。因为家庭是社会低层的础石，而工作又是家庭运转的活力，绝大多数人都离不开这个社会的轴心，因此，工作与家庭是人们生活中不可避免的问题。但是，过去总以工作与家庭的冲突为视角，显得很消极，而张伶的研究则改变为以促进为视角，则显得非常积极，因而可见这份研究报告对社会问题观察得细致新颖，其切入点极有针对性，所以，这一选题不是空论，而是有现实意义的。

张伶的这份出站报告，不是例行公事，而是博涉群籍，有科学依据，且认真研究的学术性论文。她所引据的外文资料达257种，中文资料10种。而这些根据大多是世纪前后二十年间的论著，应当说是最新成果，有一定的前沿性，而大量外文资料更引导这一研究的国际化。不仅如此，张伶还向社会制发了1800余份问卷，取得具体数据，使论文的基础更加扎实，而且更具特色。我认为，这是当前国内不多见的有关工作与家庭的理论著述，应当引起学术界的关注。

张伶这份报告是鉴于过去这方面的研究缺乏整体性和系统性，孤立静态地看待工作—家庭之间的互动作用的问题。她把报告分为六章，并对这六章的内容，作了简要的概括说：

> 首先对工作和家庭进行了界定，并且阐述了联系机制，即工作和家庭间的关系；随后，详细讨论了工作—家庭促进的内涵和维度，并对相关概念进行辨析；接下来，回顾了工作—家庭促进的相关理论、影响因素和后果；最后从组织策略和个人策略两方面回顾了工作—家庭促进方面的策略研究。

张伶的这一概括，扼要简洁。她把全书的要点，明确地告诉读者。她除了这部有相当学术含量的出站报告外，还有多种学术专著，都足以看到她的学术潜力和勤奋好学的精神。张伶正当盛年，其学术进程如日中天。尚望戒骄戒躁，全力沉浸于学术之海洋，获取更大成就，我于张伶有厚望焉。

是为之题记！

二〇一一年九月十五日写于南开大学邃谷

原载于《中国情境下组织成员工作-家庭促进研究度》　张伶著　南开大学出版社2019年版

《〈点石斋画报〉里的天津》序

罗君文华，士林骄子，津门才俊，笃于学思，勤于著述，真读书人也。

上世纪八十年代中期，文华君尚在北大上学，即与我通信，垂询“天津教案”若干问题，所言颇有己见。初次正式见面，在八十年代后期，我正主事于南开大学出版社、图书馆及图书馆学系，文华君时为《天津日报》文化记者，由津报老编辑、民俗学者张仲兄引领，一同前来，论说古今，品藻人物，彼此不谋而合，相谈甚欢，由是订下忘年之交。文华君谦谦然以师待我，在编报过程中遇到疑难，经常来电与我商讨。一次晚饭后通话，提及林则徐诗句“苟利国家生死以，岂因祸福避趋之”，双方聊兴大增，侃侃而谈，忘却时光，竟迄夜阑。文华君长期操持津报副刊，孜孜矻矻，敬业求精，亦常热诚邀约拙稿，如《以“破伦”精神来藏书》《赠书有感》等随笔和书评，刊诸津报，多蒙读者朋友青睐。文华君博学通识，多才多艺，既富藏古今典籍、中外图书，汗牛充栋，插架缥缃，亦厚贮文房雅玩、故纸杂项，瑶琴横膝，芸帙披香，得享品赏之乐，远胜南面百城，而它们中间所蕴含的大量历史文化信息，对其治学写作亦大有裨益。多年前邮政部门举办征文，邀我参与，文华君不仅助我核实有关中国邮票历史，还主动提供一些外国邮票细节供我参考，其掌握史料之丰赡，运用藏品之灵动，发挥学识之自如，由此管窥一斑，令人刮目相看。

天津建城六百周年前夕，文华君撰成《〈点石斋画报〉里的天津》一书，以我治中国近代史和天津近代史为由，持来请序。循读全稿，为之一振，欢欣不已，感慨良多。

文华君从《点石斋画报》发表的四千七百余幅图画中，悉心找出与天津有关的一百余幅图画，予以分析研究，做了一件很有意义的事情。《点石斋画报》发行时期，从中法战争到戊戌变法，是中国历史上极为关键的一个时期，其中反映的洋务运动，对于天津来说，尤为关键，对天津社会的发展起到了推动作用。本来天津处于天子脚下，政治上多顾忌，保守思想严重。开埠后，由于洋枪炮舰对中国是新事物，西方书籍的翻译带来了新的思想观念，吸纳人才也带来了生活方面的很多新东西，不可避免地对天津文化产生重要影响。加之天津本身就是一个漕运码头、商业中心，是一个南来北往、五方杂处的地方，各国租界设立后，社会风气显现出不古不今、不中不洋的景况。那时的天津，可以找出非常落后的东西，也可以找到十分先进的东西。人们可以对传统老死相守，不加进取，也可以去追赶最新的潮流，如跳舞、吃西餐。人们有留辫子的，也有留分头的，有穿长袍马褂的，也有西服革履的，有坐花轿的，也有文明结婚的。整个社会表现得很奇特，处在一个中外古今交替混杂的时代。此部《〈点石斋画报〉里的天津》，正是反映了这一时期天津政治、军事、外交、法律、经济、交通、科技、文艺、教育、宗教、民俗及社会生活各个领域的时事，真是五光十色，展卷通览下来，让人感觉就是一幅清末天津的《清明上河图》，一部形象的近代天津百科全书。

以图证史，以史解图，是此部《〈点石斋画报〉里的天津》的研究方法与特色。从所征引的众多文献看，亦足见文华君读书之夥，眼界之博。1986年我曾为出版社主持整理校点一套“天津风土丛书”，系反映天津面貌的史志杂著，今见也被文华君充分利用，颇感欣慰。如其中张焘之《津门杂记》、佚名之《天津事迹纪实闻见录》、徐士銮之《敬乡笔述》、戴愚庵之《沽水旧闻》、徐肇琼《天津皇会考》、望云居士及津沽闲人之《天津皇会考纪》、羊城旧客之《津门记略》等小志逸史，以往连有些整理者都认为它们虽然不失为了解封建社会末世天津风貌、习尚有价值的材料，但其中可直接用作史料的实际并不多，此次经过文华君将它们与《点石斋画报》比对研究，化旧为新，点石成金，唤起了学界对它们的重视，提升了它们的史料意义。这是文华君在发掘天津历史文化资源方面的又一贡献。

我致力于北洋军阀史研究数十年，对北洋时期天津在中国的地位多有思考。现在皆说“近代百年看天津”，不仅因为天津开埠较早，在经济、文化、社会等各个方面发展较快，而成为近代中国具有代表性的城市，更因为近代以来中国历次政治斗争都与天津有着密切的关系，很多遗老遗少、军阀政客下野后都寓居在天津租界，以盼东山再起，重回京师掌权。特别是北洋时期，更是愈演愈烈，天津成为北京政府的“政治后台”。文华君在《〈点石斋画报〉里的天津》中提出，天津在中国近代发挥政治作用主要有两个时期，一个是史学界常说的“后台”时期，即北洋军阀统治时期；还有另一个时期，时间早于“后台”时期，为洋务运动时期，或者说是李鸿章主政天津时期。李鸿章既是排在第一位的封疆大吏，又是清朝中央政府在政治、外交、军事、实业等重要领域的核心人物。面对列强的侵略和复杂的国际形势，中国外交权力重心趋向双元化，形成北京总理各国事务衙门和天津北洋大臣并存的局面，天津成为清政府对外交往乃至国际军事斗争的“前台”。文华君通过研究《点石斋画报》与天津近代史的关系，首次提出“洋务时期天津前台说”，实具史家之识，应引起中国近代史和天津近代史研究者的重视。

我的老友、北京大学教授吴小如兄曾经与我私语：文华为人挚诚，不慕荣利，潜心学问，气格超然，将来必独领风骚，成文章一大家也。对小如兄之评价，我自然亦有同感，今借为文华君新著所作小序，愿充老骥，伏枥致勉，击鼓其镗，乐观其成。

二〇〇三年冬月写于南开大学邃谷，时年八十一岁

原载于《〈点石斋画报〉里的天津》 罗文华著 天津社会科学院出版社2021年版

书评

缩万卷为一图

——漫话《中国史图》

学术领域中有一种非常引人注意的现象，往往有独特成就的人并非出身于本专业，郭沫若、鲁迅出身于医学而成就于文学，陈援庵老师出身于生物学而成就于史学，张亮尘老师出身于化学而成就于中西交通史。类此事例，所在多有。这种现象至今尚无人进行认真研究。我大略揣测，可能出于意料之中与意料之外的缘故。对本专业的思维每每局囿于意料之中，而于他专业则所见所思时或有意料之外者。近两年，我又遇到这种怪异而值得注意的学术现象。

两年前的夏天，东北财经大学李克先生来函讨论召开中国史图研讨会的问题，并寄来有关资料。一读之下使我非常惊讶，他把迄今为止的中国数千年历史从文字记载化为一张图表，使人一表入目，全史了然。这样一项浩大工程居然成于一人之手，实在难以想象。这也是历史工作者曾经想做而终未能做到的一件事。我对作者没有太多的了解。不久，我从来南开大学攻读硕士的东北财大图书馆的一位女士处获悉，《中国史图》的创作者李克先生是化学专业本科毕业生，自然辩证法的硕士，出于学者的爱国良知和回归知识于大众的夙愿，不辞艰苦，毅然舍弃旧业，更求新知，取得为学术界称道的成绩。宋人朱熹有句云：“新知探求转深沉。”正是李克创制《中国史图》的最好说明。但是，我只是耳闻而尚未目睹，未免怏怏！

今年暑期，天津奇热，我应旧友晓平之邀去大连消夏，僦居于东北财经大学宾馆，获晤李克夫妇，始备悉其创制史图之艰难历程，拼搏十年，四易其稿，综括中华五千年所包含之史前社会、历代政权更迭、重要事件人物、科学研究成果、军事活动以及名胜古迹，约以坐标形式，按年代，分地区，制成《中国史图》巨帧图表，分为考古、历史和国家重点文物保护单位三大类。其成就实令人惊讶，尤使从事专业工作如我辈者生愧；但和氏怀璧，慧眼何在？李氏夫妇，忠于信念，不屈不挠，奔走呼号，以致身心交瘁，神形俱惫，而成功往往归于笃志不渝者。1995年10月，《中国史图》终于在宋庆龄基金会的支持下，于北京玉渊潭建成一面50米长、3米高的《中国史图》墙。中华民族的宏伟壮观，从此展现于万千民众之前。于是“化千年为一瞬，缩万卷为一图”，中华数千年历史立观可得，不啻为爱国主义教育又辟一场地。《中国史图》其将与《中国地图》媲美而广为流传欤？

1997年，东北财经大学鉴于其重要价值，乃于校园中辟地斥资，为建《中国史图》墙，较之北京图墙更见完善，如图面空间坐标由31个省级区划增进到3000左右的县级区划，精度提高百倍。各项内容都加强了分级分类，并附加必要的注解；文物图片也增加一倍以上，益增其科学性与可读性。我有幸于今夏亲临其地，在李克先生引导讲解下，目睹其盛，叹为观止。化繁为简，以图代文，无疑为史学研究辟一新途径，但其时空范围过广，内容包罗极富，而物质条件则颇感不足，如图墙观测器、普及史图的包装形式、扩展史图研究领域等，均需要支持。深望东北财经大学领导人及社会有关人士多加关注，慨解义囊，则不仅李克夫妇夙愿得偿，东北财经大学之校誉日隆，而社会精神生活之受益，更不待言！

原载于《社会科学报》1999年12月30日

一部值得一读的通俗史书

——读张贵祥著《大三国演记》

在文史学界有一种令人奇怪的现象，那就是一些著名学者和名著多出自非文史专业者之手。鲁迅、郭沫若都是学医的，但他们的成就却在文史学领域。鲁迅的大量杂文，郭沫若的古史和诗文戏剧的成就，都造就他们成为文史方面的大师。张星烺先生先后从事采矿和化学专业，但终于成为中西交通史专家，编写了六大本《中西交通史料汇编》，开拓了这一研究领域。诸如此类的例子，还可以举出一些。最近，我读到一部长达九十余万字的通俗史学专著《大三国演记》，这部文史兼擅的精彩之作，却是出自一位机械专业方面的高工之手。这不更证实了上述的所谓奇怪现象？

《大三国演记》这个书名有点怪，在人们熟悉的“三国”上加一“大”字，而把“演义”改为“演记”。这“大”和“记”虽只是两个字，但已是作者将全书内容和写作采取的新史体作了高度概括。作者在其《后记》中有过完整的说明：“本书所叙是公元十世纪起，辽、宋、西夏、金时期的历史，开始是辽、北宋、西夏三足鼎立，尔后是金朝、南宋、西夏依次对峙，最后是元朝灭夏、灭金、灭宋，三国归元。”又说：“广大读者需要一种新体裁史书，它应兼有‘纪传体’、‘编年体’、‘章节体’等类史书优点，又便于阅读。”作者划定的写作范围是两个三角形的三百多年间全方位的历史，用的是兼取各家史体所长的新史体，即“演记体”。

这部书最可贵之处是它的创意，由于作者是圈外人，易于摆脱旧有的传统窠臼。他不是写以汉族为中心的历史，而是平等地写汉、契丹、女真、羌、蒙古等中华民族的各个组成部分。我很佩服元人脱脱和清乾隆帝，他们能修辽、金史，并以“宸断”的权威将之列入正史，而西夏史即使读过很多书的史学家，能读读《西夏书事》就很不错了。但西夏在两个三角中都具有一角，可见其地位之重要，怎能忽略？这两个三角比魏、蜀、吴三国的疆域范围与朝代数要大而多，其赓续年代，三国不到百年，而两个三角有三百余年，长了三倍，真不愧于“大三国”之称。在这部书以前，有一部很值得注意的通俗史书，即蔡东藩的《中国历朝通俗演义》，书名用的是“演义”，本书作者采用了一个“演”字，表明他有衍生出来的情节，但他把“义”字更换成“记”字，似乎是用了《史记》的“记”字，增加了这部书“实”的成分，也透露了作者有意追踪《史记》，希冀自己的这部书能成为一种新史体的开山之作。

作者虽非历史学专业出身，但他恪守治学规则。他很讲究如何运用史料，自称“本书依据的基本文献史料为：《宋史》、《辽史》、《金史》、《西夏记》、《续资治通鉴》等书，其他参阅的古今史籍，史料难计其数”。从书的内容考察，作者说的确是老实话，他不仅按治学规则用了基本史料，即用正史，用人所共识的通用史料，不求怪异，亦涉及不少诗词之作，如后蜀花蕊夫人的“更无一人是男儿”的名诗和文天祥的《正气歌》等。书中的引文也很规范，而且与作者的行文融合得很贴切，几乎没有生硬之感，如果不是娴熟史料是难以做到的。至所述故事情节，亦多抉择于稗官杂史，颇足征信。

《大三国演记》将三百余年史事全面编织成一百二十回，所立回目，简明扼要，浅显易懂，令人一望而知其所述。全书以编年为纲，以纪事本末为纬，以事系人，传其生平，构成一幅立体的历史图卷。不仅史事完整，结构严密，更可注意的是作者娓娓生动的文笔，颇能吸引读者，如叙赵匡胤与赵普密谋统一地方政权和对诸将杯酒释兵权的谋略，叙辽道宗的皇后萧观音蒙冤自缢的凄楚，叙文天祥就义的壮烈等等，文笔俱妙，非一般通俗演义所能企及。

中国史家的优秀传统是秉笔直书自己的史观，用严峻的史笔写下论赞。本书的人物论赞写得都很雄健准确，铿锵有力，掷地有声，如对金海陵王的评论说：“他以阴谋篡位，以荒淫执政，以奸诈欺世，以疯狂灭亡，走完了人生的四部曲，成为中国历史上最荒淫的暴君。”对宋高宗的评论说：“宋高宗一生苟且偷安，寡耻主降，初为汪、黄所惑，后为秦桧所制；忠臣良将，弃而不用，李纲、赵鼎，相继被斥，岳飞父子，冤死狱中。有可胜之势，可乘之机，而甘愿屈事金朝，实为一昏君耳！”言简意赅，得其窍要。作者对一些历史事件也颇多新解，如宋辽间的“澶渊之盟”，历来认为是宋不应有的屈辱，但作者从不同民族的生产、生活方式和实际经济效果分析了得失。作者首先认为“澶渊之盟是宋辽实力相对平衡下，互相妥协的结果。它有不平等之处，就是宋向辽纳币”；接着，作者从游牧民族入侵对农耕民族破坏的后果着眼，以日尔曼人入侵对古罗马文明的破坏后果，以及汉、唐对外的和亲政策为例，作者又为实际经济效果算了一笔账，认为宋向辽纳币输绢的总价值是三十万两，为宋廷年总收入三千余万两的百分之一，所以“无碍大局”。反而因为局势缓和，宋可借此“开放了对辽榷场贸易，利用经济优势，每年可获利约四十万贯，补偿了对辽的岁币损失”，从而“使和平局面维持了百年之久”，肯定了“澶渊之盟的积极意义”。尽管这个问题尚可争论，但作者在认真研究史料的基础上，提出了独立见解，还是难能可贵的。

读《大三国演记》的过程中不时有一些愧恧之心，因为这样一部值得一读的通俗史书并不出于我们这些终生从事历史专业者之手，不过仍能令人心喜，因为在史学武库中，终究显现了一朵奇葩。可是她的命运多乖，长期待字闺中，得到的不过是些廉价的同情和市场经济的借口，幸而《中华读书报》的记者崔雪琴公开报道呼吁，河北人民出版社的接受出版，责任编辑牛素琴的付出辛劳，才使这部好书得免“藏之名山”的厄运，应该感谢他们！而作者以十年之功，病痛之躯，写出这样一部全方位勾画三百多年历史、近百万字的巨著，更值得仰慕。可惜因无缘识荆，而感到遗憾。如果有晤面的机缘，我定向作者致敬，因为他既为广大民众做了一件“还史与民”的大事，又为史书编纂开辟了一条通衢大道。我祈求我们的史学家们在写只有圈子里几百人能读能看的鸿文巨著的同时，也能像张贵祥先生那样，写些有扎实史料基础，能让广大民众读懂看懂的通俗史书吧！

原载于《中国甲午战争博物馆馆刊》2004年第2期

历史与演义

历史是一个国家的灵魂，亡人之国必先亡人之史，中国之所以历经多难而仍能巍然屹立者，有一条长流不息的历史长河是很重要的原因之一。中国有一套自黄帝开始至清朝为止，延续不断，只有重复而无中断的二十六史。但是这样一套通贯古今的大书要求国人都去阅读，实难行通。所以有些有识有学之士，以自己熟读史书的功力，把许多史事和人物消化咀嚼，加以故事化、情节化和通俗化，改写成演义。把演化出来的历史大义普及到万民之中，起到了一定的存史教化作用。我的一位乡先辈和远房姻亲蔡东藩先生，僻居在萧山一处名叫临浦的小镇上，教读之余，撰写了篇帙繁富的历朝通俗演义，为一般平民提供了良好的历史读物。我生也晚，未能面谒受教，但听父辈说，蔡先生对史书几乎是倒背如流，会讲故事，文笔也快，虽然生活条件很差，仍然写作不辍。他写这么大套书，可经济所得无几，而经营这套书的会文堂书店却发起来了。我学历史就是从蔡先生这套书入门的。后来有不少史学同道也多受此书启蒙。更有很多不专攻历史的人也都从中得到古今历史的大概。可惜现在很少人去系统读一下，难怪某些专攻历史，号称断代史家者连自上而下的朝代顺序都数不下来了。当然历代通俗演义在文学史上的地位和影响，与《三国演义》比还有一间之差。因为《三国演义》以三国史事为依托，把三国以前中国古代的人性和世事极巧妙地融合起来，作了入微的刻画，而使其更为脍炙人口和家喻户晓。

《三国演义》是写汉晋之间魏蜀吴三国九十六年（从黄巾起义到吴亡）的人与事，是一部历史小说，通常论说《三国演义》中的历史成分是“七实三虚”。那就是说有七分历史实际，三分虚构夸张，这就是历史和历史小说相区别的一种标准。过去曾有人主张历史小说和历史剧只是艺术虚构，与历史无关。它们不承担传播历史知识的任务。如果这样，那么这些运用历史题材的历史小说或历史剧就不要再戴"历史"的帽子了。这只能说有此主张者既不懂历史，又不懂艺术！近年来，历史题材走红一时，涉及司马迁、唐玄宗、武则天、白居易、宋徽宗，清康雍乾三帝、纪晓岚、林则徐、慈禧，以及最近九城轰动、众口交赞的《宰相刘罗锅》中的刘墉、和珅等等。其中有的作品起到传播历史与享受艺术的作用，有的则标举"戏说"，甚至盖上"不是历史"的印记，但却又使用历史人物与情节，真怕有可能造成某些历史的误导。《三国演义》之能起教化行远的原因，就在于它有"七实三虚"的内涵。清初大诗人王士祯曾说过："前辈谓村中儿童听说三国事，闻昭烈（刘备）败则颦蹙，曹操败则欢喜踊跃，正此谓也。礼失而求之野，惟史亦然。"（《香祖笔记》卷十）可是小说终究需要识字才能阅读。为了更广泛普及历史知识，就需要形象式地传播，于是有人就根据小说编成戏。京剧中有许多三国戏都是根据《三国演义》的人物和情节进行艺术加工的，如《长坂坡》就本于《三国演义》的第四十一回后半和四十二回前半；《群英会》就本于《三国演义》第四十五回至四十八回；《刮骨疗毒》就本于《三国演义》第七十五回。作为有历史癖的人来说，常常习惯性地要查对一下历史，尽管历史也有不实不尽，甚至模糊不清之处，但大背景、大动作总不致离题太远。所以我过去曾和几位同好合写过一本题名《谈史说戏》的书，其中写了好多出三国戏与三国史关系的小文，后收入我的《依然集》中。如《群英会》中的祭风是虚构情节，但草船借箭却是由裴松之注《孙权传》引《魏略》中所记的木船取箭的故事演化而来。又如《刮骨疗毒》除了小情节有所加工外，基本脉络与《三国志》卷三十六《关羽传》所载略同。可戏总是单折零篇，不易全面寻求艺术创作与历史现实的联系与异同。

近年，《三国演义》被全面改编为历史剧，搬上荧屏，这对向全民普及历史知识是一大功德，随之也引起一些人对历史真实的探问，有些人想了解事情的来龙去脉，有些人对电视剧中的历史内容似懂非懂，或知其然而不知其所以然，想要寻根究底。其中也确实有许多值得玩味寻思的地方，如《三国演义》的英雄、枭雄和奸雄之说，这实是暗寓罗贯中对三国国德的评论。过去读者于此往往一掠而过，人云亦云，从不根究。但从《三国志》与裴注，以及《世说新语》中细加辨证诠释，就能明其出处来源。又如张飞是否真是鲁莽汉，周瑜气量是否小得会气死等等，如能条举例证，出之以简洁文字，虽貌若识小之录，实则为考史辨证之篇，这类文字当然为放言高论治史者所不屑为，那只有等待那些兼通文史的通人们出而为之了。

原载于《路与书》（老人河丛书）　来新夏著　中国青年出版社1997年版

读奇人奇书

寒夜灯下读《常谈》一书，不禁讶其人之奇，其书之奇。撰者刘玉书，字青园，出生于距今二百余年的清乾隆三十二年（1767），历经嘉庆、道光两朝。他是汉军正蓝旗人，深研周易、左传，又善骑射技击，中过秀才，下过武场，但“跌宕诗酒，不乐仕进，授徒自给，隐于都市”，是位文武全才的高士奇人。道光后期，他已年逾古稀，著《常谈》一书，稿藏名山，直至光绪二十五年始由其从孙达斌编次刊行。虽名为老生之常谈，实为绝佳之奇书。刊行时卷首有高骏烈题跋，评《常谈》之作是“细评经史，因事察理，条分缕析，不为奇辞奥义，而言近旨远，类能阐前人所已发而文转新，扩前人所未发而论必正，俾人读之心易感，绎之味无穷。使非行已昭焯，人理坚深，事变周知，智识超旷，何以及此”。

人理坚深，颇得是书之要。《常谈》于杂书中确乎独具一格，既不志异说怪，又不爬梳陈文，而能就读书见闻，剖析事理，自陈见解，不苟同于流俗。其辟鬼神迷信，论史论学诸说，皆有可取，固不得以其无所知名而忽视其论述。

撰者论学术风尚，重在求实。卷一论明末书院讲学为“尚论唐虞，空谈孔孟，不切时务而自鸣其高”；与汉之清流、晋之清谈，“其无益于国皆类此”。尤痛斥东晋之虚浮说：“拂麈清谈，虚无是尚，世以为贤，吾不知也。”卷三又说：“士多尚晋人风致，此浮华书痴积习，最无足取。”可为今之束书不读，放言高论者鉴。撰者于治学多平实可取之论，如卷三论注释典故之原则是：“凡注释诗文中典故，必以常见通行简明之书为据。”论学术争论的态度是：“余谓考证则可，标奇皆不必。”此皆乾嘉早期学风，而非末流之炫奇逞博。

撰者辟鬼神迷信甚力。卷二有云：“今人好语怪，是诚少所见而多所怪也。”自承对鬼神仙佛之论“颇违众好”。卷三又曰：“余家世不谈鬼狐妖怪事。”考场冤冤相报，人言凿凿，而撰者则称：“若谓冤鬼缠绕，宿孽追寻，何时不可，而必俟场期耶？倘其人不试，将置沉冤于不问乎？此理易知，又何疑为！”

唐代唯物思想家吕才埋而不显，前人著作鲜有涉及，近人始多有论述。不意竟见诸二百年前所著之《常谈》，于吕才备加推崇说：“凡好星命、术数、堪舆之学者，须先见唐太常博士吕才刊定阴阳杂书各叙，方不为近世江湖术士伪书所罔。”洵为有识。

撰者论史尤具卓识，卷一论汉高祖“所恶者不在儒也”，而在衣儒者衣冠及自称儒者之腐儒。论明建文谕不伤燕王为“有类宋襄”，评建文“仁柔性成，虽无燕王之难，终不能镇抚国家”。更有贵者，笔锋之所向，直指君王，如卷三有云：“历观史鉴，自古人君下诏求贤求直言者每每。其究也，用贤几人，从谏几事，屈指可数，徒具虚文以美听闻，又何益！”于清朝行事也有微词，如卷四记康熙之纂《古今图书集成》则称：“微末士一见尤难，况购之乎？”隐指其不实际之憾。惟于反抗者频致诬词，于圈地内之佃户辱称“疲顽”，则时代局限之糟粕，为瑕不掩瑜之笔。

撰者生当清代文网高张之际，能着笔论史议政，实属难能，此或是书未能早获刊行之缘由。乾隆强行文化专制而终不能绝处士之横议，可叹也夫！

是书乃光绪二十五年由撰者从孙达斌所刊行，达斌时任江西盐道，书前有达斌识语，记编次刊行该书缘由。

原载于《冷眼热心——来新夏随笔》　来新夏著　上海东方出版中心1997年版

《探微集》探微

我与郑天挺毅生先生虽相识较晚，但心仪其人则早自抗战胜利后拜读其所著《清史探微》一书始。当时我只是一个初出茅庐的大学历史系毕业生，而毅生先生已是颇著盛名的学者，故难以面聆教言，仅从《清史探微》一书中钦敬其求实求真的功力。解放后由于高等院校调整，给我带来了与毅生先生三十年朝夕相处的机遇。我虽未获列名门墙，但日以师礼相事，甚获教益。可惜由于自己的资质功力钝拙，无所成就，有负毅生先生厚望。直至近年，有幸又读《探微集》，对毅生先生学识得有进一步领会。

从《清史探微》到《探微集》的三十多年历程，我国社会经历了巨大变化，而毅生先生的学术也显现了跃进的特色。我读《清史探微》时，深佩作者用力之勤谨，思路之绵密，而读《探微集》则眼界为开，耳目一新，更钦作者之学识渊博，日新又新的追求精神。毅生先生一再以“探微”名书，固自示抝谦，而我则正从微处得其大义。

《探微集》虽以《清史探微》为基础而益以其他方面旧著及解放后的新作，但学术领域开拓之广已非一般增补。集内清史方面文章仍占主要，这正是毅生先生之所以以清史名家的明证。这类清史论文又以论典制者居多。清入关前的典制过去论著虽有所涉及，但多语焉不详。毅生先生诸作如《满洲入关前后几种礼俗之变迁》、《清代包衣制度与宦官》、《清世祖入关前章奏程式》、《多尔衮称皇父考》等都对过去不甚清晰的制度、概念加以论述解释，填补和充实了清史研究领域中的重要方面，为后学铺平了进一步钻研的道路。尤以对世俗讹传有所纠正，如《“黄马褂”是什么》一文虽为答复武训是否得到过黄马褂之俗说而作，但简要地讲清了黄马褂除赏给亲近侍卫人员穿用的“职任褂子”外，还有一种是打猎校射时所给的“行围褂子”。这两种黄马褂是只在其位其事时穿用，平时不能随意穿用。这是“赏给”的意思。另一种是奖给有功的高级武官或统兵文员，任何时间都可以穿，这是真正的“赏穿”，并说明赏给与赏穿二者在制作形式上的区别。毅生先生在这篇二千余字的微型论文中不仅讲清制度，而且纠正了俗说。我读此文颇有见微知著之感，深佩毅生先生功力深厚方能提纯如此。

毅生先生是一位求实的学者，集中文章没有泛泛之论，都是尊重事实，有理有据地说明问题。他在所著《清入关前满族的社会性质续探》一文中明白宣布：

> 我相信：解释历史、说明历史，总以根据具体事实加以比证，比较可信。（页十七）

毅生先生的比证事实从不追求冷僻，而多用常见书解决问题。记得先师陈援庵先生曾教诲过要读已见书，用习见书，而不要炫奇。这无疑是名家共有的风范。毅生先生的《清代皇室之氏族与血系》一文是中年时期的力作，是材料丰富而有创见的论文；但细核其征引范围，大多是王氏《东华录》、《清史稿》、《会典事例》以及一些文集等。材料是人人都能得到的，但一经高手便成妙谛，于平川中见奇峰，正以见作者识见之深远。

毅生先生在学术上日求进益，不以既得之名而蹈虚声，他孜孜以求地完善自己的论著。《探微集》开卷的两篇文章可证其事：《清入关前满洲族的社会性质》一文撰于1962年，是针对当时学术界的争论而作，内容以大量史料论证：“满洲社会确曾经历过奴隶制，不是从氏族社会飞跃到封建社会的”（页二）和“一六一六年努尔哈赤所建立的政权是封建制政权，满洲族已进入封建社会”（页一四）等基本论点。其材料之充实详尽已为当时学术界所称道。但是，毅生先生并不以此感到满足而终结。他继续求索，时经十七年之久，1979年，他又撰《清入关前满族的社会性质续探》，坚持原有学术观点，又进一步论证了“满族在清入关前的社会发展已逐步进入封建社会，比较接近事实”（页三〇）的论题。这篇《续探》明显地告诉我们毅生先生在学术上的大跨度。他不仅以大量材料来论证，而且更努力以马克思主义的理论来指导自己的研究。从引证中可以看到毅生先生对理论追求的执着精神。他使自己的学术观点获得科学理论的验证而更确立。从这些细微处使我体会到一个学术工作者要在学术领域中葆其青春、更新求索，服从真理乃是不可或缺的条件。

毅生先生待人接物的谦和态度，使人们产生一种“与世无争”的错觉。从几十年的相处中，这确是一种误解，甚至是不理解。毅生先生是有所“争”的。他不争小事而争大事，特别是学术大事。这是我从《探微集》中进而得到的微见。毅生先生对于解放以来的若干学术争论都投身其中。《历史科学是从争鸣发展起来的》一文不仅论证我国“百家争鸣”的优良传统，而且也是毅生先生“争”的宣言。他说：“历史科学是从争鸣中产生的”（页三〇二），“历史科学是从争鸣发展起来的”（页三〇六）。他不但是言，而且还见诸行。讨论社会性质问题，毅生先生对满洲入关前的社会性质先后撰著鸿文两篇阐述观点。讨论资本主义萌芽问题，他针对人们热中引证的《织工对》这一基础资料，从“《始丰稿》的体例，《织工对》所用辞汇，元明钞值的比较各方面看”，而论定“《织工对》是徐一夔在元末所写”（页三一一至三一二），并以织工数目比例来论定作品所述为丝织业状况，从而得出总的结论是：

徐一夔《织工对》叙述的是元末杭州丝织业织工。（页三一八）

这一论断就从基础史料上对这一论争作出了应有的贡献。在历史人物的评论上，毅生先生不仅对曾经风靡一时的曹操评价问题作过全面评论，而且还从理论上提出了被人忽略而却有重要意义的论题，即：

只要用马克思列宁主义的立场、观点、方法作出来的结论，就可以算是翻案，而不必管结论。因为我们是翻反马克思列宁主义的案，不是翻某些结论的案，更不是替统治阶级翻案。（页三三五）

这已经不是一般学术的“争”，而是为马克思列宁主义而“战”，毅生先生在学术论争中的旗帜日益鲜明起来了。

在“清官”问题讨论中，他写了《关于清官》的批判性论文。值得注意的是毅生先生在自己编定的《探微集》中把这批论战性的文章编为一组而踵于《历史科学是从争鸣发展起来的》一文之后。这恐怕也是毅生先生含蓄表露的“微言大义”吧！

读《清史探微》只见毅生先生学问之一端，读《探微集》益知毅生先生学问之渊博。舆地、目录、校勘、音韵、考证是传统学术中的基本功。清代著名学者钱大昕、戴震无不兼通地理。毅生先生对自己的学术从不自陈，惟独对古代地理的专长则形诸笔墨，自称：“余旧治国志，继探求古地理，心仪赵诚夫之学。”（页四四五）这就无怪有一次毅生先生与我大谈赵一清《水经注》公案达一小时之久。《探微集》中有一组分量不小的古地理论文。他不仅有概论性的《关于古地理学》的专文，而且还运用其声韵学知识解决史书上地望与对音的具体问题。晚近著名学者陈垣、余嘉锡诸师都自述治学之道乃由目录学入手，毅生先生也不例外。他有深厚的目录学素养，《探微集》中有十数篇与此有关的论述。《中国古代史籍的分类》是史籍分类的纲要，不仅有史的叙述，也有横的比论，对掌握史籍类次颇有裨益。他如序跋诸文上承清贤题跋的谨严，下为读原作的津梁，起到了目录学“辨章学术，考镜源流”的指引作用。

《探微集》可代表毅生先生的学术，但不能尽包毅生先生的学术。《探微集》问世后的诸作，如《清代的幕府》、《清史研究和档案》以及遗作《鸦片战争前清代社会的自然经济和资本主义萌芽》、《满族的统一》诸文都是毅生先生见功力的精粹之作，应有所补续。毅生先生的哲嗣克晟同志和高弟冯尔康同志等都是数十年亲承薪传而学有成就的学者，自当义不容辞担此重任，《探微续集》必当由他们裒集问世以嘉惠学林，我也将借此而获更多的教益。

原载于《书品》1989年第3期

开发史源　提供史料

——评《清代史料笔记丛刊》

开发史源是史学研究者应随时随事加以注意的课题。清人笔记既有较长发展的历史基础，更有大量的史料蕴藏。可惜相沿视笔记为丛残杂书而不予重视，即使为人所喜读，也大多以之遣兴谈助。近十年来，我为研究清以来历史开发史源而颇倾心于清人笔记，曾先后检读清人笔记三百余种，如入宝山，目不暇给，深感其于历史研究大有拾遗补缺之效。60年代初，中华书局编选出版的《清代史料笔记丛刊》正有鉴于此而应运出现。

《清代史料笔记丛刊》创编之始，为区别学术笔记与《近代史料笔记丛刊》而特标明“清代史料”，选录清代前期笔记，当编印《永宪录》、《听雨丛谈》等四五种之后即因“文革”动乱而自然停顿。约在十年前，这套丛书始继续出版。再次出版不仅是恢复，而且是在已有基础上有所改进，它突破了原有的收录范围，又延长下限于清末，将《近代史料笔记丛刊》并入以保持有清一代的完整性；在整理加工上改黑点断句为标点以便利读者；前言也有所充实与增补。经过这些改进，《清代史料笔记丛刊》面目为之一新，既扩大了覆盖面，又提高了整理质量。近年来，我曾翻读过这套丛刊已出各种，深感这套丛刊的最大特色在于名实相符。既名之曰史料丛刊，则检验成效的首要标准自应以其有无史料及史料有无价值。就我从这套丛刊各书中所摘取的若干政治、经济、社会及文化诸方面的史料来看，这套丛刊可说是既开发了史源，又提供了史料。今撮述二三以证其价值所在。

政治性史料一般官书多有涉及，但往往缺乏具体情节。有些内容由于讳避而曲隐真相，笔记所载则较详尽。清初广州是一座“天下商贾聚焉”的名城，其

"饮食之盛，歌舞之多过于秦淮数倍"，利之所趋，于是官利商之多金，商倚金而溷官，官商一体成为政治弊端，屈大均即痛陈其事说：

> 无官不贾，而又无贾而不官。民畏官亦复畏贾，畏官者以其官而贾也；畏贾者以其贾而官，于是而民之死于官之贾者十之三，死于贾之官者十之七矣。（《广东新语》卷九）

乾嘉时姚元之于其《竹叶亭杂记》卷三即记乾隆时大贪污犯湖南布政使郑源璹贪残淫佚的具体罪行是：

> 郑源璹在署家属四百余人，外养戏班两班。争奇斗巧，昼夜不息。昨岁九月，因婚嫁将家眷一份送回，用大船十二只，旌旗耀彩，辉映河干。凡此靡费，皆民脂膏，是以楚南百姓富者贫，贫者益苦矣！

官贪政敝，自古皆然，姚氏又记四川差役办案多以"贼开花"、"洗贼钱"名目骚扰乡民，州县复以"绷杆"、"钩杆"、"站笼"等酷刑害民。川楚教军之起于川楚，势所必然。

至于典章制度更能于笔记中明其具体职掌等。昭梿《啸亭杂录》中有《国初定三院》、《国初官制》、《本朝内官之制》、《盛京五都》、《王府官员制度》、《军机大臣》、《内务府定制》、《宗室科目》、《本朝状元宰相》、《兄弟鼎甲》、《老年科目》、《青年科目》、《汉军初制》、《汉军绿营旗纛》、《八旗之制》及《驻防》等则均与道光前官制、军制及科举制度有关。这些条目不止记其沿革，尚有实行情况及利弊得失的评论，可补史书的不足。晚清人朱彭寿之《安乐康平室随笔》之记清末练兵处、陆军部及典礼院等体制尤为他书所少见，颇资参考。

经济情况官书正史多语焉不详，经济地位的变化更难寻求具体资料。读过《北游录·后纪程》记谈氏于顺治十三年由京南返途中所见，有故城权氏"明季贫甚，尝事外戚田都督，漫其赀致富……噫！田氏败，宜权氏兴矣。"而瓜州余氏五世巨富，因"高杰之乱而园坏，今田园俱易主"。政治动荡，经济地位变易，此可为一证。中国商品经济的发展近已为不少学者所研究，钱泳《履园丛话》记汲古阁、孙春阳的结构与经营方式，久已为研究资本主义萌芽问题者引为例证。农业中的商品经济状况在屈大均的《广东新语》中多有记及，如记东莞茶园的种香"富者千树，贫者亦数百树"，石龙的种水果，顺德陈村的种龙眼荔枝等，故有“岭南之俗，食香衣果”之誉。李斗的《扬州画舫录》卷十三记扬州吴老典“以质库名其家”，而致“江北之富，无有出其右者”。屈大均的《广东新语》卷十四记广东糖房向蔗农放糖取利等都是高利贷剥削残刻的具体说明。

社会状况涉及面广而记载散佚，但笔记中却有较多细致记述。钱泳《履园丛话》卷七“骄奢”条记乾嘉时地主阶级衣着、游乐的奢靡状况说：

其暴殄之最甚者，莫过于吴门之戏馆。当开席时，哗然杂遝。上下千百人，一时齐集，真所谓酒池肉林，饮食如流者也。尤在五、六、七月内天气蒸热之时，虽山珍海错，顷刻变味，随即弃之，至于狗彘不能食。

至于社会底层人物，正史尤所难载，而笔记则历历如绘，李斗《扬州画舫录》卷十一记厨行状况称：

城中奴仆善烹饪者为家庖，有以烹饪为佣赁者为外庖，其自称曰厨子，称诸同辈曰厨行。游人赁以野食，乃上沙飞船，举凡水盂、筅帚、西烓、箸簏、酱瓿、醋瓠、镊、勺、盉、铛、茱萸、芍药之属，置于竹筐，加之僵禽毙兽，镇压枕籍，覆幂其上，令拙工肩之，谓之厨担。厨子随其后，各带所用之物，裹之以布，谓之刀包。拙工司炬，窥伺厨子颜色，以为炎火温蒸之候。

其他尚有说唱艺人的动态等等。据此，城市居民的基本生活情态也可信而有征了。

清人笔记中考订文字、注释名物的条目为数不少，对研究古代文化提供了方便。王应奎的《柳南随笔》、《续笔》于经史文化都有记及，如卷三论金圣叹评论古典小说的社会影响是“一时学者爱读圣叹书，几于家置一编”，卷四记严衍辑《通鉴补》的甘苦、论《读史方舆纪要》等均与图籍有关。小说在封建社会多遭非议，通达如谈迁竟以王圻《续文献通考》艺文类载琵琶记、水浒传为“谬甚”（《北游录·纪闻上》）。《啸亭杂录》更认为“小说初无一佳者”（卷二）。惟《广阳杂记》卷二则力排众议而以世人的唱歌、看戏、读小说是一种天性，是比之于儒者之于六经的重要。他如法式善《陶庐杂录》之记明清两代之图书目录与文献资料；陆以湉《冷庐杂识》中，凡人物掌故、艺林佳话、诗词联对、闲情逸趣、文字考证及图籍评论等无不采登；陈其元《庸闲斋笔记》卷三记崇厚所见欧西礼俗、卷八记宋版书之不足信等等都足以备文化数据的采择。

这套丛刊除具史料价值外，在选择版本上也十分用力，如《啸亭杂录》一书，光绪六年九思堂原版久毁，沪上坊间本脱误累累，宣统元年中国图书公司铅字排印端方藏精钞本，孙殿起《贩书偶记》称此铅字排印本为最善。1980年，中华书局收入丛刊，即选此本作正录十卷、续录三卷为底本，又补入启功先生所藏《续录》第四、五卷钞本共137条，成正录十卷、续录五卷本，为接近昭梿稿本原貌的一种佳本，附录中尚辑九思堂刻本多出来的条目和大段文字，使该书版本资料大体具备。

这套丛刊的特色势难备举，仅掇拾示例以明其史料价值之所在。这些史料或填空白，或解疑难，或增文字情趣，正可证明拟议编选的意义。但笔记之作内容既杂，体裁偏散，欲求其编选无瑕，势所难能；而读者又各有所需，难调众口。谨就我翻读所见，略供刍议。

其一：整理丛刊的目的是为便利读者，因此书前不能只是属于介绍性质的前言，而应写一篇研究性前言，包括作者生平考订、全书主要内容，各家评论，正讹纠谬，校勘版本等等方面以指导阅读。特别是既名史料丛刊，更应举出有力的例证，指明采铜的途径，起穿针引线的作用以诱使有兴趣者的采掘开发。

其二：笔记是作者随手札录之作，或读书札存，或见闻备忘，所以记述往往不够严谨。如陈其元《庸闲斋笔记》所言姓氏、科甲、官制等多有失考，需加订正者，则应参考他籍予以注明。笔记中所涉及人物多用别号异称，而读者往往因知识面欠广而无法知道所记人物的真名实姓，以致难以准确使用史料。因此各书宜有缩制本名异称对照表的必要。《清秘述闻三种》记清代考官、学政的姓字、里居、职使、科第及试题等；现书末附字号索引与姓名索引二种，使嘉庆前的考官、学政可一索而得，实为以后整理者宜加仿行的佳例。

其三：笔记中辗转钞录时有所见，所以应当注意笔记间的重出转录问题。丛刊所选有无他书可剿袭者。如《南越笔记》近年颇为学者所征引，殊不察其书有若干转录于《广东新语》，一字不易而不注出处，如《南越笔记》卷一《广东方言》条即录《广东新语》卷十一《文语・土言》；《南越笔记》卷十六《粤中讲茶》即录《广东新语》卷十四《食语・茶》；《南越笔记》卷五《葛布》即录《广东新语》卷十五《食语・葛布》，其例不胜枚举。设《丛刊》编者于《广东新语》前言中论及其重复，不仅评论及于《南越笔记》，且能告读者史料当追求原始。不同撰者之重复剿袭已属不当，而一人一书犹有相重者，更当明确指出。王士祯为清初说部大家。《丛刊》即收其《池北偶谈》、《分甘余话》、《古夫于亭杂录》等多种，但《池北偶谈》本身重复多处。清代目录学家张宗泰曾指出其内容重复说：

> 新城说部诸书，事多互见。文有彼此详略之分，亦有一字不异者，然犹各自为书也。而《偶谈》第十二卷《尔雅翼序体》下与十九卷《罗鄂州》下，大致相同，然字句尚微有出入也。至《秦罗子孙》一条，改收入第十卷，《官衔》一条既收入第十八卷，而二十三卷中，全然复出此二条，并标目亦一字不异。此盖刊版之时，无人为之精心核对，故有是繁复之失，然非矜慎之道矣。（《鲁岩所学集》卷九《总跋〈池北偶谈〉》）

今后《丛刊》的编选似宜注意重复问题。

其四：清人笔记的评价散在各书，《丛刊》未能多加采集有关评论，大可取以论证。如张宗泰《鲁岩所学集》有多篇评论王士祯所著笔记，甚至就一书分章目评论；李慈铭《越缦堂读书记》，评《冷庐杂识》"颇有史学，记时事亦多可观，较近时梁绍壬《两般秋雨盦随笔》、梁章钜《归田琐记》诸书为胜一筹"。他如平步青《霞外捃屑》卷六之评《檐曝杂记》、钮琇《觚賸》之评《广东新语》、薛福成《庸盦笔记》之评《庸闲斋笔记》、谢章铤《赌棋山庄集·课余续录》之评《柳南随笔》等，有毁有誉，都可供编选者选录及整理所参考。

总之，这套《丛刊》容有可待改进之处，但其主旨，有裨于深化研究，使杂记、杂录、杂考之属能各得其用。吹尽黄沙始见金，犹望读《丛刊》各书能得采撷工作的辛苦与乐趣。

一九八九年十月写于南开大学北村邃谷

原载于《书品》1990年第1辑

吹尽黄沙始见金

——评《清代史料笔记丛刊》

考史必据史料，丰富史料必不断开源，此陈援庵师之所以创史源学。世多以正经正史、政书百子为主要史源，清儒又扩及金石碑版，近代则谱牒、方志、档册及石室藏书都先后成为源头，而笔记则尚未为人所充分注目，盖以其为小道支流。实则笔记之肇始既早，而发展历史复久，有人认为“笔记这种文体，始于汉魏，兴于唐宋，盛于明清”，似已为多数人所认同。至“笔记”之名则始于宋人宋祁所著《笔记》。

历代笔记数量因无确实依据，难有精确数字，综观目录著录情况，清代笔记数量确已超越前代，所谓笔记至清而称盛，信然！这样一笔数量众多，内容丰富的文化遗产理应受到人们，特别是清史研究者的重视，并加以开发利用。可惜为传统俗见所囿，视笔记为丛残杂书，使它长期受到漠视，即有读者也只是以之遣兴谈助，而真正视作重要史源，大量采撷入文者尚不多见。

清人笔记的史料蕴藏量究有多少，一时尚难估计，仅就我所经眼之300余种，史料俯拾皆是。政治、经济、社会、文化、民俗、风尚无不涉及，稍事采集即可积卡盈箧，对正经正史大有拾遗补阙之效。仅略陈数端以明其价值之所在。

典制为政治生活中重要内容，其大要往往可得之于政书专著，但掌故细节则非求之笔记之类不可。清人好言典制掌故，笔记中涉及者颇多，如王士祯的《香祖笔记》、彭邦鼎的《闲处光阴》、昭梿的《啸亭杂录》、福格的《听雨丛谈》、陈康祺的《郎潜纪闻》及《燕下乡脞录》、英和的《恩福堂笔记》、继昌的《行素斋杂记》、方濬师的《蕉轩随录》……均有较多典制条目，其中颇有为一般政书所未及者，如文武官相见仪注载在会典，但平行官及僚属见上司的称谓则无明文，而彭邦鼎的《闲处光阴》中则有所记。

物价是经济生活中的重要问题，一些记载失之于笼统，往往多是“物价腾涌”等等文人之笔，但在笔记中却有具体价格可备稽考。康熙时叶梦珠的《阅世编》是记载当时上海、华亭、南汇诸县情况的一部笔记，如卷一《田产》门记田价；卷七《食货》门记米、豆、麦、棉、布、柴、盐、糖、肉、纸张、药材、干鲜果品、眼镜、顾绣等生活必需品和手工艺品的价格。作者比较各年的价格升降以反映顺康时期的土地和民生情况。他把物价的变化和社会的治乱联系起来考虑说：“大约四方无事则生聚广而贸迁易，贵亦贱之征也；疆圉多故，则土产荒而道途梗，贱亦贵之机也。”（卷七《食货》）这就是说：动乱使商品制造衰落，原料就因供过于求而价贱，可从原料贱而看到商品贵的先机；如四方无事，商品流通，制造繁兴，原料就因需求大而涨价，商品则因来源广而价贱，则又可从原料贵中看到商品贱的征兆。这正是原料与商品在价格上的辩证关系。

社会状况旧籍所载少而欠详，尤以社会底层状况更难入正经正史而往往见诸笔记。乾隆号称盛世，国泰民安，山东登莱滨海之地尤有渔盐之利，而农民之贫瘠不堪却少见记载，独徐昆所撰《遁斋偶笔》记乾隆十二三年时所见山东农民之苦况说：“连岁歉收，谷价涌贵，民不得食，常见乡村男女老幼成群，蒲伏卑湿荒地中，挑掘草根……归而和以谷皮豆屑食之。冬月草枯，沿山放火，火熄，扫其灰烬飏之，得草子细如芥子，淘净碾粉，杂以䅟屑，蒸作饼饵，借是以活者比比。”（卷上《草子》）

游民是社会的重要问题，历史记及者多着重其穿州过县的流动及所造成的不安定影响，而甚少言其谋生方式。惟李斗《扬州画舫录》及顾禄《清嘉录》详记说唱人、杂技艺人、优伶、娼妓、地棍、流氓、乞丐及驿卒种种营生，颇有益于研究城市人口结构。

士人于小说戏曲甚少正面立论而多笔之于杂著，各种笔记中可见不同褒贬。清初谈迁于《北游录》中对《琵琶记》、《水浒传》及《乐府》等大加贬斥（《纪邮上》、《纪闻上》）；王士祯则认为“野史传奇往往存三代之直，反胜秽史曲笔者倍蓰”（《香祖笔记》卷十），肯定了小说戏曲的教育意义；刘继庄更比一般人看戏读小说为儒者之读六经（《广阳杂记》卷二），而道咸时期的昭梿则认为小说无一佳者（《啸亭续录》卷二《小说》），梁恭辰更持深恶痛绝态度，斥“《水浒传》诲盗，《西厢记》诲淫”（《池上草堂笔记·劝戒四录》卷四《西厢记》）。此正是不同时期的不同看法。

清代学术颇重考据，遂有以考据辨证为主旨的笔记一二百种，纯为考订文字、注释名物之作，如高士奇的《天禄识余》杂采宋明人之说而成书，有考证、释词、语源、事物原始诸端，可备检阅，可惜大多为“辗转稗贩，了无新解”。王应奎的《柳南随笔》《续笔》于经史文化都有记及，故被人誉为“搜遗佚则可以补志乘，辨讹谬则可以正沿习”（顾士荣序）。笔记所取载的杂考杂记皆难得于经史专著，但一字一物又多为读书窒碍，设借此得解，则疏通书传可无滞留，此又笔记价值之所在。清人笔记有其一定价值，但也有其不足。笔记多为随手札录见闻，辗转抄录备忘，时或有之，有的笔记情况比较严重，如《天禄识余》有多处录之前人笔记；李调元《南越笔记》大多转录于屈大均《广东新语》。笔记版刻多种，然有非其原貌者，或易书名，或删内容，如董含《三冈识略》与《莼乡赘笔》，世人多以为同书异名，我曾以二者比较，发现《赘笔》删去《识略》近250则，多为触时忌之内容，所以不得以不同版本而论。笔记中多杂封建主义立场及因果报应之说，利用者又不可不加注意。学者使用清人笔记这一史源时，要在采铜于山，细心披拣。吹尽黄沙始见金，正是读清人笔记时的辛苦与乐趣。

原载于《来新夏书话》（文献学研究丛刊）　来新夏著　台湾学生书局2000年版

清代学术出版的社会学考察

对著作的研究，一般多从著作的内容与形式研究着手，或研究其撰人生平与思想，对著作内容的评价，著作的社会影响等等；或研究其编撰、造刻状况，版刻的工艺，书籍本体的存佚等等。据我读书所及，尚未看到从另一种角度来考察和研究“著作”的论述。最近有机会读到何明星先生所著《著述与宗族》一书，颇多新鲜之感，循读一过之后，随手札录一些感受，梳理成文，或可供作者与读者参考。

《著述与宗族》一书涉及的领域很广，包含着图书、出版、宗族、学术等内容，但是作者并未按习惯常规进行研究，而是从社会学的另一角度切入，使全书别具新意，令人瞩目。作者除以“清人文集编刻方式的社会学考察”为副题外，更在其全书提要中很明确地提示其著作主旨是：

> 通过对清人文集的编刻方式的统计分析，及与宗族的象征——族谱的编刊活动的比较，从社会学的视角探讨清人图书文化活动在宗族传承、科举教育和学术研究中发挥的轴心作用，揭示传统著述、编刊与宗族是一种相互适应的文化生态关系。1960年之后的印刷技术变革打破了这种生态关系，对著述、出版以及社会各层面的影响，迄今尚存。探索现行制度与传统文化积累之间的转换与对接，对当代图书出版事业有很大帮助。

作者就在这一主旨的指导下展开对主题的个人论述，作者以丰富的资料架构了七章正文，加上导言与结论。导言是全书的锁钥，作者提出全书如何在前人研究的基础上作进一步的探索。他除了以张舜徽先生的《清人文集别录》为基本资料外，还提出“以著述立言，以著述为荣，以著述传世，是历史文化人亘古不易的情结”的命题；但他认为前人对这一命题“没有进一步专题研究立言不朽的人生思想追求，何以能够长期存在中国知识学人心底，其现实的支撑基础是什么？今天的中国知识学人是否还有古代中国人的那样浓厚的立言追求？”也就是说作者是要以自己的研究来回答这些问题的。

第一章是作者对两个本不相干的概念——著述与宗族，进行界定，以阐明自己把它们联系在一起的意图。集部是中国传统图书分类的第四大类，一般学人熟知其事而不详其事，作者以简洁的笔墨，记述了别集的概念与源流、著述与编撰以及宗族的概念、起源、发展和演变。这些记述都比较准确，如对别集的界定说：“它是作者个人的生活轨迹、思想学术、工作资料等百科全书式的汇集”，是“保存了大量时代信息，是最为鲜活的具有时代历史价值的精神产品”。作者把自己的研究对象划定在清人文集范围内，认为前人对这些文集之流传于世，只谈了表层原因，而忽略了这些文集传世彰显的中间转换过程。而“这个转换过程就是编辑、出版。对这个过程进行社会学考察，能更深刻地揭示清人学术传统、科举教育与血缘世系、师业承受、同里乡邦等中国传统宗族文化之间互为依托的发展关系，对理解中国传统文化价值观，反思现代出版制度，具有深刻的启示作用”。作者对于著述中的撰述与记注以及宗族与家族的严格界定都有详细的阐述，为读以后几章铺平道路。

第二章是作者展示其研究方法的专章。作者娴熟于研究方法，在大问题的笼罩下，划出了专注研究的小圈圈。又从中选取了清代文集作为研究对象，并立足于前人研究成果之上，即张舜徽先生《清人文集别录》所收的600种清人别集。然后从文集的编辑出版方式的角度，进行分类、统计、分析、研究，以揭示清人图书编刊等活动的宗族化特征，并进一步考察宗族家族的图书活动在清代学术研究、科举教育方面的重要作用，作者把这种文集的编刊方式分为：为先人先师、自编、为同里乡邦、以编辑为业等四类。然后逐类详加剖析，得出于家族宗族的依托互动的密切关系，并向自己提出应该回答的问题说：“这种依托于宗族血缘、地缘的文化活动，形成了清人的图书著述、编撰、刊刻等文化活动的哪些不同于今天现代专业出版的特征？它是如何过渡、演变到现代专业出版？再进一步，中国传统图书文化活动乃至科举教育学术研究与宗族发展演变之间有着怎样的互为依存关系？宗族化是怎样开始现代化的蝉蜕？这些都是本书要研讨的重点，本书将用四章的笔墨研究探讨之。”

作者将写作脉络交待得很清楚。他将在第三至第六的四章中，展开对全书主旨的探讨。在前三章中，作者从著名科举家族、学术活动和学术著述、出版、传播等三大方面，分别论述其宗族化的特征与关联。这三章的最突出特点，在于几乎网罗了有清一代一流学者102人的著述与宗族关系，而加以详尽的阐释，学术论辩的含金量颇高，几可作清代学术史来读。而在第六章中则把作为宗族象征的族谱的编撰、传播，拿来与清人文集出版活动作对比分析，使人更进一步了解著述与宗族的关系。而第七章则表明作者将以1860年作为传统编撰、出版向现代化的出版业的转变，可称为一家之言，但提出了相当广阔的探讨空间，有待其他学人思考和论辩。

作者在书中还不时提出一些值得重视和有启发性的观点与见解，如对立言不朽的评说是："立言不朽的人生追求，不仅创造了奇迹，而且安顿着一个个学人在困厄与窘迫的心灵，使之顽强不屈，构成了一部个性鲜明、壮丽多彩的图书文化史画卷"。对文化与宗族间的关系则指出：这"是一种相生相继的因果关系，宗族成员的政治、经济活动方式，显现一个宗族特有的文化特征"，"而这些特征又会反过来成为宗族进一步繁衍生息、世代发展的动力和源泉"。如对继承与创新关系的论述说："人文社会科学领域的学术创新，是在对历史以往学术成果的继承过程中产生的，学术共同体的圈子越大，意味着对已有思想、成就吸收继承的愈多愈广泛，一个人取得的学术成就有可能越大。"

《著述与宗族》是一本有创意的专著，为研究清人文集开拓了新领域，充分显示了作者的辛勤用心。如果吹求的话，那么附录中的《清人文集名录》只是移用了张舜徽先生的收录文集单，而张先生的《清人文集别录》亦尚非难求之书。设若本书再版时，能否略去这份书单，那将节省二十余页篇幅的负担。

原载于《中华读书报》2007年12月26日

清学者对小说的异见

古典小说颇见重于清代，无论文人武夫，抑或里巷市井，都喜欢阅读说部，所以“士大夫家几上，无不陈《水浒传》、《金瓶梅》以为把玩”。一武夫因钦命任荆州将军而痛哭流涕，以关玛法（老爷）死于荆州，辞不赴任，虽语涉不经，但亦可见小说影响之深。甚至有学之士亦多将议论形诸笔墨。清代学者对待小说大体有两种看法：

一种持肯定态度，又可分为两支。刘继庄、王士祯是从理论上作肯定：刘继庄为清初备受当时著名学者万斯同、朱彝尊推崇的有学识见解的大学者。他把唱歌、看戏、看小说等等视比儒家之六经，在所著《广阳杂记》卷二中说：“余观世之小人……未有不看小说、听说书者，此性天中之《书》与《春秋》……”《书》与《春秋》是儒家经典中史的部分，那么小说便是平民百姓的历史课本。王士祯是名重一时的学术领袖，他更进而证实小说并非完全虚构而是“演义小说亦各有所据”。他在所著《居易录》、《香祖笔记》中多处论小说之有所据，并作出结论说：“野史传奇往往存三代之直，反胜秽史曲笔者倍蓰。前辈谓村中儿童听说三国事，闻昭烈败则颦蹙，曹操败则欢喜踊跃，正此谓也。礼失而求之野，惟史亦然。”（《香祖笔记》卷二）

另一支是以金圣叹为突出代表的实际宣传者和推广者。金圣叹名喟，后易名人瑞，是一位以偏僻怪诞、颖敏绝世而闻名的才子，清人若干著名笔记中都有内容大体相似有关他的长段记载。王应奎《柳南随笔》卷三称“一时学者爱读圣叹书，几于家置一编”；梁章钜在其《归田琐记》卷七的《金圣叹》条亦说“今人鲜不闻《三国演义》、《西厢记》、《水浒传》，即无不知有金圣叹其人者”，并引录《柳南随笔》。亦可见圣叹普及小说之功。

有不少学者则对小说持否定态度，清初撰《国榷》的谈迁，在史学上享有大名，但他在《北游录》中说："观西河沿书肆，值杭人周清源，云虞德园先生门人也，尝撰西湖小说。噫！施耐庵岂足法哉！"亦可见其对小说所持之深恶痛绝的态度。昭梿《啸亭续录》卷二置《小说》专条以抨击小说，称"余以小说初无一佳者"，并以小说内容与实际不符来贬低小说的价值，如"水浒传官阶地理，虽皆本之宋代，然桃花山既为鲁达由代郡之汴京路，何以三山聚义时，反在青州。北京至汴不过数程，杨志奚急行数十日尚未至，又纡至山东郓城，何也？"如此拘泥印证，未免获胶柱鼓瑟之诮。更有以扼腕腐心的态度诅咒普及小说之金圣叹，董含《三冈识略》卷九《才子书》条说："其终以笔舌贾祸也，宜哉！"甚至与顾炎武并有归"奇顾怪"之称的归庄也攻击金批《水浒》为"此倡乱之书也"（《柳南随笔》卷三）。

小说虽遭到这些抨击，但清代小说仍然保持应有地位，不仅前代小说流行，而且还有不少文人撰写小说，长篇如《红楼梦》、《儒林外史》、《镜花缘》，短篇如《聊斋》、《阅微草堂笔记》等等，形成与宋词、元曲、明传奇那样的清小说文学主流。

原载于《路与书》（老人河丛书）　来新夏著　中国青年出版社1997年版

一部有价值的藏书志——《爱日精庐藏书志》

乾嘉朴学是清代具有代表性的学术，所以又常被称为清学，目录学则是清学的一根支柱。清代学者几乎都具备目录学知识，甚至有一位知名学者认为，不懂目录学就是不通。有许多富有藏书的藏书家，也以目录学知识来搜求、整理和典藏。其中很值得注意的是藏书家兼目录学家张金吾和他所撰写的《爱日精庐藏书志》。

张金吾字慎旃，号月霄，乾隆五十二年出生于以藏书闻名的常熟，经清代学术兴盛的乾嘉时期，直至道光九年卒。他是清代著名的藏书家，以毕生精力从事对图书的采访、编目、辑佚和考证等学术性工作。我是从编清人年谱目录时才了解到这位学者的。他在道光五年曾自述生平，撰写了年谱性的《言旧录》，比较详细地叙述其一生的学术活动。他的著作甚丰，辑有《金文最》120卷和其他著作多种，而所编《爱日精庐藏书志》最为享誉学林。

我所读到的《爱日精庐藏书志》为光绪十三年吴县灵芬阁徐氏活字版校印本，是书有嘉庆二十五年本旧序、道光六年自序及道光七年顾千里序，其自序记刊行始末甚详云：

> （嘉庆）庚戌夏，编藏书志四卷，以活字印行。六七年来，增益颇多，乃重加编次，附入原书序跋，厘为三十六卷，仍其名曰《爱日精庐藏书志》。

于此可知，是书最早版本为嘉庆二十五年活字本。孙殿起《贩书偶记》除光绪徐氏活字印本外，尚著录有嘉庆庚辰活字本、道光丁亥自刊本。嘉庆庚辰即二十五年，自序作庚戌，有误，因嘉庆无庚戌。道光丁亥为七年，观顾氏序写定年代可知。光绪徐氏本书脚有“爱日精庐”四字，则其据道光自刊本无疑，张金吾不仅是一位精于版本的藏书家，而且还是一位有见识的学者。他藏书的目的并非好古玩物，而是求学术的精进。他曾经说过："藏书而不知读书，犹弗藏也。读书而不知研精覃思，随性分所近，成专门绝业，犹弗读也。"此语实足为张金吾有志于学之证。

《爱日精庐藏书志》卷首有例言阐明其撰述体例。从而知其所著录者乃经撰者之选择，即"止取宋元旧椠及钞帙之有关实学而世鲜传本者，其习见之书概不登录"，可见是书之价值，又非一般藏书家全面登录入藏图书之目录可比。《爱日精庐藏书志》于著录之宋元旧椠及旧钞之珍本皆著其版式，录元以前序跋，为研究版本学的要著。尤可贵者为所录之时贤手跋，实刊本之外所不经见者，极富参考价值，亦可谓尽目录学之极致。

是书本泛释无义例，凡已为四库所著录者，概不作提要，其例言中称："或书出较后，未经拣入四库者，依晁、陈两家例、略附解题，以识流别"，亦以见撰者之审慎。

是志凡经部7卷、史部13卷、子部8卷、集部8卷，共36卷。最后有续志4卷：经史子集各1卷。所载多侧重版本，为翻检版本所必备。可惜，历经张氏家族多年搜求积累与尽张金吾一生心血整理研究之爱日精庐藏书竟于其暮年被其侄张承焕所豪夺，捆载而去。此事叶昌炽《藏书纪事诗》缺载，近人郑伟章于所著《文献家通考》一书中考得之。

原载于《邃谷谈往》（说文谈史丛书） 来新夏著 百花文艺出版社1999年版

一部外国人研究中国文字狱的专著

——读《戴名世年谱》

清代的文字狱是中国历史上令人心悸不已的惨烈大狱，而康熙末年的《南山集》案更是震动一时的大案。它涉及戴、方两大名门望族，案主之一的方孝标已故遭到戮尸，而另一案主即首犯戴名世是科举制中的新科顶级人物——会元、榜眼，则受到极刑的处罚，株连亦极广，凡两家亲属朋友，或被杀戮，或遣戍为奴，其中不少都是知名学者文士，如方苞等都连带得罪。这不仅是康熙裁抑汉族知识分子的一种严酷手段，亦为乾隆大兴文字狱树一恶例。

《南山集》案是清代文字大狱之一，而稽其案由，罪不至死。一般文献记载戴名世的得罪只不过是康熙五十年左都御史赵申乔的检举参奏而加以“狂妄不谨”之罪。赵奏中的公开罪名是戴名世“妄窃文名，恃才放荡。前为诸生时，私刻文集，肆口游谈，倒置是非，语多狂悖。今身膺恩遇，叨列巍科，犹不追悔前非，焚削书板，似此狂诞之徒，岂容滥厕清华？祈敕部严加议处，以为狂妄不谨之戒”（《清圣祖实录》卷二四八）。论者颇多以这段话来作为戴名世致罪之由。实际上这一检举内容纯是一种“欲加之罪，何患无辞”的诛心之论，充其量只不过是过去有些不恰之作，而入仕后没有毁版的历史问题而已，何至于罗织罪名而兴大狱呢？我一直对此有所置疑。认为幕后必有某种不可告人的隐秘。在读赵申乔后裔保存的赵申乔原奏疏结尾处有一段话却曾引起我的注意，文称：“臣与名世，素无嫌怨，但法纪所关，何敢徇隐不言？为此特疏纠参，仰祈敕部严加议处，以为狂妄不谨之戒，而人心咸知悚惕矣，伏候皇上睿鉴施行！”这段话透露了一种信息：身为总宪的赵申乔纠参某些官吏的有罪，是他职责所在，参奏中只需列举事实，根本无需在疏文中洗清个人与被参劾者间有无嫌怨的问题。《清圣祖实录》中把这几句洗刷关系的话删节掉证明编纂实录者已认为这几句话与纠参主体无关。因此，据我的臆测，赵申乔之所以纠参戴名世有着不可告人的秘密，是因与他的长子即戴名世同科状元赵熊诏有关。当时大气候很不好，既有皇子结党事件，又有南北闱的科场案，而北闱又与赵申乔有关，所以赵申乔不仅急于洗刷自己，而且要立新功，而这个好发议论，盛名远扬，很引人注目的戴名世又与自己儿子同榜，如戴名世的“狂悖”言论文字为他人举发，可能会牵连儿子挂上结党之嫌，更有可能牵出前科抡才不当的另一科场案，所以不如先发制人，纠参戴名世，摘清干系；但又不愿得罪仕林，于是就在疏文中写下这欲盖弥彰的一笔。当然这只是我的一种推理，尚无确证。

戴名世和《南山集》案的其人其事，无疑是值得研究的历史人物和历史事件。在清史、流人史和文字狱史等著作中，虽都有所述及，但多为人物感叹和事件始末，而尚未读到内容详尽、资料丰富，包罗如此广泛的有关专著。最近读到由中华书局出版的直排繁体的《戴名世年谱》，正是填补这一学术空缺的大型专著。专著的作者是法国法兰西学院汉学研究所的戴廷杰研究员，而法国是欧洲有汉学研究传统的国家。撰者的原名是Pierre-henri Durand，当青年时代初游中国台湾时，即请华名于友人，按其原名读法似以杜朗或杜澜为宜，但友人却以戴廷杰为其华名，而是时他并未知有桐城戴氏，不意日后却以戴名世为研究课题而成一巨帙，岂冥冥中有前缘耶？戴廷杰氏具有深厚的汉学基础，近十年之辛劳，广搜博采，竟用汉语文言笔墨，撰成近百万字的《戴名世年谱》这一专著，实为难得！走笔至此，不禁赧然，若戴名世其人其事，何其研究成果不出于中土学人之手？继而思学术固无国界，专著出于法兰西学者之手，正以说明汉学浸润寰宇之广，而戴名世二百年前之沉冤借此令世人详其始末，明其究竟，又何其幸哉！而于中华学人之激励，尤当铭感。

撰者以十年辛劳，潜心研究清代文字狱中一个重要人物戴名世，当其开始着笔著述时，必然会反复考虑运用何种编纂体裁与体例。以年谱体论定人物究竟是否合适？我在以往曾对年谱这一史体有过一些研究，在所著《中国的年谱与家谱》中曾说过：“年谱是史籍中的一种人物传记……它是以谱主为中心，以年月为经纬，比较全面细致地叙述谱主一生事迹的一种传记体裁。它杂糅了纪传与编年二体……”看来年谱比传记更易于容纳史料，理清脉络，尤便于寓论断于叙事。我在研究林则徐事功多年后，就写了一部《林则徐年谱》，深感写年谱比传记更顺手，更容易求真存实，更易于减少个人情感成分。而撰者这部年谱可谓把年谱的功能运用得非常自如，令人赞佩！

这部专著最显著的特色是力求全备，无论资料的挖掘，史事的论述，牵涉的事实与人物，还是编纂体制，利人使用等等方面，都给人以全备的感觉。撰者所用的资料，除谱主本身文献外，还有许多有关人物的著述。他按照治史规则，征引官书及一般常见书，也扩及方志、杂书。他对史事的记述在记事纲目下尽量附入详尽的史料，并多加考订，以增记述的可征信度。他对史事的叙述很细致，给人一种史事完整的印象，如记谱主应试过程，从入场、考题、作文、荐卷到录取、放榜、任职诸环节都有具体内容，不仅便于了解谱主参加科试的全过程，也映现了科举制度一个很重要的内容；又如写谱主的得罪，从被纠参入狱、株连亲友，到惩处结案各个细节，都有滴水不漏的描述。撰者并不是孤立地记述谱主的生平，而是拓宽视野，将谱主置于整个政治、社会背景下，而与有关事务密切联系来解析。对于株连所及的各方人物，撰者不是略加点录，而是对每一涉案人物都尽可能著其生平，使这部年谱不仅讲清谱主的社会关系，而且也为研究那一时代学林活动提供大量的参考资料。

《戴名世年谱》的另一特色是颇有创意。撰者除了编纂常规应有的12卷正谱外，又增设了若干具有原创意义的体例。如立《后谱稿》，始康熙五十三年即谱主被诛之次年，下迄清末。历时二百年有零，用以记谱主身后案件余波以及遗作的编纂、题记、刊行等情事。为历来年谱编纂的创举。《后谱稿》后，有附录八种，录存正谱未录的谱主佚作、杂类文献和近世题跋、近世杂记。并收录谱主的旧谱、传志。另有文目编年、佚文代文文目等。涉及方面之广，几乎将有关谱主资料，网罗殆尽，极便于研究参考。其最具创意者则为书前之图版，撰者一反年谱常规，谱前未置谱主图像，或示谱主衔冤沉埋不得显其图像，而特置兴此大狱的检举人赵申乔朝服像，同时又置延致戴名世之赵吉士消闲像，二赵并举，撰者之褒贬自见。撰者在插入的书影中有十幅是文祸后谱主名号被剜改涂抹的证据，如谱主所著《孑遗录》所署“桐城戴名世田有著”一行被涂抹；《依归草》后印本卷十“戴田有集序”被肢解为“戈二月集序”：《秀野草堂诗集》后印本将有关戴名世的诗句剜去两行半，开“剜天窗”之先例等等。撰者在编谱之余还念及读者的使用，在谱末附入正谱和后谱的综合索引，分人名、地名、书名、篇名、酬酢、文献等六种，以为读者检读渠道。其“为人”之学的精神，应为学人所汲取。这些创意，不仅对年谱的编纂体例有所增益，亦以见撰者之匠心独具。

我在通读全谱之后，深受启示，获益良多，但任何一部著述，如果过事吹求，都能有愚者一得。年谱以编年为序，汇集丰富资料，确能体现长编作用，但撰者所持观点及见解，亦多于体例安排，史料抉择上发抒微言大义。如果撰者能在丰富资料的基础上，综合谱主一生行迹，撰写一篇万把字的《戴名世传论》，有所是非褒贬，给以史家评论，置于谱首，则将使谱主由平面化为立体，给读者以谱主的完整形象。谱传结合似可作为年谱体裁的发展方向，姑以此与撰者商榷。本谱征引繁富，于其《文献索引》中可一览而得，惟大致限于清人，而时人有关著述则甚鲜，盖以时人所论述，足以见当前于谱主研究之水平，将对继起者颇有裨益。一孔之见，是否有当，尚待商量。

原载于《文汇读书周报》2004年9月10日

漆永祥与江藩研究

学问之谋“竭泽而渔”，固学人之愿景，而能付之实践者，则既难且稀，即能穷某一领域者，亦不经见。今夏，幸获漆永祥先生所著研究清学者江藩的三种专著。一曰《江藩集》，二曰《〈汉学师承记〉笺释》（以下简称《笺释》），三曰《江藩与〈汉学师承记〉研究》（以下简称《研究》）。虽尚未能竭江氏之泽而尽渔其学，但于江藩其人与其代表作《汉学师承记》之研究，则亦可谓穷尽其学矣。漆先生以十余年之精力，发其厚积，成有关江藩三书，达百六十余万字之巨著，焚膏继晷，艰辛可见，至其搜求之完备，研究之深邃，包罗诸家之广泛，称此三书已臻竭泽而渔，或非虚誉。我于漆著江氏三书，视《江藩集》为研究江氏之基础，《笺释》为研究江氏学术之进阶，而《江藩与〈汉学师承记〉研究》则为研究江藩及其代表作之硕果，故我以此为三书之排序而论列之。

《江藩集》乃著者于笺释江氏《汉学师承记》时集辑与抄撮江氏散藏各地而存世之刊本、稿本与抄本，并经考校整理而行于世者，为前此所未有。集有《隶经文》、《续隶经文》、《炳烛室杂文》（附：《江郑堂河赋注》）、《半毡斋题跋》、《乙丙集》、《半月楼诗抄》、《扁舟载酒词》等诗文作品。其间《半月楼诗抄》因原无刊本而为世所未知的江氏诗集，著者艰难求之于藏者，更与《乙丙集》相校，核定为三卷。附录五种皆有助于研究江氏及其学行，附录一为王欣夫先生所辑《炳烛室杂文补遗》，得十四篇，惟皆无出处而由著者为补足之。附录二为著者所辑之《炳烛室杂文续补》，得十二篇，可证江氏学问之博及四部。附录三为《江藩传记资料选编》，择辑内容相辅相成之六种传记，可参知江氏生平。附录四为《江藩交游资料汇编》，收录江藩师长、戚属、友朋及弟子等53人与江往来之书札、序跋、唱酬与吊挽之诗词等，共一百三十余篇，不仅得见江藩之友情，亦可知彼此之学术关联，为前此所未有。卷五为闵尔昌所编《江子屏先生年谱》，虽尚多缺略，但江氏一生之行实亦由是而得其大概。有此一集，将使久为学术所掩之江氏诗文成就大显于世。谓漆氏为江藩之一大功臣，不亦宜乎？

《〈汉学师承记〉笺释》为漆先生对江藩代表作《汉学师承记》进行广泛深入研究后的精心之作。笺释为汉以来学者进行传注之一体，“笺”原为标识简书内容之小竹片，后演变成对经意抉发隐略，表示己意的一种做法，如郑玄之《毛诗传笺》。后世学人往往将“笺”作为署书名的一种谦称，已与注释无异。著者以“笺释”名书，或亦承汉学之一脉。《汉学师承记》本身不过十余万字，而《笺释》则达八十余万字，所增已达八倍，内容之丰显然可见。其书后所附参考与引用书目已在六百种以上。其搜求之艰辛曲折，甚至无奈，已俱见于书尾所附《笺释缘起与后记》一文中。《汉学师承记》名为汉学，实则为研究清代学术之一大名著。其时限之长，上起秦汉下至有清，学术门类涉及尤广，从文字、音韵、训诂、目录、版本、校勘、辑佚、辨伪到天文、历法、数学、乐律、金石、避讳、地理诸学，无一不及。历来于此名著，虽多有论述争议，但能寻行逐墨细加笺释者，尚未之见。笺释之作，人多望而却步，而著者则持之以恒，不趋时尚，置身故纸，终为江氏延伸其学。《汉学师承记》之读者群，行将由此而日增。不仅此也，《笺释》中尚有多处超越前贤之创获。如论三惠之用《惠氏宗谱》，论钱大昕之用《讲筵日记》，论江永之用《善余堂文集》等，皆为前人所未见未言之史料。设非深于探求史源，采铜于矿，不可得也。著者更于江氏本书所及之传主著述外，复于文末广列传主其他著述，此不仅为江氏拾遗补阙，亦便于学人研究某一传主学识著述时之检阅。尤感新奇者，则为著者之释传主姓名、字号之含义。盖以前人命名，多非草率行事，无不寄托家人希望及长辈之种种期待与祝福，均寓有深意。于此则可窥知家人之学养，而名与字相连含义，更能对传主生活背景有所了解。至于正误纠谬，勘定版本，乃笺释之余事。略于释词释意，详于释人释事，正笺释之主旨也。书后附有三附录，一为江藩所撰《国朝经师经义目录》；二为漆永祥先生整理之清赵之谦所撰《国朝汉学师承续记》残稿，共补增嘉庆以来学人二十人；三为漆永祥先生整理《汉学师承续记》之说明，有助于读赵氏之续记。另收江庆柏先生所撰《赵之谦〈汉学师承续记〉评说》一文。附录四为《主要参考引用书目》。此数附录并非赘尾，而具有与本文相侔之价值。

《江藩与〈汉学师承记〉研究》一书于2005年与《笺释》先后成书，为著者磨剑十年之总成绩，于江藩与《汉学师承记》做如此全面研究而获得成果，尚未见国人有类此著作，是以应称漆著为清代学术史领域中填补空白之作。是书搜集资料较丰，除江藩个人专著与诗文外，尚有亲属、前辈学者、同时学侣友好以及后来中外学者的有关论著。文献形式有专著、诗文集、地方志、杂著、信札、年谱等等。各章引用资料，注释出处，均能合乎学术规范。是书涉及范围极广，围绕主题从各方面进行论证。举凡江藩之祖籍、世系、戚属、名字、别号、斋名、生平、学行、交游、著述与《汉学师承记》之版本、史源、考异、考实、札记、续纂、注释、翻译以及对《汉学师承记》之评价等，均有详细论辩。其间第六章论史源，虽系在日本学者近藤光男的《汉学师承记》（译注）基础上，进行更为详悉的追考与论辩；但于治学方法上特意标举史源，立为专章，确为学术专著中所罕觏，而于后学则颇多启示。第九章《札记》乃著者于读《汉学师承记》时所遇到的若干学林掌故，大多关涉清代学术史之研究而随手所作考论。文笔流畅可读，具有情趣与活力，而无单纯考据之沉重。章中所收三十余则，仅为全部札记之选录，若能罄其所有，当可别成一书。既承乾嘉诸老写札记之余绪，又为学术专著开一新路。正文十二章外尚有三附录，一为《江藩年谱新编》，继闵尔昌氏之江谱而增幅甚多，凡江藩之散篇佚文以及交游者之诗文均录入谱，内容充实，于了解江氏生平行事，可节读者翻检之劳，但与闵谱分置二书，似有不便，若将闵谱与新编合置于《研究》一书之末，则本文与年谱两相校阅，较之分置为善多多。二为《近二百年来江藩与〈汉学师承记〉研究论著目录》，按文献形式分为五类，前人研究成果已大致网罗，并以之示个人研究之起步点。三为《主要参考引用书目》以证著者著述之可征信度，亦有裨于后来研究者之入门。

我既读三书已，颇感已得三书之大要，乃约略述之于上文，而其心得，则撮言于次：

一曰专攻一经为学术传承之要诀。漆氏以江藩与《汉学师承记》为鹄的，寒窗十年，终成研究江氏之三种著作，并以此为基，繁衍枝蔓，行见枝叶茂盛，延而为江藩全面研究、汉学研究、清代学术史研究以及清代汉学家个案研究等等，不及十年必将有更大成果面世。

二曰搜求资料必求其全。著者撰此三书，十分之八功力在于搜求资料，故能征文考献，证据充分，立论准确。其所征引几近千种，而于江氏友朋之作亦广搜博览，如《江藩集》之附录四即涉及53人，《江藩与〈汉学师承记〉研究》第三章更达88人，旁征博引，其庶几乎“竭泽而渔”？

三曰著述必求体例完备。著者所撰三书，其著述体例，力求完备，序例附录、前言后记，各按需要而设置，而内容充实有裨读者之宗旨则一也。《江藩集》之《前言》，条其篇目，撮其指要，编为全书提要，得刘中垒之遗意。《笺释》之序出台湾学者陈鸿森之手，于有关江氏学术之问题，多细加考辨，示读者以读书之法门。而漆先生复于书尾缀《笺释缘起与后记》一文。记撰者治学之艰辛，情深意挚，令人感动。《笺释》则以《绪论》分章题记，引导读者即书究学。《笺释》与《研究》二书，以其涉及广泛，乃据书中人名、字号、书名、重要事件与语词而编综合索引，附于书后，极便检读，亦合当前著述之体。他如所附之图像、书影皆为难得之品，颇为全书增色。

四曰研究何时代之学术，必先了解该时代之治学方法。汉学贯穿有清一代而成清学。清学基础在考证、目录、版本、校勘、辑佚诸道。不谙此数道不足言清学，江藩所著如此，漆氏之研究亦复如此。读著者江氏三书，无处不可见清人之治学方法，从而悟及治何时代之学，必先明何时代之治学方法；否则缘木求鱼，难得窍要。我读著者江氏三书又得一明证。

我年高目眊，阅读速度迟缓，历经月余，始粗读三书一过。前得后失，疏漏殊多。谨就所见，略贡刍荛，是否有当，尚祈著者与读者教正！漆永祥先生方当盛年，精力充沛，学殖深厚，若能更登层楼，对已有成果以外之江氏著作，如《宋学渊源记》以及散佚著述等，更做全面搜求研究，则江学之“竭泽而渔”，当可指日。我虽年登耄耋，犹拭目以待，乐观其成！

原载于《博览群书》2006年第12期

读戴逸同志编著的《中国近代史稿（第一卷）》

戴逸同志编著的《中国近代史稿》，是一部综述中国近代史的专著。现在才出版了第一卷，已可以看出本书具有较大的篇幅和较多的资料，并贯穿了若干个人的研究心得，无疑地将对教学和科学研究工作起帮助和推动作用。本书的优点是作者以流畅可读的文笔，全面而有重点地综述了中国近代史的一部分，他对某些问题勇敢地提出了新的论点和见解；他征引了较多的史料来阐述自己所提出来的论点；他也适当地介绍了当前学术界对一些问题的意见，并表示了个人的见解。这些都显示出作者对本书曾付出了不少的劳动。为了共同进行些商讨，我想在肯定作者的劳动和贡献的前提下，对本书第一卷提些供作者参考的意见。

一

我认为，对于任何一本著作的首要要求是“政治标准”，作者在某几个问题上，似是忽略了对这方面的注意。

（1）我们知道，毛主席的著作对于中国近代史的研究，具有非常重要的指导意义。毛主席对于中国史上若干关键性的问题都有具体的论述，如封建社会的特点，半封建半殖民地社会的形成及其特点，农民战争的作用以及鸦片战争性质等等。但是，作者在长达五二二页的著作中，却只在页三四注引了毛主席论述资本主义萌芽问题的一条。当然，我们反对以寻章摘句的态度来对待经典著作。不过问题在于：毛主席的某些论述是密切而精确地阐述了某些近代史上的具体问题的，如果征引来分析问题，是再恰当没有了。我们反对生搬硬套，但也不能对经典著作屏而不采。同时，作为一种历史专著，宣传和论证马列主义和毛泽东思想的经典著作，应是其基本任务之一。本书似乎忽略了这一重要方面。

（2）本书出版日期是1958年9月，作者后记写定日期是7月。这表明作者定稿日期已是反右斗争以后。本书不仅缺乏对右派分子有关中国近代史“谬论”的驳斥；相反地，还在页三一注六中转引了右派分子荣孟源在《鸦片战争后五十年间中国社会经济的演变》一文中有关轧花厂的一条史料。这篇文章是荣孟源在运用史料上遭到最严厉指斥的一篇（樊百川等：《批判荣孟源在对待史料上的恶劣作风》，载《历史研究》1957年第11期）。作者完全应该知道。那么，是否非转引不可呢？完全不是。第一，作者在引述这一史料的那段文章中，主要是为了说明手工业生产部门中已发生了资本主义性质的手工工场，书中已征引了九条史料来说明造纸、制糖、淘金、踹布、制茶、织布和制烟各部门的情况，如果缺少这一条轧花厂的材料，也完全可以说明主要观点了。第二，这段史料在荣文注中已说明是参考北京图书馆存“统泰升账簿”，戴逸同志在北京工作，完全有可能根据原材料，根本没有转引必要。这种情况出现在1958年7月定稿的著作中是不恰当的。

（3）本书是1958年出版的，那么，书中提到的“今”，应该是中华人民共和国九周年的“今”；但是，非常使人惊异的是作者在页一二五解释上海租界南界洋泾浜的现名时，竟注“今爱多亚路”。这里，不仅要问作者的“今”是指什么“今”；同时，我们都知道“爱多亚路”是半殖民地半封建中国的一种耻辱。作者未注“今延安中路”是不能解释为用字疏忽的。

（4）本书中有些地方，从表面上看来似乎是用辞不当，但实质上却反映了作者的思想感情和立场观点，例如：

页三七一称：“湘军方面，却经过长时期的养精蓄锐，士饱马腾。”（引文的着重点是我加的）

同页又称：“湘军靠着凭垒坚守的战术挫败了远来疲劳的太平军。”

湘军是人所共知的一支屠杀人民的反动武装，无论如何不能赞之为士饱马腾的，充其量只能说是“凶悍”而已；而用“挫败”来形容湘军的战功，则尤为不妥。

页三八一称：“但是陈玉成却凭着血气之勇……妄想支持不可挽救的安庆围城。”

陈玉成在这次战役中的功过问题，可以讨论。不过对于农民革命领袖那种知其不可为而为之的忠心耿耿和英勇精神，却不能贬之为“血气之勇”和“妄

想”的。

页三六八称：“一八六〇年夏秋间，太平军逼近上海。上海孤处海隅，危若累卵。”

当时的上海已是中外反动势力进攻革命的巢穴，太平军的进攻，应是欢欣舞，而作者却流露出一种忧心忡忡的感情。

页四五三作者更直截了当地说，清军多隆阿和李续宜军“追打陈玉成，扫荡皖北”。

这些提法，都值得引起作者深加考虑的。

二

作者在本书中提出若干新颖论点，显示出本书的一些成就。但是，某些论点也还有商榷余地，某些问题也还希望能作更多的叙述和分析，现择如下数例，进行商讨。

（1）作者论述鸦片战争前清政府在对外贸易问题上，是采取闭关政策的（页五八）。这只是目前一般不够确切的提法。而作者不仅取消了一般在闭关政策上所惯用的引号，还进一步在同页中提到了“闭关锁国”一词，这就很值得商榷了，把清朝的对外贸易政策看成是锁国，则距史实过远，同时还会为后面分析中英关系带来很多困难。清初以来的对外贸易政策的演变，大体可划为三段：第一阶段从顺治元年到十二年（1644—1655），是遵循明制实行海禁阶段，对外贸易有一定禁令，而并未完全隔绝。第二阶段从顺治十三年到康熙二十二年（1656—1683），是为对付郑氏而实行严禁的阶段，曾屡颁严厉的禁令，实行内迁，其主要目的是使郑氏“内援既断，来无所掠”，纯系政治意义，故至1683年郑氏覆灭后，严禁阶段即基本结束。在这一阶段的对外贸易，也未实行“锁国”。第三阶段从康熙二十三年到道光二十年（1684—1840），是设关限制时期，既开禁，又设关，曾形成中外贸易的繁荣景象，所谓“联艅接樯，鳞次海澨”（汤彝：《盾墨》）。乾隆二十二年（1757）实行一口贸易后，也只在口岸、货物等方面加以限制和颁布了一些防夷禁令而已，绝非“封关禁海”的锁国状态。即以作者论述闭关政策的具体内容来看，也只提出了公行制度、防范条例以及限制出口货物的品种和数量，而这些内容正如作者所说，是起了“垄断”、

"防范"和"限制"的作用。因此，把清朝鸦片战争前的对外贸易政策说成闭关，甚或与锁国相连，都嫌不够确切。我认为当时清朝所采取的乃是一种对外限制政策。

作者在论述"闭关政策"时，又谈到中英矛盾问题说："开始，他们（指英国）并没有认识到中国经济结构对外国商品的抗拒作用，却把全部愤怨情绪集中到闭关政策上了。长期以来，英国资产阶级千方百计地影响清朝，企图改变这个政策。"（页六二至六三）作者把鸦片战争前英国的各种侵略活动解释为要达到改变闭关政策的目的，这很容易使人误解鸦片战争的爆发，是闭关政策所招致。清政府的各种限制，在英国看来，确是障碍和不利，必须千方百计来破坏它。但是，这种"改变"的活动只是为达到一种目的而必须具备的前提，英国千方百计活动的真正目的正如作者同页中所指出：是为了"适合于英国资产阶级侵略中国的目的"罢了！

（2）作者在本书中从经济条件和阶级基础来探讨天地会的性质，是有一定见地的。不过在区分天地会和白莲教的性质异同中，却有些值得商榷之处。

页四二，作者从"组织的成员"和"组织形式"看，"天地会则是较多的反映了城市平民阶层的要求"，并以此与上文所说的白莲教"是一个纯粹农民的组织"相区别，意即天地会乃是一个城市平民阶层的组织，而二者的差异就在于组织成员、组织形式和传布地区的不同。作者在这个问题上的有些论点是说服力欠强的，而且还有自相矛盾之处。

首先，作者"从参加组织的成员看"，说白莲教的群众"绝大部分是农民"，天地会的群众"有很大部分是手工业工人……和没有固定职业的江湖流浪者"（页四二），从而断定二者性质的不同。作者在这里提出的"绝大部分"和"很大部分"是不够精确的，而且在本书中的提法也不尽一致。

例如页四三称："天地会组织中不仅有很多城市平民参加，也有很多农民参加"，这两个"很多"很难使人得出确切概念，又很难按作者"从参加组织的成员看"的公式来论断天地会的性质了。

又如页四五，作者指出白莲教支派天理会的两个起义领袖的身份应当属于城市平民（李文成是木匠出身，林清是药铺学徒），又说："（天理会）群众中有不少人是流浪江湖的人。""天理会的各次起义中，城市平民占更大的比重。"如按作者的公式来看，则天理会似应成为更多反映城市平民阶层要求的组织。然而天理会却又是白莲教的一个支派，而白莲教则被作者定为"纯粹的农民组织"，那么，天理会是否在性质上与其本宗有别呢？虽然作者曾把天理会的这种情况作为"与前不同的明显的特点"来看，但又未明确地指出有此特点，便在性质应有所改变。如果没有改变，那么天地会组织成员不过是"城市平民"与"农民"并列为"很多"，而天理会却把城市平民定为"更大的比重"，则又如何解释呢？

其次，作者又"从组织形式来看"，说"天地会组织已经染上近代民主主义色彩"，理由有二：一是根据陶成章《教会源流考》所说："政治主共和，同盟者一体看待。"一是说"他们彼此之间兄弟相称，以'义气'、'信用'来保持成员之间的团结一致"（页四二至四三）。事实上，作者的两点理由，均可从陶著中找到。这里把陶文作更完整的引录：

> 凡入会者，纳钱纳票，会员之宗旨，专崇义气，取法刘、关、张。既崇义气，力求平等主义，故彼此皆称兄弟。政治主共和，同盟者一体看待，多得与闻秘密之事，故党势最易扩张。（陶成章：《教会源流考》，《近代秘密社会史料》卷二，附录）

根据陶著内容来解释天地会具有近代民主主义色彩是不完全合适的。其一，陶成章的论天地会，很多是他对天地会的理解和解释。陶的研究天地会是有其政治目的的，他曾把所理解的天地会精神融注于"华龙会章程"中。如以陶的理解来阐述光复会思想，我看比以之直接理解天地会要接近真实得多。其二，所谓讲义气、守信用乃历来劳动人民认为是标识着人与人正确关系的风格，不能单独说成是反映城市平民要求的组织特点。农民起义也有以此来团结成员的，如宋江即曾有题诗称："来时三十六，去后十八双，若还少一个，定是不还乡。"这四句诗即隐寓兄弟关系和义气、信用等全部内容了。

如上所述，作者以组织成员和形式来区分天地会和白莲教是不够明显的。

此外，作者在估价城市平民的作用问题上，论点也不是一致的。例如：页四五称："起义队伍中城市平民数量的增加是当时资本主义发展的一个结果，这又必然给予革命重要的影响，使革命队伍组织更严密，政治主张更明确，因而使革命威力更加提高，这一点特别在以后的太平天国革命中表现得更明显。"

但是，页一四七又说天地会"组织松懈"，页二七六至二七七论述两广天地会时，指出参加天地会的有手工业工人、城市小商贩、乞丐、伶人等，并特别指出很多麇集城镇的游民、商贩，把沾染很深的城市奢靡风气带进天地会，"给天地会后来发展以极不利的影响”。

这种不同的论述，如果不是前后论点歧义，至少是在论述时各有片面的。

（3）作者在页一五四对拜上帝会的文献《原道救世歌》、《原道醒世训》和《原道觉世训》等都称之为“宗教作品”，并在页一五五把这些文献中阐述的教义说成是“从表面上看来，不能不是荒诞不经的幻想”。虽然作者在同页中肯定了教义的伟大作用，并在页一五六又主张不能把教义“当作一般神话和幻想看”，而要看作是“战斗纲领”，这似与前面论点也不一致，而作者前面的论点，我认为是值得商榷的。

首先，拜上帝会的这几个基础文献不应该肯定说是“宗教作品”，而应认作是浸染着宗教色彩的政治性作品。我觉得这些文献中虽有“天”、“皇上帝”和“阎罗妖”等等字眼，但其政治意义是十分明显的。它所采取的这些用语都在政治上有所指，并能使人一目了然的。在这些文献中提出了政治、经济、民族、文化各种平等的要求，指出了斗争的目标，并向成员提出了应遵守的信条。因之，它完全是有强烈政治性和战斗性的“政治作品”。

其次，这些文献从表面上看来，也毫未被所谓宗教的外衣所掩饰，而成为荒诞不经的幻想。它的许多提法只能说是太平天国英雄们的一些理想，而这些理想又是农民革命所常有的。这些理想看来没有什么荒诞不经之处。

（4）作者在页四四八指出：“洪仁轩的《资政新篇》是作为农民革命的一个纲领提出来的”，这个提法比较含糊。一个纲领主要应看其具体内容和它所反映与代表的利益和要求。洪仁玕的《资政新篇》是针对当时太平天国领导集团分裂和革命后期停滞形势提出的一个具有资本主义性质的建国方案，是革新内政和企图建设资本主义性质国家的政治纲领。这个纲领的积极意义和消极意义，作者在书中已有所阐述。只是要强调指出，这个纲领中丝毫未提到农民革命的根本问题——土地问题，也没有农民的地位；相反地，却是“大有利于商贾士民”。这种缺乏与农民群众痛痒相关的纲领，当然为当时农民革命所不急需，从而，也不可能得到农民群众的有力支持而得到实现。

（5）作者对有些问题，如能做更多的分析，可能使问题论述得更深刻和全面。

例如页一八至四〇共23页的篇幅中，作者专题论述了“资本主义的萌芽”问题，这种专论完全必要。作者曾努力引证很多史料来描绘当时的萌芽景象，分析了特征，并提出了十八世纪以后有进一步发展。但这还有所欠缺，如果作者把资本主义萌芽的发展迹象概括综述一下，那会更清楚地看到这个过程的迂回起伏。如果作者能把显著地存在资本主义萌芽的十五、十六世纪和有进一步发展的十八世纪作些适当的比较（这些史料是较易搜集的），那不更有助于证实本书的论点吗?

又如页一八四，作者论及太平军攻克武昌后的前途问题时，提出了三个进军方向，最后总结一句："太平军选择了最后一个方向"（即顺江东下，先取南京，徐图北上）。太平军的领导者选择这个方向是有一定考虑的。但是，作者未就当时主客观形势来分析这个决定，因而无从论其利弊。如加以分析，则有助于对太平军战略策略问题的理解。

此外，作者对某些问题的叙述还可增加一些内容。

例如，作者对捻军的组成成分没有明确的正面的指出；对于捻军与太平军的北伐军和北伐援军的关系，以及捻军的纪律性质等也缺乏史料的印证。

又如太平军是百年前的一支革命武装，太平天国非常注意军队建设工作，现在尚能见到许多军令、军制等文献，并且太平军又有自己的特点。因此，在论述太平天国政策制度时，似应有专目叙述。

又如李秀成经营江浙的一些政绩也应有所涉及。

三

作者在本书中征引的史料是较丰富的，但在运用的态度和方法上还有值得考虑的地方。

（1）作者或为论证自己的论点，而以意取材，有的忽略了史料的整个含义而截取其可用部分，有的又不顾及史料的具体时间而随意上下。

例如页一四，作者为了论证乾隆和乾隆以后的土地分配情况及发展趋势，引证了《觚賸》中所记黄、淮流域河南的一段史料称：

> 扶沟有孙家庄，惟孙姓者居之，性黠而鸷，多行不义，颇赡于财，危楼高台，构至百楹，周以缭垣，甃甓甚固，佃户之依以居者，茅舍三十余家。

按钮琇《觚賸》卷五，"豫觚"，则"茅舍三十余家"下，尚有很生动的一段叙述称：

> 康熙十三年七月初八日雨中，忽见庄东北有巨人，长十丈许，去庄前半里地，拔一大柳树，望空旋舞，狂风刮地，其声如雷，孙姓之属，荡扫无遗，摧压而毙者九人，傍居佃户，完然如故。

这一记载，虽属于传闻，但其寓意则有非常强烈的人民性，寄托了人们痛恨地主和同情佃户的意愿。其前半部分完全可以作为地主豪富的说明，可惜作者忽略了时间。康熙十三年是1674年即十七世纪，乾隆元年是1736年即十八世纪，相距六十余年。这种征引，既不能说明乾隆时及乾隆后的土地分配情况，更不能从中看出任何发展趋势。

尤其不得其解的是，在引述扶沟孙氏故事之后，又接引“太平天国革命时期”的围主情况。把十七世纪七十年代和十九世纪五十年代的两种情况连接一起来叙述，既不说明一种情况的发展过程，又不是指定时期的典型说明材料。因此，仅从作者所引以论证黄、淮流域的土地情况的史料来看，是不能确切阐明作者所提出的论点的。

又如页一五，作者引证王闿运等《桂阳直隶州志》卷二〇称：

> 有人记载湖南桂阳州的大地主邓氏，“田数百顷，以富雄一方，至用担石程田契；乘马不牧，游食田野数十里”，可以想见这个大地主豪富的气派。

这段史料，如据原文做更完整的引述应如下式：

> 邓仁心者，崇祯时诸生，弟仁恩为国朝诸生，亦居州北。兄弟田数百顷，以富雄一方，至用担石程田契；乘马不牧，游食田野数十里，不犯人禾。嘉庆时黄显儒、傅逢辰、彭相煊，亦用勤俭力田，富称北乡，故州北多富民，至今传之。

从这二段引述来看，可以指出下面三点：

其一，作者在这里所要论证的基本论点是：“在乾隆时期及乾隆以后，土地分配的情况究竟怎样？它的发展趋势又怎样？”（页一三）于是搜集到湖南桂阳邓氏这个例子；不过这拥有“田数百顷”的邓氏弟兄，一个是“崇祯时诸生”，一个是“国朝诸生”，总之，应该是明末清初时人，与乾隆时颇不相合。作者在引证中既删去了“兄弟”二字而成为笼统的“邓氏”，从而也必然把时间略掉了。用清初的事实来说明作者提出的论点，显然是不确切的。因之，这条史料也就没有什么说服力了。

其二，《桂阳直隶州志》中描写邓氏土地之多，主要在“不犯人禾”四字。如截去这四个字，则“乘马不牧，游食田野数十里”，可以解释为是一个大的恶霸牧主，养了很多马，到处去游食，而有了“不犯人禾”则非常明显是一个豪富的大地主，他能让所养马匹，随便游食，结果在几十里内还是吃着自己的庄稼。所以即使作者要引来说明乾隆前的土地分配情况和发展趋势，也万不能删掉“不犯人禾”四字。

其三，《桂阳直隶州志》中也举出了几家嘉庆时的地主，都是“富称北乡”，但作者没有征引，可能觉得对这家的描述没有对邓氏描述的那样丰富生动。

又如页三七，作者为论证鸦片战争前农民遭受剥削压榨的情况，以“当时人记载”的语气引述了两段史料。一系据俞樾等《川沙厅志》卷四转引的汤斌“疏略”。一系引自包世臣的《安吴四种》。我认为这种运用史料方法是不甚恰当的。

首选，汤斌是1627—1687年的人（明天启七年至清康熙二十六年）。以十七世纪的记载来印证十八九世纪的情况，是不会准确的。

其次，包世臣是1775—1855年的人（清乾隆四十年至咸丰五年）。以他的记载来论证十八九世纪的情况是可以的，但把它与汤斌的记载连引于一起，而均冠之以“当时人”，则非常不妥了。

（2）作者在搜集和引用史料的态度上，是不够认真的。作者不够注重史料的原始性质。有的舍弃了价值高而引用价值低的记载，有的又作了不必要的转引。例如：

页七八，作者论述林则徐组织民力时引证了王之春《防海纪略》卷上所载：“具知夷人极藐水师，而畏沿海枭徒及渔船疍户，于是募丁壮六千人。”

记载这一史实的书很多。《防海纪略》一书原系王之春就《英夷入寇记》点定而成，而《英夷入寇记》据称即《夷艘入寇记》，系魏源所撰，已为魏氏点定而刊入《圣武记》，即今为人所熟知的《道光洋艘征抚记》（以下简称《征抚记》），故《征抚记》即有此记载。作者应据《征抚记》而不据《防海纪略》。

作者在本书中曾从郭廷以《近代中国史》第二册中转引了许多史料。这些记载史料的原书，都是极易找到的，无转引之必要，而且尚有误引者，试举例如下：

页七二注二引郭著关于广东官僚们赞成许乃济弛禁论的意见，实即《道光朝筹办夷务始末》卷一页五至十二所载邓廷桢、祁𡎴、文祥等人的奏折。

页七六注二引郭著转据《信及录》载林则徐给洋商的谕帖，则见于《信及录》页一八“谕洋商责令夷人呈缴烟土稿”。

页七七注一引郭著页一八四转据《信及录》关于林则徐销烟的情况。经复按郭书，并无作者所引的一段。实则此段引文系道光帝对林、邓指示的上谕内容。上谕全文见《道光朝筹办夷务始末》卷六页二〇及《东华续录》道光三九。林则徐等在《会奏销化烟土已将及半折》（《林文忠公政书》，《使粤奏稿》卷三）中，曾节引上谕中这几句内容。

页八七注六引郭著页二九〇，转据《夷寇杂录》卷三所载，伊里布称：“（英人）形尚恭敬。”惟复按郭书该页所据《夷寇杂录》卷三，并无此内容。至伊里布对英人态度的报告，则见《道光朝筹办夷务始末》卷一六页三伊奏所称：“该夷礼貌恭顺。”

页一〇〇注四引郭著关于英军在浙暴行，未载见郭书何页。复按郭书有关章节，未能得其出处。按此条记载实见于夏燮《中西纪事》卷七。

页一一三注一引郭著关于支付南京条约赔款问题，未载见郭书何页。复按郭书有关章节，仅有夹叙夹议之文，而无本书中所录全文。按本书所录内容为清朝上谕中语，见《道光朝筹办夷务始末》卷五九页四。

（3）作者在引用材料时缺乏精密的核对，因而间有缺漏之文，从而关联到对问题的解释。

例如页一七，作者据中国科学院经济研究所存档材料论证鸦片战争前实物地租的租率称：“据所存嘉庆朝三十四件有关实物地租租率的统计，其中租率在50%以下者为十一件，50%者为十九件，50%以上者为四件。”实则此三十四件刑部档案系直隶、山东、陕西、浙江、安徽、江西、四川、福建、广西、云南、贵州等十一个省的，在文中若说明“嘉庆朝十一省三十四件……”，则似与上文所称“大多数地区”相合，否则，既可解释为全国情况，也可揣测为某一地区或少数地区的情况。

又如页一一五，作者为论述鸦片战争后中外贸易增长的情况而引用当时丝的出口数字称：“丝在1843年输出1787包，1845年输出13220包，1850年输出21548包，至1856年输出将达八万包。”作者引证这样重要的数字，但并没有注明出处。据我核查，作者似据马士《中华帝国对外关系史》第一卷，页四一三附表（中译本）。而马士原表所载这几年的丝的出口数应如下式：

年　份	广　州	上　海	共　计
1843 年	1787 包	——	1787 包
1845 年	6787 包	6433 包	13220 包
1850 年	4305 包	17245 包	21550 包
1856 年	*	79196 包	——

*原注：从香港运出的广州和上海混而难分的产品。

核查结果，发现作者引证中有重要的缺漏。在1843年中漏去“由广州输出”，1845年中漏去“由广州、上海二口共输出”，1850年中漏去“由二口共输出”，而1856年也未指明系混而难分。这种缺漏，显出1843年到1845年增长过速，而1845年到1850年却增长不多，同时也掩没了上海发展的新兴趋势。这与鸦片战后的情况不全符合了。

（4）我们知道，引证史料注明出处，一方面固为显示史料的可靠性，同时也向读者介绍和提供一些史源，这对初学者尤为有用。作者的注是不尽详善的，从书中可以检出很多例子。这里只择要说明一些。

有的是只注篇名而没有书名，很难使人确定是作者转引来的，抑从原书引来的。例如：

页五〇注二谢章铤：《东南兵事策》，应注见于《赌棋山庄文集》卷二。

页一〇二注一“刑部惩办抗英运动领导者钱江何大庚折”，应注见于《鸦片战争》中国近代史资料丛刊Ⅳ，页三四至三七。

页一四一注二《王廷兰致曾望颜函》，在本书中曾出现多次。按王函在当时流传甚广。据载：钞本《平夷录》卷三、钞本《溃痈流毒》卷三、钞本《入寇志》第四册、钞本《犀烛留观记事》卷下、钞本《鸦片战争文件丛钞》、夏燮《中西纪事》卷六及《道光朝筹办夷务始末》卷三〇均有之。目前便于使用者有夏燮：《中西纪事》和《鸦片战争》中国近代史资料丛刊Ⅳ，页二五至二九。

页三三八注三《戈登在中国》，应注见于王崇武等释《太平天国史料译丛》页一四七。

这类例子在书中甚多，不再赘举。

有的是作者引用自一部大书，但仅笼统地写书名而无具体卷篇，使人翻检困难，例如：

页六六至六七，作者引述了一大段《清实录》中有关鸦片走私网的组织情况，而仅称《清实录》三字。我们知道，《清实录》是指《太祖实录》到《德宗实录》的总称，这部书包括“宣统政纪”在内共有一二〇二册。作者对这样浩大的一部书，既未注出“宣宗实录”，更不会注出“宣宗实录”的册、卷、页以及年月日了。这对别人查对是非常不便的。

有的又是显系作者引用之史料，但却不注出处。例如：

页三三九引证侵略分子记述圆明园被焚的一段史料，系见于《北平图书馆馆刊》第七卷第三、四号“西书关于焚毁圆明园纪事八篇”中的一个随军牧师的纪事。但作者没有注出。

四

最后，想就这本书的错字和标点错误提些意见，这可能与出版社合作者均有关联，下面举数例列一勘误简表：

页	行	误	正
38	18	晴摊雨收鬻售靡定	晴摊雨收，鬻售靡定
73	19	办过一条	办过一案
78	7	一九三九年的整个下半年	一八三九年的整个下半年
82	1	一九四〇年一月五日	一八四〇年一月五日
84	18	一九四〇年二月二十日	一八四〇年二月二十日
87	8	从一九四〇年九月起	从一八四〇年九月起
88	2	一九四〇年十一月底	一八四〇年十一月底
88	7	“幸产”	“幸童”
165	4	前朝八王	前期八王
240	3	黄不位所	黄位不听
266	8	凡入添弟、会者，	凡入添弟会者，
267	16	王鑫	王鑫

（续表）

页	行	误	正
343	19	我军人人算踞	我军人人箕踞
381	5	相城	桐城
381	9	相城	桐城

上表的这些错误，如能细心核校，都是容易避免的。错字对于任何一种出版物来说，总是憾事而必须根绝的。

以上系就本书论点、叙事、史料运用和勘误各方面提出了一些意见，其中破多立少。由于我对本书读得还欠仔细，而业务理论水平也有一定限制，这些意见是把自己的愚者一得贡献给作者。有些可能吹毛求疵，一定有不尽妥善之处，还请读者予以批评指正。

一九五九年四月写

原载于《历史研究》1959年第5期

林则徐父亲的日记

——读林宾日的《旸谷日记》

清代士大夫多有记日记习惯，已印行者如《李棠阶日记》、《绍英日记》、《李越缦日记》、《林则徐日记》等，还有许多未刊稿钞本存世，如清史编委会拟出版的《清代稿钞本日记》第一辑，就收有二十二种。林则徐虽终身忙于政务，但他的日记量大事详，均出自个人手写，上起嘉庆十七年，下至道光二十五年，先后历三十余年，虽略有缺年短月，但据今所刊行者尚有近四十万字。他的这种习惯，可能与其父记日记的习惯有关。

林则徐的父亲林宾日是个科场失意的知识分子，家境不富裕，以教读家塾与书院维生，还需要妻子女红帮助。他把全部人生希望都寄托在儿子身上，从林则徐启蒙到科试、作幕、入仕等人生经历中，林宾日都耳提面命，亲加教诲。乾隆五十三年，林则徐方四岁，就被父亲带至罗氏家塾就读，“自之无以至章句，皆口授之”。从此以后，直至林则徐二十岁中举前，主要就在父亲的教读和熏陶下完成青年时代的学习阶段，长期的浸润其影响可想而知。林宾日所著有《小鸣集》、《倒颠记》和日记等数种。

林宾日的日记手稿原封面题《旸谷日记》，共三册，计152页，约46000字，用乌丝栏毛边纸手写，板框双边，板心上为黑鱼尾，下有“拜石山房”字样。每半页九行，每行字数不一，有墨笔涂改和圈点。原稿不全，现存部分为上起嘉庆二十一年九月十四日，下至嘉庆二十四年十二月二十四日止，其中缺嘉庆二十三年全年及嘉庆二十四年正月初一至十四日。日记整理者谢水顺在前言中曾论及日记内容和价值说：

> 日记内容丰富，有如社会万花筒。当时工作难找、谋生不易的情况也时有反映。粮食的丰歉年成、大米的市价高低、贪官污吏、水灾、旱灾、火灾频仍；因粮食歉收，米价飞涨，福清县治发生抗粮斗争，官府多次派兵镇压，还有瘟疫、盗窃、械斗等等。这些内容的描述，虽然有的仅仅是局部的、表面的现象，但已可反映出嘉庆末年社会所面临的问题及社会动荡变化的情形，具有一定的史料价值。
>
> 日记对福州的民间信仰、民俗、民风、家族亲友间婚丧嫁娶往来，福州左营司住地与夫人陈帙在文儒房家的情况，家训，书院生童的学习考试、次子霈霖所作文学诗赋、折差在送信中故意刁难的情况，甚至为女儿求医治病有关名医的简历和治病的处方等，均有记述，还有多首诗作。这些记录有的虽显琐碎，但对个人活动、亲友间酬应，尤其家训箴规方面，具有研究价值，可作为研究林则徐和福州地方史的参考。

谢氏对日记内容及其价值的论述，可备读日记者先导，但略显溢美，作为史料佐证，似显薄弱。但对研究林则徐及其家庭状况则尚有采摘价值。

日记手稿藏福建省图书馆，各种有关林则徐资料未见收。近年个别著作曾记其事，而未见大量征引。福建省文史馆曾将其收入《福建丛书》第二辑，并于2000年11月由江苏古籍出版社正式出版，题名《林宾日日记》。末附林宾日曾孙林钧译所写《林子庄日记》万余字，涉及清末海军向英、德等国购船事务。全书最后刊有林则徐所撰先考行状及陈寿祺所撰墓志铭，可供了解林宾日生平所需。

原载于《今晚报》2011年7月5日

完整地认识林则徐

——喜迎《林则徐全集》出版

《林则徐全集》的出版是史学界的一件大事，因为林则徐是中国近代史上对海内外都具有重大影响的人物。对林则徐的研究进行得较早，但真正系统地搜集资料，研究问题，撰写专著，则在解放以后。上世纪五十年代后期，周总理就提出要编《林则徐全集》，并交给中国科学院办理，后来由中山大学负责编辑，中华书局承办出版。因为资料一时难以搜集完整，所以命名为《林则徐集》，只出版了奏稿、公牍和日记等几种。“文革”开始后，这件事自然搁置起来，已编好的部分奏稿，就以钞存稿的形式保存下来。

上世纪八十年代初，林则徐研究得到前所未有的重视，召开了若干有关林则徐的纪念会、研讨会，研究成果累累。陈胜粦教授的《林则徐集》补编，杨国桢教授的《林则徐传》和我的《林则徐年谱》相继问世，专门论文更是不计其数。原始资料也层出不穷，给全集的编纂创造了必要的条件。1995年，在纪念林则徐诞辰210周年学术讨论会上，学者们发出重新编纂全集的呼吁。经过各方面的努力推动，1996年，海峡文艺出版社组织由全国几所大学、社科院的学者和有关人士组成的编委会，开始进行全集的编纂工作。2002年9月，《林则徐全集》编纂工作完成，由海峡文艺出版社出版。

《林则徐全集》包括奏折、文录、诗词、信札、日记、译编等六大类，共分六卷十册，近三百八十万字，每卷均有插图。林则徐历官十四省，领导了伟大的禁烟运动，面临着许多政治、经济、社会、防务等问题，全集包含了绝大部分有关这些方面的文献。读了全集，人们至少可以从以下四个方面比较完整地认识林则徐：

第一，林则徐是一位具有爱国主义思想的政治家，是中国近代史上第一位反侵略的民族英雄，为海内外人士所崇敬；第二，林则徐是一位具有重民思想的能员大吏，对于漕运、盐法、水利、农业、制币、吏治、救灾等关系民生的大事，无不予以关注；第三，林则徐是开眼看世界的第一人，具有开拓创新的精神，能够接受外来新事物，开启了近代维新思潮；第四，林则徐是一位严于律己的清官，持身治家极严。

我们编纂这套全集，在资料搜集方面力求完备，在全国范围进行广泛的征集，所得资料超过以往几倍；在整理资料方面，原则上维持原件，有所订正则加注或说明，有确切时间的按时间顺序排；在资料鉴定上，极其认真严格，凡经反复考订而难以确定真实性的文献，一般不编入，有些媒介发现的新资料，经考订难以定论者，也不贸然编入。总之，从征集、整理、鉴定到编纂，我们始终持一种严格而慎重的科学态度。

这部全集是目前资料搜集较完整，水平较高，最具权威性的全集，它为研究者提供了可资依赖的重要参考资料。当然。我们不能说它已经完善无缺，而只能说我们确实尽了应尽的力量。如果日后有了新发现或有所订正，当再行补遗。

原载于《福建日报》2002年10月21日

读《张之洞大传》

清朝后期能够翻云覆雨的政治集团是湘淮两系，而举足轻重的人物则并称曾李；但另一位与晚清政局相终始的重要人物张之洞相形之下却显得落寞，最近问世的马东玉同志所撰《张之洞大传》（以下简称《大传》）正填补了这方面的空白。

作者在《后记》中自承“我的本意是想对这一重要的历史人物给以客观公允的评价”，因此，他殚精竭虑，广搜博征，破除陈说，独抒己见，力求对传主作出评价，如称张之洞“干大事、干实事”，“锐意改制”，“认真布防，极力备战”，“中国近代史上举办近代企业坚持最久的一个企业家”；推崇张之洞是“爱国官员”、“近代著名教育家”、“堪称中国近代企业家和教育家”等等。这不仅使张之洞的历史地位得到新的评价，也反映出作者不依违于已有结论，敢于提出自己见解的钻研精神。

《大传》征引文献资料比较丰富，据其所附《参考书目文献举要》统计，用书达148种，包括资料82种、专著66种。所可贵者，这些资料大都为习见而非偏冷，体现了作者运用史料的基本功力。因为读已见书较之读未见书为难。

这本《大传》的另一特色是可读性强。作者以其清新流畅的笔触把张之洞这一人物写得真切饱满，栩栩如生。作者不是孤立地刻画传主本身，而是详尽细致地描述传主的事业背景，使传主自然地显现其作用，引发出应有的历史评价，如在举办洋务一章中，作者用了百页篇幅将所办军事、纺织、重型、铁路、机器铸币与金融业等五大企事业所属部门都一一加以细腻的考察与评述，这不仅廓清了对张之洞办洋务的异议，也把近代史上几十年的洋务运动历史展示给读者，从而在此事实基础上分析了传主举办企业的思想和目的，给人一种自然、深刻和可信的感觉。另外作者还善于编织情节，如争废崇厚的《里瓦吉亚条约》一事中，

传主在争议的十个月过程中曾单独上疏二十篇，如依序胪列奏疏内容则将枯燥乏味，但作者将二十余篇奏疏编织进废约、谈判的复杂斗争中，寓论断于叙事，显得明快得体。

事物的发展往往是矛盾存在于统一体中，优点往往包含着弱点，《大传》的特色中似乎还有一些可商榷处。

传记作者主观上都想写得公允，但常常由于笔端流露感情，使钟爱走向偏爱，于是肯定其应肯定者，而讳避其不足。广东的“闱姓”赌捐本是影响科考、祸及社会而屡禁难止的弊政，张之洞为筹措经费，公然开禁，势必遭人讪笑；但作者却曲谅其事是“取之于赌，用之于公，又涓滴不入私囊，做到问心无愧也就可以私自安慰了”。为传主作了一定的辩解。

征引习见资料，固然可见功力，但如对有些习见史料能追溯原始而加以征引则更能增其学术价值。如自丁名楠《帝国主义侵华史》卷一转引的《新疆图志》则是一本并非难得的书。又如《翁文恭公日记》便无须转引自《张文襄公年谱》，而《清代七百名人传》似也可改用其他价值更高的史料。

作者为烘托传主而多着墨于背景的描述，以致时有枝蔓，如“继统之争”一目记吴可读“尸谏”案，当时张之洞只作为清流派一员而写过一份《遵旨妥议折》，只是其宦海一生中的一个泡沫；但作者却用了七页篇幅详述“尸谏”始末，不免使人有渲染敷陈之憾；书中写中法战争对刘铭传、刘永福的本身历史都叙述较繁。

研究历史以评论人物为难，评论人物以评论近代人物为难，尤以评论人们熟知而又有异议者为更难。作者知难而进，尽多年积累之功，成三十余万字之作。总观全书，立意创新，史料丰富，记述完备，评论有据，至于不足，当为一得之愚，小疵固难掩大醇。

原载于《光明日报》1990年2月21日

“非常之世”的“非常之人”

——读夏东元著《盛宣怀传》

评论历史人物难，为人物写传更难；写一部持论公允人物真貌的传记尤难；重新评论久有成说或定论的人物，并为之写出一部全传更是难上加难。夏东元教授在详细占有史料的基础上，耗近三十个寒暑，写成一部三十余万字的《盛宣怀传》正解决了这样一个难点。

盛宣怀（1844—1916）是与中国近代史几乎相终始的人物。长期以来，盛宣怀这个买办性洋务人员的形象久已游动在不少近代史学工作者的头脑中。要改变和扭转认识，一要丰富资料，二要学术胆识，三要艰苦研究，然后才有可能重立新论。《盛宣怀传》在这三点上确已有所体现。

作者为自己研究近代人物概括了一条规律，即“评论中国近代史上的人物、事件有一个标准，即不仅要看对帝国主义、封建主义和中华民族、人民大众的认识、态度与作用，而且还要看对中国资本主义的认识、态度与作用”。这一概括简言之是要从政治和经济两方面去进行分析，得出结论。作者从肯定洋务运动的进步意义背景出发，抓住盛宣怀“办大事”、“做大官”两个主要方面展开论辩，从肯定前者、否定后者来贯穿全书，并以前者为基调。他肯定盛宣怀是“以经营中国社会发展需要的近代工商业为己任并卓有成效”，能“顺应历史发展趋势的佼佼者”（代序）。认为盛宣怀是一个资本主义工商业的有力经营者，所经营的轮船、电报、矿务、纺织企业都是“立国之要”，而这些事业无不具有适应时势需要和抵制洋商侵占权利的两大特点。这就必然为盛宣怀摘掉“大买办”的帽子而成为反对封建经济、发展中国资本主义的历史人物。在中国近代半殖民地半封建这个历史大变动时期，以一人之力披荆斩棘地经办了这么多“立国之要”

的企业，自然会引出盛宣怀是一个“处于非常之世，做非常之事的非常之人”的结论。这三个“非常”是作者撰著《盛宣怀传》所把握的主要线索。

夏东元在《盛宣怀传》中以鲜明的笔触来改变衡量近代人物的传统观念。他指陈过去用“贪得无厌，赚取钱财”来鞭挞盛宣怀是不公正的，而认为“赚钱”正是盛宣怀的进步表现，因为“剩余价值规律曾经是推动历史前进的巨大杠杆力量”，全传以较多篇幅总结了盛宣怀的洋务思想体系，认为盛宣怀“在洋务商战思想上，从生产过程到流通过程，已形成较为完整的思想体系”，而这个“体系”的中心特征“就是要在发展经济上与洋商争斗，以致富强”。全传虽然没有对现实问题着墨一字，但这种历史结论会有力地引发读者对中国商品经济重要意义的了解和对资本主义，特别是对中国资本主义发展历史的再认识。这是本书内涵的重要意义。

的确，以往对盛宣怀的评论确有不公之处。和盛宣怀同样从事“洋务”的郑观应、马建忠和徐润等人，都有着改良主义思想家和民用企业家之类的桂冠，而唯独具有商战思想，曾经办了轮船、电报、矿务和纺织等四大民用企业的盛宣怀却背上了“大买办”的恶名。夏东元为此将上述等人进行比较研究而后论定。他分析盛宣怀与马建忠为维护电报权利所产生的矛盾时，即以原始档案为主要论据，论定马建忠的“维护电报权利的感情不如盛宣怀深切”，而盛宣怀“保护中国电线电报权利是始终不渝的”，所以“在这一点，马建忠不及盛宣怀远矣”。他在评论盛宣怀与徐润争夺招商局权力的矛盾时，提出了一条新的是非规范，那就是“资产阶级竞争规律就是在获取尽可能多的利润原则下，挤倒对方，大鱼吃小鱼”。盛、徐二人既都是资产阶级，那么“从大鱼吃小鱼”的资本主义竞争规律说是无可非议的。至于郑观应的成就，主要出自盛宣怀的一手提拔和支持。如此，盛宣怀的地位如何摆法，自可不言而喻。

夏东元肯定盛宣怀经济上的成就，多少使人感到有“发乎情”的意思；但史学家握的终究是史笔，他又“驭乎理”地指斥盛宣怀的反面。作者循着盛宣怀以“办大事”为资本，逐渐达到“做高官”目的这一人生道路，评论盛宣怀“既似商又似官，由似官而为官；用商力以谋官，由倾向于官发展到利用官势以凌商”，也即批评其“做高官”的另一面。作者论断“盛宣怀在变专制为民主的政治态度和观点上，不仅不及维新派，也赶不上某些洋务派官僚”，即使在论定盛宣怀与徐润是非，并偏爱盛时，也指出盛宣怀“挟官势以达目的则越自由竞争范围”是不对的。作者揭示盛宣怀在义和团反帝运动中“对于直接损害到他的洋务企业、事业的义和团尤为愤慨和敌视”，表现出“对人民的反抗总是站在敌对的立场上”，而在处理中外关系时则“极力主张多多听从洋人的意见”。盛宣怀这个在发展经济上是“一只手捞十六颗夜明珠”的胜利贪馋者，在政治上却是日趋保守妥协，增强封建性和买办性。“终其生未能克服保守的政治主张与进步的经济实践间的矛盾”，便是作者对盛宣怀一生的总评价。

当然，任何事物都会有瑕隙，《盛宣怀传》虽是一部力作，但也不是没有可吹求之处。作者根据史料，实事求是地重新论定盛宣怀是以三个“非常”作为主线。全传对于非常之人办非常之事是持之有故、言之成理的；但对这两个“非常”所置身的“非常之世”论述似有不足，如果对盛宣怀所处的“非常之世”再多加笔墨，就能显出一定的土壤而培育滋长一定的花草果木，更增加可信性而消融一下作者的感情之笔，而三个非常的环节也能扣得更紧。纵观全书，使人颇有情重的感觉，特别是全传结尾的末三行，对盛宣怀的政治态度进行了“如果”的假设。这是作者希望盛宣怀成为更完美的形象。可是历史是不接受假设的。如果删去这末三行，那么全传的结尾将更耐人寻味，发人深思。作者在掌握与运用史料上确见深厚功力，如在档案之外，再能扩及官书私乘、称说杂著以及时贤识见，当能益见功底而开拓读者视野。至于历史人物不仅有其成就的事业，也无可避免地有家庭生活、个人情趣和人际交往。《盛宣怀传》围绕传主的政治、经济两大事业立传，无疑足称严谨的“硬件”，如果能进而适度地点缀一些传主生活、情趣和交往等等“软件”，那么，一本立意新鲜、内容充实、软硬结合、人物丰满的传记将会使学术雨露更广袤地覆盖读者。

原载于《人民日报》1989年1月13日

《章太炎传》评介

章太炎是中国近代史上有影响的民主革命家、思想家和学者，但是，除了个别通俗读物外，还没有一本评论性的传记专著。王有为同志的近著《章太炎传》（广东人民出版社出版），正是应这种社会要求而填补了空缺。

《章太炎传》是一本有特色的传记专著。它表现在以下几点。

第一，它抓住了这位多方面有成就的传主的主要方面，把传主主要作为思想家来处理和评述的。它以传主一生的思想变化作全书之纲：从传主的民族主义思想的“发芽生根”叙起，从头到尾掌握着传主一生思想起伏的要点，如“排满”思想的树立而“开始了为救中国而奋斗的生涯”，怀疑维新、“思想进一步向民主革命方向发展”、“哲学思想的新变化”、修订《訄书》、“专修佛学”，亲袁思想，“脱离民众，渐入颓唐”的落伍者以及晚年在民族危机深重关头时“从消极情绪中惊醒”等。作者以传主的政治思想将其一生贯串成一完整轮廓，并分别归属资料以论定是非，给人一种脉络清晰、主题突出的感觉。

第二，它在几个重要问题上以酣畅的浓墨重彩加以分析。如对辛亥革命前夕的“排满”口号就用较多篇幅以章太炎为典型作了剖析，指出“排满与推翻清朝封建统治”，“排满与建立资产阶级共和制国家”的关系和“把民族主义和爱国的民族独立结合起来”等观点，使读者对辛亥革命时期这一重要口号有所理解。特别值得注意的是对“革命军兴，革命党消”这一有争论的口号提出了独特的创见。作者承认这一口号是章太炎所提出，但他是“从消除党争，维护统一，防止政局动乱的基本思想出发的”，是“章太炎作为一个完整的战略性口号提出来的”。作者要求评论者看到“章太炎这一口号内涵广泛，用心良苦”，是章太炎“对武昌起义后国内各政治力量重新组合的新形势，作出相应的估计和判断之后，试图将革命中各个派系和已经转向革命的原立宪党人，以最大限度地联合和统一起来的新尝试”；但作者也指出这是一个主观主义的口号，“最后，他不能不饮下自己制造的这杯苦酒”。这一有理有据的新颖见解，至少在我涉猎所及，尚属初见。这应该说是作者可喜的研究成果。

第三，它发掘和运用了新史料，如《膏兰室札记》四卷是传主对儒家经典，周秦诸子逐条考释文字音义的一部未刊稿本。现残存三卷，已收入《章太炎全集》。作者使用这一未刊稿并评论它“考证精详，可与俞樾《诸子平议》等相媲美”，又如以新发现的章太炎对《革命军》1908年版的题字作论据等。新资料的发现对研究章太炎有一定参考价值。

当然，任何事物不能毫无瑕疵，章传也不例外。章太炎这样一个丰富多采的人物以十余万字来论其生平自然会感到局促而难以充分展开，以致某些论述尚感不足。尤其是对章太炎作为著名学者这一侧面，若从师承、源流、特色、成就和影响诸方面看都还应深入研讨，钩玄纂要，加以论断写入。对于这一历史人物所处的社会条件和无论是革命战友或学侣间交游切磋的影响也有补充的余地。我想作者在完成《章太炎全集》的基础上，将会有大型的《章太炎传》增订本问世。

原载《光明日报》1985年10月2日

气冲剑匣　笔扫游魂

——喜读《甲午战前钓鱼列屿归属考》

吴天颖教授是与我有近四十年友谊的故交，承他不弃遐远，使我有幸通读其呕心沥血的杰作《甲午战前钓鱼列屿归属考——兼质日本奥原敏雄诸教授》全稿。这部并非巨帙的宏篇，却使人感到沉甸甸地压手，光熠熠地照人。这是多年来不曾多见的专著。吴著一脱流俗，广征博引，涉及中外典籍档册，搜求范围除大陆所藏外，远至英、美、日等国，近达港、澳、台地区。迨史料大抵集中，乃辑录史料汇编，为撰著奠基。尤可贵者，撰者于自序中直言不谙日文，特请专人反复译校，以求征信。其循序渐进，谨严治学之态度，为全书之高质量建立坚实基础。至其体制，颇称完善，书凡五章，溯往论今，侃侃立论，有理有据，有辩有驳，章次之间，若笋之剥箨，层层深入，并附以图文原件图片，足成佐证，终而引致无容置疑之结论："钓鱼岛等岛屿是在中日甲午之战签订《马关条约》后被日方侵占的中国领土。"历史真相至此而大白于天下。

吴著除阴霾，拨迷雾，首斥日本奥原敏雄妄引国际法上之"先占"原则，不承认钓鱼列屿为中国领土，不承认该岛屿系台湾的附属岛屿，更进而将1895年窃据钓鱼列屿的活动与其1894—1895年进行的中日甲午战争"脱钩"，尤其不承认与《马关条约》有任何瓜葛。其次，吴著复指陈奥原敏雄处心积虑要使侵占钓鱼列屿的梦幻成真，乃在于将从此掠取可供使用40年的石油资源，以摆脱其年进口99.8%石油的被动局面，实现其贪婪野心。可谓一箭中鹄。

执干戈以卫社稷，国士责有攸归；运巨椽以扬正气，学人义不容辞。吴著与"十处敲锣九处在"的日本奥原敏雄等的诸般谬论，针锋相对，正面阐明。如针对日方所谓1683年（康熙二十二年）以前，台湾非中国领土的谬论，详尽地论证台湾与祖国大陆的血肉联系；针对日方抹杀钓鱼列屿为台湾附属岛屿的伎俩，指出，不仅中国“原始发现”并命名了钓鱼列屿，而且最晚于“十六世纪中叶，明代抗倭军政长官胡宗宪已将钓鱼列屿正式划入海防区域”。以批驳奥原所谓《海防图》“不问其地是否为他国领土”的谎言。撰者严正地指出：“边海自粤抵辽，袤延一万五千余里”，均系中国领土。

撰者以1885年9月6日《申报·台岛警信》的铁证，揭露了日本第一次觊觎钓鱼列屿的阴谋。以日本明治时海军省“极秘第三号”《台湾匪贼征讨》为据，揭露了日方所拟《马关条约》内关于“台湾全岛及所有附属岛屿”毫无界定的缘由，证明日方海军显要确认钓鱼列屿系“台湾淡水港附近之集合地”，撰者强调指出：“隶属于中国台湾省的钓鱼列屿，是中国在甲午之役战败，被迫签订《马关条约》并换文之后，由负责接收台湾的‘大日本帝国全权委员、台湾总督、海军大将、从二位勋一等子爵桦山资纪’率领‘征台（南进）舰队’，于清光绪二十一年五月初六日，即公元1895年5月29日上午九时，以武力非法侵占的；旋于其后五日，即6月3日……台湾交接事宜完全结束。至此，包括钓鱼列屿在内的‘台湾全岛及所有附属各岛屿’，正式沦为日本军国主义的殖民地。”

撰者非常坦率地自称：“这项课题研究，是在井上清、杨仲揆、丘宏达、沙学浚及方豪等先生已有的基础上进行的”，尊重前人成果是一种文德，但通读全书，则撰者发掘与订正之功，实不可没，随手可拈数例。如以所谓“日皇十三号敕令”为突破口，全面剖析了奥原所持“论据”之虚伪。以史实证明了“中国人首先发现并命名钓鱼列屿的原因”，发掘出明洪武七年吴祯等击溃倭寇的真相。撰者还订正了《明史·外国传三·日本》中有关胡宗宪建议明廷“移谕日本国王”的时间应提前一年，即嘉靖三十四年，落实了郑舜功“钦奉宣谕日本国”的特使身份，从而增强其著作《日本一览》所述确言钓鱼列屿属于台湾所具有的权威性。撰者从《明实录》中钩稽出“三十六姓”开发琉球的史料，驳斥了奥原的“即使最早记载钓鱼台等等的古代文书是在中国方面，钓鱼台也未必是中国人发现，中国命名的”这一谬论。考证了“镇山”的由来，订正了井上清、杨仲揆的误解；又以闽南方言的读音为依据，解开了“郊”、“沟”系中外之界的谜团，使乾隆《坤舆全图》所载“好鱼须”、“欢未须”、“车未须”等地名，用闽南方言读之即为钓鱼屿、黄尾屿、赤尾屿。三岛异名的真谛，豁然贯通。

吴著在课题的立意、史料的搜集、体制的编次和文字的运用上都可称上乘之选。这正如本书鉴定组的一位专家所评论那样说：“本文在综合前人研究成果的基础上，对钓鱼列屿归属问题进行了深入、系统的研究，抓住要害，披露了一些新的史料，内容详实，立论正确，证据可靠，证明有力。本文始于历史事实，归于法理主权，构架科学，逻辑严谨，为鲜见之力作。”并认为所作钓鱼列屿很早即属我主权的论断是“精辟之至”。这一评价当是公允的。

原载于《历史教学》1995年第2期

“著论肯为百世师”

——读梁启超《中国历史研究法》及其《补编》

十九世纪末二十世纪初，在中国的政治舞台和学术论坛上闪现过一缕时明时暗的星光。这就是曾以“维新志士”与“国学大师”两顶桂冠博取到声誉的梁启超。梁启超在政治上的起落浮沉自有评论，但他在学术上留下的千语万言著述却是政治、文化、学术、思想诸方面的重要参考资料。对于这笔遗产的整理、吸取和再认识是必要而有意义的。

梁启超是一位博涉群籍的学者。他驰骋于哲学、史学、文学、经济、宗教等广阔的学术领域之中，作过应有的历史贡献。他在史学领域中为建立资产阶级史学理论和治学方法进行了二十余年的努力而有所建树，留下了多种著述。《中国历史研究法》及其《补编》是他在史学方面的最后著作。它们从二三十年代以来不断地产生着影响。当然，影响所及也包括我在内。

早在三四十年代，我还是一个中学生时就震于梁启超的盛名。黄遵宪对他的“惊心动魄，一字千金”的颂赞更增加了我的仰慕。当第一次在中学国文课本上读到《欧游心影录》的选篇时，立即感到此公果然名不虚传：文章是这样条鬯清新，沁人心脾。接着，又读了《清代学术概论》，他的渊博把我的仰慕推向了崇拜。所以当四十年代我已成为大学历史专业的学生后，就首先通读了《中国历史研究法》及其《补编》。他那常带感情的笔端和言之成理的见解又深深地吸引着我这初窥史学殿堂的青年，尤其是他娓娓而谈的治学方法更具有着特殊的魅力。

《中国历史研究法》及其《补编》的初型都是讲演稿，经过整理而后成书的。前者是1921年在天津南开大学的讲演稿。次年整理后由商务印书馆出版；后者则是1926年至1927年间在清华大学国学研究院的讲演而由弟子周传儒和姚名达整理补充并经校定后，于1933年由商务印书馆正式出版。这两本书虽说都是讲演稿，但决非讲者的即席发言，而是长期思考后的独得之见。梁启超在正编的自序中曾申明其长期积累酝酿的过程说：

启超不自揆，蓄志此业，逾二十年，所积丛残之稿亦既盈尺，顾不敢自信，迁移不以问诸世。客岁在天津南开大学任课外讲演，乃裒理旧业，益以新知，以与同学商榷，一学期终，得《中国历史研究法》一卷，凡十万言。

隔了几年，梁启超又为补充旧作而在清华大学国学研究院讲《补编》。它注重到专史的研究，并具体细致地讲了研究方法。可惜由于病魔缠身，有些部分不能不由其弟子周传儒、姚名达来补成，有些部分则一直付缺。

虽然如此，这两部书仍不失为资产阶级史学理论的代表作。它们对后世的史学界有着重要的影响。在三十年代出版的一本《中国史学史》（魏应麒著）中就以此二书殿自己著作之末，视为中国史学发展的里程碑，赞誉这两本书"内容丰富，讲解详明，屡有独特之见解"，是梁启超中年以后"惓惓于史学著作"中的最重要著作，其"启蒙之功，非过去任何史家所能及"，这里有出于"偏爱"的过誉。

梁启超所谓"蓄志此业，逾二十年"之说，的确不假，他在缅怀着二十世纪初对封建史学揭竿发难，为资产阶级史学披荆斩棘的光荣往事。那时，他刚刚逃脱掉戊戌政变的屠刀而流亡异域，惊魂甫定而余勇犹在，于是从政治舞台转向学术论坛发动了学术变法，1901年他在《清议报》上发表的《中国史叙论》和1902年在《新民丛报》上发表的《新史学》吹响了资产阶级"史学革命和史学革新"的号角。"新史学"是梁启超适应二十世纪初中国社会发生急剧变化的形势，并吸取日本资产阶级史学理论而采取的时髦口号。梁启超的这种勇气反映他曾经历过戊戌变法的政治实践，也显示出中国资产阶级上升时期的气魄。梁启超在这场战斗中自命为"新史氏"，大声呼吁："史学革命不起，则吾国不救，悠悠万事，惟此为大。"但是，这种锐气和锋芒在历尽二十年来政治风云和复古思潮的磨荡而逐渐销蚀，也在汹涌澎湃的新思潮的冲击下而节节败阵。因此，作为他晚年作品的《中国历史研究法》及其《补编》就显得已失去了《新史学》那种昂扬的斗志。"蓄志二十年"的倒退结局是客观现实的铸造。梁启超失意宦海而谋求逞于学术的主观意愿也难于鸢飞鱼跃了。

《中国历史研究法》及其《补编》所涉及的问题不少，但总括起来不外史观与史法。它们各有侧重：正编重论，发挥资产阶级史观为多；补篇重法，介绍治学方法较详。梁启超在讲《补编》时已意识到自己理论上的贫乏。他说《补编》的总论（即发挥理论部分）“很零乱，没有什么系统”，而分论（即讲述具体治学方法部分）则“较复杂，更丰富”。这种自述正表明资产阶级史学理论的日趋败退。

梁启超在《中国历史研究法》论的部分阐述了建设资产阶级史学理论的程序。他首先自觉地承担了资产阶级史学家先辈的职责。他认为诸项特别史料“在欧洲诸国史，经彼中先辈搜出者已什而七八，故今之史家，贵能善因其成而运独到之史识以批判之耳，中国则未曾经过此阶段，尚无正当充实之资料，何所凭借以行批判，漫然批判恐开口便错矣”（第五章）。

在做好“正当充实之资料”的准备后，才谈得上批判旧史，他提出要从读者对象、写作对象、扩大研究范围、加强客观认识、搜集和考证史料、注意写作方法等方面来改造旧史的六大弊病（第三章）。他还批判了二十四史是“帝王将相家谱”和“墓志铭”的封建英雄史观。他的各种批判纵有过苛的地方，但还是触及了封建史学的要害。遗憾的是，这位资产阶级史学理论的创造者并没有力量摧毁英雄史观的堡垒。他只不过以资产阶级的英雄史观代替了封建的英雄史观而已。

以资产阶级英雄史观代替封建的英雄史观只是以暴易暴的变换。而书中对此所阐述的诸种论点则显得更加明目张胆。他以“历史的人格者”偷换了历史上“英雄”和“名人”的概念。这些“人格者”的“面影之扩大几于掩覆其社会”，他宣扬若干“历史的人格”的“心理之动进，稍易其轨，而全部历史可以改观”，而史迹的创造都是人的心理所构成。在梁启超看来，历史的发展与停滞完全取决于少数“英雄”的“方寸之动”。因为“一个人方寸之动，而影响及于一国一民族之举足左右，而影响及于世界者，比比然也”（第六章）。他把历史完全看作是英雄人物“心力之动”的凑合。这种观点到了《补编》就更赤裸裸地公然宣称“历史不外若干伟大人物集合而成”（第三章），他宣称如果没有“英雄”，其中包括没有梁启超本人，那么“现代的中国是个什么样子，谁也不能预料”（第三章）。但是，他终究是不同于封建史家的资产阶级史家，他重视历史因果的探索，他力图探索英雄与时代、与社会、与民族的关系，企图从中发现隐藏在“英雄”背后是什么力量在推动历史的前进。可悲的是他终于发现的“历史之一大秘密”乃是有“所谓民族心理或社会心理者”，因此，他主张“史家最要之职务在觑出此社会心理之实体。观其若何而发动，若何而变化而精察夫个人心理之所以作成之、表出之者，其道何由。能致力于此，则史的因果之秘藏，其可以略睹矣”（第六章）。探索历史因果没有触及客观规律的所在，反而堕入主观心理的泥沼中，是无法达到他设想的历史乃为“鉴往知来之资”的目的。这正是资产阶级史学理论最终难以从自我矛盾中解脱出来的必然结局。

梁启超在两书中都比较详尽地讲述了研究方法。其间有不少甘苦之言。这正是它能引动人们心向往之的奥窍所在。他在《研究法》中提出了研究历史的方法程序是先定专题、搜辑材料、纵横联系、分析重点、探索心理与物质条件及其局限，观察必然与偶然；在《补编》中虽于此语焉不详，但与正编思路完全一致，即求真实史料，进行分析评价，为人提供资鉴。两书共同提为研究基础的就是梁启超认为应做的补课工作——准备“正当充实之资料”。他在《研究法》中讲了许多具体做法。如对史料主张“求备求确，斯今日史学之出发点也”（第四章），而“以求真为尚”。那么如何求呢？那就要“汇集同类之若干事比而观之”，也就是说要“博搜而比观”。鉴别史料主要在于“正误辨伪”，并提出具体办法和注意点（第五章）。在论次文字上，他主张于“同中观异，异中观同”，以求得新理解。在《补编》中除概论了人、事、文物、地方、断代五种专史外，并详细讲述了人的专史与文物的专史的具体做法。这种解剖具体事例的做法使人们易于捉摸学步，其中某些具体技能是不能一笔抹煞而还有一定的借鉴作用。这一点恐怕正是两书尚有一定生命力的原因所在。

梁启超对自己这两部晚年著述是寄托希望的。他想借此开一代资产阶级史学的风气，而期望它为百世所师法。这正如他在那篇名为《自励》实则自负的诗中所写的名句“著论肯为百世师”所透露的内心隐秘。诗句的陈义虽美，但终不若他的前辈龚自珍在《己亥杂诗》中所写“但开风气不为师”的格调之高！

原载于《书林》1983年第6期

一个参与中国政治的外国人

——读窦坤著《莫理循与清末民初的中国》

莫理循出生于澳大利亚，在清末民初曾以英国《泰晤士报》驻京记者和北洋政府政治顾问的身份，居留中国达二十余年。他亲身考察和参与了中国的政治和社会，是研究中国近代史很值得注意的一个人物。但是以往人们对他的了解并不很够，评论也并不很好，认为他是一个在中国从事刺探中国政界消息的外国记者，甚至于更有人把他归入“帝国主义分子”一类中去。我对莫理循的了解并不很多，只是从两件史事的研究中有所接触，一是在研究北洋军阀史时，看过他的少量原始资料和某些有关他的论者，认为他和袁世凯关系密切，参与了中国政界高层的活动，是中英间穿针走线人物，对辛亥革命和北洋政府做过一些有利的事，但主要还是为英国政府效劳；另一是在研究中国藏书史时，了解到他曾将在中国搜集珍藏的藏书，卖给日本三菱财团的岩崎久弥，后成为日本“东洋文库”的基础，我访问日本时，曾去参观过“东洋文库”，深为这批藏书未能留在中国而惋惜，并对莫理循有所訾议。对这个人物我没有很完整的看法，只觉得他具有某种不可捉摸的矛盾性格，希望能读到一本有关莫理循的传记。

窦坤女士是2002年经中国人民大学教授王汝丰的介绍，为了商讨莫理循与袁世凯的关系而亲自来天津相晤时才认识的。她当时任职于北京社科院，家庭负担也较重，但仍不顾辛劳在北京大学攻读博士，这种好学精神，令我佩服。相形之下，她对莫理循的了解远胜于我，我只能就所接触过的资料谈些看法而已。尤其是得知她正在建议和努力推动国家图书馆从澳大利亚悉尼米歇尔图书馆购入“莫理循文件”的英文缩微胶卷一事，更令人对莫理循的研究充满期待。我非常期望她在丰富的资料基础上，能写出一部有关莫理循的传记来充实中国近代史的研究。果然，在今年年初就收到她经过五年钻研而写成的新著——《莫理循与清末民初的中国》。

该书是作者的博士论文，所以严格按照学术论文的规范要求，在书前立《引言》与《绪论》。《引言》作为作者自己的代序，是作者在成书之后所写的一篇概括性文字，其中对莫理循做了恰如其分的论定，起到导读全书的作用。而《绪论》则是作者开宗明义之篇。绪论包含研究意义、研究回顾与研究思路3个小目，这是学术专著必不可少的内容，无此不足以称为学术著作。作者从政治史、社会史、中外关系史和史料等角度，着重探讨莫理循在清末民初中国政治史中的活动及历史地位，以回答莫理循在中国二十年中如何活动、如何认识中国、产生过怎样的影响、达到何种程度等问题，以此向读者明确揭示这一课题的研究意义。作者尊重前人研究成果，以较大篇幅，对这一课题进行了研究回顾，既显示自己研究工作的起步点，又为自己提出原创性见解奠定基础。作者更非常简洁地申明自己的研究思路是："在写作中遵循实事求是的原则，注重通过第一手资料，澄清一些史实真相，得出比较符合实际的结论。"这一篇《绪论》应该说是阅读本书的钥匙，也为本书及其作者确立了遵守学术规范的框架，这一点恰恰为某些所谓博士论文所忽略了。

作者在书中多次提到重视搜集和利用资料问题，从全书的论述考察观之，确实达到了资料丰富的地步。据书尾所附《参考文献》看，共运用了中外文的档案、文献资料和论著等170余种。有些档案是国内没有收藏，经作者努力奔走游说而看到的，如"莫理循文件"不仅充实了本书内容，更为后来学者提供了研究条件。因为有丰富的史料基础，所以作者对不同说法所进行的驳论，都能有理有据，论证有力。她的考证不是只为考订真实而考订，而是将考订结果与论述结合一起，建立自己的原创性见解。如对莫理循住所的考证，作者经过考证确定莫理循是1902年以后定居于王府井大街，具体方位是与曾广铨（李鸿章的幕僚）和美国外交官司戴德为邻，东北是位于东堂子胡同的外务部，南面是使馆区，西面靠近紫禁城。如果单纯从考证而言，已是非常确切的结果了，但是，作者通过对这一小问题的考证，实为说明"这是一个可以迅速探得各方动向的理想居住地"，与莫理循的中心活动紧密联系起来，足见作者见微知著的功力。在论述方面，作者以第一手资料来写莫理循对中国各地吏治、民情、风俗、人物等的认识，写了莫理循的社交活动和建立"莫理循文库"的文化事业。作者对于这一时期莫理循参与的重大政治事件，如辛亥革命时期的南北议和、与袁世凯的关系、曝光

“二十一条”的内容、对日施加舆论压力、反对洪宪帝制以及支持参战等，都有深入的补正和解析。使读者对莫理循能有一个接近历史真实的人物面貌，也为中国近代史研究解除了一些疑点。

作者在书中插入了相当数量莫理循的生活照和书影，这完全不同于当前许多图文各半的书籍，只是为减轻阅读文字的负担以取悦读者，而是真正用图帮助说明历史人物，给读者以形象的认识。而且，这些照片是来自于澳大利亚米歇尔图书馆的珍藏，更增加了其图片史料的价值。作者在书末编附了一个《莫理循生平简表》，是很可取的一种撰写法，它既可检查传文对传主大事有无遗漏，又便于读者了解检索本书内容之需。

这部书也不是没有可改进之处，一是作者忽略了学术著作应在书尾有一综合索引，供读者检索内容，特别是本书所包含的人名、地名、事件等很繁多，如果没有索引，那将为读者增加不少困难；二是这样一个课题，用这样篇幅进行论述，实为不易，而有些内容似可更为增强些、丰富些，甚至多深入发掘些史料，更深入地论述辨析问题。衷心希望窦坤能够再接再厉，在莫理循资料发掘和研究领域取得新的成果。

原载于《历史档案》2005年第2期

一部可供历史实证的图像册

——推介《莫理循眼里的近代中国》

近十几年来，出版老照片成为出版界的一种时尚，保存了一批历史图片，这对追忆往事，了解旧时风情，有一定作用；但能有条理，有重点地作为历史上具体史事与人物的见证，足称图像文献者，尚嫌不足。2005年，由福建教育出版社出版的《莫理循眼里的近代中国》则是为数不多的图像文献中的代表作品。

《莫理循眼里的近代中国》是一部内容丰富、诠释准确、图像清晰、制作精美的历史图像集，它涵盖着中国二十世纪前二十年间的重大历史事件和社会变化，显示出当时中国正处于一种历史转型期的形象化面貌。这部图像集从资料来源、编选整理、考辨说明、印刷装帧等方面考察，都证实编选者和出版者对完成此书所付出的辛劳和努力。

这部图像集共收入原藏于澳大利亚新南威尔士州立图书馆的图片500幅，是从该馆所藏“莫理循档案”中的3000幅图片中，精选出来而编辑成书的。因此这部图像集的资料来源是可靠的。

这部图像集的摄制者和收集者是出生在澳大利亚的英国人莫理循（George Ernest Morrison，1862—1920），曾在墨尔本大学和爱丁堡大学攻读医学，并于1887年获爱丁堡大学医学博士学位。1894年2月，他开始第一次的中国行，溯长江而上，历云、贵至缅甸。并将沿途见闻写成《一个澳大利亚人在中国》一书，风行一时，为他步入新闻事业铺平了道路。他于1897—1912年，任英国《泰晤士报》驻华首席记者，1912—1920年，任袁世凯的政治顾问，滞留中国达二十余年，足迹遍中国，活跃于政坛，亲历自戊戌变法至巴黎和会二十年间中国的重大历史事件，目睹晚清至民初历史转型期的各种变化，接触了若干上起名公巨卿，下至平民百姓的各层次人物。在此期间，莫理循更广泛地搜求与中国有关的图籍。据莫氏本人说：这批图籍“实历二十余年之久搜集而成，其中凡欧洲各国记载中国本部、藩属各种事件之新旧书籍，大之如鸿篇巨制，小之如寸纸片楮，靡不具备”。至1917年出售给日本三菱财阀时已聚书达24000余册。莫理循为他的藏书命名为“亚细亚图书馆”。即世所谓的“莫理循文库”。这一以中国为中心的特殊藏书，本应为中国的财富，可惜为当时的北洋军阀政府所贻误，致使日本三菱财阀第三代人岩崎久弥以3.5万英镑的价款将这批珍贵藏书巧取而去。后成为1924年新建的东洋文库的基础。因此，莫理循无疑是中国近代历史二十世纪初历史转型期的历史见证人和文献的搜集者。他不仅写下了大量的报道、通讯与日记，还利用当时的先进技术——照相术，拍摄了大量富有史料价值的历史照片，为后人提供了信而可征的实景。这是一种令人崇敬的作为。这份遗产在世界文明史上也应有其一定的价值与地位。

莫理循这个人，由于他在处理对中国和英国利益上的态度，而令人感到他具有某种不可捉摸的矛盾性格。他既为英国服务提供和搜集有关资料，但在维护中国权利时，又有突出的良好表现，被人尊称为“北京莫理循”。因而总想对他能有更深入的了解。前一阶段，陆续看到一些有关论著，对填补自己的认识缺口有所补益。其中如窦坤的《莫理循与清末民初的中国》一书，以第一手资料，澄清了一些史实真相，得出符合实际而令人信服的结论，加深了对这一人物的了解。而最近出版的《莫理循眼里的近代中国》更让人对莫理循在中国近代史后期所作的重要贡献表示钦佩。而能吸引更多读者和研究者，以实现其史料价值的，则是本书的编选程序和编选者沈嘉蔚先生的精心结构。

沈嘉蔚先生是一位历史学者、历史画家，旅居澳大利亚多年。他以历史家的眼光，画家的美学观，尽十余年之力，认真热情地研究莫理循，并像整理出土文物那样从莫理循档案中散乱的3000幅图片中精选出500幅，确立重点，加以梳理，分类归纳为“庚子事变纪实”、“清末民初民情风俗”、“莫理循与中国仆人的友谊”、“莫理循与清末民初在华洋人”等部分，此外还精选了若干文物与人物的珍贵照片，再经过认真筛选整合，编撰成《北京莫理循》、《世纪之交的战乱》和《目击变革》等三册一套的《莫理循眼里的近代中国》一书，使人能按图索骥地阅读到文字资料所不能提供的直观图像资料。不仅如此，沈嘉蔚先生还据一些潦草的英文说明，加以考辨，并组织中译，使该图集成为图文并茂的成品。这些图片凸现了晚清民初二十年间中国的宪政改革、帝国主义的铁蹄践踏、人民生活的颠沛困顿以及莫理循和中国仆人及平民的相处留影等，都将使无声的图片胜于有声的文字。这不仅是一般读者能从中获得历史知识的良好读物，更足为历史研究者提供翔实可靠的研究资料。沈嘉蔚先生历尽艰辛的编选过程，他对图册的若干看法，以及在阅读本图册时所需要的背景资料等等，在沈嘉蔚先生所写的代序——《看得见的历史》中，都将提供给读者极其详尽和有见地的导读性文字。

虽然沈嘉蔚先生在其编后记中自谦这本书是“一本中国近代史的图像参考资料，以及莫理循研究中一本资料性的图册，而不是一本纯学术性历史著作”，但我通阅了这本图册后，仍然认为，这本图册较之于一般老照片不仅具怀旧情趣，更具有学术价值，而将毫无愧色地列入历史著作之林。我非常希望我们的史学著述能多发掘这类可珍贵的图片，作为著作的实证，以增强学术著作的可阅读性。无怪乎沈嘉蔚先生颇为自信地宣称，这些精选的图片，展示了“一幅古老中国被快速推进近代历史的图景”（见本图册尼古拉·周思所撰序）。

出版者福建教育出版社，在当前出版行业过于热衷于市场价值之际，竟能立此选题，付出相当数额的前期投资，历时数年，经营擘划，成书三巨册，可称已非一般出版商而跻于有一定胆识的出版家之列。其印刷装帧之精美典雅，令人有脱俗之感，尤其令人感谢的，是责任编辑林冠珍女士，她以七年之功，发现选题，细心编辑，敬业乐业，真诚地献出自己的年华，为读者和研究者提供一部如此优秀而精美的图像集。

我郑重地推介这部图像集，它可对出版物粗滥作警示，也可为纠正出版行风不正树典范。我真切地希望有更多这样的出版物来繁荣出版界，服务学术界。

二〇〇六年四月写于南开大学邃谷

原载于《博览群书》2006年第7期

“临渊羡鱼”还是“竭泽而渔”

——读《1910，莫理循中国西北行》

“临渊羡鱼，不如退而结网”是不少读书人常挂在嘴边的一句古训。“临渊羡鱼”是指人站在水边，见鱼之多而大加赞叹，但并无行动，所以旁人就劝他“不如退而结网”来捕鱼，用来告诫读书人不要空发“汗牛充栋”的感慨，而要一本本地去读书，以求有得。“竭泽而渔”是指渔者捕鱼，总以把整水塘的鱼一网打尽作为目标，来启发读书人在所研读领域中，要竭尽心力，把资料文献搜求完备彻底。我不赞成“临渊羡鱼”而赞成“退而结网”，并愿为自己的读书治学树“竭泽而渔”的目标，也愿多读到些以“竭泽而渔”为目标的著述，可惜不多。前两年北京大学漆永祥教授研究清代学者江藩，写成江氏三书——《江藩集》、《〈汉学师承记〉笺释》和《江藩与〈汉学师承记〉研究》，颇有“竭泽而渔”的意向，可惜他未及江氏另一重要著述《宋学渊源记》。近日又读到由福建教育出版社出版的《1910，莫理循中国西北行》一书，如与该社前此出版的《莫理循眼里的近代中国》、《莫理循与清末民初的中国》及《一个澳大利亚人在中国》等书链接起来，令我感到“竭泽而渔”不是可望而不可及的愿景。

莫理循研究资料之所以能接近“竭泽而渔”，主要是有一支配合默契的团队，它包括有遗存大批史料的莫理循本人，有热心推动莫里循研究的旅澳画家沈嘉蔚，有协助整理注释有关资料的海伦女士（已故澳大利亚国立大学教授、《莫理循书信集》的编撰者骆惠敏先生的遗孀），有专门从事莫理循资料研究与撰述的窦坤女士，有热心奔走、编辑出版的林冠珍女士，还有致力于历史文化传承和积累的福建教育出版社。他们同心协力，历经多年辛劳，将一册册文字和图片呈奉给研究者和读者。我应该算是受益者，每得有关莫氏一书，我必循读一过，并随手写读后感（如《一部可供历史实证的图像册——推介〈莫理循眼里的近代中国〉》、《一个参与中国政治的外国人——读窦坤著〈莫理循与清末民初的中国〉》）。今获读最近出版的《1910，莫理循中国西北行》一书，更为其精美和充实所吸引，乃尽数日之劳，纵览一过，不禁慨叹这个莫理循研究团队那种锲而不舍的精神，不能不操笔写下我的一些感受。

《1910，莫理循中国西北行》是清末民初一位外国记者最后一次在中国的旅行记录，是他对中华大地周游考察的结束语。莫理循以他的图片文献记录他的全部行程。莫理循从1910年1月15日从北京启行，经河南转陕西华州，开始了他的图片之旅，沿着一条丝绸之路，走过兰州、凉州（武威）、甘州（张掖）、肃州（酒泉）、嘉峪关、星星峡、哈密、乌鲁木齐、伊犁、喀什，直达乌鲁克恰提、叶金要塞，历时174天，行程3760英里，耗用400英镑，走遍了陕、甘、新的通衢要邑，山山水水，观察了城乡村镇的风情民生，拍摄了近千张照片，足与1894年他的西南行后先辉映。

这本图集是由窦坤女士等在莫理循旅行结束后已编辑的658幅图片册的基础上，认真慎选编撰的历史图片集，保存了原有图片的简洁说明。这些图片的画面，无可挑剔地生动清晰。将近百年的遗存能如此清晰，我妄加估计，编者很可能又重新做过高科技的处理，为让读者更好地使用，令人十分感动。图片的简洁说明，虽然只有月日和寥寥数字，但已经让读者可以从画面的季节背景和不同方位，了解当时当地情况。图片文献的真实感受远远超越文字文献和数字文献。

这本图片集的所有图片，除了个别为他人所摄外，均为莫氏所摄。虽然他的技巧或不如专业摄影师，但其取景采集所包含的内容，极为丰富。其自然景色、烽燧驿站、城垣街道、河谷山口、戈壁废墟、车马客栈、居宅墓冢诸般情状无不毕现。有些图片虽为同一影像，但并存几幅（如上册第60页武威境内四十里堡废墟），那是从几个不同角度的取景，为让人有方位感和立体感，加深阅读者的感觉与认识。特别值得注意的是他对人物的拍摄。他所拍摄的人物，上起封疆大吏，谪戍官员、教士道长、票号老板，下至平民百姓、差人兵丁、妇女儿童、乞丐囚犯各色人等，呈现了西北地区的社会全景。其中乌鲁木齐地区所收录的若干与历史重大事件有关的人物：有当地官员梁玉书和因煽动叛乱而被遣戍新疆的原《京华日报》主编彭翼仲二人的宾主合影（上册第166页），有在义和团运动时期活动甚力而被流放的辅国公载澜（上册第167页），有在新疆兴办邮政的按察使荣沛和编撰《新疆图志》的布政使王树（上册第174页）等知名人物。他们有的虽为负罪之身，但仍受到当地的尊重，过着悠闲富足的生活。另有一幅平旷土地照，是因参加维新改革，先流放后被冤杀的张荫桓的行刑处。这些图片不仅是历史的痕迹，也是重大历史事件的见证，为后人描述历史增加若干细节。

由于莫理循在中国居留和游历近二十年，使他具有一种对中国友好的感情，因此在西北行的一路上，他通过自己公正的观察力，对晚清中国哪怕是点滴的革新，都透露出无比欣慰的心情。在这本图册中可以不时看到旧土地上萌发的新事物——新式学堂、新式陆军、新式铁桥、新式工厂。他拍摄的绥定新城边行军边唱歌的新军形象（下册第31页），的确有点改革军制的味道。但这些细小的变化远远跟不上滚滚向前的历史洪流。莫理循也毫不留情地摄入许多稗政弊端，如平民的衣衫褴褛、士兵的懒散、武器装备的落后、边防的废弛等等景象。所有这一切，都为“我们留下了大清帝国统治下大西北地区最后的影像”（沈嘉蔚序）。

阅读这本图册不能不去读它附加的各类文字，首先是莫理循研究的推动者、创意者沈嘉蔚先生的序。我读过沈先生对莫理循图片的编研成果和骆惠敏先生编撰的《莫理循书信集》（中文译名《清末民初政情内幕——〈泰晤士报〉驻华记者、袁世凯政治顾问莫理循书信集》，赞誉他们为中国近代史研究填补了清末民初一处史料空白。这本图册中，沈嘉蔚教授的序是读本书一把很好用的钥匙。他历数在莫理循以前，英、法、俄各国的来访者，以突出莫理循西行的意义。并引用莫理循的自述说：“我是穿越中华帝国从北京到达伊宁，并从那里穿越天山山脉的木扎提隘口到达喀什和俄国铁路上的安集延的第一名记者。”沈先生认为莫理循有别于前此那些传教士、间谍、科考专家和商人，而是“替公众去看，去打听，去了解，再把这一切即时报告给全世界”，给莫理循的这次西行以恰当的评论。沈序中比较详细地介绍了这本图册的编撰经过，实际上是叙述莫理循资料发掘的历史。沈先生还介绍了这本图册的姐妹篇《一个澳大利亚人在中国》，因为其中有十二篇这次西行的文字报道，可与这些图片参证。沈先生与编撰者窦坤和出版者林冠珍两位女士共同认定，这本图册是“学术品质的资料性图册”，实际上是对莫理循西行记录的定位，以引发读者进而阅读全书。这本图册在十二地区分划的前面都写有一段简短的小序，间或引述莫理循十二篇新闻报道中的记事，以引导读者在浏览图片的同时，再去阅读他的新闻报道，起到拓展莫理循研究眼界的作用。这些小序，言简意赅，无疑是出自对莫理循研究有相当造诣的窦坤女士之手。

莫理循资料的发掘，应当说已在“竭泽而渔“的水塘边，鱼也捞得差不多了。据窦坤女士说，米歇尔图书馆还有不少莫理循的资料。我真希望已有一定学术根基的窦坤女士能暂时放弃其他课题的研究，专心致志，竭尽全力把莫理循资料淘光编全，即使有的遗作残缺模糊，也可尽力辨认，甚至是残本，也总有部分可取的资料，并在资料完备的基础上写出莫理循大传。我也希望一直热心敬业的林冠珍女士能整理规划本社已出有关莫理循各书，并收购和邀约他社的逾限著述，完成一套有相当规模的莫理循系列全书。这不仅为学术界立大功德，也向研究者提供“竭泽而渔”的一个范例。

二〇〇九年三月上旬写于南开大学邃谷

原载于《历史档案》2009年第2期

文学社武昌首义纪实*

爆发辛亥革命而使之成功的武昌起义，以前不少的书都忽略了当时一个革命组织——文学社的功绩。特别是在蒋介石反动统治时更有意蒙混了这一次起义的历史事实真相，有“许多史册往往只很简略地写一点由工程营熊秉坤发难就完事，有的甚至不合事实地说东京同盟会总部派什么法国武官到武昌鼓动新军起义”（本书李六如序），把当时起义有功的文学社和共进会抹煞得一字不提。本书主要就是“详述一九一一年武昌起义的经过，及文学社在武昌起义中所起的作用”（本书内容提要）。

本书主要部分就是现用作书名的一整篇纪实，书后附有在武昌起义前夕牺牲的刘复基、彭楚藩、杨洪胜三烈士的事略（附照片）。本书有三点是值得提出来的，即：

（一）本书是具体而连贯地叙述了湖北革命组织的发展情况。除了早期的科学补习所、日知会叙述较简略外，特别清楚的是使人知道文学社这一革命组织是怎样从群治学社、振武学社经过一大段艰苦挫折奋斗的过程而发展到成立仅月余其声势就几达湖北全军的情形。因此很容易就说明了文学社对武昌起义是有着培育、宣传、组织、发动的重大作用的。

从记述的材料中也可以看出这些革命组织还没有提出过完整的政治纲领来，只在群治学社成立的宣言中说明组织团体的目的是：“研究学术，讲求自治，促睡狮之猛醒，挽既倒之狂澜。”（6页）在起义命令中则比较明确地提出了“兴复汉族，驱除满奴”（32页）的战斗口号，一直到武昌起义成功后的10月15日所

---

* 章裕昆著：《文学社武昌首义纪实》，生活·读书·新知三联书店1952年10月初版，全书80页。本文发表时署名禹一宁。

颁发的《告全国父老书》中（51页）才有首尾的指斥清政府对内屠杀（扬州、江阴、嘉定之屠），对外投降（献地、割城、卖矿、卖路）的罪恶并揭露清廷“立宪”“新政”的伪行，号召全国起来反满，比较有力而明显的表现了民族革命的意味。

（二）本书是细致而较详尽地揭露了黎元洪破坏革命的行为。黎元洪一向是在“菩萨”、“庸碌之辈”的评语下掩盖了他反革命的罪行，从本书至少可以知道关于黎元洪的三个问题：

（1）残杀革命党人。在武昌起义刚发生时，黎元洪曾亲手杀死送口号的革命党人（42页）。在武昌起义不久的11月初黎元洪又假手于人杀死了为文学社所爱戴的革命者宋锡全（60页）。一直到1912年五六月间黎元洪仍曾残杀文学社的功臣祝制六、江光国、滕亚光等人。当然在本书以外的记载中，还可以知道黎元洪杀戮革命党人的许多罪行。

（2）出任鄂督的经过。当武昌起义接近成功时，有人提议拥黎为鄂省大都督。在拥立过程中，黎元洪始而穿着一身临时借之军需处长、短狭不适体的蓝呢长袍青马褂，默坐在混成协皮工厂一室中。继而藏匿于楼梯下藏灯油处（43、44页）。在寻获以后，一直是用枪监视着，最后他才“灰尘满面，泪痕两道”“嘿然如木偶”（51页）地作了鄂省大都督。黎元洪这种贪生怕死的丑态在其致萨镇冰函中也自认不讳地供称：“此次所以出督诸军之由，实非由于自己……其时枪炮环列，万一不从，立即身首异处，洪只得权为应允。”（56页）以这样一个二心于革命的人物，就很难不对革命进行破坏了。

（3）进行反革命的活动。黎元洪虽然名为中华民国的鄂省大都督，但却在内部积极进行其反革命的活动。他一面努力扩充私人实力，安插旧军官，于是“起义时逃走之军官均出任标统管带”（68页）。同时他又勾结庇护袁世凯派来的特务人员孙发绪（68页），其目的就是为了“靠拢宪政派，依附袁世凯”。因此辛亥革命的实际胜利者是帝国主义所支持的反动派，而中国则仍无多大变化。

（三）本书作者是“始终于文学社”的，写本书是就“身所经，目所见，耳所闻”而“汇辑成篇”的。这已具有相当的真实性，况又经作者请当时的同事者签注、补充、更正、参阅，还采纳了有关当时史事的一些论著，使本书更具有史料价值。因此本书虽然分量不大，同时也“只限于记述，没有分析和批判”，但

“却是一本原原本本、老老实实的真实史料，可作为研究中国近代革命史的参考书”（李六如序）。

原载于《历史教学》1953年1月号

《影像辛亥》：用“照片学”诠释历史

“图文并茂”与“左图右史”是中国历来对优秀著述的赞美之词。古代的图经有图有文，是记地情的原始著作体裁。唐宪宗时撰作的《元和郡县图志》，至宋图亡，成为中国古志的一大缺憾。此后著作虽间有随文插图，但以图写史者渐稀。清末虽然摄影术已传入中国，遗存有若干照片，但亦未能引起著述者的注意。照片散失和缺乏说明，致使无法诠释应用而被废弃。真是可惜而无奈。

我认为以照片说史是历史文献的一种拓展，图片文献与数字文献、文字文献组成文献的三大源。早在六七年前，我在《文汇读书周报》和《北京日报》上呼吁“亟待建立照片学”，反响不大。2006年初，我有幸读到旅澳中国学者沈嘉蔚先生的《莫理循眼里的近代中国》一书，他用了十年时间从莫氏所摄3000幅照片中精选了500张来反映晚清至民国早期二十年间，中国的政治、民间生活和莫理循的个人活动等情状，堪称是一部可供历史实证的图册，但只局限于一个洋政客的视野。直到今年，我在辛亥百年的书潮中，终于如愿以偿地读到闵杰先生所撰的《影像辛亥》。

闵杰先生是经过严格训练的科班出身的历史专业人士，他有治史的深邃眼光，是最早收集清代照片并以图解史的历史学者之一。他在“认识到照片也是一种重要史料”的基础上，以短短三年时间（2008—2011年）编著成600余页二巨册的《影像辛亥》。必须注意：这不是辛亥革命的老照片集，而是辛亥革命这一历史重大事件的图史。是以老照片作为史料来叙述、分析和论断这段历史的。作者选用了千余幅照片来构成“一幅层次分明，画面清晰的晚清社会和辛亥革命的历史画卷”。这幅画卷上，“有辛亥革命英烈的相貌、有当年的城墙和街道、婚宴和丧葬、农人在耕田、渔人在捕获、士兵在射击”。如此，画卷上的众生百态，将栩栩如生地映现在眼前。

这部图册虽以照片为主，但所有照片都配有说明。这些说明都经过作者审慎考辨，文字言简意赅，平顺易懂。如对知名和不甚知名的人物照片，都写了简要说明。这看来不过寥寥数行，但凡做过这类工作的，都能知道其中的甘苦。这千余幅照片清晰地再现了当年的世界，给读者以直观真实的感受。

原载于《北京日报》2011年11月21日

中国近代史上的皖系及其统治

北洋军阀是中国近代史上一个肇端于十九世纪末而形成于辛亥革命之际的政治军事集团，又分为皖、直、奉三大派系，而皖系是这三大派系中得袁世凯亲传衣钵的继承者。皖系首脑段祺瑞是袁世凯小站练兵时的股肱之臣；袁世凯统治时期，以段祺瑞为首的皖系又是支撑北洋政府的砥柱；"洪宪帝制"失败后，段祺瑞收拾残局，延续北洋命脉，开始皖系统治时期；二十年代初，皖系虽以直皖战争的失败而转移北洋政府统治权于直系，但皖系并没有完全退出政治历史舞台，他们还在北洋派系之间和国内政局各方面进行翻云覆雨的种种活动。虽然皖系的诸种行事，在北洋军阀集团宏观研究中有所涵盖，但终不能详尽分析它的独有特色以及它和直、奉以及各地方军阀派系间的异同，这就需要深入搜集资料，在此基础上再作认真的分析研究。

近年来，有关皖系的论著虽偶有所见，但能系统翔实论述皖系军阀统治的专著却未曾寓目。也许是我见闻仄陋，我以为莫建来同志新近完成的《皖系军阀统治史稿》（天津古籍出版社2004年版）是一部史料丰富、论述简明、记事谨严、体系完整的首创之作。作者把皖系的建立放到中国近代社会和北洋军阀集团兴起的大背景下分析研究，显示出皖系是有根之木的一股势力。作者通过考察皖系军阀全部行事过程中的具体史事分析了皖系军阀的五大特点，凸现了皖系军阀的真实历史面貌，并明确地阐述了该课题的研究意义和作者写作的立足点。全书以五章的篇幅勾勒了皖系军阀统治兴衰起落的历史轨迹，并在卷尾叙述皖系的余波以全其始终，为北洋军阀史研究领域增一奇葩。

原载于《光明日报》2005年6月14日

传教士的贡献不该被埋没

——沈迦《寻找·苏慧廉》读后

一

人物是历史的灵魂，但是不论研究，还是阅读，常常遇到的多是人们翻来覆去，耳熟能详的那些人。只不过不同的撰者，从正面、侧面、反面，说东道西地把好端端一位历史人物解剖得七零八落，让读者看不清究竟是个什么人物。更不知有多少对社会、对人类、对历史曾著有功绩的人物，却被掩埋得很深很久，在期待被发掘出土。

如今有个怪异的现象，凡发掘出几具古尸和若干古器物，常会引起一阵欢呼和感叹。于是发掘报告、研究论文、随笔札记，都会接踵而至。有些还被列入当年几大发现之一。但当有人发掘出一位值得称道的历史人物，并在艰苦搜求翔实可信资料的基础上，按照历史人物成长的历程，耗费数年研究，编次成书后，使一位久受沉埋的历史人物得见天日，使历史增新貌，为后世垂典范，却往往未能如愿受到关注，最幸运的不过昙花一现，更多的是没没无闻，很少有人再提起，这很不公平。

还有一种现象，那就是在史学著述中，圈外人的著述往往比圈内人更受看，更能得其要领。十年前我读过一位机械专业出身的高工张贵祥先生撰写的《大三国演记》。这部书记述了宋、辽、金、西夏的对峙，直至元统一，历时三百年的两个三角形的纷乱历史，比专攻这段历史的人条理得更清楚明晰。

我渐渐厌烦那些被人们谈得很多的历史人物，你争我辩，你是我非，只凭手头一点资料，闹哄哄地瞎辩论。我期待更多地发掘新人物，广泛搜集有关资料，把这个人物说清楚，能引人入胜的著述。十年后，我有幸又看到一部我喜欢的人物传记，那就是沈迦先生近年撰写的《寻找·苏慧廉》一书。

沈迦先生做过记者，后经商，现居加拿大，行有余力，则以学文。我读过他写的两部书：一是《普通人》，二是《寻找·苏慧廉》。前者读过而已，后一种却引发我若干遐思。

为什么我爱读的史学著述多出自史学圈外人之手？或许是他们没有经受史学专业训练，也就不会为那么多框框所局限。更可能是他们出自一种自发的“还史与民”的理念，想写些有扎实资料基础，能让民众读懂的史书，而专业人士则陈义甚高，故作深沉地写些只有少数圈内人读之昏昏的文字。那么他们所选的题材对否？张贵祥先生理清了中国历史上最纠缠混乱的年代。沈迦先生挖掘沉埋已久的一位有过历史贡献的外国传教士。

我评价历史人物的标准是：一个人在他所处的时代，做好他应该做的事，并对社会、对人类、对历史有所贡献，就应给以注意。沈先生从本乡本土所挖掘出来的传主，正是这样一位值得研究的人物。

《寻找·苏慧廉》的传主苏慧廉，1861年1月23日出生于英格兰约克郡哈利法克斯城。1883年1月，时年二十二岁的他被英国循道公会派驻温州任传教士，直至1907年才离开。他在中国居留了前后二十四年，做了不少与中西文化交流有关的工作。他将《圣经》翻成温州方言，将《论语》译成英文，并开办中等学校。在离开温州后，他还担任过山西大学西斋总教习和牛津大学汉学教授。1935年5月14日，他在牛津寓所逝世，享年七十四岁。他在所著《中国与英国》中曾写下几句话，自评其与中国的关系说：“不管我如何评述中国，我都是带着一种对中国和中国劳苦大众的真挚情感。我曾服务于他们，并在他们中间度过了我的半生。”沈迦先生的《寻找·苏慧廉》一书，正是传主这几句话长长的注脚。

二

沈迦先生的撰作起意，是听说温州图书馆藏有传主的二部英文著作，尘封已久。这样一条线索，引动沈迦先生进一步“寻找”。2007年沈迦决心写传，

2009年他亲临传主夫妇在英墓地，仔细地考实他们的人生终点，并以此为爆破点，启动了撰著。他开始循着传主一生的路线前进，这也是撰者全书的主线。撰者在自序中明确地交待说："这本书的主线虽是以传主的生平展开，其实也是沿着寻访的过程一路走来。"沈迦先生走的是传主走过的路，但不是简单的重复。他在和传主同步前进时，还随时随地地捎带着描述一路上所见所闻的地情社况。

沈迦先生为了征信于读者，他在自序中详细地写他去英、美、加等国和香港、澳门、台湾等地的档案馆和图书馆，查阅有关资料的经历。据统计，他经眼的档案、著述、专著和论文、资料等多达280种。除此之外，他"还走访了苏慧廉曾经工作和生活过的城市，从温州到太原，从上海到北京，从香港到澳门，从牛津到剑桥，英伦半岛也去了两趟，重返历史现场，寻找历史后人"。他不惮烦劳地写下这些文字的目的，不是炫奇，而是留给后人一张寻宝的路线图，他以实际作为说明书中记事，都是"事事有来源，字字有根据"，没有违反历史笔法的规范。

这部传记不仅细心地刻画了这位传教士不平凡的一生，还叙述了他的亲友和时代，使全书充满了感情。在最后一章即第八章《暮年》第三节《苏慧廉之后》中，又写了苏慧廉未能放下心的几件事。这已经是一个完整的传主了。不过遗憾的是，书中之后又孤零零地增写《后来》一段，为的是重点地记录1948—2011年之间的事迹，实为添足之笔。也许撰者主观上是想加重对传主的关怀——遗响未绝，实际上这个《后来》无依无靠，不符体例，不如并入第八章下第三节或直接置入附录，更为爽利些。

这部人物传记，不像其他传记。他写了千余条注释，几乎是每页都有边注，颇似学术专著，如果单独抽出来，可成另一本书。这一方面是撰者想尽力遵循史学规范，更重要的是他受了苏慧廉的老师理雅各遗训的影响。理雅各在翻译中国"四书五经"时说过：

> 可能一百个读者，当中九十九个会对长长的评论性的注释丝毫也不在意，但是第一百个读者将产生出来，他会发现这些所谓长长的注释，其实一点也不长，就只为了这第一百个读者，我也应该将这些注释写出来。

沈迦先生希望读者"能沿着这些虽粗糙，但颇费力搭建的路标，走向更远方"。事实确是如此，我作为"第一百个读者"，通读了每一条注释，有时超出了对本文的注意力，果然受益匪浅。第一，它填充了我若干空位的知识缺口；第二，从注释内容了解到撰者的书外弦音；第三，从注释内容所涉及的枝蔓，启动了选择新题目的思路。这也是撰者便利读者的一种善举。撰者还为本书编写了传主的年谱简编置于《附录》，也具有这样的意图。如果在《附录》中能再编一份全书综合索引的话，那将更为完善。

三

才学识是中国对写史者的传统要求，沈迦先生在写这本书时，凸现了他的史识。他要是没有相当的胆识，就不会轻易涉足于为外国传教士写传记这类“禁区”。近几十年，外国传教士恶名随身。写传教士无论怎么都会与政治挂钩，如通信往来就可以是递送情报的铁证，生活方式的不同就有和平演变的嫌疑，普及教育、推动卫生是一种小恩小惠等等，而有些对中国社会和民众有益的人和事亦常被掩盖和埋没，或者被定为“别有用心”或“客观上的影响”等等。以致历史学者马勇在读过这本书后曾发感慨说：

> 中国人是一个知恩图报的族群，滴水之恩必当涌泉相报。然而由于各种原因，我们今天对利玛窦以来的传教士，还缺少一个道歉，缺少一声谢谢，缺少一句对不起。在这一长串传教士名单中，苏慧廉就是其中一个佼佼者。这部书忠实记载了苏慧廉极不平凡的生命轨迹，值得一读。

这段话内容尚有可商榷之处，但对本书的评论是切实而符合实际的。

沈迦先生为传主立传的重点是传主在温州的布道、办教育和兴文化诸事迹，因而不可能不涉及温州的教会活动和温州的社会背景，所以书中有较多篇幅的引据和叙述，而撰者的笔法又比较细腻，从而可得温州传教史的大要和温州的乡邦文献。这在一些人物传记中不那么突出，而这一笔墨可为人物传记的写作拓展较开阔的空间。后之写传记者，何妨一试，以自见特色。

沈迦先生之撰苏传，从仅知传主数百字生平始，不懈地跟踪寻找，经过数年的奔走、采集、研究、写作，终成一资料丰富，论述完整，别有见地，长达四十余万字的著作。他开辟了深广的新史源，从埋藏极深的沃土中挖掘出一个熠熠发光的历史人物，使之得见天日。同时又丰富了温州近代史、中国传教史和教育史若干令人瞩目的内容。启示后来者，特别是历史研习者一种可捉摸的范式。

我通读全书讫，作为史学圈内人深感愧恧。我虽年逾九旬，亦当为之鼓呼！沈迦先生方当盛年，尚望奋其所学，为人间呈佳作，为后学示典范。衰年一叟，自幸在奔百途中得读佳作，亦云快哉！

原载于《中华读书报》2013年8月14日

旋转舞台上的走马灯

——评《北洋政府总统与总理》

辛亥革命以后，中国大地上曾出现了一个由北洋军阀集团连续统治达十六年之久的北洋政府。这一变动连锁产生一系列的变化，最重要的明显变化是：封建专制一变而为民主共和，皇帝大臣一变而为总统总理。名目虽变，衣冠也易，但在舞台上粉墨登场的却多是似曾相识的旧面孔：第一任正式总统袁世凯是清末内阁总理大臣，第一任正式国务总理唐绍仪则是前朝尚书巡抚，遗老遗少成为民国新贵，走马灯式地在民国舞台上旋转。十六年间总统（含与总统权势相当者）7人，总理易手46次（包括代阁）29人。除政事堂国务卿外，任事多者年余，短者数月，甚至有数日即夭者。人物有昙花一现，瞬息消逝者，也有死灰复燃，蹶而再起者。光怪陆离，热闹非常，这就是民国史上的所谓“阁潮”。

“阁潮”的起伏变幻，人物的生张熟李，大名鼎鼎的巨公如袁世凯、徐世昌、段祺瑞、梁士诒之辈自有传谱，人尽可知；而朱启钤、龚心湛、贾德耀、胡惟德之流则过眼烟云，人们多鲜知其经历，尤其是汇聚总统总理衮衮诸公于一册，尚未见专书。

不久以前，曾读到台湾张朴民著《北洋政府国务总理列传》（台商务版）一书，文笔固有可取，史料实难凭信，加以未入总统，终嫌欠缺。杨大辛先生等有鉴及此，乃多方邀约，分头撰述，未经年而众擎易举，书稿终汇一手；复经主编诸君商酌文字，审定成稿，题为《北洋政府总统与总理》，计收总统7人、总理29人，共36人，人各为传，以任事踪迹而定篇幅长短，多则盈万，少也数千，叙事力求详备，引据总归翔实，论断多属叙事，实为前所未有之作。

民国元首、阁揆的其人其事既备，而庐山真面犹未遍识。袁、段、冯、张的图像所在多有，不难寻求；其他多人则实不易一索可得，主编者为此复多方搜求，悉心辨认，使读其传者复见其人。影像搜集之全备也为前此诸作所罕见。

《北洋政府总统与总理》一书的主编杨大辛先生从事文史编研工作数十年，社会联系广泛，旧闻轶说知之甚多，文笔复细腻流畅，虽稿源不同，但一经通贯，大体尚趋一致；史料征引也无堆砌迭出之赘；附表多种尤利翻检。通读全书，既资科研教学，又饶有谈助兴味。

当然，一项补缺工作难免有不尽完善之处。《北洋政府总统与总理》一书也尚有可议者，如各传安排，稍失平衡，篇幅长短基本上视作者掌握材料多寡而定，史源发掘尚欠深广，致使生疏人物之传似嫌单薄；熟识人物之传又感繁复。各传评论人物多就事论事，而于所处时代缺乏足够分析；但各传分立，时间跨度不大，每篇皆论背景，又将重叠。设主编者于通读全稿后，为民国十六年间“阁潮”撰一概述，冠诸书首，则不仅可补诸传不足，尤可作读全书之锁钥。类此各端，可待改进，以使此书日臻完善，这可能也是编写者的初衷吧！

原载于《冷眼热心——来新夏随笔》（当代中国学者随笔）　来新夏著　东方出版中心1997年版

幕僚史研究的特异之作

——题伍立杨《烽火智囊——民国幕僚传奇》

中华数千年政坛宦海，其正面出场人物之背后无不拥有数人、一伙人甚至数百人者隶于麾下，为幕主的各种情事理清思路、擘划献策，通谓之幕僚。帝王将相有谋臣策士，州县官吏有师爷西宾。他们在一定程度上可决定幕主各类事务之生死成败，得其益者可独步青云，诸事顺遂；受其害者可亡事偾事，毁灭事业。幕僚阴影，徜徉游走于历史滚滚潮流中。若推衍幕僚谋士之声华，明文具载，当始于春秋战国之际，苏秦、张仪等纵横家，翻覆捭阖，既成就国君霸业，复博取个人利禄。此后各朝各代，皆有其人，为士人一大出路，而当兴乱纷扰之际，其人尤显活跃。有清一代，幕士鼎兴，名幕迭出，有的几成专业，故世有“绍兴师爷”之说，绍兴吉昌镇师爷馆所存师爷档案是为师爷史研究之依据。

民国以来，世事纷扰，各类幕僚群起鼓噪，虽稍有著述可资探索，但穷原竟委之作，终称阙焉。

伍君立杨，精研民国史事，前者所著《铁血黄花》、《读史的侧翼》已为民国史研究增益多多，问世后学林视为别具一格，为史学研究开辟新路。近闻其《烽火智囊》业已问世，不禁为之一振。循读全稿，凡北洋及国民政府时期政军各界，涉及之幕僚达百余人之多。其中有世人所知者，有世人未详其究竟者，有从无知其人者，而立杨多方罗掘，不可谓不广，所列诸人不仅叙其生平，亦评骘其功过。史料之有据，分析之深刻，可称鞭辟入里，为民国史中具有卓见特异之作。读其书不只补民国史事之阙漏，亦为当世当政之网罗人才，使用幕僚增有益之历史经验。鉴往知来，伍君可谓善研史者。

原载于《新民晚报》2009年4月27日

人道在何处?

——读《中国德奥战俘营》

只要有战争，就有胜败，败的一方就有一部分士兵被胜的一方俘获，成为一伙弱势群体，理应施以人道主义待遇。但实际上与此相反，他们不仅受到举手缴枪的精神屈辱，还要遭受皮肉之苦直至被杀戮，历史上屡见不鲜：在中国，秦将白起在长平曾坑赵降卒四十五万余人，数字惊人。近代以来，国际上已在倡议组织红十字会和订定有关战俘待遇的日内瓦公约之类文书的1863年，清代重臣李鸿章却在苏州，背信弃义地杀掉太平军降将和城内数万守军，连以杀人为业的英人戈登都感到愤怒，而李鸿章则不但未受谴责，反而获得自命为“大儒”的曾国藩和清朝皇帝的褒奖。直到民国，“善待战俘”这一问题始为大多数人所理解和接受，渐为人所关注，但那些号称文明、人道的西方国家，几乎在战争中都仍存在虐俘、杀俘的非人道暴行。第二次世界大战期间，德国法西斯的肆意屠杀犹太人并设立无数集中营虐俘杀俘，折磨被俘者。在波兰的奥斯威辛集中营的种种暴行，更令人发指。苏联刻意制造的对波兰战俘的“卡廷森林惨案”以及近年美伊战争关塔那摩的虐俘、杀俘罪行，虽为世界正直人士所切齿，但是，无数战争狂人仍无视任何组织及公约，肆无忌惮地杀虐俘虏。难道世上竟如此无公理吗?不！从东方给了我一个非常响亮的回应：公理就在中国，人道就在中国。

不久前收到福建教育出版社林冠珍女士送我的一本书。因为她经常送我书，而且多是好书，意料之中一定又是一本耐人阅读的好书。拆开一看，是一本印着名为《中国德奥战俘营》红色条章的图集，是有关第一次世界大战“中国德奥战俘营”史实的图文集。第一次世界大战这段历史，凡中等文化程度以上的读者多知其事，而专攻历史专业的人可能知道更多的细节，如华工的出国及所受不公正待遇等事，略有所知。但有些史实则可以说一无所知，如“中国的德奥战俘营”以及他们所受到的人道主义待遇等事，包括我在内的大多数史学工作者，都是仅知其事，而难道其详。这本《中国德奥战俘营》则是在这方面对我作了知识空白的填充，使我感到人道主义的精神震撼。

这本书也让我感到惭愧和骄傲，因为它的第一编者李学通是我早年的学生。而今他又以这多年被埋没而获得复活的历史真实来教我，真是“青出蓝，蓝谢青，师何常，在明经”。李学通和他的同事们在无意中发现了一部1919年由俘虏情报局编印的上下两册的照片集，书名是《中华民国八年俘虏起居写真集》，印制相当精致。但据《中国德奥战俘营》的编著者说，除了1987年中国摄影出版社出版的《中国摄影史：1840—1937》中提到一笔外，没有发现任何有关这部写真集的历史记录。更足以见这部写真集的图片文献价值。

《中国德奥战俘营》共编选了有关战俘的照片150余幅，将各地战俘的全部生活内容显现于世人之前。中国自1917年3月14日宣布对德绝交后，即开始收容战俘工作。8月14日上午10时起即与德奥处于战争状态后，又按照国际通例于9月4日在陆军部下正式设立情报局负责承办有关俘虏的各种事项。而收容所的设立则较早，最早设立的是1914—1918年在黑龙江，也是收容人数年近500人的大收容所。陆军部曾于近畿一带分设收容所，两所一设于海甸之朗润园，以拘禁德国使馆之卫队。绝交后的4月3日即由驻和（荷）使馆武官送交德使馆卫兵30名入所。一设于西苑以拘禁奥俘，于9月14日由和（荷）使交收奥俘官长士兵等138名入所。在京外之南京、奉天、吉林、黑龙江等处也设收容所，以收容各该省及附近地方之德奥俘虏。截至1919年初遣返前，全国七所共收容1060名官兵。这些战俘在各收容所享受着同样的超人道的优厚待遇，凡居室、养病室、学习文体场所、工厂、办公室、饮食厨房、淋浴室、沙龙酒吧，无不设备完整舒适，如居室多在绿树成荫、荷塘幽香的地方，可供休闲、钓鱼、赏月、凝思，也有音乐演奏，网球、足球比赛等自由活动，更享有通邮和散步的自由。图片是实录，几乎看不出战俘们有一丝无奈的愁容和褴褛的衣着。军官依然佩带原官阶在议事，士兵无一着囚服。也看不出囚与不囚的区别。这是中国德奥战俘营的真面目。

这些照片可以作为老照片、老资料来收藏，也可以作为图像文献来做佐证，但它终究是一种收藏品，没有触及历史的深层，学通曾以《无人知晓的德奥战俘》为题，在山东画报社的《老照片》上略加介绍，未引起广泛的注意。学通是历史专业的科班出身，对于史事具有相当的敏感性，于是邀约几位同事，共攻

“中国德奥战俘”这一课题。他们参考了档案和十种重要报刊，钩辑片段，广为搜集，像为大姑娘梳理长辫那样，编成一篇滋润、光滑、顺畅的历史长编，分置于《缘起》和各部分之前作弁言，再加上各图片的说明，连贯一起，便成一史著。这些文字，虽然字数不多，但它将第一次世界大战中的一段重要史事编次条理成文，形成一部“中国德奥战俘营”的简史，为历史填补空白。这就是学通和他的同事们的巨大历史贡献。

《中国德奥战俘营》是中国施行人道主义的实证，可惜被湮没了。2006年夏，日本上映了一部名为《战争弥撒曲》的影片，是讲第一次世界大战时，日本德岛板东收容所所长松江丰寿不顾军方反对和刁难，坚持以人道主义对待战俘。战争结束后，战俘们演奏贝多芬第九交响曲《欢乐颂》，以示感谢。日本以此题材摄制影片，表面上似乎向所长的人道主义表示敬意，实际上是用以掩饰第二次世界大战期间的在华暴行——从遍地杀戮到731活体细菌试验等等罪恶，贴人道主义的金，大肆宣扬。而真正施行人道主义的“中国德奥战俘营”的真相，却长期被湮没无闻，岂非咄咄怪事！难怪《中国德奥战俘营》的编著者慨叹说：“我国在一战中这样自上而下的，整体政策性的战俘优待行为，却长久地被历史尘埃掩盖。”各位影视编演人员，为什么常以缺乏好题材为憾？难道这类题材还不够发掘演绎的吗？

读这本书的过程中，时舒胸中不平之气。某些号称大国的霸者，年年以一副毫无愧色的面孔，指责中国的人权问题。那不妨拿出点自己的历史证据来彰示一下。人们会问：“人道在哪里？”《中国德奥战俘营》能响亮地回答：“在中国！”

二〇一〇年中伏冒暑挥汗写于南开大学邃谷，时为米寿之年

原载于《中华读书报》2010年9月22日

留取丹心照汗青

——读《只唯实——阎红彦上将往事追踪》

“留取丹心照汗青”是宋人文天祥面对险恶形势时所写自誓诗中的诗句。他不仅以自己的行动实现了诺言，也以这掷地有声的诗句，照耀后世无数仁人志士以此来规范自己的一生。原云南省委第一书记阎红彦上将，便是其中以自己一生的忠诚为这句诗增添光辉的一人。阎红彦出身贫寒，投身革命后，一直沿着正确路线走人生的道路，他驰骋疆场，建立殊勋；出任封疆，关心民瘼；耿直忠谏，为民请命，终于招致迫害，未及下寿，英年早逝。栋梁摧折，识者痛之！

“文革”乌云，终为春风吹散，一切冤假错案，均获平反昭雪。许多久著劳绩的元勋和卓有声名的人士，重塑形象，引人怀念。传记回忆之作，纷见迭出，惟其内容多为记述个人生平及申冤诉屈之作，类属伤痕文学，而能将传主置于历史大环境中，立足求真求实，占有详细史料，保存一代信史者，尚属鲜见。前者，曾读李原著《只唯实——阎红彦上将往事追踪》一书原稿，深感作者立意新颖，独出机杼，与一般同类著述有所不同。全书历经作者修订，近读成书，颇有耳目一新之感，循读再三，固有不能已于言者。

这本书的最大特点在于，它以一条红线贯穿了传主的一生。无论是写传主转战各地，与错误进行斗争，还是关心民生和不畏强暴，迎风挺立等种种人生的作为与遭遇，都让读者感受到传主总是在一种正确思想的指导之下，那就是正如书名所概括的那样，传主是以“不唯上，不唯书，只唯实”的实事求是精神作为自己的人生宗旨，因而使传主不同于一般历史人物，而升华到一个革命者更高的精神境界。这不仅还传主以真实面貌，而且给读者以如何走好人生道路的启示。

这本书并没有停留在写一位历史人物，而更值得注意的是在详细占有史料的基础上，以秉笔直书的笔法写一段信史。在第八章中，作者写了上世纪六十年代前后浮夸风的恶果时，写了“陆良事件”和“金华事件”中肿病死人的具体情况。写了传主目睹死人惨状后的愤怒，更写了中层干部的处境维艰。当读到传主“路过剑川坝子金华公社，他看到田野里有多起群众穿着非常奇异，似像非像送葬的孝服，抬埋死人的群众似哭无声，不知是不敢哭，还是无力哭出声？一片凄惨景象”，当传主责问大理地委第一书记，是否对肿病死人的事知情？这位书记吞吞吐吐，迫不得已悲痛地回答说：“我家也有人饿死了！”当剑川县委书记被责问时，这位县委书记惶恐、困惑、思想混乱到理不清错在哪里？终于“他渐渐有点醒悟了：是怕，但最怕的不是那顶乌纱帽，不是怕丢官，怕的是丢掉那顶‘政治帽子’。那是‘左派’，是‘革命’，是‘政治生命’。我们的一切措施和行为，都是‘以革命的名义’进行的，不仅是‘正确’的，而且是‘神圣’的。你一生不就是‘为了革命’吗？能丢掉吗？能不怕错误吗？”这一醒悟，鞭辟入里地分析了“五风”猖獗的症结所在。作者引录了一份大理地委《关于当前肿病情况的报告》，记录了1960年初该地区各县肿病的具体人数。这是多么难得的珍贵史料！传主面对如此严重的现实，无所畏惧地向各级干部发出惊人的呼号说：“要对群众负责，要正视现实，认真负责地解决问题，不能整天只唱赞美歌，而置群众死活于不顾！”铿锵有力的声音熔铸了一位真正共产党人的高大形象。在第十章中写下了传主在1960年春夏之交，到澜沧县去考察公共食堂时，遇上了一个老大妈，“挎着篮子，在风雨中一颠一跛地爬上坎，到公共食堂吃饭，浑身上下像在泥水中滚过一样。问她家离这里有多远，她叹了口气，指着远方说：‘过了这道箐，还要爬一个坡，吃一顿饭艰难啊！’许多去食堂吃饭的群众，听到有人关心他们，就都围过来，七嘴八舌地要说。有人说，老大妈还不算远，‘最远的三十里，每天骑上毛驴来吃饭，吃完饭刚回到家，又该来吃下顿饭了。一天就忙着吃两顿饭’”。这是千金难求的对“公共食堂”的历史评价。如果是在那个时代同步走过来的人读书到此，能不潸然泪下吗？如果那些未经沧桑的“新新人类”读书到此，或者会诧异地以为这是荒诞的神话而难以置信。类似的记述，在各章中多有所见，所以说，这本书不仅是一部单纯用以抚平伤痕的人物传记，而是一部映现一个时代的历史图卷，也是可以作为论事证史的史料根据。

这本书在塑造传主的形象上用力甚勤，它以传主可歌可泣的一生事迹作为铸造一个有血有肉而非僵硬公式化人物的素材，探求传主的人格特色在于实事求是，处处关心群众。在各章中，随时都写下传主与群众息息相关，关心民间疾苦，以群众苦乐为乐，为群众的艰难遭遇而愤怒，在第十五章中集中记述了传主的理念。传主曾说：

> “我们掌权了，有些干部往往只简单地考虑运用行政手段去完成上级任务，而不注意从实际出发，关心群众的切身利益，与群众商量。本来想更好地完成任务，却往往事与愿违，也损害了与群众的关系”。“你考虑了群众的需要，才可能得到群众的支持”，“不顾群众的利益，而想方设法对付他，是对付不了群众的”。

这些金玉之言，似乎已经成为传主立身处世的根本。因为有了这个根本，加上他遇事调查研究的工作方法，往往就能寻求到与真理相距不远的真实，只有妥实处理，才能赢得民心，所以全书中传主所涉及的军事、政治、文化、农业、商业、边疆、国防、民族等诸多方面无不显示了实事求是的威力，从而增强了党在群众中的威信。这正是一位久经考验的老共产党人对党的最大忠诚。这也正是传主能在“文革”的惊涛骇浪，腥风血雨岁月中，能挺立不屈，鞠躬尽瘁的力量源泉。但是作者亦不为贤者讳，在全书的《引言》中对传主进行全面综括评述时，并不回避传主在某种特定条件下所显露出来的性格缺陷，文章中说：

> 在一个自然条件和社会情况都十分复杂的多民族边疆省份，又处于“以阶级斗争为纲”的总要求下，全国“左”倾风浪日紧，一场更凶险的浩劫已是“山雨欲来风满楼”。在这样的形势下，以他所处的位子，不可能完全不说违心的话；不可能不做一些并非情愿的事。他自身也不是完美无缺的，所作的事情也不可能尽善尽美。但是，他不避艰难，迎风矗立，面对现实，深入调查，和群众商量，并依靠省委一班人思想一致，团结向上的力量，提出并实施了一系列独具特色的方针政策，针对性极强地解决了一般不敢触及的许多重大难题，使全省工作出现恢复发展较快的好势头。在云南发展的历史上留下了令人难忘的一页。他的实践，显示了“实事求是”思想的巨大威力和灿烂光辉，也成为抵制和反对“文化大革命”的巨大精神力量。

这段文字，没有神化传主的痕迹，而是把传主放到一个有血有肉的普通人地位上来展开全书的论述，三个“不可能”是那个时代高层领导普遍存在的共性，但传主在共性之外还有坚韧不拔的独特个性，这就塑造了传主人无完人的完整性格，增强了全书的可信性。

全书共有28章，前19章写传主在“文革”前的事迹，历历在目。而第20章至第27章的后8章则着重记录了传主在“文革”中的不幸命运。在黑云压城的日子里，传主忍辱负重，不畏强暴，顾全大局，不惜牺牲等等高风亮节，昭然若日月照人！由于所述为传主苦斗的一生，以致读其历尽坎坷的经历，总有一种沉重压抑的感觉；但当读到全书最后一章即第28章时，恍若惊雷震人，一扫阴霾。因为粉碎了“四人帮”，结束了“文革”灾难，传主的沉冤终得昭雪，实事求是的思想路线重放异彩，应该说大快人心，似乎一切归于正道，如果全书就此搁笔，似无不可。但是作者在结尾处，突出惊人之笔，浓墨重彩地写出了令人难安的“天问”说：“精神枷锁的真正解脱，尚且有等待磨砺的岁月”。作者对这一严肃的历史课题作了有远见的郑重答复：

> 十年的耳闻目染，真能笼统的一下子全部推倒？君不见，飘忽的乌烟瘴气，时隐时现；零碎的冷笑悲鸣，若梦若幻，形似游荡着阴魂不散。满地污泥沉渣，未及彻底“清基”，而匆匆竖起了“高楼大厦”。根基如有不稳，人们怎能安然？枉被冤抑的存者，欲留历史旧闻，又谁与诉说？
>
> 或说：“不要哪把壶漏提哪把”。只要两耳不闻窗外事，一心只读圣贤书，闲来多听听明星独唱会，那种种优美动人的乐章，足能陶醉于不再“杞人忧天倾”？
>
> 历史的悲剧，绝不能重演！这是人们最迫切的心愿。但总不能徒托空言，因为真理的标准乃在实践。
>
> 莫衷一是，固有“杂音”之憾，但未必都是坏事，因为五音自能调协。“杂音”多了也许能组成著名的协奏曲，为人间存盛世元音。实践是无情的，历史是公正的。成功和胜利属于肯从错误和失败中得到启迪而醒悟的人们！

我之所以不惮烦地引录了上面几段文字，因为这是全书的“点睛”之笔，充溢着睿智，散发着诱人的气息。它引领读者进入历史的沉思，如果要消除和解决这些担忧，那只有回到书的题名——《只唯实》上来，让实事求是的思想光芒永存，这正是本书的价值所在。希望有更多的读者能从一滴水窥测到大海的波涛，从而引发自己认真的思考！

原载于《津图学刊》2003年第5期

记人代之古今　标卷帙之多少

——评《湖南图书馆古籍线装书目录》

古典目录之学，昉自汉季刘向、刘歆父子。汉成帝河平三年（前26年）刘向受命整理国家藏书，成《别录》若干篇，为提要目录之始；向卒，子刘歆继承其业，成《七略》一书，为图书分类目录之祖，较欧西分类早千余年。《汉书·艺文志》曾简记其缘由称：

> （成帝）诏光禄大夫刘向校经传、诸子、诗赋，步兵校尉任宏校兵书，太史令尹咸校术数，侍医李柱国校方技。每一书成，向辄条其篇目，撮其指意，录而奏之。会向卒，哀帝复使向子侍中、奉车都尉歆卒父业。歆于是总群书而奏其《七略》，故有《辑略》、有《六艺略》、有《诸子略》、有《诗赋略》、有《兵书略》、有《数术略》、有《方技略》。

歆著虽名《七略》，实则六分，《辑略》不过为六略诸序之总汇。东汉班固散《辑略》入六略而成《汉书艺文志》，于是古籍得以六分编次。下迄两晋，荀勖、李充，更定四部。而唐初敕撰《隋书经籍志》大定经史子集四部之名，从此垂千余年，公私古籍目录大都沿用不衰，清纂《四库全书总目》即依四部之旧，可称古籍目录之集大成者，一经翻检，则中华传统文化之精要历历在目，是目录之学，固不可废也。惟中华大地庋藏古籍者遍布，学者难以巡阅，苟有藏者目录，则一编在手，殆将囊括四海所藏，学者自称利便也，亦撰者为学者施一功德。《湖南图书馆古籍线装书目录》之问世，向海内外公开馆藏，倡导学术之善举，亦将为天下读书人节奔走之劳，无异为学者增寿。善哉！善哉！我将为之额手称庆也。

湖南图书馆为近代性质图书馆省级第一馆，创建之始，即以“保存国粹，输入文明，开通智识”为宗旨。历年重视搜求，庋藏日富，主政者又颇注重整理编目工作。1913年、1925年及1929年曾三次编纂馆藏目录。上世纪五六十年代，随着馆藏日增，古旧文献亦亟待分类编目，先后编成《馆藏古籍目录》（1959年）、《馆藏地方文献资料目录》（1959年）、《馆藏地方志目录》（1964年）等多种，皆油印使用。八十年代，拨乱反正，百业再兴，图书资料，需用日亟。馆方鉴于前此诸目收录不齐全，著录不规范，分类不统一，且尚有十余万册待编，稿抄本亦无目可查，遂于1985年决定，对馆藏古籍线装书再次进行分类编目，摸清底数，制定有关规则条例。2005年，经十年之先期准备，决定新编馆藏古籍线装书书本目录。又历时两年，终于编成《湖南图书馆古籍线装书目录》一书，收录馆藏古籍线装书68万余册，全目煌煌五巨册，视之不禁叹为观止。从事诸君苦心孤诣之辛劳，亦令人钦敬！苟各省市能以此为契机，风起云涌，仿行此举，则不数年全国省市古籍典藏，将尽以书本式目录呈现于世，泽及学者，传之子孙，岂不猗欤盛哉！

我少好目录之学，幸获此书，喜不自胜，乃以匝月之功，翻检一过，深感是目收录丰富，分类详明，为当前古籍目录之佳作。其著录项目完备，除一般必要项目外，特著索书号，便利读者使用，为我数十年查阅典籍时之愿望，而于重要版刻图书，则另著录行款、版式、批校题跋以及藏印等，既可明其庋藏价值，复有裨于“考镜源流，辨章学术”；而尤引人注目者，是目所著，多偏重于地方文献。往者，我曾著《图书馆与地方文献》一文论其事，曾言及湖南图书馆之注重地方文献称：

> 只要是反映本地区的社会、政治、历史、地理、经济、军事、物产资源、碑帖手迹、学术著作等，即使是零篇散页，都应是地方图书馆典藏加工和利用的对象，对本地区的各方面工作都有着参考咨询作用。近年听说有些省市馆如甘肃省馆、湖南省馆和首都馆等，都做出了成绩。（湖南《图书馆》2002年第6期）

省馆注重地方文献，本为社会职责所在，固为馆藏之正道。今比照新编古籍线装书目录，益信湘馆恪遵馆藏准则之精神。观其目录所著，所藏自清至民国湘籍名人著述达数百种，多为其他馆藏与目录所少见，除刊本外，各种稿、抄本，尚有千余种，湖湘著名人物，几已网罗殆尽。其中如郭嵩焘《养知书屋日记》40

册，起咸丰五年至光绪十七年（1855—1891年），为三十余年使英、法期间之记事，又如曾国藩家族四代人之亲笔书札等，均具极高史料与艺术价值，为湖湘文化填补空缺。地方志与宗谱为地方文献之大宗，是目著录本省省、府、州、县旧志有400余种、1000余部，其中不乏善本，如明万历《湖广通志》，清康熙《长沙府志》、《长沙县志》、《浏阳县志》等。至于省外，著有2100余种、2490余部，其藏量之多当列地方志收藏者之前列。宗谱亦为地方文献之大宗，虽曾经劫难，有所损失，但湘馆早有所见，曾专组“湖南省家谱收藏中心”，对民间散存家谱进行抢救性保护措施，至今馆藏已达300余姓3000余部，湘籍名人，几近全备。馆藏地方文献今得目录之揭示，足征湖湘文化与湖湘文献之特色，进而显示其于文化史中之地位。

是目之编制，遵经史子集四部分类之成规，另增丛书一类，以反映馆藏实际，应称恰当。前此清人张之洞于所撰《书目答问》四部之后，附入《丛部》，盖以明清以来丛书编纂之风甚盛，丛书数量激增，附以丛书之目，颇便读书人藏用，诚为善举。择善而从，理所应当。唯尚有稍可商榷者二：一为《丛书》一部，设置何处为宜？《书目答问》设于四部之后，仍保持四部之完整性，而是目则置《丛部》于经、史之间，与经部合为一册。检丛部之量，超于经部倍半，本身可自成一册，置于四部之后，使经部独成一册，居四部之首，与史部相连，如此不仅保留古籍编目之传统，亦与使用者历来习惯相合。二为是目于单独立《丛部》外，其经、子两部之下复有《丛编》之设，为二级目。而于二级目下复设三级目者，如《史部·记传》下，《子部·兵家·医家·天文算法·谱录》及《集部·总集·词》等二级目下均设《丛编》，为三级目。更有甚者，于《子部·艺术》类下之《书画》、《篆刻》及《宗教类·佛教》等三级目下又设《丛编》，当为四级目。然检读各级《丛编》，大都近似，试各举一例，如《通志堂经解》、《史学丛书》、《十子全书》、《陈修园医书四十种》、《江南机器制造局丛书》、《西学丛书》、《汉魏六朝百三名家集》、《词学全书》、《画论丛刊》、《篆学琐著》等，从内容与形式看，与《丛部》性质无异，不悉其划分之初意。如能将各级《丛编》均归于《丛部》，同为一编，置于四部之后，亦无不可。设现有四类难以概括各专门内容，则不妨于《丛部》增设一“专科丛书”类，即可归属。如此似体制较顺。下士末议，未知当否，至祈斟酌。

是目五卷，近五百万字，洵称巨构。尽陈馆藏古籍，于是可见主事者之胸怀，不啻为当世密藏不宣者立典范，从事同仁历年辛劳，当受读书人一揖。唐释智升撰《开元释教录序》有云：

> 夫目录之兴也，盖所以别真伪，明是非。记人代之古今，标卷帙之多少，摭拾遗漏，删夷骈赘，提纲举要，历然可观也。

智升为提示目录重要性之第一人，我读《湖南图书馆古籍线装书目录》，即有同感，乃摘取“记人代之古今，标卷帙之多少”二语为题，以明是目之要旨。耄耋野叟，得获一见，实人生之大幸。略贡所得，亦示回馈之微意。是否有当，尚祈编撰诸君之卓裁。我愿以望九之年，为湘馆贺，并向从事诸同人行三鞠躬礼。

原载于《中国文化》2008年第28期

坐收利便于几席之间

——评介《全国各级政协文史资料篇目索引》

索引相沿认为是日文さくいん一语移译而来，实则我国宋代已有文胜其人编有《大藏经随函索引》，虽其书早佚，很难详知其编制体例，但索引之名当起源于中国，而日文可能译自中文。

索引亦称通检、备检和引得等等。我国宋朝就有专门检索经史子集的篇目汇编名作《群书备检》。明清以来索引很受重视，明万历三年张士佩曾编《洪武正韵玉键》，清代史学家章学诚更从理论上阐述编制按韵排列的主题词索引的主张。浸至近代，索引已为世界学人所接受和运用。日本学者除编制索引如《中国随笔索引》等外，一些著作也多附索引。西方学者的个人著作，索引占全书的重要部分，如美国萧邦齐所著《二十世纪的绍兴》，全书共284页，索引即有94页，占全书篇幅的33%；美国柯思慎撰《绍兴》一书，共有315页，索引有134页，占全书的42.5%。于此可见索引之重要。近年以来，我国索引事业显著进展，如索引学会的成立，大型索引《全国各级政协文史资料篇目索引》巨帙问世，均为明证。

我国自六十年代以来，全国县级以上政协组织相继成立文史资料委员会，编印大量文史资料丛刊、丛书和专辑，截至1990年，据一种统计，全国已编印有2300种，13000辑（期），收文30余万篇，总字数近2亿，仅从这巨大的容量看，确是一项令人咋舌的重要史源。

再看这一巨大史源持质的价值尤难估量，它记录了历史上，尤其是近现代史上政治、军事、经济、外交、社会、地理各方面的情状以及各色人物的活动痕迹，其中由于多为回忆和综汇，难免有失实或异说之处，但其大部分内容，如与文献记载相互印证使用，确可起到纠史之谬、补史之缺的功效，成为可资采撷的铜山。

这样一座有质有量的历史矿藏，罄毕生精力也难搜寻齐备，通读一过，因而就急需有一部收录完备、编制合理、使用方便的索引来为使用者节翻检之劳，俾使用者坐收利便于几席之间。烟台师范学院李永璞先生不畏艰巨，邀约人员，历有年所，终成《全国各级政协文史资料篇目索引》五巨册，嘉惠学林，功不可没，粗加涉猎，其书之特点，可约为数端：

收录完备　全书收录1960—1990年三十年间全国县级以上政协下属文史资料编撰部门所编印的丛刊、丛书和专辑共13000多辑的30余万条篇目，编成16开精装五巨册，计1500万字的大型工具书，是目前工具书中少有的巨帙。虽不能鲁莽断定这部索引无一遗漏，但编者确已尽竭泽而渔之力。

编制合理　此索引为单主题分类索引，依据篇目主题性质分为七大类（篇），复分至六级子类，其同类级篇目较多又不能再复分者则或按时序，或按地序分排，有的时序、地序尚可列为一级子目类，共含4000个类目。全书分为五巨册：第一分册为政治、军事、外交篇；第二分册为经济、文化篇；第三分册为社会、地理篇；第四分册为人物上篇，第五分册为人物下篇和附录等。这种大分类、细分目的编制既易统摄，又便使用。

著录清晰　此索引一篇一目，著录篇名（含副篇名）、作者、出处（含所载篇目的丛刊、丛书和专辑名，加注行政区域、辑期序号及编引年份）。著录要素基本完备。标目文字用不同字号和字体，序号用汉字和阿拉伯数字表示，眉目清楚。若按类展卷可一索而得。

检索便利　工具书以使用方便为第一要义。此索引各级类目的标目文字简明，有的类目在标目下加了内容提要式的主题词，具体说明该类目所含内容。书后附有文史资料说明（含序跋、勘误、凡例、目录、书讯）、文史资料工作（含组织、工作、征集）、文史知识（含一般、职官、地理、人物）以及《本索引收录书刊各辑期一览》，均有裨了解文史资料的全面内容，极便检索。

社会效应　此索引应收篇目之作者情况不一，但主要视其内容采登而不以人废言，此足以见中国共产党之胸襟，海内外华人揽目动情，颇具感召。县级以上文史资料浩如烟海，散在四方，实难遍涉尽窥。若有此巨帙插架，则各取所需，按图索骥，事半功倍，于各项学术研究功莫大焉。是政治与学术之双效应于兹可得。

如吹毛求疵则此书之装帧印刷尚欠精美，可能限于经费，但若能广开渠道，八方来风，未始不可稍加提高。无错不成书，虽为谬说，但此书也未能免俗，其第一册大标题《军事政治外交篇》即赫然误作《军事政治外文篇》，其他细目内容尚有误植者，建议组织人力，再详校一次，补发勘误表。此皆瑕不掩瑜之挑剔。就此索引总体而言，应称为查找文史资料的一部完备、准确、便用的好工具书，是可供翻检，必加庋藏的典籍，希望引起海内外人士给以重视。

原载于《高校社科情报》1994年第3期

一本装满人间冷暖的书

——读崔文印夫妇所著《中国历史文献学史述要》

最近，好几位朋友惠赠大作，我为他们的成就高兴。读书总有个次序，因为文印的专攻是文献学，而我对文献学又略有所知和所好，便先读文印的《中国历史文献学史述要》。当我把书端放在书案上时，我发现封面所列右上、左下和中间三处都让我非常惊异。

封面的右上刊印的是作者“曾贻芬 崔文印著”。从名字看曾贻芬是位女性，我不详其人，但文印为什么把她放在自己前面，一定比文印有学问。我也设想，这可能是文印的夫人，而我的封建思想又在作怪，如果真是夫妻店，惯例应是崔前曾后，难道文印对夫人或夫人的学问真服了？这必须弄清楚，万万不可造次。再看封面的左下角，出版者为“商务印书馆”，更使我惊异而且惊疑：商务一向很少出这类书，怎么肯为文印出这本书？再者，文印在中华效力三十年，也可以说干了一辈子，这本书既合乎中华的出书范围，而且也达到相当水平，为什么不在中华出呢？最后看到封面中间启功先生的题签，虽是没有惊异，但却引来辛酸。启先生是当代人所共知的书法大师，诗书画堪称三绝，后来不多画画而书法作品大量存世。我看过很多启先生的书法作品，特别是中年以后，飘逸潇洒，直逼明人董其昌与邢侗。八十岁以后，年高体弱，笔墨略见瘦削，但字体、行气、用笔等等，依然大家风度，足以示范后学。所见各种书签，一直用毛笔书写，均精美有韵。只是近几年往来信件用毛笔较少。为文印所题书签是用签名笔之类的硬笔书写，这是我第一次见到，是先生因眼疾加重已难用毛笔来题书签了吗？我心酸于吾师老矣！但又很感动，文印于启先生应属晚辈，也是在中华认识的一个普通编辑。文印既有所求，虽先生黄斑眼疾，难用毛笔，但没有推辞，拿起不曾用来题签的签字笔之类的笔写下硬笔书法的题签，即使印章盖歪，也在所不顾，只为了不让晚辈失望。这真是难得的温暖友情，当今之世又有多少人能做到呢！

为了解决上述这些谜，解铃还需系铃人，我写了封信去问文印，主要想外调曾贻芬的历史。文印很快回了信，做了很明确的交代说："承下问曾贻芬为何人，实乃贱内也。"又把曾贻芬的家世学历作了说明。原来崔夫人是著名学者北京大学西语系教授曾觉之的千金，与文印是北大中文系古典文献专业的同班同学。毕业后，文印至中华，一干几十年。曾女士因"出身不太好"，分到中学教书，后经不懈努力考进白寿彝先生之门。几十年来夫妇相濡以沫，共成一书，亦儒林之一佳话。想不到我与文印相交近二十年，今日始知文印虽有失聪之憾，竟有如此闺房之乐，天公固不负人！但其他一些疑点，则文印语焉不详。我从另一些渠道，得知这本书出版的周折。原以为在中华出这本书是顺理成章的事，哪知事与愿违，竟被拒绝了。当然本人的著作如果水平不够未被接受自是理所当然，不接受的理由也应是堂堂正正，彼此都无话可说。但据说不接受的理由竟因作者"不是名家"。就这样一句不着边际的话，便把一对声名不著但却勤勤恳恳做了一辈子学问的学者的心血轻易地抛弃，实在令人为之一叹！名家名家，有何界定？文印无奈之余，送稿于商务，不意商务竟能以书稿质量定去取而不计其他，毅然接受出版。楼上楼下，冷暖相异，须知人间自有真情在！

文印夫妇的这部著作，原定为一副《中国历史文献学史》的框架，但是作者是依人做嫁，奔走稻粱的普通知识分子，没有一段完整的时间撰写，只能分专题成文，先陆续发表。这样，既能比较容易地征求同好的意见，修订完善自己的文章，又能稍得升斗，改善点清苦生活。这是读书人为了要奉献，贡所得于后人的应得对待吗？难道不够名家而学有所成的学者就可以不分青红皂白地被屏弃吗？我有点不平！当我翻开书看到史学前辈白寿彝先生的《题记》时，心情立刻平静下来。写《题记》时，白先生已年近期颐，而且正在重病时期，为了自己学生的成果，立即草拟这篇《题记》。文章虽短，却充溢着浓厚的师生感情。文章只有三段。第一段讲与作者夫妇的遇合，第二段讲作者夫妇勤恳治学并评论其所著，第三段寄希望于作者夫妇的未来。全文不足500字，但当得起"情真意切"四个字，文印夫妇得此足矣！舍此夫复何求？

这本《中国历史文献学史述要》是一部内容充实，资料丰富，论述详明的好书。在当前文史学界漠视传统文献功底的时候，这又是一部救世之作。文章三十二篇，但包罗了历史文献学的基本内容。大体上分为三组：一组讲历史文献学的历史，从甲骨文和孔子整理六经的萌芽时期起，中经魏晋南北朝、隋唐五代、宋辽金元，下至明清，抓住特点论述各个时代历史文献学的概貌和发展。一组是有选择地讲历史文献典籍的代表作，如《胡三省：〈资治通鉴音注〉》、《〈文献通考·经籍考〉散论》、《〈永乐大典〉概说》、《〈经义考〉初探》和《说〈古今图书集成〉及其编者》等篇。一组是评论自宋以来著名文献学家的成就，兼及文献学的若干支柱学科，如《郑樵在文献学方面的成就》、《朱熹的注释和辨伪》、《胡应麟与古籍辨伪》，以及顾炎武、卢文弨、顾广圻和钱大昕等人在历史文献学方面的贡献。作者在一些论述上都有自己的见解，如朱熹一生学术为理学声名所掩，而作者则认为，典籍注释是朱熹"阐发自己思想主张的一个重要途径"；对顾炎武，作者认为"他在文献的校勘，文献的音韵、训诂以及在金石文字的考订方面，都取得了卓越的成就，提出了许多很有价值的见解，在我国历史文献学史上占有重要的地位"。作者更指出钱大昕历史文献学的特点是"与史学研究有密不可分的关系。或是为研究史学而先发，或是因史学研究而后出"。这些都是很有见地的论断，在书中随时都可以读到这类精辟的见解。在引用资料上比较丰富，而且多是常见书，可见作者的功底。文字风格也比较统一，足以见文印夫妇在学术上的磨合无间。

这本书对文印夫妇来说，确实能感受到人间的冷暖情感，但也应该看到关注他们的还是暖情多于冷淡。我很希望文印夫妇在众多暖情的浸润下，再搏一次，以《述要》为基础，自先秦至清前期，以史为序，条贯上下，增补内容，成《中国历史文献学史》一书，则不仅历史文献学之学科得以建立，而文印夫妇也将以春雨润物细无声的暖情泽及莘莘学子。

原载于《文汇读书周报》2000年8月5日

《中国藏书楼》读后

藏书楼是中国传统文化所依托的重要体制设置，有数千年的悠久历史。以它为核心，使中国的传统文化源远流长地代代相传，使许多国故学科从而形成、发展，映现出中国传统文化对人类所作的贡献，所达到的世界性水平。这样一种重要文化现象过去虽然有过简要的论述和个别论文，但一直缺乏一部完整详备的专门性著作。2000年底，由辽宁人民出版社出版的《中国藏书楼》正是这样一部前所未有的填补学科空白的专著。这部专著具有如下几项特色。

编写队伍严整

本书邀集在藏书文化研究领域中若干专家学者组成一支编写队伍，其中有在学术界享有较高声誉，并在藏书文化研究方面有较深造诣的老专家，也有学有所成，在藏书文化领域中卓著成绩的中青年学者。他们互为补益，密切合作，以谨严认真的态度，竭尽所能地收集资料，研究撰写，使书稿具有坚实基础，进而群策群力，完成了总字数达一百五十万的学术巨著。

立意创新

过去有关藏书楼的著述往往孤立地讲述某一藏书楼的沿革建造和收藏内容等个案资料。本书虽仍从藏书事业中最常见又最有特色的藏书楼这一点切入，但它却开拓视野，完整而全面地辐射出中国藏书文化的全貌。其切入点之准，选题角度之恰，立意之新颖，在在都体现编著者的见识与功力。科学研究的主题就在于创新，而本书正在创新上显示其成就。

资料丰富

本书资料收集范围较广，除官藏私藏资料相当完备外，对书院藏书、佛寺道观藏书以及天主教基督教教堂藏书资料也尽量发掘，以求中国藏书事业的涵盖面更完整。从全书使用资料的情况看，所选用的资料都是经过认真甄选，信而有征的。而且编纂者善于运用资料，将资料与本文有机地连缀在一起，融合无间，赋予资料以新的价值和意义，亦以见编纂者驾驭资料之功力。

论述准确

本书由于资料丰富，论据充足使各篇章均能运用自如，力求准确，提出独到的见解。如对私家藏书是非功过的评价，历来说法不一，本书则经过研究并比较诸家之说，作出了公允的评价：“历代藏书家辛勤购藏，百计维护，使许多的珍籍要典迭经劫难递传至今，历史载述了他们的功业，后世铭记他们的名字。而对许多藏书家来讲，他们藏书的诸多动机中，有一个十分美好的也是极为普遍的意愿，这就是借藏书以流芳百世。”这是易为众人接受的恰当评价。

体例结构新颖得当

全书分上、中、下三编，上编为藏书总论和分论，系统而完整地介绍了中国藏书文化的源流、发展、分合、内容、类型影响，以及各种藏书理论与实践的规律及特点，具有较高的理论水平；中编以时代为经，藏书类型为纬，系统地再现历代藏书文化的发展轨迹，具有很强的历史感；下编为大事年表和索引，颇便读者使用。本书又巧妙地运用论、史、表、传诸体，构成一部有论、有史、有工具，结合完整的学术著作。

文字流畅，图文并茂

本书努力摆脱一般学术著作的习惯文风，尽量避免烦琐考据、古奥呆板的表达方式，运用接近民众、随文引据、流畅可读的行文手段，反映了编纂群一种普及文化的欲望，为本书的广泛传播和易为读者接受提供了首要条件。左图右史是中国优良的文化传统，本书结合内容随文插图近二百幅，均为与藏书楼有关的具体形象的珍稀照片，增强直观真切的感觉。

基于上述六点，我认为这是一部内容丰富、资料充实、体例得当、文字流畅的专门性著作，是一部集学术性、知识性与可读性于一体的学术专著，是前所未有填补空白的文化史研究专著。

二〇〇一年二月

原载于《邃谷书缘》（书林清话文库）　来新夏著　河北教育出版社2005年版

《中国藏书通史》读后

中国藏书事业起源甚早，藏书的定名始见于《韩非子·喻老》，相延二千余年。它以逐渐完整的藏书机构为保证，以专门收藏家和研究者的多种专学为羽翼，以人文主义精神为主要支柱，不断地润泽着全民族，成为中华文化的重要结构之一，为历来学者所关注。于是，叙各代藏书状况者有之，为藏书家志传略者有之，言藏书掌故者有之，纂藏书词典者亦有之，惟通贯古今，叙事完整者，则未之见。不意于二十世纪九十年代后期藏书研究之风骤起，南北学者分别组成编写队伍，以任继愈先生为首的《中国藏书楼》和以傅璇琮先生为首的《中国藏书通史》二书的编写工作都很快落实，并于世纪之始相继杀青。2001年1月，获读《中国藏书楼》，5月间，复得读《中国藏书通史》，两书相映成辉，各有优长。任编已于其出版座谈会上粗陈所见。今复就傅编略述所得。

《中国藏书通史》主编傅璇琮为海内外知名学者，尤长于文献之学，著述闳富，且掌中华书局编政多年，出任主编为绝佳人选，并闻人相告，璇琮躬与其事，于初稿亲加披览，为当今挂名主编者所不能企及，而全书质量遂得以保证。至所网罗英彦，又多为熟悉藏书事业与资料者，是以基础坚实。二美结合，固无怪其书之为佳作。

书既以通史名，其编制体例必当运以史体。浏览全书，确乎以史为经，以藏书事业为纬，自先秦迄晚近，分编为八，编下又设章节，贯穿古今，顺流而下，使读者有条理清楚、发展痕迹明显之感，颇合史法。其尤令人耳目一新者，则为第八编之设，实为创新之笔。通史编写，一般多以清代为终端，间有增入近代部分者，而《中国藏书通史》则立“二十世纪中国藏书”一编。不仅记述近代，甚至包容当代，使通史成一完璧。

图文并茂为中国图书的优良传统，《中国藏书通史》卷首所刊精彩图版百余帧，实令人赞叹不止，不仅印刷精美，而且涵盖甚丰，有藏书楼、藏书家、藏章、善本书影，有实景照片，也有艺术制品，满目琳琅，美不胜收，足征编著者搜罗之功。今读其文，参其图，则中国藏书事业的立体形象可了然于心。

史书基础在乎史料之挖掘与利用，《中国藏书通史》言必有据，以脚注明其来源，所征引者不仅有古人著作，亦有今人论述。注脚要素凡书名、著者、版本、卷次、出版者与出版年月等无不具备。而于常见书则多用通行佳本，既增强本书的可征信度，也对后学有所启示，为更深入研究专题提供坦途。

如此巨帙将给人们以文化陶冶，但能通读全书者，究为少数，而就专人专事查阅翻检者当有多人，设能就成书编一藏书楼与藏书家索引，发于报刊，不仅便于有书之读者翻检，而未得其书者亦将按图索骥，求书一读为快。

我于半年之内，连读有关藏书事业专著二种，亦云幸矣。二书并出，相辅相成，可谓藏书事业之一大盛事。今读《中国藏书通史》已，深感其主旨明确，合乎史体，论述详明，资料丰富，文字流畅，乃略赘数言，以志贺意！

二〇〇一年五月

原载于《邃谷书缘》（书林清话文库）　来新夏著　河北教育出版社2005年版

藏书与《藏书家》

藏书不仅是图书事业的一个重要环节，也关乎一个人的文化素养。宋朝藏书家晁公武曾论及汉王粲、宋宋绶之能称一代博学者，就因为他们“自少时已得先达所藏故也”。这可见藏书之能涵育人才。当然，藏书之功不仅于此，更重要的作用在于保存、传播一国的文化，使之世代相传，为立国之基。藏书一词可能最早见于《韩非子·喻老》，文中说有一名徐冯者，曾告人说：“智者不藏书。”这大概是指私藏而言，而藏书的事实当早于此。中国最早的藏书是官藏，始于周秦以前。自此以后，藏书历史相延不绝，而历来以藏书知名的学者亦为数不少，各以其学识撰写有关藏书的课题者亦不乏其人，于是叙历代藏书史者有之，为藏书家志史传者有之，言藏书掌故者有之，纂藏书家词典者亦有之，形成一种重要的藏书文化现象。近年更有南北学者各集同好，分别撰写两部中国藏书通史，即将问世，而有关藏书读书的刊物和副刊亦有数种。新旧图书的收藏家亦渐露头角。在这样一种潮流中，很需要有一种能为学者和藏书家提供相互交流切磋的专业园地，来推动藏书文化的发展丰富。适逢其会，齐鲁书社最近出版的《藏书家》应运而生，以特殊的风格和面貌呈现于藏书界。这是以内容决定刊期的不定期专辑。

这本《藏书家》的特色之一是作者群包容面较广，知名度较高，有老一辈的黄裳、王绍曾、吴小如、黄永年、姜德明等，中年的徐雁、李国庆、杜泽逊、徐有富等，都是有一定藏书量和撰有书话之类著作的学人，虽多是短篇随札，但决无放言空论之作，对了解中国藏书文化很有帮助。特别是前辈藏书家、文献目录学家顾廷龙先生的绝笔题词弥足珍贵，引人缅怀。顾老以期颐之年不仅为该辑题了书名。还写了题词，内容是“网罗散失，传之其人”，表达了老人对藏书文化社会功能的看法。

这本《藏书家》的又一特色是内容很有学术参考价值，它分设了藏书忆往、书林一叶、书海披沙、雪泥鸿爪、版本谈故、著书新语、访书纪闻、学人书事及藏书架等栏目。可以说涉及藏书文化的方方面面。其中如吴小如、涂宗涛二氏的论个人私藏，黄裳、倪墨炎二氏之论书跋，范景中氏之《清代活字套印本书录》颇便检索，王绍曾氏之叙晚清四大藏书家海源阁藏书的聚散，以及其他未能列及的各篇，皆能有学有识，言之有物，令人有难以释手的意味。

至于该书的装帧，尤有新意，用黑白对比色作底色，以线装书书衣作背景，设想新颖，颇具吸引力。版型在平装本外更有毛边不切本，使人想到几十年前鲁迅先生等所出的毛边本书的可珍藏性，亦以见编者对藏书文化的情有独钟。这是一本以书的形式出版的不定期刊物，这是保证质量的好办法。我深愿这本刊物能继续出下去，以飨同好。

原载于《津图学刊》2000年第2期

不同寻常的研究

——评说《书楼寻踪》

近些年来，藏书文化的研究在文化学研究领域中，日趋繁兴。随之而为人注意到的，有为数不多的一部分人，其中大多是人在中年，略具财力，但又不奔竞时尚，而甘于默默无闻地在做应该做而又没有多少人甘愿去做的事。他们竭尽全力在抢救祖国濒临散失的文化资产，保存和延续祖国的悠久文化传统，从而他们也在自我铸造成中华民族传统文化的守卫者。他们是接过历代藏书家手中火炬的新兴藏书家。在我仄陋的视野中，这些新时代崛起的新藏书家，从他们的起步看，大抵可分两类：一类是在祖遗的基础上继续搜求、入藏、充实、发展，并加以维护；另一类从本身开始，白手起家，历二三十年的艰辛，多方搜求，各有所专，逐渐形成规模者。若从入藏内容看，一类是专门搜求近当代书刊，另一类则是专注于古旧珍善。韦力君则都属于两种分类的后一类。他在收藏珍善古籍方面，从我接触范围看，应是其中的佼佼者。

我和韦力君的认识很偶然。前几年，一份以收藏为重点的报纸的一位编辑来家采访，向我介绍韦力君的藏书，由于一则我很爱书，尤其于珍善古籍书类，听闻便亟想一睹为快；二则听闻韦力君事迹，想在当今之世竟然还有这种“傻子”，因而更希望能见一面；再有我有位老友是天津一所名校的老校长，就名韦力，但我从不知他收藏古籍，是否垂暮之年又有了新的癖好？出于好奇我打电话询问，方知是重名。据告此韦力是一位中年企业家，并且由于重名的缘故，常有信错寄或电话错打到韦校长处。于是我又向那位收藏报纸的编辑打听到韦力君的电话号码，急忙与其通话，所幸他早知我的贱名。我从电话交谈中，约略知道他的藏书情况，所藏竟有元明刊本，愈加引动我走访的兴趣。终于在几个月后，我借去北京之便，与忘年交女作家韩小蕙偕往，此次探访得到韦力君的热诚接待。他向我们展示多件精品，同时又跟我们谈到他正在实施一项行动计划，即在搜集了解藏书楼的文献资料基础上，亲自走访各地藏书楼及其遗址。并给我们展示了他的走访记录和部分照片。韦力君还跟我们谈到他之有此行动，一是鉴于历代藏书家对藏书的贡献，不可泯灭；二则他在查阅文献中常常发现所记多有雷同和不尽之处，所以决心亲加访查核对，以求真务实。我知道韦力君没有受过严格的文史基础训练，但他的设想完全符合文史研究的正式规范，这真令人钦佩不已。我看了他的走访记，只要稍加整理，就能成文。小蕙本是从不随便与人约稿的编辑，但当她略加涉猎藏书楼走访记录后，便立即向韦力君约稿，希望韦整理后在她自己主编的“文荟周刊”上连续发表。果然不到两个月，“文荟周刊”上就连续登出韦力君所写藏书楼的走访记，并配有插图，这也许就是后来韦力君所写那本《书楼寻踪》的原刊本片断吧！

时隔二年，我从徐雁君处听到，他和傅璇琮先生合编一套《书林清话文库》，收有韦力君所写的《书楼寻踪》一书。韦力君没有让我的期待白费，终于拂去征尘，拭干汗水，用他的心写成一部独具特色的书。这部书只有韦力君才能写，因为一则他对书的执著痴迷几乎把自己完全融入书山；再则，我虽从未探寻过他的家底，但从接触中了解，可能其家道比较殷实，才有可能出私囊到各地探访；三则他在较长聚书过程中养成一种谨严勤奋的学风。因此他能在五年如一日，孜孜以求，做着一般人视为“傻事”的事，探寻知名或不甚知名的藏书楼的遗存或遗迹，总达百余座，这虽与文献记录的藏书楼总数尚有不少距离，但韦力君确实开了一个好头。万里之行，始于足下。韦力君在书楼寻踪的大事业中，已经起步，而且是大踏步地起步。韦力君时在中年，设以其人力、财力，再扩大其团队，则藏书楼全国普查工作，在韦力君的倡导与指导下，必将取得丰硕成果。我以耄耋之年有待于乐观其成。

《书楼寻踪》是韦力君自1997年立意以来，历经五年，访寻记录的汇集，涉及浙江、江苏、湖南、广东、山东等省，共百二十余座藏书楼，如清末的嘉业堂、池北书库以及爱日精庐等等，也有并不知名而被登录的，如镇江的绍宗藏书楼，此楼我在二十年前曾为访查清人丁晏事迹在此访问过丁氏后人，当时楼中凌乱，我一直未将其视作藏书楼，而韦力君不仅详记其遗址，并叙其建楼始末以及藏书楼来源，此外即使某些遗迹已经荡然无存，亦必摄其现状存照，如扬州文汇阁毁于太平天国时期，现已建为西园大酒店。虽了无旧物痕迹，但就故地而临风凭吊，亦足以令人感慨万千矣！《书楼寻踪》的每一篇寻访记录，都包含着书楼的始建与现状，主人的生平和著述，文献记录与现实考察的对比以及作者即景生情的情感发抒，语语都坚实有据，各篇均附有插图，体现了著作图文并茂的优良传统。

《书楼寻踪》的最大特点是文献与实际相结合的写作方法，这是韦力君在开始寻访之旅时就已自觉确立的主旨，他在浙江之行的访古日记的小序中已直陈其事云：

> 从1998年开始，就搜集关于藏书楼的资料，尤其是想办法找到有具体地址的那些资料。把这些材料放到一起慢慢比较，发现大多数材料对于藏书楼现址方面的描述，均语焉不详。有一些描述地点的字数均相同，似乎均从一个出处抄来。于是突发异想：何不亲自去探访这些藏书楼，一者去瞻仰藏书楼遗址，二者亦可把今天的地点、名称搞清楚……

于是他在文献充分准备的基础上，于1999年11月开始了他的寻访之旅。由此可见《书楼寻踪》，并不是一般的游山玩水，作者偶有所遇，信笔写下的随意之作，而是有文献准备，有行动规划，有寻访目标的一次关于藏书楼研究的田野工作，是一项对专项地面文物的考古工作，具有一定的学术价值。于此，不禁让我想起清初学者顾炎武的访古方法。清初的另一位学者全望祖曾论顾炎武的治学方法说："先生所至，呼老兵逃卒，询其曲折，或于平日所闻不合，则即访肆中，发书而对勘之。"韦力君在寻访书楼过程中，不耻下问，求教于老民家人，归而核对于文献，方著之于文的做法，岂不师承先贤之余绪耶?

《书楼寻踪》既问世，不仅为后来求访者授一指南，又为藏书文化研究增若干可靠资料，征文考献更为今之浮躁学风以棒喝。学如积薪，后来者居上。我虽痴长于韦力君，而心折其所为。八旬老叟，不打诳语，不做谀谈，读《书楼寻踪》当知我非信口而言也。惟书楼遍布中华大地，韦力君既有其善始，要当倾其精力、财力，成《全国藏书楼综录》以显示我华夏文明之灿烂，而善终其事。我于韦力君，寄厚望焉！

原载于《出版广角》2005年第6期

读《仕宦箴规百种》点校稿

姜君纬堂是我五十年代后期的学生，少长于首善之区，青年时就读于南开大学，在学期间成为“57”受害者，迨年逾不惑，始获解脱，致力于学术。姜君生性耿直，目睹世俗颓风，时冀以所学尽振聋发聩之微力，乃以毕生精力，穷搜深求，网罗历代仕宦箴规，以为当世从政者借鉴。历有年所，得书百种，皆关联于为官作吏之道，颇多可备针砭警世之作。纬堂有见及此，立意整理、校点，遂邀集友好诸君共成盛事，纬堂承担绝大部分，并亲撰百部解题，经营多年，几近告成，而纬堂以积劳猝死，仅得下寿之年。四十年前从学情景，宛然在目。“逝者如斯夫！”不意夫子之叹，复见今日，得不怆然！遂应其亲友之请，为此书做序，遂有幸读到此书点校清样稿。

箴规系文体之一种，其正体为引申古今兴衰治乱之迹，反复警戒，使读者惕然于心，默知自鉴。箴规之体，有官箴、私箴之异：私箴乃用以警戒个人言行者，如唐韩愈之《五箴》、宋程颐之《四箴》，颇类乎座右铭；官箴则用以警戒为政者，示以为官为人之道，如《左传》襄公四年载有《虞箴》，即为周掌田猎之“虞人”规劝周天子勿滥杀滥捕野兽之箴言。今纬堂所集之《仕宦箴规百种》则为历代官箴之总汇，上起先秦，历唐宋元明，下至于清，时间跨度不可谓不大。其作者有帝王，如唐之武明曌，明之太祖、宣宗，清之世祖、世宗、仁宗；有名臣，如明薛瑄、海瑞，清之蓝鼎元、陈宏谋、田文镜、李卫、裕谦、曾国藩；有理学家，如宋之朱熹、真德秀，明之吕坤，清之陆陇其、尹会一；有学者，如清之蒋士铨、汪辉祖，网罗范围不可谓不众。其论述内容，有御制钦定之条规，有为官作吏之道，有游幕掌教之方，有汇集前人事迹之编，有示人自律自励之言，有因果惩劝之录，涵盖方面不可谓不广。我少好读杂书，乡贤汪辉祖所著《佐治药言》、《续佐治药言》、《学治臆说》、《学治续说》诸作，皆尝寓目，深以龙庄娴于吏道，形诸文字，为入仕作幕者指南。我无意仕进，未能深求其学，固不知箴规之学之究竟。今获读《仕宦箴规百种》，始悉箴规著述如此之丰，不失为传统文化之珍贵遗产，惜历来学者视野未遑及此，以致零篇单册，少有人能揽其大要，而有待于识者之关注。

纬堂有用世之心，既得有关仕宦箴规之作百种，虑其或散置难求，或文字刊刻有误，乃谋于同道，拟合所得百种为一书，分头按种整理点校，勘为定本，总题曰《仕宦箴规百种》。其整理方法一依准、便、善三原则，选取最新、最佳、最善之底本，慎加校勘、标点，以便今日读者阅读。整理计划既定，遂全面启动，数易寒暑，众志成城，终成书十册，都四百余万言。纬堂于整理，校点之余，复承向、歆父子之余绪，每成一书，辄作解题一篇，撮其指意，论其指归，冠诸书首。又集百篇解题，另成别录，使无暇读全书者，读其解题，即可得书之要略。用心之苦，天日可鉴！

《仕宦箴规百种》所收著述，上下逾两千年，时代睽隔，扬弃混杂，在所不免，深望读者、用者取其精华，去其糟粕，庶沉埋文献，终有所用。我不禁为古人幸，亦将为纬堂及其同事诸君贺。纬堂有知，亦将于九泉含笑其壮志之得酬！

原载于《文汇读书周报》2000年7月8日

中国早有一部《汉文典》

前一阵子，看到报上有一则关于上海辞书出版社推出《汉文典》的广告，当时只感到何其似也，而不甚在意。近日读2月18日《中华读书报》书评版的新书快递栏，见载有一条有关《汉文典》的出版信息，文字虽然不长，但重点非常突出，原来这是由瑞典汉学家高本汉编写，四位专治汉语史的中青年学者奋战四载译校的古汉语工具书。并推荐“此书的编译出版对我国语言文字学研究会产生重要影响”等等。

学术本无国界，不同的人写相同和类似内容的著述是无可厚非的。我不是大国沙文主义者，也不是国粹主义者，对外国人研究中国学问历来是欢迎的，何况是一位国际著名的瑞典汉学家呢？我没有读过高氏的原著，也不知道书名究竟是外文还是中文。所以我对这些都不妄加议论，把国外名著译入本国，扩大很多不懂外文者的眼界，真是功德无量的善举！但为中译本命名时，是否应该考虑避免与中国已有书名重复使用。早在本世纪初，中国就有一部由商务印书馆正式出版的有关汉语史专著《汉文典》，不知这四位专治汉语史的学者是否见过这部著作。中国这部《汉文典》的著者是先祖来裕恂先生，我并不想以此扬祖德，也不想借祖宗的光为自己贴金，更不想因同一书名来和外国人争胜。我只是想向译者进一言：为译著命名时，如果是从外文译过来的，那么最好看看同类著作的国产品中有没有重名者，因此在为高著《汉文典》取汉译书名（如果不是高著原署）时，至少也应注意到曾经一版、再版以至就在四位汉语史家开始译高著的当年，中国《汉文典》已以“二十世纪初中国文章学名著”的名义由南开大学出版社正式出版了该书的注释本。

先祖是本世纪初的留日学生，一生从事国学研究。留日时因愤日人以《汉文典》为名的关于汉学的“专著”，“类皆以日文之品词强一汉文”，或“只刺取汉土古书，断以臆说”，其书“非徒浅近，抑多讹舛”，乃“详举中国四千年来之文字，疆而正之，缕而析之”，著成《汉文典》一书，以便为学习汉学的人“示一程途”。

中国这一部《汉文典》着笔于光绪三十年，完稿出版于光绪三十二年（1906），四年之后的1910年高本汉才到中国来研究汉语。二十年后的1926年高本汉才出版《中国音韵学研究》。中瑞两部《汉文典》能不能比较，其异同优劣如何，我不是汉语史家，也没有读过高本汉的原著，无资格说长道短。我只是想让人知道在高著以前，中国早已有了一部《汉文典》。中国的这部《汉文典》分文字与文章两典，其《文字典》分三卷，讲述字的起源、功用、六书及形音义之学等等；其《文章典》分四卷，讲述文法、文诀、文体与文论。初印于光绪三十二年，为上下两册，1949年复合为一册重印。1981年，全国写作学会又将其列入《文章学理论丛书》，并由南开大学高维国和张格二位先生详加注释，历时十年，于1993年2月出版问世，这正是四位译者开译的那年。

书名雷同，并非大节，译者就书译书，无意中重复了一下已有的书名，也可能因读书未遍，又无暇浏览报刊所致，实属情有可原；但译者如能独出机杼，尽量不重复已有的书名而另立新名，庶可免读者求书时的困惑，岂不更好！

原载于《中华读书报》1998年3月18日

熔事功思想于一炉

——读余明侠著《诸葛亮评传》

徐州师范大学历史系余明侠教授所著《诸葛亮评传》（南京大学出版社1996年出版）不独为评论诸葛之佳作，其熔事功与思想于一炉之成就，尤为治史者评论历史人物立一典型。

《诸葛亮评传》为匡亚明主编《中国思想家评传丛书》之一种。匡老于序言中明言著述主旨为“评价思想与评价业绩，两者不应偏废”，余明侠教授一本斯意，也明确其著述原则为“要写好一部评传就必须将传主的不朽业绩（或传世之作）与深邃的思想和谐地结合起来。不可执其一端，有所偏废”，并根据这一原则，广搜文献，亲访遗迹，三易寒暑，反复修订，终于为“大名垂宇宙”的诸葛亮完成了一部形象完整的评传。

这部评传共十一章，前六章叙其生平传略，后五章论其主要思想。叙生平则详其时代、家庭、师友交往、事迹著述；论思想则析其政治、军事、经济、法制、哲学、伦理诸方面。诸葛亮的生平事迹，资料论述较多，撰者自可游刃，而于人所习知之事迹则能自抒胸臆，发为新解，如“七擒孟获”，历来颇有异说，评传作者先综述各家之说有：完全否定、完全肯定、信而不疑、另有新见、疑信参半等五说，作者于此一一有所论辩，并根据史料，详加分析，终于提出“‘纵擒孟获’的史实是可信的，但七擒七纵则是不可信的”这一平实而可信的结论。又如关于《后出师表》的真伪问题，一直有所争议，评传作者研究了诸家之说后，以一种审慎的科学态度，不鲁莽标新，而是作出了自具新意而易为人接受的论断说：“笔者觉得《后出师表》中的某些内容，仍不失为研究诸葛亮的生平事迹及其思想的重要参考文献，不可一概否定。因为任何作伪的赝品，它也必须要求神似或类似，方能取信于人，何况像后表中的某些内容，又很难一律斥之是伪造呢？”对于传主思想的探析，虽历来文献遗留较少，但评传作者不辞辛劳，辑佚钩沉，殚思竭虑，发掘问题，提出新见。如对人所熟知的诸葛亮“澹泊、宁静”的名言，先给以“具有唯物主义认识论倾向的主静思想”的定位，继而对其出处与内涵作详尽分析，终乃得出结论是“诸葛亮的主静思想虽然源自道家，可是已不同于道家”。作者更结合诸葛亮的实践行为而后论断说：“他强调‘澹泊’、‘宁静’，是为了冷静地认识客观世界，然后作出正确的判断，并且还要在实践中进行检验。所以，他的主静思想是积极的，属于唯物主义认识论的范畴。”这一见解超越了通常的认识。又如对蜀国法典《蜀科》的研究与论述，为诸葛亮的法制思想寻求到根据。评传作者更从对《蜀科》的制定、立法思想及其基本内容的论证中得出了“诸葛亮的法制思想是兼采儒法两家之长而和谐地加以统一的”，用以端正对诸葛亮思想宗主的沿袭说法。

《诸葛亮评传》卷末所附诸篇，虽非正文，然亦可见作者之能顺应时代之需求与夫嘉惠学人之用心。诸葛亮系久为妇孺所咸知之历史人物，经过《三国演义》故事情节的渲染，更使诸葛亮之神化形象流传民间，增枝添叶，往往有失历史之真实。作者为此特撰《〈三国演义〉中有关诸葛亮事迹的考证》专篇，列为附录之一，诸如“草船借箭”、“借东风”、“三气周瑜”等故事，皆一一加以辨析，使读者进一步认识历史。附录之二为《诸葛亮年表》，可作读正文之大要。所附《参考书目》列参阅文献百余种，既昭示作者撰述之所据，又为后人治学立一阶梯。其尤可注意者厥为索引三种，海外学者著述之附索引已较普遍，国人尚为少数，即有也仅一综合索引，而《诸葛亮评传》则设人名、文献、词语等三种索引，使读者免翻检之劳，用者可一索而得，此亦足见作者之著书视野已能念及读者为可贵耳。

读《诸葛亮评传》后所得的这些认识，并不是说这部著作已是无可指瑕，但是我无意按照通常的操作程序，在文字的最后写几点仅供参考的不足之处，因为，这确是一部具有新意，值得一读的传记著作。

原载于《江海学刊》1997年第3期

从笺注古籍谈起

——读《颜光敏诗文集笺注》

笺注是整理古籍的一种方法，源起颇早。“注”是用注水以开通水道的阻塞来比喻加注以疏通文辞，求得解释的意思。从东汉至魏晋，注被广泛用作解经之体，如残存的马融《尚书注》和完整的郑玄《三礼注》等都是。笺原指标注简书内容的小竹片（如现在于读书不解处夹纸条），后演变成对经义抉隐发微，表示个人见解的一种注法。如郑玄有《毛诗传笺》，传是从宏观上传述经义使经传之久远，而笺则从微观上对许多具体难懂的地方做更细致的解释。后世往往把“笺”作为注家署书名时的一种谦称。所以有些注本经常用“笺释”、“笺注”之名，实际已与注释无异。古籍经过笺注之后确能帮助读者扫除障碍，使之更易于接受和理解。近年来，以“笺注”为名的注本为数不少，但要寻求一种合格的笺注本，亦非易事。最近读到赵传仁等所笺注的《颜光敏诗文集笺注》，感到这是一本比较好的古籍注本，不仅可从中得到许多知识，还能从这本书的笺注方法想到怎样做好古籍整理工作。

笺注古籍首先要从如何选书着手。我国古籍数量之大只能用“浩如烟海”来形容，如果逐一笺注，势所难能，那就出现究竟选什么人什么著作的问题。赵传仁等选用《颜光敏诗文集》来笺注是恰当的。颜光敏是明清之际未被注意到的一位诗人。他大部分活动在清，但他的家庭又与明朝有深切的关联，其本身又经历了改朝换代的变革。他不仅与当时许多学者文士如宋荦、田雯等并有时名，而且还和明末遗民、学生晚辈多有过从。顾炎武、王士祯、沈德潜等人对他都极力赞誉，又性喜游历，所以培育他有丰富的诗才底蕴。他的诗主要是史诗，对历史和文学史的研究有重要的文献价值。所以这是一部值得笺注的诗文集。这不仅体现了笺注者的认真态度，也对如何选好整理对象有启发。

选好整理对象后，就要考虑如何把这部书注好。颜集凡五言、七言的古诗、律诗、绝句等诗体均有丰富诗作，因此，笺注者首先应具有诗的基本知识，了解著者为何使用此体或彼体。颜诗不是单纯的文人吟风弄月之作，而大多是有丰富内容的诗句。所以，一句诗可能需要几个注，而这些注往往涉及人物、史事、典制和风习，需要从目录、谱传、索引、别集、方志、舆地等图籍去找寻线索和根据。笺注者采取的不是一种直注而常是在就字词释字词外更深入地注明典故出处，如在《送谢方山赍诏江西》一诗中有句云："匡庐积雪侵"，注"匡庐"时并不止释作"江西省庐山"，而是又引南朝宋释惠远《庐山纪略》中所记，有匡裕其人"受道于仙人，共游此山"以释山之得名，更征及白居易《庐山草堂记》中"匡庐奇秀，甲天下山"语以喻庐山风景之美，使读者于读本诗笺注时复得益于诗外。释"古典"不易，而释"今典"尤难。颜集中有《送魏子相庶常归养》诗题，如仅注"魏子相，人名。庶常，翰林院庶吉士代称"，亦未为不可；但是，笺注者为释"魏子相"这一"今典"，曾根据线索从不同渠道查阅《清人室名别称字号索引》、《明清进士题名碑录索引》、《郓城县志》以及颜光敏之《就师日历》与《德园日历》等，终于了解魏子相之生平事迹。笺注者之艰辛，于此可见。

笺注古籍不能仅就古籍本身作技术性处理，更应有研究性内容，即于本集之外，广加搜罗，不仅使原作者之遗文佚篇复见于世，而对原作者之生平事迹也能求得大体完备。《颜光敏诗文集笺注》的笺注者于此颇多用心。在诗集之后附入失题诗六首，使原作者无遗珠之憾。笺注者对有些诗为使读者能更深入理解作品内容，于诗篇之末附入有关资料，如《卖船行为宣城先生作》诗后即附施闰章《卖船行》。所谓宣城先生即施闰章，宣城人，罢归后，行过鄱阳湖，乏食，遂卖友人所赠船，并作《卖船行》记其事，颜光敏也曾为此事作诗。笺注者于颜诗后附入施诗，实有裨读者。这类体例，不止一处，对笺注诗文集者委有启发。笺注者搜寻此类附篇，虽需耗翻检之力，但对读者功莫大焉。古籍整理水平亦因之将有所提高。全书之后有四附录，附录一集有关颜光敏之传记、碑铭、年谱；附录二为他人为颜集所写序跋与书录；附录三为诸家评语；附录四为参考引用书目。有此四附录已为颜光敏生平事迹与诗文创作之研究备足资粮。笺注颜光敏诗文集之体制较为完备，显示出笺注者之功力与成绩，更足为他人所借鉴。

《颜光敏诗文集笺注》的笺注者能从整理对象之选择，笺注内容之广征博引，整理体制之完备诸方面尽力完成这样一部较好的注本，应该引起读者给以应有的注意。我也从读此注本而对古籍整理工作有进一步认识，也希望能读到更多这类的笺注本。

原载于《博览群书》1998年第9期

为《天津艺文志》呼吁

《艺文志》是著录书籍以反映和传递文化的一种体裁，具有悠久的历史传统，从汉班固在《汉书》中创立《艺文志》而形成史志目录之体，后来两唐、宋、明诸史，以至于清，均设有《艺文志》以保存一代文化面貌。继而在地方志中亦设《艺文志》之类，以反映一地文化，如《浙江艺文志》久称名录，于征文考献，发扬地方文化颇具参考价值。新中国成立以来随着新编地方志之兴起，各地亦相继纂辑地方艺文志，如《江苏艺文志》已出版多年，为学术界所称道，而天津尚付缺如。

天津为北方一大都会，明、清以来，文化积累丰富。自同治九年《续天津县志・艺文志》所载即有学人115人，著作近200种。继其后者，有《天津府志》、《大清畿辅书征》、《天津县新志・艺文》、《天津志略》以至1937年成书之《津人著述存目》已著录作者400人，著述近千种。天津之重视艺人，盖有年矣，其艺文内存，又何其丰富！但自1937年以来，无人问津，未能汇集著录，延之日久，或将散失，是《天津艺文志》之亟待纂辑出版，已为津门学人所企盼。久闻津门高洪钧先生已有成稿，尚待字闺中，难以出版问世，为此特加推荐呼吁！

高洪钧先生国学根底深厚，从事古籍整理与研究数十年，著述谨严。有鉴于天津艺文著录之缺漏，为全面了解天津历史上乡人著述存佚情况，查清前贤文献资源储量，以便进行抢救整理及开发利用，并为宣传天津深厚的文化底蕴，激发津人爱乡之情，乃在原有著录基础上，广采博收，多方查访，认真甄别，详加考证，编成《天津艺文志》一稿。

《天津艺文志》共收录1949年以前津人著作1500种左右，作者500余人。编纂者高洪钧先生等采用“以年系人，以人系书”的编排方式，涵盖天津城郊及属县，各按作者所处时代先后顺序排列。每位作者先简介生平，然后将所著书，按经、史、子、集、丛次序，集中其名下。每种书则视具体情况，分别著录其版本、成书或出版时间、内容提要、存佚情况、著录依据、藏书单位等，使人与书紧密结合，便于知人论书，因书知人，相互印证。既可作作者专题研究，又可作一时代、一地区文化史看，从中获悉社会经济、民俗风情和道德意识等资料，有裨于宣传和研究天津。

《天津艺文志》是天津文献资源的信息库，内容丰富，搜罗较广，编纂有序，颇便于利用，不仅对了解天津有可资参证之处，更示人以治学门径，为学人辟治学通途。这样一部有内容，见功力，有益于人的著作，成书多年，却一直未能得到出版机会，获得面世。这不只使编纂者感叹无奈，也使许多关心天津文化的人士感到遗憾。“藏之名山”的时代，已经过去。我真诚而负责地推荐《天津艺文志》，希望我们的出版家关注一下，用你们畅销书的余沥，促成其事，出些有价值、高品位的长销书吧！

原载于天津《今晚报》2007年1月11日

推荐《李文清公日记》*

日记是一种排日记述个人每天行事的文体，内容事无巨细，无所不包。作者大多生前不拟刊行，亦不轻易示人，故记事较近真，具有一定史料价值，为研究人物与社情的重要参考资料。前人日记大多为稿钞本，未经整理，不便读者。近年有学者注意及此，而进行整理者，亦有根据未加整理的单纯影印本进行整理者。《李文清公日记》即属后一类的整理本。

《李文清公日记》原作者李棠阶，字文园，河南河内人。清嘉庆三年（1798）生，同治四年（1865）卒。道光二年（1822）进士，历任编修、侍读、学政。道光后期退官，十数年间，修身养性，读书治学，并主持书院，培育后进，致力于昌明理学，端正士风的理念与实践。同治初元，重被起用，仕至大学士、军机大臣，为同治朝重臣，多所建树。

李棠阶历经道、咸、同三朝。道、咸期间，所记多为修身养性之见。又身经鸦片战争、太平军起事、捻军流动等重大变故，所记多为用人御敌之策。重出以后，尤关心民生疾苦，并提出自己的理念与对策。《日记》内容切实丰富，映现道、咸、同时期的政治、社会、学术情况，非一般泛泛简略者可比。

《日记》始于道光十四年（1834，三十七岁）二月，止于同治四年（1865，六十八岁）十月，十一月即逝世。记事三十三年。内有缺年缺月及无记事者。手稿原藏于家，作《强斋日录》二十八册。民国四年（1915）始由其后人交张镇芳等石印出版，时已缺前四册。石印本共十六册，按年分册，全书未经整理。今整理本新加点校，仍按年顺次，成一册排印出版。

点校本经整理者点校后，统一体例，划分段落，眉目清楚，便于阅读，较石

* 《李文清公日记》，（清）李棠阶著，穆易校点，岳麓书社2010年版，获第三十六届全国优秀古籍二等奖。此为参评推荐信。

印本大为改观。

整理者较熟悉整理古籍的规范，在《出版说明》中，申明整理体例，全书按此进行，未出现歧出的地方，如年份划分、异体字的统一问题等。特别是发现石印本的不实之处，如石印本第十四册目录标示“（咸丰）七年丁巳七月止”，实际上咸丰七年全年完整并无缺失，可见对石印本有所正误。

整理者对日记中友人眉批文字皆列于正文书侧，明晰可见。对作者夹注亦皆收录，对模糊难于辨认者，除以方框标示外，尚加小注，更于书前附该页书影，期待读者共辨，这一点为整理者的创意，可供他人参考。

整理者在全书卷首撰有《前言》一篇。是全书内容的高度提炼。对全书主要内容作了引而不发的介绍，启动读者读全书的兴趣，亦可见整理者对全书点校的学术含量。

总之，该整理本选材确当，义例规范，点校认真，便于使用，并具有一定学术性，合乎古籍整理要求。为晚清史研究提供重要参考资料。经通读全书后，特推荐如上。

二〇一一年三月二十九日

姚灵犀与《采菲录》

上世纪四十年代初，我在旅津广东中学读高中时，常在班上听到谈论我们高一级有个姓姚的才女。她的父亲姚灵犀是个研究女人小脚的文人。当年我心中有个疑问，小脚有什么可研究的，为什么她的父亲研究小脚？真无聊。有一次和父亲说起此疑问，父亲笑着说，姚先生是我熟人，很有学问，就是研究走了偏锋，很遭人非议，等有闲我带你去见见他。不久，和父亲去拜访姚先生。当时，他住在天津张庄大桥（现赤峰道）英法租界交界附近一条名叫义庆里的胡同里。见面后，他很健谈，和父亲谈了许多话，其中不少有关《采菲录》被社会误解的话。临别时，还送我们一套《采菲录》，并出示了他的“金莲”藏品。但很少谈到他的人生经历。后来我渐渐从一些零星资料中，得知他的生平大概。

姚灵犀先生生于清光绪二十五年（1899），卒于1963年，原名君素，字衮雪，号灵犀，以号行。江苏丹徒人，久居津门。以小职员兼投稿人维生。著述颇多，独辟蹊径，研究女子缠足史。当时囿于社会旧观念，其研究颇受社会诟病。所著有《采菲录》、《瓶外卮言》、《思无邪小记》及《瑶光秘记》等，多与性学有关。我除了艳情小说《瑶光秘记》未获阅读外，其余都读过。随着读他的作品，我也渐渐转变对他的看法：这是一位博涉群籍，很有性格和独有见地的人。

《思无邪小记》是有关性学资料的杂记，《瓶外卮言》是有关《金瓶梅》的研究著述，是上世纪四十年代研究《金瓶梅》的专著，可能是这方面最早的一部。与当时上海曹涵美所绘《金瓶梅全图》（未完成），南图北书，两相辉映，堪称研究《金瓶梅》的双璧，可惜二人都遭遇坎坷，既为社会诟病，又受牢狱之苦，但却赢来后世的流传。姚著考证详明，书中《金瓶小札》，为对金瓶梅书中语词的诠释，颇为业内学人参考。1989年11月天津古籍书店为应读者需求，特据天津书局 1940年版影印发行。而姚先生的重头著述则为《采菲录》。

《采菲录》是上世纪三十年代姚先生在编天津《天风报》时的专栏名字，取自《诗经·谷风》："采葑采菲，无以下体。"后将专栏积累的文章资料集成一书即以专栏名名之。全书共六册，分序文、题词、采菲录之我见、考证、丛钞、韵语、品评、专著、撮录、杂著、劝戒、琐记、谐作、附载等类。其内容包含有缠足史料、品莲文学、禁缠放足运动资料、政府法令、宣传文字、时人心得种种，并附有大量照片和插图，由天津时代公司印行。

《采菲录》一问世，社会反响较大，有些新文人和所谓"正人君子"群起诛伐。有未认真读其书，即诬姚先生有伤风化者。也有人认为这是一部研究风俗史的著述。姚先生也曾在《续编》自序里自我辩护说："欲革除缠足之风，先宜知其史实。予之搜集资料，勒为专书。即此意也。"不幸前种势力较强，于是姚先生始被骂名，继入牢狱，成为"名教罪人"。但当年对此案就有不同传说：有说是传讯，有说是收监。据我父亲说，姚先生被监禁过短时间，但一直没有直接证据。直至近来，我在一份《人物春秋》杂志上，看到一位台湾学者曹亚瑟先生所写《两个金瓶奇人的遭际》一文中写道：台湾一位柯基生医生于2009年10月，在广州参加"世界性学大会"时，曾披露姚先生所写五言诗——《出狱后感言》。全诗较难找到，特录全诗如次：

> 著书谋稻粱，穷愁时仰屋。谓与世无争，辛勤求果腹。逞笔作齐谐，涵毫研民俗。文工屡贵头，戒止在缠足。妇女千余年，备受窅娘毒。痛楚深闺中，午夜闻啼哭。当其行缠初，纤纤由缩缩。迨至及笄时，刻意等膏沐。生莲步步香，拟月弓弓玉。荔裳作品藻，笠翁有偶录。我亦步后尘，千古接芳躅。同好稿纷投，图影寄相属。嗜痂竟成癖，海内咸刮目。祸枣与灾梨，斯文竟可鬻。劝戒虽谆谆，阐理关性欲。采菲成新编，卷怀恨不速。讵知风流罪，忽兴文字狱。娥眉例见嫉，犴木横加辱。罚锾二百金，拘絷一来复。方知狱吏尊，始知环人酷。破产所不恤，斥金才许赎。惨苦谁敢呻，不寒见起栗。地狱佛云入，吾徒计之熟。独怪贤士夫，察察如射鹄。敝帚自堪珍，酱瓿尚可覆。从此焚笔砚，不受长官督。漫恨受蝎磨，庸知非吾福。绝意掷毛锥，封侯聊自勖。

柯医生在此诗后注称："近代名儒姚灵犀因著《采菲录》，详述缠足助性生活获罪。西元1944年当金赛（美国性学研究开拓者）获得企业捐助，专研性学时，姚灵犀因风流罪罚二百金破产，从此东西方性学研究进入消长分水岭。”

姚诗将案情从研究动机、前人著述、得罪缘由、不幸遭遇以及决意弃笔等情节讲得很完整坦诚，令人信服。而这位收藏家柯医生，据美国哥伦比亚大学巴纳德分校高彦硕教授2005年所著《缠足——“金莲崇拜”盛极而衰的演变》一书中所说“关于姚灵犀的资料，柯医生的收藏无人能出其右”（江苏人民出版社2009年3月版），亦可证姚案确有其事，而姚氏也确有其诗。

《采菲录》当年的命运，并未淹没它在后世的影响，据同事某教授告诉我，姚案的几十年后，天津一位颇有名气的作家所写的《三寸金莲》就是根据《采菲录》的资料。我没有看过这部影剧，不知片头是否标志了姚先生。前几年（我月工资600多元的年代），我听说北京某拍卖行曾将此书拍出1700元（相当于我三个月的工资），这引起一阵轰动。我家的那一套因父母遗产全由三弟继承，据说此书已不知下落。天津图书馆也只收藏了一套残本。近几年，很少有人提起过这套书，想来存世已较稀见。姚先生珍藏的金莲想必也已荡然无存。

事情已经过去七十多年，姚先生逝世也近五十年，是对姚先生的研究和《采菲录》的价值重加议论的时候，我估计会有较客观的论定。缠足历时千余年，妇女身心多受残害。假如我们能亲见祖母或母亲所遭受的痛苦，无不为之悲伤。至于有些无聊文人雅士多以病态心理赏玩吟哦，那是将自己的欢乐建筑在他人痛苦之上，不足与论。即使有人同情缠足痛苦，也不过留之篇章，而能如姚先生那样广泛搜求，编制成书以警世、劝世者，实为难得。翻读《采菲录》全书，虽间及床第之事，但除自存意淫者外，绝读不出其“诲淫”之意。此书保存汇集有关缠足之风俗史料颇丰，实为后世研究社会问题提供参考资料。此书虽久未彰显，然世上必有庋藏全本者。甚望出版界人士能重印问世，为研究社会史、妇女史提供资料，并以见妇女千余年之痛苦经历。至于姚先生之“金莲”收藏，则已无法挽回，海内外即使有藏，也只不过少许标本式收藏而已，如今重加收集，已不可能，实属历史的一大遗憾。姚先生以文字贾祸，晚景亦不顺遂，但他有幸卒于1963年，若稍迟几年，躬逢“文革”，姚先生必难逃此劫，泼尽脏水，受尽凌辱。几十年来，很少有人有文论及姚先生和他的著述。我则认为姚先生既非风流罪犯，亦非无行文人，而是一位社会史研究者，文献、文物的收藏家，是一位独具只眼的学者。他是一个小人物，但他做了他认为应该做的事情。他承受了不该承受的苦难，即使他的著述中涉及“性”的问题，他也应被认为是性学研究者，至少应和张竞生、刘达临和李银河等人相比论，给他的研究以应有的肯定，我期望有人研究姚灵犀先生和他的著作，我更希望姚先生的后人能提供有关资料，供研究者的需要。

原载于《世纪》2011年第4期

日记与日记文学的融合

——读《徐志摩未刊日记（外四种）》

日记和日记文学，既有同，又有异。同的是都按日记述个人生活、情感、思绪和社会活动等内容；异的是前者纯为个人备忘忆往而作，生前并不用以示人，有的经后人发现，因其有价值才出版问世的，文字有可能简略疏括，但却是感情的真实表露，所以鲁迅先生很看重这类日记，认为它不“摆空架子”，“可以看出真的面目来”，“是日记的正宗嫡派”。而后者虽仍以个人行事为题材，但却经过编写者刻意加工，有意添枝加叶，文字也有所藻饰，并由编写者生前正式发表，以一种文学创作体裁，供人阅读欣赏的。而能包含二者优点的则是徐志摩的未刊日记，所以陈子善先生在为《徐志摩未刊日记（外四种）》所写的序中说：

> 徐志摩的日记，既是这位中国新诗坛祭酒毫不作假的生活真录，即真实的日记；同时也是优美隽永的散文作品，即上乘的日记文字。两者合二为一，这是十分难得的。

徐志摩未刊日记是从中国流向日本，经过美国而又回归入国的珍贵遗物。它又是海宁地方文献研究家虞坤林先生从收藏者陈从周先生家中搜求到并整理成书的。虞先生是一位勤奋好学、自学成才的普通学人，不慕荣利，穷全力于海宁地方文献的搜求、整理与研究，对当地名人书信与日记的搜求与整理，更是情有独钟。他不仅辗转搜寻到徐志摩的未刊日记加以整理，还订补了数种已刊日记，合成为《徐志摩未刊日记（外四种）》，这是连《徐志摩全集》都未能包罗的徐志摩日记的最完整版本。

《徐志摩未刊日记》包括两种：一是1911年所写的《府中日记》，那年正是辛亥革命爆发的前一年，志摩刚十四岁，考入杭州名校府中。但其日记文字已经很老练，内容也多是成年人的行事，远远超过他年龄应有的水平。从书中插页的手迹看，书法也相当工整，笔笔到位。这所学校设有许多课程，有英文、算数、国文、历史、地理、博物、讲经、官话、修身、图画和体操等，不比现代中学课程弱。在该书第62页附有一张“受课时刻表”，每周六天，每天六节，排得满满的。课程设置很注重英文、算数，可以看出当年中学教育的维新趋向。学生生活也比较宽松，徐志摩交游很广，而且像大人那样约友到茶社品茗、聊天、游乐。从这些记事中，可以看到徐志摩少年时代生活的方方面面。

这所学校的教育方针似乎很注重学生的思想发挥，考试也不是注解式的是非问答题，而是写一些各抒己见的答卷，如国文课考题是《西湖风景多矣，春日晏游，更饶乐趣，试各举其所最赏心者》（3月30日），其他如博物、修身、地理诸课，亦多类此（6月21、22日），其官话一课似指普通话，而体操又分军操与普操。从这些措施看，确让人对府中有一种新鲜感。

世人多以徐志摩是一个浪漫飘逸、不拘小节的人，从日记来看，他实则是一位严以律己、豪情满怀的热血少年。他在2月23日的日记中谴责友人的私行不检，4月5日又愤愤一次革命军起义的失败，呼号“有血性，有义气之同胞”，推翻清朝，使“中国能称雄于世界”。4月23日更填《滚绣球》一词，抒发其“双手扭转南北极，两脚踏破东西洋”的豪情壮志。徐志摩还在日记中留下若干美文式的记事，4月24日，他和友人游飞来峰，“再入林木深峦，景自天然，迥非俗地。又数武，则奇峰突峙，怪石峥嵘，石佛数百尊，随山上下，斯真奇景。山之下，石室辟焉。入内则凉风侵骨，迥非初夏之候，寒气袭人，竟有衣单之虞，台顶小孔，微露光芒，所谓‘一线天’者是也。更数武而冷泉至，泉出石罅，声隆如也，涉手其中，寒若冰雪”。这段记事虽有词重之不足，但出自十四岁少年信笔之文，衡之今之同龄少年，恐难企及！

《留美日记》是未刊日记的另一种。这是徐志摩于1919年留美时所写，当时正值世界大战结束，巴黎和会召开和五四运动爆发之际，而徐志摩也已进入青年时期，所以这部日记比前者更见思想成熟，文字凝重。

读这部日记让人更深层地认识徐志摩的人品和思想。志摩是一个爱国者，他参加了各种有爱国抗争意义的集会。6月22日，他在参加一次有华人参与的夏令营时，曾记下自己的爱国思想说：“此来盖为有多数国人会集，正好借此时机，唤起同仁注意。五月四日以来，全国蜂起情事，国内学生已结有极坚强、极致密之‘全国学生联合会’，专诚援盾外交，鼓吹民气，一面提倡国货，抵制敌货。吾属在美同学要当有所表示，此职任所在，不容含糊过去也。”徐志摩在美国那样的花花世界里，仍能严于律己。他在8月6日的日记中有过这样的反思：“昨晚有女子，唱极荡亵，心为一动，但立时正襟危坐，只觉得一点性灵，上与明月繁星，遥相照应。这耳目前一派笙歌色相，顿化浮云。那时候有两种心理上感动：第一是领悟到自负有作为的人，必定是庄敦立身，苦难生活。Take Life Serious（认真对待生活），决计不可随众逐流，贬损威信。第二是想到心地光明，决计不可为外诱所笼罩，盖渎神明。”

日记中还记下与他有所交往的人，如胡适、李济、蒋廷黻、吴宓和洪煨莲等人。这些人后来都成为政、学两界的知名人士。他在10月30日《密勒评论报》上读到赞扬革命烈士马骏一文，非常激动，称马骏为“此次天津风潮领袖，此人果有英雄气”。

这两部徐志摩未刊日记的被挖掘与整理，对于研究徐志摩和中国近代文学史都有重大参考价值。它让被影视戏剧扭曲了的徐志摩形象得到纠正，让人们能透过日记，看到徐志摩纯正品格的另一面，让文学史上有一个完整的诗人形象。起到了提供足资参考的真实史料的作用。

整理者没有满足于未刊日记的问世，而又选择已刊日记的最佳底本，重加校订，使徐志摩的爱情生活得到更完善的表述。整理者并把这四种已刊日记作为外四种附于未刊日记之后，合成一书，题为《徐志摩未刊日记（外四种）》，正式出版。整理者将凡能找到的徐志摩日记，按不同情况进行整理校订，确定为徐志摩日记的最佳版本。我们不仅要对这份珍贵资料善加利用，更期待尚未找到的《留英日记》能早日发现，以使徐志摩的全部日记能完整无缺地呈现于社会。

原载于《文汇报》2005年2月5日

认识林徽因*

林徽因，三十年代一位才华照人的女诗人，她的晶莹剔透吸引着一群后来在文坛、学坛上享有盛名的人物，林徽因自然地成为这个精英星群的中心；可是，徽因却无缘无故地被世俗的迷雾，甚至是灰尘所笼罩，没有为人所真正地认识。猥琐无聊的人们只能用他们卑劣的心态捕风捉影地谈论他人所谓的“隐私”，男女的感情生活往往是这些长舌男妇嚼舌根的话题，林徽因和徐志摩的感情交往自然是能添油加醋再好不过的题材。于是林徽因的许多业绩被慢慢地淡化，渐渐地遗忘，而唯独她和志摩的故事却一代代地往下传，很多人，包括那些毫无恶意的人都难以真正地认识林徽因。近几年，市场上出现了若干有关林徽因的诗文传记，但都有这样和那样的不足。最近读到由天津百花文艺出版社出版的《林徽因文集》（含文学卷与建筑卷），给人们提供了一些能够真正认识林徽因的依据。百花的这本集子，可能是目前搜集林徽因遗存各类文字最全的版本，这本集子将林徽因兼具文学家与建筑学家于一身的文化人特征充分展现于世人面前。于是我们分头去读，来是与林徽因相差十多岁可称同时代的人，而柳则是与林徽因当年以才女著称时年龄相若而喜欢写诗的女文学青年。我们从各自不同的角度去解读林徽因，并在一起讨论，取得认识林徽因的共识。

要认识林徽因首先就要拨去那些有碍认识林徽因的迷雾，但也不去有意回避林、徐间的情结，因为徐志摩写给林徽因的那首有名的《偶然》一诗恰恰正是认识林徽因的一把钥匙，诗是这样写的：

我是天空里的一片云／偶尔投影在你的波心／你不必讶异／更无须欢喜／在转瞬间消灭了踪影／你我相逢在黑夜的海上／你有你的／我有我的方向／

---

* 本文发表时署名来新夏、柳家英。

你记得也好／最好你忘掉／在这交会时互放的光亮。

这是徐志摩对林徽因感情的最好自白，一见倾心而又理智地各走各的方向，这就是世俗所难理解的一种纯情；林徽因在几十年后也很真诚地向儿子倾诉了内心的蕴藏，她说："徐志摩当时爱的并不是真正的我，而是他用诗人的浪漫情绪想象出来的林徽因，可我其实并不是他心目中所想的那样一个人。"（梁从诫：《倏忽人间四月天》）

徐志摩的诗林微因说是对他们之间感情的最佳诠释，一切流言碎语，只不过是几声嗡嗡罢了。原来徐志摩眼中的林徽因是他人生理想达到至美至善境界的女神化身。那么，徐志摩的人生理想是什么？胡适曾这样说过："志摩的人生观是一种单纯信仰，这里面有三个大字：一个是爱，一个是自由，一个是美"，林徽因恰恰把这三者水乳般地交融成完整的一体。透过她飘逸的才思、清丽的文字引领我们缓缓地走近她。

林徽因的一生浸润在爱的乳汁中，她得到过深爱，也付出过深爱，她的爱包容着清澈见底的各种情，爱情、亲情、友情以及对民众的同情……她认为被爱是幸福，爱人是责任。她不忘却她得到的幸福，并具体分析这些因爱而领会到的幸福。她说：

如同两个人透澈的了解：一句话打到你心里，使得你理智和情感全觉到一万万分满足；如同相爱：在一个时候里，你同你自身以外另一个人互相以彼此存在为极端的幸福；如同恋爱：在那时那刻，眼所见，耳所听，心所触，无所不是美丽，情感如诗歌自然的流动如花香那样不知其所以。（《致沈从文三》）

她要以自己的纯情对得起爹娘、丈夫（一个爱她的人，待她极好的人）、儿子、家族等等，"更要对得起另一个爱我的人"，所以当她想到友谊和爱情时，便难过极了，但是，她"爱思成，爱自己的家胜过一切"（《致胡适四》），她同时又以不同方式和同样的真诚爱着父亲、志摩、老金（金岳霖）、二哥（沈从文）和三弟（林恒）等人。她的这些深厚的情和爱是从小慢慢积累起来的。

少女时代的林徽因因受书香门第家庭的熏陶，承受了中国传统文化的精粹；父亲林长民思想开明，把自己的掌上明珠送进教会学校读书，使她接触西方文化，学会一口相当流利的英语。她十六岁花一般妙龄的时候，随侍父亲旅居英伦，游历欧陆，开拓了自由的视野。林徽因进入社会时正是中国文坛俊彦层出的时代，若干文学家的洋溢热情和独立不羁的性格呵护她，嘘拂她，铸炼她热爱生活，热爱自由的性格。

她自由地运用各种文体来表达自己，也能自由地运用两种文字来思考来写作，她承认自己是受双文化教育长大的，英语对于她是一种内在思维和表达方式、一种灵感、一个完整的文化世界。中西文化的撞击融合，造就了一个“文化林徽因”。她是诗人，是建筑学家；但又不完全是诗人，不完全是建筑学家，因为她是多方位多侧面的“文化林徽因”。她以完美的情感和人格，丰富的知识和阅历，在文化领域中发挥她的创作才能。

文化林徽因一生写过的东西比发表过的多得多，而佚失的文字比保留下来的要多得多，这是中国现代文化界无法弥补的损失。萧乾老在《林徽因文集》开头那篇《才女林徽因》的代序中说：“徽因自己写的不算多，但她的写作必是由她心坎里爆发出来的，不论是悲是喜，必得觉得迫切需要表现时才把它传达出来。”寥寥数笔勾画出一个性情中人的性格，这不是他人的评论而是林徽因的自觉行为。她曾比较完整地自我表述情感的体验说：

> 生活必须体验丰富的情感，把自己变成丰富、宽大、能优容、能了解、能同情种种“人性”，能懂得自己，不苛责自己，也不苛责旁人。不难自己以所不能，也不难别人所不能。
>
> 人活着的意义基本的是在能体验情感。能体验情感还得有智慧有思想来分别了解那情感……自己的或别人的！如果再能表现你自己所体验所了解的种种在文字上……使得别人也更得点人生意义，那或许就是所有的意义了。（《致沈从文三》）

果然，林徽因把自己的情感体验表现在不同的文字上，我们在林徽因的作品中不难读出她的喜悦（《笑》、《你是人间四月天》），她的伤悲（《悼志摩》、《吊玮德》、《哭三弟恒》），她的苦闷（《恶劣的心绪》、《忧郁》），她的同情（《模影零篇》之《文珍》与《绣绣》）。她还在写给胡适、沈从文、张兆和、梁思庄、梁再冰、费正清、费慰梅、傅斯年、金岳霖和思成的四十几封信中表现了自己所体验到的各种情感。

林徽因无疑是美丽的：她有美丽的容颜，美丽的情怀，美丽的才思，美丽的文字……她所写的《莲灯》一诗让人们真正认识她的玉洁冰清：

如果我的心是一朵莲花／正中擎出一支点亮的蜡／荧荧虽则单是那一剪光／我也要它骄傲地捧出辉煌……／算做一次过客在宇宙里／认识这玲珑的生从容的死／这飘忽的途程也就是个——／也就是个美丽美丽的梦。

原载于《中华读书报》1999年8月11日

访书乎？渗透乎！殖民乎！

——读《日本学人中国访书记》

《日本学人中国访书记》是一本值得一读的好书

近年来，随着藏书文化研究的兴起，不少读书人渐渐形成一种随时随地淘书的好习惯。有些人还随手写写淘书的甘苦感受。久而久之，一本本地汇集成册，给读书界提供了资粮，构成以书话为类的随笔文体。也涌现出多位写淘书随笔的能手，老一辈的黄裳、姜德明先生等都写了大量有关淘书和期刊的随笔，文字明快，学术含量较高，开写淘书随笔的风气；中年有南京的徐雁，北京的韦力，都出了好几本这方面值得一读的集子。淘书这一名词的发明权谁属？尚无考证确认，但这个词很有意义。与淘连用的尚有淘汰、淘金、淘换等等，都含有筛选寻求好的，去掉不好的意思。所以淘书不是见书就收，而是有一个访书求书、鉴定版本、品味书品、论定价值等过程，所以是一种学问。不过我读到的这类书，都是国人所作，顶多是国人在国外访书的几篇文章，而没看到外国人到中国来淘书的专著，颇存遗憾，很希望找一本这类书看看。非常幸运，今年5月初在北京参加清史编撰工作会议时，中华书局的李晨光先生送我一本《日本学人中国访书记》。这正是我想读的书。读完后总的印象是：这是一本值得一读的好书。

日本学人多次来华，搜求了大批中华典籍回国，一变而成了他们自己的“国宝”

《日本学人中国访书记》汇集了六位日本学人在20世纪前半期来华访书的个人纪事。他们是：内藤湖南、田中庆太郎、武内义雄、神田喜一郎、长泽规矩也和吉川幸次郎，除了田中兼具文求堂书店主人身份外，都是享誉当时的日本中国学家。他们多次来华，遍游中华大地，搜求中国典籍的珍本善刻，捆载而去，为日本建立中国学奠定了基础。他们都写下在华访书的专文，文字浅近，内容丰富。他们访书经历了奉天、北京、上海、天津、南京、苏州、扬州、宁波、杭州、易州、焦山、房山等大小书业中心，访求典籍，探寻文献遗存和古物遗迹，并分别写下详细的记录。他们深谙中国学问的窍要，非常熟悉中国学的基本知识和治学方法。如果盖住他们的名字而直读其访书记，一定会认为这是中国学者的纪事。有的学者如吉川幸次郎竟然自我塑造出一个“儒教中国”的理念，作为自己精神寄托的家园。他们每得一稀有典籍，必定详细介绍书型、版本、流传及其价值，使读者眼界为之一开。他们不仅谈及日本学者，而更多地论及中国学者。他们和傅增湘、罗振玉、王国维、董康、张元济和郭沫若等等一大批学者都有彼此往来的交情，甚至有的还成为他们搜求古籍的桥梁和捷径，有的在流亡日本时还受到他们的“照顾”。他们利用清末、民初中国处于混乱状态之际，使大批中华典籍离开故土，成为日本中国学方面足资夸耀的“国宝”和“文化财”，因此这本集日本学人访书记于一编的译著，应该说是在当前“国学”日趋火热之势时的一种必读书，因为它可用作查点我们国学典籍的库存。

日本学人来华访书活动的实质在于“渗透”与“殖民”

这本书辑译者之一的钱婉约女士，据友人见告，她是钱穆先生的孙女。书香子弟，果然不凡。她不仅找到一个好题材，译笔也很通达。而令我钦佩的是她和同译者的书德。也许这一点未被人注意，她们不像一般译者只署译者之名那样，而是在书名之前署“（日）内藤湖南 长泽规矩也等著”的字样，而把自己“辑译”者身份署在书名之下。这虽似小节，但却显现出这两位辑译者泱泱大国学人的风范。辑译者在辑译的同时，还加了一百六七十条边注，这些注有长有短，但都具有相当功力，对读本书很有帮助，尤因其涉及中日学人生平及学术造诣与著述，搜罗甚广，不异是在读另一册有关20世纪前半期的中日图书交流小史。更值得一读而必须向读者推荐的则是钱婉约女士所写题为《近代日本学人中国访书述论》的《绪论》，的确无愧于“绪论”之称。这是一篇撮其指要，论其指归的导读性佳作，但不是一般介绍性的“绪论”，而是有内涵、有深度、有见解，值得击节叹赏的一篇好文章。这篇《绪论》首先勾画这六位日本学人在华访书活动时的背景，然后分段概括论述六位日本学人的具体行动内容。如果文章止步于此，那只不过是一篇介绍性的前言而已。真正值得注意的是钱女士在《绪论》中的若干点睛之笔。她分析日本学人来华访书的时代背景说：

> 晚清、民国年间，是中国古籍流入日本的一个重要时期，它构成了近代中日文化交流的一个重要侧面。一般来说，近代中日书籍交流之路的打通当在甲午战争之后。一方面，中日甲午战争的胜利，使得日本举国上下普遍加强了对中国的关注，一批时代的弄潮儿开始踏上中国的土地，寻求发展的机会，考察中国社会，并点滴渗入到中国政治、经济、文化的各个方面。
>
> 可以说，访书活动是近代中日文化交流中一个涵盖面宽泛的文化现象，它既是日本关注中国，渗透中国，殖民中国的社会思潮在文化学术领域的折射，又构成近代日本中国学的一个有机组成部分。

这两段话揭示出日本学人来华访书活动的实质，而其中“关注中国，渗透中国，殖民中国”这三句话，对我这个饱经日本侵华创伤的人来说，不啻是浇了一头冷水，原来多从中日文化交流的一面着眼，而忽略了“渗透”与“殖民”的另一面。更值得注意的是《绪论》最后那段结语，真是掷地有声，发人深省。结语说：

> 日本近代的来华访书，是一个值得深入研究的课题。它既是中日学术关系史、文化交流史上重要的一页，也是近代中日两国从合作到战争的社会政治的一个缩影。从中国方面说，秘籍被盗，珍本外流，无论用气愤、悔恨、屈辱等词汇都难以表达历史留给我们的回味和启示。

“回味和启示”多么沉重的一声棒喝！这不是单纯民族感情的激越，而是钱女士从日本学人的亲笔纪事中认识到的。内藤湖南是日本中国学方面的权威，对中国贵重的古本书特加“关注”，他在所著《奉天访书谈》和《奉天访书日记》

中都无所顾忌地写下他于 1912年在日本政府各方面支持和使用向中国官员行贿的手段，偷拍奉天宫殿内贵重古本书的实情。在此以前，当他看到许多中国书籍时，就“总想有机会得到它们，并全部拿回日本”。这样一位大学者，总不能以见猎心喜来解释这种处心积虑的野心吧？他拍摄《满文老档》和偷拍《五体清文鉴》一万多张照片的得手经过，是一面由日本领事馆与奉天总督进行“官方”交涉，一面利用人事关系向中方的孙外务官和赵尔巽总督贿送厚礼，以取得同意。这难道是一位单纯学人访书的个人活动吗？而且内藤自己也承认：“《五体清文鉴》是趁借出来的时间，默不作声地在十天之内偷偷拍了还掉的，对方并不知实情。”当时内藤不仅与满铁保持密切关系，还亲自访问宗社党领袖肃亲王善耆。另一学人田中庆太郎，兼有文求堂书店主人的身份，他使中国宋元以来的善本佳刻大量流出。这一点连神田喜一郎在其《中国书籍记事》中也承认“田中先生已经不可避免地被打上了使得中国国宝古籍珍本大量流出海外的元凶的烙印”，虽仍然以“有利可图”为之辩解。在神田的记事中，曾借前辈学者之口，把巧取皕宋楼藏书的岛田翰誉为“天才少年”，把中国学界对皕宋楼事件的愤懑，也作了极其荒谬的评说：

> 陆心源文库的丧失，对中国来说无疑是一次惨痛的经历，但如果立足于全局考虑，它对日本的影响绝对不少。使日本的有识之士能再度领略中国文化的深厚，我相信这足以弥补它所造成的损失。可见在此之前的想法、议论，都不免目光太短浅了吧。我想我们应该将文化交流的大义深深镌刻于心间。

这段话真值得“回味”。这纯粹是一种小偷哲学，明明偷了人家的珍宝，也知道给主人造成“一次惨痛的经历”，但还要求失主要“立足于全局考虑”。如果主人有想法和议论，那就是“目光短浅”，如果小偷能赏玩这些偷来的珍宝价值，那就是对失主的一种弥补，并且还“教导”失主要深明“大义”。这难道是一位正直的学者所该想的和说的吗？这不免欺人忒甚！有小偷必有大盗，先踩道后抢劫，这也证明日军侵华的处心积虑了吧！

书中《绪论》，挑出了日本学人自我记事中那些绵里藏针的芒刺

在钱婉约女士《绪论》的导读下，我们还能从书中搜求到更多的实例，并从

中看到这些日本学人访书的真正目的。他们不仅仅是淘书，而是从邻居家偷珍宝来充实自己的家当。如果没有钱女士的指引，有人也许还在沉迷于那些对古文书的侈谈，而把日本学人自我记事中的那些绵里藏针的芒刺轻轻地滑过去而感不到什么痛楚了。我不认识钱女士，不论是同辈，还是晚辈，我都表示真挚的敬意。因为她不仅让我们看到中国学人的睿智和正直，更感谢她让我“读书有得”，让我们爱淘书的中国学人都来读读这本书，更好地守护和珍惜我们的珍宝！

原载于《北京日报》2006年9月11日

入境问俗

——评《中国历史文化名城·天津》

入境问俗，古有明训。每到一地，总要先了解当地风俗习惯、人文历史。相沿既久，就有此成语。古时限于文字印刷不便，所以就要入境问俗，当代出版印刷条件日益完备，当可借助于图文资料了解一地地情。近年以来，各地介绍当地风情的小书，纷至迭出，目不暇给，但大多文字简单，插图欠精，令读者难得要领，缺乏美感。近日得《中国历史文化名城·天津》一小画册，虽篇幅不大而要言不烦，图片尤称精美，读后令人惬意。

《中国历史文化名城·天津》是由“国家历史文化名城研究中心”审定的一套名城丛书，天津只是其中的一种。全书是方形袖珍本，便于随身携带。内容设计，亦称恰当。共设《古城遗产》、《革命史迹》、《欧陆建筑》、《津门胜迹》、《盘山名胜》、《沽上名人》、《文化精粹》、《风味特产》、《当代建设》、《旅游服务》等十题。虽仅十万字规模，但通贯古今，涵盖文化，一卷在握，可尽得津门风貌，是游津人士不可或缺之怀中宝。

是书为以图为主的画册。所有图片除极少数为借用，大多为天津社科院文学所研究员刘宗武先生主摄。刘先生不仅摄影技术高超，而取景角度渗透美学观念，无论人物、景观，皆能简洁明快，给人一种欣赏的美感。所选图景多具有代表性，如大悲禅院之肃穆庄严，望海楼教堂之凝重，张园院落之静谧，五大道名人故居之各色风格，万国桥之巍峨壮观，蓟县风光之足发思古之幽情。

这虽是一本以图片为主的画册，但尚配有简要的文字说明。如大悲禅院的说明称：“位于天纬路中段，为全国重点佛教寺院。西院建于清顺治十五年（1658年）。东院为1943年重修时所建，因供奉一尊3.6米高的‘大慈大悲救苦救难观世音菩萨’而被称为大悲院。大悲院内珍藏着魏晋南北朝至明清各代铜、铁、石、木佛像数百尊。”寥寥百余字，完整地述说了大悲院的定位、规模、兴建及收藏的情况，使人得其大概。又盘山的简介称：“国家风景名胜区，位于蓟县县城西北12公里处。古名徐元山，因田畴助曹操大破乌桓有功，改名为田盘山，后简称盘山。主峰海拔864.4米。自三国时期至清朝末年，历代帝王官宦，文人墨客，多来此游览。乾隆曾先后28次到盘山。主要名胜有‘五峰’、‘八石’、‘三盘’，被誉为‘京东第一山’。”对盘山的位置、历史、景点等，概括无遗，令人一目了然。特别值得重视的是，每一简介皆附以英文对照，对海外游客更有裨助。

这本图册，虽篇幅不大，但已浓缩天津概貌，它为天津居民和访津游客，提供一份了解天津，认识天津，喜欢天津，怀念天津而展卷可得的图样文字。读者按图索骥，自得情趣。

近来有一种人们共识的理念，那就是“一个没有自己文化和文明的城市，是算不上一个现代化的城市的”。期望这本画册能体现这一理念，而为大众所喜欢。

原载于《天津日报》2008年12月17日

寻根追脉

——读《闽台关系族谱资料选编》*

谱牒之学，源起甚早，而盛于魏晋，时有“人尚谱系之学，家藏谱系之书”的说法。谱系之书的旨趣在于“载祖德、立族规、明宗支、分族众”。它是封建宗法社会的特有产物，也是加强族权统治的绳索，起着不利于社会发展的消极作用。但正因为其书夸耀门庭、显示身世，遂不可免地保存了姓源、族史、人口、风习等有关政治、经济及文化的资料，成为研究历史学、社会学和人口学等的重要参考。可惜明前谱牒亡佚殆尽，今所见者多为清代谱牒。

清代谱牒之学极盛，以人而论有千余种年谱，以族而论则族各有谱——上起统治者的《玉牒》和《星源集庆》，下迄平民的宗谱、世谱、支谱、房谱。这大量的族谱中往往包含着其他著述中所难得到的具体资料，其中关于家族迁徙和社会移民等问题尤为他书所罕载。这些资料并不仅限于一族一姓之事，往往可据之而联及政治动态、经济开发与文化传播诸大端。因之，族谱这份蕴藏量极丰的史源不仅应善加保存，更重要的在于开发利用，但这方面正是目前整理文献工作中的薄弱环节。

最近，读到《闽台关系族谱资料选编》一书，极感欣喜，因为它填补了文献整理工作的一项空白。这是前人未见成绩而又具现实意义的重要工作。本书编者之一庄为玑教授是在方志学、谱牒学方面深有造诣而年臻耄耋的前辈学者。另一编者王连茂同志是一位中年学者，现任福建泉州史学会副会长兼秘书长。他于盛年而不为世俗所动，弃空论高谈而潜心于人所忽视的谱牒之学，经数年之功，检读近百部族谱，钩缉、整理成有关闽台关系的资料，并编撰成书，厥功至伟。尤

---

* 副标题为编者所加。

可贵者，庄老亲加校阅，王连茂同志则力任繁重而奉庄老领衔，其谦挹之风，弥足钦敬。

《闽台关系族谱资料选编》涉及谱牒近百种，所搜检闽台关系资料具体而详备，不仅为寻根认祖提供线索，而且为史学研究增辟一新史源，使货弃于地之珍藏，重见日月光辉。书首代序《闽台关系族谱资料分析》一文，应是研究谱牒学难得的论文，且为读全书之锁钥。

全书分上下两篇。上篇系各族迁台者生平资料；下篇则收及闽台的政治、经济、文化、宗族、婚姻关系等资料。手此一篇，不止获知迁台者的个人档案，抑且了解闽台社会诸情况。所以谓此书为资料汇编可，谓此书为闽台关系史也未为不可。此书编纂自成体例，上篇分县市排列，以族谱名称为题，并于各谱前加按以明族姓迁台缘由。下篇资料则标以小题，颇便检读。书末所附碑记、铭文，具有参考价值，而族谱一览表更便检索指津。

如于书后附录中更增上篇之人名索引、下篇之标题索引，则资料汇编更可兼具工具书之用，其有裨于读者当更多。

我于此书仅粗涉一过，浮光点点而所获滋多。谱牒学之研究正在兴起，愿《闽台关系族谱资料选编》启此良端，愿本书编者更成新著以昌明谱牒之学。

原载于《路与书》（老人河丛书） 来新夏著 中国青年出版社1997年版

友朋赠书录

自上世纪八十年代以来，学术文化步入正轨。各类著述，纷至迭出。友朋亦多倾其所学，从事著述。是以近年，互有赠书。我每得友朋一书，辄随手札录于小笺。虽为短札，亦可备稽查。所记或长或短，自以为颇得其要。近闻《藏书家》复刊，衷心窃喜，乃取箧中小笺，任选其成篇幅者。无先后次序，今后当陆续成篇，以飨读者。

* *

《弢翁藏书年谱》 李国庆著 黄山书社出版 2000年9月

李君国庆于2000年11月20日下午来舍间，以所著《弢翁藏书年谱》相赠。李君为天津图书馆历史文献部主任，好学深思，勤于著述。方当盛年，不慕荣利，甘守寂寞，穷年累月，翻检爬梳，治“为人”之学，当今之世，实属难能。积多年搜求研究之功，成《弢翁藏书年谱》三十万字。

翁周氏，原名明扬，后改名暹，字叔弢，以字行，晚年自号弢翁。周氏孝友堂与双鉴楼傅氏、木犀轩李氏，并称北地三大藏书家。国庆以年谱之体述弢翁一生聚书之得失艰辛，藏书之考订鉴赏，校书之比勘正讹，皆以谱主于藏书所作题跋、友朋函件与家书以及谱主日记等原始资料为据，于所引据又多加注解按释，可谓信而有征，识而有得者也。体虽为年谱而不自生年始，乃以民国元年谱主二十二岁时为始。是年谱主始校清光绪桐城重校刊本《惜抱轩文集》，为谱主与书共一生之起点。故以此年为年谱之始，既符合藏书年谱之名，亦为年谱创一新体。

国庆论弢翁藏书之学为“弢翁藏书，既精且富，是为收藏家；鉴别既精且确，是为赏鉴家；校书既精且审，是为校雠家；出资刻书，是为出版家；访书为捐献，与一般藏家迥异，是为当代藏书大家”。洵称确论。

《三余论草》 徐宗文著 江苏人民出版社 2004年11月

2004年冬，偕妻子焦静宜到杭嘉湖地区访学，归途经由南京，逗留一晚。南京大学徐雁教授为我安排，与江苏教育出版社副总编辑徐宗文先生见面。宗文先生即以新作《三余论草》相赠。这不是一般随笔集而是宗文先生的学术论集。书名之“三余”乃借三国董遇三余之旨而新其意说：三余者，“审稿编稿之余，开会出差之余，吃饭饮茶之余”。虽语涉调侃，亦足见其治学成书之艰难。至于“论草”云云，则宗文先生自谦其论著之尚待订正也。

《三余论草》的绝大部分是作者研究辞赋，特别是汉赋的成果。作者研究辞赋诸文，立意很深，但文字通达，易使人得其要领。其《辞、赋、颂辨异》一文，既论其同，又辨其异。而让人认识到这三种文体“在创作宗旨与表现形态上有相同、相通之处；但也确实存在着一些差异。只是有些表现得较为明显，有些则表现得较为微妙罢了”。作者对两汉赋家如司马相如、王褒、扬雄、张衡和蔡邕等人，都撰专文加以分析研究。对于司马迁学术归属，我一向认为司马迁尊儒而不遵道，宗文先生集中所收《略论司马迁思想的基本倾向》一文论定其事云：“司马迁思想的基本倾向属于儒家的，这一问题应成为我们研究司马迁及其伟大著作《史记》的根本出发点”，这也算一种声应气求吧！

集中有些短小学术随笔，如《小康考释》、《当断不断，反受其乱》和《为兰芝被休进一解》等，用尽各种考证方法，以不经意的笔墨解谜，读来亦颇有兴味。

《萧山古迹钩沉》 李维松著 方志出版社 2004年4月

2003年春乡人李维松邮其《萧山古迹钩沉》书稿来，请我作序。2004年4月，该书正式出版，7月间维松即寄来此书，循读一过，故乡古迹，或久有所闻而未遑一见者，或素无所知者，展卷不啻策杖亲临，喜乡邦文献之得传于世。

维松年近花甲，好学博闻，眷恋乡土遗迹，多年遍历城乡，采访周咨，征考文献，终成《钩沉》一书，分遗址、街市、牌坊、凉亭、宗祠、墓冢、寺庙、戏台、井泉等十四章。插图数百帧，均有文字说明。图文并茂，引人入胜。维松自期其书“开掘地域人文底蕴，展示历史萧山魅力”。言简意赅，颇得著述之要。

我来氏家族，世居长河，而舅家经商西兴，今读《街市》篇，有《长河老街》与《西兴老街》专目，童年往事，宛然在目，兴奋难已。尤以《西兴老街》之记述，顿令人回溯时空。忆少时寄住舅家，每雨中着钉鞋，踏行于老街青石板路间，叮叮作响，重绕耳畔。乐天之“烟波尽处一点白，应是西陵古驿台”以及历来名家之西陵吟唱，盖可见西兴千百年来之沧桑。其《墓冢》篇又列先祖来公裕恂之墓，存殁均感撰者深情。我则应作者之请而为之序。

《萧山古迹钩沉》书名，为诗人邵燕祥所署。邵为萧山临浦人，世居北京而不忘故籍。凡萧邑有请，必慨然允行。观其所题，潇洒飘逸，无愧才子笔墨。李书邵署来序，均为邑人，虽云巧合，亦称一奇。

《井中奇书考》　陈福康著　上海文艺出版社　2001年7月

2001年春，我校中文系张铁荣教授陪同上海陈福康先生来舍见访。此我初识福康，一见如故，相谈甚欢。福康眉宇间，时透奇气，畅言其所著有关郑思肖《心史》研究之成书，名《井中奇书考》，不久即将出版，届时当相赠。8月间，果然收到《井中奇书考》一书，都四十余万字。封面由选堂题署，选堂者香港学界耆宿饶宗颐先生，而扉页则为百岁老人章克标所署。福康于赠书扉页所写赠词之首，加盖“桃花潭水深千尺”一椭形闲章。水字用八卦中坎为水之意以☲代水字，以示彼我之友情，别有风趣。

展卷而读，首有胡老道静先生作序，胡老以一“奇”字立言云：“《心史》奇书也，郑所南奇人也”，而福康“岂非亦当代之奇人乎？”是以我即依其意，以奇人、奇书、奇作者论其书。

奇人者，郑思肖（1241—1318）也。思肖非其本名，宋亡始易名思肖，字忆翁，别号所南，均以不忘赵宋为寓意。如所谓思肖，以肖为“趙”（赵）字之一部分，隐含思念赵宋之意。思肖是宋元之际一位很有民族气节的爱国诗人和画家。宋亡前，他不求利禄。临安危急时，他在宫门口指斥误国权臣，要求革新弊政，重振军威，抵抗元军。宋亡后，他以不食周粟的精神，不臣服于元。遍历山水，将胸中郁闷之气发为诗歌画作。综观其一生形迹，足称一代奇人。

奇书者，《心史》也。《心史》是郑思肖将一生奇气伟节之作合为一书的汇编，共收诗二百五十首，杂文四篇，前后自序五篇。当时未获刊行，直至晚年，即将《心史》藏于苏州承元寺智井中。历时三百五十余年，始于明崇祯十一年被发现，一时为之轰动，读其书者无不为其内容之奇而感慨激动。深藏水中数百年，复能令人观其全貌，亦一奇迹，是以福康称此《心史》为“不仅保藏奇，发现奇，而且刊刻奇，内容奇，作者奇，而更奇的，大概还数它问世后的遭遇之奇”，称之为奇书，谁曰不宜？

奇作者谁？《井中奇书考》之作者陈福康先生也。福康于本专业外耗二十年光阴，为前贤洗冤定位。其痴迷于学术和个人理念，与世之好奔竞者比照，足称

一奇。福康所著无一事无出处，无一字无来源。并称著述之方法乃在考证，并以考证为实学。而大声疾呼“亟需为考证本身洗冤”，公然与世风相忤，当又称一奇。福康之著此书也，所引者多为习见书，而征引之富，尤令人瞠目。其论断诠释，无不实事求是。衡之浮躁者，偶得一二，便大发蹈虚之论，实难以相称，此亦可称一奇也。有此三奇，福康亦可称奇作者矣。

《书楼寻踪》 韦力著 河北教育出版社 2004年12月

2005年初韦力君从北京寄来他的新作《书楼寻踪》。这是傅璇琮和徐雁两位先生所编《书林清话文库》第一辑中的一种，是专讲中国各地藏书楼的著述。在此以前，韦力君已经送我几本关于古籍版本的书，当时也写了一点摘记；但一时找不到，只找到有关《书楼寻踪》的登录小笺，所以也不按年月顺序来谈。

我认识韦力很偶然，在世纪之交的那一年秋天，有一位专讲收藏的报纸编辑来家采访，向我介绍了中年藏书家韦力。经过辗转周折，我们终于通上电话，但尚未谋面，亦未看到他的藏书，似感微憾。隔了几个月，我借去京之便，和《光明日报》记者韩小蕙同往韦力寓所，得到韦力君的热情接待。他向我们谈到他正在实施一项行动计划。他在搜集了解有关藏书楼的文献资料基础上，亲自走访各地藏书楼及其遗址。他之所以这样做，据他自己说，一则鉴于历代藏书家对中华文化的贡献，不可泯没。二则他在查阅文献时，常常发现所记或有雷同和不尽之处，所以决心亲加采访，实地核对，以求真求实。我们看了他走访记的草稿，只要稍加整理，即能成文。小蕙是从来不随便约稿的，但她看了走访记的草稿后，立即向韦力君约稿。不到两个月，《光明日报·文荟周刊》上就连载走访记的短文，并配有插图。这也许就是《书楼寻踪》初稿本的片段吧。

《书楼寻踪》是韦力君自1997年立意以来，历经五年访寻之纪录的汇集，涉及浙江、江苏、湖南、广东、山东等五省，共一百二十余座藏书楼。既有名楼，亦有久被湮没而不甚知名者。韦力君不仅详记其遗址，并叙其建楼始末以及藏书来源，即使某些遗迹已经荡然无存，亦必摄其现状存照。

《书楼寻踪》不是一般游山玩水，偶有所遇，信笔写下的随意之作。而是有文献准备，有行动规划，有寻访目标的一次藏书楼研究的田野工作，是一项对地面文物的专项考古工作。《书楼寻踪》不仅为后来求访者授一指南，又为藏书文化研究增若干可靠资料，而征文考献之方法更对今之浮躁学风给以棒喝。

原载于《藏书家》第11期 宫晓卫主编 齐鲁书社2006年版

《大学何为》 陈平原著 北京大学出版社 2006年5月

陈平原教授寄赠新著《大学何为》一书，书名很吸引人，我在大学执教近六十年，也没弄清大学究何为？有这样一本书，或能指点迷津，让我恍然大悟。于是将它排在即读书目中。

陈平原先生是北京大学文学院教授，是一位知名的学者，虽然未谋一面，但有书信往来，并互赠所著。他的著述很多，《大学何为》是其中的一种。本书既对大学的既往有所论述，又对大学的诸多现实问题作出个人独特的解答，更附以个人读大学的亲身体验，并以《大学记忆》、《大学理念》和《我的大学》等三组文章组成一部史论结合有关大学教育的专著，至少给对大学懵懵懂懂的人们一条清晰的思路，知道大学是什么，大学该怎么办，一个大学生又怎样感受大学。纵然是一家之言，也足以引动人们去思考、商榷和讨论。

作者在写这本书时，文献征存的范围极广，有中有外，有古有今。但他不仅给你看鸳鸯，还把金针送给你。他在总述"清华国学研究院"的基础上，斩钉截铁地提出如何研究学校学术的公式。他说："理解任何一所学校，都必须同时兼顾'机构'、'教师'与'学生'；正是这三者的结合，成就了这么一个学术史上的'神话'。"这是非常精要之论。作者对大学有自己的理念，就是"学问"与"精神"，而所谓"大学精神"也不是凝固、停滞的，而是传统的，发展变化的，故事的。作者还在《大学三问》一文中更提出警语说："精神文化上的努力，不只无法准确统计，更因其介入现实，申述正义，张扬民主，很可能得罪权贵，招人嫌恶；但这种独立思考，不断求索，勇于承担的精神传统，是当代中国大学所应该格外珍惜并努力承继的。"这种科学与人文并重，见物见人的理念，对当前的高等教育现实，颇有补偏救弊的效能。至于《我的大学》那部分所辑诸文，都是作者身经其事的个中人语，也都是实话，读起来颇感亲切。

这是一本好书，一本值得细读的好书。

《清史纪事本末》 南炳文 白新良主编 上海大学出版社 2006年10月

纪事本末体是中国传统史籍编纂体例之一，始创于宋袁枢《通鉴纪事本末》，其后，宋、辽、元、明诸史，均有纪事本末之作，于是于纪传、编年之外又增纪事本末一体，鼎立而成传统史籍之三大体裁之一。而下迄清代，除高士奇《左传纪事本末》外，多以"方略"、"纪略"为名，及民国初年，始有黄鸿寿《清史纪事本末》之作，其书之失，在于简略。有清一代，史事繁多，而黄氏仅仅纪事八十件，每事一卷，得四十余万字，原不足以反映清代重大史事，益以使

用文言行文，更不便于广大读者阅读。近一世纪之久而未见新作，实感缺憾。上世纪之末，始闻南炳文、白新良等清史专家约十人，有纂修《清史纪事本末》之议，并亟谋着手，私衷窃喜而企翘其早日问世。

南炳文、白新良为我上世纪六十年代弟子，好学勤读，专攻清史，积累甚富。既定议之后，即广聚人才，博搜资料，为纂修奠定初基。乃于1995年3月启动，历时三年，于1998年3月成书十卷，三百余万字。旋以出版牵制，迁延岁月，难于问世。藏之名山，已逾世纪之交，自以有生之年或难亲见。不意于2006年3月，南炳文教授亲携《清史纪事本末》全稿清样来舍，请加评说。并告出版已由辽宁人民出版社转由上海大学出版社承印，现已付型，不日即可问世。闻之不胜欣慰，乃应其阅读全稿之请，而得先睹为快之乐。

新著最胜于黄著之特点为史料之丰富，除以历朝实录、政纪为主要根据外，凡清末以来学术界已发现利用过的各种史书、档案，以及其他文献等，均广加涉及。全书上起关外清太祖，下迄清末帝宣统。按朝分卷（咸丰、同治以年限短，政事较少，合为一卷），共得十卷。择国政之荦荦大者，各数十题。慎选史料，详加考辨，然后叙其始末，完其首尾。虽篇幅不大而要言不烦，展卷一读则清代重大史事，尽揽眼底。其专题纪事多条列年月，使纪事眉目清楚，便于检读。叙事既有纵向表述，以见历史全貌；亦多横向延伸，以显历史剖面。每篇篇末均有撰者评论，言简意赅，既对读者有导读含义，又体现撰者史观。全书以白话文行文，具可读性，寓学术于通俗之中，有裨于爱好清史者之阅读。

《苏州文献丛钞初编》二卷（上下）　王稼句点校编纂　古吴轩出版社 2005年1月

《三生花草梦苏州》　王稼句著　南京师范大学出版社　2005年9月

《消逝的苏州风景》　王稼句著　福建美术出版社　2006年1月

《晚清民风百俗》　王稼句编著　江苏人民出版社　2006年7月

《看书琐记》　王稼句著　山东画报出版社　2006年7月

吾初不识王稼句，惟时于江南诸小友间耳其名，多赞其才华与勤奋，心仪其人而亟谋一晤。2005年5月，河北教育出版社为发行《书林清话文库》套书，假天津书市之便，在天津图书馆召开座谈会，稼句应邀与会，遂有幸一瞻风采。其中等身材，面含笑意，操吴音普通话，悦耳动听，而出口文雅，腹笥可见，固江南一俊彦。稼句复以套书中拙作《邃谷书缘》请题，立谈片刻，而心路若通，遂订交焉。吾何幸，又得一横溢才华之忘年友。

时隔不久，稼句即见寄所点校之《苏州文献丛钞初编》（以下简称《丛钞》）二厚册，共千余页，收书三十种。虽称初编，而苏州地方小志之作，多已网罗。展卷浏览，稼句何止富于文采，更深于学术。当今学风浮躁，人皆好高谈纵论，言必无根侈谈，文多“网间”扒梳，而尚在中年之稼句，竟能不趋时尚，不追熙攘，埋首故纸，点校旧籍，以润泽读者，实属难能。地方文献多出之以风土笔记形式，实为方志一大支流，而世人多视其为小道，聊供茶余饭后之消遣，瓜棚灯下之谈助，实乃不学之蛙见。吾早岁即喜读此类“小作”，后复以此为专业，曾点校《天津风土丛书》，而响应者甚鲜。今读稼句《丛钞》，瞿然而喜得同道。圣人曰：“德不孤，必有邻。”信然！是年10月复得稼句所著《三生花草梦苏州》，乃与陈子善先生之《迪昔晨光格上海》、韦明铧先生之《二十四桥明月夜》、薛冰先生之《家住六朝烟水间》，共成《城市文化丛书》，于地方文献之研究，别开生面。诸君均为能文有学之士，着眼四大名城，运以妙笔，配以旧图，倚被而读，恍若卧游，真不知人在景中，抑景在人中？其乐融融而飘飘然。

2006年4月，稼句又见惠所著《消逝的苏州风景》，虽多属残影旧观，而发思古之幽情，念往昔之游踪，重温旧梦，故迹再寻，皆感稼句之所赐。随之想到一人一年三书，需要何等走笔，何等根底？真是“后生可畏”！不意8月初又来一书，为图文本《晚清民风百俗》，以点石斋风土画为说，虽曰百俗，实则有百五十则。上世纪之初，姑苏一地土风民情，悉在囊中，看图读文，尽收眼底。吾尝窃窃自诩“走笔难收，年成一书（不计水平如何）”，傲视海内君子，不意为稼句一拳击倒。稼句年余成四书，粗略计算，当在百万字以上，折日记算，则非日产三千字不可，不禁瞠目而甘拜下风。吾于友朋赠书，书到必先浏览一过，而稼句所作，纷至沓来，前书尚未终卷，新作又邮传到家，可谓“间不容发”，至令他人难以“夹个”。昔人有云：“学如积薪，后来者居上。”吾于稼句，将增一“必”字，而曰“后来者必居上”。吾虽高年目眊，亦将鼓其余勇，整装以待稼句赠书之源源而来，稼句其勉旃！

这篇文字，后来应稼句之请，作为对他的评论发给他了；但不久我在书架上发现稼句2006年7月赠我的《看书琐记》，证明赠书太多，看不过来而漏列。我不愿再改动原作，于是乃作补记。《看书琐记》是稼句应约专写的一本广义性书话，前后足足写了十个月，成文二十篇，计二十余万字，稼句每读一书，即写一文，既写本事，又有延伸，品类不拘一格，笔下亦多发挥，附以插图，图文并茂，情趣盎然。各篇既无先行刊发，全书亦未杂入旧作，纯属原创作品，值得一读。一年五书，老朽惟瞠目以对而已。

《迪昔晨光格上海》 陈子善著 南京师范大学出版社 2005年9月

2005年秋，我有事赴上海，陈子善先生特意到下榻处来看我。我们虽未曾谋一面，但彼此还是知道的。他是听博古杂志陈克希（虎闱）通知说，上海图书集团公司彭老总约我们晚间一聚，所以先来看我，并随身带来他的新作《迪昔晨光格上海》。这本书，我熟悉。因为它是与稼句的《三生花草梦苏州》都属于《城市文化丛书》中，不过这书名却是需要和上海有过来往的人才能读懂，所以当我称赞这书名妙极时，子善多少有点讶然。他可能没有想到我是“南人北相”的纯江南人。这书名如果直译为普通话就是“那个时候的上海”，文一点就是“历史的上海”。

上海，是子善生于斯，长于斯，长期工作于斯的地方，又是一位熟知地方文献的学者。写这本书自然游刃有余。作者在书的前面写了一篇很好的序，他明确地说这本书的主要内容“就是上个世纪30年代前后的上海。而且是文学的上海，文化的上海，而不是别的。”这本书分两编：上编因为是在《东方早报·上海罗生门》专栏发表的，所以冠以“上海罗生门”的编名，共收文二十八篇。作者自述其所涉及的内容是，“不外对三四十年代上海文学、艺术、影剧等方面鲜为人知的人物、书刊、事件和日常生活场景的查考，对保护上海文艺界名人故居等文化遗产的建议，以及对近年上海‘怀旧热’和现代化进程中所产生的一些问题的批评”。下编标以“文化的上海”，是“上海罗生门”专栏以外一些长短不一的文字，包括相关的序跋、书评和访谈，有些是对“上海罗生门”言犹未尽部分的补充、引申和发挥。

由于作者对上海太熟悉，又掌握丰富资料，文笔亦很流畅，所以各篇都写得很丰满有趣，容易一口气读下去。各篇还插了不少图片，方面涉及较广。人物既有知名的巴金、张爱玲、施蛰存、邵洵美等，亦有尚待发掘彰显的不知名人士。社会情况既有南京路上的夜景，亦有徐志摩、丰子恺、丁玲、傅雷等人的故居。有些图片还是极珍贵稀见的。看图识字，越看越有味道，以致我在收到书的当晚，就用了四个多小时，斜倚在宾舍的大沙发上，毫无倦意地把书读完，转天早晨还写了这篇题记。

《家住六朝烟水间》　薛冰著　南京师范大学出版社　2005年9月

我是某次路过南京时认识薛冰先生的，他和徐雁、董宁文诸君都是南京爱书、读书的名人，时相聚会，谈书说文，有一份名为《开卷》的民间刊物，简洁明快，联系各方文人墨客，颇著名声。我读过薛冰先生一些零散文章但没有读过他的成书。这次从王稼句和陈子善二位参与的《城市文化丛书》中始知薛冰先生有一本专讲南京城市文化的书，名为《家住六朝烟水间》，急于想看，便托宁文转求，很快于丙戌年二月二十四日寄来，虽是索书，但题了上款，也应属于赠书。

讲述南京的掌故书，确如薛冰先生所言，为数不少，仅陈作霖一人就著有《凤麓小志》、《运渎桥道小志》、《东城志略》、《金陵物产风土志》、《炳烛里谈》等多种。这些遗存资料或许正如薛冰先生所说，给他"提供了一个个或真或幻的参照系"。加上作者在南京呆的太久，看到南京的真面和内幕太多，而且又把南京作为一本大书认真地阅读了半世纪，终于做了"一个较为系统的清理，从零碎浮面的观感升华为较为理性的思考"，这一点可说已超越了前人。但是作者自谦说："不过这仍然是我个人的'读后感'，并不是对南京的历史文化做全面的系统的清理，更不是全面的评判。"

《家住六朝烟水间》这本书，很合我的口味。因为它是以历史脉络来贯穿，与我的历史性阅读习惯正合。它既勾画了十朝古都、千载名城的宏图，也装点了金陵诸般景物的颜色；既写了明祖的民间恶意口碑，也写了旖旎风流的秦淮八艳。记事下迄民国，备见历史沧桑。篇篇有图，引人入胜，令人难以掩卷。若以之入于风土小志，亦当跻于前列。

《二十四桥明月夜》　韦明铧著　南京师范大学出版社　2005年9月

这也是《城市文化丛书》中的一种，也是我请宁文转求而得的。我本不认识韦君，但时隔不久，韦君于2006年6月间即惠赠一册，并写了如下题识："天津旧称小扬州，亦是江都方尔谦先生流寓之地。余素仰慕来新夏先生名。今以此册奉寄敬请先生斧正。"随书附来韦君简介，始知韦君为广陵文坛名流。野叟孤陋，闻见不广，恨识韦君之晚也，而又喜读韦君一书，又何其幸也！

扬州久为游览胜地，我少时读李白"烟花三月下扬州"、徐凝"二分明月在扬州"以及杜牧的"骑鹤下扬州"等名句，都能使我心向往之；中年以后，读了李斗的《扬州画舫录》和周生的《扬州梦》以及《广陵志》等书，让我更多地知道扬州，像在眼前映现出一幅繁华似锦的画面，而恍然悟及乾隆为什么要去扬州的道理。有幸从二十余年前以来，我多次到扬州游览。

马氏丛书楼、黄氏个园、史公梅花岭以及五亭桥、小秦淮等等，无不挽人留连，而我于瘦西湖尤有所钟情。每当立于瘦西湖桥头，远望湖水流去，时为树丛所掩，时现婀娜身躯，妖娆妩媚，不能不令我凝神久驻。苟衡之故里西湖，一片辽阔，景物坦陈，与瘦西湖虽各擅燕瘦环肥之美，终不若瘦身之蕴藉丰厚。扬州景点之多，目不暇给，兼以城市恬静无扰，时兴筑室卜居之念。惜寒士囊涩，为之奈何！而读韦君之《二十四桥明月夜》一书，遍搜扬城风物，一卷在我，犹如卧游，虽难流寓，而画饼望梅，亦足解饥渴矣！

韦君书名，虽信手拈来，亦成妙谛。因二十四桥虽多见诗词而名何由起，桥在何处，终为一谜，人人见此，无不欲从书中得其解。立此书名，得引而不发，引人入胜之趣，而书中《二十四桥仍在》一文，确又为人解惑。其他多文，皆有类分，如《扬州花事》、《扬州风物摭拾》、《扬州老字号钩沉》、《扬州俗语札记》、《朱自清故居寻踪》等，述说集中，易得概要，方便读者。扬州有此一书，画舫录诸书，当不得专美于前矣。

原载于《藏书家》第12辑　宫晓卫主编　齐鲁书社2007年版

《徐志摩未刊日记》（外四种）　虞坤林整理　北京图书馆出版社　2003年1月

2004年6月，我在海宁参加海宁图书馆百年纪念会，得识虞坤林君，虞君即以《徐志摩未刊日记》一书相赠。后自陆子康副馆长处获知虞君简况：虞君是一位勤奋好学、自学成才的普通学人。他不慕荣利，穷全力于海宁地方文献之搜求、整理与研究，特别是对当地名人书信、日记的搜求与整理，更是情有独钟。我有幸在海宁与虞君获一面之缘，始知其为老友海宁文献专家陈伯良门人，很难想到这样一位朴实无华的读书人，在很艰难的条件下，做了很多他人都难做到的事。他不仅辗转搜寻到徐志摩的未刊日记，加以整理，还订补了某种已刊日记，合成为《徐志摩未刊日记（外四种）》。这是连《徐志摩全集》都未能全部包罗的《徐志摩日记》的最完整版本。

《徐志摩未刊日记》包括两种：一是1911年在杭州读书时所写的《府中日记》，从正月写到六月，共五个月零两天，用现成格式纸填写，记阴阳历、干支、曜日、气候、授课细目、自修课程等。另一种是1919年留美时所写的留美日记，从头到尾，几近一年，正值一战结束巴黎和会召开五四运动爆发之际，所记多爱国活动及交往友人。从这两种日记中看到，徐志摩是一位严于律己，热血激昂，豪情满怀的爱国者。这两部徐志摩未刊日记的被挖掘与整理，对于研究徐志摩和中国近代文学史，都有重大参考价值，更让人们看到徐志摩纯正品格的另一面。让文学史上有一个完整的诗人形象，起到了提供足资参考的真实史料的作用。“外四种”是整理者选择已刊日记的最佳底本，重加校订，使徐志摩的爱情生活得到更完善的表述。

这本书由华东师大中文系教授、著名学者陈子善为之序，有这样一段话：“徐志摩的日记既是这位中国新诗坛祭酒毫不作假的生活真录，即真实的日记；同时也是优美隽永的散文作品，即上乘的日记文学。两者合二为一，这是十分难得的。”我认为这是对本书的确评。

《清宫档案揭密》　李国荣主编　中国青年出版社　2007年1月

2007年3月初，中国青年出版社编审张国锋来舍访谈选题计划，送我《清宫档案揭密》一书。这本书很有卖点，已是第五次印刷，达一万五千册。编写者是中国第一历史档案馆的人员，主编是我十几年前的旧识李国荣。他们利用掌握档案资料的方便，编写出这么一本能吸引人的书。他们透过翔实可靠的皇宫秘档，解析种种民间传闻，破解桩桩清宫疑案，共立专题二十三件，均以秘档资料加以解惑，其中如孝庄太后下嫁、乾隆身世之谜、慈禧出生地、光绪之猝死，选秀女的过程、李连英的宠辱一生等等都是民间多所置疑的谜团，该书一一加以解答。随文插图甚富，文字亦流畅平易，图文并茂，读之饶有兴趣。历史学家戎笙先生所作序中，评其书说：“该书在充分挖掘清代宫廷档案的基础上，配以相当数量的珍贵插图，选题都是在民间广为流传的清代历史中的人物和事件，是各行各业人们最希望知道的。或已从屏幕上知道一些但又不能确信是真是假，每个选题都相对独立。我觉得这是一项非常有意义的工作，对广大干部、广大青年，提高文化素养，增长历史知识，促进全民族的精神文明建设，都是十分有益的。它的趣味性，是建立在科学性的基础之上。用清宫档案告诉你真实的历史。对学术上尚有争议的一些问题也尽可能地向读者客观介绍。”这是对该书比较公允客观的评语，可供读者参考。

《文心雕虎》　刘绪源著　少年儿童出版社　2004年4月

2004年11月，我有杭嘉湖之行，路经上海，刘绪源先生来宾舍看我，随身带来他的新著《文心雕虎》送给我。我是几年前与绪源相识的，是作者与编辑的关系，这次是第一次晤面。这本书顾名思义好像是《文心雕龙》书名的演化，我想当然地认为是文学评论集。在旅途中把书读完，真是为我打开眼界。坦率地说，我除了童年时看过一些儿童画报、安徒生童话和几种漫游记外，对于儿童文学几乎一无所知，而绪源的这本书无疑给我填补了我的知识空白。绪源的文笔好，问题也讲得透，所以能通畅地读下去，成为我旅途中的良伴。这本书是以他在《中国儿童文学》季刊上的一个专栏名称命名的。

书分两辑：一辑名《雕虎之辑》，即专栏中的全部已发表的文章，是作者历年潜心研究儿童文学理论的精华；另一辑名《画龙之辑》，是作者二十年来所写有关儿童文学的论文、随笔、对话、通信的精选，既有个人观点的争鸣，也有对一些儿童文学作家的评论。我读完此书，至少已得儿童文学的大要。原来这里还有这么大一块文学领域。

这本书的扉页上题有“献给在寂寞大道上怡然前行的朋友”字样，虽寥寥数字，但作者这种愤愤不平之气，却令我自愧浅薄。这本书序跋俱全，序的作者是本书的责编唐兵，书看得很仔细，所以序写的较长，有深刻的内容，非一般略加浏览即操笔作序者可比，直可做导读用。他挖掘出绪源的两个理论原点说：“在刘绪源的世界里，我想有两个理论原点至关重要，他们就像一对巨大的翅翼，带着他遨游广袤的文学天地，无往而不利。”这两个原点就是“真”和“美”。这无异给读绪源作品的人一个重要的切入点。如果说唐兵的序是说绪源的“学”，那么张洁的跋——《清洁的灵魂》则是写绪源的“人”。这两篇序和跋非常写意式地为读者勾画出一个立体的刘绪源，不是一般书上的泛泛之论，至少他们为这本书起到了托月之功。我愿经眼的书能经常读到这样的序和跋。

《潜庐藏书纪事》　徐明祥著　中国文史出版社　2006年12月

我和徐明祥先生是从他们办《日记杂志》时开始有所交往，是有多年友谊的朋友，不仅有函件互通音问，还曾共游过泉城。他的《潜庐藏书纪事》在付印前，我还应邀为他写过序，2007年初我就收到他这本赠书。这本书的书名是从叶昌炽的《藏书纪事诗》套用出来的，但其不仅有诗，而且有散文，包含了藏书、读书、写书三项活动，文后又系以诗，而以“潜庐曰”冠其首，是作者的评点。我认为这也是书话的一种。

本书所收是明祥私藏的三十五位老中年作者的四十八种书的评说。虽以随笔散文集子为主，但又不仅限于此。作者从每位被收者的人与书中，抽绎其特色，成一篇名，文章内容颇多演绎于题外，笔墨也不受拘束，谈风可随意所及。所收三十五位作者真是少长咸集，老的有张中行，以《哲人细吟岑寂歌》为题，剖析了张老的写作风格和意境说：“张老的行文不同常人，均属小处入手，大处着眼，须臾中寻永恒，芥粒内求大道。既雅又俗，雅在以布衣之身，担负起一种大任；俗在食人间烟火，处街头巷尾，不傲视芸芸众生。大雅大俗，舒卷自如，令读者难抑怅惘之情。”寥寥数语，紧扣张老行文意境。少者如伍立杨先生，年仅近不惑，而文名鹊起，明祥以《天涯听潮有思绪》论其人其地其文，而用彼此来往信札和一些生活细节串成一文，亦别有风趣。

《雕刻在石头上的王朝》　聂还贵著　中华书局　2004年8月

2004年冬，韩小蕙女士介绍山西大同文联主席聂还贵所著《雕刻在石头上的王朝》一书来请我写书评。小蕙是不轻易推荐他人著述的，这一定是看该书不错，又是有关历史的，所以邀我来评。我同意后不久，聂就把书寄来。这本书从其出版者——中华书局和精美的装帧设计看，就已显示其内容的分量。这是一部以云冈艺术为题材，用诗一般的语言，从历史的长河中掬取出一个本应辉煌但却有点暗淡的王朝——北魏，并勾画它的历史。使文史艺三者完美地融合成一部令人向往的史诗式的专门性著作。

北魏的改革为历史家所艳称，但对它的开创者和导演者，史家却吝惜自己的笔墨，没有足够的闪亮装饰。本书的作者却以细腻的笔触，把一位北魏宫廷中执掌两代朝政，培育一代英主——北魏孝文帝的汉族女子冯太后，从政治大事着眼，略其生活细节，作了完整的描述，而没有沿用旧说，侈谈宫闱琐事，却能自抒特识，为这位伟大的女性做出高度的评价。作者认为：“冯太后是中国历史上第一个女改革家，她高举一盏‘太和改革’明灯，光照北魏，留下一抹永不凋谢的灿烂，并使我们油然而生的钦敬之情，远远超越了对吕雉、武则天和慈禧的历史兴味。”

这本不到二十万字的书，按我的读书常规，只消三四天；但却用掉了足足十天。就是因为这本书包含着大量有见识的内涵，令人深沉地思考，仰屋凝思许多有穿透力的观点，而文字的优美更令人流连往复去重读若干片段和篇章。

《张静江传》　张建智著　湖北人民出版社　2004年10月

《诗魂旧梦录》　张建智著　上海远东出版社　2006年6月

2004年11月间，我到湖州师范学院讲学，张建智先生来参加讲演会，听完全程。会后还赠我他的著作《张静江传》。经主持人湖州师院图书馆长王增清的介绍，张建智先生原来是湖州市外事方面的领导。一位公职人员在公务繁忙之余，尚能从事专业性研究，的确难能可贵，令人敬佩!

张静江是中国现代史上的一位重要历史人物，他出身于湖州富商世家，大力资助过孙中山的革命活动，与国民党的权贵们颇有交谊，与蒋介石私交也很深，成为国民党的“四大元老”之一，后半生又从事多项经济建设方面的工作，获有佳绩。他是浙江湖州南浔人，又做过浙江省省长，所以我在童年时就对这个名字已经非常“耳熟”了，但对他的具体生平历史却不够“能详”。张建智先生的这部著作为我填补一处历史知识的空缺，所以迫不及待地在旅途中就断断续续地把书读完。张建智先生是张静江的乡人，为乡贤立传，自然笔端常带感情，文字也显得流畅好读；但这些文字又建基于丰富的资料之上，因而不失为一本具有学术性的历史人物传记。而更值得注意的是，张建智先生写了一个十九世纪后期和二十世纪前半期应受重视而反被忽略的人物。本书分上下篇，上篇写1928年前的张静江，偏重其政治活动，下篇写1928年后的张静江，着重其经济活动和晚年生活。较完整地描述了张静江的传奇一生，评价的基调是给以同情和肯定，为近代人物传记填补空缺。

2006年秋，张建智先生又寄来《诗魂旧梦录》一书，这是建智新世纪开头几年所写随笔的结集。分《诗魂篇》、《旧梦篇》、《历史人物篇》、《书话序跋篇》等四辑，是一本写人叙事的随笔集，但写得很谨严，内容都自有其来历与出处。他写了若干古今人物，特别着重于文坛人物，都具有一定的史料价值。书中插了不少书影和人物图片都比较难得，如果制作上能更清晰一些，那将更为本书添色。

原载于《藏书家》第13辑　宫晓卫主编　齐鲁书社2008年版

五星连珠

——读《名家心语丛书》

不久以前，新世界出版社的张世林先生送给我一套他们出版的《名家心语丛书》第一辑，共五册，收录了季羡林、侯仁之、周一良、何兹全和金开诚等五位名家学者的随笔集。除了金开诚先生尚在古稀之年外，其余四位都已是年登九十或望九之年的高龄老人。金开诚先生是我的同辈人，其余四位都是我的师辈，但他们都在学术界具有卓著的声誉和成就，可以说是五颗闪亮的星星，使我联想到“五星连珠”的成语。五星连珠是指金、木、水、火、土五大行星相聚于一方。古时以其为祥瑞。所以我就用这样一种难见的天象来比喻这五册书。

这套书我在见书以前就听朋友相告：季羡老在其《千禧文存》一书的序中有一段散文写得很好，值得一读。等到得书以后，不仅读到这段美文，而且按照以意逆志的思路，揣测季老壮志未已的勃勃雄心，他说：“我仿佛看到荷塘里淤泥中沉睡了一个冬天的荷花，也已睁开惺忪的睡眼，打着哈欠，一旦头上的冰层融掉，就长出嫩叶，笑傲春风。”他策励自己在新的一年里“在舞笔弄墨方面能够有更大更好的成绩”。这是一种多么令人艳羡的老人心态。在读自序的同时，我也读到他为丛书写的总序，原来这套丛书是在其《千禧文存》启示下的创意，因而他在总序中以非常鲜明的老人立场立言，他不赞成“老龄化社会”和发挥“余热”等等说法，提倡永不停息的前进精神。我与季老在年龄上有十年的差距，不但应举双手拥护其说，更当不倚老卖老，不无所事事，而身体力行之。集中的其他文章也多清新可读，如《佛山心影》，文虽长但记人记事，出语颇为隽永，时有少年情趣，确为老人笔下所难得。

这套丛书所收各家都称得上术业有专精的名家，他们都植根于自己的专业功底，写出为人所喜读的随笔，为随笔领域增一名品。侯仁之先生是历史地理学家，他的《晚晴集》正似“人间重晚晴”的凝重，集中各文虽内容各异但不出历史地理和名城文化的范围，而精细插图，传承左图右史，尤增读者兴致。读其自序，恍见侯老一生起伏跌宕，颇具激励后学之效。周一良先生为历史学家，尤以魏晋南北朝史及中日文化关系最著盛名，其《郊叟曝言》中各文，也围绕专业而多出之以序评。其于个人行事异议处，亦不加讳避，并肯于附入吴小如兄持异议之文字，益可见郊叟老年之胸襟。何兹全先生是古代中世纪史的知名专家，他和夫人郭良玉女士合写了一本题名为《三论一谈》的书。所谓“三论”，是何先生的《论世》、《论人》、《论学》；“一谈”是郭女士的《人生杂谈》。何先生是善于知人论世的一位学者，既能高瞻远瞩地纵论天下大事，又能刻画入微地娓娓叙胡适、陶希圣、钱穆、傅斯年诸师的生平与学术，而无所顾忌。郭女士的《人生杂谈》大多映现社会百态，而针砭时弊，尤多切中。白头双修，更为儒林增一佳话。金开诚先生是位笔健文雄的学者，深研中国古今文化，对若干艰深问题颇能出以平易，使多数民众受益。读《名家心语丛书》，始知应接不暇之非虚语也。

综观五书，各有所长，必当一一循读，而编者用心，实含深意，尤令人感动。我年前得此书时，周一良先生方谢世不久。我曾问世林：“周先生是否见到此书？”世林答称：“周先生生前已见此书，很高兴。”并直率地说他们所以策划这套书，多少有点抢救的意思，尽量加速运作，做到让卧病的老人能在生前见书。第二集中收有钟敬文前辈的《婪尾集》，当时正由钟少华整理序言，力争新年前后出书。果然，在百岁老人钟敬文教授于2002年1月10日逝世前的五小时，世林在收到给责编看样的那本唯一样本时，立刻派急足将油墨尚新的《婪尾集》送到病床，钟老看了很兴奋，很满意。几小时后，老人便安然逝去，世林没有给作者留下一丝遗憾。世林还准备三辑、四辑地编下去，想让更多的老知识分子多留下些心语。因此，我建议与其称“名家心语丛书”，不如更名为“老人心语丛书”。因为什么样的人才算名人，名人有不同级别、型号，作者又有哪个愿自称是名人？而老人的年龄限定如板上钉钉，难有争议。凡达古稀耄耋者，皆为老人，当无疑义，而入书的作者也能心安理得。不知周奎杰、张世林两位主编以为然否？

原载于《中华读书报》2002年2月6日

条分缕析，追根究底

——读熊秉明《中国书法理论体系》

读一本好书，是一种享受；读一本功底深厚而又容易读懂的书，更是一种享受。国庆前夕，我得到《中国书法理论体系》一书，非常庆幸填满了我七日长假的空间。我虽未获在假日游山玩水之乐，然蜷居斗室，快读熊著，亦若独驾扁舟，徜徉于古今书论之长河。苏舜卿读《后汉书》快意处浮一大白，我虽苦酒，但读熊著会心时，亦频啜酽茗。不意八十衰翁，享此风流！

中国为世界书法大国，书法理论著述亦为数不少，然多短篇，而能梳理贯通，自成体系者，就我所读，尚不多见。而敢以《中国书法理论体系》名其所著者，则惟熊氏。熊氏秉明为数学前辈熊庆来先生哲嗣，青年时期旅居法国，攻读哲学及造型艺术。中年以后，从事书法实践与教学研究。遂融合书法艺术与哲学于一炉，进而深研中国书法理论体系，终于撰成独有新意之专著。

著作之市场价值固难作著述成就之标尺，但亦可从某一侧面而反映读者之需求。撰者于上世纪六十年代始，教授巴黎大学东方语言文化学院中文系“书法”课程，历时十年，遂以教学实践为基础，撰成《中国书法理论体系》一稿。八十年代初曾在香港《书谱》杂志分七期连载两年，卓具影响。1984年底，香港商务印书馆正式出版此书。1999年，上海文汇出版社出版熊氏文集，是书即收入文集第三卷而在内地面世。同时，台湾雄狮出版公司于改善版面及插图并加插图说明后而印行新版。2002年，天津教育出版社又一次修订，刊行简体字本。不论刊行的形式如何，这本不是任何人都能接受和读懂的书，竟然在二十年左右，先后五次印行，这不能不叹服这本书吸引读者的魅力。

评估一本著作的主要标准，是看这部书有无创意，有无新角度和新资料。

《中国书法理论体系》条分缕析，追根究底，将中国如此丰富和纷杂的书法遗产，梳理成六大体系，即：喻物派、纯造型派、缘情派、伦理派、天然派、禅意派。姑不论其划分界定是否确切（这是需要用大力气，长时间认真研读分析后，才能论定的），但就我所涉猎过的为数不多的有关著述中尚未之见。这六派就是撰者一张苦心编织的网，把古今几千年的有关书法理论的人物与著述几乎尽入网中，撰者非常聪明地利用索引形式开出了一张详细的人物清单，给读者一种明快透晰、全面完整的感觉。撰者的论述上起古代，下讫当代。其时间跨度之大，挖掘资料之广，探究本原之深，令人耳目为之一新，这些应说是撰者的最大创意。熊先生旅居异国多年，但由于他的哲学功底深厚，所以全书的论述不沾滞，不绝对，而是自如地运用辩证观点驾驭着繁杂的资料，和我们长期居住国内的人的思路习惯大致吻合。撰者认为，中国书法家的书法理论，既有它兼容互通，善于综合吸收各种观点的一面，但又都各有一个基本出发点——那就是每个书法家所持有的一种最高理想，或说是他努力趋近的终极目的，这就是撰者划分六派的立论基点。撰者在自序中明确地回答了这一问题。他说：

> 把书法理论归纳成系统，是试着把握每一个书法理论的基本思想。由此我们可以比较深入地了解古人究竟给书法以怎样的意义，给了哪些意义？在书法艺术里究竟追求什么？他们的最后理想是什么？还有一些他们未能说得很清楚，但逻辑地蕴含在一个系统之内的问题，我们可以给一个较清楚、明确的解说。

这就是撰者撰著此书的终极目的，即把书法的理论体系归结到哲学的高度。这也是撰者交付给读者开启全书的一把锁钥。读完全书，撰者确是沿此主旨一线贯底，许多人物和观点都错落有致地挂在这条线上，引导读者只能一气读下去而难以释卷。也看得出大量的资料是经过撰者反复咀嚼，精心熔铸后，一气呵成地写下来的，行云流水，没有一点阻碍。

这本书的编排装帧之美，固无负于书的内容。异型16开本，庄严凝重的美术设计，随文整页插图的书法精品，边注以白当黑的疏朗，都不能不归功于责编和设计，特别是责编以自己的编辑工作证明他确实读懂了这本有新意、有深厚内涵的著作。我非常希望我们这些从事学术著作工作的人能多遇到些能读懂自己著作的编辑。

我通读了《中国书法理论体系》这本书，如果有人问我读后的感觉如何？我只能说一句话：我没有虚度这七日长假。

原载于《中华读书报》2002年10月16日

读《关于罗丹——熊秉明日记择抄》的札记

——兼悼熊秉明先生

读书是一种文明的享受，尤其是高年以后，读书更是适合打发日子的方式。近十年来，我经常遁缩在书斋——邃谷之中，或正襟危坐，或半倚半卧，持一本自己喜欢读的书静静地读，确能给人以温馨宁静的舒适。我每年约略计算，能这样读上一二十本书，平均每个月一两本，自以为还说得过去，没有虚度光阴。每年所读书中总有几种让人不能匆匆一过，而时有流连忘返的感觉。2002年就有两本这样的书，那就是旅法学者熊秉明先生的《中国书法理论体系》和《关于罗丹——熊秉明日记择抄》（以下简称《关于罗丹》）。

这两本书是2002年国庆时，天津教育出版社一位小友李勃洋特地送我度假日的。由于是一种特型书，又是旅居异国多年的学者所写，不能不引起我对这两本书的特别关注。利用七天长假，我先读了《中国书法理论体系》。作者熊秉明先生是已故著名数学家熊庆来先生的哲嗣，旅法多年，从事艺术研究和教育工作，《中国书法理论体系》是他对中国丰富纷杂的书法遗产进行精心研究梳理后而撰著的。我喜欢书法，但不懂书法。可是读完这本书后，感觉它给了我很多知识，而把全书总括成八个字："条分缕析，追根究底"，并用此八个字为题，写下一篇书评。我认为这本书最引人入胜之处是把书法的理论归结到哲学的高度，形成全书的主线，把许多人物及其观点都错落有致地挂在这条线上，引导读者只能一气读下去而难以释卷。他所征引的资料是经过反复咀嚼、精心熔铸后，一气呵成地写下来的，一如行云流水，了无窒碍。不久这篇书评发表在2002年10月16日《中华读书报》。勃洋把全文传真给熊秉明先生。据他告知，熊先生很高兴，并说过熊先生将在2003年春天来津，届时当安排一次会晤。我也非常高兴地期待着能与同一年龄段的新知促膝畅谈。

接着我又继续读熊先生另一本题为《关于罗丹》的著作。这本书真是非常特异，它的命题极其严肃，是对艺术大师罗丹的研究，但它的体裁却是非常随意。它是从熊秉明1947—1951年的日记中摘抄出来的。以往学者不少人有写日记的习惯，他们常把自己读书所得札录进日记，给后来人很多的启迪。但读书札记混在日常生活和人际交往种种杂事的记载之中，需要从中选择，诸多不便。于是有人为之整理辑录，晚清的学者李慈铭一生写了大量的日记，题作《越缦堂日记》，后来有人从中辑出读书札记部分，成《越缦堂读书记》二巨册，由中华书局正式出版发行，极利读者。但尚未曾见过作者自己从自己的日记中摘抄出专题内容而成书的，《关于罗丹》正是这样一本著作。这样一种写作方法充分证明：一是作者写日记的态度是严肃认真的，不是随手一写，而是博涉多书又深思熟虑后写的；二是作者具有深厚的学术底蕴，在日记中反映了他很强的学术自信心；三是作者很有思辨能力，从他随手所写的日记中片片段段辑出来就是一篇有中心内容的小文章。所以这本书较之前一种，对我更有吸引力，更急于从中获取教益。

我是正襟危坐地读这书的，书中精辟的语言和极富哲理的论点，确如宗璞对该书的评论："许多书的归宿是废纸堆，略一浏览便可弃去。部分书的归宿是书柜，其中知识可以取用。有些书的归宿则在读者的灵魂中，这书便是那样。"我想只要读过此书的人都会承认，宗璞所说应是确评。读这书很有点参禅的味道，有些精彩段落，读来颇类机锋，可得会心一笑，或俯首自省。可惜只读了一半，因台湾汉学研究中心"地方文献研讨会"相邀，只好搁置，等回来再继续研读。

我从台湾回来后，不得不处理案头积累的报刊函件，等到杂事基本落定，准备继续读《关于罗丹》时，忽闻熊秉明先生猝然逝去的噩耗，不禁懵然，难抑痛悼之情。近几年，不时收到一些老友的讣告，总要黯然神伤几天，有一种"平生知己半为鬼"的感怀；但他们总还是谈过心，交流过思想，有所过往的朋友。至今还没有一位我因读其书，心仪其人而缘悭一面，就猝然而逝的朋友，这更增添了我无尽的悲思。读前半本《关于罗丹》时，沉浸在激情和欢欣之中，真是一有所获，瞿然而喜，还随手写了点札记。但读后半本时，则心情异常沉重，虽然我们未谋一面，但在字里行间，却时不时映现出作者深邃的凝思和睿智。我艰难地读完这后半本，并没有札录下更多的东西，头脑中只是一片空白。春节晤面的期待，将永远成为难以填补的遗憾！

熊先生之所以能在日记这种连续性的编年体中写出对罗丹艺术的完整阐扬和

诠释，那是因为作者对罗丹有过一个较完整的主旨认识。他说："到了罗丹手里，雕刻忽然变成表现思想的工具，个人抒情的工具……变成诗，变成哲学，变成自由的歌唱。罗丹给了雕刻以思想性，也给了雕刻以新的生命。"作者在日记中都以这样的标准来衡量罗丹的成就。

作者完全有学识和能力写有关罗丹的学术专著，但是他却以日记的形式写片段小文的原因，在该书的前言中已有所说明。他认为罗丹的作品已混融进他思想感情曲折发展的历程之中，这使他无法作一篇较客观的评述，因而他从旧有的日记中摘抄有关内容，加以增删整理，成为一部"我中有你，你中有我"的作品，提供给读者。这既可了解罗丹，又能了解"一个中国艺术学生二十世纪四十年代、五十年代在欧洲学习经过的记录"。

作者不是随意记日记而是有意写日记，他费尽苦心去架构，既想不失当年的原貌，又想让读者更多地了解自己，更便于阅读，当写成书时，他曾做过某些不失原意的修订，也加过一些今注；更在每年前从该年日记中摘取精彩片段作为短短的小序，给读者一把读本年日记的锁钥。作者在书中不仅写罗丹的艺术，也写罗丹的生活；不仅写同道朋友，也写罗丹的婚姻和恋人；不仅写罗丹艺术在当时的价值，也写这些艺术创造所产生的巨大社会影响。

在1947年的小序中，作者摘引了10月3日的一段日记，那天午后，作者在图书馆里读了诗人里尔克给他妻子的信。诗人说罗丹"他是一切，绝对的一切"，作者不仅以"他是一切"作为这天日记的标题，还进一步对此加以诠释说：

> 所谓"他是一切"，那意思是说罗丹用了那么多千变万化的雕像，给我们看人世可悲可喜可歌可泣可爱可怖的种种相，并且让我们看见生命的真实和艺术创造的意义。在罗丹的双手和塑泥的接触中，里尔克看见创造的进行，创化的秘密，神的创造的实证，于是懂得诗的意义和诗人的使命。

这一诠释是对罗丹艺术成就的高度概括，是全书主旨的所在。而对读者更是有一种导读的启示。

1948年和1949年这两年的日记是作者论述罗丹最丰富的两年。1948年的日记主要在阐述罗丹艺术作品的魅力和影响力，他在小序中说：

> （罗丹的雕刻）让人走进静观、冥思，邀人细看每一细节的起伏，玩味每一细节所含藏的意义。也因此能激发那么多诗人、文学家写下那么多文

字，到现在仍然从世界各地吸引那么多年轻的以及年老的人来俯仰徘徊。

因此，在这一年的日记中，作者不仅写下了罗丹步入艺术殿堂的起始，并记述了罗丹为纪念他的心灵导师而创作的第一件作品《艾玛神父》。作者在这一年的日记中多方面论述了有关罗丹艺术与学识的小专题，如《罗丹的美学》、《罗丹的文章》、《罗丹的重要性》，《罗丹和布尔代勒》等等，作出若干精彩的剖析。如对罗丹美学的评论，作者曾引用了希尔特、黑格尔等人的美学观，来和罗丹相比较；又以肯定的态度引述了罗丹在其遗嘱中的美学观点："对艺术家来说，一切都是美的，因为对于一切存在，一切事物，他的深刻眼光都能把握'特征'，也就是把握从形象透露出来的内在的真理，这真理就是美。"明确指出罗丹认为具有"特征"、具有外部和内在的真实的作品才是美的观点。在《罗丹的文章》这一小题下，作者引述了几篇对罗丹文章不理解甚至歪曲的立论，竭力为罗丹洗刷，并在这一小题后加了今注，引征了里尔克和歌德等人的正面论述，并对罗丹是否读书做出自己的论断："我们可以说罗丹读书并不是为了博学广记，而是中国古人所谓求'受用'。他所读的书可能并不多，也无系统，但是他所读的都吸收为生命的一部分，成为艺术创造的泉源与土壤"，这是对有争议的问题的一个恰如其分的裁断。这一年的日记中还对罗丹若干雕刻作品进行评断。如对《地狱之门》这幅人们议论纷纷没有定论的作品，就给以评定说："《地狱之门》给人以庞杂纷乱的感觉，但有一点是可以肯定的，《地狱之门》成为后来罗丹创造的主要泉源，许多作品都从这里脱胎。"作者认为罗丹雕刻生涯起步期的作品《青铜时代》是"自我意识的诞生"，而"他的风格也正是谨慎的、严密的，似乎还有迟疑的，带着虔诚坚定的信念，带着'行为迟'的不安，而'动刀甚微'。表现的手法和表现的主题如此水乳交融。我想老年的罗丹就再作不出《青铜时代》来，只有少壮的雕刻家的手和心，才能塑出如此少壮生命的仪态和心态"。在这一年所选的最后一篇日记中，作者评论罗丹那件尚处在未完成状态的作品《夏娃》，并以之与维纳斯相比照。作者没有接受维纳斯的纯美和诱惑性，而是钟情于夏娃那种宗教恐惧塑造的形象。他写下一段能震动人们心灵的话说：

我实在更爱夏娃型的女体、母体。我疑心自己已经成熟，过早地成熟。否则为什么不爱少女新鲜而轻盈的躯体呢？为什么爱一个多苦难近于厚实憨肥的躯体呢？罗丹的夏娃绝不优美。有的人看来，或者已经老丑。背部大块的肌肉蜿蜒如蟒蛇，如老树根。我爱她的成熟，像爱一个母亲，更像爱一个有孕的妻子……多丰满厚实的母体，我愿在这个世间和她一同生活并且受苦。

作者不仅写下这段话，还在书里三见《夏娃》图片（第80、83、155页）。他以二十五六岁的青年，能这样认识什么是真正的美，确如他自己所说，“已经成熟”了；而和他几乎同龄的我，当年肯定是欣然接受维纳斯那纯真而浮泛的美，借以满足眼睛的享受。直至几十年后，自己的躯体也因历经风雨坎坷，像个老树根的时候，才逐渐醒悟过来，接受作者在第二年所作的申论，也才懂得什么是心灵的享受。

1949年的日记，我认为可以看出作者对罗丹艺术有了更成熟的理解和体验，作者留下了难以例举的见解，让人回味和咀嚼。他在这一年日记中所选的第一篇题名《肉体》的小段中，明确地阐述了《夏娃》的意义。虽然“罗丹的《夏娃》，不但不是处女，而且不是少妇，身体不再丰圆，肌肉组织开始松弛，皮层组织开始老化，脂肪开始沉积，然而生命的倔强斗争展开悲壮的场面。在人的肉体上，看见明丽灿烂，看见广阔无穷，也看见苦涩惨淡，苍茫沉郁，看见生，也看见死，读出肉体的历史与神话，照见生命的底蕴和意义。”这段话和三见的《夏娃》青铜塑像给了我对美的醒悟。

这一年的日记还论到罗丹的爱情生活。罗丹带着看自己作品的神情，观察和爱抚女舞蹈家邓肯的周身，使邓肯难于自持而逃开，但事后又追悔，在自己的自传中写道：“怎样的可惜啊！多少次我后悔这幼稚的无知，使我失去一个机会，把我的童贞献给潘神的化身——有力的罗丹！艺术和生命都必定会因而更丰富。”罗丹的爱情魅力是多么令人心摇，因此，迦蜜尔·克劳岱尔才甘于为罗丹付出多么伟大的不幸。他们的恋爱对“罗丹的艺术创作当然有很大的影响”，因为罗丹的“许多双人小组像，是从他们的爱中诞生的”（1949.10.28）。罗丹有许多由男女裸体组合的双人小组像，如《永恒的偶像》、《亚当和夏娃》、《爱的遗失》、《诗人和女神》等等，作者对这些世俗不愿多所涉及的话题作了非常有趣的剖析：

这样一组一组的双人群像，可以说都是描写性的吸引，爱的七巧图，肉体的缱绻，人的生存本能的相追逐。他们是被恶魔所诱动呢，被神所召唤呢？可怜而又神圣的游戏，羞耻而又严肃的游戏。我们可以想像在深夜，茫茫尘世，人们躲躲藏藏地在密室里进行，雕刻家好像把那些屋顶都揭开来，像顽童揭开大石，显示蚁穴的内景，而他以神的心展示出人们所不敢正视的爱的诸相。（1949.11.1）

多么深邃的揭示，让人无法不从心的底处透漏出丝丝的诡秘笑意！罗丹是受益了，但那个“就为了爱，而且歌唱这一个情人而烧毁了自己”的女人，即为塑造罗丹像而献出一生的克劳岱尔，得到的却是分手的悲剧，以致神经错乱，在疯人院里度过了最后的三十年。她留下一座有力地刻画罗丹的特征和性格的艺术杰作。“在这塑像上，她的雕刻家的高度技巧，融合了一个女人炽热痴迷的爱。从这里，我们可以懂得她后来的心碎、怨恨和疯狂。”（1949.11.2）罗丹无疑是有负于克劳岱尔！

1950、1951年的日记，作者继续论述罗丹的交往、作品、性格和生活，但最引人关注的是作者透露了故国之思，在1950年2月26日所写题为《回去》的那段日记中，他和自己的朋友熙民谈论了一整夜是否回国的问题。那时正是新中国成立不到五个月的时候，一切除旧布新的信息都激动着海外每一个赤子，几乎人人都在思考回国的问题，作者和他的朋友一整夜地讨论归结到两个焦点上，那就是“该现在回去呢？还是学成了再回去呢？”这恐怕是当年海外赤子所共同思考的问题。而作者似乎因乡思的引动而准备回去，并写下了他的决定：“我将走自己的路去。我想起昆明凤翥街茶店里的马锅头的紫铜色面孔来，我想起母亲的面孔，那土地上各种各样的面孔……那是属于我的造型世界的。我将带着怎样的恐惧和欢喜去面临他们。”这是多么赤诚的游子之心啊！但也不能否认他还稍有疑虑。讨论一直持续到第二天早上七点钟，作者在进行一些户外活动后，他“一进屋子，便拉上窗帘，倒头睡去”。虽然他的躯体在当天正午醒来，但是他的心却沉睡着未能支配自己的行动。心的沉睡可能带给他无数不同的梦境，他的梦是“十年一觉扬州梦”的三倍，三十二年的“巴黎梦”终于醒来，他以《今注》的形式回答了那一整夜讨论的问题，《今注》说：

也许可以说，醒来时已经1982年。翻阅并重抄这天的日记时，三十二年过去了。这三十余年来的生活，就仿佛是这一夜谈话的延续，好像从那夜起我们的命运已经判定，无论是回去的人，是逗留在国外的人，都从此依了个人的才能、气质、机遇，扮演不同的角色，以不同的艰辛，取得不同的收获。当时不可知的，预感着的，期冀着的，都或已实现，或已幻灭，或者已成定局，有了揭晓。醒来了，此刻抚今追昔，感到悚然与肃然。

虽然这段话有点隐晦含混，但这是七十岁老人深藏三十多年的心声。他只是把看到听到的现实有意推入梦境，而醒来后的“悚然与肃然”，可能年轻的一代有点摸不到头脑，但凡是同步伐走过来的人都能懂得和理解。

熊秉明先生终究是受过中华文化熏陶的人，他熟悉这块土地上人们的读书习惯，特在书尾编制了一份简明的《罗丹年谱》，以便读者的查阅。与此同时，我也很感谢这本书的责编和设计者。他们以自己的学识和素养，超越了时尚编辑们那种不负责任的随意，而是耗费心力，制作精品，为作者鸣锣开道，为读者提供美的享受。

熊秉明先生虽然年逾杖朝，但从他的文字和思路来看，他尚有深邃的宝藏等待发掘和展现，尚能为中华文化增添库藏。我也从读其书而谋一晤其人。孰意天公妒人，未能如愿，竟成难以弥补的缺憾。我很难把所有的读书札记都写入本文，但只从这些选用的日记片段中，或许能有助于读者对罗丹和作者有些了解，也算我悼念作者的一份心意。

原载于《博览群书》2003年第4期

读《雕刻在石头上的王朝》

文史和艺术本是相互沟通的，但很少看到把这三者浑然融合在一起的著述。我一直期待着有朝一日能读到这样的著述。两年前，一家出版社先后送来同一作者的两本书，请我写书评。作者熊秉明是法籍华人，是数学家熊庆来先生的哲嗣，居法多年，从事艺术教育与研究。因为要写书评，所以书读得比较认真详细，熊秉明先生的第一本书名为《中国书法理论体系》，这本书以中国书法的发展史为题材，运用流畅可读的文字，条理和连缀了我那些可怜而零碎的书法知识。读后不仅使我发出一种感叹说："读一本好书，是一种享受；读一本功底深厚而又容易读懂的书，更是一种享受。"于是我为之写下题为《条分缕析　追根究底》的书评。第二本书是熊先生关于罗丹的日记，读它时熊先生已逝世，我为了实现承诺，又写了题为《读〈关于罗丹——熊秉明日记摘抄〉的札记》，剖析了熊先生对罗丹雕塑艺术的看法，并用以悼念熊先生。读了这两本书以后，我一直在等待第三本类似的书，以成鼎足之势。一个人的善良愿望往往能不期然而然地实现。去年冬月，忘年女友作家韩小蕙打来电话，向我推荐一本值得一读，讲云冈的书，并请我写点读后感。小蕙的事，是很难推脱的，只能答应下来。接着，我到杭嘉湖地区考察了近一个月，回来在案头堆积的书刊信函中发现山西聂还贵先生寄来的《雕刻在石头上的王朝》一书，正是小蕙所推荐的那本书。我粗略翻阅了一下，也正是我等待已久的那种书，于是决心认真细读，也许会随手写点感想。

《雕刻在石头上的王朝》是一部以云冈艺术为题材，用诗一般语言，从历史的长河掬取出一个本应辉煌但却有点黯淡的王朝——北魏，并勾画它的历史，使文史艺术完美地融合成一部令人向往的史诗式的专门性著作。作者把云冈这座中华民族无比珍贵的艺术宝库，用谜、魂、情、光、秋、韵六个字划分为六章，来解析她的内在。在每一章卷首作者运用极其精练的文字写上几句小引，引导读者走进这一千五百多年前的时空隧道，去探究那些瑰丽庄严的石像背后的历史，探究在任何一本中国通史书上都会提到的那个朝代——北魏的政治、经济、军事、文化以及那个朝代男男女女的身影。因为篇幅的限制我只能选录两段小引，为读者导读。作者在《云冈之谜》这章的卷首写道："人们把云冈喻为一个谜，一个千古之谜。一道'上帝的指纹'。惟其'谜'，更彰显其独特的魅力和永恒诱惑"，以引导读者进入本书来寻求谜底。在《云冈之韵》的小引中又写道："就在北魏史料依稀零落，断简残碑的旁边，穿出两株苍翠的花木，惊喜着我们的眼睛，那就是魏碑书体和北朝乐府诗歌。"这一章在我看来，是作者的点题之作，也是对作者内涵深浅的测定。作者并未止步于从石像背后勾画出北魏王朝的面貌，他要超越史家津津乐道北魏均田制改革等等的光辉，要从典制层深掘到文化意识层，作者对魏碑的评价超出了一般书法家就书法论书法的范畴，将其升华为"鲜卑民族将游牧文明融入汉族农耕文明的脉络走向"，"看魏碑书体活脱脱读出一个拓跋鲜卑民族"，他更把魏碑与云冈并列为能透视鲜卑魏的艺术晶体，他说："魏碑书体与云冈石窟一样，也是一座宏伟的开凿与建造。或者说它是书体的云冈石窟。"作者还热情地歌颂北朝乐府中的《敕勒歌》说："《敕勒歌》歌的是山、川、天、野大景大物；唱的是风、草、牛、羊生活之友。它是歌，不错，却更像一幅动感极强，可触可摸的石雕。远方背景苍茫却不悲凉，近处主物鲜明而更传情。主题纯净、自然，意境开阔、明澈。"他肯定地认为："鲜卑人最配作《敕勒歌》景境中的主人，也正是这样的生态环境，方才孕育出拓跋鲜卑人特殊的性格。"在这一章中作者征引了许多中外古今的文史资料，坦露其历年积学的功底。

作者对历史上民族问题的处理和阐释比有些史家更为精辟和通达。他在《云冈之情》这一章的小引中，深情地概括了民族融合的道理说："鲜卑这个生龙活虎激情燃烧的民族，在融入汉族的流程中，以一脉新鲜血液的注入，激活了汉族的机能和肌体，优化了汉族的基因和品质。鲜卑人却大声说：我们原本就是黄帝的苗裔。"他温情地解释民族融合，就像"涓涓泉流汇成江河，滚滚江河涌为大海，这是大自然造化的一个规律。一个统一的多民族的国度，也正是这样一种海纳百川的结果"。作者广泛地举出许多所谓"汉化"、"胡化"并生共存的历史实例，来表示中华民族的历史实际。他向史家提出若干值得思考的警示，他说："'一刀切'是不能用于历史的"，"历史拒绝'横断面'审视和解析"，"历史的画廊，从来和永远都钟情异彩纷呈”，“历史从来都是立体和多元，多边地向前推进的”。这对写史者来说都是有益的良言。

北魏的改革为历史所艳称，但对它的开创者和导演，史家却吝惜自己的笔墨，没有足够的闪亮藻饰。但本书的作者却以细腻的笔触，把一位北魏宫廷中执掌两代朝政，培育一代英主——北魏孝文帝的汉族女子冯太后，从政治大事着眼，略其生活细节地作了完整的描述，没有沿用陈说、侈谈宫闱琐事，而自抒特识，为这位伟大的女性作了高度的评价说：“像女娲是中国第一个发明家，摄政两朝的文明的冯太后是中国历史上第一个女改革家。她高举一盏‘太和改革’明灯，光照北魏，留下一抹永不凋谢的灿烂，并使我们油然而生的钦敬之情，远远超越了对吕雉、武则天和慈禧的历史兴味”，对冯太后的历史功绩作了充分的肯定。

作者在每章中都把北魏的历史与云冈的建造紧密地联系起来，他在《云冈之魂》中，揭示了“按照帝王之身造佛”的奥秘，并论证云冈石佛之具有某些女性美是与冯太后的执政相关联的。作者架构本书时有过很缜密的擘划，一是他自信所著将流传于海内外，而在书尾附上英文本的《云冈·世界文化遗产》一文，供非汉语圈人士了解云冈的概貌和艺术地位；二是选用了若干精美的照片以显示石佛原有的光辉，以敦促人们多多拂拭尘世间飘洒在雕像上的污染，珍惜中华民族宝贵的文化遗产。

这本不到二十万字的书，按我的读书常规，只消三四天；但却用掉了足足十天，就是因为这本书包含着非常多的有见识的内涵，令人深沉地思考，仰屋凝思许多有穿透力的观点，而文字的优美，更令人流连往复去重读若干片段和篇章。还有许多应该说的话，只好留给更多的读者在读书中亲自去领略和体会吧！

原载于《书品》2005年第3期

浅论孙犁和他的学术随笔

——重读孙犁的《耕堂读书记》

“旧学商量加邃密，新知探求转深沉。”这是宋儒朱熹激励后学的两句名言，多少代学人将之作为座右。我在几十年的学术道路上一直在寻求这样的境界，也曾以此来衡量周围识与不识的朋友。前几年，因在报端看到孙犁写的学术随笔而产生一种偶然的动念，就去读了孙犁几种书，尤其是《耕堂读书记》和《耕堂书衣文录》那两本书。很自然地感到他很接近朱熹这两句话。

我与孙犁虽然住在天津同一座城市里大半个世纪，但只是慕名而未谋一面。这对我无疑是一种遗憾，但却因没有人为的感情色彩，也就能把孙犁作为研究对象来看待，至少可以比较客观一些。

孙犁是文人，但他让人感到有较深厚的传统文化的底蕴，从他的晚年若干作品中，充溢着较浓厚的学术气味，甚至比某些自以为是“学者”的人更像学者；而从学者角度来审视，在较多学者中还缺乏他这种文人的才情。这就形成他写学术随笔的风格。从上世纪八十年代以来，在原有的作家所写的随笔以外，又涌现了不少学者写的随笔，于是有人人为地把写随笔的人按其本身身份，划分为作家随笔与学者随笔两类，而论其异同，互有抑扬。我认为这种类分是无益的，所以在为《2000年中国最佳随笔》的序言中曾主张说：

> 我认为作家学者化和学者作家化是最为理想的道路。现在看来，我国的作家和学者在素质上是有差别的，各自的优势也很突出。作家在激情思维和生动有趣的表达方式上，很有优势，而学者在深层思维上对文化的独特思考与见解上又很明显。如果能将这两者很好地结合起来，那中国的随笔，不仅

质量能更上一个档次，而且其资源也将源源不断。

我的这一愿望，在现实生活中越来越明显地呈现，不少学者在努力开拓和发展随笔领域，占领随笔市场的份额。更有许多作家在尽力充实自己的传统文化积存，以致受到不应有的玩笑被称为“恶补”。而在作家学者化的路程中，孙犁以五十年的时光勤奋地回翔于传统文化领域内，铸炼出像《耕堂读书记》和《耕堂书衣文录》那样的学术随笔来。

这两本书是我认真读过的孙犁作品，我非常惊讶，即使一些专攻文史的学者，是否读过这些书，也是值得思量的。而在孙犁远行近一年的日子里，重读这两本书，更加深对他的认识。孙犁对传统文化典籍的阅读范围之广是难得的，贾平凹在《论孙犁》的文章中曾说孙犁“是一个儒，一个大儒”，似乎难以概括。孙犁不仅读在儒家思想指导下的正史、家训和宋儒朱熹、程颐的著作，还读《庄子》、《韩非子》及杂家的《吕氏春秋》、纵横家兼小说家的《燕丹子》等。他也读魏晋文人曹丕、陆机的文论，清人崔述和近人梁启超、章太炎、王国维等人的著作。他既读人所熟知的《金瓶梅》、《聊斋志异》、《红楼梦》，也读一般学人所颇少涉及的《能静居日记》和《沈下贤集》、《宦海指南》，以及农桑、畜牧、花卉、金石、美术、国画之作。他所阅读的这些旧籍所包含的内容，通称旧学。他对旧籍不仅只是浏览一过，而且按传统主流治学方法——目录学的方法去钻研，每读一书，辄成一录，不过他的书录既遵循刘向父子“撮其指要，论其指归”的遗规，又经过“细细咀嚼品味而有所创新发展”，成为旧学新知邃密而深沉的结合。

孙犁收录在《耕堂读书记》中的每一篇文字，都非泛泛之笔，而是他在几十年探求传统文化的深层理解。他的突破是将文学创作中的“意在诗外”移植为学术随笔中的“意在书外”，他写的《能静居日记》书录，文字很短，但他不仅叙录了书的本身、作者的生平、重点摘出其主要内容，并对日记给以相应的评价，在结尾处还写下这样的语句：“看来小人物的日记比起大人物的日记，可看的东西就多了。这是因为小人物忌讳较少，也想存些史实，传名后世。”一语道破作者的内心。他在《读〈旧唐书〉》一文中，除了讲史书本身外，写了十几个人物传的书录，对传主有所论述，但也无例外地都作了“意在书外”的发挥。如在《魏征》一篇中，对“四人帮”封魏征为法家表示异议，认为：

当个法家，其实也并不容易。文辞、口才、胆识、学问，缺一不可。

> “四人帮”以法家自居，看看他们的文章、学问，实在没有一人够格。他们以为法家就是打棍子、造冤案，是把中国的法家贬低成酷吏了。

在《初唐四杰》一篇中评述了王、杨、卢、骆四人学行以后，即以“耕堂曰”的传统论赞方式，说了一段话：

> 四人皆早年成名，养成傲慢之性，举止乖张，结局不佳。人皆望子弟早慧，不及学龄，即授以诗书技艺。如此种植，违反自然季节，过多人工，虽亦开花结果，望其丰满充实，则甚难矣！神童之说，弊多利少，古有明证，人多不察也！

针砭时弊，发人深思。又在《元稹白居易》篇尾叙《元稹传》后所附《庞严传》中所记庞友于敏、于庞得罪后落井下石之作为，又给以“耕堂曰”的评论说：

> 古人对于偶遇风险，友朋落难，就立即与他划清界限，并顺手下石的人，也是不以为然的。这种事情，也不知是古代多有，还是近代多有。但自搞政治运动以来，其数量必远远超越前古，则无疑义。为此行者已不只朋友间，几遍于伦理领域。人亦习以为常，不似古人之大惊小怪。传统道德观念，从此日渐淡薄，不绝如缕。

孙犁把数十年政治运动的恶风刻画得淋漓尽致。他读了不甚为人知的《沈下贤集》，不仅介绍了其人其书，而且以其热爱文学之情，总结出一番唐人文学创作技巧高妙之论说：

> 唐人记事，一出天然，朴实无华而真情毕见。作者能用最简练的文字，表达人物最复杂的心理。不失其真，不失其情。读者并不觉得他忽略了什么，反而觉得他扩充了什么。使人看到生活的精华和情感的奥秘。在描述中间，使读者直面事物，而忘记作者的技巧。只注意事物的发展变化，绝不考虑作者的情节构思。这才可以叫做出神入化。

类似的示例，在孙犁的学术随笔中，比比可见，几乎是每篇必有这类精粹之处。这些精粹之笔，都植根于孙犁对民族、国家和社会的钟情。在“四人帮”覆灭，历史重新走向新轨道以后，孙犁郁积数十年的深情、至情，就像沉默多年的火山喷出炙热的岩浆那样来烧毁邪恶，也像大坝的启闸，让截断的江流激越奔腾以涤荡污泥浊水。他的这些学术随笔用情之深，底蕴之厚，涉及之广，延伸之远，见解之新都不是一般随笔所能并论的。它以情、厚、广、深、新几大特色，为学术随笔树立了良好的典型，把自己铸造成一位学者型的作家。

孙犁虽不是天津人，但他寄籍天津半个世纪，已以天津为第二故乡。他在天津这片热土上，寻求传统文化，邃密地商量旧学；又以他的睿智发挥深沉的新知，天津为造就他继以小说家、散文家鸣世之后，进而成为一位善于继承传统文化的随笔作家。孙犁感谢这方土地，但是这样一位全面取得成就的学者型作家出现在天津，亦不能不让天津感到自豪。孙犁以自己的奋进不已为天津这座文化名城增加其含金量。在孙犁逝世一周年之际，重新读他的作品，审视他的业绩，我们理应承认孙犁是一位值得研究和纪念的历史人物。

原载于《中华读书报》2003年9月24日

评介《宁宗一讲金瓶梅》

《金瓶梅》是中国古典小说中的名著之一。但它的命运却与其他数种名著不同，有不少人按世俗观念视之为淫书，认为这是“少儿不宜”的坏书。即使收藏这种书的图书馆也将之列为特藏，除了一些所谓不受“腐蚀”的权贵可以阅读助兴外，研究者也需经过若干道加批的关卡，而一般读者更难问津。有些人把它视为毒害青年的毒草，若有所涉及，则是必须口诛笔伐的极大罪状。但世上总还有能读懂这本书的人，他们可能怀着一种特殊感情，对书中所描绘的特异生活和所刻画的那群人的深层社会背景，有所认识和发掘。著名戏剧小说研究家宁宗一教授在青年时代，就不顾批判、谴责，甚至构成罪状，他历几十年研究和讲述《金瓶梅》，力图扭转世俗的误识。他要树立《金瓶梅》的文学史地位，并为更多读者能接收与了解《金瓶梅》付出精力，宁教授勇敢地跳出纯学术的狭隘圈，通俗化、普及化地直击《金瓶梅》的要旨，写成《宁宗一讲金瓶梅》一书，由天津古籍出版社列入“名家讲堂”丛书，于2008年8月正式出版。

《宁宗一讲金瓶梅》从美学角度，将大量读者带出污泥，进入美的哲学境界。他教导读者把《金瓶梅》看做堕落时代的一面镜子；是一卷市民阶层的风俗画，是泄漏人性方面的不同色彩，特别是不常见到的丑的一面，而回归到现实主义的基点上。尤其是他把人们本无需敏感和惊叫的“性”，视作美与恶的双刃剑。宁宗一教授对《金瓶梅》的研究与诠释，可以说倾注了一生中最主要的精力，他赋予《金瓶梅》以新的艺术生命。他将研究《金瓶梅》视作度世救人，点化芸芸众生的事业。可惜不能为更多人理解，甚至那些有些“学问”的道学先生也都虚假地讳言其书。宁先生对西门庆、潘金莲等六个主要人物的诠释，更帮助读者摸准全书的书脉。

这部著作在相对宽松的时代，幸运地由出版社正式出版，多少也有点风险，究竟时代前进了，竟然没有惹起任何风波，令人愉快。

二〇〇九年七月写于南开大学邃谷

原载于《今晚报》2013年5月6日

红楼何止半亩地

——评《红楼半亩地》

湖州张建智兄寄来新作《红楼半亩地》，我甚感惊讶。建智学识广博，曾读其著书多种，但素不知其尚涉迹红学。红楼自清末民初以来，说者论者，著书者立说者日多。晚近尤烈。学者不分老少，作家不论大小，达官显宦，凡夫俗子，多好侈谈红楼，众人统名之为红学。鸿文迭出，论版本批校者有之，论人物形象者有之，论曹氏身世者有之，论社会背景者有之，论政治内涵者有之。课堂讲座，舞台荧屏，可见红楼遍立。而芸芸众生，蚩蚩之氓，起哄架秧子有之，随声附和者有之，追星崇敬者有之，于是无形中成一红学军团，红学则因有无限空间可供探索而成当世之显学。设各路英雄多能各守领地，勤于耕耘，互补短长，则红学繁荣，自在意中。惜近年时有纷争，尔攻我讦，卧榻之侧，岂容他人？而甘笃守一隅，力陈创意者鲜；有之，则建智之《红楼半亩地》也。

建智之成此红楼琐语一卷，以“半亩地”为名，于其序中有明确诠释，序中有云：“相对那浩瀚宏博的红学来说，也仅是半亩乃或一角薄田而已”，此盖建智之谦词也。实则建智自守园圃，自怡自悦，乃读书人本分。建智之涉足红楼，能以半亩地以明其淡泊之志，实为难得。展读全卷，共得十篇，其结构亦非同一般。首篇为一小说，建智以其深入研究之狱神庙为故事发生地，以贾宝玉落泊羁押于狱神庙为书魂，以一群小人物不忘故旧，不计利害的作为展开故事，丰富和解读了红楼深藏的内涵。他摒弃钗、黛、熙凤、可卿及若干头等丫头等为人熟知的“显赫”人物，而发掘茜雪、小红、柳湘莲、醉金刚、王短腿等一批小人物。茜雪是曾被宝玉借题发挥，泼茶摔碗，终被撵走的丫鬟。小红是个心灵手巧，对男人具有魅力的四等丫鬟，痴心于宝玉，但却被高她几等的大丫鬟们抢白和排

挤，最后由于熙凤一时好心，放出府去，与贾芸组成家庭，成为贾府抄没时的漏网之鱼。贾芸是个供熙凤小跑的“碎催”，柳湘莲是浪迹江湖的游侠人物，醉金刚倪二是痞子气十足的小混混，王短腿是个马贩子出身，与茜雪成婚后专职狱卒，心存忠厚又患得患失的哥们，这对夫妇，是狱神庙的主宰，宝玉遭难后的救命稻草。后用九篇散文娓娓解说小说细节。细节是构成情节的主要成分，头一篇小说的浓缩，得到后九篇细节的赏析，令人恍然大悟建智之真意矣。其意何在？实基于脂评中以狱神庙研究之奥秘为铺垫，发前人所未发，引人入胜，以小说与散文相熔铸，写他人所不写，揭作者之隐秘，陈小人物之义行，衬托了一部红楼“树倒猢狲散”之凄凉。此建智之创意，而半亩地之根正苗壮，则历历可见。若以红楼之广袤，好者爱者学者，皆能作半亩、半亩……之精耕，则红楼之研究，行见日益宽广。

建智于红楼主体专论之后，复附以《随诗而想》、《茶禅记游》及《鸿爪印雪》等分论三卷，合成一集。《随诗而想》写了上世纪三十年代十位新诗诗人，有的是后人熟知的，如林徽因、胡适，有的是我这一代人比较熟悉的，如戴望舒、汪静之、康白情、殷夫，有的是被淹没或遗忘的如于赓虞、浦风、朱渭深，有的则是我从未视之为诗人、连他有无诗作都一无所知的，如曾任燕京大学校长的语言学家陆志韦和他的诗集《渡河》。建智介绍了他们的生平和逸事，评价了他们的诗作，还插入了若干书影图片，有的书影于民国旧刊尚属稀见。他不仅阐幽发微，给读者陈旧而新鲜的知识，亦为新文学史丰富了内容。《茶禅记游》之卷，是别赋新意的游记，所游古刹名寺，所谈茶禅文化，既寄身烟云虚幻之间，复从僧录机锋中，得善待现实人生的感悟。《鸿爪印雪》古今存没共在一编，读者徜徉其间，若觌面晤谈，古往今来，任君驰骋，建智之史识于此可见。暑日炎炎，难遣永昼，握此一集，斜倚卧榻，翻读书页，不觉清风徐来，了无倦意！我又曷得不谢建智笔墨之劳！

原载于《文汇读书周报》2008年9月5日

铁肩担道义

——读秦文虎的《赤地》

我读过很多有关革命人物的书，有的是写有名有姓的真人真事，具有历史性质的传记；有的则是以某些人为原型，改名换姓，融合同类群体事迹，铸造各种人物形象，编写故事情节，属于文艺作品。我更喜读后一类作品。但这些作品的主人，往往多是工农干部和革命军人，而以经过革命激流的冲洗和磨练，终生行进在不平常的革命道路上的革命知识分子为主体的小说，则为数不多，有的如《青春之歌》、《六十年的变迁》，则属于自传体小说。最近读到秦文虎先生的《赤地》恰恰为我补足了这一缺憾。

几年前，我就听说秦文虎先生在写一部以革命知识分子群体活动为主要内容的长篇小说，总题目叫《真玉》，包含着《趋光》、《赤地》和《血泉》三部曲。《赤地》是首先出版的一部。由于书中一些人物和故事情节，有许多是我曾经熟知的，所以像遇见故知那样，非常通畅地读下去，但亦不时为书中人物的遭遇激动过、振奋过和感伤过。

尽管作者一再申说书中人物是虚构的，但据我所知，这些人物都是确有原型可据的。书中主要人物佟笑冬、郑晓芙的经历，与我相知多年的一对夫妇的经历几乎相同。这对夫妇原是北京某大学的学生，在上世纪三四十年代被革命洪流卷进革命，又为了追求光明而奔赴延安。不料在意想之外，经过不止一次的磨练和冲洗，成为一对革命伴侣，但是，他们那股真正知识分子的“蒸不熟煮不烂”的倔强性格并没有被磨掉，因此前进的每一步都是跌跌撞撞的那么不平坦。如与书中佟笑冬和郑晓芙夫妇那种勇于任事，甘于忍辱负重，敢于与邪恶势力斗争，同情民间疾苦的倔强性格对照，又是多么的相似！作者以浓墨重彩使佟笑冬的崇高品格一步步地走向完善，卷末刻画佟笑冬毫无顾忌地批准农民向县粮库借活命粮的正义行为，让人们真正看到共产党的县委书记佟笑冬那副宽广的肩膀，竟然义无反顾地担起沉重的革命道义，使世俗的人性良知受到震撼和呼喊而复苏。作者对郑晓芙虽然编织非常曲折美丽的爱情故事披在她身上，但并未能掩盖人物原型那种贤淑淡雅的女性优美品质。陆偕元是作者笔下虚构成分最大的人物，是在许多写革命人物的小说中未曾有过的形象，是作者的一种创造。陆偕元忍着最大的痛苦，埋藏自己的爱情，以成全甚至不惜牺牲自己的生命保护同志的美好生活而自我退隐于山林，以疯老头的面目继续他的义行，体现出一位共产主义的信徒的高境界、高品格，令人钦慕不已。只可惜在现实生活中这一类人常被遗忘，被漠视！从对几个人物的形象看，应该说作者对革命知识分子的言行有所体验，并进行了极为深入的挖掘。作者对这几个人物的塑造是成功的。

作者对另一些知识分子则大事鞭挞，他尽情地讥笑和批判好跟风的州委书记，出卖亲人、同志来换取个人名利，以及行为极其卑琐的副县长，痛快淋漓的笔墨为人们准备了一面检查个人言行的镜子。与此同时，作者还写了若干工农出身的人物，也是按照他们的言行分为不同类别：一类是农民出身的朱副县长和他的母亲，在极为艰苦的生活环境中，他们严以律己，不侵害群众的一丝利益，甚至像朱老太太，没有什么文化，也讲不出什么大道理，但是宁可饿死，也不作任何非分之求。作者笔下的农村妇女若菊、若兰姐妹，倔强不阿，敢于向各种恶势力反抗，深切地知道爱和恨，一身正气，给人们以深刻的教育。作者更以其铁笔无情地揭露作恶多端的民兵队长的种种恶行，伸张正义，重创邪恶，令人一吐抑郁之气。作者在写中间人物时，极为细致地刻画这些人的双重人格，有位红旗村的模范村书记，一方面为自己谋取到的荣誉骄傲而不顾民生，另一方面又不时有良知复苏，感到自愧。另一名村的基层干部陆大头，一面要认真贯彻上头的不正确的指令，另一面又不忍看群众挨饿等死的苦况，而为民请命，终于在卷末写到他豁出一切，不顾后果，向县库借粮活命。悲壮的行动，完成了陆大头高尚人格的塑造。

《赤地》的故事，发生在上世纪灾荒年代的云南丽水附近的一个山区县，艰苦的条件，艰难的岁月，不断地洗刷着各种不同的人物。作者以九年之功，为真正的革命知识分子树立了应有的形象，为后人留下了榜样。《赤地》不仅纠正世俗对知识分子的种种看法，对所有知识分子也是一种激励。我在反复循读中，自己的思想也时时在受冲刷。我深深地感谢作者，写了这样一部充满革命教益的读物。期望有更多读者来读这本好书。

二〇〇七年一月写于南开大学邃谷

原载于《邃谷师友》（远东瞭望丛书） 来新夏著 上海远东出版社2007年版

期待美的历史

——读《文化的江山》

我认识一对夫妇。丈夫叫刘刚，是一位自由写作者，兼营企业以谋生计，颇有诗才，写过两卷《中国史诗》和《从古代到古典——进入轴心期的希腊和中国》、《为民族而写——民族心的自觉及其文化哲学》等。妻子叫李冬君，是历史学博士，现在南开大学任教，写过《孔子圣化与儒者革命》、《中国私学百年祭——严修新私学与中国近代政治文化系年》、《孽海自由花——赛金花"出走"以后》、《落花一瞬——日本人的精神底色》和《儒脉斜阳——曾国藩在官场和战场》等，看来这是一对以学术相濡的夫妇，整日以读书写作为主要生活内容。他们在读本科时，曾听过我的《古典目录学》课，彼此有一层师生关系。他们常把所著书送给我，我也很喜欢他们的写作风格，总是从头读到底。久之，我就期待他们能合作写一部书，在他们大儿子涵宇之后，又为这个家庭添一个小儿子——他们的精神结晶。

虽是愿望，但终于实现。前两年，他们准备写《文化的江山》时，曾送一份不同一般写法的历史著述大纲来，询问我的意见。我谈了自己的看法。敦促他们早日成书。我很惊讶他们的精力，一年半的时间，就写成这样一部六十来万字的书。也许他们前此所写的那些书，曾为本书作了前驱工作和奠定基石。我一字一句地读完这部书，在读的过程中，常常会有击节拍案的时候，因为书中的许多观点和论述有创意，有魅力。如果历史书都这么写，那会拥有多少读者啊！

这部书是刘刚和冬君的共同产物，分担文字和图说，珠联璧合，能让人感到我们祖国几千年的历史还有如此之美的一面，不像读王朝历史时不断闻到砍砍杀杀的血腥味。读完全书，我只得到一个字——美。书里面有许多话题都是一种对美的赞颂——稷下学宫，百家争鸣，各家各派，纷纷扰扰，都在这里宣传主张，推销思想，一般史书要用多少文字来描述，但作者举重若轻就做出了高度概括，很有点齐人炫智的气势。宋代王朝虽称积弱，但有四大书院做它的根，思想者像行脚僧依托寺院那样，虔诚地往那里去论辩讲学，这是宋代的强盛点。唐诗、宋词并称辉煌，而柳永可三变词风，其词远被西夏，“凡有井水处，即能歌柳词”，在民众中扎根，自己又“忍把浮名，换了浅斟低唱”，似稍胜杜甫一筹。唐宋八家，宋占其五，而苏轼、王安石虽为政敌，思想沟通无碍，真是难得！无怪作者以宋作终结。上推稷下争鸣，魏晋清谈，无一不在美的氛围中回荡，而且把知识分子向往的独立自由的精神思想完全投进美的袋子里。作者就是这样告诉读者：为什么要学历史？重读历史应该寻找哪些东西？

作者真诚地宣布“历史是美的”理念，他们挥动如椽之笔，甚至是排笔，洗刷王朝历史的丑陋部分，给我们一个祖国历史是美的理念。谁能看到这种历史理念？“唯有爱之眼能发现美的理念，而美的理念显现，唯有爱能看见。”作者是以爱心来看祖国的历史，以爱心来写祖国的历史，不让善良的人们在王朝历史的相斫故事里迷失自己。即使一场战争，在作者笔下也是一种美，作者不讳言战争是力的较量，但“力是文化的原生态，也是社会发展的原动力”。作者把被王朝历史掩盖数千年的历史盖子揭开，让人们看到历史的真相。汉朝与匈奴的连年战争，激烈惨痛，但作者选择这段历史美的景象，写行伍出身的郑吉屯田守边，长期过着“白日登山望烽火，黄昏饮马傍交河”的日子，郑吉没走前辈霍去病快速野狠的战术老路，像一阵风似地刮过去，而是“以天时、地利、人和打总体战，不光打军事，更打政治。他从不以一国之兵，与匈奴一决胜负，而是发动各国打持久战”，终于迫使匈奴日逐王归汉。日逐王思考形势，把归汉信息传给郑吉，汉方尚有人犹豫，郑吉则以诚待人，光明磊落，视对手若知己，策马出迎。日逐王感动地率军奔向渠犁，一路上没听见厮杀呼号，没看到尸横遍野，他见到的是美丽的景象，作者用笔底的感情写下这一场景：

> 蓝天白云下，苜蓿花开了，紫花美矣，征马肥矣。他相信郑吉一定在那里等，他意气风发，用牧人的长调，向远山呼唤：我来啦！

多美的景象，虽有作者的诠释，但却是历史的真实。中华民族的两位英雄比肩而立，天山南北终于统一，西域都护府从此开始。化干戈为玉帛，符合全体国民意志，郑吉就是这种意志的集中反映者和实行者。郑吉的功绩高于卫、霍，因为他并用了力和德，《汉书》本传以“诛、伐、怀，集之”赞美他的功绩，定论“汉之号令班西域矣，始自张骞，而成于郑吉”，这就是美的存在。死是人们所讳言，但作者眼中只有爱，心中只有爱和美。

作者从文化角度来重读历史，来撰写历史。他们在开篇就公开宣称：“中国史就是以自我对历史进行选择，以文化个体性对历史进行价值评估和本体重建。”重读历史就是要“发现文化的江山”。他们选择了《山海经》作为文化江山的开端。因为《山海经》就是一座文化的江山，是中国文化的摇篮，重读中国历史要从《山海经》开始。作者认为：“江山自然生成，人居其中，文而化之，渐成国土。”而《山海经》的所思所写，适当其选，于是就以其阐明传说时代，这是对历史的发掘。继之而来的是春秋战国，以诸子思想争鸣而存在；魏晋时代以《世说新语》中那些名士清谈而存在，宋人讲学书院，如诸子争鸣，如名士清谈，是中国思想文化的新发展。至于盛唐，诗人以诗存在，而“思想者的思想都没有进入理性化的存在”，是盛唐时代的悲哀。这也算是一种历史分期的说法。

作者的论述在于抓要点，明主旨，定评论。他们所论述的诸子百家，已经不是一般历史书中在书末尾的文化栏目下有百数十字的点缀而已，即以惠施为例，人们或知其名，但如何论述，如何评论，只能说语焉不详。但本书以较多文字写惠施，写庄子以惠施为质手（即对手）的论辩。战国时期能以质手相待，是一种极高的礼遇。同样是名家的公孙龙，庄子就不屑与其一般见识，不拿他当对手，而让资历差的人接待。庄子多次与惠施论辩，庄子称赞这个“学富五车”的惠施是“日以其智与人之辩”。惠施死后，庄子痛失对手。读《庄子》，庄子是每次论辩的赢家，惠施呢？由于著述失传，成为难以证实的赢家，作者发掘出惠施的价值，甚至还把惠施放到与奥地利学派的马赫比肩的地位。这些有关惠施的记述，不可能在一般历史书中找到，惠施在文化的江山中有了一席之地。

一般历史书和文章不是三行高两行低的佶屈聱牙，就是平铺直叙的清汤寡水。是书不然，作者不仅搜集大量资料充实内容，又能吸引人们把书读下去。他们懂得“言之不文，行之不远”的道理，语言文字的运用非常纯熟，整本书是诗化的语言，很讲究文字的搭配和音调的协韵。他们用诗一般的语言把中国历史从个体和个性化出发，重读和选择中国历史，然后用美的理念贯穿起来，把中国历史写成一部灿烂辉煌的历史，这就是人们面前的《文化的江山》。这部书是写历史书的创举，与我以前读过的历史书，别有新意。

作者在书的末尾终于点题了：原来他们的文化江山，就是思想者的江山，他们以思想者的书院结束全书，明确阐述作者自己的观点说：

> 统治者有王朝，思想者有书院，书院是思想国，思想者的共和国。书院里有自由的思想和独立的精神，有共和的制度与生活。
>
> 书院，思想者的家园，思想共和是共和国的根。
>
> 文化中国在，书院就在，书院在，思想者就永不败。

作者刘刚本来想到域外求存在，“乘桴浮于海”，但当他从历史中选择了文化江山后，便放弃了原来的想法。因为他找到了中国历史在王朝历史的掩盖下，还有美的历史的存在和美的哲学的存在，还有一片新世界。他甩脱王朝历史对自己的迷失，他大声宣告“文化中国，是我的祖国”，作为全书后记。我感谢这对学术夫妇给善良的人们带来一种享受，一种期待，这也是我读完全书后的另一种后记。

原载于《读书》2010年第6期

寓教于乐

谣是一种便于空手拍唱，并能传之遥远的文体，所以古人把谣解释作徒歌，与“遥”字相通。它从远古时代就已产生，在许多经传杂书中都有记录。它的名目甚多，如以时分有尧谣、秦谣、汉谣；以地分有长安谣、京师谣、郧郡谣；以人分有军中谣、童谣、小儿谣、女谣等等。其中流传于儿童之口的谣，数量较多，并最易引起人们的注意，甚或被采录作政治性参考。古人也对谣作过一些专门研究，如明郭子章撰《六语》三十卷，其中即有《谣语》七卷；杨慎更采录古谣和制作时谣而撰《古今风谣》二卷；清杜文澜撰《古谣谚》百卷，包罗极广，可称洋洋大观。虽然这些撰述被人认作是“编录以遣岁月，不足以言著书”，但它却保存了大量政治经济文化习俗的口述资料，具有重要的参考价值。

近代以来，这方面的成绩不甚显著，一些应时之作散见于报刊小册，未能流传久远，编写水平也不太理想，没有为儿童所传颂，以至造成儿童仍在说爷爷奶奶说唱过的童谣，唱儿童不宜的成人歌曲。整个社会迫切需要使儿童有自己的歌谣，希望能用内容丰富，形式新颖，易于上口的新童谣去充实儿童的心灵，增长儿童的智慧，熔铸儿童的性格，以有利于儿童的茁壮成长。南开大学出版社为了适应社会的这一需求，特组织有关人员创制编写一套《中华智慧新童谣》①，提供适合儿童身心发展的读物。

这套新童谣分为六卷，即平安卷、光电卷、发明卷、识字卷、动物卷、植物卷。每卷收若干首童谣。几位编者都是具有丰富科学知识和幼儿教育经验的专门家，所以保证了知识内容准确，比较接近儿童生活实际。每卷题头语简明扼要，不仅概括了全卷的主要内容，对施教者也是一种提示，如植物卷的题头语说：

① 《中华智慧新童谣》（第一辑），李正明等编，新蕾出版社、南开大学出版社1996年版。

“树木花草，人类需要。粮食蔬菜，瓜果梨桃。热爱自然，幼儿知晓。”这首题头语本身就是一首较好的童谣。

这套新童谣有文有图，是符合儿童识字规律的，一面唱着童谣，进行逻辑思维，一面又看着与文相关的图像，增强形象思维。我国古代就有左图右史的说法，唐以来的蒙学读本有的就有图，特别是明以后，蒙学书有更多的插图，近代看图识字的儿童读物尤为普遍。新童谣有文有图，可以帮助儿童更好地理解文意，记住知识。

这套新童谣不仅传授科学知识，还涉及如何生活，平安卷就教育儿童要有自我保护意识。如《小羊儿》一首唱道：“小羊儿乖乖，家里面呆呆。生人来叫门，千万别给开。小羊儿乖乖，家里面呆呆。妈妈回来了，钥匙把门开。小羊儿乖乖，家里面呆呆。门铃响起来，‘猫眼儿’看明白。”这是利用传统格式，填补了新的内容，显得既熟悉，又新颖。

这套新童谣比较丰富而准确地灌输了科学知识，包括日常生活和自然界的存在。如光电卷的《微波炉》一首说：“微波炉，真奇妙，煮饭烧菜呱呱叫。没有烟、没有火，安全卫生真可靠。时间省，滋味好，微波作用真不小。”又如植物卷《杨柳》一首说：“二月春风刮，杨柳发了芽。花开一串串，絮毛像棉花。杨柳最好种，入地就安家。环保多种树，快快来绿化。”寥寥数语，道尽奥妙。

识字是蒙学教育的初阶，而反复经眼应是识字教育的重要手段。新童谣的识字卷有许多首就反复出现要识的字，把要求认识的字多次运用组合成一首童谣，便能很容易地掌握字汇，如《手拉手》一首说：“哥哥走，我也走，我和哥哥手拉手。手拉手，慢慢走，一走走到大路口。手拉手，停一停，绿灯亮了咱再走。”这首童谣既给儿童以行路安全知识，还使儿童熟悉地掌握了哥、走、手、慢、拉、我和停等字。这比单独孤立地去硬记要愉快有效得多。

当然每一项创制工作都会有一些有待改进的地方。这套新童谣如在协韵合辙上更注意儿童上口易背诸方面而再加琢磨修正，对所灌输的科学知识尽量利用最新的材料，并使知识范围更接近儿童年龄段等等。如能把这些童谣在儿童中吟诵传播，发现不适用部分（如双桶洗衣机似已过时）而加以修订，那将使这套童谣更为完善，更加实用。

原载于《依然集》(当代学者文史丛谈)　来新夏著　山西古籍出版社、山西教育出版社1998年版

一部久遭湮没的千字文

1997年冬，山西阳城方志办的刘伯伦先生在该县下孔村一农户家的破纸堆中，发现一本久被湮没的千字文——《千字典对》。时隔不久，他把部分复印件寄来，告知其整理、考订情况，而殷殷于谋求出版，并热情地邀我先为之序。我读其来信，一则以喜，一则以忧。喜百余年沉埋故纸得重见光明，伯伦又甘于焚膏继晷，倾全力于译文、注释、赏析之业；而忧则当今之世，又有何稽古右文者，肯于斥资相助耶？情出无奈，乃于1998年为其书撰一短序，序中论及《千字典对》问世之三关云：

> 《千字典对》需历经三关，始能面世：
>
> 其一为发现关，《千字典对》成稿于百余年前，当时仅做乡塾读本，未能行世而为人所知。近年山西阳城县志办刘伯伦先生为该县下孔村编写村志时，在吴昆山家故纸堆中发现此书原稿，引起其注重，乃出该书于多年尘封之中，为该书稿传世开辟道路，于是人们始知世间尚有此书。
>
> 其二为整理关。《千字典对》内容涵盖上下五千年，撰二百五十则名人名事、名言名句，用典甚多，苟不加注释，确乎了解不易。伯伦自发现该书稿后，即立意为其条分诠次。为便于更多读者，乃以译文、注释和赏析三层次，进行诠释及剖析。如此则《千字典对》之字义、典实及内涵，均将毕呈于读者之前。
>
> 其三为出版关。前二事皆可以伯伦之强毅成之，如仅此而已，则《千字典对》与湮没无闻，又有何异？此不独使《千字典对》未能广被天下，抑有负于伯伦之苦心孤诣，更不足以励深求文献之志。惟当前出版艰难，世所共见。《千字典对》虽耗资不多，终不敌为秽书而甘斥巨资者。设有主政者、

富而好学者以及有识之出版家，助成其事，则老朽亦将为慷慨解囊者馨香默祷矣！

书序写付之后，殆阅四载，杳无信息。直至2002年春，始获伯伦见寄之《千字典对》成书，大喜过望，启封展读，该书系国际炎黄出版社以条开袖珍本印行，颇便随读。书稿原仅千字，系原作者手写欧体楷书，伯伦缩印附入书尾，以见原作者书法之水平。全书增入译文、注释及赏析，得13万余字，为原稿字数百余倍，均出伯伦之手。联语典故颇多僻奥，翻检之劳，可以想见。其尤可贵者，伯伦尚为原作者纠误正讹，如有联曰："贫怜北阮"与《世说新语》所载北阮富的故事相悖，乃易为"富矜北阮"，又以"钩曲绳直"一联之"绳直"无出处，遂据《后汉书》所载民谣，改为"钩曲弦直"，此固非好学深思者所不能为。伯伦不愧为原作者之诤友！

伯伦为表彰先贤，辗转探求原作者事迹，始而仅据原稿书尾有人批注"下伏村"三字而访问乡老，继而查阅有关地方文献，终而自原作者家族神主牌所记内容得作者生平。原作者刘辅之系山西阳城沁河西岸的下伏村人，1812年2月4日生，1876年6月14日卒，享年六十五岁。一生以教书为业，淡漠功名，不求仕进，恃才傲物，机智诙谐。这样一位具有才华而困顿底层的乡村塾师，能撰写如此有价值的著述，真正体现了中国知识分子的伟大韧性，足令人赞佩和惋惜，以视今之躁进嗟怨者，诚难乎其置言矣！

千字文体自梁周兴嗣撰千字文以来，久为幼学教材的主要写作体裁，门类亦逐渐开阔，有续广周著者，如《续千文》、《广千字文》；有为特殊对象编写者，如《女千字文》、《梵语千字文》；有作专门用途者，如明李登《正字千文》……《千字典对》或为此类文体的殿后之作。惟其书有异于前此诸作而独具特色。全书以传统规范诗韵《平水韵》之一东、二冬、三江、四支……为次写成，而每联均含典故，对丰富传统文化知识大有益处。尤令我为之动容者，此书之得以问世，所赖者既非拥巨金之商贾，亦非有胆识之出版家，而是原撰者刘辅之故乡山西阳城县润城镇下伏村和收藏此手稿的八甲口镇下孔村的主要领导人。这些出身农民的基层领导，深明保存地方文献，弘扬中华文化之大义，出此义举，实令人既感且愧！

原载于天津《今晚报》2002年12月28日

暑天的阴凉

——读张阿泉《慢慢读　欣赏啊》稿

是天津最热最热那天下午，我正黄河之水突自天上来，捂着肚子，满身淌汗，蜷缩在床上难受。忽然随着门铃响声，送来一包由内蒙古寄来的特快专递。家人打开一看，原来是呼和浩特张阿泉寄来的邮件，似乎也随着带来些许塞外的凉爽。我兴奋地抽出来两大件：一份是他的新书排印稿，另一份是他的赠书——《躲在书籍的凉荫里》。“凉荫”是当时多么渴望的气息，我的肚子似乎也不怎么难受了。我急不可待地打开书的扉页，上面的题署，令我呆住。阿泉用他那笔自由体字，对角线式地题了如下几行字：

寻旧作一册呈来新夏兄书林添叶

张阿泉

二〇〇八年七月二十日于呼和浩特泉斋敬识

这份题识让我打心眼里高兴，这是真话。近二十来年，大部分和我称兄道弟的人都已离开这个嚣嚣尘世，我已经几乎没有人称我为“兄”了，不是“来公”，就是“来老”，和朋友们的距离拉远了，人们把我放到高台上，大家仰着脸看我，你说难受不难受，而如今比我小一半年龄的阿泉，居然肯视我为兄，证明至少有这么个人对我平视，让我走下台来，融入到茫茫人海中，让我回归到二十多年前。这不是年增岁月人增寿吗？幸福啊，幸福！谢谢阿泉！

寄来的另一份东西是阿泉的书稿，书名是《慢慢读　欣赏啊》。他希望我通读全稿，随手写点感言，发点议论，整理成文后，也许可作为这本书的序言。既然接受阿泉和我是“哥们儿”，他以兄视我，我当然要担负起课弟读书作文的责任，自然义不容辞地要读他的书稿。于是在病床上一页页地翻着看，足足看了三天。慢慢读完全稿，腹泻也止住了，人也能起来走动，就懒懒散散地把我的随想写给阿泉。

把阿泉的成书和未刊稿的两个书名连缀在一起，似乎有一种内在的联系。《躲在书籍的凉荫里》提示人们在哪儿读书，要躲在书堆的凉荫里偷偷地读，不要张扬。《慢慢读　欣赏啊》是提示人们怎样读书，不要贪多求快，不要一目十行，要十目一行，慢慢咀嚼，细细欣赏，才能品出书的真味。这是不是阿泉的本意，我只是以意逆志而已。

这本书稿共分四辑，包罗甚广，古今中外，阳春白雪，虽然显得有点杂，但始终围绕一个中心，那就是“书”，也算是书话中的一类。它像一爿文化超市，虽然没有大件货，却是五光十色小包装的精品，引人喜爱地往自己筐子里装。有些文字粗了点，但很平实直白，像个塞北汉子说的话：爽快透亮。“嫖客无真情，所以他不收藏妓女”，快人快语，一语道破他人不敢说的话，戳破了那群附庸风雅者流的真面目，令人拍案。

看来，阿泉是个精神富有者，因为富有，就不太吝啬，肯把自己的精神财富与朋友共享。他读书、写作，积累了一些经验，提出了“旁逸斜出”的读书法和“杂草丛生”的写作法，不管别人同不同意，我觉得颇有可取之处，至少肯亮底牌总比遮遮掩掩好得多。阿泉把自己读书所得的许多知识反哺给民众，尽一个读书人的本分。我自以为读了不少书，但阿泉所读就有我从未闻见的书。他介绍奇僧更敦群培的奇书《西藏欲经》，我既没有读过也没有听人说过，真令人感叹书海之广。

阿泉很爱他的家乡，这是正道。不爱自己家乡的人，是没有感情的动物。阿泉爱昭乌达的民歌，把介绍它的短文放在集子的第一篇，恐怕并不是偶然。那许多歌词质朴，曲调悠长，情真意切的原生牧歌，能不让阿泉不饮自醉吗？能不引动游子们的乡思吗？他又讲了许多《我的家在高原上》的琐碎闲话，以寄托自己的乡情。他如《我想拥有一座蒙古包书房》、《草原文明后记》和《草原飞花……》都在说他的家乡好。让人嗅到草原上的清香。

书稿中写到不少人物，有外国人歌德、伊索、巴尔扎克、普希金；有中国人叶圣陶、傅雷、钱歌川、黄永玉、袁滨、盛寄萍、陈海、成寒、钟芳玲、张守义、李健吾和林干等等，而最能引动我关注的则是梁宗岱。在我的不准确的记忆中，梁宗岱是最早介绍蒙田随笔的人，而蒙田则是为人们推为随笔鼻祖的作家（姑不讨论是否如此），我就曾因读梁选本而求读全套《蒙田随笔》。梁宗岱应是写随笔的人不可忘记的一位作家。阿泉的《梁宗岱三题》写了三个题目：《以少胜多的梁宗岱》写梁宗岱的著译作品。《粤剧名旦甘少苏，为梁宗岱而深情》写梁宗岱的感情生活。红颜知己历来是一个男人一生中最难得的感情和幸福。梁宗岱得到甘少苏的呵护濡沫，偕手走过那个黑暗的特殊年代，梁宗岱可谓不虚此生。《像梁宗岱这样奇节独行的文人现在还有吗？》除了填补我的知识空缺外，更重要的是提了一个很刺人的问题，是值得大大小小文人准文人反思的问题。阿泉把梁宗岱看得更透些，他认为梁宗岱“由煮字烹文而蹈入从医制药，是一种不得已而为之的失落、退隐和逃避，有明显的悲凉色彩”。也许这正是梁宗岱不可告人的隐痛，被阿泉刺中了软肋！

书稿看完，随手写下一些感想，略加梳理成文，写给阿泉看看，不论对或不对，总算是老兄送给老弟一片暑天的阴凉吧，当不会见弃。至于派何用场，权在阿泉老弟。

二〇〇八年七月下旬挥汗如雨写于南开大学邃谷时正八十六岁初度之辰

原载于《汕头日报》2008年10月19日

奇人·奇书·奇作者

——读陈福康著《井中奇书考》

收到陈福康先生所赠近著《井中奇书考》已有数月，而至今方能展读的原因，一是因年老体衰，常常有病，往往十天半月不读书；再者，这本书因作者在书未出版前曾来舍向我谈过著述缘由，对我很有吸引力，总想认真通读一下。直至近日，始专用了十日之功，粗粗浏览一过，确有所得。书序是由老学者胡道静先生所撰，以一“奇”字立言，指明“《心史》，奇书也。郑所南，奇人也”。又云：“福康同志，岂非亦当代之奇人乎？《井中奇书考》亦岂非当代之奇书乎？”我与胡老有同感焉，乃以《奇人·奇书·奇作者》为题而论其事，并向读者推荐。

一　奇人郑思肖

抗日战争时，我正身在沦陷区读中学，郑思肖的事迹曾由老师在讲课中介绍过，也为较多学生所传颂，把他视为爱国志士。十年前我为中国青年出版社撰写《明耻篇》一书时，也把郑思肖作为二十几位知耻者列入其中。所以自认为对这样一位有卓尔独行的奇人似乎已有一种比较完整的认识。

郑思肖字忆翁，别号所南，福建连江人。南宋理宗淳祐元年（1241）生，元仁宗延祐五年（1318）卒，年七十八岁。他是宋元之际一位很有民族气节的爱国诗人和画家。他的一生形迹足称为人景仰的奇人：

——他二十岁左右，已是太学优等生。这是通达仕途的一条途径，但他放弃了，随侍父亲寄居西子湖畔，与四方名儒硕学交往，增广见闻。

——当元军大举南下时，他到临安（今杭州）叩宫门上疏皇帝，怒斥尸位素餐者之恃权误国，要求革除弊政，重振国威，抵抗元军。因言辞激烈，上书被扣压，未予上报。

——南宋灭亡后，他学习伯夷、叔齐不食周粟的精神，不臣服蒙元的统治，自称“孤臣”。因肖是“趙”（赵是宋的国姓）的构成部分，所以改名思肖，字号忆翁和所南也都包含有怀念赵宋的意思。他把居室题额为“本穴世家”，如将“本”下的“十”字移入“穴”字中间，便成“大宋世家”，以示对宋的忠诚。

——他原与宋宗室、著名画家赵孟頫交往较多，后赵降元并任官，郑即与之绝交。

——他擅画兰，宋亡后，所画兰均无土和根，因土地已沦丧于异族，无从扎根。

从这些行事可以大致看到一位“奇人”的身影，但当读过陈福康先生所著《井中奇书考》后，便深感我对郑思肖所知的肤浅。陈书以四章的篇幅论述郑思肖的生平与家世、郑思肖的绘画、郑思肖的诗文与创作历程以及郑思肖与宋季爱国文人诸方面，凸现了郑思肖的立体形象。他努力挖掘元明人的私家著述及郑思肖有关自述中的生平资料，从元初柴志道为郑父文集序中涉及的一言半语至明初卢熊所撰《郑所南小传》之详尽，共有十余人为之传，而从郑氏自著诸作中更多有所得，至是郑氏生平，应称大备。谓福康为竭泽而渔，似不为过。而郑思肖之“独往独来，独处独坐，独行独吟，独笑独哭”的奇人之“奇”，也已勾画无遗。尤以对郑思肖所撰《先君菊山翁家传》之考辨，博引旁征，鞭辟入里，不仅使郑氏家世明晰，更可证《心史》之非伪书。郑氏善画兰，人多知之，而深入钻研其事者盖鲜，陈福康先生于此广搜博采，阐明郑氏绘画题材不仅限于墨兰而更为广泛，凡古今中外人士有所论述及著录郑氏画作者均以入文。而总其意旨说：“郑思肖的绘画，是他的爱国思想的表现形式之一。”于郑氏诗文搜罗颇富，而于条列诸书，皆能撮其大要，论其指归，以考镜源流，辨章学术，得作者深意。陈福康先生以郑氏一篇自序为据，依次对所列72位人物进行考索并论及与郑氏之关系。实则陈福康先生意不仅在于论述有关人物，盖借此示人将郑氏置于宋季知识群体中予以研究论断。其方法固称科学，但非殚精竭虑不可得也。

二 奇书《心史》

《心史》是郑思肖将一生奇气伟节之作合为一书的汇编，是郑思肖独立特行的证据。郑氏自三十五岁宋亡后便离家出走，从此浪迹于吴中名山、道观、禅院，四十年间写下了大量抒发爱国情操的诗文，有《咸淳集》一卷、《大义集》一卷、《中兴集》一卷，共收诗250首，杂文4篇，前后自序5篇。共命名为《心史》。当时形势，无法刊行。所以，他在晚年将《心史》重缄封好，藏于苏州承天寺智井中。《心史》中的所有文字都饱含血泪。他讴歌了南宋的爱国志士，痛斥了奸臣佞徒，控诉了元军的暴行，充分表述了自己的爱国与忠诚。如在《过徐子方书塾》诗中说："不知今日月，但梦宋山川"；在《八励》诗中说："泪如江水流成海，恨似山峰插入天"，慷慨激越，足征忠肝义胆。难怪近代学者梁启超穷日夜之力读《心史》，每尽一篇辄热血"腾跃一度"，梁氏深有感慨地说："此书一日在天壤，则先生之精神与中国永无尽也。"《心史》在枯井中沉埋达三百五十余年，直至明崇祯十一年（1638）始被发现。《心史》被藏在一大铁盒子中，外写"大宋孤臣郑思肖百拜封"。于是这部光照千古的奇书方见于世。而陈福康先生为更深入论证《心史》之奇，于是在《井中奇书考》中复以五章篇幅评论《心史》出井与刊刻经过、明刊本的序跋、《心史》与明清之际爱国文人的关系、"伪书说"的出现以及《心史》的文学和史学的价值等方面，以详尽史料，进一步证实《心史》之确为奇书。

陈福康先生根据《心史》最早的明末两种刊本所载序跋与《承天寺藏书井碑阴记》等文献论定《心史》出井的事实，从而奠定《心史》之非伪的初基。从多方论证中可知，古籍出于水除河图洛书之传说外，其"真的藏于水而出于世，写于古而传于今的奇书"，那就只有《心史》一书了。陈氏于序跋作者数十人均详加考订，证实《心史》出井时，已为人称奇不已。是以，陈福康先生于《引言》中即断言称，《心史》为"不仅保藏奇、发现奇，而且刊刻奇、内容奇、作者奇，而更奇的，大概还数它问世后的遭遇之奇"。

所谓问世后的遭遇之奇，乃指《心史》出井后，从明清之际起，直至上一世纪八十年代，历经三百六十余年，始终存在两种迥然不同的相异之见，一部分文人学者肯定《心史》之奇、之价值；而另一部分文人学者则持一种"伪书说"，全盘否定这部奇人奇书的价值。陈福康先生坚定地捍卫《心史》的"真"

与“奇”，对“伪书说”辟专章进行透彻的驳斥。他将二说的有关人物逐一引述其论点与说法，详加申论。陈氏虽自有定见，但于相异诸说，也尚能公正地剖析辩诘，不作武断抹杀之语。

一部出井著述，历经三百六十余年，竟然引起如此多知名学者，各抒己见，聚讼不已，更可称《心史》之一大奇，谓《心史》为奇书，不亦宜乎？

三　奇作者陈福康

奇作者谁？《井中奇书考》之作者陈福康先生也。何以谓之奇，凡立身行事不同流俗，不媚世悦人者，皆得称奇。胡老道静为《井中奇书考》作序，已直言其事，称陈氏为奇人。我识其人，复读其书，而与胡老有共识焉。

陈福康先生为现代文学评论大师李何林先生的博士弟子，曾著有《郑振铎年谱》，功力深厚，而对中国文学史亦时有议论。苟从时尚，当力求以现代文学领域作终南捷径，获取名利，但他不以此为意，淡泊自守，不惜耗二十年光阴，为前贤洗冤定位，其痴迷于学术与个人理念，与世之奔竞者比照，足称一奇。

陈福康先生之著《井中奇书考》无放言高论，而力求平实，无一事无出处，无一字无来源，并于引言中自称著述之方法乃在考证。今之敢如此昌言考证者固无几人，而陈氏更有一段与世相忤的精彩言论说：“从二十世纪中叶开始，考证就交了华盖运，被命定地与‘繁琐’绑在一起，更莫名其妙地被归属于‘资产阶级的’思想。学术界拨乱反正以后，惟考证一道似仍未脱华盖运。”又说：“学风本关乎世运，蔑视实学，崇尚玄谈所造成的后果，早已经并将继续显示出来。因此我一直认为现在亟需为考证本身‘洗冤’。”我于其说自当引为同调，前于拙著《古籍整理散论》中专立《考证篇》专章，一申其说，然终未能若陈氏之作如此振聋发聩之警世谠言，公然与世风相忤，当又称一奇。

陈福康先生之撰《井中奇书考》之际，正屈身于缺少图书资料，缺少师长同调，缺少经费钞票，以讲授外语为主的学校中，谋升斗之需，但读其著述，见其搜罗发掘史料如此之深广，实属难能，而尤见功力者，则其所用书多为习见书。先师余季豫先生即以读已见书自励，而为后学所仰止。陈氏论宋时事多用《宋史》、《宋诗纪事》及《宋元学案》等著述，然又不偏废为一些人视为支流杂书之方志、笔记等，更兼及域外学者见解。其征引史料之富，令人瞠目，其治学之艰难，衡之浮躁者之偶得一二，便大发蹈虚之论，似无以并论。此亦可称一奇。

有此三奇，誉之为“奇作者”当蒙读者俞允。我读《井中奇书考》不仅以破胸中七百余年之谜为快，更欣赏其甘冒不韪，召唤实学，一矫空疏之弊。愿读《井中奇书考》者，知其事，识其人，更得其法。庶奇人、奇书、奇作者得鼎足而存。空谷之声，当跫然而至！

原载于《中华读书报》2001年12月19日

徐宗文著《三余论草》

去冬到杭嘉湖地区访学，归途经由南京，只有一晚上的逗留，但吾友徐雁先生却安排我和江苏教育出版社副总编辑、编审徐宗文先生会面。我原以为因我曾任南开大学出版社首任社长，彼此算是同行，有话可说。哪知一见面，宗文先生就送我一册新作《三余论草》，一翻目录，不禁一惊。原来这不是一般随笔集，而是一本有分量的学术论集，就产生一种必须认真读一读的意念，而徐雁先生又从旁凑趣，动员我写篇书评，我也就承诺下来。

开始读这本书时，书名《三余论草》就很引人注意，让人感到作者的谦抑。三余的故事在学人中广泛流传。它是三国时学者董遇答学生问治学之道时所说的话，即“冬者岁之余，夜者日之余，阴雨者时之余也”。而宗文先生则仿其义而自陈新三余之说云：“审稿编稿之余，开会出差之余，吃饭饮茶之余”。虽语涉调侃，但亦足见其治学之艰辛。至于“论草”云云，则为宗文先生自谦其论著之尚待订正，实则此《三余论草》固宗文先生历年治学成果之汇集。

历年读书习惯，总是先读序跋，读《三余论草》也未能例外，而首先读到的是傅璇琮先生所写的序。璇琮是我相识多年的老友，学术造诣很深，是一位有代表性的学者型编辑，主持过中华书局的编务，与宗文先生是同类型的人，所以序就从这点上切入。序中非常动情地叙说彼此既编书又治学的甘苦，对于作者的学术造诣和为人处世都给以恰当的品评。并重点地指出作者有关辞赋的论述，以凸现作者的学术专攻，也提示了作者几篇颇有新意和创见的学术随笔，使读者得其大要。作者在跋中则细致地述说了写作本书的缘由和各方的情谊，这两篇序跋起到了导读的作用。

《三余论草》的绝大部分是作者研究辞赋特别是汉赋的成果。无论对赋体，还是对赋的作者，都有若干个案研究。作者声称他是遇到一种偶然的机会而闯入辞赋研究这一领域的，这种偶然，应说是一种机遇。不管是偶然或机遇，每个人一生中总会碰到的，但有人抓住了机遇，并钻进去了，也就得到他应有的收获，而作者正是这样一种人。所以在读本书时，除了分享作者的研究成果外，还能体会到如何去专攻某种专门学术领域的门径。作者对辞赋研究的文章，立意很深，但文字很通达，容易让人得其要点。特别是作者在很多地方运用了比较研究的方法来点定自己的论点，在《辞、赋、颂辨异》一文中，既论其同，又辨其异，而让人认识到这三种文体“在创作宗旨与表现形态上，有相同、相通之处，但也确实存在着一些差异，只是有些表现得较为明显，有些则表现得较为微妙罢了”！在《〈七发〉三问》一文中，作者以提问的方式回答了《七发》的基本思想、《七发》的文体和“七”体之源等三个主要问题，评说了《七发》的基本内容。在《也谈〈天子游猎赋〉》一文中，作者针对不同意见作了辨析以后，明确地提出自己的看法是：“《天子游猎赋》即《上林赋》，它存在于《史记》相如本传中，然而又不完全是原样的《天子游猎赋》了。”作者对两汉若干赋家如司马相如、王褒、扬雄、班固、张衡和蔡邕等人，都撰专文作了分析研究。他有理有据地分析了司马相如之所以成为“一代赋宗”的原因。他从扬雄的著作《法言》中抉择出“诗人之赋丽以则”这一警句，认为“它不仅涵盖了过去几乎所有有价值的文学理论和美学思想，而且提出了一系列新的见解，概括地反映了扬雄的全部文学观和审美观”；并像剥笋那样，用不少的篇幅，层层剥落，而得出结论说：“‘诗人之赋丽以则’既是扬雄所企求的文学创作的理论模式，又是他的全部文学观和审美观的形象而概括的说明。”

读了这十几篇有关汉赋的文章后，不仅填补了我在汉代文学主流——汉赋这方面的知识空缺，也引起我想起六十多年前的故事。在我上高中最后一年的时候，祖父指定我读司马相如和扬雄的几篇赋，我读不进去，但又不敢违命，只能硬着头皮读。读完以后，有点浅薄的想法，便妄自写出一小段所谓“心得”，呈送给祖父，幸这条读书心得曾在当时报刊上摘发过而犹获存留（全文见拙著《学不厌集》页65，海峡文艺出版社2004年7月版）。我的主要看法是汉赋作家颇受汉初黄老之治的影响，所以汉赋有一种超脱自然的风格，这是优点；但它的妄造文字，插入赋中，实在眩人耳目，惑人心志，是不可取的等等。读了宗文先生诸文之后，足见我当年的稚陋。在读《略论司马迁思想的基本倾向》一文时又发生上面同样的故事，我在二十世纪九十年代前后曾受托为某出版社编选《史记选注》而重读《史记》，在通读过程中，越来越感到司马迁是尊儒的而不是什么道家，于是又重读一遍。这次重读得很细，摘录了许多资料。经过思考、整理，终于撰成《儒家思想与〈史记〉》一文（见拙著《三学集》页11，中华书局2002年9月版），认为“司马迁基本上以儒家思想为编史的指导思想”，但没有得到什么反响。不久，我又以浓缩方式写了以《司马迁尊孔》（见拙著《依然集》页177，山西古籍出版社1998年2月版）为题的学术随笔，向更多读者阐释司马迁是位尊孔者的立意，似也没有任何反响。不意读到徐文的结论：“司马迁思想的基本倾向属于儒家的，这一问题应成为我们研究司马迁及其伟大著作《史记》的根本出发点”，不禁大喜，庆幸自己的观点终得一同调。从这两件事看，我颇有所悟：写书评不是只对作者，而是要把评者自己也摆进去，相互比照，磨砺切磋，进行学术交流，让书评成为学术交流的一大渠道，为书评增一大功能。不知书评家徐雁先生以为然否?

宗文先生在全书的编排上也颇具慧心，他在卷尾编入了《“小康”考释》、《〈史记〉“述而不作”试解》、《当断不断反受其乱》和《为兰芝被休进一解》等四篇学术随笔，虽是短文，但用尽了本证、外证、书证、理证种种考证方法，以不经意的笔墨解谜，读来很有兴味。这是不是作者在读者用完庄重的学术大餐后，又送上几碟清新可口的小吃，让读者轻松一下？不论作者是有意或无意，我感谢作者让我感受愉快的善心。

原载于《文汇报》2005年2月26日

传统经典　家庭弆藏

我的朋友山西古籍出版社的总编辑张继红，长期以来执著于传统经典的整理与出版。我们之间相识相交，已经十余年。近来，继红寄给我一大套丛书，名曰《中国家庭基本藏书》。这个题目大而醒目，其中所收各书，则全部为列朝列代留传下来的文化经典。为了方便读者购买，丛书分为六大卷，即“诸子百家卷”十六种，“史学名著卷”七种，“名家选集卷”二十三种，“笔记杂著卷”十四种，“综合选集卷”五种，“戏曲小说卷”十种，合而成六十八册七十五种，可谓洋洋大观。继红告诉我，这套丛书自2003年陆续出版以来，已然销售一百五十万册以上。以我对出版业近况的了解，这在一个小型专业出版社，尤其是一个古籍专业出版社，已经是相当不错的成绩了。这个成绩的背后，说明一个可喜的现象：在当今现代文明的条件下，仍有无数的人热爱着我们传统文化中的经典。也许，买这些经典的读者，不一定真的读懂它们，也不一定要全部读毕这些书，然而，他有诚心将哪怕是其中的一部经典插上书架，或查阅了其中的一段名言，那也是很好的，也是高雅的事。这说明，我们的现代读者，正自觉接受优秀传统文化的浸淫和涵养。

据我所知，传统文化书籍的长销，现在似成兴盛之势。这恐怕有多种原因。从传播形式上讲，近几年，传统文化有效地借助了现代化的传媒，比如《正说清朝十二帝》和《品三国》等等都是。这种传播形式，使历史知识普及，为大众广知，于是，导致广大群众从内心想知道传统经典到底说了什么，从而造就了经典销售的群众基础。从文化发展的趋势而言，现代化的进程，必然导致文化的回望。我们不能总是数典忘祖。于是，近来的央视十频道，又开播了讲解儒家经典《论语》。把现代化的生活，与《论语》的精辟语言相联系起来讲授，使传统经典别具新解，使更多的普通群众，越是要看看经典里到底是怎么说的。

《中国家庭基本藏书》这套书是为普通文化家庭编辑出版的，这是它的基本定位。从这个定位出发，出版社在体例方面注重详析浅注，通俗易懂；其定价也极低，基本为十元一本；因为分了卷，读者买起来比较方便。这是此丛书的基本特点。在读者看来可称针对性强，质量较高，价格偏低。它的另一个特点是，在普及的同时，具备一定学术含量。前言是编者自撰的，一般很短；之后，却选了数千字的学术价值较高的普及性文章，都是名家或学有专长的人写的，比如《陶渊明集》，选了国学大师梁启超的文章，《李白集》选了北大教授袁行霈的文章，等等。全书之后的附录，又有著者的年谱简编、有关著作的主要版本情况及相关的研究论著和论文，甚至采集有许多名言名句，这就使丛书产生了很高的附加值。说明山西古籍出版社对整套丛书是有一套完整的、切实可行的策划方案。

据说，现在是“国学热”了，这是好事；有人干脆提倡读经，我倒认为不一定这样。但是传统的经典，是华夏文明的根，是中华民族向前发展的不竭动力，我们每一个华夏子孙，实际是不可能离开这些经典而生活的。从这个意义上说，《中国家庭基本藏书》对普及中华经典起到了很好的作用。但愿这样的经典，能摆上更多的文化家庭的书架。

原载于《中华读书报》2006年12月20日

读《弢翁藏书年谱》

藏书历来以江南为盛，藏书大家亦多居江浙。晚清四大藏书家惟聊城海源阁杨氏在北方。稍后有双鉴楼傅氏、木犀轩李氏及自庄严堪周氏，鼎立为三，称北地之雄，而主人又皆客籍，其聚书之艰难可见。傅沅叔先生与先师援庵先生为至交，我曾因援师之介得谒沅老一面。李氏则仅在北京大学图书馆读其木犀轩赠书而未获识荆。唯周叔弢先生久居津门，时于公众场合一晤，而从未接谈；弢翁哲嗣一良先生为史学前辈，曾有所请益；掌珠与良为我读大学时同届校友，后又同事于南开大学；文孙启乾又曾就读南开大学历史系，我忝列师席，是我与周氏当有三代世谊。八十年代初，我掌南开大学图书馆馆务，得检读孝友堂周氏所赠书，深仰弢翁“得者宝之”的风范。旋又读冀淑英师姐所撰《自庄严堪善本书目·弢翁藏书题识》，遂获知弢翁藏书大概，而于其聚书之由、藏书之善、校书之精，则无缘知其一二。适当其时，天津图书馆李君国庆以其所著《弢翁藏书年谱》见赠，捧读之余，曷胜欣悦，既以见弢翁藏书生平，复喜国庆君以年谱之体，据原始资料编次其事，条理清晰，可谓善著述者也。

年谱一体，为传记之一种，与谱牒、年表、宗谱、传状相表里。当代学者多主年谱创始于宋，唐人集中年谱大都出于宋人之手。元明至清，沿用不衰，至清尤盛。以体裁论，有文谱、表谱、诗谱与图谱之分；以编制体例论，有通谱、专谱与合谱之别。专谱乃就谱主某一方面事业成就或某一时期活动为专门记述对象，如《杜工部诗谱》专记杜甫诗作，《可读书斋校书谱》专记钱泰吉校书活动，《高南阜先生研史年谱》专记高凤翰制砚刻砚活动，《苏溪渔隐读书谱》专记耿文光校书之法、读书之记、藏书之目。今李君国庆所著《弢翁藏书年谱》专记弢翁求书、藏书、校书等活动，与《苏溪渔隐读书谱》差近，颇合专谱之体，于研讨弢翁藏书大有参考价值，较一般通谱为有用。

李君国庆司典藏古籍之任有年，好学深思，勤于著述，前有《明代刻工姓名索引》之作，都八十余万字，录五千七百余人，并成不同渠道索引数种，合为一编，实为一具学术水平之工具书，为学者案头必备之书。不二年，今又成《弢翁藏书年谱》三十余万字，亦足见国庆君功力之深厚。当今时尚浮躁蹈虚，好作大言空论，而国庆君方当盛年，不慕荣利，甘于默默，穷年累月，翻检爬梳，治“为人”之学者，实属难能！

《弢翁藏书年谱》纪事始于民国元年，谱主二十二岁时。而不自出生年为始，盖以谱主于是年始校清光绪桐城徐氏重校刊本《惜抱轩文集》，为谱主与书共一生之起点。是书多方罗掘史源，凡谱主于藏书所作题识跋语，友朋函件及家书，谱主日记等原始资料，皆所涉及。全谱于记事之后，无不以注释形式采登相关资料。然国庆君并不止步于钞纂，而于征引之原始资料又加按语、小注，俾不识本事者有所借助，于引文疑难砉然而解。是书虽名为藏书年谱，实则为弢翁一生致力图籍之学谱，其求书之得失艰辛，藏书之考订鉴赏，校书之比勘正讹，在在非积学士不能为，而弢翁之学识亦于此具见。其中于版本学之识见，如论善本当具“五好”（版刻字体好、纸墨印刷好、题识好、收藏图籍好、装潢好）之说，尤称精到。称是书为治版本学者所不可或缺之案头书，诚非虚誉。弢翁既富藏书，长考订、校雠、收藏、赏鉴诸学，而尤可贵者端在保存祖国文化之久传不衰，故立意所藏不传之子孙而谋献之社会。其志早决于1942年元旦，弢翁即于是日手订自庄严堪善本书目卷首附言中嘱家人称：“此编固不足与海内藏家相抗衡。然数十年精力所聚，实天下公物，不欲吾子孙私守之。四海澄清，宇内无事，应举赠国立图书馆，公之世人，是为善继吾志。”弢翁书德，固不可及，而弢翁藏书之学则已由国庆君为之概括称：“弢翁藏书既精且富，是为收藏家；鉴别既精且确，是为赏鉴家；校书既精且审，是为校雠家；出资刻书，是为出版家；访书为捐献，与一般藏家迥异，是为当代藏书大家。”斯言当为确评。

《弢翁藏书年谱》以年谱为主体，纪事详明，资料丰富，极具参考价值，而其附录诸件，亦非徒作陪衬。附录有四：一为书影资料，收录弢翁捐赠北京图书馆与天津图书馆的善本书影以及弢翁自刻古籍书影，多为宋元版刻，可借以见宋元等朝善本之面貌，而影刻诸善本书之举，正以见弢翁好古之心与流传珍善古籍之苦心；二为藏书印鉴及知见录，所刊为原印章原大朱色钤盖，共拓谱32方，所附知见录，著录编者所见，详著款式，均有裨考察图籍庋藏与流传之痕迹，惜于所拓藏章章下缺简要说明，如能注明藏章所在以及所钤何书，则尤便稽考；三为参考资料，胪列本书征引参考篇目27篇以尊重他人研究成果；四为书名、人名索引，以检索谱文与附录中与弢翁有关之书名和人名，颇合当前著述之要求。有此四者，固不失国庆君治“为人”之学的本旨。

国庆君方当盛年，能沉浸典籍，寝馈故纸如斯者，洵为难得，所著一本实学，无阿世媚俗习气，尤为鲜见。若今之高冠荣衔者流，奔竞名利而难守素，徒有冗论而乏实学，视国庆君之所为，得不赧然？读国庆赠书既已，心有所感，爰缀千余言以回馈，聊作报李之酬，幸勿嗤其老悖，幸甚！幸甚！

原载于《中华读书报》2001年2月21日

阐幽发微　功在儒林

学人一生著述，能有数种称著作者，可谓不虚此生；其数种著作中能有一二种为治学者常置书案，传之久远，嘉惠后学者，百人中难得其选。近年离休家居，多读时贤所作，虽颇多收益，而大多经眼一过，几无重读者。其能常置案头，时加翻检者十不得一二。其能付之插架以备不时参考者，也不过三四，而郑君伟章所撰《文献家通考》（中华书局1999年6月版）适可当前者之选。

初夏之际，郑君遣急足由京送其所著《文献家通考》一书三册来我津寓，墨香犹存，俾我先睹。粗加翻检，内容朴实，无蹈空之论，此固可读之书。时虽已近溽暑，犹冀读其书以祛热，乃尽一月之力，浏览一过，非敢云精读。略缀数言以书后，庶同道者一顾！

《文献家通考》为郑君以二十年风华岁月，自甘岑寂，采访著名图书馆三十余家，翻读文集、丛书、方志、笔记、日记、年谱、书目题跋及其他各类旧籍共一千四百六十余种，爬梳搜求，极尽所能，网罗清初以来文献家达一千五百余家，较诸往贤，可称空前。若衡之清人叶昌炽所著《藏书纪事诗》，则是书可补叶著之不足，增叶著之遗漏，续叶著之后出，是郑君洵无愧为叶氏之功臣。不仅如此，郑君于清初以来至今之一千五百文献家其人其学，无不考证潜逸。详其书目、题识、刻书、印记以及文献散佚之传递源流，虽名为人物通考，实则熔清学之目录、考证、版本诸显学于一炉，读其书犹读一清代学术史。

郑君于其书用力特勤而自我珍惜颇甚，历年每与我相晤，辄娓娓道其著书之甘苦，而我亦曰待其书之早日杀青；然未知其书篇幅如此之巨，内容如此之丰，涵盖如此之广，治学如此之勤，当为近年文献学领域中少见之专著。其尤可称道者，撰者不止于为成名山事业，求后世之名。顾其守“为人”之学之道，更以见撰者史德。世多有以著述谋一己之声名者，《文献家通考》则求为利于当代，泽及后学之学术性工具书。先师陈援庵先生，一生著述闳富，多为传世之作，但其影响深远，利溥后世者则为《二十史朔闰表》，是以援师慨乎其言曰：“兹事甚细，智者不为，不为终不能得其用。”伟章所为正“智者不为”之“为人”之学。其书卷首有目次与传主姓名索引，可按图索骥得文献家之生平，卷尾有引用书籍分类目录及文献家地区分布表，既可导引对文献家作进一步研究，复可比较地区文化现象。至于各传之末多注以出处，不但见撰者之恪守著述体例，尤便于有志深研者得其指引。

伟章方当盛年，若再耗十年功，运其深厚之底蕴，成清前文献家通考，则可合二者为《中国文献家通考》，成一完璧，庶伟章可了无遗憾，而儒林武库更增一皇皇巨著。伟章少我二十余岁，谊属忘年，回视后来，不禁有居上之惶惑。我读《文献家通考》讫，深有学无止境，山外有山之感！

原载于《文汇报》1999年10月16日

吴趋风情今再见

——题吴眉眉《桃花坞岁时风情》

大约三十年前，我曾应邀点校过清人顾禄所著《清嘉录》，不意三十年后另一本讲吴趋（苏州）岁时风情的著作——《桃花坞岁时风情》面世，而这本可称当代《清嘉录》的新作竟然出自我女弟子吴眉眉笔下。年晋九旬，见晚辈有所作为，能不忻悦？乃尽一周之力，通读一过，与顾著相衡，略有所感，乃记其所见，述其所得。

《清嘉录》作者顾禄生于乾隆末，卒于道光时。据日人稻田耕一郎考订，“《清嘉录》是于嘉庆二十三年（1818）顾禄二十五岁时开始执笔，初稿约完成于道光二年（1822）年末”，刊行于道光十年，次年即随船传入日本，得到日本学者的推重，称其书于“土俗时趋，推其来由，寻其沿习，慎而不漏，该而不侈，考证精详，纤悉无遗”。我在点校该书后曾论其书说：“其能以月为序，以节令、民谚为题，叙地方风土人情，娓娓详备，兼能参稽群籍，附加考按者，自当以《清嘉录》为最”，使后人如见天堂风情。

近二百年后，又见《桃花坞岁时风情》一书，继承前贤，又焕新篇。这部新作的撰者是苏州一位女作家吴眉眉，自署“吴门小女子”，雅好文史，兼擅书画。她是我的女学生，但却不是学校里课堂上的女学生。她是在小我一半年龄的盛年时，按照传统礼法，由苏州王稼句、南京薛冰等文史界朋友多人提议，在我苏州米寿聚会上行三跪九叩首大礼、带艺投师的女弟子。她喜欢研究乡邦文献，写了几种有关著作，如《古新郭风俗》。还写过碧螺春研究之类的著作。

《清嘉录》以苏州大视角看苏州，不如《桃花坞岁时风情》聚焦桃花坞那么精致。吴眉眉以桃花坞为切入点，以四季为纲，以习俗为题。这是她有意闪开旧有风情图书窠臼的聪明处。吴眉眉在《小引》中以精雕细刻的笔墨，开宗明义地揭示她之所以从桃花坞入手的奥窍说：

> 桃花坞既占市廛的繁盛，又有乡野的风情。因阊门而壮观，因园墅而幽丽；因水巷而灵动，因画舫而浪漫；因舟妓而多情，因文人而出名；因工艺而精彩，因花树而绚烂；更因春夏秋冬的岁时习俗而风情万种。

这段对桃花坞的概括，写得细腻，把著述的主旨，交待得一清二楚，是全书的一条总线。

作者更以季节分卷，而引用诗句为卷题，如《春》卷题："看灯未了人未绝，等闲又话清明节"，《夏》卷题："提壶携榼归去来，南湖又报荷花开"，《秋》卷题："左持蟹螯右持酒，不觉今朝又重九"，《冬》卷题："安排暖阁开红炉，敲冰洗盏烘牛酥。"题意涵盖恰当，颇具创意。

《清嘉录》征引群籍繁富，作者自诩搜罗群书达数百种，惜所引多误，这或是作者未获永年，加以身陷囹圄，未能订正少作，是可以理解的。《桃花坞岁时风情》征引范围超越前人，抽查数条，尚无讹误，而其征引范围之扩展，令人耳目一新。图文并茂可称其书最大特色，插图多经优选，国画有明人唐寅、沈周、陈鸿绶，清人有罗聘、改琦、方熏，外国人郎世宁为乾隆所绘的上元行乐图和西方人所绘中国风情图。中国各年画中心——苏州、凤翔、潍坊、绵竹等地的风俗画，五光十色，时时透露丝丝乡土气息。小说《红楼梦》与《镜花缘》卷首的插图和流行民间的点石斋画报、大雅楼画室的时事画，以及一些《营业写照》，都被选用。至于征引诗文资料，上起古诗十九首，南朝宗懔的《荆楚岁时记》，下沿当代，无不有所涉及，其著名者如唐有孙思邈，宋有范成大、周密，明有唐寅、徐祯卿、黄省曾，清有汪琬、宋荦、陈维崧、毛奇龄，当代则有包天笑等上下古今之论说，广加搜求，令人目不暇接。

《桃花坞岁时风情》不仅仅写景，而且是触景生情、情景交融的一本陶冶性情的著述。作者非常景仰和同情明代苏州才子唐寅的才华和生平遭遇，在书的开头《小引》和结尾的《后记》都说到唐寅。在《春·桃花》一题下，作者写了桃花的景色，并且刻画桃花之美说：

> 由于桃花花期较长，加之菜花相续开放，春天的桃花坞显得花团锦簇，分外妖娆，缤纷万丈的桃柳，片片飘落的飞英，胭脂染就的溪水，灿若锦绣

的黄花，还有漫步于桃树下、碧柳间、菜花中那簪花女子。有道是："桃花门侧佳人面，那得年年会相见？"

这是为写唐寅铺垫的一段美文，更多的篇幅是写唐寅——写唐寅的坎坷人生、写唐寅建造别墅的艰辛，写唐寅赞美桃花坞的诗篇，写唐寅的"老死花酒间"……既写桃花的景，也有唐寅的情景融合，不禁引发作者对人生的感叹说：

> 多少年来，桃花坞离不开桃花的装扮，两者已浑然天成。其实，不管是章楶的桃花坞别墅，还是唐寅的桃花庵，园子有盛有衰，主人替了又换，不变的只有那每年春日依旧绚烂的一丛丛桃花。或许，桃花才是整个桃花坞不变的景色，永恒的灵魂。

《桃花坞岁时风情》书中，有许多段落值得低吟浅唱，这里只举一个例子。作者对桃花坞的石湖荷花荡有一段令人神往的描述：

> 广数百亩的石湖荷花荡，每到花开时节，红白弥望，香气袭人，游人鼓棹，如入锦云之乡。当暮色降临，湖中飘然升起的薄雾，令人产生置身仙境的错觉。若是将舟楫停在荷花荡里，于舟中设宴，和鸟亲近，听蝉低吟，观荷起舞，真是秀色可餐，酒不醉人，人早自醉了！

从这一例看到作者对铸字炼辞是下了功夫的，类似的片段在书中所在多有，增强了此书的可读性。我读了以后，既愧又喜，愧的是九十衰翁，精力日退，已难与徒辈一争短长，喜的是晚辈的成熟，能写出这样的著述。读书是福，读自己学生写的书，尤感幸福。略缀数语，寄励眉眉。吴生其勉旃！

原载于《文汇读书周报》2012年7月13日

于细微处见学问

——评《中国的门文化》

中华民族是个重视历史的民族，中国人都喜欢读历史书。但是，遗憾的是他们常常找不到几本能读而且愿意读的历史著述，不是自诩乾嘉后学，一字之证，博及万卷，三行高两行低而趋于繁琐的考据性著述，令人难以卒读，掩卷而眠；就是标榜马列，放言玄论而流为空疏的宏观性文字，令人莫测高深，废卷而叹。要想寻找一种或一篇著述，既有丰富内容，又具可读文字，能使人们从历史的一点或一个方面看到历史更广阔的画面，真是比较难得。

最近读到《中国的门文化》一书，对我所想看的那种书，可以说虽不中亦不远矣。这本书的作者吴裕成是一家晚报的副刊编辑，能在业余时间，立足于一个细微的问题，辐射向历史的更多侧面，写出了既有确切的资料内容，又出之以清新可读文字的著作，其功力毫不逊色于某些专业学者，亦足见作者具有于细微处见学问的能力。

检验一本著作或一篇论文，往往从是否有新角度和有无新材料着眼。

《中国的门文化》的作者用一块“门”这样的细小石子投向历史那一池春水之中，就一圈大于一圈地推荡开去而自然成文。作者像使用圆规那样，用一只脚有力地插住以“门”为圆心的点上，首先把“门”的本身典制讲得一清二楚，从门的字形字义讲到门的建筑、装饰和附设物。然后，作者又把圆规的另一只脚一次、再次地加大半径，一圈圈地扩展，从门的本身推衍到门的各种有关习俗，举凡门神、门联、与门有关的岁时习俗以及厌胜辟邪等事无不涉及，进而更把门升华到门文化的历史境界，使历史上有关门的文化现象几乎全面地裸呈于读者面前，使人们了解到门的社会理想、门第门阀的典制、看门守关人的地位、贴近现实的前后门、门前礼仪、宫门内外的政治以及门名的文化底蕴等等都有完整的论述，终于完成一部为人所习焉不察的门文化著作。

《中国的门文化》的论述都有丰富的历史依据，作者触及经史子集这类常见书，赋予旧史料以新生命，推陈出新，成为新材料。过去，我的几位老师都曾教诲我要读常见书，要读已见书，只有从这些书中读出新意来才是真有学问，不要猎奇。如拿自己独有独见的孤本史料争胜，难免有英雄欺人之嫌。本书作者运用材料的态度与做法，有不少与前辈学者颇多暗合之处。他于经部所用无非《诗经》、《礼记》、《论语》、《尔雅》；于史部不外正史、政书、地方志和《荆楚岁时记》、《洛阳伽蓝记》等书而已；于子部除《老子》、《韩非子》外，尚有大量的笔记小说；于集部既有白居易、李商隐的诗，也有杨慎的《升庵集》等。此外还吸取时贤的有关论述。这些资料的运用诚如王安石在《题张司业诗》中所说那样："看似寻常最奇崛，成如容易却艰辛。"

书评理当有褒有贬，不容溢美。因为既然人无完人，书也无完书。最近有人著文批评某书评家对曹聚仁的著作过分溢美，其说值得重视和赞成；但是，我也略有补充。对于某些有成就的知名学者应该少一点捧场，多一点吹求，因为值得赞扬的地方本是知名学者应该做的本分，批评则使知名学者在喝彩声中保持一定的清醒，这也是一种爱护。至于对默默无闻或尚未知名的中青年学者则应鼓励多于批评，增强他们奋进的勇气，日新再新，写出更多有科学性、可读性的学术性著作，让更多的读者有大量愿读、能读的学术著作。这也许是我对《中国的门文化》一书情有独钟的原因所在。

原载于《来新夏书话》（文献学研究丛刊）　来新夏著　台湾学生书局2000年版

一部有关信息资源管理的实用教材

——《文献编目教程》读后

近日获读李晓新等同志所著《文献编目教程》的校样，由于他们希望我写一篇序而认真地通读一过，感到这确是一部出自有教学与编目实践经验者之手、在基础理论指导下有实用价值的新教材，值得予以推荐。

士兵无编组，军旅难有纲纪；典籍无目录，读者何从求索。是图书固不可以无编目，编目虽貌若小技，而关乎文化、学术至重。中国自公元前即首创六分之法，使我国编目工作夺世界编目之先声。其后七分、四分相继而兴，对典藏图籍各有贡献。迄于近代，复吸收西方编目之技，使我国编目工作更致完善、便用；但长期以来，中西文籍，各成体系，以臻基本原理与内容往往有重复者，于是探求新知者在实践中进而以文献编目之名涵盖中外。此不仅为初学者减少头绪，亦为使用者提供方便。此编写《文献编目教程》之缘起也。

《文献编目教程》共十一章，并附录五种。于前此诸作集优补缺，复广采众说，自创新意。粗读一过，颇有所获，综其特点，约而为三：

实践性：此书以文献编目基本理论为指导，从实际工作出发，突出编目技术和方法之实践性，无蹈空而论之弊。

新颖性：此书融中西文文献编目与方法为一体，其体例为国内创新之作，又力图反映国内外最新理论成果及应用技术，如光盘技术编目中的应用更增新颖之感。

适用性：此书多以实际文献著录为例，讲述编目原则，使读者易于接受，故其使用范围，既可适用于本科专业教育和专科教育以及师资培训，也适用于档案、出版部门和信息中心等单位。

编者李晓新、杨玉MCP、李建军三同志，在教学与实际工作中从事文献编目历有年所。他们与我相识既久，深知他们的学术素养和实践精神。他们以编目的基础理论为据，出其历年实际经验，广收诸家论述，经营数载，草成初稿，又经钟守真教授不辞辛劳，逐章逐句详加审正，终成定稿。他们有幸得到南开大学出版基金的资助，这当然是对知识分子出书难的福音，可惜资金力量尚欠雄厚，只有出版费的资助，至于编者数年辛劳将作无私奉献，而写作过程中支付的资料费、纸张文具费、复印费、抄写费、交通费等则是作奉献的投资。近年来某些富有资财者可以毫无吝色地为已名声卓著的人们添翼，有声有色，推波助澜，锦上添花，又何不慨解义囊为那些勤劳终生、没没无闻的平凡人物稍加关注？扶危济困，方称壮举。庶若晓新等能获得一些应该得到而没有得到的安慰，则晓新等虽非寒士，但亦热望得到广庇而尽欢颜。

原载于《高校社科信息》1995年第1—3期